AF554928

SER Y TIEMPO

111
H465sE Heidegger, Martin, 1889-1976.
Ser y Tiempo / Martin Heidegger;
Traducción, prólogo y notas de Jorge Eduardo Rivera C.
3ª reimp. de la 6ª ed., – Santiago de Chile: Universitaria, 2025.
497 p.; 15,5 x 23 cm. – (El saber y la cultura)
Notas del traductor: p. 455-500.
Incluye notas bibliográficas.

ISBN Impreso: 978-956-11-2569-8
ISBN Digital: 978-956-11-2646-6

1. Ontología. 2. Espacio y tiempo.
I. t. II. Rivera Cruchaga, Jorge Eduardo, tr.

Título original alemán: *Sein und Zeit.*
Traducción de la obra publicada originalmente en alemán en 1972,
con acuerdo de Max Niemeyer Verlag.

Texto compuesto en tipografía *Times Lt Std 10/12,5*

Se terminó de imprimir está 3ª reimpresión de la
SEXTA EDICIÓN,
en los talleres de Productora Gráfica Andros Ltda.
Santa Elena 1955, Santiago de Chile, en febrero de 2025.

DIAGRAMACIÓN Y DISEÑO DE PORTADA
Yenny Isla Rodríguez, Norma Díaz San Martín

CUBIERTA
Fotografía de Martin Heidegger.
http://www.actu-philosophia.com

IMPRESO EN CHILE / PRINTED IN CHILE

Martin Heidegger

SER Y TIEMPO

TRADUCCIÓN, PRÓLOGO Y NOTAS DE
Jorge Eduardo Rivera C.

EDITORIAL UNIVERSITARIA

A

EDMUND HUSSERL

en señal de veneración

y de amistad

Todtnauberg, en la Selva Negra, 8 de Abril de 1926

ÍNDICE

PRIMERA PARTE

LA INTERPRETACIÓN DEL DASEIN POR LA TEMPOREIDAD Y LA EXPLICACIÓN DEL TIEMPO COMO HORIZONTE TRASCENDENTAL DE LA PREGUNTA POR EL SER

Primera Sección

Etapa preparatoria del análisis fundamental del Dasein

CAPÍTULO PRIMERO

La exposición de la tarea de un análisis preparatorio del Dasein

CAPÍTULO SEGUNDO

El estar-en-el-mundo en general como constitución fundamental del Dasein

CAPÍTULO TERCERO

La mundaneidad del mundo

CAPÍTULO SEXTO
El cuidado como ser del Dasein

Segunda Sección
Dasein y temporeidad

CAPÍTULO PRIMERO
La posibilidad del estar-entero del Dasein y el estar vuelto hacia la muerte

CAPÍTULO SEGUNDO
La atestiguación por parte del Dasein de un poder-ser propio y la resolución

CAPÍTULO TERCERO
El poder-estar-entero propio y la temporeidad como sentido ontológico del cuidado

CAPÍTULO CUARTO
Temporeidad y cotidianidad

CAPÍTULO QUINTO
Temporeidad e historicidad

CAPÍTULO SEXTO
Temporeidad e intratemporeidad como origen del concepto vulgar del tiempo

Prólogo a la quinta edición

Con mucho agrado presentamos la publicación de esta quinta edición de nuestra traducción de *Ser y Tiempo* de Martin Heidegger.

Es para nosotros motivo de gran satisfacción comprobar la buena recepción que ha tenido el trabajo de esta traducción. Ella ha sido de enorme utilidad para los alumnos que han asistido a mis Seminarios sobre Heidegger que en los últimos años he realizado en la Pontificia Universidad Católica de Chile. Asimismo, en congresos internacionales a los que he asistido he visto confirmado el valor de ella.

Por otra parte, la presente traducción es la que habitualmente se utiliza hoy día por la mayoría de los comentaristas de habla hispana de la obra de Heidegger para citar pasajes de *Ser y Tiempo*. También esta traducción ha facilitado la lectura de *Ser y Tiempo* a personas que sin ser filósofos se han interesado en conocer el pensamiento filosófico de Heidegger.

En esta quinta edición quiero agradecer especialmente a la profesora María Teresa Stuven, del Instituto de Filosofía de la Pontificia Universidad Católica de Chile, con la que hemos compartido el trabajo y la investigación filosófica durante estos últimos quince años, y quien con su viva inquietud intelectual y minuciosa labor ha hecho posible esta nueva edición.

Mi enorme agradecimiento a don Arturo Matte Izquierdo, gerente general de Editorial Universitaria, por su interés y valiosa colaboración en la publicación de esta obra.

JORGE EDUARDO RIVERA
Santiago, marzo de 2015

Prólogo del traductor

¿Por qué una nueva traducción española de *Ser y Tiempo*? La traducción hasta ahora existente —la de José Gaos, cuya primera edición data del año 1951, cuando no existía sino una traducción japonesa de esa obra— es una realización de innegable mérito, que ha servido durante cuarenta y seis años a los lectores de habla hispana.

La traducción de Gaos es casi siempre una traducción fiel al texto alemán. En contadas ocasiones se pueden detectar pequeños errores que en algunos casos son errores puramente materiales, pero que otras veces se deben a una incorrecta interpretación del texto.

Esto solo no justificaría —naturalmente— el enorme trabajo de llevar a cabo una nueva versión de una obra tan difícil como es esta de Heidegger. El problema de la traducción de Gaos estriba, más bien, en la dificultad, a veces casi insuperable, con que se ve enfrentado el lector cuando intenta comprender el texto español. La experiencia de treinta años de seminarios universitarios y extrauniversitarios sobre *Ser y tiempo* me ha hecho ver que el texto de José Gaos es difícilmente utilizable por personas que carezcan del conocimiento de la lengua alemana. Hay en él frases de tal modo enredadas e indescifrables, que vuelven enormemente dificultosa la comprensión de un texto ya de suyo difícil de entender. Por otra parte, muchas veces Gaos traduce como términos técnicos palabras que son enteramente corrientes en alemán: el lenguaje siempre vivo y elocuente de Heidegger se convierte en una lengua rígida, hirsuta e incluso algo esotérica. La inexorable consecuencia con que Gaos mantiene a toda costa y en todos los contextos la traducción de una determinada palabra, aunque la frase española se convierta, de este modo, en un galimatías apenas comprensible, es otro de los defectos de la traducción hasta ahora existente. Todo esto y otras cosas que no es del caso detallar, son las razones que me movieron a emprender una nueva versión española de la obra.

Al principio se trataba solamente de una traducción para mis cursos y seminarios. El resultado de ese primer ensayo fue un texto que conservaba todavía algo del lenguaje de Gaos, pero que poco a poco se fue transformando, en repetidas reelaboraciones, hasta fijarse en una versión completa de la obra, que sirvió durante algunos años para el trabajo con mis alumnos.

En 1988, con el apoyo del *Katholischer Akademischer Austauschdienst* y de la Fundación *Alexander von Humboldt*, elaboré, en Alemania, en constante diálogo con el profesor Friedrich-Wilhelm von Herrmann, una nueva versión de mi propia traducción. Conversaciones ocasionales con el profesor Hans-Georg Gadamer y con el profesor Max Müller ayudaron a la comprensión más exacta de algunos pasajes especialmente difíciles. También debo mencionar aquí algunos encuentros con François Fedier y con el traductor francés François Vezin, quienes tuvieron a bien examinar conmigo algunos puntos particulares del texto. El resultado de esta nueva reelaboración fue un texto muchísimo más límpido y más comprensible.

Esta segunda versión fue sometida nuevamente a un examen riguroso, realizado, está vez, en equipo. El principio que guio el trabajo de este equipo fue que la obra debía hablar en castellano, lo cual quiere decir que la fidelidad a un texto no consiste en la repetición literal de lo dicho en el original, sino, más bien, en la recreación de eso que allí está dicho, para decirlo en la forma que es propia de la lengua a la cual se lo traduce. En este sentido, una traducción es en sí misma, necesariamente, una interpretación, y no puede dejar de serlo. Si solo se contentara con repetir literalmente lo dicho en la lengua de origen, en muchas ocasiones la traducción sería incomprensible o incluso disparatada. No se trata tan solo del hecho de que, para traducir, se deba empezar por hacer una interpretación del texto —cosa por lo demás obvia—, sino que lo que aquí afirmamos es que la traducción misma es, ya en sí, una interpretación. Con frecuencia, justamente al intentar decir en castellano lo que estaba dicho en alemán, se nos aclaraba el propio texto original. Era la traducción, esto es, la necesidad de decir en el propio idioma lo que estaba dicho en un idioma ajeno, lo que nos forzaba a repensar lo dicho. No el modo como estaba dicho, sino lo dicho mismo: la cosa de la que el texto original hablaba. Cada lengua tiene sus propias posibilidades de decir las cosas, y todo el problema de la traducción estriba en aprovechar las posibilidades de la propia lengua: digo de aprovecharlas para decir lo mismo que está dicho en el original, pero de un modo diferente, del modo que corresponde al genio de la propia lengua. *Man muss den Mut haben zur freien Übersetzung*, me decía, para animarme, Hans-Georg Gadamer.

Esta actitud, proseguida en forma consecuente, nos llevó no solo a una nueva versión de mi propio texto, sino también a descubrir alguno que otro pequeño error en las ediciones alemanas existentes. De esa forma podíamos comprobar nuevamente que traducir es iluminar el texto original, aunque también sea verdadero que muchas veces la traducción queda muy por debajo del original: es lo que podríamos llamar, con Ortega y Gasset, la miseria y el esplendor de la traducción.

En el trabajo hecho en equipo con vistas a una tercera versión debo mencionar el valioso aporte de la señora Mariana Kuthe y del profesor Hardy Neumann.

Esta tercera versión, revisada y reelaborada, a su vez, un par de veces, es la que ahora se presenta al público. Dejo constancia de las diferencias, a veces bastante importantes, respecto de la primera versión, conocida por muchos de mis alumnos y por otras personas interesadas en la obra de Heidegger.

El texto ha sido traducido del tomo II de la *Gesamtausgabe* y contiene, por consiguiente, una serie de pequeñas variantes respecto de las ediciones anteriores de la editorial Max Niemeyer. En las "Notas del traductor" se deja constancia, en algunos casos, de estas diferencias.

Por otra parte, se han añadido a la nueva traducción las notas marginales del *Hüttenexemplar*, que aparecen en la edición de la GA. Esas notas se ponen al pie de la página a continuación de las notas del texto original impreso. Estas últimas están señaladas con números arábigos, que se renuevan en cada página, mientras que las notas del *Hüttenexemplar* aparecen indicadas con letras minúsculas, también renovadas en cada página. La traducción tiene un tercer tipo de notas: las notas del traductor, señaladas en el texto con asteriscos, los cuales remiten a las páginas finales del libro. En ellas, además de explicarse las razones para una determinada traducción y de aclararse algunos contenidos particularmente difíciles, se deja constancia, en ciertos casos, de algunas de las diferencias del texto de la GA respecto del texto de las ediciones anteriores y se explica la razón de ese cambio.

Además, esta edición señala al margen las correspondientes páginas de las ediciones alemanas de la editorial Niemeyer. Es una costumbre que se ha ido introduciendo en todas las traducciones de *Ser y tiempo* en las distintas lenguas.

La presente traducción ofrece, también, pequeñas variantes respecto de todas las ediciones alemanas. La razón de estas variantes es que los traductores hemos detectado en algunos casos errores en las ediciones alemanas, los que se han seguido repitiendo en forma invariable hasta hoy, apartándose del texto manuscrito conservado en Marbach. Después de consultar a los editores de la GA, nos hemos decidido a traducir según el original manuscrito y no según los textos impresos. Se trata de poquísimos casos, y cada vez se los explica en correspondientes notas del traductor.

Para terminar, debo expresar mis agradecimientos a las muchas personas e instituciones que han colaborado en esta versión o que la han hecho posible. Agradezco, en primer lugar al profesor Friedrich-Wilhelm von Herrmann, de la Universidad de Freiburg i.Br. por su paciente colaboración en el desciframiento de algunos textos especialmente difíciles. Asimismo, agradezco al profesor Hans-Georg Gadamer por sus indicaciones sobre el sentido de algunas expresiones heideggerianas. Otro tanto debo decir de las iluminadoras conversaciones con el profesor Ernst Tugendhat, a quien manifiesto aquí mi gratitud. Mis agradecimientos van también al Dr. Hermann Heidegger por haber autorizado el uso de una fotografía del manuscrito original. Muy particularmente agradezco a la señora Mariana Kuthe por su importante y entusiasta colaboración en la revisión de la segunda de mis traducciones, y al profesor Hardy Neumann de la Universidad Católica de Valparaíso, que me ha acompañado durante muchos años en esta apasionante y difícil tarea del traducir. Mis agradecimientos van también a la Fundación *Alexander von Humboldt*, al *Katholischer Akademischer Austauschdienst*, al FONDECYT de Chile y a la Universidad Católica de Valparaíso, que hicieron posibles algunas de las etapas de este largo trabajo de más de veinte años de duración.

Agradezco en forma muy especial a la señorita Carolina Merino por su abnegado trabajo en el computador y sus sagaces sugerencias para mejorar el texto. Agradezco, finalmente, al profesor Enrique Muñoz por su colaboración en numerosos detalles de la puesta a punto del texto para la editorial, y a la señorita Yerka Trujillo por su ayuda en la elaboración de las notas del traductor y en el trabajo de corrección de las pruebas.

Nota preliminar a la séptima edición (1953)

El tratado *Ser y tiempo* apareció en la primavera de 1927 en el *Jahrbuch für Philosophie und phänomenologische Forschung* (*) editado por E. Husserl (vol. VIII) y simultáneamente en volumen aparte.

La presente reimpresión (**) que aparece como séptima edición no ha sufrido cambios en el texto, pero ha sido nuevamente revisada en lo que respecta a las citas y a la puntuación. Salvo mínimas variaciones, la paginación coincide con la de las ediciones anteriores.

La especificación 'Primera mitad" (***) de las ediciones precedentes ha sido suprimida. Después de un cuarto de siglo, la segunda mitad no podrá añadirse a la primera sin que esta recibiese una nueva exposición. Sin embargo, su camino sigue siendo todavía hoy un camino necesario, si la pregunta por el ser ha de poner en movimiento nuestra existencia.

Para la aclaración de está pregunta, véase también la *Introducción a la Metafísica*, que aparece simultáneamente con esta reimpresión, en la misma editorial. Ella contiene el texto de un curso dictado en el semestre de verano de 1935.

SER Y TIEMPO

...δῆλον γὰρ ώς ὑμεῖς μέν ταῦτα (τί ποτε βούλεσθε σημαίνειν ὁπόταν 1
ὂν φθγγησθε) πάλαι γιγνώσκετε, ἡμεῖς δὲ πρὸ τοῦ μὲν ᾠόμεθα, νῦν δ'
ἠπορήκαμεν...

"Porque manifiestamente vosotros estáis familiarizados desde hace mucho tiempo con lo que propiamente queréis decir cuando usáis la expresión 'ente'; en cambio, nosotros creíamos otrora comprenderlo, pero ahora nos encontramos en aporía"[1]. ¿Tenemos hoy una respuesta a la pregunta acerca de lo que propiamente queremos decir con la palabra "ente"? De ningún modo. Entonces es necesario plantear de nuevo *la pregunta por el sentido del ser*. ¿Nos hallamos hoy al menos perplejos por el hecho de que no comprendemos la expresión "ser"? De ningún modo. Entonces será necesario, por lo pronto, despertar nuevamente una comprensión para el sentido de esta pregunta. La elaboración concreta de la pregunta por el sentido del "*ser*" (*) es el propósito del presente tratado. La interpretación del *tiempo* como horizonte de posibilidad para toda comprensión del ser en general, es su meta provisional.

La fijación de semejante meta, las investigaciones incluidas en aquel propósito y exigidas por él, y el camino hacia ese fin necesitan de una aclaración introductoria.

[1] Platón, *El Sofista*, 244 a.

INTRODUCCIÓN

EXPOSICIÓN DE LA PREGUNTA POR EL SENTIDO DEL SER

CAPÍTULO PRIMERO

Necesidad, estructura y primacía de la pregunta por el ser

§ 1. Necesidad de una repetición explícita de la pregunta por el ser

Hoy esta pregunta ha caído en el olvido, aunque nuestro tiempo se atribuya el 2
progreso de una reafirmación de la "metafísica". Pese a ello, nos creemos dispensados de los esfuerzos para volver a desencadenar una γιγαντομαχία περὶ τῆς οὐσίας. Sin embargo, está pregunta no es una pregunta cualquiera. Ella mantuvo en vilo la investigación de Platón y Aristóteles, aunque para enmudecer desde entonces —*como pregunta temática de una efectiva investigación*. Lo que ellos alcanzaron se mantuvo, a través de múltiples modificaciones y "retoques", hasta la *Lógica* de Hegel. Y lo que, en el supremo esfuerzo del pensar, le fuera antaño arrebatado a los fenómenos, si bien fragmentaria e incipientemente, se ha convertido desde hace tiempo en una trivialidad.

No solo eso. Sobre la base de los comienzos griegos de la interpretación del ser, llegó a constituirse un dogma que no solo declara superflua la pregunta por el sentido del ser, sino que, además, ratifica y legítima su omisión. Se dice: el concepto de "ser" es el más universal y vacío. Como tal, opone resistencia a todo intento de definición. Este concepto universalísimo y, por ende, indefinible, tampoco necesita ser definido. Todo el mundo lo usa constantemente y comprende ya siempre lo que con él quiere decir. De está manera, lo que estando oculto incitaba y mantenía en la inquietud al filosofar antiguo, se ha convertido en algo obvio y claro como el sol, hasta el punto de que si alguien insiste en preguntar aún por ello, es acusado de error metodológico.

Al comienzo de está investigación no es posible discutir en detalle los prejuicios que constantemente suscitan y alimentan la convicción de que no es necesa-
3 rio preguntar por el ser. Ellos hunden sus raíces en la ontología antigua misma. Esta, por su parte, solo podrá ser adecuadamente interpretada —en lo que respecta al terreno de donde han brotado sus conceptos ontológicos fundamentales, y a la justeza de la legitimación y del número de las categorías— siguiendo el hilo conductor de la aclaración y respuesta de la pregunta por el ser. Llevaremos, pues, la discusión de estos prejuicios tan solo hasta el punto en que pueda verse la necesidad de una repetición de la pregunta por el sentido del ser. Estos prejuicios son tres:

1. El "ser"[a] es el concepto "más universal": τὸ ὂν ἐστι καθόλου μάλιστα πάντων[1]. *Illud quod primo cadit sub apprehensione est ens, cuius intellectus includitur in omnibus, quaecumque quis apprehendit.* "Una Comprensión del ser ya está siempre implícita en todo aquello que se aprehende como ente"[2]. Pero la "universalidad" del "ser" no es la del género. El "ser" no constituye la región suprema del ente en tanto que este se articula conceptualmente según género y especie: οὔτε τὸ ὂν γένος[3]. La "universalidad" del ser *'sobrepasa'* toda universalidad genérica. El "ser" es, en la nomenclatura de la ontología medieval, un "trascendental" ("transcendens"). La unidad de este "universal" trascendental frente a la multiplicidad de los supremos conceptos genéricos quiditativos fue reconocida por Aristóteles como la *unidad de la analogía.* Con este descubrimiento, Aristóteles, pese a su dependencia respecto del cuestionamiento ontológico de Platón, puso el problema del ser sobre una base fundamentalmente nueva. Pero tampoco él logró disipar la oscuridad de estas conexiones categoriales. La ontología medieval discutió copiosamente el problema, especialmente en las escuelas tomista y escotista, sin llegar a una claridad de fondo. Y cuando, finalmente, Hegel determina el "ser" como lo "inmediato indeterminado", haciendo de esta definición la base para todo el ulterior despliegue categorial de su *Lógica*, sigue mirando en la misma dirección que la ontología antigua, con la única diferencia que deja de mano el proble-

[1] Aristóteles, *Met.* B 4, 1001 a 21.
[2] Tomás de Aquino, *S. Th.* I-II q. 94 a. 2.
[3] Aristóteles, *Met.* B 3, 998 b 22.
[a] el ente, la entidad.

ma, ya planteado por Aristóteles, de la unidad del ser frente a la multiplicidad de las "categorías" quiditativas. Por consiguiente, cuando se dice: el "ser" es el concepto más universal, ello no puede significar que sea el más claro y que no esté necesitado de una discusión ulterior. El concepto de "ser" es, más bien, el más oscuro.

2. El concepto de "ser" es indefinible. Es lo que se ha concluido de su suprema 4
universalidad[1]. Y con razón —si *definitio fit per genus proximum et differentiam specificam.* En efecto, el "ser" no puede ser concebido como un ente; *enti non additur aliqua natura*: no se puede determinar el "ser" atribuyéndole una entidad. El ser no es derivable definitoriamente desde conceptos más altos, ni puede ser explicado mediante conceptos inferiores. Pero, ¿se sigue de ello que el "ser" ya no presente problemas? Ni mucho menos. Lo único que puede inferirse es que el "ser" no es algo así como un ente[a]. De ahí que esa forma de determinación de los entes, justificada dentro de ciertos límites, que es la "definición" de la lógica tradicional —lógica que tiene, ella misma, sus fundamentos en la ontología antigua— no sea aplicable al ser. La indefinibilidad del ser no dispensa de la pregunta por su sentido, sino que precisamente invita a ella.

3. El "ser" es un concepto evidente por sí mismo. En todo conocimiento, en todo enunciado, en todo comportamiento respecto de un ente, en todo comportarse respecto de sí mismo, se hace uso del "ser", y esta expresión resulta comprensible "sin más". Cualquiera comprende: "el cielo es azul"; "soy feliz", y otras cosas semejantes. Sin embargo, está comprensibilidad de término medio no hace más que demostrar una incomprensibilidad. Esta incomprensibilidad pone de manifiesto que en todo comportarse y habérselas respecto del ente en cuanto ente, subyace *a priori* un enigma. El hecho de que ya siempre vivamos en una comprensión del ser y que, al mismo tiempo, el sentido del ser esté envuelto en oscuridad, demuestra la principal necesidad de repetir la pregunta por el sentido del "ser".

La apelación a lo obvio en el ámbito de los conceptos filosóficos fundamentales, y sobre todo con respecto al concepto de "ser", es un dudoso procedimiento, si es verdad que lo "obvio" y solo lo obvio —"los secretos juicios de la razón

[1] Cf. Pascal, *Pensees et Opuscules* (ed. Brunschvicg) 6, París 1912, p. 169: On ne peut entreprendre de définir l'être sans tomber dans cette absurdite: car on ne peut définir un mot sans commencer par celui-ci, *c'est,* soit qu'on l'exprime ou qu'on le sous-entende. Done pour definir l'être, il faudrait dire *c'est,* et ainsi employer le mot défini dans sa définition.

[a] ¡Ciertamente que no!, sino: acerca del Ser *(Seyn)* no puede decidirse nada recurriendo a este tipo de conceptos.

común" (Kant)— debe ser y continuar siendo el tema expreso de la analítica ("el quehacer de los filósofos") (*).

La consideración de los prejuicios nos ha hecho ver que no solo falta la respuesta a la pregunta por el ser, sino que incluso la pregunta misma es oscura y carece de dirección. Por consiguiente, repetir la pregunta por el ser significa: elaborar de una vez por todas en forma suficiente el planteamiento mismo de la pregunta.

§ 2. La estructura formal de la pregunta por el ser

5 La pregunta por el sentido del ser debe ser planteada (**). Si ella es una pregunta fundamental, o incluso la pregunta fundamental, entonces este cuestionar requiere ser hecho transparente en la forma debida. Por esto, será necesario explicar brevemente lo que pertenece a toda pregunta en general, para poder comprender desde allí el carácter particularísimo de la pregunta por el ser.

Todo preguntar es una búsqueda. Todo buscar está guiado previamente por aquello que se busca. Preguntar es buscar conocer el ente en lo que respecta al hecho de que es y a su ser-así. La búsqueda cognoscitiva puede convertirse en "investigación", es decir, en una determinación descubridora de aquello por lo que se pregunta. Todo preguntar implica, en cuanto preguntar por..., algo puesto en cuestión [*sein Gefragtes*]. Todo preguntar por... es de alguna manera un interrogar a... Al preguntar le pertenece, además de lo puesto en cuestión, un interrogado [*ein Befragtes*]. En la pregunta investigadora, e.d. específicamente teorética, lo puesto en cuestión debe ser determinado y llevado a concepto. En lo puesto en cuestión tenemos entonces, como aquello a lo que propiamente se tiende, lo preguntado [*das Erfragte*], aquello donde el preguntar llega a su meta. El preguntar mismo tiene, en cuanto comportamiento de un ente —del que pregunta— su propio carácter de ser. El preguntar puede llevarse a cabo como un "simple preguntar" o como un cuestionamiento explícito. Lo peculiar de este último consiste en que el preguntar se hace primeramente transparente en todos los caracteres constitutivos de la pregunta misma que acaban de ser mencionados.

La pregunta por el sentido del ser debe ser planteada. Estamos así ante la necesidad de examinar la pregunta por el ser teniendo en vista los momentos estructurales anteriormente especificados.

En cuanto búsqueda, el preguntar está necesitado de una previa conducción de parte de lo buscado. Por consiguiente, el sentido del ser ya debe estar de alguna manera a nuestra disposición. Como se ha dicho, nos movemos desde siempre en una comprensión del ser. Desde ella brota la pregunta explícita por el sentido del ser y la tendencia a su concepto. No sabemos lo que significa "ser". Pero ya cuando preguntamos: "¿que *es* 'ser'?", nos movemos en una comprensión del "es", sin que podamos fijar conceptualmente lo que significa el "es". Ni siquiera conocemos el horizonte desde el cual deberíamos captar y fijar ese sentido. *Esta comprensión del ser mediana y vaga es un factum*(*).

Esta comprensión del ser puede fluctuar y desvanecerse cuanto se quiera, puede moverse incluso en el límite de un mero conocimiento de la palabra, pero esa indeterminación de la comprensión del ser de la que ya siempre disponemos es, ella misma, un fenómeno positivo, que necesita ser aclarado. Sin embargo, 6
una investigación sobre el sentido del ser no puede pretender dar esta explicación al comienzo. La interpretación de la comprensión mediana del ser solo alcanzará su indispensable hilo conductor cuando se haya elaborado el concepto de ser. A la luz del concepto y de las formas de comprensión explícita que le son propias será posible establecer lo que significa una comprensión del ser oscura o todavía no aclarada, y cuáles son las especies posibles y necesarias de oscurecimiento y de obstáculo para una aclaración explícita del sentido del ser.

La comprensión del ser mediana y vaga puede estar, además, impregnada de teorías y opiniones tradicionales acerca del ser, y esto puede ocurrir de tal manera que estas teorías queden ocultas como fuentes de la comprensión dominante. Lo buscado en la pregunta por el ser no es algo enteramente desconocido, aunque sea, por lo pronto, absolutamente inasible (**).

Lo puesto en cuestión en la pregunta que tenemos que elaborar es el ser, aquello que determina al ente en cuanto ente, eso con vistas a lo cual el ente, en cualquier forma que se lo considere, ya es comprendido siempre. El ser del ente no "es", él mismo, un ente. El primer paso filosófico en la comprensión del problema del ser consiste en no μῦθόν τινα διηγεῖσθαι[1], en "no contar un mito", es decir, en no determinar el ente en cuanto ente derivándolo de otro ente, como si el ser tuviese el carácter de un posible ente. El ser, en cuanto constituye lo puesto en cuestión, exige, pues, un modo particular de ser mostrado, que se distingue esencialmente del descubrimiento del ente. Por lo tanto, también lo *preguntado*, esto es, el sentido del ser, reclamará conceptos propios, que, una vez más, contrastan esencialmente con los conceptos en los que el ente cobra su determinación significativa.

Si el ser constituye lo puesto en cuestión, y si ser quiere decir ser del ente, tendremos que lo *interrogado* en la pregunta por el ser es el ente mismo. El ente será interrogado, por así decirlo, respecto de su ser. Para que el ente pueda presentar, empero, sin falsificación los caracteres de su ser, deberá haberse hecho accesible previamente, tal como él es en sí mismo. La pregunta por el ser exige, en relación a lo interrogado en ella, que previamente se conquiste y asegure la

[1] Platón, *El Sofista* 242 c.

forma correcta de acceso al ente. Pero llamamos "ente" a muchas cosas y en diversos sentidos. Ente es todo aquello de lo que hablamos, lo que mentamos,
7 aquello con respecto a lo cual nos comportamos de esta o aquella manera; ente es también lo que nosotros mismos somos, y el modo como lo somos. El ser se encuentra en el hecho de que algo es y en su ser-así, en la realidad, en el estar-ahí [*Vorhandenheit*] (*), en la consistencia, en la validez, en el existir [*Dasein*] (**)[a], en el "hay". ¿En *cuál* ente se debe leer el sentido del ser[b] desde cuál ente deberá arrancar la apertura del ser? ¿Es indiferente el punto de partida o tiene algún determinado ente una primacía en la elaboración de la pregunta por el ser? ¿Cual es este ente ejemplar[c] y en qué sentido goza de una primacía?

Si la pregunta por el ser debe ser planteada explícitamente y llevada a cabo de tal manera que sea del todo transparente para sí misma, una elaboración de esta pregunta exigirá, según las aclaraciones hechas anteriormente, la explicación del modo de dirigir la vista hacia el ser, de comprender y captar conceptualmente su sentido, la preparación de la posibilidad de la correcta elección del ente ejemplar y la elaboración de la genuina forma de acceso a este ente. Dirigir la vista hacia, comprender y conceptualizar, elegir, acceder a..., son comportamientos constitutivos del preguntar y, por ende, también ellos, modos de ser de un ente determinado, *del* ente que somos en cada caso nosotros mismos, los que preguntamos. Por consiguiente, elaborar la pregunta por el ser significa hacer que un ente —el que pregunta— se vuelva transparente en su ser. El planteamiento de esta pregunta, como modo de *ser* de un ente, está, él mismo, determinado esencialmente por aquello por lo que en él se pregunta —por el ser[d]. A este ente que somos en cada caso nosotros mismos, y que, entre otras cosas, tiene esa posibilidad de ser que es el preguntar, lo designamos con el término *Dasein* (***). El planteamiento explícito y transparente de la pregunta por el sentido del ser exige la previa y adecuada exposición de un ente (del Dasein) en lo que respecta a su ser[e].

¿No incurre, sin embargo, semejante empresa en un evidente círculo vicioso? ¿Qué cosa es sino moverse en un círculo determinar primero un ente *en su ser*, y sobre esta base querer plantear, enseguida, la pregunta por el ser? ¿No se "supone" previamente en la elaboración de la pregunta lo que solo la respuesta nos

[a] Todavía el concepto corriente y no otro.

[b] Dos preguntas distintas puestas aquí una tras otra; se presta a malentendidos, sobre todo con respecto al papel del Dasein.

[c] Se presta a malentendidos. El Dasein es ejemplar porque, en virtud de su esencia de Da-sein (el que guarda la verdad del ser), lleva al juego de la resonancia la a-lusión *[Bei-spiel]* que el ser en cuanto tal le hace en su juego con él.

[d] Da-sein: estar sosteniéndose dentro de la nada del Ser *[Seyn]'*, sosteniéndose en cuanto comportamiento *[Verhaltnis]*.

[e] No se trata de que en este ente se lea el sentido del ser.

ha de proporcionar? Objeciones formales, como la del "círculo en la prueba", en todo momento fácilmente aducibles en el campo de la investigación de los principios, son siempre estériles en la consideración de las vías concretas del investigar. Ellas no contribuyen en nada a la comprensión de las cosas, e impiden penetrar en el campo de la investigación.

Pero, en realidad, no hay ningún círculo vicioso en ese modo de plantear la pregunta. Un ente puede determinarse en su ser sin que sea necesario disponer previamente del concepto explícito del sentido del ser. De lo contrario, no podría
haber hasta ahora ningún conocimiento ontológico; y nadie pretenderá negar que 8
lo haya. Sin lugar a dudas, el "ser" ha sido "supuesto" hasta el día de hoy en toda ontología, pero no en cuanto concepto que estuviera a nuestra disposición —no en el sentido en que aquí se lo busca. La "presuposición" del ser tiene más bien, el carácter de una previa visualización del ser, en virtud de la cual el ente dado se articula provisionalmente en su ser. Esta visualización del ser que sirve de guía a la investigación brota de la comprensión mediana del ser en la que desde siempre nos movemos, y que en definitiva[a](*) *pertenece a la constitución esencial del Dasein mismo*. Semejante "presuposición" no tiene nada que ver con la postulación de un principio indemostrado del que se derivaría deductivamente una serie de proposiciones. En el planteamiento de la pregunta por el sentido del ser no puede haber en modo alguno un "círculo en la prueba", porque en la respuesta a esta pregunta no se trata de una fundamentación deductiva, sino de una puesta al descubierto del fundamento mediante su exhibición.

En la pregunta por el sentido del ser no hay un "círculo en la prueba", sino una singular "referencia retrospectiva o anticipativa"(**) de aquello que está puesto en cuestión —el ser— al preguntar mismo en cuanto modo de ser de un ente. Que el preguntar quede esencialmente afectado por lo puesto en cuestión, pertenece al sentido más propio de la pregunta por el ser. Pero esto no significa sino que el ente que posee el carácter del Dasein tiene una relación —quizás incluso privilegiada— con la pregunta misma por el ser. Pero con esto, ¿no queda ya mostrada la primacía ontológica de un determinado ente, y a la vez presentado el ente ejemplar que debe ser primariamente interrogado en la pregunta por el ser?[b]. Las consideraciones hechas hasta aquí no han demostrado la primacía del Dasein, ni han zanjado el problema de su posible o incluso necesaria función como ente que debe ser primariamente interrogado. Pero, en cambio, se ha hecho presente algo así como una primacía del Dasein.

[a] Es decir, desde el principio.

[b] De nuevo, como en la p. 30, una esencial simplificación, donde, sin embargo, está pensado lo justo. El Dasein no es un caso de ente para la abstracción representativa del ser, pero sí la morada de la comprensión del ser.

§ 3. La primacía ontológica de la pregunta por el ser

Con la caracterización de la pregunta por el ser al hilo de la estructura formal de toda pregunta en cuanto tal, se ha aclarado el carácter peculiar de esta pregunta, y se ha hecho ver que su elaboración y, más aún, su respuesta, demanda una serie de consideraciones fundamentales. Pero el carácter particular de la pregunta por el ser solo saldrá plenamente a luz cuando se la haya delimitado suficientemente en su función, en su intención y en sus motivos.

Hasta aquí se ha motivado la necesidad de una repetición de la pregunta, en
9 parte, en lo venerable de su origen, pero, sobre todo, en la falta de una respuesta determinada e, incluso, en la ausencia de un planteamiento suficiente de la pregunta misma. Pero podría desearse también saber para qué ha de servir esta pregunta. ¿Se queda ella en una pura especulación en el aire sobre las más universales generalidades? *¿Es* tan solo eso? *¿O es, por el contrario, la pregunta más fundamental y a la vez la más concreta?*

Ser es siempre el ser de un ente. El todo del ente, según sus diferentes sectores, puede convertirse en ámbito del descubrimiento y la delimitación de determinadas regiones esenciales (*). Estas, por su parte, p. ej. la historia, la naturaleza, el espacio, la vida, el Dasein, el lenguaje, etc., pueden ser tematizadas como objetos de las correspondientes investigaciones científicas. La investigación científica realiza ingenuamente y a grandes rasgos la demarcación y primera fijación de las regiones esenciales. La elaboración de las estructuras fundamentales de cada región ya ha sido, en cierto modo, realizada por la experiencia e interpretación precientíficas del dominio de ser (**) que define la región esencial misma. Los "conceptos fundamentales" que de está manera surgen constituyen, por lo pronto, los hilos conductores para la primera apertura concreta de la región. Aunque el peso de la investigación tiende siempre hacia esta positividad, su progreso propiamente dicho no se realiza tanto por la recolección de los resultados y su conservación en "manuales", cuanto por el cuestionamiento de las estructuras fundamentales de la correspondiente región, impulsado generalmente en forma reactiva por el conocimiento creciente de las cosas.

El verdadero "movimiento" de las ciencias se produce por la revisión más o menos radical (aunque no transparente para sí misma) (***) de los conceptos fundamentales. El nivel de una ciencia se determina por su mayor o menor *capacidad* de experimentar una crisis en sus conceptos fundamentales. En estas crisis inmanentes de las ciencias se tambalea la relación de la investigación positiva con las cosas interrogadas mismas. Las diversas disciplinas muestran hoy por doquier la tendencia a establecer nuevos fundamentos para su investigación.

La propia *matemática*, que es aparentemente la ciencia más rigurosa y más sólidamente construida, ha experimentado una "crisis de fundamentos". La disputa entre el formalismo y el intuicionismo gira en torno a la obtención y aseguramiento de la forma primaria de acceso a lo que debe ser objeto de esta ciencia. La teoría de la relatividad en la *física* nace de la tendencia a sacar a luz en su carácter propio y "en sí" la textura de la naturaleza misma. Como teoría de las condiciones de acceso a la naturaleza misma procura preservar la inmutabilidad de las leyes del movi- 10
miento mediante la determinación de todas las relatividades, y de esta manera se enfrenta a la pregunta por la estructura de su propia región esencial, es decir, al problema de la materia. En la *biología* despierta la tendencia a interrogar más allá de las definiciones de organismo y de vida dadas por el mecanicismo y el vitalismo, y a redefinir el modo de ser de lo viviente en cuanto tal. En las *ciencias históricas del espíritu* se ha hecho más fuerte la tendencia a llegar a la realidad histórica misma mediante la tradición y los documentos que la transmiten: la historia de la literatura se debe convertir en historia de los problemas. La *teología* busca una interpretación más originaria del ser del hombre en relación con Dios, esbozada a partir del sentido de la fe misma y atenida a ella. Poco a poco empieza a comprender nuevamente la visión de Lutero de que la sistematización dogmática de la teología reposa sobre un "fundamento" que no viene primariamente de un cuestionar interno a la fe, y cuyo aparato conceptual no solo es insuficiente para responder a la problemática teológica, sino que, además, la encubre y desfigura.

Conceptos fundamentales son aquellas determinaciones en que la región esencial a la que pertenecen todos los objetos temáticos de una ciencia logra su comprensión preliminar, que servirá de guía a toda investigación positiva. Estos conceptos reciben, pues, su genuina justificación (*) y "fundamentación" únicamente a través de la previa investigación de la región esencial misma. Ahora bien, puesto que cada una de estas regiones se obtiene a partir de un determinado sector del ente mismo, esa investigación preliminar que elabora los conceptos fundamentales no significa otra cosa que la interpretación de este ente en función de la constitución fundamental de su ser. Semejante investigación debe preceder a las ciencias positivas; y lo *puede*. El trabajo de Platón y Aristóteles es prueba de ello. Esa fundamentación de las ciencias se distingue principalmente de aquella "lógica" zaguera que investiga el estado momentáneo de una ciencia en función de su "método". La fundamentación de las ciencias es una lógica productiva, en el sentido de que ella, por así decirlo, salta hacia adelante hasta una determinada región de ser, la abre por vez primera en su constitución ontológica y pone a disposición de las ciencias positivas, como claras indicaciones para el preguntar, las estructuras así obtenidas. Así, por ejemplo, lo filosóficamente primario no es la teoría de la formación de los conceptos de la historia, ni la teoría del conocimiento histórico, o la teoría de la historia como objeto del saber histórico, sino

la interpretación del ente propiamente histórico en función de su historicidad. De
igual modo, el aporte positivo de la *Crítica de la razón pura* de Kant no consiste
en haber elaborado una "teoría" del conocimiento, sino, más bien, en su contribu-
11 ción a desentrañar lo que es propio de una naturaleza en general. Su lógica trascendental es una lógica material *a priori* para la región de ser llamada naturaleza.

Pero semejante cuestionamiento —que es ontología, en su sentido más amplio, y con independencia de corrientes y tendencias ontológicas— necesita, a su vez, de un hilo conductor. El preguntar ontológico es ciertamente más originario que el preguntar óntico de las ciencias positivas. Pero él mismo sería ingenuo y opaco si sus investigaciones del ser del ente dejaran sin examinar el sentido del ser en general. Y precisamente la tarea ontológica de una genealogía no deductivamente constructiva de las diferentes maneras posibles de ser, necesita de un acuerdo previo sobre lo "que propiamente queremos decir con esta expresión 'ser'".

La pregunta por el ser apunta, por consiguiente, a determinar las condiciones *a priori* de la posibilidad no solo de las ciencias que investigan el ente en cuanto tal o cual, y que por ende se mueven ya siempre en una comprensión del ser, sino que ella apunta también a determinar la condición de posibilidad de las ontologías mismas que anteceden a las ciencias ónticas y las fundan. *Toda ontología, por rico y sólidamente articulado que sea el sistema de categorías de que dispone, es en el fondo ciega y contraria a su finalidad más propia si no ha aclarado primero suficientemente el sentido del ser y no ha comprendido esta aclaración como su tarea fundamental.*

La investigación ontológica misma, rectamente comprendida, le da a la pregunta por el ser su primacía ontológica, más allá de la mera reanudación de una tradición venerable y de la profundización en un problema hasta ahora opaco. Pero esta primacía en el orden objetivo-científico no es la única.

§ 4. La primacía óntica de la pregunta por el ser

La ciencia en general puede definirse como un todo de proposiciones verdaderas
conectadas entre sí por relaciones de fundamentación. Pero esta definición no es
completa ni alcanza a la ciencia en su sentido. En cuanto comportamientos del hombre, las ciencias tienen el modo de ser de este ente (el hombre). A este ente lo designamos con el término *Dasein*. La investigación científica no es el único ni el más
inmediato de los posibles modos de ser de este ente. Por otra parte, el Dasein mismo se destaca frente a los demás entes. Por lo pronto, será necesario aclarar en for-
12 ma provisional este carácter eminente del Dasein. Para ello, la discusión tendrá que
anticipar análisis posteriores, que solo entonces serán propiamente demostrativos.

El Dasein no es tan solo un ente que se presenta entre otros entes. Lo que lo caracteriza ónticamente es que a este ente *le va* en su ser este mismo ser. La constitución de ser del Dasein implica entonces que el Dasein tiene en su ser una relación de ser con su ser. Y esto significa, a su vez, que el Dasein se comprende en su ser de alguna manera y con algún grado de explicitud. Es propio de este ente el que con y por su ser este se encuentre abierto para él mismo. *La comprensión del ser(*) es, ella misma, una determinación de ser del Dasein*[a]. La peculiaridad óntica del Dasein consiste en que el Dasein *es* ontológico.

Aquí ser-ontológico no significa aún desarrollar una ontología. Si reservamos, por consiguente, el término ontología para el cuestionamiento teorético explicito del ser del ente, tendremos que designar como preontológico el ser-ontológico del Dasein. Pero "preontológico" no significa tan solo un puro estar siendo óntico, sino un estar siendo en la forma de una comprensión del ser.

El[b] ser mismo con respecto al cual[c] el Dasein se puede comportar de esta o aquella manera y con respecto al cual siempre se comporta de alguna determinada manera, lo llamamos *existencia* (**). Y como la determinación esencial de este ente no puede realizarse mediante la indicación de un contenido quiditativo, sino que su esencia consiste, más bien, en que este ente tiene que ser en cada caso su ser como suyo, se ha escogido para designarlo el término Dasein como pura expresión de ser (***).

El Dasein se comprende siempre a sí mismo desde su existencia, desde una posibilidad de sí mismo: de ser sí mismo o de no serlo. El Dasein, o bien ha escogido por sí mismo estas posibilidades, o bien ha ido a parar en ellas, o bien ha crecido en ellas desde siempre. La existencia es decidida en cada caso tan solo por el Dasein mismo, sea tomándola entre manos, sea dejándola perderse. La cuestión de la existencia ha de ser resuelta siempre tan solo por medio del existir mismo. A la comprensión de sí mismo que entonces sirve de guía la llamamos comprensión *existentiva* [*existenzielle*] (****). La cuestión de la existencia es una "incumbencia" óntica del Dasein. Para ello no se requiere la transparencia teorética de la estructura ontológica de la existencia. La pregunta por esta estructura apunta a la exposición analítica de lo constitutivo de la existencia[d]. A la trama de estas estructuras la llamamos *existencialidad*. Su analítica no tiene el carácter de un comprender existentivo, sino de un comprender

[a] Pero, ser, aquí, no solo en cuanto ser del hombre (existencia). Esto resultará claro por lo que sigue. El estar-en-el-mundo encierra *en sí* la relación de la existencia con el ser en total: comprensión del ser.

[b] Aquel

[c] como suyo propio

[d] Por consiguiente, no se trata de una filosofía existencial.

13 *existencial* [*existenziales*]. La tarea de una analítica existencial del Dasein ya se encuentra bosquejada en su posibilidad y necesidad en la constitución óntica del Dasein.

Ahora bien, puesto que la existencia determina al Dasein, la analítica ontológica de este ente requiere siempre una visualización de la existencialidad. Y a está existencialidad la entendemos como la constitución de ser del ente que existe. Pero ya en la idea de tal constitución de ser se encuentra la idea del ser en general. Y de este modo, la posibilidad de llevar a cabo la analítica del Dasein depende también de la previa elaboración de la pregunta por el sentido del ser en general.

Las ciencias son maneras de ser del Dasein en las que este se comporta también en relación a entes que pueden ser otros que él. Ahora bien, al Dasein le pertenece esencialmente el estar en un mundo. La comprensión del ser propia del Dasein comporta, pues, con igual originariedad, la comprensión de algo así como un "mundo", y la comprensión del ser del ente que se hace accesible dentro del mundo. Las ontologías cuyo tema es el ente que no tiene el carácter de ser del Dasein están, por ende, fundadas y motivadas en la estructura óntica del Dasein mismo, que lleva en sí la determinación de una comprensión preontológica del ser.

De ahí que la *ontología fundamental* (*), que está a la base de todas las otras ontologías, deba ser buscada en la *analítica existencial del Dasein.*

El Dasein tiene, por consiguiente, en varios sentidos, una primacía sobre todo otro ente. En primer lugar, una primacía *óntica:* el Dasein está determinado en su ser por la existencia. En segundo lugar, una primacía *ontológica:* en virtud de su determinación por la existencia, el Dasein es "ontológico" en sí mismo. Ahora bien, al Dasein le pertenece con igual originariedad —como constitutivo de la comprensión de la existencia— una comprensión del ser de todo ente que no tiene el modo de ser del Dasein. Por consiguiente, el Dasein tiene una tercera primacía: la de ser la condición de posibilidad óntico-ontológica de todas las ontologías. El Dasein se ha revelado, pues, como aquello que, desde un punto de vista ontológico, debe ser interrogado con prioridad a todo otro ente.

Pero, a su vez, la analítica existencial tiene, en última instancia, raíces *existentivas*, e.d. *ónticas*. Únicamente cuando el cuestionar de la investigación filosófica es asumido existentivamente como posibilidad de ser del Dasein existente, se da la posibilidad de una apertura de la existencialidad de la existencia, y con ello la posibilidad de abordar una problemática ontológica suficientemente fundada.
14 Pero con esto se ha aclarado también la primacía óntica de la pregunta por el ser.

La primacía óntico-ontológica del Dasein fue vista tempranamente, pero sin que el Dasein mismo fuese aprehendido en su genuina estructura ontológica o se convirtiese, al menos, en problema desde este punto de vista. Aristóteles dice:

ἡ ψυχὴ τὰ ὄντα πώς ἐστιν[1]. El alma (del hombre) es en cierto modo los entes; el "alma", que es constitutiva del ser del hombre, descubre, en las maneras de ser de la αἴσθησις y la νόησις todo ente en lo que respecta al hecho de que es y a su ser-así, es decir, lo descubre siempre en su ser. Esta frase, que remite a la tesis ontológica de Parménides, fue recogida por Tomás de Aquino en una discusión característica. Dentro del problema de la deducción de los "trascendentales", e.d. de los caracteres de ser que están más allá de toda posible determinación quiditativo-genérica de un ente, de todo *modus specialis entis*, y que convienen necesariamente a todo "algo", sea este el que fuere, es necesario que se demuestre también que el *verum* es un *transcendens* de este tipo. Esto acontece mediante el recurso a un ente que por su modo mismo de ser tiene la propiedad de "convenir", e.d. de concordar, con cualquier clase de ente. Este ente privilegiado, el *ens, quod natum est convenire cum omni ente*, es el alma (*anima*)[2]. La primacía del Dasein sobre todo otro ente, que aquí aparece pero que no queda ontológicamente aclarada, no tiene evidentemente nada en común con una mala subjetivización del todo del ente.

La demostración de la peculiaridad óntico-ontológica de la pregunta por el ser se funda en la indicación provisional de la primacía óntico-ontológica del Dasein. Pero el análisis de la estructura de la pregunta por el ser en cuanto tal pregunta (§ 2) nos permitió descubrir una función privilegiada de este ente dentro del planteamiento mismo de la pregunta. El Dasein se reveló allí como aquel ente que es necesario que sea primero suficientemente elaborado desde un punto de vista ontológico, si se quiere que el preguntar se vuelva transparente. Pero ahora se nos ha mostrado que la analítica ontológica del Dasein en general constituye la ontología fundamental, de tal manera que el Dasein viene a ser el ente que en principio *ha de ser* previamente *interrogado* respecto de su ser.

Para la tarea de la interpretación del sentido del ser, el Dasein no es tan solo el
ente que debe ser primariamente interrogado, sino que es, además, el ente que en 15
su ser se comporta ya siempre en relación a *aquello* por lo que en esta pregunta se cuestiona. Pero entonces la pregunta por el ser no es otra cosa que la radicalización de una esencial tendencia de ser que pertenece al Dasein mismo, vale decir, de la comprensión preontológica del ser.

[1] *De anima* Γ 8, 431 b 21; Cf. *ibíd.* 5, 430 a 14 ss.

[2] *Quaestiones de veritate,* qu. I a. 1 c, cf. la "deducción", en cierto modo más rigurosa de los trascendentales, parcialmente divergente de la aquí citada, en el opúsculo *De natura generis.*

CAPÍTULO SEGUNDO

La doble tarea (*) de la elaboración de la pregunta por el ser. El método de la investigación y su plan

§ 5. La analítica ontológica del Dasein como puesta al descubierto del horizonte para una interpretación del sentido del ser en general (**)

Al señalar las tareas implicadas en el "planteamiento" de la pregunta por el ser, se ha mostrado no solo que es necesario precisar cuál es el ente que ha de hacer las veces de lo primariamente interrogado, sino que también se requiere una explícita apropiación y aseguración de la correcta forma de acceso a él. Ya hemos dilucidado cuál es el ente que desempeña el papel principal dentro de la pregunta por el ser. Pero, ¿cómo llegará este ente (el Dasein) a ser accesible y a entrar, por así decirlo, en la mira de la interpretación comprensora?

La demostración de la primacía óntico-ontológica del Dasein podrá llevarnos a pensar que este ente debe ser también lo primariamente dado desde el punto de vista óntico-ontológico, no solo en el sentido de una "inmediata" aprehensibilidad del ente mismo, sino también en el sentido de un igualmente "inmediato" darse de su modo de ser. Sin lugar a dudas, el Dasein está no solo ónticamente cerca, no solo es lo más cercano —sino que incluso lo *somos* en cada caso nosotros mismos. Sin embargo, o precisamente por eso, el Dasein es ontológicamente lo más lejano. Ciertamente a su modo más propio de ser le es inherente tener una comprensión de este ser y moverse en todo momento en un cierto estado interpretativo (***) respecto de su ser. Pero con ello no queda dicho en modo alguno que esta inmediata interpretación preontológica del propio ser pueda servirnos como hilo conductor adecuado, cual si esa comprensión brotase necesariamente de una reflexión ontológica temática acerca de la más propia constitución de ser. El Dasein tiene, más bien, en virtud de un modo de ser que le es propio, la tendencia a comprender su ser desde *aquel* ente con el que esencial, constante e inmediatamente se relaciona en su comportamiento, vale decir, desde el "mundo"[a]. En

el Dasein mismo y, por consiguiente, en su propia comprensión de ser, hay algo
16 que más adelante se mostrará como el reflejarse ontológico de la comprensión del mundo sobre la interpretación del Dasein.

La primacía óntico-ontológica del Dasein es, pues, la razón de que al Dasein le quede oculta su específica constitución de ser —entendida en el sentido de la estructura "categorial" que le es propia. El Dasein es para sí mismo ónticamente "cercanísimo", ontológicamente lejanísimo y, sin embargo, preontológicamente no extraño.

Con ello solo se ha señalado, provisionalmente, que una interpretación de este ente se enfrenta con dificultades peculiares, que a su vez se fundan en el modo de ser del objeto temático y del comportamiento tematizante mismo, y no en una deficiente dotación de nuestra facultad de conocer, o en la falta, en apariencia fácil de remediar, de un repertorio adecuado de conceptos.

Ahora bien, como al Dasein no solo le pertenece una comprensión de su ser, sino que esta se desarrolla o decae según el modo de ser que tiene cada vez el Dasein mismo, puede este disponer de una amplia gama de formas de interpretación. La psicología filosófica, la antropología, la ética, la "política", la poesía, la biografía y la historiografía, han indagado, por diferentes caminos y en proporciones variables, los comportamientos, las facultades, las fuerzas, las posibilidades y los destinos del Dasein. Queda abierta empero la pregunta si estas interpretaciones fueron realizadas con una originariedad existencial comparable a la originariedad que tal vez ellas tuvieron en el plano existentivo. Ambas cosas no van necesariamente juntas, pero tampoco se excluyen. La interpretación existentiva puede exigir una analítica existencial, al menos si se comprende el conocimiento filosófico en su posibilidad y necesidad. Tan solo cuando las estructuras fundamentales del Dasein queden suficientemente elaboradas en una orientación explícita hacia el problema del ser, alcanzará la interpretación del Dasein lograda hasta hoy su justificación existencial.

Una analítica del Dasein debe constituir, pues, la primera exigencia que plantea el desarrollo de la pregunta por el ser. Pero entonces el problema de la obtención y aseguramiento de la forma de acceso al Dasein se torna plenamente candente. Dicho de manera negativa: no se debe aplicar a este ente de un modo dogmático y constructivo una idea cualquiera de ser y realidad, por muy "obvia" que ella sea; ni se debe imponer al Dasein, sin previo examen ontológico, "categorías" bosquejadas a partir de tal idea. El modo de acceso y de interpretación debe ser escogido, por el contrario, de tal manera que este ente se pueda mostrar en sí mismo y desde sí mismo. Y esto quiere decir que el ente deberá mostrarse

[a] e. d. desde lo que está-ahí *[aus dem Vorhandenen]*.

tal como es *inmediata y regularmente*, en su *cotidianidad* media (*). En esta cotidianidad no deberán sacarse a luz estructuras cualesquiera o accidentales, 17
sino estructuras esenciales, que se mantengan en todo modo de ser del Dasein fáctico como determinantes de su ser. Es, pues, con referencia a la constitución fundamental de la cotidianidad del Dasein como se pondrá de relieve, en una etapa preparatoria, el ser de este ente.

La analítica del Dasein así concebida está orientada por entero hacia la tarea de la elaboración de la pregunta por el ser, que le sirve de guía. Con esto se determinan también sus límites. Ella no puede pretender entregarnos una ontología completa del Dasein, como la que sin duda debiera elaborarse si se quisiera algo así como una antropología "filosófica" apoyada sobre bases filosóficamente suficientes. En la perspectiva de una posible antropología o de su fundamentación ontológica, la siguiente interpretación proporciona tan solo algunos "fragmentos", que no son, sin embargo, inesenciales. Pero el análisis del Dasein no solo es incompleto, sino que, por lo pronto, también es *provisional* (**). En un primer momento se contentará con sacar a luz el ser de este ente, sin dar una interpretación de su sentido. En cambio, deberá preparar la puesta al descubierto del horizonte para la interpretación más originaria de ese ser. Una vez que haya sido alcanzado este horizonte, el análisis preparatorio del Dasein exigirá ser repetido sobre una base más alta, la propiamente ontológica.

La *temporeidad* se nos mostrará como el sentido del ser de ese ente que llamamos Dasein. Esta averiguación deberá comprobarse por medio de la reinterpretación de las estructuras del Dasein que habían sido provisionalmente mostradas, reinterpretación que las comprenderá como modos de la temporeidad. Pero con esta interpretación del Dasein como temporeidad no habremos dado aún la respuesta a la pregunta conductora, es decir, a la pregunta por el sentido del ser en general[a]. En cambio, habrá quedado preparado el terreno para llegar a esa respuesta.

Se ha insinuado ya que el Dasein tiene como constitución óntica un ser preontólogico. El Dasein *es* de tal manera que, siendo, comprende algo así como el ser. Sin perder de vista esta conexión, deberá mostrarse que aquello desde donde el Dasein comprende e interpreta implícitamente eso que llamamos el ser, es *el tiempo*. El tiempo deberá ser sacado a luz y deberá ser concebido genuinamente como el horizonte de toda comprensión del ser y de todo modo de interpretarlo. Para hacer comprensible esto se requiere una *explicación originaria del tiempo como horizonte de la comprensión del ser, a partir de la temporeidad en cuanto ser del Dasein comprensor del ser.* Dentro de esta tarea global surge

[a] καθόλου, καθ'αὑτό.

también la exigencia de acotar el concepto del tiempo así obtenido, frente a la
18 comprensión vulgar del tiempo, que se ha hecho explícita en la interpretación que ha decantado en el concepto tradicional del tiempo, que se mantiene vigente desde Aristóteles hasta más acá de Bergson. Será necesario aclarar entonces qué y cómo este concepto del tiempo y, en general, la comprensión vulgar del tiempo, brotan de la temporeidad. Con ello se le devolverá al concepto vulgar del tiempo su derecho propio —contra la tesis de Bergson de que el tiempo al que se refiere ese concepto sería el espacio.

El "tiempo" sirve desde antaño como criterio ontológico, o más bien óntico, de la distinción ingenua de las diferentes regiones del ente. Es usual delimitar el ente "temporal" (*) (los procesos de la naturaleza y los acontecimientos de la historia) frente al ente "intemporal" (las relaciones espaciales y numéricas). Se suele contrastar el sentido "intemporal" de las proposiciones con el transcurso "temporal" de las enunciaciones. Se establece, además, un "abismo" entre el ente "temporal" y lo eterno "supratemporal", y se intenta franquearlo. "Temporal" quiere decir en cada uno de estos casos tanto como siendo "en el tiempo", una determinación que, a decir verdad, es bastante oscura. El hecho es que el tiempo, en el sentido del "estar en el tiempo", sirve de criterio para la distinción de regiones del ser. Cómo llega el tiempo a está particular función ontológica y, más aún, con qué derecho precisamente eso que llamamos el tiempo funciona como semejante criterio y, por último, acaso en este ingenuo uso ontológico del tiempo se expresa la auténtica relevancia ontológica que posiblemente le compete, son cosas que no han sido cuestionadas ni investigadas hasta ahora. El "tiempo" ha caído como "por sí mismo", dentro del horizonte de la comprensión vulgar, en esta "obvia" función ontológica, y en ella se ha mantenido hasta ahora.

En contraste con lo anterior, una vez elaborada la pregunta por el sentido del ser, deberá mostrarse, en base a ella, *qué y cómo la problemática central de toda ontología hunde sus raíces en el fenómeno del tiempo correctamente visto y explicitado (**).*

Si el ser debe concebirse a partir del tiempo, y si los diferentes modos y derivados del ser solo se vuelven efectivamente comprensibles en sus modificaciones y derivaciones cuando se los considera desde la perspectiva del tiempo, entonces quiere decir que el ser mismo —y no solo el ente en cuanto está "en el tiempo"— se ha hecho visible en su carácter "temporal". Pero, en tal caso, "temporal" no puede ya significar solamente "lo que está en el tiempo". También lo "intemporal" y lo "supratemporal" es "temporal" en lo que respecta a su ser. Y esto, a su vez, no solo en la forma de una privación frente a algo "temporal"
19 en cuanto ente "en el tiempo", sino en un sentido *positivo*, aunque todavía por aclarar. Como la expresión "temporal" se ocupa en el uso lingüístico prefilosófico y filosófico en la significación ya indicada, y como en las investigaciones

que siguen la expresión será usada en una significación diferente, llamaremos a la determinación originaria del sentido del ser y de sus caracteres y modos, obtenida a partir del tiempo, determinación *temporaria* [*temporale Bestimmtheit*] (*). La tarea ontológica fundamental de la interpretación del ser en cuanto tal incluye, pues, el desentrañamiento de la *temporariedad del ser* [*Temporalität des Seins*]. Solo en la exposición de la problemática de la temporariedad se dará la respuesta concreta a la pregunta por el sentido del ser.

Puesto que el ser solo es captable, en cada caso, desde la perspectiva del tiempo, la respuesta a la pregunta por el ser no puede consistir en una frase aislada y ciega. La respuesta será incomprensible si nos limitamos a la repetición de lo que en ella se dice en forma de proposición, especialmente si se la hace circular a la manera de un resultado que flota en el vacío y que solo requiere ser registrado como un simple "punto de vista", quizás discrepante de la manera usual de abordar las cosas. Si la respuesta es "nueva", es algo que carece de importancia y no pasa de ser una pura exterioridad. Lo positivo en ella debe estar en que sea lo suficientemente *antigua* como para aprender a hacerse cargo de las posibilidades deparadas por los "antiguos". El sentido más propio de la respuesta consiste en prescribir a la investigación ontológica concreta que dé comienzo a la interrogación investigante dentro del horizonte que habrá sido puesto al descubierto. La respuesta no da más que esto.

Por consiguiente, si la respuesta a la pregunta por el ser debe ofrecernos el hilo conductor para toda futura investigación, de allí se sigue que ella no podrá ser adecuada mientras no nos haga comprender el modo de ser específico de la ontología hecha hasta ahora y las vicisitudes de sus problemas, de sus hallazgos y fracasos, como algo necesariamente ligado al modo de ser del Dasein.

§ 6. La tarea de una destrucción de la historia de la ontología

Toda investigación —y no en último término la que se mueve en el ámbito de
esa pregunta central que es la pregunta por el ser— es una posibilidad óntica del
Dasein. El ser del Dasein tiene su sentido en la temporeidad. Pero esta última es
también la condición que hace posible la historicidad como un modo de ser tempóreo del Dasein mismo, prescindiendo de si este es un ente "en el tiempo" y del
modo como lo sea. El carácter de la historicidad [*Geschichtlichkeit*] es previo a lo
que llamamos historia [*Geschichte*] (el acontecer de la historia universal). La his- 20
toricidad (**) es la constitución de ser del "acontecer" del Dasein en cuanto tal,
acontecer que es el único fundamento posible para eso que llamamos la "historia
universal" y para la pertenencia histórica a la historia universal. En su ser fáctico,

el Dasein es siempre como y “lo que” ya ha sido. Expresa o tácitamente, él es *su* pasado. Y esto no solo en el sentido de que su pasado se deslice, por así decirlo, “detrás” de él y que el Dasein posea lo pasado como una propiedad que esté todavía ahí y que de vez en cuando vuelva a actuar sobre él. El Dasein “es” su pasado en la forma propia de su ser, ser que, dicho elementalmente, “acontece” siempre desde su futuro. En cada una de sus formas de ser y, por ende, también en la comprensión del ser que le es propia, el Dasein se ha ido familiarizando con y creciendo en una interpretación usual del existir [*Dasein*]. Desde ella se comprende en forma inmediata y, dentro de ciertos límites, constantemente. Esta comprensión abre las posibilidades de su ser y las regula. Su propio pasado —y esto significa siempre el pasado de su “generación”— no *va detrás* del Dasein, sino que ya cada vez se le anticipa.

Esta elemental historicidad del Dasein puede quedarle oculta a este mismo. Pero también puede descubrirse en cierta manera y volverse objeto de un peculiar cultivo. El Dasein puede descubrir la tradición, conservarla e investigarla explícitamente. El descubrimiento de la tradición y la averiguación de lo que ella “transmite” y del modo como lo transmite, puede ser asumido como tarea autónoma. El Dasein reviste entonces el modo de ser del cuestionar e investigar históricos. Pero el saber histórico [*Historie*] —o más exactamente la manera de ser del averiguar histórico [*Historizität*]— solo es posible, en cuanto modo de ser del Dasein cuestionante, porque este último está determinado, en el fondo de su ser, por la historicidad. Si esta se le oculta al Dasein —y mientras se le oculte— también le será rehusada la posibilidad del preguntar histórico y del descubrimiento de la historia. La ausencia de saber histórico no es prueba alguna *contra* la historicidad del Dasein, sino, más bien, en cuanto modo deficiente de esta constitución de ser, una prueba en su favor. Una determinada época puede carecer de sentido histórico [*unhistorisch sein*] solamente en la medida en que es “histórica” [“*geschichtlich*”].

Pero si, por otra parte, el Dasein ha hecho suya la posibilidad que hay en él no solo de hacer transparente para sí mismo su propia existencia, sino también de preguntar por el sentido de la existencialidad misma, y esto quiere decir, de preguntar previamente por el sentido del ser en general, y si en este preguntar ha quedado abierta la mirada para la esencial historicidad del Dasein, entonces será imposible no ver que el preguntar por el ser, cuya necesidad óntico-ontológica ya ha sido señalada, está caracterizado, también él, por la historicidad. De esta manera, la elaboración de la pregunta por el ser, en virtud del más propio sentido
21 de ser del interrogar mismo en cuanto histórico, no podrá menos de captar la intimación a preguntar por su propia historia, e.d., a volverse historiológica, para llegar de este modo, por medio de la apropiación positiva del pasado, a la plena posesión de sus más propias posibilidades de cuestionamiento. La pregunta por el sentido del ser, por su misma forma de llevarse a cabo, e. d., por requerir una

previa explicación del Dasein en su temporeidad e historicidad, se ve llevada por sí misma a entenderse como averiguación histórica.

Pero la interpretación preparatoria de las estructuras fundamentales del Dasein, vistas en el modo inmediato y medio de su ser, modo en el que, por lo mismo, él es también inmediatamente histórico, pondrá de manifiesto lo siguiente: el Dasein no solo tiene la propensión a caer en su mundo, es decir, en el mundo en el que es, y a interpretarse por el modo como se refleja en él, sino que el Dasein queda también, y a una con ello, a merced de su propia tradición, más o menos explícitamente asumida. Esta tradición le substrae la dirección de sí mismo, el preguntar y el elegir. Y esto vale, y no en último término, de *aquella* comprensión que hunde sus raíces en el ser más propio del Dasein, es decir, de la comprensión ontológica, y de sus posibilidades de elaboración.

La tradición que de este modo llega a dominar no vuelve propiamente accesible lo "transmitido" por ella, sino que, por el contrario, inmediata y regularmente lo encubre. Convierte el legado de la tradición en cosa obvia y obstruye el acceso a las "fuentes" originarias de dónde fueron tomados, en forma parcialmente auténtica, las categorías y conceptos que nos han sido transmitidos. La tradición nos hace incluso olvidar semejante origen. Ella insensibiliza hasta para comprender siquiera la necesidad de un tal retorno. La tradición desarraiga tan hondamente la historicidad del Dasein, que este no se moverá ya sino en función del interés por la variedad de posibles tipos, corrientes y puntos de vista del filosofar en las más lejanas y extrañas culturas, y buscará encubrir bajo este interés la propia falta de fundamento (*). La consecuencia será que el Dasein, en medio de todo ese interés histórico y pese a su celo por una interpretación filológicamente "objetiva" (**), ya no comprenderá aquellas elementales condiciones sin las cuales no es posible un retorno positivo al pasado, es decir, una apropiación productiva del mismo.

Hemos mostrado al comienzo (§1) que la pregunta por el sentido del ser no solo no ha sido resuelta, ni tampoco siquiera suficientemente planteada, sino que, pese a todo el interés por la "metafísica", ella ha caído en el olvido. La ontología griega y su historia, que todavía hoy, a través de diversas filiaciones y distorsiones, determinan el aparato conceptual de la filosofía, son la prueba de que el Dasein se 22
comprende a sí mismo y al ser en general a partir del "mundo" (***), y de que la ontología que de este modo ha nacido sucumbe a la tradición, una tradición que la degrada a la condición de cosa obvia y de material que ha de ser meramente reelaborado (como en Hegel). Esta ontología griega desarraigada llega a ser en la Edad Media un cuerpo doctrinal consolidado. Su sistemática es todo lo contrario de un ensamblaje en un único edificio de piezas heredadas de la tradición. Dentro de los límites de una recepción dogmática de las concepciones fundamentales del ser, tomadas de los griegos, hay en esta sistemática mucho trabajo creativo que aún no ha sido puesto de relieve. En su formulación *escolástica*, lo esencial de la

ontología griega pasa a la “metafísica” y a la filosofía trascendental de la época moderna por la vía de las *Disputationes metaphysicae* de Suárez, y determina todavía los fundamentos y fines de la Lógica de Hegel. En el curso de esta historia, ciertos dominios particulares del ser —tales como el *ego cogito* de Descartes, el sujeto, el yo, la razón, el espíritu y la persona— caen bajo la mirada filosófica y en lo sucesivo orientan primariamente la problemática filosófica; sin embargo, de acuerdo con la general omisión de la pregunta por el ser, ninguno de esos dominios será interrogado en lo que respecta a su ser y a la estructura de su ser. En cambio, se extiende a este ente, con las correspondientes formalizaciones y limitaciones puramente negativas, el repertorio categorial de la ontología tradicional, o bien se apela a la dialéctica con vistas a una interpretación ontológica de la sustancialidad del sujeto.

Si se quiere que la pregunta misma por el ser se haga transparente en su propia historia será necesario alcanzar una fluidez de la tradición endurecida, y deshacerse de los encubrimientos producidos por ella. Esta tarea es lo que comprendemos como la *destrucción* (*), hecha *al hilo de la pregunta por el ser*, del contenido tradicional de la ontología antigua, en busca de las experiencias originarias en las que se alcanzaron las primeras determinaciones del ser, que serían en adelante las decisivas.

Esta demostración del origen de los conceptos ontológicos fundamentales, en cuanto investigación y exhibición de su “certificado de nacimiento”, no tiene nada que ver con una mala relativización de puntos de vista ontológicos. Asimismo, la destrucción tampoco tiene el sentido negativo de un deshacerse de la tradición ontológica. Por el contrario, lo que busca es circunscribirla en lo positivo de sus posibilidades, lo que implica siempre acotarla en sus *límites*, es decir, en los límites fácticamente dados en el respectivo cuestionamiento y en la delimitación del posible campo de investigación bosquejado desde aquel. La destrucción no se comporta negativamente con respecto al pasado, sino que su crítica afecta
23 al “hoy” y al modo corriente de tratar la historia de la ontología, tanto el modo doxográfico como el que se orienta por la historia del espíritu o la historia de los problemas. La destrucción no pretende sepultar el pasado en la nada; tiene un propósito *positivo*; su función negativa es solo implícita e indirecta.

En el marco del presente tratado, cuya finalidad es la elaboración fundamental de la pregunta por el ser, la destrucción de la historia de la ontología —destrucción que pertenece esencialmente al planteamiento de dicha pregunta, y solo es posible dentro de él— no puede llevarse a cabo sino en algunas de las etapas decisivas y fundamentales de esa historia.

De acuerdo con la tendencia positiva de la destrucción, será necesario preguntarse, en primer lugar, si, y hasta qué punto, en el curso de la historia de la ontología, la interpretación del ser ha sido puesta temáticamente en conexión con el fenómeno del tiempo, y si la problemática de la temporariedad, que para ello es necesaria, ha sido y podía ser elaborada, al menos en sus fundamentos. El primero y único que recorrió en su investigación un trecho del camino hacia la dimensión de la temporariedad, o que, más bien, se dejó arrastrar hacia ella por la fuerza de los fenómenos mismos, es Kant. Solo una vez que se haya fijado la problemática de la temporariedad, resultará posible proyectar luz en la oscuridad de la doctrina del esquematismo. Pero por este camino también será posible mostrar *por qué* tenía este dominio que quedar cerrado para Kant en sus verdaderas dimensiones y en su función ontológica central. Kant mismo sabía que se aventuraba en un dominio oscuro: "Este esquematismo de nuestro entendimiento con respecto a los fenómenos y a su pura forma es un arte oculto en las profundidades del alma humana, cuyos verdaderos mecanismos difícilmente arrancaremos nunca a la naturaleza, ni pondremos al descubierto ante nuestros ojos"[1]. Aquello ante lo que Kant retrocede en cierto modo aquí, debe ser sacado temáticamente a luz en sus fundamentos, si es que el término "ser" ha de tener un sentido verificable. En definitiva, los fenómenos que en los análisis que han de seguir serán expuestos bajo el título de "temporariedad" son precisamente aquellos juicios *más secretos* de la "razón común", cuya analítica Kant define como el "quehacer de los filósofos".

En cumplimiento de la tarea de la destrucción hecha al hilo de la problemática de la temporariedad, el presente tratado hará una interpretación del capítulo
del esquematismo y, desde allí, de la doctrina kantiana del tiempo. Se mostrará 24
también por qué Kant tenía que fracasar en su intento por penetrar en la problemática de la temporariedad. Dos cosas son las que hicieron imposible esta
penetración: por una parte, la completa omisión de la pregunta por el ser y, en
conexión con ello, la falta de una ontología temática del Dasein o, en términos
kantianos, de una previa analítica ontológica de la subjetividad del sujeto. En
lugar de ello, Kant acepta dogmáticamente la posición de Descartes, no obstante
los esenciales perfeccionamientos a que la somete. Pero, además, su análisis del
tiempo, pese a haber retrotraído este fenómeno al sujeto, queda orientado por la
comprensión vulgar y tradicional del tiempo, lo que, en definitiva, le impide a
Kant desentrañar el fenómeno de una "determinación trascendental del tiempo"
en su estructura y función propias. Por efecto de esta doble influencia de la tradición, la *conexión* decisiva entre el *tiempo* y el *"yo pienso"* queda envuelta en una
total oscuridad y ni siquiera llega a ser problema para Kant.

Al adoptar la posición ontológica cartesiana, Kant incurre en una omisión esencial: la omisión de una ontología del Dasein. Esta omisión es decisiva, precisamente en la línea más propia del pensamiento de Descartes. Con el *cogito sum*,

[1] *Kritik der reinen Vernunft*[2], p. 180 s.

Descartes pretende proporcionar a la filosofía un fundamento nuevo y seguro. Pero lo que en este comienzo "radical" Descartes deja indeterminado es el modo de ser de la *res cogitans*, más precisamente, el *sentido de ser del "sum"*. La elaboración de los fundamentos ontológicos implícitos del *cogito sum* constituye la segunda estación del camino que remonta destructivamente la historia de la ontología. La interpretación demostrará no solo que Descartes no podía menos que omitir la pregunta por el ser, sino también por qué llegó a la opinión de que con el absoluto "estar cierto" del *cogito* quedaba dispensado de la pregunta por el sentido del ser de este ente.

Sin embargo, Descartes no se limita a esta omisión ni, por consiguiente, a dejar en la completa indeterminación ontológica la *res cogitans sive mens sive animus*. Descartes lleva a cabo las consideraciones fundamentales de sus *Meditationes* mediante la aplicación de la ontología medieval al ente puesto por él como *fundamentum inconcussum*. La *res cogitans* es determinada ontológicamente como *ens*, y el sentido de ser del *ens*, para la ontología medieval, queda fijado en la comprensión del *ens* como *ens creatum*. Dios, como *ens infinitum*, es el *ens increatum*. Pero, ser-creado, en el sentido más amplio del ser-producido de algo, es un momento estructural esencial del concepto de ser de la antigüedad. El aparente nuevo comienzo del filosofar se revela como el injerto de un prejuicio fatal en virtud del cual la época inmediatamente posterior habrá de omitir la elaboración de una analítica ontológica temática del "ánimo", hecha al hilo de la pregunta por el ser, y entendida como una confrontación crítica con la ontología legada por la antigüedad.

Que Descartes "depende" de la escolástica medieval y emplea su terminología, lo ve cualquier conocedor de la Edad Media. Pero con este "descubrimiento" no se ha ganado filosóficamente nada mientras quede oscuro el fundamental alcance que tiene para la época siguiente esta influencia de la ontología medieval en la determinación o no determinación ontológica de la *res cogitans*. Este alcance solo será ponderable una vez que se hayan mostrado el sentido y los límites de la ontología antigua desde la perspectiva de la pregunta por el ser. En otras palabras, la destrucción se ve enfrentada a la tarea de la interpretación de las bases (*) de la ontología antigua a la luz de la problemática de la temporariedad. Pero entonces se nos hace manifiesto que la interpretación antigua del ser del ente está orientada por el "mundo" o, si se quiere, por la "naturaleza" en el sentido más amplio de esta palabra, y que, de hecho, en ella la comprensión del ser se alcanza a partir del "tiempo". La prueba extrínseca de ello —aunque por cierto *solo* extrínseca— es la determinación del sentido del ser como παρουσία o como οὐσία con la significación ontológico-temporaria de "presencia". El ente es aprehendido en su ser como "presencia" e.d. queda comprendido por referencia a un determinado modo del tiempo — el *presente*.

La problemática de la ontología griega, como la de cualquier otra ontología, debe tomar su hilo conductor en el Dasein mismo. El Dasein, es decir, el ser del hombre, queda determinado en la "definición" vulgar, al igual que en la filosófica, como ζῷον λόγον ἔχον, como el viviente cuyo ser está esencialmente determinado por la capacidad de hablar. El λέγειν (cf.§ 7, B) es el hilo conductor para alcanzar las estructuras de ser del ente que comparece cuando en nuestro hablar nos referimos a algo [*Ansprechen*] o decimos algo de ello [*Besprechen*]. Por eso, la ontología antigua, que toma forma en Platón, se convierte en "dialéctica". Con el progreso de la elaboración del hilo conductor ontológico mismo, e.d. de la "hermenéutica" del λόγος, crece la posibilidad de una comprensión más radical del problema del ser. La "dialéctica", que era una auténtica perplejidad filosófica, se torna superflua. *Por esto* (Aristóteles) "no tenía ya comprensión" para ella [e.d no la aceptaba] justamente porque, al ponerla sobre un fundamento más radical, la había superado. El λέγειν mismo y, correlativamente, el νοεῖν —e.d. la aprehensión simple de lo que está-ahí en su puro estar-ahí, que ya había
sido tomada por Parménides como guía para la interpretación del ser— tiene la 26
estructura temporaria de la pura "presentación" de algo (*). El ente que se muestra en y para ella, y es entendido como el ente propiamente dicho, recibe, por consiguiente, su interpretación por referencia al presente, es decir, es concebido como presencia (οὐσία).

Sin embargo, está interpretación griega del ser se realiza sin un saber explícito acerca del hilo conductor que la guía, sin conocer ni comprender la función ontológica fundamental del tiempo, sin penetrar en el fundamento que hace posible esta función. Por el contrario: el tiempo mismo es considerado como un ente entre otros entes, un ente cuya estructura de ser se intenta captar desde el horizonte de una comprensión del ser que tácita e ingenuamente se rige por el propio tiempo (**).

En el marco de la siguiente elaboración fundamental de la pregunta por el ser, no es posible exponer detalladamente la interpretación temporaria de los fundamentos de la ontología antigua —sobre todo en el nivel científicamente más alto y puro alcanzado por ella, en Aristóteles. En su lugar, se hará una interpretación del tratado aristotélico del tiempo[1], que puede ser tomado como vía para *discernir* la base y los límites de la ciencia antigua del ser.

El tratado aristotélico del tiempo es la primera interpretación detallada de este fenómeno que la tradición nos ha legado. Ha determinado esencialmente toda posterior concepción del tiempo —incluida la de Bergson. Del análisis del concepto aristotélico del tiempo resultará también retrospectivamente claro que

[1] *Fisica* Δ 10-14 (217 b29-224 a 17).

la concepción kantiana del tiempo se mueve dentro de las estructuras expuestas por Aristóteles; y esto quiere decir que la orientación ontológica fundamental de Kant —pese a todas las diferencias propias de un nuevo preguntar— sigue siendo la griega.

Tan solo cuando se haya llevado a cabo la destrucción de la tradición ontológica, la pregunta por el ser cobrará su verdadera concreción. Entonces quedará capacitada para probar en forma cabal el carácter ineludible de la pregunta por el sentido del ser, demostrando así en qué sentido se puede hablar de una "repetición" de esta pregunta (*).

Toda investigación en este campo en que "la cosa misma está envuelta en espesas tinieblas"[1], deberá precaverse de una sobrevaloración de sus resultados. Porque semejante preguntar se obliga constantemente a sí mismo a enfrentar la posibilidad de abrir un horizonte aún más originario y universal, de donde
27 pudiera venir la respuesta a la pregunta: ¿qué quiere decir "ser"? Sobre tales posibilidades solo cabe tratar seriamente y con positivo fruto una vez que se haya despertado nuevamente la pregunta por el ser y se haya alcanzado un campo de confrontaciones controlables.

§ 7. El método fenomenológico de la investigación

Con la caracterización provisional del objeto temático de la investigación (ser del ente o, correlativamente, sentido del ser en general), pareciera ya estar bosquejado también su método. Destacar el ser del ente y explicar el ser mismo, es la tarea de la ontología. Pero el método de la ontología resulta altamente cuestionable si se quiere recurrir a ontologías históricamente legadas o a tentativas análogas. Como en esta investigación el término ontología se usa en un sentido formalmente amplio, la vía para la aclaración de su método siguiendo el curso de su historia se nos cierra por sí misma.

Con el uso del término ontología no estamos proponiendo tampoco una determinada disciplina filosófica entre otras. No se trata de responder a las exigencias de una disciplina ya dada, sino al revés: de que a partir de las necesidades objetivas de determinadas preguntas y de la forma de tratamiento exigida por las "cosas mismas", podrá configurarse tal vez una disciplina.

Con la pregunta conductora por el sentido del ser, la investigación se encuentra ante la cuestión fundamental de toda filosofía. La forma de tratar esta pregunta es la *fenomenológica*. Lo que no quiere decir que este tratado se adscriba

[1] Kant, Kr. *d. r.* V^2, p. 121.

a un “punto de vista” ni a una “corriente” filosófica, ya que la fenomenología no es ninguna de estas cosas, ni podrá serlo jamás, mientras se comprenda a sí misma (*). La expresión “fenomenología” significa primariamente una *concepción metodológica.* No caracteriza el qué de los objetos (**) de la investigación filosófica, sino el *cómo* de esta. Cuanto más genuinamente opere una concepción metodológica y cuanto más ampliamente determine el cauce fundamental de una ciencia, tanto más originariamente estará arraigada en la confrontación con las cosas mismas, y más se alejará de lo que llamamos una manipulación técnica, como las que abundan también en las disciplinas teóricas.

El término “fenomenología” expresa una máxima que puede ser formulada así: “¡a las cosas mismas!” —frente a todas las construcciones en el aire, a los 28
hallazgos fortuitos, frente a la recepción de conceptos solo aparentemente legitimados, frente a las seudopreguntas que con frecuencia se propagan como “problemas” a través de generaciones. Pero podría objetarse que esta máxima es demasiado obvia y que, por otra parte, no hace más que expresar el principio de todo conocimiento científico. Y no se ve por qué esta trivialidad haya de incluirse explícitamente como característica de una investigación. Efectivamente, se trata de “algo obvio”, y esta cosa obvia la queremos ver de cerca, en la medida en que con ello podamos ilustrar el procedimiento de este tratado. Nos limitaremos, pues, a la exposición del concepto preliminar de la fenomenología.

La expresión consta de dos partes: fenómeno y logos. Ambas remontan a términos griegos: φαινόμενον y λόγος. Tomado externamente, el término “fenomenología” está formado de un modo semejante a teología, biología, sociología, nombres que se traducen por ciencia de Dios, de la vida, de la sociedad. La fenomenología sería, pues, la ciencia de los fenómenos. El concepto preliminar de la fenomenología deberá ser expuesto mediante la caracterización de lo que se quiere decir con cada uno de los componentes de aquel término — “fenómeno” y “logos” — y mediante la fijación del sentido del nombre compuesto por ellos. La historia de la palabra misma, surgida presumiblemente en la escuela de Wolff, no tiene aquí mayor importancia.

A. El concepto de fenómeno

La expresión griega φαινόμενον, a la que remonta el término “fenómeno”, deriva del verbo φαίνεσθαι, que significa mostrarse; φαινόμενον quiere decir, por consiguiente: lo que se muestra, lo automostrante, lo patente; φαίνεσθαι es, por su parte, la forma media de φαίνω: sacar a la luz del día, poner en la claridad. φαίνω pertenece a la raíz φα-, lo mismo que φῶς, la luz, la claridad, es decir, aquello en que algo puede hacerse patente, visible en sí mismo (***). Como significación de la expresión *fenómeno* debe *retenerse*, pues, la

siguiente: *lo-que-se-muestra-en-sí-mismo*, lo patente. Los φαινόμενα, "fenómenos", son entonces la totalidad de lo que yace a la luz del día o que puede
ser sacado a luz, lo que alguna vez los griegos identificaron, pura y simplemente, con τὰ ὄντα (los entes). Ahora bien, el ente puede mostrarse desde sí mismo de diversas maneras, cada vez según la forma de acceso a él. Se
29 da incluso la posibilidad de que el ente se muestre como lo que él *no* es en sí
mismo. En este mostrarse, el ente "parece..." (*). Semejante mostrarse lo llamamos *parecer*. Y así también en griego la expresión φαινόμενον, fenómeno,
tiene la significación de lo que parece, lo "aparente", la "apariencia"; φαινόμενον ἀγαθόν quiere decir un bien que parece tal —pero "en realidad" no es
lo que pretende ser. Para la ulterior comprensión del concepto de fenómeno es
de fundamental importancia ver cómo lo nombrado en las dos significaciones
de φαινόμενον ("fenómeno" = lo que se muestra, y "fenómeno" = apariencia)
tiene, por su estructura misma, interna coherencia. Tan solo en la medida en
que algo, conforme a su sentido mismo, pretende mostrarse, e.d. ser fenómeno, *puede* mostrarse como algo que él no es, puede "tan solo parecer...". En la
significación φαινόμενον ("apariencia") se encuentra ya incluida la significación originaria (fenómeno = lo patente) como fundante de aquella. En nuestra terminología asignamos el término "fenómeno" a la significación positiva
y originaria de φαινόμενον, y distinguimos fenómeno de apariencia como la
modificación privativa de fenómeno. Pero lo que *ambos* términos expresan no
tiene por lo pronto absolutamente nada que ver con lo que en alemán se llama *Erscheinung*, e.d. "fenómeno" en el sentido de "manifestación" o también
bloße Erscheinung "mera manifestación".

Se habla, por ejemplo, de "fenómenos patológicos" [*Krankheitserscheinungen*]. Con este término se mientan anomalías que se muestran en el cuerpo y que al mostrarse y en tanto que mostrándose, son indicio de algo que *no* se muestra en sí mismo. El surgimiento de semejantes anomalías, su mostrarse, va a la par con la presencia de perturbaciones que no se muestran en sí mismas. "Fenómeno", como manifestación "de algo", justamente *no* quiere decir, por consiguiente, mostrarse a sí mismo, sino el anunciarse de algo que no se muestra, por medio de algo que se muestra. Manifestarse es[a] un *no-mostrarse*. Pero este "no" no debe confundirse de ningún modo con el "no" privativo que determina la estructura de la apariencia. Lo que *no* se muestra, a *la* manera como *no* se muestra lo que se manifiesta, jamás puede parecer. Todas las indicaciones, representaciones, síntomas y símbolos tienen esta estructura formal básica del manifestarse, por diferentes que ellos sean entre sí.

[a] en este caso.

Aunque el "manifestarse" no es jamás un mostrarse en el sentido del fenómeno, sin embargo, manifestarse solo es posible *sobre la base* del *mostrarse* de algo. Pero este mostrarse composibilitante del manifestarse no es el manifestarse mismo. Manifestarse es *anunciar*-se por medio de algo que se muestra. Cuando se dice (*), entonces, que con la palabra "manifestación" [*Erscheinung*], apuntamos a algo en lo que se manifiesta una cosa que no es ella misma "manifestación", no queda circunscrito el concepto de fenómeno, sino que ese concepto queda más bien *supuesto*, pero en forma encubierta, porque en esta determinación de la 30
"manifestación", el término "manifestarse" se emplea en un doble sentido. Eso en lo que algo "se manifiesta" quiere decir aquello en lo que algo se anuncia, e.d. no se muestra. Y cuando se dice "que no es ella misma 'manifestación'", la palabra "manifestación" tiene el sentido de *mostrarse*. Pero este mostrarse pertenece esencialmente a "aquello en que" algo se anuncia. Por consiguiente, los fenómenos no son *jamás* manifestaciones, pero toda manifestación está, en cambio, necesitada de fenómenos. Si se define el fenómeno acudiendo al concepto, además poco claro, de "manifestación", entonces todo queda cabeza abajo, y una "crítica" de la fenomenología sobre esta base es ciertamente una empresa peregrina.

El término alemán *Erscheinung* puede, por su parte, significar, nuevamente dos cosas: primero, el *manifestarse*, en el sentido del anunciarse como un no mostrarse, y luego, lo anunciante mismo —que en su mostrarse denuncia algo que no se muestra. Y por último, se puede emplear el vocablo manifestarse [*Erscheinen*] como término para el fenómeno en su sentido auténtico, es decir, como mostrarse. Si se designa estos tres contenidos diferentes como "manifestación" [*Erscheinung*], la confusión es inevitable.

Pero ella sube esencialmente de grado por el hecho de que el término *Erscheinung*, "manifestación", puede recibir todavía otro significado (**). Si se concibe lo anunciante que en su mostrarse denuncia lo no-patente, como lo que surge en lo que por sí mismo no es patente, e irradia de este, de tal suerte que se piensa lo no-patente como lo que por esencia *jamás* puede ser patentizado, entonces manifestación quiere decir tanto como producción o como producto, pero como un producto que no constituye el verdadero ser del producente: es el "fenómeno" [*Erscheinung*] en el sentido de "mero fenómeno" [*bloße Erscheinung*]. Ciertamente lo anunciante, así producido, se muestra en sí mismo, pero lo hace de tal manera que, como irradiación de lo que él anuncia, deja a este último constantemente velado. Pero, por otra parte, este velante no-mostrar tampoco es apariencia. Kant emplea el término "fenómeno" [*Erscheinung*] en este acoplamiento de sentidos. Fenómenos son, por una parte, según él, los "objetos de la intuición empírica", lo que en esta se muestra. Esto que se muestra (fenómeno en el sentido genuino y originario) es, a la vez, "fenómeno" como irradiación anunciadora de algo que se *oculta* en aquel fenómeno.

En la medida en que al "fenómeno" ["manifestación"] en el sentido del anunciarse por medio de algo que se muestra, le es constitutivo un fenómeno [en
sentido propio], y que este puede modificarse privativamente convirtiéndose en
apariencia, también la manifestación puede volverse mera apariencia. A una de-
31 terminada luz puede parecer que alguien tiene las mejillas enrojecidas y la ro-
jez que de este modo se nos muestra puede ser tomada como un anuncio de la
presencia de la fiebre, y esto, por su parte, sirve, una vez más, de indicio de una
perturbación del organismo.

Fenómeno —el mostrarse-en-sí-mismo— es una forma eminente de la comparecencia de algo. En cambio, *manifestación* significa un respecto remisivo en el ente mismo, de tal manera que lo *remitente* (lo anunciante) solo puede responder satisfactoriamente a su posible función si se muestra en sí mismo, es decir, si es "fenómeno" [*Phänomen*]. Manifestación y apariencia se fundan, de diferentes maneras, en el fenómeno. La confusa variedad de los "fenómenos" nombrados por los términos fenómeno, apariencia, manifestación, mera manifestación, solo se deja desembrollar cuando se ha comprendido desde el comienzo el concepto de fenómeno: lo-que-se-muestra-en-sí-mismo.

Si en esta manera de entender el concepto de fenómeno queda indeterminado cuál es el ente que se designa como fenómeno, y queda abierta la cuestión si lo que se muestra es un ente o un carácter de ser del ente, entonces se habrá alcanzado solamente el concepto *formal* de fenómeno. Pero si con la expresión "lo que se muestra" se entiende el ente que —dicho kantianamente— nos resulta accesible mediante la intuición empírica, entonces el concepto formal de fenómeno recibe una legítima aplicación. Tomado en este sentido, fenómeno corresponde al concepto *vulgar* de fenómeno. Pero este concepto vulgar no es el concepto fenomenológico de fenómeno. En el horizonte de la problemática kantiana lo que se entiende fenomenológicamente por fenómeno puede ilustrarse —*mutatis mutandis*— en la forma siguiente: lo que en los "fenómenos", es decir, en el fenómeno, entendido en sentido vulgar, ya siempre se muestra previa y concomitantemente, aunque no en forma temática, puede ser llevado a una mostración temática, y esto-que-así-se-muestra-en-sí-mismo ("formas de la intuición") son los fenómenos de la fenomenología. Porque evidentemente espacio y tiempo tienen que poderse mostrar así, tienen que poder volverse fenómeno, si Kant pretende formular un enunciado trascendental fundado en las cosas mismas cuando dice que el espacio es el "en dónde" *a priori* de un orden.

Ahora bien, si se ha de llegar a comprender el concepto fenomenológico de fenómeno, cualquiera sea el modo como se determine en forma más precisa lo que se muestra, es indispensable comprender el sentido del concepto formal de fenómeno y su legítima aplicación en la significación vulgar. Antes de fijar el concepto preliminar de la fenomenología es necesario delimitar la significación de la palabra λόγος, con el fin de aclarar en qué sentido la fenomenología puede ser una "ciencia de" los fenómenos.

B. El concepto de logos 32

El concepto de λόγος tiene en Platón y Aristóteles tal multiplicidad de sentidos, que las significaciones tienden a separarse las unas de las otras sin la orientación positiva de una significación fundamental. Pero, en realidad, esto es solo una apariencia, que habrá de mantenerse mientras la interpretación no logre captar adecuadamente el significado fundamental en su contenido primario. Si afirmamos que λόγος significa fundamentalmente "decir" [*Rede*] (*), esta traducción literal solo cobrará plena validez en virtud de la determinación de lo que significa el decir mismo. La historia ulterior de la significación de la palabra λόγος y, sobre todo, las múltiples y arbitrarias interpretaciones de la filosofía posterior, encubren constantemente la genuina significación del decir, que es suficientemente palmaria. Λόγος se "traduce", y esto significa siempre se interpreta, como razón, juicio, concepto, definición, fundamento, relación. Pero, ¿cómo puede modificarse tanto el "decir" que λόγος signifique todo lo enumerado, y todavía dentro del uso científico del lenguaje? Incluso cuando se comprende el λόγος en el sentido de enunciado, y el enunciado en el sentido de "juicio", esta traducción aparentemente legítima puede muy bien no dar en el significado fundamental, sobre todo si se concibe el juicio en el sentido de alguna de las "teorías del juicio" hoy en uso (**). Λόγος no significa, y en todo caso no significa primariamente, juicio, si con esta palabra se entiende un "enlace" o una "toma de posición" (aprobación o rechazo).

En cuanto decir, λόγος, significa tanto como δηλοῦν, hacer patente aquello de lo que se habla en el decir. Aristóteles ha explicitado más precisamente esta función del decir como un ἀποφαίνεσθαι[1]. El λόγος hace ver algo (φαίνεσθαι), vale decir, aquello de lo que se habla, y lo hace ver *para* el que lo dice (voz media) o, correlativamente, para los que hablan entre sí. El decir "hace ver" desde, ἀπὸ..., desde aquello mismo de que se habla. En el decir (ἀπόφανσις), en la medida en que el decir es auténtico, lo dicho debe extraerse de aquello de lo que se habla, de tal suerte que la comunicación hablante haga patente en lo dicho, y así accesible al otro, aquello de lo que se habla. Esta es la estructura del λόγος en cuanto ἀπόφανσις. No todo "decir" tiene este modo de patentizar que es propio del hacer-ver mostrativo. La petición (εὐχή), por ejemplo, también patentiza, pero de otra manera.

[1] Cf. *De interpretatione* cap. 1-6. Además: *Met.* Z, 4 y *Eth. Nic.* Z.

En su realización concreta, el decir (el hacer-ver) tiene el carácter de un ha-
33 blar, de una comunicación vocal en palabras. El λόγος es φωνή, y más precisamente, φωνὴ μετὰ φαντασίας, comunicación vocal en la que se deja ver algo.

Y tan solo porque la función del λόγος en cuanto ἀπόφανσις consiste en un hacer-ver mostrativo de algo, el λόγος puede tener la forma estructural de la σύνθεσις. Síntesis no significa aquí enlace o conexión de representaciones, no significa un operar con procesos psíquicos, a cuyo propósito será forzoso que surja enseguida el "problema" del modo cómo estos enlaces, siendo algo interior, concuerdan con lo físico que está fuera. El συν tiene aquí una significación puramente apofántica, y significa: hacer ver algo en su estar junto con algo, hacer ver algo en cuanto algo.

Y, una vez más, porque el λόγος es un hacer ver, por eso puede ser verdadero o falso. Asimismo, es de fundamental importancia liberarse de un concepto constructivo de la verdad que la entiende como "concordancia". Esta idea no es en absoluto primaria en el concepto de la ἀλήθεια. El "ser verdadero" del λόγος, es decir, el ἀληθεύειν, significa: en el λέγειν como ἀποφαίνεσθαι, sacar de su ocultamiento el ente del que se habla, y hacerlo ver como desoculto (ἀληθές), es decir, descubrirlo. Asimismo, "ser falso", ψεύδεσθαι, significa engañar, en el sentido de encubrir: poner una cosa delante de otra (en el modo del hacer-ver), y de este modo hacerla pasar por algo que ella *no* es.

Pero, justamente porque la "verdad" tiene este sentido y el λόγος es un modo determinado de hacer ver, no debe decirse del λόγος que es el "lugar" primario de la verdad. Cuando se determina la verdad en la forma que ha llegado a ser usual, es decir, como algo que conviene "propiamente" al juicio, y además se apela a Aristóteles en favor de esta tesis, no solo esto último es injustificado, sino que, también y sobre todo, el concepto griego de verdad queda malentendido. "Verdadera", en sentido griego, y más originariamente que el λόγος, es la αἴσθησις, la simple percepción sensible de algo. La αἴσθησις apunta siempre a sus ἴδια, es decir, al ente propiamente accesible solo por ella y para ella, como por ejemplo el ver a los colores, y en este sentido, la percepción es siempre verdadera. Esto significa que el ver descubre siempre colores y el oír descubre siempre sonidos. "Verdadero" en el sentido más puro y originario —e.d. de tal manera descubridor que nunca puede encubrir— es el puro νοεῖν, la mera percepción contemplativa de las más simples determinaciones del ser del ente en cuanto tal. Este νοεῖν no puede encubrir jamás, jamás puede ser falso; podrá ser a lo sumo, una no-percepción, un ἀγνοεῖν, insuficiente para un acceso simple y adecuado.

34 Lo que no tiene ya la forma de realización de un puro hacer ver, sino que al mostrar algo recurre cada vez a otra cosa, y de este modo hace ver algo como algo, asume, junto con esta estructura sintética, la posibilidad del encubrimiento. Pero la "verdad del juicio" es solo la contrapartida de este encubrimiento —e. d.

un fenómeno de verdad *múltiplemente fundado*. Realismo e idealismo desconocen con igual radicalidad el sentido del concepto griego de verdad, que es la base indispensable para comprender la posibilidad de algo así como una "doctrina de las ideas" como conocimiento filosófico.

Y, como la función del λόγος no consiste sino en hacer que algo sea visto, en hacer que el ente sea percibido [Vernehmenlassen *des Seienden*], λόγος puede significar también la razón [*Vernunft*] (*). Y como, por otra parte, λόγος se usa no solo en la significación de λέγειν, sino también en la de λεγόμενον (de lo mostrado en cuanto tal) y este último no es otra cosa que el ὑποκείμενον, e.d., lo que ya está siempre ahí delante como fundamento de toda posible interpelación y discusión, el λόγος designará, en tanto que λεγόμενον, el fundamento o razón de ser, la ratio. Y, como finalmente, λόγος *qua* λεγόμενον puede significar también aquello que en el hablar es considerado en cuanto algo, aquello que se ha hecho visible en su relación con algo, en su "relacionalidad", el λόγος recibe entonces el significado de *relación* y *proporción*.

Esta interpretación del "decir apofántico" basta para la aclaración de la función primaria del λόγος.

C. El concepto preliminar de la fenomenología

Si nos representamos concretamente lo que se ha alcanzado en la interpretación de los términos "fenómeno" y "logos", saltará a la vista la íntima relación que hay entre las cosas a las que estos términos se refieren. La expresión fenomenología podrá ser formulada en griego de la siguiente manera: λέγειν τὰ φαινόμενα. Pero, como λέγειν quiere decir ἀποφαίνεσθαι, fenomenología significará entonces: ἀποφαίνεσθαι τὰ φαινόμενα: hacer ver desde sí mismo aquello que se muestra, y hacerlo ver tal como se muestra desde sí mismo. Este es el sentido formal de la investigación que se autodenomina fenomenología. Pero de este modo no se expresa sino la máxima formulada más arriba: "¡A las cosas mismas!".

Según esto, el término fenomenología tiene un sentido diferente al de expresiones tales como teología y otras semejantes. Estas nombran los objetos de las respectivas ciencias en su contenido quiditativo propio (**). "Fenomenología" no designa el objeto de sus investigaciones ni caracteriza su contenido quiditativo. La palabra solo da información acerca de la manera de mostrar y de tratar *lo que* en esta ciencia debe ser tratado. Ciencia "de" los fenómenos quiere decir: 35
un modo *tal* de captar los objetos, que todo lo que se discuta acerca de ellos debe ser tratado en directa mostración y justificación (***). El mismo sentido tiene la expresión, en el fondo tautológica, de "fenomenología descriptiva". Descripción no significa aquí una manera de proceder como la que tiene lugar, por ejemplo,

en la morfología botánica —una vez más, el término tiene un sentido prohibitivo: abstenerse de toda determinación inevidente (*). El carácter de la descripción misma, el sentido específico del λόγος, solo podrá fijarse a partir de la "cosa" que debe ser "descrita", e.d. determinada científicamente en el modo de comparecencia propio de los fenómenos. La significación del concepto formal y vulgar de fenómeno autoriza a llamar formalmente fenomenología a toda mostración del ente tal como se muestra en sí mismo.

Ahora bien, ¿qué es lo que debe tomarse en consideración para desformalizar el concepto formal de fenómeno y convertirlo en un concepto fenomenológico, y cómo se distingue este del vulgar? ¿Qué es eso que la fenomenología debe "hacer ver"? ¿A qué se debe llamar "fenómeno" en un sentido eminente? ¿Qué es lo que por esencia *necesariamente* debe ser tema de una mostración *explícita*? Evidentemente, aquello que de un modo inmediato y regular precisamente *no* se muestra, aquello que queda *oculto* en lo que inmediata y regularmente se muestra, pero que al mismo tiempo es algo que pertenece esencialmente a lo que inmediata y regularmente se muestra, hasta el punto de constituir su sentido y fundamento[a].

Ahora bien, aquello que eminentemente permanece oculto o recae de nuevo en el *encubrimiento*, o solo se muestra *disimulado*, no es este o aquel ente, sino, como lo han mostrado las consideraciones anteriores, el ser del ente. El ser puede quedar hasta tal punto encubierto que llegue a ser olvidado, y de esta manera enmudezca toda pregunta acerca de él o acerca de su sentido. Aquello, pues, que en un sentido eminente y por su contenido más propio exige convertirse en fenómeno, la fenomenología lo ha tomado temáticamente "entre manos" como objeto.

Fenomenología es el modo de acceso y de determinación evidenciante de lo que debe constituir el tema de la ontología. *La ontología solo es posible como fenomenología*. El concepto fenomenológico de fenómeno entiende como aquello que se muestra el ser del ente, su sentido, sus modificaciones y derivados. Y este mostrarse no es un mostrarse cualquiera, ni tampoco algo así como un manifes-
36 tarse [*Erscheinen*]. El ser del ente es lo que menos puede ser concebido como algo "detrás" de lo cual aún habría otra cosa que "no aparece".

"Detrás" de los fenómenos de la fenomenología, por esencia no hay ninguna otra cosa; en cambio, es posible que permanezca oculto lo que debe convertirse en fenómeno. Y precisamente se requiere de la fenomenología porque los fenómenos inmediata y regularmente *no* están dados. Encubrimiento es el contraconcepto de "fenómeno".

[a] Verdad del ser.

El modo como pueden estar encubiertos los fenómenos es múltiple. En primer lugar, un fenómeno puede estar encubierto en el sentido de que aún no ha sido *descubierto*. No se lo conoce ni se lo ignora. En segundo lugar, un fenómeno puede estar *recubierto*. Y esto quiere decir: alguna vez estuvo descubierto, pero ha vuelto a caer en el encubrimiento. Este encubrimiento puede llegar a ser total, pero regularmente ocurre que lo que antes estuvo descubierto todavía resulta visible, aunque solo como apariencia. Pero cuanto hay de apariencia, tanto hay de "ser". Este encubrimiento, en el sentido del "disimulo", es el más frecuente y el más peligroso, porque las posibilidades de engaño y desviación son aquí particularmente tenaces. Las estructuras de ser disponibles, pero veladas en cuanto al fundamento en que arraigan, lo mismo que sus correspondientes conceptos, pueden reivindicar un cierto derecho al interior de un "sistema". En virtud de su articulación constructiva dentro del sistema, se presentan como algo "claro", que no necesita de mayor justificación y que por ende puede servir de punto de partida para una deducción progresiva.

Por su parte, el encubrimiento mismo, entendido como ocultamiento, como recubrimiento o como disimulo, tiene una doble posibilidad. Hay encubrimientos fortuitos y encubrimientos necesarios; estos últimos son los que se fundan en el modo como está descubierto lo descubierto [*Bestandart des Entdeckten*] (*). Los conceptos y proposiciones fenomenológicos originariamente extraídos, están expuestos, por el hecho mismo de comunicarse en forma de enunciado, a la posibilidad de desvirtuarse. Se propagan en una comprensión vacía, pierden el arraigo en su propio fundamento, y se convierten en una tesis que flota en el vacío. La posibilidad de anquilosamiento y de que se vuelva inasible lo que originariamente estaba al "alcance de la mano" acompaña al trabajo concreto de la fenomenología misma. Y lo difícil de esta investigación consiste precisamente en hacerla óntica frente a sí misma en un sentido positivo.

El modo de comparecencia del ser y de las estructuras de ser en cuanto fenómenos debe empezar por serle *arrebatado* a los objetos de la fenomenología. De ahí se sigue que tanto el *punto de partida* del análisis, como el acceso al fenómeno y la *penetración* a través de los encubrimientos dominantes requieran una particular precaución metodológica. La idea de una aprehensión y explicación 37
"originaria" a la vez que "intuitiva" de los fenómenos implica exactamente lo contrario de la ingenuidad de una "visión" fortuita, "inmediata" e impensada.

Sobre la base del concepto preliminar de fenomenología que hemos delimitado, puede ahora fijarse también la significación de los términos *fenoménico* y *fenomenológico*. Llámase "fenoménico" [*phänomenal*] lo que se da y es explicitable en el modo de comparecencia del fenómeno; en este sentido se habla de estructuras fenoménicas. "Fenomenológico" [*phänomenologisch*] es todo lo relativo al modo de la mostración y explicación, y todo el aparato conceptual requerido en esta investigación.

Puesto que fenómeno, en sentido fenomenológico, mienta siempre y solamente el ser, y ser es siempre el ser del ente, para la puesta al descubierto del ser se requerirá primero una adecuada presentación del ente mismo. Por su parte, el ente deberá mostrarse en el modo de acceso que corresponde a su propia condición. De esta manera, el concepto vulgar de fenómeno se torna fenomenológicamente relevante. La tarea preliminar de asegurarse "fenomenológicamente" del ente ejemplar como punto de partida para la analítica propiamente dicha, ya está siempre bosquejada por la finalidad de está.

Considerada en su contenido, la fenomenología es la ciencia del ser del ente —ontología. Al hacer la aclaración de las tareas de la ontología surgió la necesidad de una ontología fundamental; esta tiene como tema el ente óntico-ontológicamente privilegiado (el Dasein), y de esta suerte se ve enfrentada al problema cardinal, esto es, a la pregunta por el sentido del ser en cuanto tal [*von Sein Überhaupt*][a]. De la investigación misma se desprenderá que el sentido de la descripción fenomenológica en cuanto método es el de la *interpretación* [*Auslegung*]. El λόγος de la fenomenología del Dasein tiene el carácter del ἑρμηνεύειν, por el cual le son *anunciados* a la comprensión del ser que es propia del Dasein mismo el auténtico sentido del ser y las estructuras fundamentales de su propio ser. La fenomenología del Dasein es *hermenéutica*, en la significación originaria de la palabra, significación en la que designa el quehacer de la interpretación. Ahora bien, en tanto que por el descubrimiento del sentido del ser y de las estructuras fundamentales del Dasein se abre el horizonte para toda ulterior investigación ontológica de los entes que no son el Dasein, esta hermenéutica se convierte también en una "hermenéutica" en el sentido de la elaboración de las condiciones de posibilidad de toda investigación ontológica. Y puesto, por último, que el Dasein tiene una primacía ontológica frente a todo otro ente —como el ente que
38 es en la posibilidad de la existencia— la hermenéutica cobra, en cuanto interpretación del ser del Dasein, un tercer sentido específico, filosóficamente hablando el *primario*: el sentido de una analítica de la existencialidad de la existencia. En cuanto esta hermenéutica elabora ontológicamente la historicidad del Dasein como condición óntica de la posibilidad del saber histórico, ella sirve, enseguida, de terreno de arraigo para aquello que solo derivadamente puede ser llamado "hermenéutica": la metodología de las ciencias históricas del espíritu.

El ser, como tema fundamental de la filosofía, no es un género del ente, pero concierne a todo ente. Su "universalidad" debe buscarse más arriba. Ser y estructura de ser están allende todo ente y toda posible determinación óntica de un ente.

[a] Ser —no un género, no el ser para el ente en general; el '*überhaupt* = καθόλου = en el total de: *ser del* ente; sentido de la diferencia.

Ser es lo transcendens por excelencia[a]. La trascendencia del ser del Dasein es una trascendencia privilegiada, puesto que en ella se da la posibilidad y la necesidad de la más radical *individuación*. Toda apertura del ser como lo *transcendens* es conocimiento *trascendental. La verdad fenomenológica (aperturidad del ser) es veritas transcendentalis.*

Ontología y fenomenología no son dos disciplinas diferentes junto a otras disciplinas de la filosofía. Los dos términos caracterizan a la filosofía misma en su objeto y en su modo de tratarlo. La filosofía es una ontología fenomenológica universal, que tiene su punto de partida en la hermenéutica del Dasein, la cual, como analítica de la *existencia*[b], ha fijado el término del hilo conductor de todo cuestionamiento filosófico en el punto de donde este surge y en el que, a su vez, repercute (*).

Las siguientes investigaciones solo han sido posibles sobre el fundamento establecido por E. Husserl, en cuyas *Investigaciones Lógicas* la fenomenología se abrió paso por primera vez. Las aclaraciones que hemos hecho del concepto preliminar de fenomenología indican que lo esencial en ella no consiste en ser una "corriente" filosófica *real*[c]. Por encima de la realidad está la *posibilidad* (**). La comprensión de la fenomenología consiste únicamente en aprehenderla como posibilidad[1].

Con respecto a la pesadez y "falta de belleza" de la expresión en los análisis
que habrán de seguir, permítaseme añadir la siguiente observación: una cosa es 39
hablar en forma narrativa sobre el *ente* y otra, captar el ente en su *ser*. Para este último cometido, con frecuencia faltan no solo las palabras, sino sobre todo la "gramática". Si se me permite una referencia a anteriores investigaciones analíticas acerca del ser, por cierto de un nivel incomparablemente superior, póngase en parangón algunos pasajes ontológicos del *Parménides* de Platón o el cuarto capítulo del libro séptimo de la *Metafísica* de Aristóteles con un trozo narrativo de Tucídides, y se verá las exigencias inauditas que en sus formulaciones hicieron a los griegos sus filósofos. Y donde las fuerzas son esencialmente menores y

[1] Si la siguiente investigación logra dar algunos pasos hacia la apertura de las "cosas mismas", el autor lo debe, en primer lugar, a E. Husserl, que, durante sus años de docencia en Freiburg, con su solícita dirección personal y libérrima comunicación de investigaciones inéditas, familiarizó al autor con los más diversos dominios de la investigación fenomenológica.

[a] Pero *transcendens* —a pesar de toda su resonancia metafísica— no a la manera escolástica ni grecoplatónica del κοινόν, sino trascendencia en tanto que lo extático-temporeidad-temporariedad; pero ¡'horizonte'! El Ser *[Seyn]* ha 'recubierto' el ente *[Seyendes]*. Pero trascendencia desde la verdad del Ser: el *Ereignis* [acontecer apropiante].

[b] 'Existencia' en el sentido de la ontología fundamental, e. d. referida en sí misma a la verdad del Ser, ¡y solo así!

[c] es decir, no consiste en ser una corriente de la filosofía trascendental del idealismo crítico kantiano.

el dominio de ser que se intenta abrir, ontológicamente mucho más arduo que el propuesto a los griegos, se acrecentará también la complejidad en la formación de los conceptos y la dureza en la expresión.

§ 8. El plan del tratado

La pregunta por el sentido del ser es la más universal y la más vacía; pero también implica la posibilidad de la más radical individuación en el Dasein singular[a]. La adquisición del concepto fundamental de "ser" y el bosquejo del aparato conceptual ontológico requerido por él y de sus necesarias modalidades, precisan de un hilo conductor concreto. La universalidad del concepto de ser no se opone a la "especialidad" de la investigación —e.d. no se opone a que nos acerquemos a ese concepto por la vía de la interpretación específica de un ente determinado, el Dasein, que es donde deberá alcanzarse el horizonte para la comprensión y la posible interpretación del ser. Pero, este ente es en sí mismo "histórico" [*geschichtlich*], de tal manera que su aclaración ontológica más propia habrá de convertirse necesariamente en una interpretación "historiológica" [*historisch*].

La elaboración de la pregunta por el ser se bifurca así en dos tareas; a ellas responde la división del tratado en dos partes:

Primera parte: La interpretación del Dasein por la temporeidad y la explicación del tiempo como horizonte trascendental de la pregunta por el ser (*).

Segunda parte: Rasgos fundamentales de una destrucción fenomenológica de la historia de la ontología al hilo de la problemática de la temporariedad.

La primera parte se divide en *tres secciones:*

1. Etapa preparatoria del análisis fundamental del Dasein.
2. Dasein y temporeidad.
3. Tiempo y ser[b].

40 La segunda parte se articula asimismo de un *modo triple:*

1. La doctrina kantiana del esquematismo y del tiempo, como estadio previo de una problemática de la temporariedad.

[a] Propiamente: realización de la in-stancia en el Ahí [*der Inständigkeit im Da*].

[b] La diferencia en la trascendencia.
La superación del horizonte en cuanto tal.
Reversión al origen. El estar-presente desde este origen.

2. El fundamento ontológico del *cogito sum* de Descartes y la recepción de la ontología medieval en la problemática de la *res cogitans*.
3. El tratado de Aristóteles acerca del tiempo, como vía para discernir la base fenoménica y los límites de la ontología antigua.

PRIMERA PARTE

LA INTERPRETACIÓN DEL DASEIN POR LA TEMPOREIDAD[a] Y LA EXPLICACIÓN DEL TIEMPO COMO HORIZONTE TRASCENDENTAL DE LA PREGUNTA POR EL SER[b]

PRIMERA SECCIÓN

Etapa preparatoria del análisis fundamental del Dasein (***)

Lo primariamente interrogado en la pregunta por el sentido del ser es el ente que tiene el carácter del Dasein. En su fase preparatoria, la analítica existencial del Dasein necesita, por su índole peculiar, de una exposición a grandes líneas y de una delimitación frente a investigaciones aparentemente paralelas (Capítulo 1). Manteniendo el punto de partida fijado a la investigación, deberá ponerse al descubierto en el Dasein una estructura fundamental: el estar-en-el-mundo (Capítulo 2). Este "*a priori*" de la interpretación del Dasein no es una determinación reconstruida de fragmentos, sino una estructura originaria y siempre total. Pero ella permite diferentes enfoques sobre los momentos que la constituyen. Manteniendo constantemente a la vista el todo siempre previo de esta estructura, deben distinguirse fenoménicamente esos momentos. Y así se vuelven objeto del análisis el mundo en su mundaneidad (Capítulo 3), el estar-en-el-mundo como coestar y ser-sí-mismo (Capítulo 4), y el estar-en, en cuanto tal (Capítulo 5). En base al análisis de esta estructura fundamental, se hace posible indicar de un modo provisional el ser del Dasein. Su sentido existencial es el cuidado (Capítulo 6).

[a] Solo esto, en la parte publicada aquí (*).

[b] Cf. sobre esto el curso del semestre de verano de 1927, dado en Marburg con el título *Die Grundprobleme der Phänomenologie* [*Los problemas fundamentales de la fenomenología*] (**).

CAPÍTULO PRIMERO

La exposición de la tarea de un análisis preparatorio del Dasein

§ 9. El tema de la analítica del Dasein

El ente cuyo análisis constituye nuestra tarea lo somos cada vez nosotros mismos[a]. El ser de este ente es cada vez *el mío* (*). En el ser de este ente se las ha este mismo con su ser[b]. Como ente de este ser, él está entregado a su propio ser. 42
Es el *ser* mismo[c] lo que le va cada vez a este ente. De esta caracterización del Dasein resultan dos cosas:

1. La "esencia" de este ente consiste en su tener-que-ser [*Zu-sein*] (**)[d]. El "qué" (*essentia*) de este ente, en la medida en que se puede siquiera hablar así, debe concebirse desde su ser (*existentia*). En estas condiciones, la ontología tendrá precisamente la tarea de mostrar que cuando escogemos para el ser de este ente la designación de existencia [*Existenz*], este término no tiene ni puede tener la significación ontológica del término tradicional *existentia*; *existentia* quiere decir, según la tradición, ontológicamente lo mismo que *estar-ahí* [*Vorhandensein*] (***), una forma de ser esencialmente incompatible con el ente que tiene el carácter del Dasein. Para evitar la confusión usaremos siempre para el término *existentia* la expresión interpretativa *estar-ahí* [*Vorhandenheit*] y le atribuiremos la existencia como determinación de ser solamente al Dasein.

La "esencia" del Dasein consiste en su existencia. Los caracteres destacables en este ente no son, por consiguiente, "propiedades" que estén-ahí de un ente que está-ahí con tal o cual aspecto, sino siempre maneras de ser posibles para él, y

[a] cada vez 'yo'.

[b] Pero este ser es un estar-en-el-mundo que acontece históricamente.

[c] ¿Cuál? [El que consiste en] Tener que ser el Ahí y en el afirmarse ante el Ser en cuanto tal [*das Seyn überhaupt*].

[d] que él 'tiene' que ser [*zu seyn:*] ¡Destinación!

solo eso. Todo ser-tal (*) de este ente es primariamente ser. Por eso el término "Dasein" con que designamos a este ente, no expresa su qué, como mesa, casa, árbol, sino el ser[a].

2. El ser que está *en cuestión* para este ente en su ser es cada vez el mío. Por eso, el Dasein no puede concebirse jamás ontológicamente como caso y ejemplar de un género del ente que está-ahí. A este ente su ser le es "indiferente", o más exactamente, él "es" de tal manera que su ser no puede serle ni indiferente ni no-indiferente. La referencia al Dasein —en conformidad con el carácter de *ser-cada-vez-mío* [*Jemeinigkeit*] de este ente— tiene que connotar siempre el pronombre personal: "yo soy", "tú eres"[b].

Y, por otra parte, el Dasein es el mío cada vez en esta o aquella manera de ser (**). Ya siempre se ha decidido de alguna manera en qué forma el Dasein es cada vez el mío. El ente al que en su ser le va este mismo se comporta en relación a su ser como en relación a su posibilidad más propia. El Dasein *es* cada vez su posibilidad, y no la "tiene" tan solo a la manera de una propiedad que estuviera-ahí. Y porque el Dasein es cada vez esencialmente su posibilidad, este ente *puede* en su ser "escogerse", ganarse a sí mismo, puede perderse, es decir, no ganarse jamás o solo ganarse "aparentemente". Haberse perdido y no haberse ganado todavía, él lo puede solo en la medida en que, por su ausencia, puede ser propio, es decir,
43 en la medida en que es suyo. Ambos modos de ser, *propiedad e impropiedad* —estas expresiones han sido adoptadas terminológicamente en su estricto sentido literal—, se fundan en que el Dasein en cuanto tal está determinado por el ser-cada-vez-mío. Pero la impropiedad del Dasein no significa, por así decirlo, un ser "menos" o un grado de ser "inferior". Por el contrario, la impropiedad puede determinar al Dasein en lo que tiene de más concreto, en sus actividades, motivaciones, intereses y goces.

Los dos caracteres del Dasein que hemos esbozado, la primacía de la "*existentia*" sobre la *essentia* y el ser-cada-vez-mío, indican ya que una analítica de este ente se ve confrontada con un dominio fenoménico *sui generis*. Este ente no tiene ni tendrá jamás el modo de ser de lo que solamente está-ahí dentro del mundo. Por eso tampoco puede darse temáticamente en el modo de la constatación de algo que está-ahí. Su correcta presentación es de tal modo poco obvia, que ya determinarla constituye una parte esencial de la analítica ontológica de este ente. La posibilidad de hacer comprensible el ser de este ente depende del acierto con que se lleve a cabo la correcta presentación del mismo. Por provisional que sea todavía el análisis, siempre exige asegurarse el correcto punto de partida.

[a] el Ser [*Seyn*] 'del' Ahí; 'del': genitivo objetivo.

[b] e.d. ser-cada-vez-mío quiere decir estar entregado a sí mismo como propio [*Übereignetheit*].

El Dasein se determina cada vez como ente desde una posibilidad que él es, y esto quiere decir, a la vez, que él comprende en su ser de alguna manera. Este es el sentido formal de la constitución existencial del Dasein (*). Pero esto implica para la interpretación *ontológica* de este ente la indicación de desarrollar la problemática de su ser[a] partiendo de la existencialidad de su existencia. Lo que, sin embargo, no significa construir al Dasein a partir de una posible idea concreta de existencia. Justamente al comienzo del análisis, el Dasein no debe ser interpretado en lo diferente de un determinado modo de existir, sino que debe ser puesto al descubierto en su indiferente inmediatez y regularidad. Esta indiferencia de la cotidianidad del Dasein *no* es una *nada*, sino un carácter fenoménico positivo de este ente. A partir de este modo de ser y retornando a él es todo existir como es. A esta indiferencia cotidiana del Dasein la llamaremos *medianidad* [*Durchschnittlichkeit*].

Y puesto que la cotidianidad mediana constituye la inmediatez óntica de este ente, ella ha sido *pasada por alto*, y sigue siéndolo siempre de nuevo, en la explicación del Dasein. Lo ónticamente más cercano y conocido es lo ontológicamente más lejano, desconocido y permanentemente soslayado en su significación ontológica. Cuando San Agustín pregunta: *Quid autem propinquius meipso mihi?*
y tiene que responder: *ego certe laboro hic et laboro in meipso: factus sum mihi* 44
terra difficultatis et sudoris nimii[1], esto vale no solamente de la opacidad óntica y preontológica del Dasein, sino, en una medida aun mayor, de la tarea ontológica no solo de no errar la forma de ser fenoménicamente más cercana de este ente, sino de hacerla accesible en una caracterización positiva.

La cotidianidad media del Dasein no debe empero tomarse como un mero "aspecto". También en ella, e incluso en el modo de la impropiedad, se da *a priori* la estructura de la existencialidad. También en ella le va al Dasein, en una determinada manera, su ser, con respecto al cual él se las ha en el modo de la cotidianidad mediana, aunque solo sea huyendo *ante* él y olvidándose *de él.*

Pero la explicación del Dasein en su cotidianidad mediana no da tan solo, por así decirlo, estructuras medias, en el sentido de una indeterminación evanescente. Lo que ónticamente es en la manera de la medianidad, puede muy bien ser aprehendido ontológicamente en estructuras concisas que no se distinguen estructuralmente de las determinaciones ontológicas de un modo *propio* de ser del Dasein.

Todas las explicaciones [*Explikate*] que surgen de la analítica del Dasein se alcanzan mirando hacia su estructura de existencia. Y como estos caracteres de ser del Dasein se determinan desde la existencialidad, los llamamos *existenciales*. Se los debe distinguir rigurosamente de las determinaciones de ser del ente que no tiene la forma de ser del Dasein, a las que damos el nombre de *categorías*.

[1] *Confessiones*, lib. 10, cap. 16.

[a] mejor: de su comprensión del ser.

Esta expresión se toma y mantiene en su significación ontológica primaria. Para la ontología antigua, el terreno ejemplar de la interpretación del ser es el ente que comparece dentro del mundo. La forma de acceso a él es el νοεῖν o, correlativamente, el λόγος. En ellos comparece el ente. Pero el ser de este ente debe ser captable en un λέγειν (o hacer ver) eminente, de suerte que este ser se haga comprensible de antemano en lo que él es y como lo que ya está en todo ente. La previa referencia al ser en todo hablar (λόγος) que dice algo del ente es el κατηγορεῖσθαι. Esta palabra significa, por lo pronto, acusar públicamente, decirle a alguien algo en la cara delante de todos. En su uso ontológico, el término quiere decir algo así como decirle al ente en su cara lo que él es ya siempre como ente,
45 e.d. hacerlo ver a todos en su ser. Lo visto y visible en este ver son las κατηγορίαι. Ellas abarcan las determinaciones *a priori* del ente según las distintas maneras como es posible referirse a él y decir algo de él en el λόγος. Existenciales y categorías son las dos posibilidades fundamentales de los caracteres del ser. El respectivo ente exige ser primariamente interrogado en forma cada vez diferente: como *quién* (existencia) o como *qué* (estar-ahí, en el más amplio sentido). Sobre la conexión de ambas modalidades de los caracteres del ser solo se podrá tratar una vez aclarado el horizonte de la pregunta por el ser.

En la Introducción ya se hizo ver que la analítica existencial del Dasein contribuye a promover una tarea cuya urgencia es apenas menor que la de la pregunta misma por el ser: poner al descubierto *aquel a priori* que tiene que ser visible si la pregunta "que es el hombre" ha de poder ser filosóficamente dilucidada. La analítica existencial del Dasein esta *antes* de toda psicología, de toda antropología y, *a fortiori*, de toda biología. Al deslindarlo frente a estas posibles investigaciones del Dasein, el tema de la analítica puede circunscribirse todavía con mayor precisión. Con lo cual su necesidad podrá también demostrarse en forma aún más persuasiva.

§ 10. Delimitación de la analítica del Dasein frente a la antropología, la psicología y la biología

Después de haber hecho un primer bosquejo positivo del tema de una investigación, siempre es importante caracterizarlo por lo que él excluye, a pesar de que tales discusiones sobre lo que no debe suceder fácilmente se tornan infructuosas. Será necesario mostrar que los cuestionamientos e investigaciones hechos hasta ahora apuntando hacia el Dasein[a], sin perjuicio de su productividad en los respectivos campos de averiguación, yerran el verdadero problema, el problema filosófico,

[a] No apuntaban en absoluto hacia el Dasein.

y que, por ende, mientras persistan en este error no pueden pretender siquiera *estar capacitados* para llevar a cabo aquello a que en el fondo aspiran. La fijación de los límites de la analítica existencial frente a la antropología, la psicología y la biología, se refiere solamente a la pregunta ontológica fundamental. Desde el punto de vista de una "teoría de las ciencias", esas demarcaciones son necesariamente insuficientes, ya por el solo hecho de que la estructura científica de dichas disciplinas —y no la "cientificidad" de los que trabajan en su desarrollo— es hoy enteramente cuestionable, y necesita de nuevos impulsos, que deben brotar de la problemática ontológica.

En una orientación histórica, se podría aclarar el propósito de la analítica existencial de la siguiente manera: Descartes, a quien se atribuye el descubrimiento del *cogito sum* como punto de partida para el cuestionamiento filosófico 46
moderno, investigó, dentro de ciertos límites, el *cogitare* del *ego*. En cambio, deja enteramente sin dilucidar el *sum*, aun cuando este haya sido tan originariamente establecido como el *cogito*. La analítica plantea la pregunta ontológica por el ser del *sum*. Solo cuando este haya sido determinado podrá comprenderse el modo de ser de las *cogitationes*.

Sin embargo, esta ejemplificación histórica del propósito de la analítica también puede inducir a error. Una de las primeras tareas de la analítica consistirá en hacer ver que si se pretende partir de un yo o sujeto inmediatamente dado, se yerra en forma radical el contenido fenoménico del Dasein. Toda idea de "sujeto" —si no está depurada por una previa determinación ontológica fundamental— comporta ontológicamente la posición del *subiectum* (ὑποκείμενον), por más que uno se defienda ónticamente en la forma más enfática contra la "sustancialización del alma" o la "cosificación de la conciencia". La coseidad misma tiene que ser previamente aclarada en su procedencia ontológica, para que se pueda preguntar qué es lo que debe entenderse positivamente por el *ser* no cosificado del sujeto, del alma, de la conciencia, del espíritu y de la persona. Todos estos términos nombran determinados dominios fenoménicos "susceptibles de desarrollo", pero su empleo va siempre unido a una curiosa no necesidad de preguntar por el ser del ente así designado. No es, pues, un capricho terminológico el que nos lleva a evitar estos términos, como también las expresiones "vida" y "hombre", para designar al ente que somos nosotros mismos.

Pero, por otra parte, en la tendencia bien comprendida de toda "filosofía de la vida" científica y seria —"filosofía de la vida" dice tanto como botánica de las plantas— se encuentra la tácita tendencia a una comprensión del ser del Dasein[a]. Lo que resulta sorprendente, y en esto estriba su fundamental[b] deficiencia,

[a] ¡no!

[b] No solo en esto, sino en que la pregunta por la verdad es entera y esencialmente insuficiente.

es que la "vida" misma, en cuanto modo de ser, no se convierte en problema ontológico.

Las investigaciones de W. Dilthey están animadas por la constante pregunta por la "vida". Dilthey intenta comprender las "vivencias" de esta "vida" en su contexto estructural y evolutivo partiendo del todo de esta misma vida. Lo filosóficamente relevante de su "psicología como ciencia del espíritu" no ha de ser buscado en el hecho de que ella no quiera ya orientarse hacia elementos y átomos psíquicos ni recomponer la vida del alma a base de fragmentos, antes, por el contrario, apunte más bien al "todo de la vida" y a sus "formas" —sino que lo relevante está en que, en medio de todo ello, Dilthey se hallaba encaminado ante todo hacia la pregunta por la "vida". Sin embargo, aquí se muestran también con mayor fuerza los límites
47 de su problemática y del aparato conceptual en que ella tuvo que formularse. Pero estos límites los comparten con Dilthey y Bergson todas las corrientes del "personalismo" determinadas por ellos, y todas las tendencias orientadas hacia una antropología filosófica. Aunque decididamente más radical y diáfana, la interpretación fenomenológica de la personalidad tampoco llega hasta la dimensión de la pregunta por el ser del Dasein. A pesar de todas sus diferencias de planteamiento, de procedimiento y de orientación en su concepción del mundo, las interpretaciones de la personalidad en Husserl[1] y Scheler concuerdan en lo negativo. Ya ni siquiera plantean la pregunta acerca de lo que es "ser-persona". Escogeremos como ejemplo la interpretación de Scheler, no solo por ser accesible en los textos[2], sino porque Scheler acentúa expresamente el ser-persona en cuanto tal, y busca determinarlo por la vía de una delimitación del ser específico de los actos en oposición a todo lo "psíquico". Según Scheler, la persona no debe ser pensada jamás como una cosa o como una substancia; ella "es más bien la *unidad* concomitante e inmediatamente

[1] Las investigaciones de E. Husserl sobre la "personalidad" no han sido aún publicadas. La orientación fundamental de la problemática se muestra ya en el tratado "Philosophie als strenge Wissenschaft", *Logos* I (1910), p. 319. Un amplio desarrollo alcanza la investigación en la segunda parte de las *Ideen zu einer reinen Phänomenologie und phänomenologischen Philosophie* (*Husserliana* IV), cuya primera parte (cf. este *Jahrbuch* t. I, 1913) expone la problemática de la "conciencia pura" considerada como base para el estudio de la constitución de toda realidad. La segunda parte trae detallados análisis de constitución, y trata, en tres secciones, los siguientes temas: 1. La constitución de la naturaleza material. 2. La constitución de la naturaleza animal. 3. La constitución del mundo espiritual (la actitud personalista, en oposición a la naturalista). Husserl comienza su exposición con estas palabras: "Dilthey... percibía, ciertamente, los problemas fundamentales y las direcciones por donde debía orientarse el trabajo, pero no llegó a las formulaciones definitivas del problema, ni a soluciones metodológicamente seguras". Después de esta primera elaboración, Husserl le ha seguido la pista a los problemas de una manera aún más penetrante, y ha dado a conocer en sus cursos de Freiburg partes esenciales de su trabajo[a].

[2] Cf. este *Jahrbuch* t. I, 2 (1913) y t. II (1916); cf. especialmente p. 242 ss.

[a] Pero, en su finalidad y en sus resultados, todo ello es diferente de lo que aquí se quiere y se alcanza.

vivida del vivir de las vivencias— y no una cosa solamente pensada detrás y fuera de lo inmediatamente vivido"[1]. La persona no es un ser substancial y cósico. Tampoco puede agotarse el ser de la persona en ser sujeto de actos racionales regidos por determinadas leyes.

La persona no es ni cosa, ni substancia, ni objeto. Con esto se pone el acento
en lo mismo que insinúa Husserl[2] cuando exige para la unidad de la persona una 48
constitución esencialmente distinta de la exigida para las cosas naturales. Lo que Scheler dice de la persona lo formula también para los actos: "Pero jamás un acto es al mismo tiempo objeto; porque es esencial al ser de los actos ser vividos solo en la ejecución misma, y dados tan solo en reflexión"[3]. Los actos son algo no-psíquico. Pertenece a la esencia de la persona existir solamente en la ejecución de los actos intencionales; y así, por esencia ella no es objeto. Toda objetivación psíquica y, por ende, toda concepción de los actos como algo psíquico, equivale a una despersonalización. En todo caso, la persona está dada en tanto que ejecutora de actos intencionales enlazados por la unidad de un sentido. El ser psíquico no tiene, pues, nada que ver con el ser-persona. Los actos se ejecutan; persona es quien ejecuta los actos. Pero, ¿cuál es el sentido ontológico del "ejecutar"? ¿Cómo determinar ontológicamente de una manera positiva el modo de ser de la persona? La cuestión crítica no puede empero detenerse aquí. Lo que está en cuestión es el ser del hombre entero, ser que se concibe de ordinario como unidad de cuerpo, alma y espíritu. Cuerpo, alma y espíritu pueden, por su parte, designar sectores de fenómenos temáticamente separables con vistas a determinadas investigaciones; dentro de ciertos límites, su indeterminación ontológica bien puede no tener importancia. Pero, cuando lo que está en cuestión es el ser del hombre, este ser no puede calcularse aditivamente partiendo de las formas de ser del cuerpo, el alma y el espíritu que, a su vez, tendrían aun que ser determinadas. E incluso para una tentativa ontológica que procediese de esta manera, tendría que presuponerse una idea del ser de ese todo. Pero lo que bloquea o lanza por un falso camino la pregunta fundamental por el ser del Dasein es la habitual orientación hacia la antropología antiguo-cristiana, cuyos insuficientes fundamentos ontológicos pasan inadvertidos incluso al personalismo y a la filosofía de la vida. La antropología tradicional comporta lo siguiente:

1. La definición del hombre como ζῷον λόγον ἔχον, en el sentido de *animal rationale*. Ahora bien, el modo de ser del ζῷον es comprendido en este caso como estar-ahí y encontrarse delante. El λόγος es un acondicionamiento superior, cuyo modo de ser queda tan oscuro como el del ente así compuesto (**).

[1] *Loc. cit.* II, p. 243 (*).
[2] Cf. *Logos* I, *loc. cit.*
[3] *Loc. cit.* p. 246.

2. El otro hilo conductor para la determinación del ser y de la esencia del hombre es teológico: καὶ εἶπεν ὁ θεός· ποιήσωμεν ἄνθρωπον κατ' εἰκόνα ἡμετέραν
49 καὶ καθ' ὁμοίωσιν, *faciamus hominem ad imaginem et similitudinem nostram* (*)[1]. La antropología teológica cristiana alcanza, a partir de aquí y con la simultánea recepción de la definición antigua, una interpretación del ente que llamamos hombre. Pero, de la misma manera como el ser de Dios es interpretado ontológicamente con los medios de la ontología antigua, así también, y con mayor razón, el ser del *ens finitum*. La definición cristiana sufrió una desteologización en el curso de la época moderna. Pero la idea de la "trascendencia", que el hombre sea algo que tiende más allá de sí mismo, tiene sus raíces en la dogmática cristiana, de la que a nadie se le ocurrirá decir que haya convertido alguna vez en problema ontológico el ser del hombre. Esta idea de la trascendencia, según la cual el hombre es más que un ser inteligente, ha ejercido su influencia en diversas formas. Su origen puede ilustrarse con las siguientes citas: *His praeclaris dotibus excelluit prima hominis conditio, ut ratio, intelligentia, prudentia, indicium, non modo ad terrenae vitae gubernationem suppeterent, sed quibus transcenderet usque ad Deum et aeternam felicitatem*[2]. "Pues que también el hombre... *alce su mirada* hacia Dios y hacia su palabra, muestra claramente que por su naturaleza es algo nacido más cerca de Dios, algo que a Él más *se le asemeja,* algo que busca contacto con Él, todo lo cual fluye sin duda de que a *imagen* de Dios ha sido creado[3]".

Las fuentes decisivas para la antropología tradicional, vale decir, la definición griega y el hilo conductor teológico, indican que, más allá de una determinación esencial del ente llamado "hombre", la pregunta por su ser (**) queda en el olvido, y que a este ser se lo comprende más bien como algo "obvio", en el sentido del *estar-ahí* de las demás cosas creadas. Ambos hilos conductores se enlazan en la antropología moderna con la exigencia metodológica de partir desde la *res cogitans*, la conciencia, la trama de las vivencias. Pero, en la medida en que también las *cogitationes* permanecen ontológicamente indeterminadas o se las considera, una vez más, inexpresa y "obviamente" como algo "dado" cuyo "ser" está fuera de todo cuestionamiento, la problemática antropológica queda indeterminada en sus fundamentos ontológicos decisivos.

Lo dicho no es menos válido de la "*psicología*" cuyas actuales tendencias antropológicas son innegables. Ni se puede tampoco compensar el fundamento ontológico que falta insertando la antropología y la psicología en una *biología* general. En el orden de su posible comprensión e interpretación, la biología

[1] *Génesis* I, 26.

[2] Calvino, *Institutio* I, 15, § 8.

[3] Zwingli, *Von klarheit und gewüsse des worts Gottes*. (*Deutsche Schriften* I, 58).

como "ciencia de la vida" se funda en la ontología del Dasein, aunque no exclusivamente en ella. 50
La vida es un modo peculiar de ser, pero esencialmente solo accesible en el Dasein. La ontología de la vida se lleva a cabo por la vía de una interpretación privativa; ella determina lo que debe ser para que pueda haber algo así como un "mero vivir" (*). La vida no es ni un puro estar-ahí ni tampoco es un Dasein. El Dasein, por su parte, nunca puede ser ontológicamente determinado como vida (ontológicamente indeterminada) y, además, otra cosa.

Con referencia a la falta de una respuesta clara y suficientemente fundada desde el punto de vista ontológico a la pregunta por el *modo de ser* de este ente que somos nosotros mismos en la antropología, psicología y biología, no se ha formulado ningún juicio sobre el trabajo positivo de estas disciplinas. Pero, por otra parte, es necesario tener siempre presente que estos fundamentos ontológicos nunca se dejan inferir hipotéticamente a partir del material empírico, sino que, por el contrario, ellos ya están siempre "allí en el momento mismo de *reunir* el material empírico. Que la investigación positiva no vea estos fundamentos y los tome por evidentes no es prueba alguna de que ellos no le sirvan de base y de que no sean problemáticos en un sentido más radical que aquel en que puede serlo jamás una tesis de las ciencias positivas[1].

§ 11. La analítica existencial y la interpretación del Dasein primitivo. Dificultades para lograr un "concepto natural del mundo"

La interpretación del Dasein en su cotidianidad no se identifica empero con la descripción de una fase primitiva del Dasein, cuyo conocimiento pueda ser proporcionado empíricamente por la antropología. *Cotidianidad no coincide con primitividad.* Por el contrario, la cotidianidad es un modo de ser del Dasein que
este tiene incluso y precisamente cuando se mueve en una cultura altamente de- 51
sarrollada y diferenciada. Por otra parte, también el Dasein primitivo tiene sus posibilidades no cotidianas de ser, así como tiene también *su* cotidianidad específica. La orientación del análisis del Dasein por la "vida de los pueblos primitivos" puede tener significación metodológica positiva en la medida en que los "fenómenos primitivos" son a menudo menos complejos y están menos encu-

[1] Pero, patentización del *a priori* no es construcción "apriorística". Gracias a E. Husserl hemos aprendido no solo a comprender nuevamente el sentido de toda auténtica "empiria" filosófica, sino también a manejar el instrumento que ella requiere. El "apriorismo" es el método de toda filosofía científica que se comprenda a sí misma. Y como apriorismo no tiene nada que ver con construcción, la investigación del *a priori* exige la correcta preparación del terreno fenoménico. El horizonte inmediato que debe prepararse para la analítica del Dasein es el de su cotidianidad mediana.

biertos por una autointerpretación ya ampliamente desarrollada del Dasein. El Dasein primitivo) habla con frecuencia más directamente desde una inmersión originaria en los "fenómenos" (tomando esta palabra en el sentido prefenomenológico). El aparato conceptual, quizás desmañado y tosco desde nuestro punto de vista, puede contribuir positivamente a un genuino realzamiento de las estructuras ontológicas de los fenómenos.

Pero, hasta ahora el conocimiento de los primitivos nos ha sido proporcionado por la etnología. Y esta se mueve, ya desde la primera "recepción", selección y elaboración del material, en determinados conceptos previos e interpretaciones acerca de la existencia humana en general. Es cuestionable que la psicología común, e incluso la psicología y sociología científicas que el etnólogo lleva consigo, ofrezcan, desde el punto de vista científico, garantía para una justa posibilidad de acceso, y para una adecuada interpretación y comunicación de los fenómenos que es necesario investigar. También aquí se presenta la misma situación que en las disciplinas mencionadas anteriormente. La etnología misma presupone ya, como hilo conductor, una suficiente analítica del Dasein. Pero como las ciencias positivas no "pueden" ni deben esperar el trabajo ontológico de la filosofía, la marcha de la investigación no tendrá el carácter de un "progreso", sino de una *repetición* y purificación que haga ontológicamente más transparente
52 lo ónticamente descubierto[1].

Aun cuando la delimitación formal de la problemática ontológica frente a la investigación óntica resulte fácil, la realización y, sobre todo, el *planteamiento inicial* de una analítica existencial del Dasein no carece de dificultades. En la tarea de esta última está contenido un *desideratum* que inquieta desde hace mucho tiempo a la filosofía[a], en cuyo cumplimiento, sin embargo, esta fracasa una y otra vez: *la elaboración de la idea de un "concepto natural de mundo"*. Para abordar de un modo fructífero esta tarea pareciera ser favorable la riqueza de conocimientos disponibles sobre las más variadas y lejanas culturas y formas del

[1] Últimamente E. Cassirer ha hecho del Dasein mítico tema de una interpretación filosófica; cf. *Philosophie der symbolischen Formen*, Segunda Parte: *Das mythische Denken*, 1925. Esta investigación ofrece a la etnología hilos conductores más amplios. Desde el punto de vista de la problemática filosófica, queda en pie la pregunta si los fundamentos de la interpretación son suficientemente transparentes y, sobre todo, si la arquitectónica y el contenido sistemático de la *Crítica de la razón pura* de Kant pueden en alguna forma proporcionar el plan para semejante tarea, y si no se requiere aquí un punto de partida nuevo y más originario. El mismo Cassirer ve la posibilidad de ello, como lo muestra la nota de la p. 16 s., dónde Cassirer remite a los horizontes abiertos por la fenomenología de Husserl. En un diálogo que el autor pudo sostener con Cassirer con ocasión de una conferencia sobre las "Tareas y caminos de la investigación fenomenológica" dada en la Sede de la *Kantgesellschaft* de Hamburgo en diciembre de 1923, se mostró ya un acuerdo respecto de la necesidad de una analítica existencial como la que se había esbozado en la conferencia.

[a] ¡De ningún modo! Porque el concepto de mundo no ha sido ni siquiera comprendido.

Dasein. Pero esto es solo una apariencia. En el fondo, esta sobreabundancia de conocimientos induce al desconocimiento del verdadero problema. La comparación y tipificación sincrética de todo no da de suyo un auténtico conocimiento esencial. La ordenación de una multiplicidad en un cuadro general no garantiza una verdadera comprensión de lo que queda ordenado. El auténtico principio ordenador tiene su propio contenido material (*), y este no se encuentra nunca por medio de la ordenación misma, sino que ya está supuesto en ella. Así, por ejemplo, para clasificar imágenes del mundo es necesaria la idea explícita de mundo en general. Y si el "mundo" mismo es un *constitutivum* del Dasein, la elaboración conceptual del fenómeno del mundo exige una visión de las estructuras fundamentales del Dasein.

Las especificaciones positivas y las consideraciones negativas de este capítulo tenían la finalidad de encauzar correctamente la comprensión de la tendencia y de la actitud cuestionante de la interpretación que va a seguir. La ontología solo puede contribuir indirectamente al desarrollo de las disciplinas positivas ya existentes. Ella tiene por sí misma una finalidad autónoma, si es verdad que, por encima del conocimiento del ente, la pregunta por el ser es el aguijón de toda investigación científica.

CAPÍTULO SEGUNDO

El estar-en-el-mundo en general como constitución fundamental del Dasein

§ 12. Bosquejo del estar-en-el-mundo a partir del estar-en como tal

En las consideraciones preliminares (§ 9) ya hemos puesto de relieve algunos caracteres de ser que han de iluminar la investigación ulterior, pero que, al mismo
tiempo, recibirán en ella su concreción estructural. El Dasein es un ente que en su 53
ser se comporta comprensoramente respecto de este ser. Con ello queda indicado el concepto formal de existencia. El Dasein existe. El Dasein es, además, el ente que soy cada vez yo mismo. Al Dasein existente le pertenece el ser-cada-vez-mío como condición de posibilidad de la propiedad e impropiedad. El Dasein existe siempre en uno de estos modos o en la indiferencia modal de ellos.

Ahora bien, estas determinaciones de ser del Dasein deben ser vistas y comprendidas *a priori* sobre la base de la constitución de ser que nosotros llamamos el *estar-en-el-mundo* (*). El punto de partida adecuado para la analítica del Dasein consiste en la interpretación de esta estructura.

La expresión compuesta "estar-en-el-mundo" indica, en su forma misma, que con ella se mienta un fenómeno *unitario*. Lo así primariamente dado (**) debe ser visto en su integridad. La irreductibilidad a elementos heterogéneos no excluye una multiplicidad de momentos estructurales constitutivos. Lo fenoménicamente dado (***), a que esta expresión se refiere, permite, en efecto, un enfoque triple. Si lo examinamos sin perder de vista el fenómeno completo, podemos distinguir los siguientes momentos:

1. El *"en-el-mundo"*. En relación con este momento surge la tarea de indagar la estructura ontológica del "mundo" y de determinar la idea de la *mundaneidad* en cuanto tal (cf. el cap. 3 de esta sección).

2. El *ente* que es cada vez en la forma del estar-en-el-mundo. Se busca aquí lo que preguntamos con el "quién". Debemos determinar, en un mostrar fenome-

nológico, quién es el que es en el modo de la cotidianidad media del Dasein (cf. cap. 4 de esta sección).

3. El *estar-en* como tal. Hay que sacar a luz la constitución ontológica de la "in-idad" misma [*der Inheit selbst*] (cf. cap. 5 de esta sección). Cada vez que se destaque uno de estos momentos constitucionales, se destacarán también los otros, y esto quiere decir que cada vez se tendrá en vista el fenómeno completo. El estar-en-el-mundo es ciertamente una estructura del Dasein necesaria *a priori* que, sin embargo, no es suficiente, ni con mucho, para determinar plenamente su ser. Antes del análisis temático particular de los tres fenómenos que hemos destacado, deberá intentarse una caracterización orientadora del momento constitucional mencionado en último lugar.

¿Qué significa *estar-en* (*)? Tendemos, por lo pronto, a completar la expresión añadiendo: estar-en "el mundo", y nos inclinamos a comprender este estar-en
54 como un "estar dentro de..." (**). Con este término se nombra el modo de ser de un ente que está "en" otro a la manera como el agua está "en" el vaso y el traje "en" el armario. Con el "en" nos referimos a la relación de ser que dos entes que se extienden "en" el espacio tienen entre sí respecto de su lugar en este espacio. El agua y el vaso, el traje y el armario, ambos están de la misma manera "en" el espacio [*"im" Raum*] ocupando un lugar [*"an" einem Ort*]. Esta relación de ser puede ampliarse, por ejemplo: el banco [está] en el aula, el aula en la universidad, la universidad en la ciudad, y así sucesivamente hasta: el banco "en el espacio universal". Estos entes cuyo estar los unos "en" los otros puede determinarse así, tienen todos el mismo modo de ser del estar-ahí, como cosas que se encuentran "dentro" del mundo. El estar-ahí "en" un ente que está-ahí, el co-estar-ahí con algo del mismo modo de ser, en el sentido de una determinada relación de lugar, son caracteres ontológicos que nosotros llamamos *categoriales*, un género de caracteres que pertenecen al ente que no tiene el modo de ser del Dasein.

En cambio, el estar-en mienta una constitución de ser del Dasein y es un *existencial*. Pero entonces no puede pensarse con esta expresión en el estar-ahí de una cosa corpórea (el cuerpo humano) "en" un ente que está-ahí. El estar-en no se refiere a un espacial estar-el-uno-dentro-del-otro de dos entes que están-ahí, como tampoco el "en" originariamente significa en modo alguno una relación espacial de este género[1]; "in" [en alemán] procede de *innan-*, residir, *habitare*, quedarse en; "an" significa: estoy acostumbrado, familiarizado con, suelo [hacer] algo (***); tiene la significación de *colo*, en el sentido de *habito* y *diligo* (****). Este ente al que le es inherente el estar-en así entendido, lo hemos caracterizado ya como el ente que soy cada vez yo mismo. El vocablo alemán "*bin*" ["soy"]

[1] Cf. Jakob Grimm, *Kleinere Schriften*, t. VII, p. 247.

se relaciona con la preposición "*bei*" ["en", "en medio de", "junto a"]; "*ich bin*" ["yo soy"] quiere decir, a su vez, habito, me quedo en... el mundo como lo de tal o cual manera familiar. "Ser"[a], como infinitivo de "yo soy", e.d. como existencial, significa habitar en..., estar familiarizado con... *Estar-en es, por consiguiente, la expresión existencial formal del ser del Dasein*[b], *el cual tiene la constitución esencial del estar-en-el-mundo.*

El "estar en medio" del mundo (*), en el sentido del absorberse en el mundo —sentido que tendremos que interpretar todavía más a fondo—, es un existencial fundado en el estar-en. Como lo que pretenden estos análisis es llegar a *ver* una estructura originaria del ser del Dasein con cuyo contenido fenoménico debe conformarse la articulación de los correspondientes conceptos ontológicos, y como esta estructura es principialmente inaprehensible mediante las categorías ontológicas tradicionales, también este "estar en medio" deberá ser examina- 55
do más de cerca. Escogeremos, una vez más, la vía del contraste con algo por esencia ontológicamente diferente —e.d. con la relación categorial de ser que expresamos con los mismos términos. Aun a riesgo de explicar "cosas obvias", es necesario hacerse fenoménicamente presente *de un modo explícito* estas distinciones ontológicas fundamentales fácilmente evanescentes. Sin embargo, el estado actual de la analítica ontológica muestra que aún estamos lejos de tener un suficiente dominio de estas "cosas obvias", que pocas veces se las ha interpretado en su sentido de ser, y que menos aun se ha logrado una acuñación segura de los correspondientes conceptos estructurales.

El "estar en medio" del mundo [*das "Sein bei" der Welt*], como existencial, no mienta jamás algo así como el mero estar-juntas de cosas que están-ahí. No hay algo así como un "estar-juntos" del ente llamado "Dasein" con otro ente llamado "mundo". Es cierto que a veces expresamos el estar-juntas de dos cosas que están-ahí diciendo, por ejemplo: "la mesa está 'junto' a la puerta [*'bei' der Tür*]" "la silla 'toca' la pared". En rigor, nunca se puede hablar aquí de "tocar", no tanto porque siempre es posible, en último término, después de un examen preciso, constatar un espacio intermedio entre la silla y la pared, cuanto porque la silla no puede, en principio, tocar la pared, aunque el espacio intermedio fuese nulo. Supuesto previo para ello sería que la pared pudiese *comparecer* "para" la silla. Un ente puede tocar a otro ente que está-ahí dentro del mundo solo si por naturaleza tiene el modo de ser del estar-en, si con su Dasein ya le está descubierto algo así como un mundo, desde el cual aquel ente se pueda manifestar a través del contacto, para volverse así accesible en su estar-ahí. Dos entes que están-ahí dentro del mundo y que, además, por sí mismos *carecen de mundo,* no

[a] Ser es también infinitivo del 'es': el ente es.

[b] Pero no del ser en general, ni menos aun, del ser mismo— a secas.

pueden "tocarse" jamás, ninguno de ellos puede "*estar junto*" al otro. La frase adicional "que, además, carecen de mundo", no debe ser omitida, porque también un ente que no carece de mundo, por ej. el Dasein mismo, está-ahí "en" el mundo; dicho más exactamente: *puede*, con cierto derecho, y dentro de ciertos límites, ser considerado como solo estando-ahí. Para ello es necesario prescindir enteramente de la constitución existencial del estar-en, o no verla en absoluto. Sin embargo, no se debe confundir esta forma de considerar al "Dasein" como algo que está-ahí y que no hace más que estar-ahí, con una manera de "estar-ahí" que es exclusivamente *propia* del Dasein. Esta manera de estar-ahí no se hace accesible prescindiendo de las estructuras específicas del Dasein, sino solo en
56 la previa comprensión de ellas. El Dasein comprende su ser más propio como un cierto "estar-ahí de hecho"[1]. Y sin embargo, el "carácter fáctico" del hecho del propio existir [*Dasein*] es, desde el punto de vista ontológico, radicalmente diferente del estar presente fáctico de una especie mineral. El carácter fáctico del *factum* Dasein, que es la forma que cobra cada vez todo Dasein, es lo que llamamos *facticidad* del Dasein. La complicada estructura de está determinación de ser solo es captable, incluso *como problema,* a la luz de las estructuras existenciales fundamentales del Dasein que ya han sido puestas de relieve. El concepto de facticidad implica: el estar-en-el-mundo de un ente "intramundano", en forma tal que este ente se pueda comprender como ligado en su "destino" al ser del ente que comparece para él dentro de su propio mundo.

Nos limitaremos, por ahora, a hacer ver la diferencia ontológica entre el estar-en como existencial y el "estar-dentro-de" de un ente que está-ahí, en tanto que categoría. Cuando delimitamos así el estar-en, con ello no le estamos negando al Dasein toda suerte de "espacialidad". Por el contrario: el Dasein tiene, él mismo, su propia manera de "estar-en-el-espacio", la cual, sin embargo, solo es posible, por su parte, *sobre la base del estar-en-el-mundo en cuanto tal.* El estar-en tampoco puede, por consiguiente, ser ontológicamente aclarado mediante una caracterización óntica, de modo que se pudiera decir, por ejemplo: el estar-en un mundo es una propiedad espiritual, y la "espacialidad" del hombre es un modo de ser derivado de su corporalidad [*Leiblichkeit*], la que a su vez está siempre "fundada" en la corporeidad física [*Körperlichkeit*]. Al decir esto, volvemos a encontrar un estar-ahí-juntas de una cosa espiritual así constituida y de una cosa corpórea; con lo que el ser mismo del ente así compuesto viene a quedar enteramente oscuro. Solo la comprensión del estar-en-el-mundo como estructura esencial del Dasein hace posible la intelección de la *espacialidad existencial* del Dasein. Esta intelección nos libra de la ceguera respecto de esta estructura, o de eliminarla de antemano, una eliminación que no está motivada ontológicamente, aunque sí "metafísicamente",

[1] Cf. § 29.

en la ingenua opinión de que el hombre es en primer lugar una cosa espiritual, que luego queda confinada "a" un espacio [*"in" einen Raum*].

En virtud de su facticidad, el estar-en-el-mundo del Dasein ya se ha dispersado y hasta fragmentado cada vez en determinadas formas del estar-en. La multiplicidad de estas formas puede ponerse de manifiesto, a modo de ejemplo, mediante la siguiente enumeración: habérselas con algo, producir, cultivar y cuidar, usar, abandonar y dejar perderse, emprender, llevar a término, averiguar,
interrogar, contemplar, discutir, determinar... Estas maneras de estar-en tienen el 57
modo de ser del *ocuparse* [*Besorgen*] (*), un modo de ser que deberá caracterizarse aún más a fondo. Maneras de ocuparse son también los modos *deficientes* del dejar de hacer, omitir, renunciar, reposar, y todos los modos de "nada más que" respecto de las posibilidades del ocuparse. El término *Besorgen*, "ocuparse de algo", tiene, en primer lugar, una significación precientífica, y puede significar: llevar a cabo, realizar, "aclarar" un asunto. La expresión puede significar también [en alemán] procurarse algo, en el sentido de conseguírselo. Además, se la usa en un giro particular: temo [*ich besorge*] que la empresa fracase. *Besorgen* quiere decir aquí algo así como temer por alguna cosa. En contraposición con estas significaciones precientíficas y ónticas, la expresión "ocuparse de algo" se usa en la presente investigación como término ontológico (como un existencial) para designar el ser de una determinada posibilidad de estar-en-el-mundo. Este término no se ha escogido porque el Dasein sea ante todo y en gran medida económico y "práctico", sino porque el ser mismo del Dasein debe mostrarse como *Sorge, cuidado*. A su vez, esta expresión deberá comprenderse como concepto estructural ontológico (cf. cap. 6 de esta sección). No tiene nada que ver con "aflicción", "tristeza" ni "preocupaciones" de la vida, estados que pueden darse ónticamente en todo Dasein. Todo esto es ónticamente posible, al igual que la "despreocupación" y la "alegría", porque el Dasein, entendido *ontológicamente*, es *Sorge*, cuidado. Puesto que al Dasein le pertenece por esencia el estar-en-el-mundo, su estar vuelto al mundo es esencialmente ocupación[a].

Según lo dicho, el estar-en no es una "propiedad" que el Dasein tenga a veces y otras veces no tenga, *sin* la cual él pudiera ser al igual que con ella. No es que el hombre "sea", y que también tenga una relación de ser con el "mundo" ocasionalmente adquirida. El Dasein no es jamás "primeramente" un ente, por así decirlo, desprovisto de estar-en, al que de vez en cuando le viniera en ganas establecer una "relación" con el mundo. Tal relacionarse con el mundo no es posible sino *porque* el Dasein, en cuanto estar-en-el-mundo, es como es. Esta constitución de ser no surge porque, fuera del ente con carácter de Dasein, haya también otro ente que esté-ahí y que se encuentre con aquel. Este otro ente puede

[a] Ser-hombre y Da-sein son aquí equivalentes.

"encontrarse con" el Dasein solo en la medida en que logra mostrarse desde él mismo dentro de un mundo.

El decir, hoy tan frecuente, de que "el hombre tiene su mundo circundante" no significará ontológicamente nada mientras este "tener" permanezca indeterminado. Por lo que respecta a su posibilidad, el "tener" está fundado en la cons-
58 titución existencial del estar-en. Como ente que es esencialmente de esta manera, el Dasein puede descubrir en forma explícita el ente que comparece en el mundo circundante, saber de él, disponer de el, tener un "mundo". La locución ónticamente trivial de "tener un mundo circundante" es un problema desde el punto de vista ontológico. Para resolverlo es necesario determinar de antemano de una manera ontológicamente suficiente el ser del Dasein. Si en la biología —sobre todo, nuevamente, después de K.E. von Baer— se hace uso de esta estructura de ser, no por ello debe juzgarse como "biologismo" el uso filosófico de la misma. Porque tampoco la biología puede jamás, en cuanto ciencia positiva, encontrar ni determinar esta estructura —tiene que presuponerla y hacer constante uso de ella[a]. Pero la estructura misma no puede ser explicitada filosóficamente, incluso como un *a priori* del objeto temático de la biología, si ella no ha sido previamente comprendida como estructura del Dasein. Solo orientándose por la estructura ontológica así comprendida, se puede delimitar *a priori*, por vía de privación, la estructura ontológica de la "vida". El estar-en-el-mundo en cuanto ocupación tiene tanto óntica como ontológicamente la primacía. En la analítica del Dasein esta estructura encuentra su interpretación fundamentante.

Pero, ¿no se mueve exclusivamente en enunciados negativos la determinación de esta constitución de ser hecha hasta ahora? Lo único que se nos dice es lo que este estar-en, presuntamente tan fundamental, *no* es. Efectivamente. Pero este predominio de la caracterización negativa no es un azar. Por el contrario, la caracterización negativa manifiesta la peculiaridad del fenómeno, y es así positiva en un sentido genuino, que se ajusta al fenómeno mismo. La exhibición fenomenológica del estar-en-el-mundo tiene el carácter de un rechazo de distorsiones y encubrimientos de este fenómeno *porque* él siempre ya está "visto" de alguna manera en todo Dasein. Y esto es así *porque* él constituye una estructura fundamental del Dasein, en tanto que con su ser el Dasein queda ya cada vez abierto para su comprensión del ser. Pero, en forma no menos radical, el fenómeno también queda, la mayor parte de las veces, ya erróneamente comprendido o deficientemente interpretado desde un punto de vista ontológico[b]. Ahora bien, este 'ver, en cierta manera, pero, la mayor parte de las veces, comprender erró-

[a] ¿Está siquiera justificado hablar ahí de 'mundo'? ¡Más bien entorno [*Umgebung*]! Al 'darse' de este entorno [*'Gebe'*] corresponde el 'tener' [*'Habe'*]. El Da-sein jamás 'tiene' mundo.

[b] ¡Ciertamente! ¡Como que, desde el punto de vista del puro ser, él no *es* en absoluto!

neamente', no se funda, por su parte, en otra cosa que en esta misma constitución de ser del Dasein, conforme a la cual el Dasein se comprende ontológicamente a sí mismo— y esto quiere decir, comprende también su estar-en-el-mundo primero a partir del ente y del ser *del* ente que *no* es él mismo, pero que comparece para él "dentro" de su mundo[a].

En el Dasein, y para él mismo, esta constitución de ser ya está siempre conocida de alguna manera. Ahora bien, si ha de llegar a ser reconocida, el *conocer* [*Erkennen*] (*) que asume explícitamente esta tarea se toma a *sí mismo* —en 59
cuanto conocimiento del mundo— como relación ejemplar del "alma" con el mundo. El conocimiento del mundo (νοεῖν) o, correlativamente, el hablar del "mundo" y decir algo de él (λόγος), funciona, por esto, como el modo primario del estar-en-el-mundo, sin que este último sea comprendido como tal. Ahora bien, como esta estructura de ser, aunque ónticamente experimentada como "relación" entre un ente (mundo) y otro ente (alma), permanece inaccesible desde un punto de vista ontológico, y como el ser es comprendido ontológicamente en primer lugar a partir del ente intramundano, se intenta concebir la relación entre aquellos entes sobre la base de estos entes mismos y en el sentido de su ser, e.d. como un estar-ahí. El estar-en-el-mundo —aunque prefenomenológicamente experimentado y conocido— se hace *invisible* como consecuencia de una interpretación ontológicamente inadecuada. Ahora se conoce la constitución del Dasein —y además como algo obvio— tan solo en la forma que ella cobra en la interpretación inadecuada. De esta manera ella se convierte en el punto de partida "evidente" para los problemas de la teoría del conocimiento o de la "metafísica del conocimiento". Porque ¿qué puede ser más evidente que el hecho de que un sujeto se relacione con un "objeto" y viceversa? Esta "relación-sujeto-objeto" se convierte en supuesto necesario. Pero todo esto no pasa de ser un supuesto que —aunque incuestionable en su facticidad— resulta, sin embargo, y precisamente por ello, enteramente fatal, si su necesidad ontológica y, sobre todo, su sentido ontológico son dejados en la oscuridad.

Puesto que el conocimiento del mundo [*Welterkennen*] es tomado habitualmente en forma exclusiva como el fenómeno ejemplar del estar-en, y esto no solo para la teoría del conocimiento —porque el comportamiento práctico es comprendido como el comportamiento "*no*-teorético" y "ateorético"—, y como por esta primacía del conocimiento se encamina falsamente la comprensión de su modo de ser más propio, el estar-en-el-mundo deberá ser examinado más rigurosamente en la perspectiva del conocimiento del mundo, y este mismo deberá ser hecho visible como "modalidad" existencial del estar-en.

[a] Una interpretación de rebote.

§ 13. Ejemplificación del estar-en por medio de un modo fundado. El conocimiento del mundo

Si el estar-en-el-mundo es una constitución fundamental del Dasein en la que este se mueve no solo en general, sino especialmente en el modo de la cotidianidad, entonces ese estar-en-el-mundo deberá ser experimentado ya desde siempre
60 de una manera óntica. Un total encubrimiento sería incomprensible, puesto que el Dasein dispone de una comprensión de ser acerca de sí mismo, por muy indeterminada que ella sea. Pero cuando el "fenómeno" mismo del "conocimiento del mundo" empezó a ser tomado en consideración, cayó de inmediato en una interpretación "externa" y formal. Indicio de ello es el modo, todavía hoy usual, de entender el conocimiento como una "relación entre sujeto y objeto", modo de entender que encierra tanto de "verdad" como de vacuidad. Además de que sujeto y objeto no coinciden tampoco con Dasein y mundo[a].

Aunque fuese posible determinar el estar-en ontológica y primariamente el estar-en desde el estar-en-el-mundo *cognoscente* (*), se daría, como primera exigencia, la tarea de una caracterización fenoménica del conocer como un estar en el mundo y en relación con el mundo. Al reflexionar sobre esta relación de ser se nos da, por lo pronto, un ente, llamado naturaleza, como siendo lo que se conoce. En este ente no es posible encontrar el conocimiento mismo. Si este de alguna manera "es", entonces pertenecerá únicamente al ente que conoce. Pero tampoco en este ente, la cosa-hombre, el conocimiento es algo que está-ahí. En todo caso no es posible constatarlo de una manera tan externa como aquella en que se constatan, por ejemplo, las propiedades corpóreas. Ahora bien, en la medida en que el conocimiento forma parte de este ente, sin ser empero una propiedad externa, deberá estar "dentro" de él. Por consiguiente, cuanto más terminantemente se sostenga que el conocimiento está primera y propiamente "dentro", y más aún que no tiene absolutamente nada del modo de ser de un ente físico o psíquico, tanto más libre de supuestos se cree proceder en la pregunta por la esencia del conocimiento y en el esclarecimiento de la relación entre sujeto y objeto. En efecto, tan solo ahora puede surgir un problema, vale decir, el que se expresa en la siguiente pregunta: ¿cómo sale este sujeto cognoscente de su "esfera" interna hacia otra "distinta y externa", cómo puede el conocimiento tener un objeto, cómo debe ser pensado el objeto mismo para que en definitiva el sujeto lo conozca sin necesidad de arriesgar el salto a otra esfera? En estas muchas y variadas formas de encarar el problema continuamente se omite, sin embargo, la pregunta por el modo de ser de este sujeto cognoscente, a pesar de que su manera de ser ya está constante y

[a] ¡Ciertamente que no! Y tan poco coinciden, que ya solo por haberlos puesto juntos, incluso la negación resulta fatal.

tácitamente implicada cada vez que se cuestiona su conocer. Es verdad que por otra parte se nos asegura que el dentro y la "esfera interior" del sujeto no se piensan como una "caja" o una "cápsula". Pero qué significa positivamente el "dentro" de la inmanencia en donde el conocimiento está por lo pronto encerrado, y cómo se funda el carácter de ser de este "estar dentro" del conocimiento, en el modo de ser del sujeto, sobre esto reina el silencio. Sin embargo, sea cual fuere el modo como se interprete esta esfera interior, por el solo hecho de plantearse la pregunta acerca de cómo logra el conocimiento salir "fuera" de ella y alcanzar una "trascendencia", se pone de 61
manifiesto que el conocimiento aparece como problemático sin que se haya aclarado antes cómo y qué sea en definitiva este conocimiento que tales enigmas plantean.

En este planteamiento no se echa de ver algo que hasta en la tematización más provisional del fenómeno del conocimiento ya está implícitamente dicho: que el conocimiento es una modalidad de ser del Dasein en cuanto estar-en-el-mundo, esto es, que tiene su fundamento óntico en esta constitución de ser. Contra esta apelación a lo fenoménicamente dado —*que el conocimiento es un modo de ser del estar-en-el-mundo*— se podría objetar que esa interpretación del conocer reduce a nada el problema mismo del conocimiento; porque ¿qué podría preguntarse aun *si suponemos de antemano* que el conocimiento ya está en medio de aquel mundo que él tendría que alcanzar precisamente trascendiendo al sujeto? Si se prescinde del hecho de que en la formulación de la última pregunta vuelve a aparecer el "punto de vista" constructivo, carente de evidencia fenoménica, ¿cuál es la instancia para decidir *si* debe y *en qué sentido* debe haber un problema del conocimiento, como no sea el propio fenómeno del conocimiento y el modo de ser del que conoce?

Si preguntamos ahora qué es lo que se muestra cuando el conocimiento mismo es fenoménicamente constatado, tendremos que afirmar que el conocimiento mismo se funda de antemano en un ya-estar-en-medio-del-mundo, que constituye esencialmente el ser del Dasein. Este ya-estar-en-medio-de no es un mero quedarse boquiabierto mirando un ente que no hiciera más que estar presente. El estar-en-el-mundo como ocupación está *absorto* en el mundo del que se ocupa. Para que el conocimiento como determinación contemplativa de lo que está-ahí llegue a ser posible, se requiere una previa *deficiencia* del quehacer que se ocupa del mundo. Absteniéndose de todo producir, manejar y otras ocupaciones semejantes, la ocupación se reduce al único modo de estar-en que ahora le queda, al mero-permanecer-junto-a... *Sobre la base* de este modo de ser respecto del mundo, que permite que el ente que comparece dentro del mundo solo comparezca en su puro aspecto (εἶδος), se hace posible como modo de esa forma de ser, un explícito mirar-hacia lo así compareciente[a]. Este mirar-*hacia* es siempre un preciso

[a] No por apartar-la-vista-de surge ya el mirar-hacia— este tiene un origen propio, y su consecuencia necesaria es aquel apartar-la-vista; la contemplación tiene su propia originariedad. La mirada hacia el εἶδος" exige otra cosa.

orientarse a.., un apuntar al ente que está-ahí. Este apuntar extrae de antemano del ente que comparece un cierto “punto de vista”. Semejante mirar-hacia viene a ser, él mismo, un modo autónomo de estar en medio de los entes intramundanos. En el *“estar”*, así constituido —como abstención de todo manejo y utilización—,
62 se lleva a cabo la *aprehensión* de lo que está-ahí. La aprehensión se realiza en la forma de un *hablar de algo* [*Ansprechen*] y de un *hablar que dice algo* como algo [Besprechen *von etwas als etwas*]. Sobre la base de está *interpretación* —en sentido latísimo— la aprehensión se convierte en *determinación*. Lo aprehendido y determinado puede expresarse en proposiciones y, en tanto que así *enunciado*, retenerse y conservarse. Esta retención aprehensora de un enunciado acerca de... es, ella misma, una manera de estar-en-el-mundo, y no debe interpretarse como un “proceso” por medio del cual un sujeto se procurara representaciones de algo, las que, convertidas así en propiedad, quedaran guardadas “dentro”, y con respecto a las cuales pudiera surgir luego ocasionalmente la pregunta acerca de su “concordancia” con la realidad.

Dirigiéndose hacia... y aprehendiendo algo, el Dasein no sale de su esfera interna, en la que estaría primeramente encapsulado, sino que, por su modo primario de ser, ya está siempre “fuera”, junto a un ente que comparece en el mundo ya descubierto cada vez. Y el determinante estar junto al ente por conocer no es algo así como un abandono de la esfera interna, sino que también en este “estar fuera”, junto al objeto, el Dasein está “dentro” en un sentido que es necesario entender correctamente; e. d. él mismo es el “dentro”, en cuanto es un estar-en-el-mundo cognoscente. Y, a su vez, la aprehensión de lo conocido no es un regresar del salir aprehensor con la presa alcanzada a la “caja” de la conciencia, sino que también en la aprehensión, conservación y retención el Dasein cognoscente *sigue estando, en cuanto Dasein, fuera.* En el “mero” saber acerca de una conexión de ser del ente, en la “sola” representación del mismo, en el “puro” “pensar” en él, no estoy menos en medio del ente allá fuera en el mundo que en una captación originaria. Incluso el olvido de algo, en el que aparentemente se borra toda relación de ser con lo anteriormente conocido, debe ser concebido *como una modificación del estar-en originario*, y otro tanto hay que decir de toda ilusión y de todo error.

Las relaciones de fundamentación ya expuestas de los modos de estar-en-el-mundo constitutivos del conocimiento del mundo, muestran claramente lo siguiente: en el conocimiento el Dasein alcanza un nuevo *estado de ser* respecto del mundo ya siempre descubierto en el Dasein. Esta nueva posibilidad de ser se puede desarrollar en forma autónoma, convertirse en tarea y asumir, como ciencia, la dirección del estar-en-el-mundo. Sin embargo, el conocimiento no crea por primera vez un *commercium* del sujeto con un mundo, ni este *commercium surge* tampoco por una actuación del mundo sobre un sujeto. El conocimiento es un modo del existir [del *Dasein*] que se funda en el estar-en-el-mundo. Esa es la razón por la cual el estar-en-el-mundo reclama, en tanto que constitución fundamental, una *previa* interpretación.

CAPÍTULO TERCERO 63

La mundaneidad del mundo

§ 14. La idea de la mundaneidad del mundo en general

El estar-en-el-mundo deberá ser aclarado en primer lugar desde el punto de vista del momento estructural "mundo". La realización de esta tarea parece fácil y tan trivial que aún se sigue creyendo poder prescindir de ella. ¿Qué puede significar describir "el mundo" como fenómeno? Hacer ver lo que se muestra como "ente" dentro del mundo. El primer paso consistiría entonces en una enumeración de lo que hay "en" el mundo: casas, árboles, hombres, montañas, astros. Podemos *describir* el "aspecto" de estos entes y *narrar* lo que ocurre en ellos y con ellos. Pero esto es manifiestamente un "quehacer" prefenomenológico que no puede ser en absoluto fenomenológicamente relevante. La descripción queda retenida en el ente. Es óntica. Pero lo que se busca es el ser. El "fenómeno", en sentido fenomenológico, fue determinado formalmente como lo que se muestra como ser y estructura de ser.

Según esto, describir fenomenológicamente el "mundo" significará: mostrar y fijar en conceptos categoriales el ser del ente que está-ahí dentro del mundo. Los entes dentro del mundo son las cosas, las cosas naturales y las cosas "dotadas de valor". La esencia de las cosas se convierte en problema; y en la medida en que la esencia de las últimas está fundada en la esencia de las cosas naturales, el tema primario es el ser de las cosas naturales, la naturaleza en cuanto tal. El carácter de ser de las cosas naturales, de las sustancias, que funda todo lo demás, es la sustancialidad. ¿En qué consiste su sentido ontológico? Con esto hemos orientado la investigación en una dirección inequívoca.

Pero con ello ¿preguntamos ontológicamente por el "mundo"? La problemática que acabamos de precisar es sin duda ontológica. Sin embargo, aun cuando en ella se lograra la más perfecta explicación del ser de la naturaleza por medio de los enunciados fundamentales que se nos dan sobre este ente en la ciencia matemática de la naturaleza, esta ontología no acertaría jamás en el fenómeno del "mundo". La naturaleza es, ella misma, un ente que comparece dentro del mundo y que puede descubrirse por distintos caminos y en diversos grados.

¿Debemos, por consiguiente, guiarnos en primer lugar por el ente en medio del cual el Dasein está inmediata y regularmente, esto es, por las cosas "dotadas de
64 valor"? ¿No son ellas las que "propiamente" muestran el mundo en que vivimos? Tal vez ellas muestren efectivamente de un modo más incisivo eso que llamamos el "mundo". Sin embargo, también estas cosas son entes "dentro" del mundo.

Ni la descripción óntica del ente intramundano ni la interpretación ontológica del ser de este ente aciertan, como tales, en el fenómeno del "mundo". Ambos modos de acceso al "ser objetivo" "suponen" ya el "mundo", y esto, de diversas maneras.

¿Entonces no puede hablarse en absoluto del "mundo" como de una determinación del ente intramundano? Sin embargo, a este ente lo llamamos justamente "intramundano". ¿Es el "mundo", en definitiva, un carácter de ser del Dasein? Entonces ¿no tendrá "por lo pronto" cada Dasein su propio mundo? ¿No se convierte así el "mundo" en algo "subjetivo"? ¿Cómo podría, en ese caso, ser todavía posible un mundo "común", "en" el que sin duda *estamos*? Y cuando se plantea la pregunta por el "mundo", *¿a qué* mundo nos referimos? Ni a este ni a aquel, sino a *la mundaneidad del mundo en general.* ¿Cuál es el camino para dar con este fenómeno?

"Mundaneidad" es un concepto ontológico que se refiere a la estructura de un momento constitutivo del estar-en-el-mundo. Ahora bien, el estar-en-el-mundo se nos ha manifestado como una determinación existencial del Dasein. Según esto, la mundaneidad misma es un existencial. Cuando preguntamos por el "mundo" desde un punto de vista ontológico, no abandonamos de ningún modo el campo temático de la analítica del Dasein. Ontológicamente el "mundo" no es una determinación de *aquel* ente que por esencia *no* es el Dasein, sino un carácter del Dasein mismo. Lo cual no excluye que el camino de la investigación del fenómeno "mundo" deba pasar por el ente intramundano y por su ser. La tarea de una "descripción" fenomenológica del mundo es tan poco evidente, que ya la sola adecuada precisión de la misma demanda esenciales aclaraciones ontológicas.

De las consideraciones hechas anteriormente y del frecuente empleo de la palabra "mundo" saltan a la vista sus múltiples sentidos. El esclarecimiento de esta multiplicidad se logra señalando los fenómenos a que apuntan las diversas significaciones y la conexión entre ellos.

1. Mundo se emplea como concepto óntico, y significa entonces la totalidad del ente que puede estar-ahí dentro del mundo.

2. Mundo funciona como término ontológico, y entonces significa el ser del ente mencionado en el número 1. Y así "mundo" puede convertirse en el término para designar la región que cada vez abarca una multiplicidad de entes: por ej.,

al hablar del "mundo" del matemático, mundo significa la región de los posibles objetos de la matemática. 65

3. Mundo puede ser comprendido nuevamente en sentido óntico, pero ahora no como el ente que por esencia no es el Dasein y que puede comparecer intramundanamente, sino como "aquello *en lo que*" "vive" un Dasein fáctico en cuanto tal. Mundo tiene aquí un significado existentivo preontólogico, en el que se dan nuevamente distintas posibilidades: mundo puede significar el mundo "público" del nosotros o el mundo circundante "propio" y más cercano (doméstico).

4. Mundo designa, por último, el concepto ontológico-existencial de la *mundaneidad*. La mundaneidad misma es modificable según la variable totalidad estructural de los "mundos" particulares, pero encierra en sí el *a priori* de la mundaneidad en general. Nosotros tomaremos terminológicamente la expresión "mundo" en la significación fijada en el número 3. Y si alguna vez se la emplea en el sentido mencionado en primer lugar, se hará notar esta significación mediante las comillas.

La derivación "mundano" apunta entonces terminológicamente a un modo de ser del Dasein, y nunca al de un ente que está-ahí "en" el mundo. A este lo llamaremos ente del mundo [*Weltzugehörig* = perteneciente al mundo][a] o intramundano.

Una mirada a la ontología usual muestra que, junto con haber errado la constitución del Dasein que es el estar-en-el-mundo, se ha *pasado por alto* el fenómeno de la mundaneidad. En reemplazo suyo se intenta interpretar el mundo a partir del ser del ente que está-ahí dentro del mundo y que, además, por lo pronto no está en absoluto descubierto, es decir, a partir de la naturaleza[b]. La naturaleza —comprendida en sentido ontológico-categorial— es un caso límite del ser del posible ente intramundano. El Dasein solo puede descubrir al ente como naturaleza, en este sentido, en un modo determinado de su estar-en-el-mundo. Este conocimiento tiene el carácter de una determinada desmundanización del mundo. La "naturaleza", como concepto categorial global de las estructuras de ser de un determinado ente que comparece dentro del mundo, jamás puede hacer comprensible la *mundaneidad*[c]. Asimismo, el fenómeno de la "naturaleza", tomado por ej. en el sentido del concepto de naturaleza del romanticismo, solo es ontológicamente comprensible desde el concepto de mundo, es decir, desde la analítica del Dasein.

Frente al problema de un análisis ontológico de la mundaneidad del mundo, la ontología tradicional —cuando llega siquiera a ver el problema— se mueve en un callejón sin salida. Por otra parte, una interpretación de la mundaneidad del

[a] El Da-sein, justamente, está *sujeto-a-mundo* [*ist* welthörig].

[b] 'Naturaleza', entendida aquí kantianamente, en el sentido de la física moderna.

[c] ¡sino al revés!

Dasein y de las posibilidades y especies de su mundanización deberá mostrar *por qué* el Dasein en el modo de ser del conocimiento del mundo omite (*), óntica y
66 ontológicamente, el fenómeno de la mundaneidad. Pero el *factum* de esta omisión implica, a la vez, la advertencia de que se requiere particulares precauciones si se desea lograr, para el acceso al fenómeno de la mundaneidad, el adecuado punto de partida fenoménico que haga imposible aquella omisión.

Las indicaciones metodológicas en este sentido ya fueron dadas. El estar-en-el-mundo y, consiguientemente, también el mundo, deben convertirse en tema de la analítica en el horizonte de la cotidianidad media, como el *más inmediato* modo de ser del Dasein. Será necesario examinar el estar-en-el-mundo cotidiano, de tal manera que, buscando apoyo fenoménico en este, podamos fijar la mirada en el mundo.

El mundo más cercano al Dasein cotidiano es el *mundo circundante* [*Umwelt*]. La marcha de la investigación irá desde este carácter existencial del estar-en-el-mundo mediano hacia la idea de la mundaneidad en general. La mundaneidad del mundo circundante (la circunmundaneidad) la buscamos a través de una interpretación ontológica del ente que comparece más inmediatamente dentro del *mundo circundante*. La expresión "mundo circundante" contiene en el término "circundante" una referencia a la espacialidad. El "en-torno" que es constitutivo del mundo circundante no tiene empero ningún sentido primariamente "espacial". El carácter espacial que pertenece indiscutiblemente al mundo circundante se debe aclarar, más bien, a partir de la estructura de la mundaneidad. Desde aquí se hace fenoménicamente visible la espacialidad del Dasein señalada en el § 12. Ahora bien, la ontología ha intentado interpretar precisamente a partir de la espacialidad el ser del "mundo" entendido como *res extensa*. La tendencia extrema hacia semejante ontología del mundo, elaborada en contraposición a la *res cogitans* —la cual no coincide ni óntica ni ontológicamente con el Dasein— la encontramos en Descartes. El análisis de la mundaneidad que intentaremos hacer aquí puede esclarecerse por contraste con esta tendencia ontológica. Dicho análisis se llevará a cabo en tres etapas: A. Análisis de la circunmundaneidad y de la mundaneidad en general. B. Confrontación ilustrativa del análisis de la mundaneidad con la ontología del "mundo" en Descartes. C. Lo circundante del mundo circundante y la "espacialidad" del Dasein.

A. Análisis de la circunmundaneidad y de la mundaneidad en general

§ 15. El ser del ente que comparece en el mundo circundante

La exhibición fenomenológica del ser del ente inmediatamente compareciente se efectuará al hilo del modo cotidiano del estar-en-el-mundo que también llama-
67 mos *trato en* el mundo *con* el ente intramundano (**). El trato ya se ha disper-

sado en una multiplicidad de modos del ocuparse. Pero el modo inmediato del trato no es —como ya fue mostrado— el conocer puramente aprehensor, sino el ocuparse que manipula y utiliza, el cual tiene su propio "conocimiento" (*). La pregunta fenomenológica se dirige en primer lugar al ser del ente que comparece en dicha ocupación. Para asegurar el ver aquí requerido, se hace necesaria una observación previa de carácter metodológico.

En la apertura y explicación del ser, el ente es siempre lo previa y concomitantemente temático; el tema propiamente dicho es el ser. En el ámbito del presente análisis, el ente pretemático es lo que se muestra en la ocupación que tiene lugar en el mundo circundante. Este ente no es entonces el objeto de un conocimiento teorético del "mundo", es lo que está siendo usado, producido, etc. Como ente que comparece de esta manera, cae como tema previo bajo la mirada de un "conocimiento" que, por ser fenomenológico, mira primariamente hacia el ser y cotematiza el ente en cuestión desde esta tematización del ser. Esta interpretación fenomenológica no es, por consiguiente, un conocimiento de cualidades entitativas del ente, sino una determinación de la estructura de su ser. Pero, como investigación de ser, ella se convierte en la ejecución autónoma y expresa de la comprensión de ser que desde siempre pertenece al Dasein y que está "viva" en todo trato con entes. El ente que antecede fenomenológicamente al tema, en este caso, lo que está siendo usado, lo que se encuentra en proceso de producción, se hace accesible en un transponerse en aquella ocupación. En sentido estricto, hablar de "transponerse" puede inducir a error, porque en ese modo de ser que es el trato de la ocupación no necesitamos transponernos. El Dasein cotidiano ya *está* siempre en esta manera de ser; por ejemplo, al abrir la puerta, hago uso de la manilla. El acceso fenomenológico al ente que comparece de esta manera se logra, más bien, repeliendo las tendencias interpretativas que se precipitan sobre nosotros y nos acompañan, las cuales encubren completamente el fenómeno de parejo "ocuparse" y, con mayor razón también, al ente *tal como* comparece desde él mismo *en* la ocupación y para ella. Estos engañosos errores se aclaran, si en nuestra investigación preguntamos ahora: ¿cuál es el ente que debe constituir el tema previo y que debe considerarse como terreno fenoménico preliminar?

Se responderá: las cosas. Pero con esta respuesta obvia tal vez ya habremos perdido el terreno fenoménico preliminar que buscábamos. En efecto, al hablar del ente como "cosa" (*res*) (**) estamos anticipando implícitamente una deter- 68
minación ontológica. El análisis que desde está base interrogue por el ser de ese ente, llegará a la cosidad y a la realidad. La explicación ontológica encontrará, si sigue por esta vía, caracteres de ser tales como la sustancialidad, la materialidad, la extensión, la contigüidad... Pero el ente que comparece en la ocupación queda por lo pronto oculto tras este modo de ser, y oculto incluso en su comparecer preontólogico. Al designar las cosas como el ente "inmediatamente dado" se

marcha en una dirección ontológica equivocada, aun cuando ónticamente quiera decirse algo distinto. Lo que propiamente se quiere decir queda indeterminado. O bien se caracterizará esas "cosas" como cosas "dotadas de valor". ¿Qué quiere decir ontológicamente "valor"? ¿Cómo concebir categorialmente este "estar dotado" y el inherir de los valores (*)? Aun dejando de lado la oscuridad de esta estructura del estar-dotado-de-valor, ¿acierta ella en el carácter fenoménico del ser de lo que comparece en el trato de la ocupación?

Los griegos tenían un término adecuado para las "cosas": las llamaban πράγματα, que es aquello con lo que uno tiene que habérselas en el trato de la ocupación (en la πρᾶξις). Sin embargo, dejaron ontológicamente en la oscuridad justo el carácter específicamente "pragmático" de los πράγματα determinándolos "por lo pronto" como meras cosas[a]. Nosotros llamaremos al ente que comparece en la ocupación el *útil* [*Zeug*] (**). En el trato pueden encontrarse los útiles para escribir, los útiles para coser, los útiles para trabajar [herramientas], los útiles para viajar [vehículos], los útiles para medir. Es necesario determinar el modo de ser de los útiles, y esto habrá de hacerse tomando como hilo conductor la previa delimitación de lo que hace del útil un útil, de la "pragmaticidad" [*Zeughqftigkeit*] (***).

Un útil no "es", en rigor, jamás. Al ser del útil le pertenece siempre y cada vez un todo de útiles [*Zeugganzes*], en el que el útil puede ser el útil que él es. Esencialmente, el útil es "algo para...". Las distintas maneras del "para-algo", tales como la utilidad, la capacidad para contribuir a, la empleabilidad, la manejabilidad, constituyen una totalidad de útiles [*Zeugganzheit*]. En la estructura del "para-algo" hay una *remisión* de algo hacia algo. El fenómeno señalado con este término solo podrá hacerse visible en su génesis ontológica en los análisis que vendrán más adelante. Por ahora se trata de obtener una visión fenoménica de un complejo remisional. De acuerdo con su pragmaticidad, un útil solo es *desde* su pertenencia a otros útiles: útil para escribir, pluma, tinta, papel, carpeta, mesa, lámpara, muebles, ventanas, puertas, cuarto. Estas "cosas" no se muestran jamás primero por separado, para llenar luego un cuarto como suma de cosas reales. Lo inmediatamente compareciente, aunque no temáticamente captado, es el cuarto, que, por su parte, no es lo que se halla "entre las cuatro paredes", en un sentido
69 espacial geométrico, sino un útil-habitacional. Desde él se muestra la "disposición" de las cosas y, en esta, cada "uno" de los útiles. *Antes* de cada uno, ya está siempre descubierta una totalidad de útiles.

El trato ajustado al útil, que es el único modo en que este puede mostrarse genuinamente en su ser, p. ej., el martillar con el martillo, no *aprehende* temá-

[a] ¿Por qué? ¡εἶδος - μορφή - ὕλη! Pero, desde la τέχνη y, por consiguiente, ¡una interpretación 'artística'! ¡si μορφή no fuese pensada como εἶδος, ἰδέα!

ticamente este ente como una cosa que se hace presente para nosotros, ni sabe en absoluto de la estructura pragmática en cuanto tal. El martillar no tiene un mero saber del carácter pragmático del martillo, sino que se ha apropiado de este útil en la forma más adecuada que cabe. En este modo del trato que es el uso, la ocupación se subordina al para-algo que es constitutivo del respectivo útil; cuanto menos solo se contemple la cosa-martillo, cuanto mejor se eche mano del martillo usándolo, tanto más originaria será la relación con él, tanto más develadamente comparecerá como lo que es, como útil. El martillar mismo descubre la "manejabilidad" específica del martillo. El modo de ser del útil en que este se manifiesta desde él mismo, lo llamamos el *estar a la mano* [*Zuhandenheit*] (*). Solo porque el útil tiene *este* "ser-en-sí (**) y no se limita a encontrarse ahí delante, es disponible y "manejable", en el más amplio sentido. El puro *mirar-hacia* (***) tal o cual "aspecto" de las cosas, por agudo que sea, no es capaz de descubrir lo a la mano. A la mirada puramente "teorética" hacia las cosas le falta la comprensión del estar a la mano. Sin embargo, ese trato que usa y manipula no es ciego sino que tiene su propia manera de ver, que dirige el manejo y le confiere su específica seguridad. El trato con los útiles se subordina al complejo remisional del "para-algo". La visión que se da en semejante "plegarse a" es la *circunspección* [*Umsicht*] (****).

El comportamiento "práctico" no es "ateorético" en el sentido de estar privado de visión, y su diferencia frente al comportamiento teórico no consiste solamente en que aquí se contempla y allí se *actúa* y en que el actuar, para no quedarse a ciegas, aplica un conocimiento teórico; por el contrario, la contemplación es originariamente un ocuparse, así como el actuar tiene también *su propia* visión. El comportamiento teorético es un puro e incircunspecto mirar-hacia. No por ser incircunspecto, el mirar-hacia carece de reglas; sino que él se da su canon en el *método*.

Lo a la mano no es conocido teoréticamente ni es primeramente temático ni siquiera para la circunspección. Lo peculiar de lo inmediatamente a la mano consiste en retirarse, por así decirlo, "a" su estar a la mano para estar con propiedad a la mano. Aquello con lo que ante todo tiene que habérselas el trato cotidiano no
son tampoco los utensilios, sino que lo que primariamente nos ocupa y está por 70
ende a la mano, es la obra misma, lo que en cada caso tiene que ser producido. Es la obra la portadora de la totalidad remisional dentro de la cual el útil comparece.

La obra que se quiere producir, y que es el *para-qué* del martillo, cepillo y aguja, tiene, por su parte, el modo de ser del útil. El zapato es para llevarlo (útil-zapato), el reloj, para ver la hora. La obra que comparece con prioridad en el trato de la ocupación —la que se elabora— hace comparecer conjuntamente, en el uso al que por esencia está destinada, el para-qué de *su* empleabilidad. Por su parte, la obra ya hecha solo es en base de su uso y del complejo remisional de entes descubiertos en este.

Pero la obra que se quiere producir no es tan solo empleable para..., sino que el producir mismo es, siempre, un empleo *de* algo para algo. En la obra hay también una remisión a "materiales". Ella está necesitada del cuero, del hilo, de los clavos, etc. El cuero, a su vez, es producido a partir de las pieles. Estas se sacan de animales que han sido criados por otros. En el mundo hay también animales que no son de cría, y en la misma crianza ellos se producen en cierto modo por sí mismos. Según esto, en el mundo circundante se da el acceso a entes que, no teniendo en sí mismos necesidad de ser producidos, ya siempre están a la mano. Martillo, alicate, clavo, remiten por sí mismos al acero, hierro, mineral, piedra, madera —están hechos de todo eso. Por medio del uso, en el útil está descubierta también la "naturaleza", y lo está a la luz de los productos naturales.

Pero aquí la naturaleza no debe entenderse como lo puramente presente —ni tampoco como *fuerza de la naturaleza.* El bosque es reserva forestal, el cerro es cantera, el río energía hidráulica, el viento es viento "en las velas". Con el descubrimiento del "mundo circundante" comparece la "naturaleza" así descubierta. De su modo de ser a la mano se puede prescindir, ella misma puede ser descubierta y determinada solamente en su puro estar-ahí. Pero a este descubrimiento de la naturaleza le queda oculta la naturaleza como lo que "se agita y afana", nos asalta, nos cautiva como paisaje. Las plantas del botánico no son las flores en la ladera, el "nacimiento" geográfico de un río no es la "fuente soterraña".

La obra producida no solo remite al para-qué [*Wozu*] de su empleo y al de-que [*Woraus*] de su composición; en condiciones artesanales simples, ella remite,
71 además, al portador y usuario. La obra se hace a su medida; él "está" presente al surgir la obra. En la producción de artículos en serie tampoco falta esta remisión constitutiva, solo que entonces es indeterminada, apunta a cualquiera, al término medio. Por consiguiente, con la obra no comparecen tan solo entes a la mano, sino también entes que tienen el modo de ser del hombre, en cuya ocupación lo producido se vuelve a la mano; junto con ello comparece el mundo en el que viven los portadores y consumidores, mundo que es también el nuestro. La obra de la que nos ocupamos en cada caso no está solamente a la mano en el mundo privado, por ej., en el lugar de trabajo, sino que lo está en el *mundo público.* Con el mundo público queda descubierta y accesible a cada cual la *naturaleza del mundo circundante.* En los caminos, carreteras, puentes y edificios la ocupación descubre la naturaleza en determinada dirección. Un andén techado tiene en cuenta el mal tiempo; las instalaciones del alumbrado público, la oscuridad, e.d. la particular mudanza de la presencia y ausencia de la claridad del día, la "posición del sol". En los relojes se tiene en cuenta una determinada constelacion del sistema sideral. Cuando miramos el reloj, hacemos tácitamente uso de la "posición del sol" por la que se hace la medición astronómica oficial del tiempo. En el uso de ese útil tan inmediata e inadvertidamente a la mano que es el reloj se encuentra también a la mano la naturaleza

del mundo circundante. Pertenece a la esencia de la función descubridora de todo absorberse en el inmediato mundo de la obra, que, según el modo de absorción en él, el ente intramundano que queda también puesto en juego en la obra, e. d. en sus remisiones constitutivas, pueda ser descubierto en diversos grados de explicitud y con diversa profundidad de penetración circunspectiva.

El modo de ser de este ente es el estar a la mano. Pero el estar a la mano no debe ser entendido como mero carácter aprehensivo[a], como si al "ente" inmediatamente compareciente se le endosasen luego tales "aspectos", y de está manera se "colorease subjetivamente" una materia cósmica, que estaría primero presente en sí. Una interpretación orientada de este modo no advierte que para ello el ente tendría que ser comprendido y descubierto primero como algo que solo estaría-ahí, y que en el curso del trato que descubre el "mundo" y se lo apropia, cobraría luego primacía y liderazgo. Pero esto va en contra del sentido ontológico del conocimiento, acerca del cual hemos hecho ver que es un modo *fundado* del estar-en-el-mundo. El conocimiento no logra poner al descubierto lo que solamente está-ahí sino *pasando a través* de lo a la mano en la ocupación. *El estar a la mano es la determinación ontológico-categorial del ente tal como es "en sí".* Pero —se dirá— solo "hay" lo a la mano a base de lo que está-ahí. Pero ¿se sigue de aquí —si aceptáramos esta tesis— que el estar a la mano se funda ontológicamente en el estar-ahí?

Sin embargo, aunque en el progreso de la interpretación ontológica se comprobara que el estar a la mano es el modo de ser del ente inmediatamente descubierto dentro del mundo, y aunque se llegara a demostrar incluso su carácter originario frente al puro estar-ahí, ¿se habrá conseguido algo con lo hasta aquí explicitado para la comprensión ontológica del fenómeno del mundo? Porque, a decir verdad, en la interpretación de este ente intramundano el mundo ya ha sido siempre previamente "supuesto". La integración de estos entes en una suma total no produce ciertamente algo así como un "mundo". ¿Hay algún camino desde el ser de este ente hasta la exposición del fenómeno del mundo[1]? 72

§ 16. La mundicidad (*) del mundo circundante que se acusa en el ente intramundano

El mundo no es en sí mismo un ente intramundano, y, sin embargo, determina de tal manera al ente intramundano que este solo puede comparecer y el ente des-

[1] El autor se permite hacer notar que desde el semestre de invierno de 1919/1920 ha dado a conocer reiteradamente en sus cursos el análisis del mundo circundante y, en general, la "hermenéutica de la factibilidad" del Dasein.

[a] Pero sí como un carácter de la comparencia [o encuentro].

cubierto solo puede mostrarse en su ser en la medida en que "hay" mundo. Pero, ¿cómo "hay" mundo? Si el Dasein está ónticamente constituido por el estar-en-el-mundo y a su ser le pertenece no menos esencialmente una comprensión de ser de su propio sí-mismo por indeterminada que ella sea, ¿no tendrá también una comprensión del mundo, vale decir, una comprensión preontológica carente de intelecciones ontológicas explícitas? ¿No se muestra para el ocupado estar-en-el-mundo, junto con el ente que comparece dentro del mundo, e. d. con su intramundaneidad, algo así como un mundo? ¿No cae este fenómeno bajo una mirada prefenomenológica, no está sometido a ella desde siempre, sin exigir una interpretación ontológica temática? ¿Tiene el Dasein mismo, en el ámbito de su ocupado absorberse en el útil a la mano, una posibilidad de ser en la que, con el ente intramundano del que se ocupa, resplandezca de alguna manera su mundaneidad (*)?

Si esas posibilidades de ser del Dasein pueden ser mostradas en el interior del trato de la ocupación, entonces se abre un camino para ir tras el fenómeno que así resplandece e intentar en cierto modo "detenerlo" y someterlo a un interrogatorio respecto de las estructuras que en él se muestran.

73 Hay en la cotidianidad del estar-en-el-mundo modos de ocupación que hacen comparecer al ente sobre el que recae el ocuparse de una manera tal que en él se manifiesta la mundicidad de lo intramundano. El ente inmediatamente a la mano puede presentarse en la ocupación como imposible de usar, como no apto para el fin a que está destinado. Una herramienta puede estar averiada, el material puede ser inapropiado. Pese a ello, en esta situación el *útil* sigue estando a la mano. Pero la inempleabilidad no es descubierta por una contemplación constatadora de propiedades, sino por la circunspección del trato que hace uso de las cosas. En ese descubrimiento de la inempleabilidad, el útil llama la atención. Este *llamar la atención* presenta al útil a la mano en un cierto no estar a la mano. Y esto implica que lo inutilizable solo está-ahí, que se muestra como cosa-usual [*Zeugding*] con tal o cual aspecto, y que en su estar a la mano ya estaba constantemente ahí teniendo tal aspecto. El puro estar-ahí se acusa en el útil, pero para retornar al estar a la mano de lo que es objeto de ocupación, e. d. de lo que está siendo reparado. Este estar-ahí de lo inservible no carece aún enteramente de todo estar a la mano, el útil que *de esta manera* está-ahí no es todavía una cosa que solo se encuentra en alguna parte. El desperfecto del útil no es todavía un puro cambio en las cosas, una mera variación en las propiedades de algo que está-ahí.

Pero el trato de la ocupación no tropieza solamente con lo inempleable *dentro* de lo ya a la mano; encuentra también aquello que falta, lo que no solo no es "manejable", sino que ni siquiera se halla "a la mano". Una ausencia de esta especie, en tanto que hallazgo de algo que no está a la mano, descubre, una vez más lo a la mano en un cierto solo-estar-ahí. Al advertirse lo no a la mano, lo a la mano reviste el modo de la *apremiosidad* [*Aufdringlichkeit*]. Mientras con más urgencia se necesita lo que falta, cuanto más propiamente comparece en su no-estar-a-la-mano, tanto más apremiante se toma lo a la mano, y ello de tal manera que parece perder el carácter de a la mano. Se revela como algo que solo está-ahí, que sin aquello que falta no puede ser sacado adelante. El quedarse sin saber qué hacer descubre, como modo deficiente de una ocupación, el solo-estar-ahí de un ente a la mano.

En el trato con el mundo de que nos ocupamos puede comparecer lo no a la mano no solo en el sentido de lo inempleable o de lo que en absoluto falta, sino como algo "no a la mano" que *no* falta *ni* es inempleable, pero que obstaculiza la ocupación. Aquello hacia lo que la ocupación no puede volverse, y para lo que "no tiene tiempo", es algo "*no* a la mano", a la manera de lo que está fuera de lugar, en suspenso. Esto "no a la mano" estorba y hace visible la *rebeldía* [*Au-* 74
fsässigkeit] de aquello de que hay que ocuparse inmediata y previamente. Con esta rebeldía se anuncia en forma nueva el estar-ahí de lo a la mano como el ser de aquello que sigue estando ahí y clama por su despacho.

Los modos de la llamatividad, apremiosidad y rebeldía tienen la función de hacer aparecer en lo a la mano el carácter del estar-ahí. Lo a la mano no es tan solo *contemplado* y mirado atónitamente como algo que está-ahí; el estar-ahí que entonces se anuncia se encuentra aún atado en el estar a la mano del útil. Los útiles no se ocultan aun convirtiéndose en meras cosas. El útil se convierte en "trasto inútil", algo de lo que uno quisiera deshacerse; pero en esta misma tendencia a deshacerse de él, lo a la mano se muestra como estando todavía a la mano en su empecinado estar-ahí.

Pero, ¿qué significa para la aclaración de *fenómeno del mundo* esta referencia al comparecer modificado de lo a la mano, en el que se revela su estar-ahí? Incluso con el análisis de esta modificación seguimos estando en el ser de lo intramundano; todavía no nos hemos acercado al fenómeno del mundo. No lo hemos captado aún, pero ahora tenemos la posibilidad de poner el fenómeno bajo la mirada.

En la llamatividad, apremiosidad y rebeldía, lo a la mano pierde en cierto modo su estar a la mano. Pero este último ya está comprendido, si bien no temáticamente, en el trato mismo con lo a la mano. No desaparece simplemente, sino que, en cierto modo, se despide de nosotros en la llamatividad de lo inempleable. El estar a la mano se muestra todavía una vez más, y precisamente aquí se muestra también la mundicidad de lo a la mano.

La estructura del ser de lo a la mano, en cuanto útil, está determinada por las remisiones. El peculiar y obvio "en-sí" de las "cosas" inmediatas comparece en la ocupación que hace uso de estas cosas sin advertirlas expresamente, y que puede tropezar con lo inservible. Que un útil sea inempleable implica que la

constitutiva remisión del para-algo a un para-esto está impedida. Las remisiones mismas no son objeto de contemplación, pero están presentes [*sind*... "da"] en el someterse de la ocupación a ellas. Ahora bien, al *impedirse la remisión* —en la inempleabilidad para...— la remisión se hace explícita, aunque no todavía como estructura ontológica, sino que se hace explícita ónticamente para la circunspección que tropieza con el desperfecto del utensilio. Con este despertar circunspec-
75 tivo de la remisión al para-esto, se deja ver este mismo, y con él, el contexto de la obra, el "taller" entero, como aquello en lo que la ocupación ya estaba. El contexto pragmático [*Zeugzusammenhang*] no resplandece como algo jamás visto, sino como un todo ya constantemente y de antemano divisado en la circunspección. Pero con este todo se acusa el mundo.

De igual manera, el faltar de un ente a la mano cuya disponibilidad cotidiana era tan obvia que ni siquiera nos percatábamos de él, es un *quiebre* de las conexiones remisionales descubiertas en la circunspección. La circunspección se pierde en el vacío, y solo ahora ve *para qué* y *con qué* estaba a la mano lo que falta. Una vez más se acusa el mundo circundante. Lo que así resplandece no es un ente a la mano entre otros, ni menos aun *algo que está-ahí*, que pudiera ser fundante del útil a la mano. Lo resplandeciente está en el "Ahí" [*im "Da"*] antes de toda constatación y consideración. Es inaccesible incluso a la circunspección, en la medida en que esta siempre se dirige hacia entes, pero ya está abierto cada vez para la circunspección. "Abrir" [*Erschließen*] y "aperturidad" [*Erschlossenheit*] son términos técnicos que serán usados en adelante en el sentido de "dejar abierto"-"estado de lo que queda abierto". *Erschließen* no significará, por consiguiente, jamás lo que esta palabra puede significar también en alemán: "alcanzar mediatamente a través de una inferencia".

Que el mundo no "se compone" de entes a la mano, se muestra, entre otras cosas, en que, junto con el resplandecer del mundo en los modos de la ocupación que acabamos de examinar, acontece una desmundanización de lo a la mano, de tal suerte que en este sale a luz el mero-estar-ahí. Para que en la ocupación cotidiana con el "mundo circundante" pueda comparecer el útil a la mano en su "ser-en-sí", las remisiones y totalidades remisionales en las que la circunspección "se absorbe" deben quedar sin tematizar para esta, y más aún para una aprehensión "temática" no circunspeccional. El *no-acusarse* del mundo es la condición de posibilidad para que lo a la mano no salga de su no-llamatividad. Y ello constituye la estructura fenoménica del ser-en-sí de este ente.

Las expresiones privativas tales como no-llamatividad, no-apremiosidad, no-rebeldía, apuntan a un carácter fenoménico positivo del ser de lo inmediatamente a la mano. Estos "no" mientan ese carácter que es el contenerse [*Ansichhalten*] de lo a la mano, e. d. eso que tenemos a la vista al hablar de un ser-en-sí, ser en sí que, sin embargo, y característicamente, atribuimos "en primer

lugar", a lo que está-ahí, en cuanto temáticamente constatable. Si se toma como
punto de referencia primario y exclusivo el ente que está-ahí, la aclaración ontológica del "en-sí" resultará enteramente imposible. Sin embargo, si queremos
que el hablar de un "en-sí" tenga relevancia ontológica, deberá exigirse una inter- 76
pretación. Con mucha frecuencia nos referimos de un modo ónticamente enfático
a este en-sí del ser y, desde un punto de vista fenoménico, con razón. Pero este
recurso *óntico* no basta para satisfacer la necesidad del enunciado *ontológico*
presuntamente establecido en él. Los anteriores análisis muestran claramente que
el ser-en-sí del ente intramundano solo es captable ontológicamente sobre la base
del fenómeno del mundo.

Pero, si el mundo puede resplandecer de alguna manera, es necesario que ya esté abierto. Con la posibilidad de acceso para la ocupación circunspectiva de lo a la mano dentro del mundo ya está previamente abierto el mundo. El mundo es, por consiguiente, algo "en lo que" el Dasein en cuanto ente ya siempre *ha estado*, y a lo que en todo explícito ir hacia él no hace más que volver.

Estar-en-el-mundo, según la interpretación que hemos hecho, quiere decir: absorberse atemática y circunspectivamente en las remisiones constitutivas del estar a la mano del todo de útiles. La ocupación es, en cada caso, como es, sobre la base de una familiaridad con el mundo. En esta familiaridad, el Dasein puede perderse en las cosas que comparecen dentro del mundo y ser absorbido por ellas. ¿Qué es eso con lo que el Dasein está familiarizado? ¿Por qué puede resplandecer la mundicidad de lo intramundano? ¿Cómo debe entenderse más ajustadamente la totalidad remisional en la que la circunspección se "mueve", y cuyos posibles quiebres hacen recaer la atención sobre el estar-ahí del ente?

Para responder a estas interrogantes, que apuntan a desentrañar el fenómeno y *el problema* de la mundaneidad, se requiere un análisis más concreto de las estructuras por cuya trama interrogan los cuestionamientos planteados.

§ 17. Remisión y signo

Al hacer la interpretación provisional de la estructura de ser de lo a la mano (de los "útiles") quedó a la vista el fenómeno de la remisión, aunque de un modo tan esquemático, que fue necesario subrayar al mismo tiempo la necesidad de poner al descubierto la procedencia ontológica de este fenómeno, que por lo pronto solamente se señalaba. Por otra parte, quedó en claro que la remisión y la totalidad remisional habrán de ser, en algún sentido, constitutivas de la mundaneidad misma. Hasta ahora solo hemos visto resplandecer el mundo en y para determinadas maneras del ocuparse circunmundano de lo a la mano, y precisamente *con* el estar a la mano de este. Mientras más avancemos, pues, en la comprensión del ser

77 del ente intramundano, tanto más amplia y segura será la base fenoménica para poner al descubierto el fenómeno del mundo.

Partiremos nuevamente del ser de lo a la mano, y ahora con el propósito de comprender más a fondo el fenómeno de la *remisión* misma. Con esta finalidad intentaremos el análisis ontológico de un útil en el que se pueden encontrar "remisiones" en múltiples sentidos. Este "útil" son los *signos*. Esta palabra sirve para nombrar diferentes cosas: no solo las distintas *especies* de signos, sino también el propio ser-signo-de..., puede formalizarse en un *género universal de relación*, de tal manera que la estructura misma del signo nos dé un hilo conductor ontológico para una "caracterización" de todo ente en general.

Pues bien, los signos son, en primer lugar, útiles, y su específico carácter pragmático consiste en *señalar*. Son signos en este sentido los hitos de los caminos, las piedras limítrofes en los campos, el globo anunciador del mal tiempo para la navegación, las señalizaciones, las banderas, los signos de duelo, etc. El señalar puede determinarse como una "especie" de remisión. Remitir, tomado en un sentido formalísimo, es *relacionar*. Pero la relación no funciona como género para distintas "especies" de remisión, tales como signo, símbolo, expresión, significación. La relación es una determinación formal que por vía de "formalización" es directamente hallable en todo género de conexiones, cualquiera sea su contenido quiditativo y su manera de ser[1].

Toda remisión es una relación, pero no toda relación es una remisión. Toda "señalización" [*Zeigung*] es una remisión, pero no todo remitir es un señalar. Ello implica, a la vez, que toda "señalización" es una relación, pero no todo relacionar es un señalar. De esta manera se manifiesta el carácter universal-formal de la relación. Para la investigación de los fenómenos de la remisión, del signo y, con mayor razón, de la significación, no se gana nada caracterizándolos como relación[a]. En definitiva deberá mostrarse incluso que la "relación" misma, *a causa* de su carácter universal-formal, tiene su origen ontológico en una remisión.

Si bien es cierto que el presente análisis se limita a la interpretación del signo, a diferencia del fenómeno de la remisión, sin embargo ni siquiera dentro de
78 estos límites se podrá investigar adecuadamente toda la variedad de los signos posibles. Entre los signos están los indicios, los presagios, las trazas, las marcas, los signos distintivos; su señalización es en cada caso diferente, con absoluta prescindencia de lo que cada vez sirve como signo. De estos "signos" hay que distinguir la huella, el vestigio, el monumento, el documento, el testimonio, el

[1] Cf. E. Husserl, *Ideen zu einer reinen Phänomenologie und phänomelogischen Philosophie,* 1ª Parte del Primer Volumen de este *Jahrbuch;* § 10 ss.; también ya en las *Logische Untersuchungen,* tomo I, cap. 11. Para el análisis del signo y la significación, *ibíd.* tomo II, 1ª investigación.

[a] Fundamental para comprobar la posibilidad de lo pretendido por la logística.

símbolo, la expresión, la manifestación, la significación. Estos fenómenos se dejan formalizar fácilmente en virtud de su carácter formal de relación; hoy día nos inclinamos con especial facilidad a someter a todo ente a una "interpretación" al hilo de semejante "relación", la cual siempre "está bien", porque en el fondo no dice nada, tan poco como el fácilmente manejable esquema de forma y contenido.

Como ejemplo escogeremos un signo que en un análisis posterior nos servirá también de modelo desde otro punto de vista. Últimamente se ha provisto a los automóviles de una flecha roja giratoria cuya posición indica, cada vez, por ejemplo en un cruce, qué camino va a tomar el coche. La posición de la flecha es regulada por el conductor del vehículo. Este signo es un útil que está a la mano no solo para la ocupación (conducción) del conductor. También los que no viajan en el vehículo —y precisamente ellos— hacen uso de este útil, desviándose hacia el lado correspondiente o deteniéndose. Este signo está a la mano dentro del mundo en el todo del contexto pragmático de los medios de locomoción y los reglamentos del tránsito. Como útil, este útil-señalizador está constituido por la remisión. Tiene el carácter del para-algo, tiene su específica utilidad: es para señalar. Este señalar del signo puede concebirse como "remitir". Pero es necesario tener en cuenta que este "remitir" que es el señalar no es la estructura ontológica del signo en tanto que útil.

El "remitir" que es el señalar se funda, en cambio, en la estructura de ser del útil, en la utilidad-para. Pero está sola no basta para hacer de un ente un signo. También el útil "martillo" está constituido por una utilidad, pero no por ello el martillo se convierte en signo. La "remisión" que es el señalar es la concreción óntica del para-qué de una utilidad y determina a un útil a este para-qué. En cambio, la remisión que es la "utilidad para" es una determinación ontológico-categorial del útil *en cuanto* útil. Que el para-qué de la utilidad cobre su concreción en el señalar es accidental a la estructura del útil en cuanto tal. Ya en este ejemplo de signo se deja ver a grandes rasgos la diferencia entre la remisión como utilidad y la remisión como señalar. Lejos de coincidir entre sí, estas dos cosas hacen posible en su unidad la concreción de una determinada especie de útil. Ahora 79
bien, si es cierto que el señalar es fundamentalmente distinto del remitir en cuanto estructura del útil, no menos indiscutible es que el signo tiene una relación peculiar e incluso privilegiada con el modo de ser del todo de útiles cada vez a la mano en el mundo circundante y con su mundicidad. El útil señalizador tiene un uso *preferente* en el trato de la ocupación. Sin embargo, desde un punto de vista ontológico no es posible limitarse a la mera constatación de este *factum*. Se debe aclarar también la razón y el sentido de este carácter preferencial.

¿En qué consiste el señalar de un signo? La respuesta solo podrá alcanzarse si logramos precisar cuál es el modo adecuado del trato con el útil señalizador. En él deberá hacerse también comprensible de un modo genuino su manera de estar a la mano. ¿Cuál es el modo adecuado de habérselas con los signos? Si tomamos el ejemplo mencionado (el de la flecha), se deberá decir lo siguiente: el comportamiento (ser) adecuado para el encuentro con el signo es el de "apartarse" o "detenerse" ante el coche que viene con la flecha. En cuanto toma de dirección, el apartarse pertenece esencialmente al estar-en-el-mundo del Dasein. Este siempre está de alguna manera orientado y en camino; detenerse y estar detenido son tan solo casos límites de este "estar en camino" en una dirección. El signo apela a un estar-en-el-mundo específicamente "espacial", y no puede ser verdaderamente "comprendido" como signo si nos limitamos a mirarlo y constatarlo como una cosa señaladora que estuviera allí. Ni siquiera si seguimos con la vista la dirección a que apunta la flecha y miramos hacia algo que se encuentra en la zona señalada por ella, comparecerá verdaderamente el signo. El signo se vuelve hacia la circunspección y acompaña al trato con las cosas, y esto de tal manera que cuando la circunspección sigue sus indicaciones, al ir junto con él, pone el correspondiente entorno del mundo circundante en una "visión panorámica" explícita. Este ver panorámico circunspectivo no *aprehende* el ente a la mano; simplemente recibe una orientación dentro del mundo circundante. Otra posibilidad de experimentar este útil consiste en que la flecha comparezca como algo que forma parte del coche, y en tal caso, el carácter específico de la flecha no necesita ser descubierto; lo que la flecha señale y cómo lo haga puede quedar enteramente indeterminado, sin que por ello lo que comparece se convierta en una pura y simple cosa. La experiencia de las cosas exige su propia determinación frente al inmediato hallazgo de una multiplicidad en muchos sentidos indeterminada de útiles.

Los signos de la especie descrita permiten el encuentro con entes a la mano o, más exactamente, hacen que un complejo de ellos se vuelva de tal manera accesible, que el trato de la ocupación pueda darse y asegurarse una orienta-
80 ción. El signo no es una cosa que esté en esa relación que es el señalar hacia otra cosa, *sino que es un útil que lleva a circunspección explícita un todo de útiles, de tal manera que, junto con ello, se acusa la mundicidad de lo a la mano.* En el indicio y el presagio "se muestra" "algo que está por ocurrir", pero no en el sentido de una cosa que solo se hará presente sobreviniéndole a lo que ya está-ahí; lo "que está por ocurrir" es aquello para lo que nos preparamos o para lo que "no estábamos preparados" porque nos ocupábamos con otra cosa. En el vestigio o traza se hace accesible a la circunspección lo ocurrido, lo que ya ha tenido lugar. La marca indica "a qué atenerse". Los signos muestran siempre primariamente aquello "en lo que" se vive, aquello en lo que la ocupación se mueve, qué es lo que pasa (*).

El peculiar carácter pragmático de los signos resulta especialmente claro en la "institución de signos". Esta se produce en y por una previsión circunspectiva que necesita tener a mano la posibilidad de hacer que en todo momento el respectivo mundo circundante se anuncie a la circunspección por medio de un ente a la mano. Ahora bien, el ser de lo inmediatamente a la mano dentro del mundo tiene ese carácter ya descrito que es el contenerse y no destacarse. Y de ahí que el trato que se mueve circunspectivamente en el mundo circundante necesite de un útil a la mano que, en su carácter de útil, asuma la "obra" de *hacer que* lo a la mano *llame la atención*. Por eso la producción de tales útiles (de los signos) debe fijarse en su capacidad para llamar la atención. Pero, aun cuando ellos sean llamativos en este sentido, no se los deja estar-ahí en cualquier forma, sino que se los "coloca" de una manera determinada con vistas a un fácil acceso.

Pero el establecimiento de signos no necesita llevarse a cabo forzosamente como una producción de útiles que no estaban aún a la mano. Los signos pueden instituirse también *tomando como signo* un ente que ya se tiene entre manos. En esta modalidad, la institución de signos manifiesta un sentido aún más originario. El señalar no se limita a proporcionarnos la capacidad de disponer, mediante la circunspección, de un todo de útiles a la mano, y del mundo circundante en general; la institución de los signos puede incluso descubrir algo por primera vez. Lo que se toma como signo solo es accesible por su carácter de cosa que está a la mano. Por ejemplo, si en el trabajo del campo el viento sur "vale" como signo de lluvia, este "valer" o "valor inherente" a esa cosa no es un añadido a algo que ya en sí mismo estuviera ahí: a la corriente de aire, en una determinada dirección geográfica. El viento sur no está *jamás primeramente* ahí como ese mero suceso meteorológicamente accesible, que luego asumirá eventualmente la función de un presagio. En realidad es la circunspección que el trabajo del campo lleva con- 81
sigo la que descubre por primera vez el viento sur en su ser, en la medida en que lo toma en cuenta.

Se replicará, sin embargo, que *lo que* se toma como signo tiene que haberse hecho accesible primero en sí mismo y haberse aprehendido *antes* de la institución del signo. Por cierto, de alguna manera tiene que ser ya constatable previamente. Pero queda en pie la pregunta acerca del modo *como* está descubierto el ente en este previo comparecer: si a la manera de una simple cosa que se encuentra ahí o más bien a la manera de un útil no comprendido, de un ente a la mano con el que hasta ahora no se sabía "qué hacer" y que, por lo mismo, se ocultaba a la circunspección. *A su vez., no se debe interpretar tampoco en este caso los caracteres pragmáticos de lo a la mano, no descubiertos aún circunspectivamente, como mera cosidad ofrecida a la aprehensión de lo que solo está-ahí.*

El estar a la mano de los signos en el trato cotidiano y su correspondiente llamatividad, que puede ser creada con diferentes propósitos y de distintas maneras, no solo atestiguan la no-llamatividad constitutiva de lo inmediatamente a la mano, sino que hacen ver también que el signo mismo toma su llamatividad de la no-llamatividad del todo de útiles "obviamente" a la mano en la cotidianidad, como es el caso, por ejemplo, del conocido "nudo en el pañuelo" como signo recordatorio. Lo que este tiene que mostrar es siempre algo de lo que es necesario ocuparse en la circunspección de la cotidianidad. Este signo puede indicar muchas y muy variadas cosas. A la amplitud de lo indicable por él corresponde la estrechez de su comprensibilidad y de su uso. No tan solo porque generalmente su carácter de signo solo está a la mano para el que lo "ha instituido", sino porque puede volverse inaccesible incluso para este mismo, de modo que se haga necesario un segundo signo para la posible aplicación circunspectiva del primero. El nudo que no puede ser utilizado como signo no pierde por ello su carácter de signo, sino que cobra la intranquilizante apremiosidad de algo inmediatamente a la mano.

Se podría estar tentado a ilustrar el papel preponderante que en la ocupación cotidiana desempeñan los signos para la comprensión misma del mundo recurriendo al abundante uso de signos en la existencia primitiva, tal como se puede apreciar, por ejemplo, en el fetichismo y la magia. Sin duda, la creación de signos que se halla a la base de semejante uso no se realiza con una finalidad teórica ni por vía de una especulación teorética. El uso de signos se mantiene aquí enteramente dentro de un "inmediato" estar-en-el-mundo. Pero, mirando las cosas más de cerca, resulta claro que la interpretación del fetichismo y de la magia al hilo
82 de la idea de signo en general no basta para comprender el modo de "estar a la mano" del ente que comparece en el mundo primitivo. Respecto del fenómeno del signo, se podría dar la siguiente interpretación: para el hombre primitivo el signo coincide con lo señalado. El signo mismo puede hacer las veces de lo señalado, no solo en el sentido de sustituirlo, sino en tanto que el signo mismo es siempre lo señalado. Pero esta curiosa coincidencia del signo con lo señalado no proviene de que la cosa-signo haya recibido ya una cierta "objetivación" y que, experimentada como pura cosa, sea transferida, junto con lo señalado, a la misma región de ser de lo que está-ahí. La "coincidencia" no es una identificación de cosas previamente aisladas, sino un no-liberarse-aún del signo respecto de lo señalado. Semejante uso del signo todavía se absorbe enteramente en el estar vuelto hacia lo señalado, de tal manera que un signo aún no puede en absoluto separarse en cuanto tal. La coincidencia no se funda en una primera objetivación, sino en la total carencia de ella. Pero esto quiere decir que los signos no han sido descubiertos de ningún modo como útiles y que, en último término, lo "a la mano" dentro del mundo no tiene en absoluto el modo de ser del útil. Quiza tampoco este hilo conductor ontológico (estar-a-la-mano y útil) aporte nada a una interpretación del mundo primitivo, aunque menos aun lo hará la ontología de la cosidad. Pero si la comprensión del ser tiene para el Dasein primitivo y para el mundo primitivo en general una función constitutiva, tanto más urgente será la elaboración de la idea "formal" de mundaneidad o, correlativamente, la de un fenómeno que sea

de tal manera modificable que todos los enunciados ontológicos según los cuales en un contexto fenoménico dado algo *no* es *aún* o *no* es *más* tal cosa, reciban un sentido fenoménico positivo desde lo que ese algo *no* es.

La presente interpretación del signo no tenía otra función que la de ofrecer el apoyo fenoménico para la caracterización de la remisión. La relación entre signo y remisión es triple: 1. el señalar, como posible concreción del para-qué de una utilidad, está fundado en la estructura pragmática en general, en el para-algo (remisión). 2. El señalar del signo pertenece, como carácter pragmático de un ente a la mano, a una totalidad de útiles, a un contexto remisional. 3. El signo no solo está a la mano con otros útiles, sino que en su estar a la mano el mundo circundante se hace cada vez explícitamente accesible a la circunspección. *El signo está ónticamente a la mano y, en cuanto es este determinado útil, desempeña a la vez la función de algo que manifiesta la estructura ontológica del estar a la mano, de la totalidad remisional y de la mundaneidad.* Aquí tiene sus raíces el carácter preferencial de este ente a la mano dentro del mundo circundante de la ocupación 83
circunspectiva. Y, por consiguiente, si la remisión misma debe ser el fundamento ontológico del signo, ella no puede ser concebida a su vez como signo. La remisión no es la determinación óntica de un ente a la mano, puesto que ella misma es constitutiva del estar a la mano. ¿En qué sentido es la remisión el "supuesto" ontológico de lo a la mano y hasta qué punto es ella, al mismo tiempo, por ser tal fundamento ontológico, un constitutivo de la mundaneidad en general?

§ 18. Condición respectiva y significatividad; la mundaneidad del mundo

Lo a la mano comparece intramundanamente. El ser de este ente, el estar a la mano, se halla, por consiguiente, en alguna relación ontológica con el mundo y la mundaneidad. El mundo ya está siempre "presente" [*schon "da"*] en todo lo a la mano. El mundo ya está previamente descubierto[a] en todo lo que comparece, aunque no lo está en forma temática. Pero puede también resplandecer en ciertas formas del trato en el mundo circundante. El mundo es aquello desde lo cual lo a la mano está a la mano. ¿Cómo puede hacer el mundo que comparezca lo a la mano? El análisis hecho hasta aquí ha mostrado que el ser de lo que comparece dentro del mundo queda en libertad para la circunspección ocupada que cuenta con aquel ente. ¿En qué consiste este previo dejar en libertad, y cómo ha de ser entendido en cuanto característica ontológica del mundo? ¿Cuáles son los problemas que plantea la pregunta por la mundaneidad del mundo?

[a] despejado [*gelichtet*].

La constitución pragmática de lo a la mano ha sido dada a conocer como remisión. ¿Cómo puede el mundo dejar en libertad el ser del ente que tiene este modo de ser?, ¿por qué comparece este ente en primer lugar? Como formas de remisión hemos mencionado la utilidad para la nocividad, la empleabilidad, etc. El para-qué de una utilidad y el en-qué de una empleabilidad esbozan cada vez la posible concreción de la remisión. El "señalar" del signo, el "martillar" del martillo no son empero propiedades de un ente. No son en absoluto propiedades, si con este término ha de designarse la estructura ontológica de una posible determinación de las cosas. Lo a la mano tiene a lo sumo aptitudes e inaptitudes, y sus "propiedades" están, por así decirlo, latentes en aquellas, así como el estar-ahí, en cuanto posible modo de ser de un ente a la mano, está latente en el estar a la mano. La utilidad (remisión), como constitución pragmática, tampoco es una aptitud de un ente, sino la condición ontológica de posibilidad para que este pueda ser determinado por aptitudes. Pero entonces, ¿qué quiere decir remisión?
84 Que el ser de lo a la mano tenga la estructura de la remisión significa: tiene en sí mismo el carácter del *estar-remitido* [*Verwiesenheit*]. El ente queda puesto al descubierto con vistas a que, como ese ente que él es, está remitido a algo. Pasa *con* él que tiene su cumplimiento *en* algo. El carácter de ser de lo a la mano es la *condición respectiva* [*Bewandtnis*] (*). En la palabra *Bewandtnis* resuena el sentido de dejar que algo quede vuelto hacia algo [*bewenden lassen mit etwas bei etwas*]. La relación de lo que queda [vuelto hacia...] con aquello hacia lo que queda vuelto, será significada por el término remisión.

Condición respectiva es el ser del ente intramundano; ser con vistas al cual en cada caso este ente queda puesto primeramente en libertad. Como ente, él tiene siempre una condición respectiva. Esto: que con él pasa que queda vuelto en condición respectiva hacia... es la determinación *ontológica* del ser de este ente, y no un enunciado óntico acerca del ente mismo. El término hacia el cual apunta está respectividad es el para-qué de la utilidad, el en-qué de la empleabilidad. El para-qué de la utilidad puede tener, a su vez, una nueva condición respectiva; por ejemplo, este ente a la mano, que por eso llamamos martillo, está en respectividad con el martillar, el martillar lo está con el clavar y consolidar, este lo está con la protección contra el mal tiempo; y está última "es" por mor del Dasein que necesita protección, es decir, por mor de una posibilidad de su ser. Cual sea la condición respectiva de un ente a la mano, se determina siempre desde la totalidad respeccional [*Bewandtnisganzheit*]. Por ejemplo, la totalidad respeccional constitutiva del estar a la mano de lo que está a la mano en un taller, es "anterior" al útil singular, y asimismo lo es la de una granja con todos sus enseres y pertenencias. Pero la totalidad respeccional misma remonta, en último término, a un para-qué que ya no tiene ninguna condición respectiva más, que no es un ente en el modo de ser de lo a la mano dentro del mundo, sino un ente cuyo ser tiene el carácter del estar-en-el-mundo y a cuya constitución de ser le pertenece la mundaneidad misma. Este primario para-qué no es ningún para-esto, como posible término de una respectividad. El primario "para-qué" es un por-mor-de [*Worumwillen*]. Pero el por-mor-de se refiere siempre al ser del Dasein, al que en su serle va esencialmente este mismo ser. Esta trama, que desde la estructura de la condición respectiva lleva al ser del Dasein como al verdadero y único por-mor-de, no ha de ser examinada, por ahora, con mayor detención. Previamente, el "dejar-estar" [*Bewendenlassen*] (*) exige una aclaración tan a fondo que nos permita llevar el fenómeno de la mundaneidad a esa determinación en la que resulta posible, al menos, plantear problemas en relación a él.

Dejar que algo quede como está [*Bewendenlassen*] significa ónticamente: dentro de un ocuparse fáctico, dejar estar [sein *lassen*][a] a un ente a la mano tal y como ahora está y para que lo esté. Este sentido óntico del "dejar estar" lo entendemos nosotros de un modo radical y ontológico, interpretando de esta manera 85
el sentido que tiene la previa puesta en libertad de lo primeramente a la mano dentro del mundo. Dejar "ser" (**) previamente, no significa hacer o producir el ser de algo sino que quiere decir descubrir en su estar a la mano algo ya "ente", y dejarlo así comparecer[b] como el ente que tiene este ser. Este "apriorístico" dejar-ser [*Bewendenlassen*] es la condición de posibilidad para que lo a la mano comparezca, de tal manera que el Dasein, en el trato óntico con el ente así compareciente, lo pueda dejar estar, en sentido óntico. A diferencia de este sentido óntico, el dejar ser, entendido ontológicamente, se refiere a la puesta en libertad de *todo* ente a la mano en tanto que a la mano, ya quede él ónticamente como está, ya sea, por el contrario, un ente que precisamente no queda ónticamente como está, sino que inmediata y regularmente es algo de que nos ocupamos, algo que al descubrirlo no lo dejamos "estar" como está, sino que lo elaboramos, mejoramos o destruimos.

El haber-desde-siempre-dejado-ser, que deja en libertad apuntando a la condición respectiva, es un *pretérito perfecto a priori*[c] que caracteriza el modo de ser

[a] El dejar-Ser [*Seyn-lassen*]. Cf. *Vom Wesen der Wahrheit,* dónde el dejar-ser está pensado a fondo y de una manera enteramente amplia, ¡para *todo* ente!

[b] O sea, dejar que su ser se despliegue en su verdad [*in seiner Wahrheit wesen lassen*].

[c] En él mismo párrafo se habla de la "previa puesta en libertad" —vale decir (hablando en general) [puesta en libertad] del ser para la posible patencia de los entes. 'Previo', en este sentido ontológico, se dice en latín *a priori,* en griego πρότερον τῇ φύσει, Arist. *Física* A, 1; más claramente: *Metafísica* E, 1025 b 29 τὸ τί ἦν εἶναι 'ser lo que ya era', 'lo que cada vez despliega ya previamente su ser' [*'das jeweils schon voraus Wesende'*], lo sido [*Gewesen*], el perfecto. El verbo griego εἶναι carece de la forma del perfecto; este es nombrado aquí en el ἦν εἶναι. No algo ónticamente pasado, sino lo cada vez previo, aquello a que somos remitidos hacia atrás [*zurückverwiesen*] en la pregunta por el ente en cuanto tal; en vez de perfecto *a priori* podría decirse También: perfecto ontológico o trascendental (cf. la doctrina del esquematismo en Kant).

del Dasein mismo. El dejar ser, entendido ontológicamente, es la previa puesta en libertad del ente con vistas a su estar-a-la-mano dentro del mundo circundante. Desde aquello con respecto a lo cual se deja ser, queda puesto en libertad el ente que está en condición respectiva. Él comparece para la ocupación como este ente a la mano. En la medida en que a la ocupación se le muestra un *ente*, es decir, en la medida en que este queda descubierto en su ser, él es un ente a la mano en el mundo circundante y no "primeramente" solo una "materia cósmica" que estuviera-ahí.

La condición respectiva misma, como ser de lo a la mano, solo queda descubierta cada vez sobre la base de un previo estar descubierto de una totalidad respeccional [*Bewandtnisganzheit*]. En la condición respectiva descubierta, es decir, en lo a la mano que comparece, está, por consiguiente, previamente descubierto lo que hemos llamado la mundicidad de lo a la mano. Esta totalidad respeccional previamente descubierta lleva consigo un respecto ontológico al mundo. El dejar-ser que pone en libertad al ente apuntando a una totalidad respeccional, tiene que haber abierto ya de alguna manera aquello mismo con vistas a lo cual lo pone en libertad. Y eso con vistas a lo cual lo a la mano en el mundo circundante queda puesto en libertad, de tal modo que él llega a ser accesible en primer lugar *como* ente intramundano, no puede ser concebido, a su vez, como un ente que tenga él mismo modo de ser de lo que ha sido descubierto. Es por esencia no descubrible, si adoptamos, de aquí en adelante, la expresión *estar al descubierto* [*Entdecktheit*] como término para una posibilidad de ser de todo ente que *no* tiene el modo de ser del Dasein.

Ahora bien, ¿qué significa que eso con vistas a lo cual el ente intramundano es primeramente puesto en libertad haya de ser previamente abierto? Al ser del Dasein le pertenece la comprensión del ser. La comprensión tiene su ser en un
86 comprender. Si al Dasein le corresponde esencialmente el modo de ser del estar-en-el-mundo, también será esencialmente propia de su comprensión del ser la comprensión del estar-en-el-mundo. La apertura previa de aquello con respecto a lo cual se realiza la puesta en libertad de lo que comparece en el mundo no es otra cosa que la comprensión del mundo, mundo hacia el cual el Dasein en cuanto ente siempre está vuelto en su comportamiento.

El previo dejar-ser en respección hacia... se funda en la comprensión de algo así como un dejar-ser, un hacia-algo de la condición respectiva y un algo que está en condición respectiva. Todo esto y, además, lo que se halla a su base, como el para-esto, en cuanto término de la condición respectiva, el por-mor-de, al que en última instancia remonta todo para-qué, todo esto —decimos— tiene que estar previamente abierto en una cierta comprensibilidad. ¿Y qué es aquello en lo que el Dasein se comprende preontológicamente como un estar-en-el-mundo? En la comprensión del contexto referencial ya mencionado, desde un poder-ser asumido en forma expresa o inexpresa, en forma propia o impropia, por mor del cual él mismo es, el Dasein ya se ha remitido a sí mismo hacia un para-algo. Este último bosqueja un para-esto como posible hacia... de un dejar-ser que por su misma estructura deja que *algo* quede vuelto hacia otra cosa. El Dasein se remite ya desde siempre y cada vez desde un por-mor-de a la cosa que está en condición respectiva; es decir, deja ya desde siempre y cada vez, en la medida en que él es, que el ente comparezca como algo a la mano. [El conjunto de todo] *aquello en lo que* el Dasein se comprende previamente en la modalidad del remitirse, es justo *aquello con vistas a lo cual* el ente es previamente dejado comparecer. *El en-qué del comprender que se autorremite, entendido como aquello-con-vistas-a-lo-cual se deja comparecer a los entes que tienen el modo de ser de la condición respectiva, es el fenómeno del mundo.* Y la estructura de aquello a lo que el Dasein se remite es lo que constituye la *mundaneidad* del mundo.

Eso en lo que el Dasein ya siempre se comprende de está manera, le es a él originariamente familiar. Esta familiaridad con el mundo no exige necesariamente una transparencia teorética de los respectos constitutivos del mundo como mundo. En cambio, la posibilidad de una interpretación ontológico-existencial explícita de estos respectos se funda en la familiaridad con el mundo que es constitutiva del Dasein, y que, a su vez, forma parte de la comprensión de ser del Dasein. Esta posibilidad solo puede ser asumida explícitamente en la medida en que el Dasein se haya propuesto como tarea la interpretación originaria de su ser y de sus posibilidades, así como del sentido del ser en general.

Ahora bien, con los análisis precedentes no se ha hecho más que descubrir el
horizonte en el que se ha de buscar algo así como el mundo y la mundaneidad. 87
Para el progreso de la investigación será necesario, en primer lugar, aclarar mejor cómo se debe entender ontológicamente la contextura autorremisiva del Dasein.

El *comprender*, que más adelante será analizado con mayor profundidad (cf. § 31), mantiene en una previa apertura los respectos que han sido examinados anteriormente. Manteniéndose de un modo familiar en ellos se los *pre*senta a sí mismo como aquello en lo que su remitirse se mueve. El comprender se deja remitir en y por esos respectos. El carácter respeccional de estos respectos del remitir nosotros lo comprendemos como *signi-ficar* [*be-deuten*]. En la familiaridad con estos respectos, el Dasein "significa" para sí mismo, se da a entender, originariamente, su ser y poder-ser en relación con su estar-en-el-mundo. El por-mor-de significa un para-algo, este un para-esto, este un término del dejar ser en respectividad, y este aquello que está en condición respectiva. Estos respectos están enlazados entre sí como una totalidad originaria; son lo que son en cuanto son este signi-ficar en el que el Dasein se da previamente a entender a sí mismo su estar-en-el-mundo. Al todo respeccional de este significar lo llamamos *significatividad* [*Bedeutsamkeit*]. Ella es la estructura del mundo, es decir, de aquello en lo que el Dasein[a] ya está siempre en tanto que Dasein. *El Dasein es, en su familiaridad con la significatividad, la condición óntica de posibilidad del descubrimiento del ente que comparece en un mundo en el modo de ser de la condición respectiva (estar a la mano), ente que de esta manera puede darse a conocer en su en-sí.* El Dasein es en cuanto tal cada vez "este", con su ser ya está esencialmente descubierto un contexto de entes a la mano; el Dasein, en la medida en que *es*, ya se ha consignado[b] cada vez a un "mundo" que comparece para él; a su ser le pertenece esencialmente este *estar-consignado* [*Angewiesenheit*] (*).

La significatividad misma, con la que el Dasein ya está siempre familiarizado, lleva empero consigo la condición ontológica de la posibilidad de que el Dasein comprensor pueda abrir, en cuanto interpretante, algo así como "significaciones", las que por su parte fundan la posibilidad de la palabra y del lenguaje[c].

La significatividad abierta, en cuanto constitución existencial del Dasein, de su estar-en-el-mundo, es la condición óntica de la posibilidad del descubrimiento de una totalidad respeccional.

Al determinar de está manera el ser de lo a la mano (condición respectiva) e incluso la mundaneidad misma como un contexto remisional, ¿no disolvemos el "ser sustancial" del ente intramundano en un sistema de relaciones y, en la me-
88 dida en que las relaciones son siempre "algo pensado", no disolvemos el ser del ente intramundano en el "puro pensar"?

En el campo de la presente investigación es necesario mantener rigurosamente la distinción, repetidas veces recalcada, que se da entre las diferentes estructuras y dimensiones de la problemática ontológica: 1. el ser del ente primeramente compareciente dentro del mundo (estar a la mano); 2. el ser (estar-ahí) *del* ente que se puede encontrar y determinar en un proceso de descubrimiento autónomo a través del ente que primero comparece; 3. el ser de la condición óntica de posibilidad del descubrimiento del ente intramundano en general: la mundaneidad del mundo. El ser mencionado en último lugar es una determinación *existencial* del estar-en-el-mundo, es decir, del Dasein. Los dos conceptos de ser primeramente nombrados son *categorías*, y se refieren a entes cuyo modo de ser es diferente del modo de ser del Dasein. El contexto remisional, que, en cuanto significatividad, constituye la mundaneidad, puede ser formalmente interpretado como un sistema de relaciones. Pero es necesario tener presente que tales formalizaciones nivelan los fenómenos hasta tal punto que estos pierden su

[a] El Da-sein en el que el hombre despliega su ser [*der Mensch west*].

[b] Pero no como acción yoica de un sujeto, sino más bien: Dasein y ser.

[c] Falso. El lenguaje no es un segundo piso sobre otra cosa, sino que *es* el originario desplegarse de la verdad como Ahí [*Wesen der Wahrheit als Da*].

[d] Mejor: el imperar del mundo [*das Walten der Welt*].

contenido fenoménico propio, especialmente tratándose de respectos tan "simples" como los que implica la significatividad. Estas "relaciones" y "correlatos" del para-algo, del por-mor-de, de lo que está en condición respectiva, se oponen, por su contenido fenoménico mismo, a toda funcionalización matemática; por lo demás, no son nada puramente pensado, por primera vez puesto en un "pensar", sino respectos en que se mueve la circunspección ocupada en todo momento. Este "sistema de relaciones", constitutivo de la mundaneidad, lejos de disolver el ser del ente que está a la mano dentro del mundo, posibilita, precisamente sobre el fundamento de la mundaneidad del mundo, el primer descubrimiento de este ente en su "en-sí "sustancial". Y solo cuando el ente intramundano puede llegar a comparecer, se da la posibilidad de hacer accesible, en el ámbito de este ente, lo que solamente está-ahí. En razón de su mero-estar-ahí, este ente puede ser determinado matemáticamente desde el punto de vista de sus "propiedades" mediante "conceptos funcionales". Conceptos funcionales de esta especie solo son posibles ontológicamente en relación a entes cuyo ser tiene el carácter de pura sustancialidad. Los conceptos funcionales nunca son posibles sino como conceptos sustanciales formalizados.

Para que la problemática específicamente ontológica de la mundaneidad pueda destacarse aún más nítidamente, será preciso, antes de proseguir este análisis, aclarar la interpretación de la mundaneidad confrontándola con otra diametralmente opuesta.

B. Confrontación del análisis de la mundaneidad con la interpretación del 89
mundo en Descartes

Solo gradualmente podrá esta investigación irse asegurando del concepto de la mundaneidad y de las estructuras implicadas en este fenómeno. Puesto que la interpretación [usual] del mundo toma su punto de partida primeramente en los entes intramundanos, y termina por perder de vista el fenómeno del mundo, vamos a intentar aclarar ontológicamente esta manera de abordar el problema, estudiándola en su realización quizá más extrema. Para ello expondremos brevemente los rasgos fundamentales de la ontología del "mundo" en Descartes, nos preguntaremos, enseguida, por los supuestos en que ella se sustenta y trataremos de fijar el carácter de los mismos a la luz de los resultados a que hemos llegado hasta aquí. Esta disquisición tendrá por finalidad dar a conocer los "fundamentos" ontológicos, principialmente indiscutidos, en que se mueven las interpretaciones del mundo posteriores a Descartes, y más aún las anteriores a él.

Descartes ve la determinación fundamental del mundo en la *extensio*. Y dado que la extensión es un momento constitutivo de la espacialidad y que, según Descartes, es incluso idéntica con ella, y que, por otra parte, la espacialidad es en cierto modo constitutiva del mundo, la discusión de la ontología cartesiana del "mundo" nos depara, al mismo tiempo, un punto de apoyo negativo para la explicación positiva de la espacialidad del mundo circundante y del Dasein mismo. En relación con la ontología de Descartes vamos a tratar tres puntos, a saber: 1. La determinación del "mundo" como *res extensa* (§ 19). 2. Los fundamentos de esta determinación ontológica (§ 20). 3. Discusión hermenéutica de la ontología cartesiana del "mundo" (§ 21). Las consideraciones siguientes solo alcanzarán su plena fundamentación por medio de la destrucción fenomenológica del *cogito sum* (cf. Segunda Parte, Segunda Sección).

§ 19. La determinación del "mundo" como *res extensa*

Descartes distingue el *ego cogito,* como *res cogitans*, de la *res corpórea.* Desde entonces, esta distinción determinará ontológicamente la distinción entre "naturaleza y espíritu". Por múltiples y variadas que sean las modulaciones ónticas que fijan el contenido de esta pareja de conceptos opuestos, la falta de claridad de sus fundamentos ontológicos y la de las partes antagónicas mismas tiene su raíz inmediata en la distinción hecha por Descartes. ¿Desde qué comprensión del ser ha determinado Descartes el ser de estos entes? El término para el ser de un ente que es en sí mismo es el de *substantia.* Esta expresión mienta tanto el ser del ente que es sustancia, vale decir, la *sustancialidad*, como el ente mismo: *una sustan-*
90 *cia.* La ambigüedad del término *substantia*, presente ya en el antiguo concepto de οὐσία[a], no es casual.

Para la determinación ontológica de la *res corpórea* se requiere la explicación de la sustancia, es decir, de la sustancialidad de esta *res corpórea* entendida como sustancia. ¿Qué es lo que constituye propiamente el ser-en-sí-mismo de la *res corpórea*? ¿Cómo entender una sustancia en cuanto tal, es decir, cómo entender su sustancialidad? *Et quidem ex quolibet attribute substantia cognoscitur; sed una tamen est cuiusque substantiae praecipua proprietas, quae ipsius naturam essentiamque constituit, et ad quam aliae omnes referuntur*[1]. Las sustancias son accesibles en sus "atributos", y cada sustancia tiene una propiedad característica en la que se puede encontrar la esencia de la sustancialidad de esa determinada sustancia. ¿Cuál es esta propiedad para la *res corpórea? Nempe* extensio *in longum, latum et profundum, substantiae corporeae naturam constituit*[2]. En efecto,

[1] *Principia* I, n. 53, p. 25 (*Oeuvres,* ed. Adam-Tannery, vol. VIII).

[2] *Loc. cit.*

[a] Como también, y precisamente, en el término ὄν; τὸ ὄν = 1. lo ente (el estar siendo), 2. los entes.

la extensión a lo largo, ancho y profundo constituye el ser propiamente dicho de la sustancia corpórea que llamamos "mundo". ¿Qué le da a la extensión este carácter privilegiado? *Nam omne aliud quod corpori tribui potest, extensionem praesupponit*[1]. La extensión es *aquella* estructura de ser del ente en cuestión, que ya tiene que "ser" antes de todas las demás determinaciones de ser para que estas puedan "ser" lo que son. La extensión debe "atribuirse" primariamente a la cosa corpórea. Por consiguiente, la demostración de la extensión y de la sustancialidad del "mundo" caracterizada por aquella se realiza mostrando como todas las demás determinaciones de esta sustancia, y en particular las de *divisio, figura* y *motus*, solo pueden concebirse como *modi* de la *extensio* y que, a la inversa, la *extensio* resulta comprensible *sine figura vel motu.*

Así, una cosa corpórea, conservando su extensión total, puede cambiar de muchas maneras la distribución de esta según las distintas dimensiones, y presentarse en múltiples formas como una y la misma cosa. *Atque unum et idem corpus, retinendo suam eandem quantitatem, pluribus diversis modis potest extendi: nunc scilicet magis secundum longitudinem, minusque secundum latitudinem vel profunditatem, ac paulo post e contra magis secundum latitudinem, et minus secundum longitudinem*[2].

La figura es un *modus* de la *extensio*, y no lo es menos el movimiento; pues 91
el *motus* solo se comprende *si de nullo nisi locali cogitemus ac de vi a qua excitatur non inquiramus*[3]. Si el movimiento es una propiedad entitativa de la *res corpórea*, para ser comprensible en su ser deberá ser concebido desde el ser de este mismo ente, desde la *extensio*, es decir, como puro cambio de lugar. Nada que se parezca a la "fuerza" contribuye en absoluto a la determinación del ser de este ente. Determinaciones tales como la *durities* (dureza), el *pondus* (peso) y el *color* pueden quitársele a la materia sin que esta deje de ser lo que es. Estas determinaciones no constituyen su ser propio, y en la medida en que son, se muestran como modos de la *extensio*. Descartes intenta mostrarlo detalladamente en relación con la "dureza": *Nam, quantum ad duritiem, nihil aliud de illa sensus nobis indicat, quam partes durorum corporum resistere motui manuum nostrarum, cum in illas incurrunt. Si enim, quotiescunque manus nostrae versus aliquam partem moventur, corpora omnia ibi existentia recederent eadem celeritate qua illae accedunt, nullam unquam duritiem sentiremus. Nec ullo modo potest intelligi, corpora quae sic recederent, idcirco naturam corporis esse amissura; nec proinde ipsa in duritie consistit*[4]. La dureza se experimenta en el tacto. ¿Qué

1 *Loc. cit.*
2 *Loc. cit., n.* 64, p. 31.
3 *Loc. cit.*, n. 65, p. 32.
4 *Loc. cit.*, II, n. 4, p. 42.

nos "dice" el sentido del tacto acerca de la dureza? Las partes de la cosa dura "resisten" al movimiento de la mano, por ejemplo, al intento de apartarla. Si, por el contrario, los cuerpos duros, es decir, resistentes, cambiaran de lugar con la misma velocidad con que lo hace la mano que "va a su encuentro", no se llegaría nunca a un contacto, no se experimentaría la dureza y, por consiguiente, la dureza tampoco *sería*. Pero no se puede entender en modo alguno que, por el hecho de retirarse a esta velocidad, los cuerpos hubieran de perder algo en su ser corpóreo. Y si lo conservan también en esa nueva velocidad que hace imposible la "dureza", entonces esta no pertenece al ser de esos entes. *Eademque ratione ostendi potest, etpondus, et colorem, et alias omnes eiusmodi qualitates, quae in materia corpórea sentiuntur, ex ea tolli posse, ipsa integra remanente: unde sequitur, a nulla ex illis eius (sc. extensionis) naturam dependere*[1]. Lo que constituye, por consiguiente, el ser de la *res corpórea* es la *extensio*, lo *omnimodo divisibile, figurabile et mobile*, lo que se puede alterar en cualquier modo de divisibilidad,
92 configuración y movimiento, lo *capax mutationum*, lo que se mantiene —*remanet*— en todas estas mutaciones. Aquello que en la cosa corpórea satisface la exigencia de esa *constante permanencia* es lo propiamente ente en ella, de tal manera que por ese medio queda caracterizada la sustancialidad de esta sustancia.

§ 20. Los fundamentos de la determinación ontológica del "mundo"

La idea de ser que está a base de la caracterización ontológica de la *res extensa* es la idea de sustancialidad. *Per* substantiam *nihil aliud intelligere possumus, quam rem quae ita existit, ut nulla alia re indigeat ad existendum*. Por sustancia no podemos entender sino un ente que es de tal manera que para ser no tiene necesidad de otro ente[2]. El ser de una "sustancia" se caracteriza por una no-necesidad. Lo que en su ser no está en absoluto necesitado de otro ente, responde, en sentido propio, a la idea de sustancia; este ente es el *ens perfectissimum. Substantia quae nulla plane re indigeat, unica tantum potest intelligi, nempe Deus*[3]. Aquí "Dios" es un término puramente ontológico, ya que se lo entiende como *ens perfectissimum*. Pero, a la vez, lo que en el concepto de Dios está "obviamente" implícito, hace posible una interpretación ontológica del momento constitutivo de la sustancialidad, a saber, de la no-necesidad. *Alias vero omnes (res), non nisi ope concursus Dei existere posse percipimus*[4]. Todo ente que no es Dios está necesitado de producción, en el senti-

[1] *Loc. cit.*
[2] *Loc. cit.*, n. 51, p. 24.
[3] *Loc. cit.*, n. 51, p. 24.
[4] *Loc. cit.*, n. 51, p. 24.

do más amplio de esta palabra, y también de conservación. La producción respecto de lo que está-ahí, o bien la no-necesidad de producción, constituyen el horizonte dentro del cual el "ser" es comprendido. Todo ente que no es Dios, es *ens creatum.* Entre estos dos entes hay una diferencia "infinita" de ser; y sin embargo, consideramos tanto a lo creado como al creador como entes. Empleamos, pues, el término "ser" con tal amplitud que su sentido abarca una diferencia "infinita". Y así podemos, con cierto derecho, llamar sustancia también al ente creado. Es cierto que, si se lo considera en relación a Dios, el ente creado está necesitado de producción y conservación; pero, dentro de la región del ente creado, del "mundo", en el sentido del *ens creatum,* hay entes que, con relación a la producción y conservación creadas, por ejemplo, a la del hombre, "no están necesitados de otros entes". Tales sustancias son dos: la *res cogitans* y la *res extensa.*

Según esto, el ser de la sustancia cuya *proprietas* distintiva es la *extensio*, será 93
ontológicamente determinable, en principio, cuando se haya aclarado el *sentido* de ser que es "*común*" a las tres sustancias, a la infinita y a las dos finitas. Solo que *nomen substantiae non convenit Deo et illis* univoce, *ut dici solet in Scholis, hoc est... quae Deo et creaturis sit communis*[1]. Descartes toca aquí un problema que dio mucho que hacer a la ontología medieval: el problema del modo como la significación del ser afecta a cada uno de los entes de que se habla. En los enunciados "Dios es" y "el mundo es" afirmamos el ser. Pero la palabra "es" no puede decirse de ambos entes en el mismo sentido (συνωνύμως, *univoce*[a]), puesto que entre ambos hay una diferencia *infinita* justamente respecto del ser; si la significación del "es" fuese unívoca, o bien lo creado sería pensado como increado, o bien lo increado se rebajaría a la condición de creado. Por otra parte, "ser" no es un simple homónimo, porque en ambos casos se comprende el "ser". La escolástica concibe el sentido positivo de la significación del término "ser" como una significación "análoga", a diferencia de la unívoca y de la simple identidad del nombre. Siguiendo a Aristóteles, en el cual —como en los inicios de la ontología griega en general— el problema encuentra su primer esbozo, se han distinguido diferentes formas de analogía, y de acuerdo con ellas se diversifican también las "escuelas" según la manera de comprender la función significativa del ser. En cuanto a la profundización ontológica del problema, Descartes queda muy a la zaga de la escolástica[2], más aún, elude la cuestión. *Nulla eius [substantiae] nominis significatio potest distincte intelligi, quae Deo et creaturis sit communis*[3]. Al eludir este problema, Descartes deja sin

[1] Loc. *cit.*, n. 51, p. 24.

[2] Cf. a este propósito *Opuscula omnia Thomae de Vio Caietani Cardinalis.* Lugduni 1580, Tomus III, Tractatus V: *de nominum analogia,* p. 211-219.

[3] Descartes, *Principia* I, n. 51, p. 24.

[a] En un sentido invariable [*durchgehende Bedeutung*].

examinar el sentido del ser involucrado en la idea de sustancialidad y el carácter de "universalidad" de esta significación. Es cierto que ni la ontología medieval ni la antigua cuestionaron lo que significa el ser mismo; y por ello no es de extrañar que una pregunta como la que interroga por el modo de significar del ser no haga ningún progreso en tanto se la pretenda discutir en base a un sentido no aclarado del ser que se "expresa" por la significación. Y el sentido ha quedado sin aclarar porque se lo ha considerado como cosa "obvia"[a].

94 Descartes no solo elude completamente la pregunta ontológica por la sustancialidad, sino que también afirma explícitamente que la sustancia como tal, es decir, la sustancialidad, es inaccesible en sí misma y por sí misma. *Verumtamen non potest substantia primum animadverti ex hoc solo, quod sit res existens, quia hoc solum por se nos non afficit*[1]. El "ser" mismo no nos "afecta", y por eso no puede ser percibido. "El ser no es un predicado real"[b], según el decir de Kant, que no hace más que repetir la frase de Descartes. Con esto se renuncia, en principio, a la posibilidad de una problemática pura del ser, y se recurre a una alternativa para alcanzar las determinaciones ya mencionadas de las sustancias. Puesto que efectivamente el "ser" no es accesible *como ente*, se lo expresa por medio de determinaciones entitativas de los correspondientes entes, por medio de atributos. Pero no de cualesquiera, sino de aquellos que responden en la forma más pura al sentido del ser y de la sustancialidad inexpresamente supuesto. En la *substantia finita* en cuanto *res corpórea* el "atributo" primario y necesario es la *extensio. Quin et facilius intelligimus substantiam extensam, vel substantiam cogitantem, quam substantiam solam, omisso eo quod cogitet vel sit extensa*[2]; en efecto, la sustancialidad es *ratione tantum* y no *realiter*[c] separable y encontrable como el ente sustancial mismo.

Con lo dicho se han evidenciado los fundamentos ontológicos de la determinación del "mundo" como *res extensa*: esa determinación se basa en la idea de sustancialidad, no solo no aclarada en su sentido de ser, sino tenida por inaclarable, y expuesta mediante el rodeo a través de la característica sustancial más importante de la sustancia en cuestión. En la determinación de la sustancia mediante un ente sustancial se encuentra también la razón del doble significado de este término. Se apunta a la sustancialidad, y se la comprende desde una propiedad entitativa de la sustancia. Dado que bajo lo ontológico se ha puesto lo óntico, el término *substantia* tiene a veces significación ontológica, y a veces significación óntica, pero ordinariamente, una borrosa significación óntico-onto-

[1] *Loc. cit.*, n. 52, p. 25.

[2] *Loc. cit.*, *n.* 63, p. 31.

[a] contentándose con una cierta comprensibilidad.

[b] que 'realmente' pertenezca a la quididad [*zur Sachheit*], al qué, lo único que nos puede afectar de una u otra manera.

[c] que contiene un qué [*wasgehaltlich*].

lógica. Pero tras esta mínima diferencia de significación se oculta la impotencia frente al problema de fondo, al problema del ser[a]. Su estudio demanda "rastrear" *en forma* adecuada los equívocos; y quien lo intente no se "ocupa con meras significaciones verbales", sino que tiene que aventurarse en la problemática más 95
originaria de las "cosas mismas" para llegar a aclarar tales "matices".

§ 21. Discusión hermenéutica de la ontología cartesiana del "mundo"

Surge entonces la siguiente pregunta crítica: esta ontología del "mundo" ¿busca en realidad el fenómeno del mundo?, y si no lo hace, ¿determina al menos un ente intramundano en tal forma que en él pueda hacerse visible su mundicidad? *Ambas preguntas deben responderse negativamente.* Por el contrario, el ente que Descartes intenta en principio comprender ontológicamente por medio de la *extensio* es tal que no puede ser descubierto si no se pasa a través de un ente intramundano inmediatamente a la mano. Pero, aunque esto sea verdadero, y por oscura que quede la caracterización ontológica de *aquel* particular ente intramundano que es la naturaleza, vale decir, la idea de sustancialidad y el sentido del *existit* y *ad existendum* incluidos en su definición, sigue en pie, sin embargo, la posibilidad de que el problema ontológico del mundo fuese de algún modo planteado y promovido por una ontología fundada en la distinción radical entre Dios, yo y "mundo". Pero si no se da siquiera esta posibilidad, entonces será necesario demostrar en forma explícita que Descartes no solo ofrece posiblemente una determinación ontológica errada del mundo, sino que su interpretación y los fundamentos de ella conducían a *pasar por alto* tanto el fenómeno del mundo como el ser del ente intramundano inmediatamente a la mano.

En la exposición del problema de la mundaneidad (§ 14), se hizo notar la importancia de alcanzar una correcta vía de acceso a este fenómeno. En la discusión crítica del planteamiento cartesiano deberemos preguntar, por consiguiente, qué modo de ser del Dasein se establece como el modo apropiado de acceso al ente con cuyo ser, entendido como *extensio*, Descartes equipara el ser del "mundo". La única y auténtica vía de acceso a este ente es el conocimiento, la *intellectio*, especialmente en el sentido del conocimiento físico-matemático. El conocimiento matemático es considerado como aquel modo de aprehensión del ente que puede estar en todo momento cierto de poseer en forma segura el ser del ente aprehendido en él. Lo que por su modo de ser es tal que se conforma a las exigencias del ser que es accesible en el conocimiento matemático, *es* en

[a] diferencia ontológica.

sentido propio. Este ente es *aquel que siempre es eso que él es*; de ahí que el ser
96 propio del ente experimentado en el mundo esté constituido por aquello de lo que puede mostrarse que tiene el carácter de la *permanencia constante*, vale decir, lo *remanens capax mutationum*. Propiamente *es* lo perdurantemente permanente. Lo que es tal lo conocen las matemáticas. Lo accesible en el ente *por medio de ellas*, constituye su ser. Y así, a partir de una determinada idea de ser, veladamente implicada en el concepto de sustancialidad, y de la idea de un conocimiento que conoce lo que es *así*, se le dictamina, por así decir, al "mundo" su ser. Descartes no se deja dar el modo de ser del ente intramundano por este mismo, sino que, basándose en una idea de ser no justificada y de origen no desvelado (ser = permanente estar-ahí), le prescribe, en cierto modo, al mundo su "verdadero" ser. Lo que determina su ontología del mundo no es primariamente el recurso a una ciencia eventualmente apreciada en forma especial, las matemáticas[a], sino la fundamental orientación ontológica hacia el ser como permanente estar-ahí, cuya aprehensión se lleva a cabo en forma eminentemente satisfactoria por el conocimiento matemático. Descartes realiza de esta manera explícitamente la transposición filosófica que permite que la ontología tradicional influya sobre la física matemática moderna y sobre sus fundamentos trascendentales.

Descartes no tiene necesidad de plantear el problema de la vía de acceso adecuada al ente intramundano. El predominio incuestionado de la ontología tradicional ha decidido de antemano cuál sea el auténtico modo de aprehensión de lo propiamente ente. Ese modo consiste en el νοεῖν, la "intuición", en sentido latísimo, de la cual el διανοεῖν, el "pensar", es solo un modo fundado de realización. Y desde esta orientación ontológica fundamental establece Descartes su "óntica" de la otra posible vía de acceso intuitivo-aprehensora a los entes, la *sensatio* (αἴσθησις), contrapuesta a la *intellectio*.

Descartes sabe muy bien que el ente no se muestra inmediatamente en su ser verdadero. Lo "inmediatamente" dado es este trozo de cera que tiene un determinado color, un cierto sabor, que es duro, frío y produce un cierto sonido. Pero esto y, en general, todo lo que presentan los sentidos, carece de importancia ontológica. *Satis erit, si advertamus sensuum perceptiones non referri, nisi ad istam corporis humani cum mente coniuctionem, et nobis quidem ordinarie exhibere, quid ad illam externa corpora prodesse possint aut nocere*[1]. Los sentidos no hacen conocer en absoluto el ente en su ser, sino que solo anuncian el carácter útil o
97 perjudicial de las cosas "externas" del mundo para el ser humano corpóreo. *Nos non docent, qualia (corpora) in seipsis existant*[2]; por los sentidos no recibimos

[1] *Loc. cit.* II, n. 3, p. 41.
[2] *Loc. cit.* II, n. 3, p. 41-42.
[a] sino la orientación hacia lo matemático en cuanto tal, μάθημα y ὄν.

ninguna información sobre el ente en su ser. *Quod agentes, percipiemus naturam materiae, sive corporis in universum spectati, non consistere in eo quod sit res dura, vel ponderosa, vel colorata, vel alio aliquo modo sensus afficiens: sed tantum in eo quod sit res extensa in longum, latum et profundun*[1].

A partir de un análisis crítico de la interpretación hecha por Descartes de la experiencia de la dureza y de la resistencia (cf. § 19), resulta claro cuán poco capaz es Descartes de dejarse dar en su modo propio de ser lo que se muestra en la sensibilidad, y con mayor razón aún, de determinar ese modo de ser.

La dureza es concebida como resistencia. Pero ni esta ni aquella son comprendidas en un sentido fenoménico como algo experimentado en sí mismo y determinable en esta experiencia. Resistencia quiere decir para Descartes tanto como no ceder el puesto, es decir, no sufrir cambio de lugar. La resistencia de una cosa significa entonces permanecer en un lugar determinado con respecto a otra cosa que cambia de lugar o, lo que viene a ser igual, cambiar de lugar a tal velocidad que le permita ser "alcanzada" por esa otra cosa. Con esta interpretación de la experiencia de la dureza se extingue el modo de ser de la percepción sensible y, con ello, la posibilidad de captar en su ser el ente que comparece en esa percepción. Descartes traduce el modo de ser de la percepción de algo al único que conoce; la percepción se convierte en una determinada yuxtaposición de dos cosas extensas que están-ahí, y la relación de movimiento entre ambas es, ella misma, en el modo de la *extensio*, que caracteriza primariamente el estar-ahí de la cosa corpórea. Es cierto que el posible "cumplimiento" [*Erfüllung*] de un comportamiento táctil exige una especialísima "cercanía" de lo tangible. Pero esto no quiere decir que el contacto y la dureza que en él se pueda manifestar consistan, comprendidos ontológicamente, en la diferente velocidad de dos cosas corpóreas. Ni la dureza ni la resistencia se muestran en absoluto si no hay un ente que tenga el modo de ser del Dasein o, por lo menos, el de un viviente.

De esta manera, el análisis de las posibles vías de *acceso al* ente intramundano cae, para Descartes, bajo el dominio de una idea de ser que ha sido tomada de una determinada región de este ente.

La idea del ser como permanente estar-ahí no solo da origen a una determina- 98
ción llevada hasta el extremo del ser del ente intramundano y a su identificación con el mundo en general, sino que, a la vez, impide poner ante la vista de una manera ontológicamente adecuada ciertos comportamientos del Dasein. Con ello queda completamente obstruido el camino para llegar a ver aunque solo fuera el carácter fundado de toda aprehensión sensible e intelectual, y a comprenderla como una posibilidad del estar-en-el-mundo. Descartes interpreta entonces el

[1] *Loc. cit.*, n. 4, p.. 42.

ser del "Dasein", cuya constitución fundamental es el estar-en-el-mundo, de la misma manera que el ser de la *res extensa*, esto es, como sustancia.

Pero con estas reflexiones críticas, ¿no le estamos exigiendo a Descartes que resuelva un problema enteramente ajeno a su horizonte, y "demostrando" luego que ese problema no fue resuelto por él? ¿Cómo podrá Descartes identificar un determinado ente intramundano y su ser con el mundo, si ni siquiera conoce el fenómeno del mundo ni por ende, algo así como una intramundaneidad?

Una discusión a fondo no debe atenerse solo a las tesis doxográficamente comprobables, sino que debe orientarse por la tendencia efectiva de la problemática cuestionada, aunque esta no sobrepase los límites de una comprensión vulgar. Que Descartes, al hablar de la *res cogitans* y de la *res extensa*, *no solo quería plantear* el problema del "yo y el mundo", sino que pretendía solucionarlo radicalmente, resulta claro por lo que dice en sus *Meditaciones* (cf. especialmente la I y la VI). Las discusiones precedentes estaban destinadas a mostrar que la orientación ontológica fundamental que Descartes toma de la tradición sin ninguna óntica positiva de ella, le hizo imposible el descubrimiento de una problemática ontológica originaria del Dasein, y tenía que bloquearle la mirada para el fenómeno del mundo, provocando la reducción de la ontología del "mundo" a la ontología de un determinado ente intramundano.

Pero a esto podrá objetarse que aunque el problema del mundo quede efectivamente encubierto, lo mismo que el ser del ente circunmundano que comparece inmediatamente, Descartes ha puesto, sin embargo, el fundamento para la caracterización ontológica *del* ente intramundano que funda en su ser todo otro ente, esto es, de la naturaleza material[a]. Sobre esta, como estrato fundamental, se edifican los demás estratos de la realidad intramundana. En la cosa extensa en cuanto tal se fundan, en primer lugar, las determinaciones que, si bien se muestran como cualidades, son "en el fondo" modificaciones cuantitativas de
99 los modos de la propia *extensio*. Sobre estas cualidades reducibles se apoyan
luego las cualidades específicas de lo bello y lo feo, lo adecuado e inadecuado, lo utilizable e inutilizable; si uno se orienta primariamente por la cosidad, estas cualidades deben ser consideradas como predicados de valor no cuantificables, mediante los cuales la cosa que primero era solo material queda acuñada como un bien. Con esta estratificación la meditación llega entonces al ente que hemos caracterizado ontológicamente como el útil a la mano. El análisis cartesiano del "mundo" posibilita así la edificación segura de la estructura de lo inmediatamente a la mano; solo necesita de la complementación, fácil de realizar, que de la cosa natural hace una plena cosa usual.

[a] ¡Crítica a la estructuración de las 'ontologías' en Husserl; y, en general, toda la crítica a Descartes está hecha aquí con esta intención!

Pero, ¿se puede acceder ontológicamente por este camino, prescindiendo del problema específico del mundo, al ser de lo que comparece inmediatamente dentro del mundo? Con la cosidad material, ¿no se está poniendo tácitamente un ser —el constante estar-ahí de una cosa— que por la ulterior atribución al ente de predicados de valor no recibe una complementación ontológica, sino que estos caracteres axiológicos mismos solo son determinaciones ónticas de un ente que tiene el modo de ser de la cosa? La adición de predicados de valor no puede darnos ni la más mínima nueva información acerca del ser de los bienes, *sino que no hace más que presuponer también para estos el modo de ser del puro estar-ahí*. Los valores son determinaciones que *están-ahí* en una cosa. Los valores tienen en definitiva su origen ontológico únicamente en la previa posición de la realidad de la cosa como el estrato fundamental. Pero ya la experiencia prefenomenológica muestra en el ente presuntamente cósico algo que no es plenamente comprensible por medio de la cosidad. Por ese motivo, necesita el ser cósico de una complementación. ¿Qué significa ontológicamente el ser de los valores o esa "válidez" suya que Lotze concebía como un modo de la "afirmación"? ¿Qué significa ontológicamente esa "inherencia" de los valores a las cosas? Mientras estas determinaciones queden en la oscuridad, la reconstrucción de la cosa de uso a partir de la cosa natural es una empresa ontológicamente dudosa, y esto, aun cuando se deje enteramente de lado la radical tergiversación de la problemática que ese planteamiento lleva consigo. Y esta reconstrucción de la cosa usual primeramente "desollada" ¿no está necesitada desde el comienzo de *una visión previa y positiva del fenómeno cuya totalidad debe restablecerse en la reconstrucción*? Si la estructura de ser más propia de este fenómeno no fuese primero adecuadamente explicitada, ¿no edificaría la reconstrucción sin plan alguno? En la medida en que esta reconstrucción y "complementación" de la ontología tradicional del "mundo" llega en sus resultados al mismo ente de que arrancó
el anterior análisis del estar-a-la-mano-del-útil y de la totalidad respeccional, 100
ella despierta la apariencia de que efectivamente el ser de este ente ha quedado aclarado, o que al menos se ha convertido en *problema*. Del mismo modo como Descartes no acierta, con la *extensio* como *proprietas*, en el ser de la sustancia, tampoco el recurso a las cualidades "valiosas" logra poner siquiera ante la vista el ser como estar-a-la-mano, y menos aun convertirlo en tema ontológico.

Descartes agudizó el estrechamiento de la pregunta por el mundo a la pregunta por la cosidad natural considerada como el ente primeramente accesible dentro del mundo. Consolidó la opinión de que el *conocimiento* óntico presuntamente más riguroso de un ente sería también la vía de acceso al ser primario del ente descubierto en ese conocimiento. Pero es necesario reconocer al mismo tiempo que también los intentos de "complementar" la ontología de la cosa se mueven fundamentalmente en la misma base dogmática que Descartes.

Hemos indicado ya (§ 14) que el pasar por alto el mundo y el ente que primero comparece no es algo casual, ni un error fácilmente reparable, sino que se funda en un esencial modo de ser del Dasein mismo. Cuando la analítica del Dasein haya hecho transparentes aquellas estructuras fundamentales del Dasein que son las más importantes dentro de los límites de esta problemática, cuando se le haya asignado al concepto de ser en general el horizonte de su posible comprensibilidad[a], y de esta manera logren hacerse ontológicamente comprensibles de un modo originario el estar-a-la-mano y el estar-ahí, solo entonces la óntica que hemos hecho a la ontología cartesiana del mundo, ontología que es fundamentalmente la usual todavía hoy, podrá ser filosóficamente legitimada.

Para ello habrá que mostrar (cf. Primera Parte, Tercera Sección) lo siguiente:

1. ¿Por que se pasó por alto, en el comienzo de la tradición ontológica decisiva para nosotros —explícitamente, en Parménides— el fenómeno del mundo? ¿De dónde procede el constante retorno de este pasar por alto?

2. ¿Por qué el ente intramundano reemplaza como tema ontológico al fenómeno pasado por alto?

3. ¿Por qué este ente es encontrado en primer lugar en la "naturaleza"?

4. ¿Por qué la complementación de tal ontología del mundo, sentida como necesaria, se realiza con la ayuda del fenómeno del valor?

Solo cuando se haya respondido a estas preguntas se alcanzará la comprensión positiva de la *problemática* del mundo, se mostrará cual es el origen de su omisión y se hará ver el fundamento del derecho a recusar la ontología tradicional del mundo.

101 Las anteriores reflexiones sobre Descartes estaban destinadas a hacer comprender que ni el partir, aparentemente obvio, desde las cosas del mundo, ni el orientarse por el conocimiento presuntamente más riguroso del ente, dan garantía de que se ha llegado al terreno en el que se pueden encontrar fenoménicamente las estructuras ontológicas inmediatas del mundo, del Dasein y del ente intramundano.

Ahora bien, si se tiene presente que la espacialidad es sin lugar a dudas parte constitutiva del ente intramundano, en definitiva se hace posible "salvar" el análisis cartesiano del "mundo". Con el descubrimiento radical de la *extensio* como *praesupositum* para toda determinación de la *res corpórea*, Descartes preparaba la Comprensión de un *a priori* cuyo contenido sería fijado luego más rigurosamente por Kant. Dentro de ciertos límites, el análisis de la *extensio* es independiente de la omisión de una interpretación explícita del ser del ente extenso. La concepción de la *extensio* como determinación fundamental del "mundo" tiene

[a] *¡sic!* dónde, a decir verdad, 'comprensibilidad' [deberá entenderse] en función del comprender en cuanto proyección, y está como temporeidad extática.

cierta justificación fenoménica, pero ni la espacialidad del mundo, ni la espacialidad primeramente descubierta en el ente que comparece en el mundo circundante, ni mucho menos la espacialidad del propio Dasein, pueden comprenderse ontológicamente recurriendo a ella.

C. Lo circundante (*) del mundo circundante y la espacialidad del Dasein

En el contexto del primer bosquejo del estar-en (cf. § 12), fue necesario contrastar el modo de ser del Dasein con esa manera de estar en el espacio que llamamos el "estar dentro". El "estar dentro" significa que un ente en sí mismo extenso está encerrado (**) en los límites extensos de algo extenso. Ambos, el ente que está dentro y el que lo encierra, están en el espacio, y lo están en el modo del estar-ahí. Sin embargo, al recusar al Dasein esta forma de estar dentro de un espacio, no pretendíamos excluir principalmente de él toda espacialidad, sino tan solo abrir el camino para llegar a ver aquella espacialidad que es esencial al Dasein. Esta espacialidad es la que ahora habrá que investigar. Pero, dado que también el ente intra*mundano* está en el espacio, su espacialidad deberá estar en una conexión ontológica con el mundo[a] . De ahí que sea necesario determinar en qué sentido el espacio es un constitutivo del mundo, de ese mundo que, por su parte, fue caracterizado como un momento estructural del estar-en-el-mundo. En forma especial deberá mostrarse que lo circundante del mundo circundante, esto es, la específica espacialidad del ente que comparece en el mundo circundante, se funda en la mundaneidad del mundo, en vez de ser el mundo el que está-ahí en el espacio. 102
La investigación de la espacialidad del Dasein y de la determinación espacial del mundo se inicia con un análisis de lo a la mano que está dentro del mundo en el espacio. La meditación recorre tres niveles: 1. La espacialidad de lo a la mano dentro del mundo (§ 22), 2. La espacialidad del estar-en-el-mundo (§ 23), 3. La espacialidad del Dasein y el espacio (§ 24).

§ 22. La espacialidad de lo a la mano dentro del mundo

Si el espacio entra en la constitución del mundo en un sentido todavía por determinar, no debe extrañarnos que ya en la caracterización ontológica hecha anteriormente del ser de lo intramundano, se nos haya tenido que presentar este como intraespacial. Hasta ahora esta espacialidad de lo a la mano no ha sido conside-

[a] Por consiguiente, el mundo es también espacial.

rada fenoménicamente en forma explícita; tampoco se ha mostrado su trabazón con la estructura de ser de lo a la mano. Esta es ahora la tarea.

¿Hasta qué punto, en la caracterización de lo a la mano, hemos tropezado ya con su espacialidad? Hemos hablado de lo *inmediatamente* a la mano. No se trata tan solo del ente que comparece *antes* que otro, sino también del ente que está "en la cercanía". Lo a la mano del trato cotidiano tiene el carácter de la *cercanía*. Si bien se mira, esta cercanía del útil queda ya señalada en el término que expresa su ser, en el "estar-a-la-mano". El ente "a la mano" tiene cada vez una cercanía variable, que no se determina midiendo distancias. Esta cercanía se regula por el manejo y el uso en un "cálculo" circunspectivo. La circunspección del ocuparse determina lo que en está forma es cercano considerando también la dirección en la que el útil es accesible en cada momento. La cercanía direccionada del útil significa que este no tiene simplemente su lugar en el espacio como un ente que está-ahí en alguna parte, sino que en cuanto útil está por esencia colocado, instalado, emplazado, puesto. El útil tiene su *lugar propio* [*Platz*] (*) o bien "está por ahí en alguna parte" (**), lo que debe distinguirse cuidadosamente de un puro encontrarse-ahí en un lugar cualquiera del espacio. Como lugar propio de este particular "útil para...", cada lugar propio se determina desde un conjunto de lugares propios recíprocamente orientados en el complejo de útiles a la mano en el mundo circundante. El lugar propio y la multiplicidad de lugares propios no deben ser interpretados como el "dónde" de un simple estar-ahí de las cosas. El lugar propio es siempre el preciso "ahí" o "aquí" al que un útil *pertenece en propiedad* [*des* Hingehörens *eines Zeugs*].
103 La "pertinencia" [*Hingehörigkeit*] depende siempre del carácter pragmático de lo a la mano, es decir, de su pertenencia respeccional a un todo de útiles. Pero la pertinencia que hace determinables los lugares propios de un conjunto de útiles tiene como condición de posibilidad el adónde en general, hacia dentro del cual se le asigna a un determinado complejo de útiles la totalidad de lugares propios. Este adónde [*Wohin*] de la posible pertinencia pragmática que en el trato ocupado se halla de antemano ante la mirada circunspectiva, es lo que nosotros llamamos la *zona* [*Gegend*] (***).

"En la zona de" no significa solamente "en dirección hacia", sino, también, en los alrededores de algo que está en esa dirección. El lugar propio constituido por la dirección y la lejanía —la cercanía es solo un modo de esta— ya está orientado hacia una zona y está dentro de ella. Solo si la zona ha sido previamente descubierta es posible asignar y encontrar los lugares propios de una totalidad de útiles circunspectivamente disponible. Esta orientación zonal de la multiplicidad de lugares propios de lo a la mano constituye lo circundante, el en-torno-a-nosotros del ente que comparece inmediatamente en el mundo circundante. Lo inmediatamente dado no es jamás una multiplicidad tridimensional de lugares posibles, ocupada por cosas que están-ahí. Esta dimensionalidad del espacio está todavía velada en la espacialidad de lo a la mano. El "arriba" es lo que está "en el cielo raso", el "abajo", lo que está "en el suelo", el "atrás", lo "junto a la puerta"; todos los "dónde" son descubiertos a través de los pasos y caminos del quehacer cotidiano e interpretados circunspectivamente, jamás son establecidos y catalogados en una consideración mensurante del espacio.

Las zonas no se constituyen mediante cosas que están-ahí juntas, sino que ya están siempre a la mano en los correspondientes lugares propios. Los lugares propios les son asignados a los entes a la mano en la circunspección del ocuparse, o son descubiertos como tales. Lo que está constantemente a la mano y que el estar-en-el-mundo circunspectivo toma en cuenta de antemano tiene, por eso, su lugar propio. El "dónde" de su estar-a-la-mano es tomado en cuenta en la ocupación y se orienta hacia los demás entes a la mano. De esta manera, el sol, cuya luz y calor son usados cotidianamente, tiene, por la variable empleabilidad de aquello que él dispensa, sus lugares especiales, circunspectivamente descubiertos: levante, mediodía, poniente, medianoche. Los lugares propios de este ente que está constantemente a la mano de manera variable pero regular, se convierten en "indicadores" fuertes de las zonas que hay en ellos. Estos puntos cardinales [*Himmelsgegenden*], que no tienen todavía necesariamente un significado geográfico, proporcionan el previo adónde de toda particular conformación de zonas susceptibles de ser ocupadas con lugares propios. La casa tiene su lado del sol
y su lado de la sombra; por ellos se orienta la distribución de los "espacios" y, 104
dentro de estos, la disposición del alhajamiento de acuerdo, en cada caso, con el carácter que tiene como útil. Las iglesias y las tumbas, por ejemplo, están situadas de acuerdo con la salida y la puesta del sol, zonas de la vida y de la muerte, desde las cuales el Dasein mismo está determinado desde el punto de vista de sus más propias posibilidades-de-ser en el mundo. La ocupación del Dasein, a quien en su ser le va este mismo ser, descubre previamente las zonas con las cuales él tiene cada vez una relación decisiva. El previo descubrimiento de las zonas está codeterminado por la totalidad respeccional con vistas a la cual lo a la mano es puesto en libertad en su comparecer.

El estar previamente a la mano de toda zona posee, en un sentido aún más originario que el ser de lo a la mano, el *carácter de lo familiar que no llama la atención*. Solo se hace visible en sí mismo cuando, en un descubrimiento circunspectivo de lo a la mano, nos sorprende en los modos deficientes del ocuparse. Cuando no se encuentra algo en su lugar propio la zona se vuelve, con frecuencia por primera vez, explícitamente accesible en cuanto tal. El espacio que en el estar-en-el-mundo circunspectivo es descubierto como espacialidad del todo de útiles, pertenece siempre al ente mismo como siendo el lugar propio de este. El espacio puro está todavía encubierto. El espacio está fragmentado en los lugares propios[a]. Pero esta espacialidad tiene, en virtud de la totalidad respeccional múndica de lo espacialmente a la mano, su unidad propia. El "mundo circundante" no se inserta en un espacio previamente dado, sino que su mundaneidad específica articula en su significatividad el contexto respeccional de una determinada totalidad de lugares propios circunspectivamente ordenados. Cada mundo particular descubre siempre la espacialidad del espacio que le pertenece. Dejar comparecer lo a la mano en su espacialidad circunmundana no es ónticamente posible sino porque el Dasein mismo es "espacial" en su estar-en-el-mundo.

§ 23. La espacialidad del estar-en-el-mundo

Si atribuimos espacialidad al Dasein, evidentemente ese "ser en el espacio" deberá comprenderse a partir del modo de ser de este ente. La espacialidad del Dasein —el cual por su misma esencia no es un estar-ahí— no puede significar ni un encontrarse en alguna parte dentro del "espacio cósmico", ni un estar-a-la-mano en el lugar propio. Ambas cosas son modos de ser de los entes que comparecen dentro del mundo. En cambio, el Dasein está "en" el mundo en el sentido del ocupado y familiar habérselas con el ente que comparece dentro del mundo. Y, por consiguiente, si la espacialidad le corresponde en alguna forma, será úni-
105 camente sobre la base de este estar-en. Ahora bien, la espacialidad de este último presenta los caracteres de la *des-alejación* [*Ent-fernung*] y la *direccionalidad* [*Ausrichtung*].

Desalejación, como modo de ser del Dasein en su estar-en-el-mundo, no significa para nosotros ni lejanía (*) (cercanía), ni distancia [*Abstand*]. Usamos el término desalejación en un sentido activo y transitivo. El término mienta una estructura de ser del Dasein, respecto de la cual alejar algo, ponerlo lejos, no es sino un modo determinado y fáctico. Desalejar quiere decir hacer desaparecer la lejanía [*Ferne*][b], es decir, el estar lejos de algo; significa, por consiguiente, acercamiento. El Dasein es esencialmente des-alejador; por ser el ente que es, hace que el ente comparezca viniendo a la cercanía[c]. La desalejación descubre el estar lejos. El estar lejos, al igual que la distancia, es una determinación categorial del ente que no es Dasein. En cambio, la desalejación debe ser entendida como un existencial. Solo en la medida en que el ente queda de algún modo descubierto para el Dasein en su estar lejos, se hacen accesibles en el ente intramundano mis-

[a] ¡No; se trata precisamente de una peculiar y no fragmentada unidad de lugares propios!

[b] ¿De dónde viene la lejanía que es des-alejada?

[c] Cercanía y *presencia* es lo esencial, no la magnitud de la distancia.

mo "lejanías" y distancias respecto de otro ente. Dos puntos, y en general, dos cosas no están propiamente "alejados" el uno del otro, ya que por su modo de ser ninguno de estos entes es capaz de desalejar. No tienen más que una distancia, constatable y medible en el des-alejar[a].

Des-alejar es, inmediata y regularmente, acercamiento circunspectivo, traer a la cercanía, como son el procurarse [algo], aprestarlo, tenerlo a mano. Pero también determinados modos del puro descubrimiento cognoscitivo del ente tienen el carácter del acercamiento. *El Dasein tiene una tendencia esencial a la cercanía*[b]. Todos los modos de aceleración de la velocidad, en los que en mayor o menor grado estamos forzados hoy a participar, tienden a la superación de la lejanía. Con la "radio", por ejemplo, el Dasein lleva a cabo hoy, por la vía de una ampliacion y destrucción del mundo circundante cotidiano, una des-alejación del "mundo", cuyo sentido para el Dasein no podemos apreciar aún en su integridad.

En el des-alejar no hay necesariamente una explícita apreciación de la lejanía de un ente a la mano con respecto al Dasein. El estar lejos no es comprendido jamás como mera distancia. Y si es necesario evaluar una distancia, se lo hace en relación con las desalejaciones en las que se mueve el Dasein cotidiano. Desde el punto de vista del cálculo, estas apreciaciones bien pueden ser imprecisas y cambiantes, pero ellas tienen en la cotidianidad del Dasein su *propia* y usualmente comprensible *precisión*. Decimos: aquello está a la distancia de un paso, solo a dos pasos, "está ahí mismo". Estas medidas expresan no solo que ellas no
pretenden hacer una "medición" propiamente dicha, sino que la lejanía apreciada 106
pertenece a un ente al que se va en ocupación circunspectiva. Pero incluso cuando nos servimos de medidas más exactas y decimos: "hasta aquella casa hay una media hora", esta medida debe entenderse solo en un sentido apreciativo. "Media hora" no son 30 minutos, sino una duración que no tiene ninguna "extensión" en sentido cuantitativo. Esta duración es interpretada siempre desde "ocupaciones" usuales cotidianas. Las lejanías son evaluadas primeramente, e incluso allí donde se conocen las medidas "oficiales", de una manera circunspectiva. Como lo desalejado en semejantes estimaciones está a la mano, conserva su carácter específicamente intramundano. A lo que habrá que añadir incluso que los caminos que en el trato cotidiano nos llevan al ente desalejado no son todos los días del mismo largo. Lo a la mano del mundo circundante no está-ahí para un contemplador eterno eximido del existir [Dasein], sino que sale al encuentro de la cotidianidad circunspectivamente ocupada del Dasein. A través de sus caminos, el Dasein no recorre una distancia espacial como una cosa corpórea que está-ahí, no "devora kilómetros"; acercamiento y des-alejación son cada vez un estar vertido en ocu-

[a] Des-alejar, más fuerte que acercamiento.

[b] ¿Hasta dónde y por qué? El ser *qua* presencia constante tiene la primacía: presentación.

pación a lo cercano y des-alejado. Un camino "objetivamente" largo puede ser más corto que otro "objetivamente" muy corto, que es tal vez un "paso difícil" y se le hace a uno infinitamente largo. *Pero es en este "hacérsele a uno" donde el correspondiente mundo llega a estar propiamente a la mano.* Las distancias objetivas de las cosas que están-ahí no coinciden con la lejanía o cercanía del ente a la mano dentro del mundo. Aunque aquellas puedan ser conocidas con exactitud, este saber será siempre ciego, no ejercerá la función de un acercamiento circunspectivamente descubridor del mundo circundante; este saber solo tiene sentido en y para un ente que, sin medir extensiones, está vuelto en ocupación hacia un mundo que lo "atañe".

Como consecuencia de la primacía que se le atribuye de antemano a la "naturaleza" y a la medición "objetiva" de las distancias, hay la tendencia a considerar como "subjetiva" semejante manera de comprender y apreciar la lejanía de las cosas. Pero esta es una "subjetividad" que descubre quizás lo más real de la "realidad" del mundo, y que no tiene nada que ver con una arbitrariedad "subjetiva" o con "opiniones" subjetivas acerca de un ente que sería "en sí" de otra manera. *El desalejar circunspectivo de la cotidianidad del Dasein descubre el ser-en-sí del "verdadero mundo", del ente en medio del cual el Dasein en cuanto existente está desde siempre.*

La orientación primaria o exclusiva hacia la medición de las distancias como modo de evaluar la lejanía de las cosas encubre la espacialidad originaria del estar-en. Lo presuntamente "más cercano" no es en absoluto lo que está a la menor
107 distancia "de nosotros". Lo "más cercano" es lo que se halla a mediano alcance, medianamente lejos de nuestras manos y de nuestra vista. Puesto que el Dasein es esencialmente espacial en el modo de la des-alejación, el trato se mueve siempre en el campo de juego del "mundo circundante" desalejado cada vez por él; y por eso nuestro oír y ver empieza siempre por saltarse lo "más cercano" desde el punto de vista de la distancia. El ver y oír son sentidos para lo lejano no en virtud de su mayor alcance, sino porque el Dasein está preponderantemente en ellos, en cuanto desalejante. Para el que usa lentes, por ejemplo, tan cercanos desde el punto de vista de la distancia que los tiene "en su nariz", este útil está más lejos, en su mundo circundante, que el cuadro en la pared del frente. Tan poco cercano es, que muchas veces por lo pronto nos resulta imposible encontrarlos. El útil para ver y el útil para oír, como es, por ejemplo, el auricular del teléfono, tienen el carácter ya señalado de la no-llamatividad de lo inmediatamente a la mano. Esto también vale, por ejemplo, de la calle, el útil para andar. Mientras uno camina, la va tocando a cada paso; ella parece lo más cercano y real de todo lo a la mano; en cierto modo se desliza bajo una parte de nuestro cuerpo, bajo las plantas de los pies. Y sin embargo, está más lejos que el conocido que, al caminar encontramos "en la calle" a la "distancia" de veinte pasos. Sobre la cercanía y

lejanía de lo inmediatamente a la mano en el mundo circundante decide la ocupación circunspectiva. Aquello en medio de lo cual ella está de antemano es lo más cercano y lo que regula toda des-alejación.

Cuando el Dasein pone algo cerca de sí en la ocupación, esto no significa que lo fije en un lugar del espacio a la menor distancia de algún punto de su cuerpo. "En la cercanía" significa: en el ámbito de lo inmediatamente a la mano en la circunspección. El acercamiento no toma como punto de referencia la "cosa-yo" dotada de un cuerpo, sino el ocupado estar-en-el-mundo, es decir, lo que en este estar-en-el-mundo comparece inmediatamente. Por eso, la espacialidad del Dasein tampoco puede determinarse indicando el lugar en el que está presente una cosa corpórea. Es cierto que también del Dasein decimos que siempre ocupa un lugar. Pero este "ocupar" es fundamentalmente distinto del estar-a-la-mano en un lugar propio dentro de una zona. La ocupación de un lugar por parte del Dasein debe concebirse como una desalejación de lo a la mano en el mundo circundante en una zona previamente descubierta por la circunspección. El Dasein comprende su aquí desde el allí del mundo circundante. El aquí no mienta el dónde de algo que estuviera-ahí, sino el en-medio-de-qué de un desalejante estar-en-medio-de... y, junto con el, la des-alejación misma. En virtud de su peculiar espacialidad, el Dasein no está jamás primeramente aquí, sino más bien allí; y desde ese allí viene a su aquí; y esto ocurre, una vez más, tan solo interpretando
su ocupado estar vuelto hacia... desde lo que está allí a la mano. Esto se vuelve 108
enteramente claro si se considera una característica fenoménica de la estructura de des-alejación del estar-en.

El Dasein como estar-en-el-mundo se mueve esencialmente en un desalejar. Esta des-alejación, es decir, la lejanía de lo a la mano respecto del Dasein mismo, el Dasein *jamás* puede *cruzarla*. Sin duda, la lejanía de un ente a la mano con respecto al Dasein puede ser entendida por este como distancia, si se la determina en relación a una cosa pensada como si estuviera presente en el lugar que el Dasein había ocupado antes. El "entre" de la distancia puede ser posteriormente atravesado por el Dasein, pero solo si la distancia misma se torna desalejada. El Dasein no ha cruzado su des-alejación, sino que, más bien, la ha llevado y la lleva constantemente consigo, *porque él es esencialmente des-alejación, es decir, espacial*. El Dasein no puede deambular él mismo por el ámbito de sus des-alejaciones, solo puede variarlas. El Dasein es espacial en el modo del descubrimiento circunspectivo del espacio, y en tal forma que en todo momento tiene un comportamiento des-alejante respecto del ente que así le sale espacialmente al encuentro.

El Dasein, en cuanto estar-en des-alejante, tiene, a la vez, el carácter de la *direccionalidad*. Todo acercamiento ha tomado previamente una dirección hacia una zona dentro de la cual lo des-alejado se acerca para volverse determinable respecto de su lugar propio. El ocuparse circunspectivo es un des-alejar direccionado. En este ocuparse, es decir, en el estar-en-el-mundo del Dasein mismo está implícita la necesidad de "signos"; el signo se hace cargo de la indicación expresa y fácilmente manejable de las direcciones. Mantiene explícitamente abiertas las zonas de las que la circunspección hace uso, el adónde de la pertinencia, del ir-hacia, del llevar o traer. Si el Dasein *es*, tiene ya siempre descubierta su zona, en cuanto toma dirección desalejando. Tanto la direccionalidad como la des-alejación, en cuanto modos del estar-en-el-mundo, están previamente dirigidas *por la circunspección* del ocuparse.

De esta direccionalidad provienen las direcciones fijas hacia la derecha y la izquierda. Al igual que sus des-alejaciones, el Dasein lleva también constantemente consigo estas direcciones. La espacialización del Dasein en su "corporalidad", que implica una problemática propia que no ha de ser tratada aquí, se halla también caracterizada por estas direcciones. Por eso lo a la mano y útil para el cuerpo, como por ejemplo los guantes, que tienen que seguir los movimientos de la mano, debe estar orientado a derecha e izquierda. En cambio, un instrumento
109 manual, tenido en la mano y movido por esta, no sigue el movimiento específicamente "manual" de la mano. Por eso, aunque sean manejados con la mano, no hay martillos derechos e izquierdos.

Pero debe considerarse aún que la direccionalidad propia de la des-alejación, está fundada en el estar-en-el-mundo. Derecha e izquierda no son algo "subjetivo", que correspondería a un cierto sentimiento del sujeto, sino que son direcciones de la orientación dentro de un mundo ya a la mano. "Por el mero sentimiento de una diferencia de mis dos lados"[1], jamás podría yo orientarme en un mundo. El sujeto dotado del "mero sentimiento" de esta diferencia es un punto de partida constructivo que no toma en cuenta la verdadera constitución del sujeto, según la cual el Dasein que tiene este "mero sentimiento" ya está y *debe estar* siempre en un mundo, para poderse orientar. Esto puede verse por medio del ejemplo con el que Kant intenta aclarar el fenómeno de la orientación.

Supongamos que entro en un cuarto conocido pero oscuro, que durante mi ausencia ha sido de tal manera cambiado que todo lo que estaba a la derecha esté ahora a la izquierda. Para orientarme no me sirve de nada el "mero sentimiento de la diferencia" de mis dos lados, mientras no se haya reconocido un objeto determinado "cuyo lugar conservo en la memoria", dice Kant como de paso. Pero esto no significa otra cosa sino que yo me oriento necesariamente en y por un ya estar siendo en medio de un mundo "conocido[a]". El complejo de útiles de

[1] I. Kant, *Was heisst: Sich im Denken orientieren?* (1786). Obras (edición de la Academia), tomo VIII, pp. 131-147.

[a] Por el orden que me es conocido, que mantengo presente ante mí, y *conforme al cual* hago las [necesarias] transposiciones.

un mundo debe estarle ya dado al Dasein. Que yo estoy ya siempre en un mundo no es menos constitutivo para la posibilidad de la orientación que el sentimiento de una derecha y una izquierda. El hecho de que esta constitución de ser del Dasein sea obvia no autoriza para suprimir su rol ontológico constitutivo. Kant tampoco lo suprime, como no lo hace ninguna otra interpretación del Dasein. Pero el constante uso de esta estructura no dispensa de una exposición ontológica adecuada, sino que la exige. La interpretación psicológica de que el yo tiene algo "en la memoria" se refiere, en el fondo, a la constitución existencial del estar-en-el-mundo. Como Kant no ve esta estructura, desconoce también el contexto cabal que hace posible la orientación. La orientación hacia la derecha y la izquierda se
funda en la esencial direccionalidad del Dasein en general, y esta por su parte, 110
está esencialmente codeterminada por el estar-en-el-mundo. Ciertamente lo que a Kant le interesa no es la interpretación temática del orientarse. Él quiere mostrar solamente que toda orientación está necesitada de un "principio subjetivo". Pero aquí "subjetivo" quiere decir *a priori*. Sin embargo, el *a priori* del orientarse hacia la derecha y la izquierda se funda en ese *a priori* "subjetivo" que es el estar-en-el-mundo, que no tiene nada que ver con una determinación del Dasein que lo limita de antemano a ser un sujeto sin mundo.

Des-alejación y direccionalidad determinan, en cuanto caracteres constitutivos del estar-en, la espacialidad del Dasein: su estar en el espacio intramundano descubierto en ocupación circunspectiva. La explicación hecha hasta aquí de la espacialidad de lo a la mano dentro del mundo y de la espacialidad del estar-en-el-mundo proporciona los supuestos para sacar a luz el fenómeno de la espacialidad del mundo y plantear el problema ontológico del espacio.

§ 24. La espacialidad del Dasein y el espacio

En cuanto estar-en-el-mundo, el Dasein ya ha descubierto cada vez un "mundo". Este descubrimiento, fundado en la mundaneidad del mundo, lo hemos caracterizado como un dejar al ente en libertad en función de una totalidad respeccional. El dejar-ser liberador se realiza como un remitirse circunspectivo fundado en una previa comprensión de la significatividad. Ahora ha quedado mostrado que el circunspectivo estar-en-el-mundo es espacial. Y solo porque el Dasein es espacial como des-alejación y direccionalidad puede comparecer la espacialidad de lo a la mano en el mundo circundante. La puesta en libertad de una totalidad respeccional es cooriginariamente un des-alejante y direccionado dejar-ser en una zona, es decir, una puesta en libertad de la pertinencia espacial de lo a la mano. En la significatividad con la que el Dasein está familiarizado en cuanto ocupado estar-en, se da también la esencial apertura del espacio.

El espacio así abierto con la mundaneidad del mundo no tiene todavía nada de la pura multiplicidad de las tres dimensiones. En esta inmediata apertura, el espacio queda todavía oculto en cuanto puro "dónde" de una ordenación de lugares y determinación de posiciones de carácter métrico. Aquello en función de lo cual el espacio queda previamente descubierto en el Dasein ya lo hemos hecho ver al mostrar el fenómeno de la zona. Entendemos la zona como el adónde de la posible pertenencia del contexto pragmático a la mano que debe poder
111 comparecer en cuanto direccionalmente desalejado, es decir, en su lugar propio. La pertenencia se determina desde la significatividad constitutiva del mundo, y articula el acá y allá dentro del posible adónde. El adónde en general se bosqueja mediante un todo remisional que hunde sus raíces en un por-mor-de del ocuparse y dentro del cual se mueve en sus remisiones el dejar-ser que deja en libertad. *Aquello* que comparece como estando a la mano tiene siempre una condición respectiva con una zona. A la totalidad respeccional, que constituye el ser de lo a la mano en el mundo circundante, le pertenece una condición respectiva espacial de carácter zonal. En base a ella, lo a la mano puede ser encontrado y determinado en su forma y dirección. Con el ser fáctico del Dasein, y según el mayor o menor grado de transparencia de la circunspección del ocuparse, lo a la mano dentro del mundo queda desalejado y orientado en cierta dirección.

Dejar que el ente intramundano comparezca, lo que es constitutivo del estar-en-el-mundo, es un "abrir espacio" [*Raumgeben*]. Este "abrir espacio", que también llamamos *ordenación espaciante* [*Einräumen*] es dejar en libertad lo a la mano mirando a su espacialidad. Esta ordenación espaciante, en cuanto previa donación descubridora de una posible totalidad de lugares propios respeccionalmente determinada, posibilita la correspondiente orientación fáctica. El Dasein, en cuanto ocupación circunspectiva con el mundo, solo puede cambiar una cosa de lugar, quitarla de ahí, "ordenar cosas en el espacio", porque a su estar-en-el-mundo le pertenece el ordenar espaciante, entendido como existencial. Pero ni la zona previamente descubierta ni, en general, la correspondiente espacialidad, están expresamente ante la mirada. La espacialidad está presente en sí para la circunspección en la no-llamatividad de lo a la mano, en cuya ocupación la circunspección se absorbe. Con el estar-en-el-mundo, el espacio queda descubierto primeramente en esta forma de espacialidad. Sobre la base de la espacialidad así descubierta se hace accesible al conocimiento el espacio mismo.

El espacio no está en el sujeto, ni el mundo está en el espacio. El espacio está, más bien, "en" el mundo, en la medida en que el estar-en-el-mundo, constitutivo del Dasein, ha abierto el espacio. El espacio no se encuentra en el sujeto, ni el sujeto considera el mundo "como si" este estuviera dentro de un espacio, sino que el "sujeto", ontológicamente bien entendido, es decir, el Dasein, es espacial en un sentido originario. Y porque el Dasein es espacial en la forma descrita, el espacio se presenta como *a priori*. Este término no indica algo así como una previa pertenencia a un sujeto primeramente sin mundo, que proyectaría desde sí un espacio. Aprioridad quiere decir aquí: prioridad del comparecer del espacio (en tanto que zona) en el correspondiente comparecer de lo a la mano en el mundo circundante.

La espacialidad de lo que comparece circunspectivamente en forma inmediata puede hacerse temática para la circunspección misma y convertirse para ella en tarea de cálculo y medida, como ocurre, por ejemplo, en la construcción de viviendas y en la agrimensura. En esta tematización de la espacialidad del mundo 112
circundante, cuyo carácter es aún predominantemente circunspectivo, el espacio mismo cae en cierto modo bajo la mirada. Al espacio que así se muestra puede atender la mirada puramente observadora, renunciando a la única posibilidad de acceso al espacio que anteriormente se daba, vale decir, al cálculo circunspectivo. La "intuición formal" del espacio descubre las posibilidades puras de relaciones espaciales. Se da aquí una serie de gradaciones en el descubrimiento del espacio puro y homogéneo, empezando por la morfología pura de las figuras espaciales, siguiendo con el *analysis situs*, hasta llegar a la ciencia puramente métrica del espacio. La consideración de estas conexiones cae fuera de la presente investigación[1]. Al ámbito de los problemas de esta investigación pertenecía solo establecer ontológicamente la base fenoménica para el descubrimiento temático y la elaboración del espacio puro.

El descubrimiento acircunspectivo y puramente contemplativo del espacio neutraliza las zonas circunmundanas convirtiéndolas en dimensiones puras. Los lugares propios y la totalidad de lugares propios del útil a la mano establecida por la circunspección se reducen a una multiplicidad de lugares que pueden ser ocupados por cualquier cosa. La espacialidad de lo intramundanamente a la mano pierde, junto con este, su carácter de condición respectiva. El mundo pierde lo que tiene de específicamente circundante; el mundo circundante se convierte en mundo natural. El "mundo" como conjunto de útiles a la mano queda especializado en una trama de cosas extensas que solo están-ahí. El espacio natural homogéneo solo se muestra por la vía de un particular modo de descubrimiento del ente que comparece, modo que tiene el carácter de una específica *desmundanización* de la mundicidad de lo a la mano.

En virtud de su estar-en-el-mundo, al Dasein le está presentado siempre —aunque no temáticamente— un espacio ya descubierto. En cambio, el espacio mismo queda, por lo pronto, encubierto en lo que toca a las posibilidades puras, implicadas en él, de la mera espacialidad de algo. Que el espacio *se muestre* esencialmente *en un mundo*, no dice todavía nada sobre el modo de su ser. No

[1] Cf. a este respecto O. Becker, *Beiträge zur phänomenologischen Begründung der Geometrie und ihrer physikalischen Anwendungen*. Tomo VI de este *Jahrbuch* (1923), p. 385 ss.

necesita tener el modo de ser espacial de algo a la mano o de algo que está-ahí. El ser del espacio tampoco tiene el modo de ser del Dasein. Del hecho de que el ser del espacio no pueda ser concebido en el modo de ser de la *res extensa*
113 no se sigue que deba determinarse ontológicamente como "fenómeno" de esta *res* —no sería diferente de ella en el ser— ni mucho menos que el ser del espacio pueda identificarse con el de la *res cogitans* y concebirse como meramente "subjetivo", prescindiendo incluso del carácter discutible del ser de este sujeto.

La perplejidad que hasta hoy persiste en la interpretación del ser del espacio se funda no tanto en un conocimiento insuficiente del contenido objetivo del espacio mismo, cuanto en la falta de una radical claridad respecto de las posibilidades del ser en general y de una interpretación ontológica conceptual de las mismas. Lo decisivo para la comprensión del problema ontológico del espacio consiste en liberar la pregunta por el ser del espacio de la estrechez de los conceptos de ser fortuitamente disponibles y, además, casi siempre toscos, y, ateniéndonos al fenómeno mismo y a los distintos modos fenoménicos de espacialidad, orientar la problemática del ser del espacio hacia la aclaración de las posibilidades del ser en general.

El fenómeno del espacio no constituye ni la única ni la primaria determinación ontológica del ser del ente intramundano. Menos aun es el espacio lo constitutivo del fenómeno del mundo. El espacio solo puede concebirse a partir del mundo. Al espacio no se llega por la desmundanización del mundo circundante, sino que la espacialidad puede ser descubierta únicamente sobre la base del mundo, y de tal manera que sin embargo el espacio es *con*-constitutivo del mundo, en razón de la esencial espacialidad del Dasein mismo en lo que concierne a su constitución fundamental de estar-en-el-mundo.

CAPÍTULO CUARTO

El estar-en-el-mundo como coestar y ser-sí-mismo. El "uno"

El análisis de la mundaneidad del mundo tuvo constantemente ante la mirada el fenómeno del estar-en-el-mundo en su totalidad, sin que por ello se destacaran todos sus momentos constitutivos con la misma claridad fenoménica que el fenómeno del mundo mismo. La interpretación ontológica del mundo partió del análisis del ente intramundano porque el Dasein en su cotidianidad, que sigue siendo en todo momento nuestro punto de vista, no solo está de un modo general en un mundo, sino que corrientemente se comporta en relación al mundo de un modo particular: inmediata y regularmente, el Dasein está absorbido por su mundo. Este modo de ser del absorberse en el mundo y, por consiguiente, el estar-en, sobre el cual ese modo se funda, determinan esencialmente el fenómeno que ahora 114
examinamos al preguntar: *¿quién* es el Dasein en la cotidianidad? Todas las estructuras de ser del Dasein y, por ende, también el fenómeno que responde a la pregunta por el quién, son modalidades de su ser. Su carácter ontológico es existencial. De ahí la necesidad de un planteamiento correcto de la pregunta y también la necesidad de trazar el camino que ha de servir para poner ante la mirada este nuevo ámbito fenoménico de la cotidianidad del Dasein. La indagación dirigida hacia el fenómeno que permite responder a la pregunta por el quién conduce hacia estructuras del Dasein que son co-originarias con el estar-en-el-mundo: el *coestar* [*Mitsein*] y la *coexistencia* [*Mitdasein*]. En este modo de ser se funda el modo cotidiano de ser-sí-mismo, cuya explicación hace visible eso que podemos llamar el "sujeto" de la cotidianidad: el "*se*" o el "*uno*" [*das Man*]. El capítulo sobre el quién del Dasein de término medio tiene, pues, la siguiente articulación: 1. El planteamiento de la pregunta existencial por el quién del Dasein (§ 25); 2. La coexistencia de los otros y el coestar cotidiano (§ 26); 3. El ser-sí-mismo cotidiano y el uno (§ 27).

§ 25. El planteamiento de la pregunta existencial por el quién del Dasein

La respuesta a la pregunta acerca de quién es este ente (el Dasein), ya fue aparentemente dada con la indicación formal de las determinaciones fundamentales del Dasein (cf. § 9). El Dasein es el ente que soy cada vez yo mismo; su ser es siempre el mío. Esta determinación *apunta hacia* una estructura *ontológica*, pero solo eso. Al mismo tiempo, contiene la indicación óntica, aunque rudimentaria, de que cada vez este ente es un determinado yo y no otros. El quién queda respondido desde el "yo mismo", el "sujeto", el "sí [*das "Selbst"*]. El quién es lo que a través del cambio de los comportamientos y vivencias se mantiene idéntico y de esta manera se relaciona con esa multiplicidad. Ontológicamente solemos entenderlo como aquello que, dentro de una región cerrada y para ella, ya está siempre y constantemente ahí, como lo que, en un sentido eminente, subyace en el fondo de todo lo demás, es decir, como el *subiectum*. Este tiene, en cuanto es "él mismo" (*) en medio de la multiplicidad de las diferencias, el carácter de la mismidad. Aunque se rechace la idea de la sustancia del alma, al igual que la cosidad de la conciencia y el carácter de objeto de la persona, ontológicamente se sigue planteando algo cuyo ser conserva de un modo expreso o tácito el sentido del estar-ahí. La sustancialidad es el hilo conductor ontológico para la determinación del ente desde el que se responde a la pregunta por el quién. Tácitamente
115 el Dasein queda concebido de antemano como algo que está-ahí. En todo caso, la indeterminación de su ser implica siempre este sentido de ser. El estar-ahí es empero el modo de ser de un ente que no es Dasein.

La evidencia óntica de la afirmación de que soy yo el que cada vez es el Dasein no debe inducir a pensar que con ello queda inequívocamente trazado el camino de una interpretación ontológica de lo así "dado". Es incluso cuestionable que el contenido óntico de aquella afirmación interprete en forma adecuada lo fenoménicamente dado en el existir [*Dasein*] cotidiano. Bien podría ser que el quién del existir cotidiano *no* fuese precisamente yo mismo.

Si en la adquisición de los enunciados óntico-ontológicos la presentación fenoménica del modo de ser del ente mismo ha de mantener la primacía incluso por encima de las más evidentes y usuales respuestas y problemas de ellas derivados, entonces la interpretación fenomenológica del Dasein deberá ser preservada de una tergiversación de la problemática en lo relativo a la pregunta que ahora nos planteamos.

¿Pero no va contra las reglas de toda sana metodología que el planteamiento de una problemática no se atenga a los datos evidentes del dominio temático? ¿Hay algo más indubitable que el dato del yo? Y este ser dado ¿no nos indica que debemos prescindir —con vistas a su elaboración originaria— de cualquier otro "dato", vale decir, no solo del ser de un "mundo", sino también del ser de otros "yo"? Quizás lo dado en esa forma de darse que es la percepción simple, formal y reflexiva del yo sea, en efecto, evidente. Esta evidencia abre incluso el acceso a una problemática fenomenológica autónoma, que como "fenomenología formal de la conciencia", tiene una significación fundamental y determinante.

Pero dentro del contexto de una analítica existencial del Dasein fáctico no es posible dejar de preguntar si esa forma de darse del yo abre al Dasein en su cotidianidad, supuesto que en alguna forma lo abra. ¿Es acaso evidente *a priori* que el acceso al Dasein deba ser una simple reflexión perceptiva sobre el yo de los actos? ¿Y si este modo de "autodarse" del Dasein fuese una tentación para la analítica existencial, y una tentación fundada en el ser mismo del Dasein? Quizás al referirse a sí mismo en forma inmediata el Dasein diga siempre: "este soy yo", y lo diga en definitiva más fuerte que nunca cuando "no" lo es. ¿Y si la razón por la cual el Dasein inmediata y regularmente *no es él mismo* fuese aquella estructura en virtud de la cual el Dasein es siempre el mío? ¿Y si la analítica existencial, 116
al tomar como punto de partida el dato del yo, cayese, en cierto modo, en una trampa del Dasein mismo y de una autointerpretación presuntamente evidente? ¿Si resultara que el horizonte para la determinación de lo accesible en un simple darse queda fundamentalmente indeterminado? Siempre es posible, claro está, decir de este ente, sin error óntico, que "yo" lo soy. Pero la analítica ontológica que usa esta clase de proposiciones debe someterlas a reservas de principio. El "yo" debe entenderse solamente como un índice formal y sin compromiso de algo que en el contexto fenoménico de ser en que él se inserta quizás se revele como su "contrario". "No yo" no significa entonces, en modo alguno, un ente que carezca esencialmente de "yoidad", sino que se refiere a un determinado modo de ser del mismo "yo": por ejemplo, a la pérdida de sí [*Selbstverlorenheit*[a]]

Pero la misma interpretación positiva que hasta aquí hemos hecho del Dasein impide partir del dato formal del yo cuando lo que se busca es una respuesta fenoménica suficiente a la pregunta por el quién. La aclaración del estar-en-el-mundo ha mostrado que no "hay" inmediatamente, ni jamás está dado un mero sujeto sin mundo. Y de igual modo, en definitiva, tampoco se da en forma inmediata un yo aislado sin los otros[1]. Pero si "los otros" ya están siempre *co-existiendo* en el estar-en-el-mundo, esta constatación fenoménica no debe inducirnos a considerar la estructura *ontológica* de lo así "dado" como algo obvio y no necesitado de mayor investigación. La tarea consiste en aclarar fenoménicamente

[1] Cf. los análisis fenomenológicos de M. Scheler, *Zur Phänomenologie und Theorie der Sympathiegefühle,* 1913, anexo p. 118 ss.; asimismo la 23 edición con el título: *Wesen und Formen der Sympathie,* 1923, p. 244 ss,

[a] O también, justamente, auténtica mismidad frente a la miserable "yoicidad" [*Ichlichkeit*].

la índole de esta *coexistencia* (*) en la inmediata cotidianidad, e interpretarla en forma ontológicamente adecuada.

Así como la evidencia óntica del ser-en-sí del ente intramundano nos lleva a considerar ontológicamente evidente el sentido de este ser, haciéndonos pasar por alto el fenómeno del mundo, así también la evidencia óntica del hecho de que el Dasein es siempre mío lleva en sí la posibilidad de una tergiversación de la correspondiente problemática ontológica. *Por lo pronto*, el quién del Dasein no es solamente un problema *ontológico*, sino que se encuentra también *ónticamente* encubierto.

117 ¿Queda entonces simplemente sin hilo conductor la respuesta analítico-existencial a la pregunta por el quién? De ningún modo. Sin embargo, de las indicaciones formales dadas más arriba (§ 9 y § 12) acerca de la estructura de ser del Dasein, ejerce esta función no tanto esa de la que se ha hablado hasta aquí, cuanto aquella según la cual la "esencia" del Dasein se funda en su existencia. *Si el "yo" es una determinación esencial del Dasein, deberá ser interpretada existencialmente.* A la pregunta por el "quién" solo se podrá entonces responder mostrando fenoménicamente un determinado modo de ser del Dasein. Si solo existiendo cobra cada vez el Dasein su mismidad, entonces la estabilidad del sí mismo (**) reclama no menos que su posible inestabilidad [*Unselbstständigkeit*] un planteamiento ontológico-existencial como el único modo adecuado de acceder a su problemática.

Pero si el sí-mismo "solo" debe concebirse como una forma del ser de este ente, parece que esto equivaldría a la disolución del verdadero "núcleo" del Dasein. Tales temores se alimentan empero de la errónea opinión de que el ente en cuestión tendría, en el fondo, el modo de ser de un ente que está-ahí, aunque se mantenga alejado de él el carácter masivo de una cosa corpórea puramente presente. Solo que la "sustancia" (***) del hombre no es el espíritu, como síntesis de alma y cuerpo, sino la *existencia.*

§ 26. La coexistencia de los otros y el coestar cotidiano

La respuesta a la pregunta por el quién del Dasein cotidiano debe alcanzarse mediante el análisis *del* modo de ser en el que el Dasein se mantiene inmediata y regularmente. La investigación se orienta por el estar-en-el-mundo, constitución fundamental del Dasein que determina todo modo de su ser. Si había razón para decir que a través de la precedente explicación del mundo ya han quedado puestos ante la mirada los demás momentos estructurales del estar-en-el-mundo, también la respuesta a la pregunta por el quién deberá haber sido preparada en alguna forma por medio de ella.

La "descripción" del mundo circundante inmediato, por ejemplo, del mundo en que trabaja el artesano, nos hizo ver que con el útil que se está elaborando comparecen "también" los otros, aquellos para quienes la "obra" está destinada. En el modo de ser de este ente a la mano, es decir, en su condición respectiva, hay una esencial remisión a posibles portadores, en relación con los cuales el ente a la mano debe estar "hecho a la medida". Parejamente, en el material empleado comparece, como alguien que "atiende" bien o mal, el productor o "proveedor". Por ejemplo, el campo a lo largo del cual salimos a caminar se muestra como 118
pertenencia de tal o cual, y como bien tenido por su dueño; el libro que usamos ha sido comprado donde..., regalado por..., etc. La barca anclada a la orilla remite, en su ser-en-sí, a un conocido que hace sus viajes en ella, pero también, como "embarcación ajena", señala hacia otros. Estos otros que así "comparecen" en el contexto de útiles a la mano en el mundo circundante, no son añadidos por el pensamiento a una cosa que inmediatamente solo estuviera-ahí, sino que esas "cosas" comparecen desde el mundo en que ellas están a la mano para los otros, mundo que de antemano ya es siempre también el mío. En el análisis que hemos hecho hasta ahora, el ámbito de lo que comparece dentro del mundo fue reducido primeramente al útil a la mano o bien a la naturaleza puramente presente, esto es, a entes que no tienen el carácter del Dasein. Esta limitación era necesaria no solo para simplificar el desarrollo, sino, sobre todo, porque el modo de ser del Dasein de los otros que comparecen dentro del mundo se distingue del estar a la mano y del estar-ahí. El mundo del Dasein deja, pues, en libertad un tipo de ente que no solo es enteramente diferente del útil y de las cosas, sino que, por su modo de ser *de Dasein*, y en la forma del estar-en-el-mundo está, él mismo, "en" el mundo (*) en el que al mismo tiempo comparece intramundanamente. Este ente ni está-ahí ni es un ente a la mano, sino que es tal como él mismo Dasein que lo deja en libertad —*también existe y existe con él.* Si se quisiese, pues, identificar el mundo en general con el ente intramundano, habría que decir: el "mundo" es también Dasein.

Pero la caracterización del comparecer de los *otros* —se dirá— vuelve a tomar como punto de referencia al Dasein cada vez *propio.* ¿No empieza también ella destacando y aislando al "yo" de tal manera que luego será necesario buscar una vía para pasar desde este sujeto aislado hacia los otros? Para evitar este malentendido será necesario considerar en qué sentido se habla aquí de "los otros". "Los otros" no quiere decir todos los demás fuera de mí, y en contraste con el yo; los otros son, más bien, aquellos de quienes uno mismo generalmente *no* se distingue, entre los cuales también se está. Este existir también con ellos no tiene el carácter ontológico de un "co"-estar-ahí dentro de un mundo. El "con" tiene el modo de ser del Dasein; el "también" se refiere a la igualdad del ser, como un estar-en-el-mundo ocupándose circunspectivamente de él. "Con" y "también" deben ser entendidos *existencial* y no categorialmente. En virtud de este estar-en-el-mundo determinado por el "*con*" (*), el mundo es desde siempre el que yo comparto con los otros. El mundo del Dasein es un *mundo en común* [*Mitwelt*]. El estar-en es un coestar con los otros (**). El ser-en-sí intramundano de estos es la *coexistencia* [*Mitdasein*].

119 Los otros no comparecen en una aprehensión de sí mismo que empezaría por distinguir el propio sujeto, inmediatamente presente, de los otros sujetos, también presentes, es decir, no comparecen en una primaria mirada sobre sí mismo, que haría posible establecer el término de comparación de una diferencia. Los otros comparecen desde el *mundo* en el que el Dasein circunspectivamente ocupado se mueve por su misma esencia. Frente a las "explicaciones" teoréticamente elucubradas que fácilmente se nos imponen para dar cuenta del estar-ahí de los otros, será necesario atenerse firmemente al dato fenoménico ya mostrado de su comparecer en el *mundo circundante*. Este inmediato y elemental modo mundano de comparecer del Dasein es tan radical que incluso el Dasein *propio* solo puede "encontrarse" *primariamente* a sí mismo si *deja de mirar* o simplemente aún no ve sus propias "vivencias" y el "centro de sus actos". El Dasein se encuentra inmediatamente a "sí mismo" en *lo* que realiza, necesita, espera y evita —en lo a la mano de su inmediato *quehacer* en el mundo circundante.

E incluso cuando el Dasein se refiere explícitamente a sí mismo diciendo yo-aquí, esta determinación local de la persona debe ser comprendida desde la espacialidad existencial del Dasein. Al hacer la interpretación de esta espacialidad (§ 23), insinuamos ya que este yo-aquí no se refiere a un punto privilegiado del espacio: el ocupado por la cosa yo, sino que se comprende como un estar-en, es decir, partiendo del "allí" del mundo a la mano en el cual se mueve el Dasein en cuanto *ocupación*.

W. v. Humboldt[1] ha llamado la atención sobre las lenguas que expresan el "yo" por medio de un "aquí", el "tú" por un "ahí" y el "él" por un "allí", es decir —gramaticalmente formulado— que traducen los pronombres personales por adverbios de lugar. Podría discutirse cuál es la significación originaria de los términos que expresan lugar: si la adverbial o la pronominal. Pero la discusión pierde su fundamento cuando observamos que los adverbios de lugar se relacionan con el yo en cuanto Dasein. "Aquí", "allí" y "ahí" no son primariamente simples determinaciones locales del ente intramundano que está en ciertos lugares del espacio, sino caracteres de la espacialidad originaria del Dasein. Los presuntos adverbios de lugar son determinaciones del Dasein: tienen primariamente significación existencial y no categorial. Pero tampoco son pronombres; su significa-

[1] *Über die Verwandtschaft der Ortsadverbien mit dem Pronomen in einigen Sprachen* (1829). *Gesammelte Schriften* (herausg. von der Preuss. Akad. der Wiss.), tomo VI, Sección 1, pp. 304-330.

ción es anterior a la distinción entre adverbios de lugar y pronombres personales. La significación propiamente espacial que en relación al Dasein tienen estas expresiones demuestra empero que una interpretación del Dasein no distorsionada por la teoría comprende a este inmediatamente en su espacialidad, es decir, en 120
su desalejante y direccionado "estar en medio" del mundo ocupándose de él. En el "aquí, el Dasein sumido en el mundo no habla en dirección a sí, sino que, alejándose de sí, en dirección al "allí" de algo circunspectivamente a la mano; y sin embargo, pese a ello, *se* menciona a sí mismo en su espacialidad existencial.

El Dasein inmediata y regularmente se comprende desde su mundo; y de un modo semejante, la coexistencia de los otros comparece en múltiples formas desde lo que está a la mano dentro del mundo. Pero, incluso cuando los otros son de alguna manera tematizados en su Dasein, no comparecen como personas-cosas que estuvieran-ahí, sino que los encontramos "en el trabajo", es decir, primariamente en su estar-en-el-mundo. Incluso cuando vemos al otro simplemente "estando ahí ocioso", no lo aprehendemos jamás como una cosa-humana que estuviera ahí, sino que el "estar ahí ocioso" es un modo existencial de ser: el descuidado y desapercibido permanecer en todo y en nada. El Dasein coexistente comparece en el mundo.

Pero —se dirá— la expresión "Dasein" muestra con claridad que este ente "por lo pronto" es irrespectivo a otros, aunque sin duda también pueda estar ulteriormente "con" otros. Sin embargo, no debe pasarse por alto que empleamos el término "coexistencia" para designar *aquel* ser con vistas al cual los otros son dejados en libertad dentro del mundo. Esta coexistencia de los otros queda intramundanamente abierta para un Dasein y así también para los coexistentes, tan solo porque el Dasein es en sí mismo esencialmente coestar [*Mitsein*]. La afirmación fenomenológica: el Dasein es esencialmente coestar, tiene un sentido ontológico-existencial. No pretende constatar en forma óntica que yo no estoy fácticamente solo, sino que también están-ahí otros de mi propia especie. Si algo así se quisiera decir con la frase que el estar-en-el-mundo del Dasein está esencialmente constituido por el coestar, el coestar no sería una determinación existencial que por su forma de ser le correspondiese al Dasein desde sí mismo, sino una condición que surgiría cada vez por la presencia de los otros. El coestar determina existencialmente al Dasein incluso cuando no hay otro que esté fácticamente ahí y que sea percibido. También el estar solo del Dasein es un coestar en el mundo. Tan solo *en* y *para* un coestar puede *faltar* el otro. El estar solo es un modo deficiente del coestar, su posibilidad es la prueba de este. Por otra parte, el hecho de estar solo no se suprime porque un segundo ejemplar de hombre, o diez de ellos, se hagan presentes "junto" a mí. Aunque todos estos, y aún más, estén-ahí, bien podrá el Dasein seguir estando solo. El coestar y la facticidad del convivir (*) no se funda, por consiguiente, en un encontrarse juntos de varios 121 “sujetos”. Sin embargo, el estar solo “entre” muchos tampoco quiere decir, por su parte, en relación con el ser de los muchos, que entonces ellos solamente estén-ahí. También al estar “entre ellos”, ellos *co-existen*; su coexistencia comparece en el modo de la indiferencia y de la extrañeza. Faltar y “estar ausente” son modos de la coexistencia, y solo son posibles porque el Dasein, en cuanto coestar, deja comparecer en su mundo al Dasein de los otros. Coestar es una determinación del Dasein propio; la coexistencia caracteriza al Dasein de los otros en la medida en que ese Dasein es dejado en libertad para un coestar mediante el mundo de este. El Dasein propio solo es coexistencia en la medida en que, teniendo la estructura esencial del coestar, comparece para otros.

Si el coestar es existencialmente constitutivo del estar-en-el-mundo, entonces deberá ser interpretado, al igual que el trato circunspectivo con lo que está a la mano dentro del mundo, que anticipativamente hemos caracterizado como ocupación, desde el fenómeno del *cuidado*, que es el modo como el ser del Dasein será determinado en general (cf. Capítulo 6 de está sección). El carácter de ser de la ocupación no puede convenir al coestar, aun cuando este último modo de ser, al igual que la ocupación, sea un estar vuelto hacia un ente que comparece dentro del mundo. El ente en relación al cual el Dasein se comporta en cuanto coestar no tiene empero el modo de ser del útil a la mano, sino que es también un Dasein. De este ente no es posible “ocuparse”, sino que es objeto de *solicitud* [*Fürsorge*] (*).

También “ocuparse” de la alimentación y el vestido, o el cuidado del cuerpo enfermo, es solicitud. Entendemos, sin embargo, esta expresión, paralelamente al uso que hemos hecho del vocablo “ocupación”, como un término que designa un existencial. La *Fürsorge* en el sentido [que también tiene esta palabra en alemán], de institución social fáctica, se funda en la estructura de ser del Dasein que es el coestar. Su urgencia fáctica deriva del hecho de que inmediata y regularmente el Dasein se mueve en modos deficientes de la solicitud. Ser uno para otro, estar uno contra otro, prescindir los unos de los otros, pasar el uno al lado del otro, no interesarse los unos por los otros, son posibles modos de la solicitud. Y precisamente los modos de la deficiencia y la indiferencia, mencionados al final, caracterizan el convivir cotidiano y de término medio. Estos modos de ser ostentan, una vez más, el carácter de la no-llamatividad y de lo obvio que es tan propio de la cotidiana coexistencia intramundana de los otros como del estar a la mano del útil de que nos ocupamos a diario. Estos modos indiferentes del convivir desvían fácilmente la interpretación ontológica induciéndola a entender primeramente el estar con los otros como un simple estar-ahí de varios sujetos. Aunque parezcan variedades insignificantes del mismo modo de ser, hay, sin embargo, una diferencia ontológica esencial entre
122 el “indiferente” encontrarse-ahí-juntas de cosas cualesquiera y el recíproco no interesarse de los que están unos con otros.

Respecto de sus modos positivos, la solicitud tiene dos posibilidades extremas. Puede, por así decirlo, quitarle al otro el "cuidado" y en el ocuparse tomar su lugar *reemplazándolo*. Esta solicitud asume por el otro aquello de que hay que ocuparse. El otro es arrojado de su sitio; retrocede, para hacerse luego cargo, como de cosa terminada y disponible, de lo que constituía el objeto de su ocupación, o bien para desentenderse por completo de ello. En este tipo de solicitud, el otro puede hacerse dependiente y dominado, aun cuando este dominio sea tácito y le quede oculto a él mismo. Esta solicitud sustitutiva y aliviadora del "cuidado" determina ampliamente el convivir, y afecta por lo general a la ocupación con lo a la mano.

Frente a ella está la posibilidad de una solicitud que en vez de ocupar el lugar del otro, *se anticipa* a su poder-ser existentivo, no para quitarle el "cuidado", sino precisamente para devolvérselo como tal. Esta solicitud, que esencialmente atañe al cuidado en sentido propio, es decir, a la existencia del otro, y no a *una cosa* de la que él se ocupe, ayuda al otro a hacerse transparente *en* su cuidado y *libre para* él.

La solicitud se revela, pues, como una estructura de ser del Dasein, enlazada, en sus diferentes posibilidades, tanto con el estar vuelto del Dasein hacia el mundo del que se ocupa, como también con su propio habérselas consigo mismo. El estar de los unos con los otros se funda inmediata y a menudo exclusivamente en aquello sobre lo que recae la ocupación común. Un convivir que deriva de hacer las mismas cosas, se mueve, la mayor parte de las veces, no solo en límites externos, sino que a la vez reviste el modo de la distancia y la reserva. El convivir de los que están dedicados a la misma cosa con frecuencia solo se nutre de la desconfianza. Por el contrario, el compromiso en común con una misma causa se decide desde la existencia [*Dasein*] expresamente asumida. Solo esta *auténtica* solidaridad hace posible un tal sentido de las cosas, que deje al otro en libertad para ser él mismo.

El convivir cotidiano se mueve entre los dos extremos de la solicitud positiva —la sustitutivo-dominante y la anticipativo-liberadora— exhibiendo múltiples formas intermedias cuya descripción y clasificación cae fuera de los límites de esta investigación.

Si al ocuparse, como modo de descubrimiento de lo a la mano, le es propia 123
la *circunspección*, de igual manera la solicitud está regida por el *respeto* [*Rücksicht*] y la *indulgencia* [*Nachsicht*]. Ambos pueden recorrer, con la solicitud, los respectivos modos deficientes e indiferentes, hasta llegar a la *falta de respeto* y a la extrema indulgencia propia del indiferente.

El mundo no solo deja en libertad lo a la mano como ente que comparece dentro del mundo, sino también al Dasein: a los otros, en su coexistencia. Pero este ente dejado en libertad en el mundo circundante es, por su más propio sentido de ser, un estar-en el mismo mundo en el que, compareciendo para otros, coexiste con ellos. La mundaneidad fue interpretada (§ 18) como el todo remisional de la significatividad. En la previa y comprensora familiaridad con esta, el Dasein deja comparecer lo a la mano puesto al descubierto en su condición respectiva. El contexto remisional de la significatividad se afinca en el estar vuelto del Dasein hacia su ser más propio, el cual por esencia no puede tener condición respectiva, sino que, más bien, es el ser *por mor del cual* el Dasein mismo es como es.

Ahora bien, según el análisis hecho anteriormente, al ser del Dasein que a este le va en su mismo ser le pertenece el coestar con otros. Por consiguiente, como coestar, el Dasein "es" esencialmente por-mor-de otros. Esto debe entenderse como un enunciado existencial de esencia. También cuando un determinado Dasein fáctico *no* se vuelve hacia otros, cuando cree no necesitar de ellos o cuando, por el contrario, los echa de menos, *es* en el modo del coestar. En el coestar, en cuanto existencial por-mor-de otros, estos ya están abiertos en su Dasein. Esta apertura de los otros, constituida previamente por el coestar, es pues también parte integrante de la significatividad, es decir, de la mundaneidad que es el modo como la significatividad queda afincada en el por-mor-de existencial. Y por eso la mundaneidad del mundo así constituida, en la que el Dasein se encuentra siempre por esencia, hace que lo a la mano en el mundo circundante comparezca de tal modo que, junto con él, como objeto de ocupación circunspectiva, comparezca la coexistencia de otros. La estructura de la mundaneidad del mundo es tal que primeramente los otros no están-ahí, junto a otras cosas, como sujetos que flotan en el vacío, sino que se muestran en su estar ocupados en el mundo circundante desde lo a la mano de este.

La apertura —implicada en el coestar— de la coexistencia de otros, significa: en la comprensión de ser del Dasein ya está dada, puesto que su ser es coestar, la comprensión de otros. Esta comprensión, como, en general, todo comprender, no es un dato del conocimiento, sino un modo de ser originario y existencial, sin el
124 cual ningún dato ni conocimiento es posible. El conocimiento recíproco se funda en el coestar comprensor originario. Se mueve primeramente, de acuerdo con el inmediato modo de ser del estar-en-el-mundo con otros, en el conocimiento comprensor de aquello que el Dasein, junto con los otros, circunspectivamente encuentra y hace objeto de ocupación en el mundo circundante. El ocuparse solícito queda comprendido desde aquello que es objeto de ocupación y mediante su comprensión. El otro queda de esta manera abierto primeramente en la solicitud ocupada.

Pero, dado que la solicitud inmediata y regularmente se mueve en los modos deficientes o tan solo indiferentes —en la indiferencia del recíproco pasar de largo frente al otro—, el inmediato y esencial conocimiento mutuo demanda un llegar a conocerse [*Sichkennenlernen*]. Y cuando el conocimiento mutuo llega incluso a perderse en las formas de la reserva, del ocultamiento y la simulación, se le hacen necesarios al convivir caminos especiales para acercarse a los otros o para conocer lo que tras ellos se oculta.

Pero, así como el abrirse o cerrarse a otro se funda en el correspondiente modo de ser del convivir, e incluso no es otra cosa que este mismo, así también la apertura explícita del otro mediante la solicitud surge siempre del primario coestar con él. Esta apertura *temática*, aunque no teorético-psicológica del otro se convierte fácilmente en el fenómeno que primero cae bajo la mirada para la problemática teorética de la comprensión de la "vida psíquica ajena". Y así, lo que fenoménicamente no es, "por lo pronto", otra cosa que un modo del convivir comprensor, es comprendido como lo que "inicial" y originariamente posibilita y constituye la relación con los otros. Ese fenómeno, llamado, de manera no precisamente feliz, *Einfühlung* ["empatía", "endopatía"] (*), debería, en cierto modo por primera vez, tender ontológicamente el puente desde el propio sujeto, dado primeramente solo, hacia el otro sujeto, que empezaría por estar enteramente cerrado.

El estar vuelto a otros es sin duda ontológicamente diferente del estar vuelto a las cosas que están-ahí. El "otro" ente tiene, él mismo, el modo de ser del Dasein. En el estar con otros y vuelto hacia otros hay, según esto, una relación de ser de Dasein a Dasein. Pero esta relación —podría decirse— ya es constitutiva de cada Dasein, puesto que este tiene de sí mismo una comprensión de ser y, de este modo, se relaciona con el Dasein. La relación de ser para con otros se convierte entonces en la proyección "a otro" del propio ser para consigo mismo. El otro es un "doblete" del sí-mismo.

Pero se puede ver fácilmente que esta reflexión, aparentemente obvia, se apoya sobre una base endeble. El supuesto a que recurre esta argumentación no es
válido, a saber: que el estar vuelto del Dasein hacia sí mismo es equivalente al 125
estar vuelto hacia otro. Mientras no se haya probado de un modo evidente la legitimidad de este supuesto, seguirá siendo enigmático como la relación del Dasein hacia sí mismo puede abrir al otro en cuanto otro (**).

El estar vuelto hacia otros no es solo una singular e irreductible relación de ser, sino que, en cuanto coestar, esa relación ya está dada con el ser del Dasein. No puede ciertamente negarse que el conocimiento recíproco que se funda en el coestar depende con frecuencia de la medida en que el propio Dasein se haya comprendido a sí mismo; lo cual equivale a decir que depende de la medida en que él haya hecho transparente para sí mismo y no haya disimulado su esencial coestar con otros, lo cual solo es posible si el Dasein ya está siempre con otros en cuanto estar-en-el-mundo. No es la "empatía" la que constituye el coestar, sino que ella es posible tan solo sobre la base de este, y se torna ineludible por el predominio de los modos deficientes del coestar.

Que la "empatía" no sea un fenómeno existencial originario, como tampoco lo es el conocer en general, no significa empero que no haya problemas respecto de ella. Su particular hermenéutica tendrá que mostrar que las diferentes posibilidades de ser del Dasein mismo falsean y deforman el convivir y el correspondiente conocimiento mutuo, impidiendo surgir una auténtica "comprensión" y haciendo que el Dasein se refugie en sucedáneos; tendrá que mostrar también cuál es la condición existencial positiva que presupone la posibilidad de la correcta comprensión de los otros. El análisis ha hecho ver que el coestar es un constitutivo existencial del estar-en-el-mundo. La coexistencia se muestra como un peculiar modo de ser del ente que comparece dentro del mundo. Por el mero hecho de ser, el Dasein tiene el modo de ser del convivir. Este no puede concebirse como consecuencia del hacerse presente de varios "sujetos". Solo es posible encontrar un cierto número de "sujetos" cuando los otros, que comparecen primeramente en cuanto coexistentes, son tratados meramente como "números". Semejante "número" de sujetos solo se descubre por medio de un determinado ser con y para los otros. Este "irrespetuoso" coestar "cuenta" con los otros, sin "contar en serio con" ellos y sin que tampoco quiera "tener que ver" con ellos.

El Dasein propio, lo mismo que la coexistencia de los otros, comparece inmediata y regularmente desde el mundo en común de la ocupación circunmundana. El Dasein, al absorberse en el mundo de la ocupación, y esto quiere decir, también, en el coestar que se vuelve hacia los otros, no es él mismo. *¿Quién* es entonces el que ha tomado entre manos el ser en cuanto convivir cotidiano?

126 § 27. El ser-sí-mismo cotidiano y el uno

El resultado *ontológicamente* relevante del análisis anterior del coestar consiste en haber hecho ver que el "carácter de sujeto" del propio Dasein y del Dasein de los otros se determina existencialmente, esto es, se determina a partir de ciertas formas de ser. En las cosas que nos ocupan en el mundo circundante comparecen los otros como lo que son; y *son* lo que ellos hacen.

En la ocupación con aquello que se ha emprendido con, para y contra los otros subyace constantemente el cuidado por una diferencia frente a los otros, sea que solo nos preocupemos de superar la diferencia, sea que, estando el Dasein propio rezagado respecto de los demás, intente alcanzar el nivel de ellos, sea que se empeñe en mantenerlos sometidos cuando está en un rango superior a los otros. El convivir, sin que él mismo se percate de ello, está intranquilizado por el cuidado de esta distancia. Dicho existencialmente, el convivir tiene el carácter de la *distancialidad* [*Abständigkeit*]. Cuanto más inadvertido quede este modo de ser para el Dasein cotidiano, tanto más originaria y tenazmente opera en él.

Ahora bien, esta distancialidad propia del coestar indica que el Dasein está sujeto al *dominio* de los otros en su convivir cotidiano. No es él mismo quien *es*; los otros le han tomado el ser. El arbitrio de los otros dispone de las posibilidades cotidianas del Dasein. Pero estos otros no son *determinados* otros. Por el contrario, cualquier otro puede reemplazarlos. Lo decisivo es tan solo el inadvertido dominio de los otros, que el Dasein, en cuanto coestar, ya ha aceptado sin darse cuenta. Uno mismo forma parte de los otros y refuerza su poder. "Los otros" —así llamados para ocultar la propia esencial pertenencia a ellos— son los que inmediata y regularmente *"existen"* [*da sind*] en la convivencia cotidiana. El quién no es este ni aquel, no es uno mismo, ni algunos, ni la suma de todos. El "quién" es el impersonal, *el "se"* o *el "uno"* [*das Man*] (*).

Más arriba se hizo ver que en el mundo circundante inmediato ya está siempre a la mano, como objeto de la ocupación común, el "mundo circundante" público. En la utilización de los medios de locomoción pública, en el empleo de los servicios de información (periódicos), cada cual es igual al otro. Esta forma de convivir disuelve completamente al Dasein propio en el modo de ser "de los otros", y esto, hasta tal punto, que los otros desaparecen aún más en cuanto distinguibles y explícitos. Sin llamar la atención y sin que se lo pueda constatar, el uno despliega una auténtica dictadura. Gozamos y nos divertimos como se goza; leemos, vemos y
juzgamos sobre literatura y arte como se ve y se juzga; pero también nos apartamos 127
del "montón" como *se* debe hacer; encontramos "irritante" lo que *se* debe encontrar irritante. El uno, que no es nadie determinado y que son todos (pero no como la suma de ellos), prescribe el modo de ser de la cotidianidad.

El uno tiene sus modos propios de ser. La tendencia del coestar que hemos llamado distancialidad se funda en el hecho de que el convivir procura como tal la *medianía* [*Durchschnittlichkeit*]. Ella es un carácter existencial del uno. Al uno le va esencialmente esta medianía en su ser. Por eso el uno se mueve fácticamente en la medianía de lo que se debe hacer, de lo que se acepta o se rechaza, de aquello a lo que se le concede o niega el éxito. En la previa determinación de lo que es posible o permitido intentar, la medianía vela sobre todo conato de excepción. Toda preeminencia queda silenciosamente nivelada. Todo lo originario se torna de la noche a la mañana banal, cual si fuera cosa ya largo tiempo conocida. Todo lo laboriosamente conquistado se vuelve trivial. Todo misterio pierde su fuerza. La preocupación de la medianía revela una nueva y esencial tendencia del Dasein, a la que llamaremos la *nivelación* de todas las posibilidades de ser.

Distancialidad, medianía y nivelación constituyen, como modos de ser del uno, lo que conocemos como "la publicidad" [*die Öffentlichkeit*]. Ella regula primeramente toda interpretación del mundo y del Dasein, y tiene en todo razón. Y esto no ocurre por una particular y primaria relación de ser con las "cosas", ni porque ella disponga de una transparencia del Dasein hecha explícitamente propia, sino precisamente porque no va "al fondo de las cosas", porque es insensible a todas las diferencias de nivel y autenticidad. La publicidad oscurece todas las cosas y presenta lo así encubierto como cosa sabida y accesible a cualquiera.

El uno está en todas partes, pero de tal manera que ya siempre se ha escabullido de allí donde la existencia urge a tomar una decisión. Pero como el uno ya ha anticipado siempre todo juicio y decisión, despoja, al mismo tiempo, a cada Dasein de su responsabilidad. El uno puede, por así decirlo, darse el lujo de que constantemente "se" recurra a él. Con facilidad puede hacerse cargo de todo, porque no hay nadie que deba responder por algo. Siempre "ha sido" el uno y, sin embargo, se puede decir que no ha sido "nadie". En la cotidianidad del Dasein la mayor parte de las cosas son hechas por alguien de quien tenemos que decir que no fue nadie.

Así el uno *aliviana* al Dasein en su cotidianidad. Pero no solo eso: con este
128 alivianamiento del ser, el uno satisface los requerimientos del Dasein, en tanto que en este se da la tendencia a tomar todo a la ligera y a hacer las cosas en forma fácil. Y puesto que el uno con el alivianamiento del ser satisface constantemente los requerimientos del Dasein, mantiene y refuerza su porfiado dominio.

Cada cual es el otro y ninguno sí mismo. El *uno* que responde a la pregunta por el *quién* del Dasein cotidiano, es el *nadie* al que todo Dasein ya se ha entregado siempre en su estar con los otros.

Los caracteres de ser del convivir cotidiano, que acabamos de exponer —distancialidad, medianía, nivelación, publicidad, alivianamiento del ser, satisfacción de requerimientos— conforman la inmediata "estabilidad" del Dasein. Esta estabilidad no concierne al continuo estar-ahí de algo, sino al modo de ser del Dasein en cuanto coestar. En estos modos de ser, el sí-mismo del propio Dasein y el sí-mismo del otro no han sido encontrados aún o se han perdido. Se es en el modo de la dependencia y de la impropiedad. Esta manera de ser no significa un menoscabo de la facticidad del Dasein, así como tampoco el uno considerado como el nadie es una pura nada. Por el contrario, en este modo de ser el Dasein es un *ens realissimum*, si entendemos está "realidad" como un ser al modo del Dasein.

Ciertamente que el uno, de la misma manera que el Dasein en general, no tiene el modo de ser de lo que está-ahí. Mientras más ostensiblemente se comporta el uno, tanto más inasible y oculto es; pero tanto menos es entonces una nada. A una "visión" óntico-ontológica imparcial, el uno se revela como el "sujeto más real" de la cotidianidad. Y si no es accesible al modo de una piedra que está-ahí, esto no decide en lo más mínimo acerca de su modo de ser. No debe decretarse precipitadamente que este uno no es "propiamente" nada, ni se debe abrigar la opinión de que el fenómeno queda ontológicamente interpretado cuando se lo "explica", por ejemplo, como la consecuencia del estar-ahí de varios sujetos reunidos. Sino que, por el contrario, la elaboración de los conceptos de ser debe regirse por estos irrecusables fenómenos.

El uno no es tampoco una especie de "sujeto universal" que flotara por encima de muchos singulares. A esta concepción solo se puede llegar cuando el ser de los "sujetos" es comprendido de una manera que no corresponde al modo de ser del Dasein, y los sujetos mismos son pensados como casos que de hecho están-ahí de una especie que también estaría-ahí. En esta manera de plantear las cosas no queda otra posibilidad ontológica que la de entender como especie o género todo lo que no es un caso. El uno no es la especie de cada Dasein, ni se lo puede encontrar 129
como una propiedad permanente en este ente. El hecho de que la lógica tradicional fracase frente a este fenómeno no debe extrañarnos, si pensamos que esa lógica tiene su fundamento en una ontología, además rudimentaria, de lo que está-ahí. Por eso resulta radicalmente imposible darle mayor flexibilidad mediante correcciones y ampliaciones. Estas reformas de la lógica, inspiradas en las "ciencias del espíritu", no hacen más que acrecentar la confusión ontológica.

El uno es un existencial, y pertenece, como fenómeno originario, a la estructura positiva del Dasein. También él presenta distintas posibilidades de concretarse a la manera del Dasein. La fuerza y explicitud de su dominio pueden variar históricamente.

El sí-mismo del Dasein cotidiano es el *uno-mismo* [*Man selbst*], que nosotros distinguimos del sí-mismo *propio*, es decir, del *sí-mismo* asumido expresamente. En cuanto uno-mismo, cada Dasein está *disperso* en el uno y debe llegar a encontrarse. Esta dispersión caracteriza al "sujeto" de ese modo de ser que llamamos la absorción ocupada en el mundo que comparece inmediatamente. Que el Dasein sea familiar a sí mismo en cuanto uno-mismo, significa que el uno bosqueja la interpretación inmediata del mundo y del estar-en-el-mundo. El uno-mismo, que es aquello por mor de lo cual el Dasein cotidianamente es, articula el contexto remisional de la significatividad. El mundo del Dasein deja en libertad al ente que comparece, en función de una totalidad respeccional que es familiar al uno, y dentro de los límites impuestos por la medianía de este. El Dasein fáctico está *inmediatamente* en el mundo en común descubierto de manera mediana. *Inmediatamente* yo no "soy" "yo", en el sentido del propio sí-mismo, sino que soy los otros a la manera del uno. Desde este y como este me estoy inmediatamente "dado" a mí "mismo". Inmediatamente, el Dasein es el uno, y por lo regular se queda en eso. Cuando el Dasein descubre y aproxima para sí el mundo, cuando abre para sí mismo su modo propio de ser, este descubrimiento del "mundo" y esta apertura del Dasein siempre se llevan a cabo como un apartar de encubrimientos y oscurecimientos, y como un quebrantamiento de las disimulaciones con las que el Dasein se cierra frente a sí mismo.

Con la interpretación del coestar y del ser-sí-mismo en el uno queda contestada la pregunta por el quién de la cotidianidad del convivir. Estas consideraciones han aportado, a la vez, una comprensión concreta de la constitución fundamental del Dasein. El estar-en-el-mundo se ha hecho visible en su cotidianidad y medianía.

130 El Dasein cotidiano extrae la interpretación preontológica de su ser del modo de ser inmediato del uno. La interpretación ontológica sigue por lo pronto esta tendencia interpretativa, y comprende al Dasein desde el mundo encontrándolo allí delante como un ente intramundano. No solo esto; la ontología "inmediata" del Dasein se hace dar desde el "mundo" también el sentido de ser en función del cual estos "sujetos" entitativos son comprendidos. Pero como en este absorberse en el mundo se pasa por alto el fenómeno mismo del mundo, vienen a ocupar su lugar los entes que están-ahí dentro del mundo, las cosas. El ser del ente que *co-existe* es concebido como un estar-ahí. De esta manera, la presentación del fenómeno positivo del modo inmediato del estar-en-el-mundo cotidiano posibilita la penetración en las raíces de la falsa interpretación ontológica de esta estructura de ser. *Ella misma, en su modo de ser cotidiano, es la que inmediatamente yerra respecto de sí y se encubre a sí misma.*

Si ya el ser del convivir cotidiano, que pareciera acercarse ontológicamente al puro estar-ahí, es fundamentalmente distinto de este, menos aun podrá concebirse como un estar-ahí el ser del sí-mismo propio. El *modo propio de ser-sí-mismo* no consiste en un estado excepcional de un sujeto, desprendido del uno, sino que *es una modificación existentiva del uno entendido como un existencial esencial.*

Pero entonces el carácter de mismo del sí-mismo que existe en forma propia queda separado por un abismo ontológico de la identidad del yo que se mantiene invariable a través de la multiplicidad de las vivencias.

CAPÍTULO QUINTO

El estar-en como tal

§ 28. La tarea de un análisis temático del estar-en

En su estadio preparatorio, la analítica existencial del Dasein tiene como tema conductor la constitución fundamental de este ente, el estar-en-el-mundo. Su fin inmediato consiste en poner fenoménicamente de relieve la estructura unitaria y originaria del ser del Dasein, estructura desde la cual se determinan ontológicamente sus posibilidades y maneras "de ser". Hasta ahora, la caracterización fenoménica del estar-en-el-mundo se ha orientado hacia el momento estructural del mundo y hacia la respuesta a la pregunta acerca de quién es este ente en su cotidianidad. Pero ya en la primera delimitación de las tareas de la etapa preparatoria
del análisis fundamental del Dasein hemos anticipado una orientación acerca del 131
estar-en en cuanto tal[1] ilustrándolo por medio de ese modo concreto del estar-en que es el conocimiento del mundo[2].

La anticipación de este momento estructural fundamental tenía como propósito mantener desde el comienzo y constantemente el análisis de cada uno de los distintos momentos en la perspectiva del todo estructural, evitando cualquier disolución y fraccionamiento del fenómeno unitario. Ahora es necesario volver a dirigir la interpretación hacia el fenómeno del estar-en, sin perder de vista lo alcanzado en el análisis concreto del mundo y del quién. Este examen más a fondo del mismo tema no se propone someter tan solo de nuevo y en forma más certera la totalidad estructural del estar-en-el-mundo a la mirada fenomenológica, sino también abrir el camino hacia la captación del ser originario del Dasein, el cuidado.

Pero, ¿qué más puede mostrarse todavía en el estar-en-el-mundo fuera de los respectos esenciales del estar en medio del mundo (ocupación), del coestar (so-

[1] Cf. § 12, p. 79 ss.

[2] Cf. § 13, p. 86 ss.

licitud) y del ser-sí-mismo (quién)? A lo sumo queda todavía la posibilidad de darle al análisis una mayor amplitud por medio de la determinación comparativa de las variaciones del ocuparse y la circunspección, y de la solicitud y el respeto, y queda también la posibilidad de confrontar al Dasein con todo ente de otro tipo, mediante una explicación más precisa del ser de todo posible ente intramundano. Incuestionablemente, queda todavía mucho por hacer en esta dirección. Lo expuesto hasta aquí necesitaría ser completado en muchos sentidos si se quisiera obtener una elaboración exhaustiva del *a priori* existencial de la antropología filosófica. Pero esa no es la finalidad de la presente investigación. *Su propósito está en la línea de una ontología fundamental.* Por consiguiente, cuando preguntamos temáticamente por el estar-en, no pretendemos en modo alguno acabar con la originariedad de este fenómeno derivándolo de otros, es decir, sometiéndolo a una forma inadecuada de análisis, a un análisis que lo resolvería en sus elementos. Pero lo inderivable de un fenómeno originario no es excluyente de una posible multiplicidad de caracteres ontológicos constitutivos. Si aparecen tales caracteres, serán existencialmente cooriginarios. El fenómeno de la *cooriginariedad* (*) de los momentos constitutivos ha pasado frecuentemente inadvertido en la ontología, como resultado de una tendencia metodológica incontrolada a buscar el origen de todas y cada una de las cosas en un "primer principio" elemental.

132 ¿En qué dirección es necesario mirar para obtener la caracterización fenoménica del estar-en en cuanto tal? Obtendremos la respuesta a esta pregunta si recordamos lo que ya en la primera indicación del fenómeno le fue confiado a la mirada fenomenológica atenta: el estar-en es diferente del estar-ahí-dentro de una cosa que está-ahí "en" otra cosa que está-ahí; el estar-en no es una propiedad de un sujeto que está-ahí, causada o meramente condicionada por el estar-ahí de un "mundo"; el estar-en es un esencial modo de ser de este ente mismo. Pero, ¿qué otra cosa se nos muestra en este fenómeno sino la presencia de un *commercium entre* un sujeto que está-ahí y un objeto que está-ahí? Esta interpretación se acercaría al dato fenoménico si dijese: *el Dasein es el ser* de este "entre". Engañosa sería, sin embargo, la orientación hacia el "entre". Sin advertirlo, se estaría partiendo de una indeterminación ontológica de los entes entre los cuales este "entre" despliega su "ser". El "entre" ya está comprendido como el resultado de la *convenientia* de dos entes que están-ahí. Sin embargo, la presuposición de estos entes *disuelve* de antemano el fenómeno, y todo intento por recomponerlo a partir de los fragmentos resultantes es una empresa sin esperanza. No solo falta el "aglutinante", sino que el "esquema" mismo para llevar a cabo la recomposición ha saltado en pedazos o no se ha mostrado nunca antes. Lo ontológicamente decisivo consiste en evitar previamente la disolución del fenómeno, es decir, en asegurar su contenido fenoménico positivo. La extrema prolijidad que para ello se requiere no es sino expresión del hecho de que algo ónticamente obvio ha

sido de muchas maneras distorsionado ontológicamente en el modo tradicional de tratar el "problema del conocimiento", hasta el punto de llegar a ser invisible.

El ente que está constituido esencialmente por el estar-en-el-mundo *es* siempre su "Ahí" [*Da*] (*). En la significación usual de esta palabra, el "ahí" alude a un "aquí" y a un "allí". El "aquí" de un "yo-aquí se comprende siempre desde un "allí" a la mano, en el sentido del estar vuelto hacia este en ocupación desalejante y direccionada. La espacialidad existencial del Dasein que así le fija a este su "lugar" se funda, a su vez, en el estar-en-el-mundo. El "allí es la determinación de un ente que comparece dentro *del mundo*. El "aquí" y el "allí" solo son posibles en un "Ahí", es decir, solo si hay un ente que, en cuanto ser del "Ahí", ha abierto la espacialidad. Este ente lleva en su ser más propio el carácter del no-estar-cerrado. La expresión "Ahí" mienta esta aperturidad esencial. Por medio de ella, este ente (el Dasein) es "ahí" [ex-siste] para él mismo a una con el estar-siendo-ahí del mundo.

La imagen óntica del *lumen naturale* en el hombre no se refiere sino a la es- 133
tructura ontológico-existencial de este ente, que consiste en que él *es* en el modo de ser su Ahí. Que el Dasein está "iluminado" ["*erleuchtet*"] significa que, *en cuanto* estar-en-el-mundo, él está aclarado en sí mismo[a], y lo está no en virtud de otro ente, sino porque él mismo *es*[b] la claridad [*Lichtung*]. Solo para un ente existencialmente aclarado de este modo lo que está-ahí puede aparecer en la luz o quedar oculto en la oscuridad. Desde sí mismo, el Dasein trae consigo su Ahí; si careciera de él, no solo fácticamente no sería, sino que no podría ser en absoluto el ente dotado de esta esencia. *El Dasein es*[c] *su aperturidad* [*Erschlossenheit*] (**).

Será necesario, pues, sacar a luz la constitución de este ser. Pero, en la medida en que la esencia de este ente es la existencia, la frase existencial "el Dasein *es* su aperturidad" quiere decir, al mismo tiempo, que el ser que a este ente le va en su ser es tener que ser su "Ahí. Además de precisar la constitución primaria del ser de la aperturidad, será necesario, en conformidad con la tendencia de nuestro análisis, hacer una interpretación del modo de ser en que este ente es *cotidianamente* su Ahí.

El capítulo que aborda la explicación del estar-en en cuanto tal, es decir, del ser del Ahí, se divide en dos partes: A. La constitución existencial del Ahí. B. El ser cotidiano del Ahí y la caída del Dasein.

Las dos formas constitutivas y cooriginarias de ser el Ahí son para nosotros la *disposición afectiva* y el *comprender*, el análisis de cada una de ellas recibirá su necesaria confirmación fenoménica mediante la interpretación de una modalidad

[a] Ἀλήθεια - abertura - claridad [*Lichtung*], luz, iluminar.

[b] pero no la produce.

[c] El Dasein existe, solo él existe; de está manera, existencia es estar-fuera, salir fuera y estar en la abertura del Ahí: ek-sistencia.

concreta, importante para la problemática posterior. La disposición afectiva y el comprender están cooriginariamente determinados por el *discurso*.

Bajo la letra A (la constitución existencial del Ahí) se tratarán, pues, los siguientes puntos: el Da-sein como disposición afectiva (§ 29), el miedo como modalidad de la disposición afectiva (§ 30), el Da-sein en cuanto comprender (§ 31), comprender e interpretación (§ 32), el enunciado en cuanto modo derivado de la interpretación (§ 33), Da-sein, discurso y lenguaje (§ 34).

El análisis de los caracteres de ser del *Da-sein* es un análisis existencial. Esto quiere decir que estos caracteres no son propiedades de un ente que está-ahí, sino formas existenciales esenciales de ser. Será, pues, necesario sacar a luz su modo cotidiano de ser.

Bajo la letra B (el ser cotidiano del Ahí y la caída del Dasein) se analizarán, en correspondencia al fenómeno constitutivo del discurso, a la visión que
134 hay en el comprender, y en conformidad a la interpretación propia de este, las siguientes modalidades existenciales del ser cotidiano del Ahí: la habladuría (§ 35), la curiosidad (§ 36), la ambigüedad (§ 37). En estos fenómenos se hace visible una forma fundamental del ser del Ahí, que nosotros interpretamos como *caída*, un "caer" que ostenta una peculiar forma existencial de movilidad (§ 38).

A. La constitución existencial del Ahí

§ 29. El Da-sein como disposición afectiva

Lo que *en el orden ontológico* designamos con el término de disposición afectiva [*Befindlichkeit*] (*) es *ónticamente* lo más conocido y cotidiano: el estado de ánimo, el temple anímico. Antes de toda psicología de los estados de ánimo —por lo demás aún sin hacer— será necesario ver este fenómeno como un existencial fundamental y definirlo en su estructura.

La imperturbable serenidad, el reprimido disgusto de la ocupación cotidiana, el alternarse de ambos, y la caída en el mal humor, no son ontológicamente una nada, aunque estos fenómenos suelen pasar inadvertidos como lo presuntamente más indiferente y fugaz en el Dasein. Que los estados de ánimo se estropeen y puedan cambiar solo prueba que el Dasein ya está siempre anímicamente templado. La indeterminación afectiva, a menudo persistente, monótona y descolorida, que no debe ser confundida con el mal humor, no solo no es una nada, sino que, por el contrario, precisamente en ella el Dasein se vuelve tedioso a sí mismo. En semejante indeterminación afectiva (**), el ser del Ahí se ha manifestado como carga[a]. ¿Por que? *No se sabe*. Y el Dasein no puede saber tales cosas, porque las posibilidades de apertura del conocimiento quedan demasiado cortas frente al originario abrir de los estados de ánimo, en los cuales el Dasein queda puesto ante su ser en cuanto Ahí. Por otra parte, el estado de ánimo alto puede liberar de la carga del ser que se ha manifestado; también esta posibilidad afectiva, aunque liberadora, revela el carácter de carga del Dasein. El estado de ánimo manifiesta el modo "cómo uno está y cómo a uno le va". En este "cómo uno está" el temple anímico pone al ser en su "Ahí".

En el temple de ánimo, el Dasein ya está siempre afectivamente abierto como *aquel* ente al que la existencia [Dasein] le ha sido confiada en su ser, un ser que él tiene que ser existiendo. Abierto no quiere decir conocido como tal. Y justamente en la más indiferente y anodina cotidianidad el ser del Dasein puede irrumpir como el nudo *factum* de "que es y tiene que ser". Lo que se muestra es el puro "que es"; el de-dónde y el adónde quedan en la oscuridad.
Que con pareja cotidianidad el Dasein no "ceda" a tales estados de ánimo, es 135
decir que no sea dócil a su abrir y que no se deje llevar ante lo abierto, no es una prueba *en contra* del dato fenoménico de la aperturidad afectiva del ser del Ahí en su "que" [es], sino una confirmación del mismo. Por lo regular, el Dasein esquiva, de un modo *óntico*-existentivo, el ser que ha sido abierto en el estado de ánimo; desde un punto de vista *ontológico*-existencial esto significa: en eso mismo a lo que semejante estado de ánimo no se vuelve, se desvela el Dasein en su estar entregado al Ahí. En él mismo esquivar *está abierto* el Ahí.

Este carácter de ser del Dasein, oculto en su de-dónde y adónde, pero claramente abierto en sí mismo, es decir, en el "que es", es lo que llamamos la *condición de arrojado* [*Geworfenheit*] (*) de este ente en su Ahí; de modo que, en cuanto estar-en-el-mundo, el Dasein es el Ahí. El término "condición de arrojado" mienta la *facticidad de la entrega a sí mismo*. El *factum* de "que es y tiene que ser", abierto en la disposición afectiva del Dasein, no es aquel "que [es]" que ontológico-categorialmente expresa el carácter de hecho, propio del estar-ahí. Este carácter solo es accesible a la constatación que se origina en la mirada contemplativa. En cambio, el "que [es]" abierto en la disposición afectiva debe concebirse como determinación existencial del ente que es en la forma del estar-en-el-mundo. *La facticidad no es el carácter de hecho del factum brutum de algo que está-ahí, sino un carácter de ser del Dasein, asumido en la existencia,* aunque, por lo pronto, reprimido. El "que [es]" de la facticidad jamás puede ser hallado en una intuición.

[a] 'Carga': lo que hay que cargar; el hombre está entregado, transpropiado al ex-sistir [*Da-sein*]. Cargar: tomar a su cargo la pertenencia al ser mismo.

El ente que tiene el carácter de Dasein es su Ahí de un modo tal que, explícitamente o no, se encuentra a sí mismo en su condición de arrojado. En la disposición afectiva, el Dasein ya está siempre puesto ante sí mismo, ya siempre se ha encontrado, no en la forma de una auto-percepción, sino en la de un encontrarse afectivamente dispuesto. Como ente que está entregado a su ser, el Dasein queda entregado también al *factum* de que ya siempre ha debido encontrarse —pero en un encontrarse que, más que en un directo buscar, se origina en un huir. El estado de ánimo no se abre mirando hacia la condición de arrojado, sino en la forma de una conversión o una aversión. De ordinario, el estado de ánimo no se vuelve hacia el carácter de carga que el Dasein manifiesta en él, y menos aún cuando se encuentra liberado de esa carga en el estado de ánimo elevado. Esta aversión es siempre lo que es, en la forma de la disposición afectiva.

Se desconocería completamente el fenómeno de *lo que* el estado de ánimo abre y *cómo* lo hace, si se quisiera poner bajo un mismo denominador con lo
136 abierto lo que el Dasein templado "a la vez" conoce, sabe o cree. Incluso cuando el Dasein en la fe está "seguro" de su "adónde" o cuando a la luz de la razón cree saber acerca de su de-dónde, nada de esto puede oponerse al dato fenoménico de que el estado de ánimo pone al Dasein ante el "que [es]" de su Ahí, que con inexorable enigmaticidad fija en él su mirada. Desde un punto de vista ontológico-existencial no hay el menor derecho para rebajar la "evidencia" de la disposición afectiva, midiéndola por la certeza apodíctica propia del conocimiento teorético de lo que simplemente está-ahí. Pero no menor es la falsificación de los fenómenos cuando estos son desplazados al campo de lo irracional. El irracionalismo —como contrapartida del racionalismo— solo habla como bizco de aquello de lo que este habla como ciego.

Que un Dasein pueda, deba y tenga que enseñorearse fácticamente con el saber y el querer de su estado de ánimo, puede significar, en ciertas posibilidades de existir, una primacía de la voluntad y el conocimiento. Pero esto no debe inducir a negar, desde un punto de vista ontológico, que el estado de ánimo sea un originario modo de ser del Dasein, en el que este queda abierto para sí mismo *antes* de todo conocer y querer, y *más allá* del alcance de su capacidad de abertura. Y, además, jamás seremos dueños de un estado de ánimo sin otro estado de ánimo, sino siempre desde un estado de ánimo contrario. Alcanzamos así el primer carácter ontológico esencial de la disposición afectiva: *la disposición afectiva abre al Dasein en su condición de arrojado, y lo hace inmediata y regularmente en la forma de la aversión esquivadora.*

Ya en esto se puede ver que la disposición afectiva es algo muy diferente de la constatación de un estado psicológico. Tan lejos está de poseer el carácter de una aprehensión reflexiva, que toda reflexión inmanente solo puede constatar las "vivencias" porque el Ahí ya ha sido abierto por la disposición afectiva. El "mero estado de ánimo" abre el Ahí más originariamente; pero también lo *cierra* más obstinadamente que cualquier *no* percepción.

Es lo que muestra la *indisposición afectiva o mal humor* [*Verstimmung*]. En este estado de ánimo el Dasein se torna ciego para sí mismo, el mundo circundante de la ocupación se nubla, la circunspección del ocuparse se extravía. Tan poco refleja es la disposición afectiva, que sobreviene al Dasein precisamente cuando este irreflexivamente se abandona y entrega por entero al "mundo" de la ocupación. El estado de ánimo nos sobreviene. No viene ni de "fuera" ni de "dentro", sino que, como forma del estar-en-el-mundo, emerge de este mismo. Pero, con esto pasamos desde una delimitación negativa de la disposición afectiva frente a
la aprehensión reflexiva de lo "interior" hacia una intelección positiva de su ca- 137
rácter aperiente. *El estado de ánimo ya ha abierto siempre el estar-en-el-mundo en su totalidad, y hace posible por primera vez un dirigirse hacia...* El temple anímico no se relaciona primeramente con lo psíquico, no es un estado interior que luego, en forma enigmática, se exteriorizara para colorear las cosas y las personas. De esta manera se muestra el *segundo* carácter esencial de la disposición afectiva. La disposición afectiva es un modo existencial fundamental de la *aperturidad cooriginaria* del mundo, la coexistencia y la existencia, ya que esta misma es esencialmente un estar-en-el-mundo.

Junto a las dos determinaciones esenciales de la disposición afectiva que acabamos de explicitar —la apertura de la condición de arrojado y la apertura del estar-en-el-mundo en su totalidad— es necesario considerar una tercera, que contribuye en forma especial a una comprensión más honda de la mundaneidad del mundo. Como ya dijimos antes[1], el mundo ya previamente abierto deja comparecer al ente intramundano. Esta previa aperturidad del mundo, propia del estar-en, está con-constituida por la disposición afectiva. El dejar comparecer es primariamente *circunspectivo*, y no un puro sentir o un quedarse mirando fijamente. El dejar comparecer de la ocupación circunspectiva tiene el carácter de un ser concernido [*Betroffenwerden*], como lo podemos ver ahora más claramente a partir de la disposición afectiva. Desde un punto de vista ontológico, la inservibilidad, resistencia y amenaza de lo a la mano solo nos pueden concernir porque el estar-en en cuanto tal se halla de tal manera determinado previamente en su estructura existencial que puede ser *afectado* en está forma por lo que comparece dentro del mundo. Esta posibilidad de ser afectado se funda en la disposición afectiva y, en cuanto tal, ha abierto el mundo en su carácter, por ejemplo, de amenazante. Solo lo que está en la disposición afectiva del temor o, correlativamente, de la intrepidez, puede descubrir el ente a la mano del mundo circundante como

[1] Cf. § 18, p. 109 ss.

algo amenazante. El temple de la disposición afectiva es el constitutivo existencial de la apertura del Dasein al mundo.

Y solo por pertenecer ontológicamente a un ente cuyo modo de ser es el del estar-en-el-mundo en disposición afectiva, pueden los "sentidos" ser "tocados" y "tener sentido para", de tal manera que lo que los toca se muestre en la afección. Eso que llamamos afección no podrá tener lugar ni siquiera como efecto de la máxima presión y resistencia, y la resistencia misma quedaría esencialmente sin descubrir, si el estar-en-el-mundo en disposición afectiva no se encontrase ya consignado a la posibilidad, bosquejada por los estados de ánimo, de ser afectado por el ente intramundano. *En la disposición afectiva se da existencialmente un*
138 *aperiente estar-consignado al mundo desde el cual puede comparecer lo que nos concierne.* En efecto, *desde un punto de vista ontológico* fundamental, es necesario confiar el descubrimiento primario del mundo al "mero estado de ánimo". Una pura intuición, aunque penetrase en las fibras más íntimas del ser de lo que está-ahí, jamás podrá descubrir algo así como lo amenazante.

El hecho de que en virtud del carácter primariamente aperiente de la disposición afectiva, la circunspección cotidiana se equivoque y caiga con frecuencia en la ilusión, es, si se lo mide por la idea de un conocimiento absoluto del "mundo", un: μὴ ὄν. Pero el carácter existencial positivo de la posibilidad de ilusión es absolutamente desconocido por estas apreciaciones ontológicamente infundadas. Precisamente en la visión inestable y afectivamente oscilante del "mundo" se muestra lo a la mano en su específica mundaneidad, que es cada día diferente. La mirada teorética ya ha reducido siempre el mundo a la uniformidad de lo puramente presente (*), una uniformidad dentro de la cual, sin embargo, se encierra una nueva riqueza de lo que puede ser descubierto en la pura determinación. Pero ni siquiera la más pura θεωρία está exenta de tonalidad afectiva; lo que solo está-ahí no se le muestra a la mirada contemplativa en su puro aspecto sino cuando esta lo puede dejar venir hacia sí misma en el apacible demorar junto a [las cosas] en la ῥᾳστώνη y la διαγωγή[1]. No debe confundirse, claro está, la mostración del constituirse ontológico-existencial del conocimiento determinativo en la disposición afectiva del estar-en-el-mundo con un intento de abandonar ónticamente la ciencia al "sentimiento".

En el marco de la problemática de esta investigación no es posible interpretar los diferentes modos de la disposición afectiva ni sus conexiones de fundamentación. Bajo el nombre de "afectos" y "sentimientos" estos fenómenos son ónticamente conocidos desde antaño, y han sido tratados desde siempre por la filosofía. No es un azar que la primera interpretación de los afectos sistemáticamente realizada que nos ha sido transmitida no haya sido hecha en el marco de la "psicolo-

[1] Cf. Aristóteles, *Met.* A 2, 982 b 22 ss.

gía". Aristóteles investiga los πάθη en el segundo libro de su *Retórica*. Contra el concepto tradicional de la retórica como una especie de "disciplina", la *Retórica* de Aristóteles debe ser concebida como la primera hermenéutica sistemática de la cotidianidad del convivir. La publicidad, en cuanto modo de ser del uno (cf. § 27) no solo tiene en general su propio temple anímico, sino que necesita estados de ánimo y los "suscita" para sí. Apelando a ellos y desde ellos es como habla el
orador. El orador necesita comprender las posibilidades del estado de ánimo para 139
suscitarlo y dirigirlo en forma adecuada.

Es conocida la manera cómo la interpretación de los afectos se prolonga en la Stoa, como asimismo su transmisión a la Edad Moderna por medio de la teología patrística y escolástica. Pero lo que no suele advertirse es que la interpretación ontológica fundamental de lo afectivo no ha podido dar un solo paso hacia adelante digno de mención después de Aristóteles. Por el contrario: los afectos y sentimientos quedan sistemáticamente clasificados entre los fenómenos psíquicos, constituyendo de ordinario la tercera clase de ellos, junto a la representación y la voluntad. Y de este modo descienden al nivel de fenómenos concomitantes.

A la investigación fenomenológica se debe el mérito de haber alcanzado una visión más amplia de estos fenómenos. No solo eso; recogiendo estímulos provenientes sobre todo de San Agustín y Pascal[1], Scheler ha orientado la problemática hacia las conexiones de fundamentación entre los actos "representativos" y los de "interés". Sin embargo, también aquí quedan aún en la oscuridad los fundamentos ontológico-existenciales del fenómeno de acto en general.

La disposición afectiva no solo abre al Dasein en su condición de arrojado y en su estar-consignado al mundo ya abierto siempre con su ser, sino que ella misma es el modo existencial de ser en el que el Dasein se entrega constantemente al "mundo" y se deja afectar de tal modo por él, que en cierta forma se esquiva a sí mismo. La constitución existencial de este esquivamiento será aclarada con el fenómeno de la caída.

La disposición afectiva es un modo existencial fundamental como el Dasein es su Ahí. No solo caracteriza ontológicamente al Dasein, sino que a la vez, en virtud de su carácter aperiente, tiene una importancia metodológica fundamental para la analítica existencial. Como toda interpretación ontológica en general, la analítica existencial solo puede pedir cuenta, por así decirlo, acerca de su ser a

[1] Cf. *Pensees, loc. cit.* p. 185: Et de là vient qu'au lieu qu'en parlant des choses humaines on dit qu'il faut les connaître avant que de les aimer, ce qui a passé en proverbe, les saints au contraire disent en parlant des choses divines qu'il faut les aimer pour les connaitre, et qu'on n'entre dans la vérité que par la charité, dont ils ont fait une de leurs plus utiles sentences; cf. sobre esto S. Agustín, *Opera* (Migne P.L. tomo VIII). *Contra Faustum,* lib. 32, cap. 18: *non intratur in veritatem, nisi per charitatem.*

un ente que ya antes ha sido abierto. Y deberá atenerse a las más destacadas y amplias posibilidades de apertura del Dasein para recibir de ellas la aclaración de
140 este ente. La interpretación fenomenológica deberá entregar al Dasein mismo la posibilidad de la apertura originaria y dejarlo, en cierto modo, interpretarse a sí mismo. Ella se limita a acompañar esta apertura con el fin de elevar existencialmente a concepto el contenido fenoménico de lo abierto.

Teniendo en cuenta la interpretación que se hará más adelante de una fundamental disposición afectiva del Dasein, de gran importancia ontológico-existencial —la angustia (cf. § 40)—, el fenómeno de la disposición afectiva deberá ser ilustrado más concretamente por medio de ese modo determinado que es el *miedo*.

§ 30. El miedo como modo de la disposición afectiva[1]

El fenómeno del miedo puede ser considerado desde tres puntos de vista; analizaremos el ante qué del miedo, el tener miedo y el por qué del miedo. Estos posibles puntos de vista, conexos entre sí, no son casuales. En ellos sale a luz la estructura de la disposición afectiva en general. El análisis se complementará indicando las posibles modificaciones del miedo, relacionadas, en cada caso, con diferentes momentos estructurales del mismo.

El *ante qué* del miedo [*das* Wovor *der Furcht*], lo "temible", es en cada caso algo que comparece dentro del mundo en el modo de ser de lo a la mano, de lo que está-ahí o de la coexistencia. No se trata de informar ónticamente acerca del ente que repetida y regularmente puede ser "temible", sino de determinar fenoménicamente lo temible en su carácter de tal. ¿Qué es lo propio de lo temible en cuanto tal, de lo temible que comparece cuando tenemos miedo? El ante qué del miedo tiene el carácter de lo amenazante. Lo amenazante comprende varias cosas: 1. Lo compareciente tiene la forma de condición respectiva de lo perjudicial. Se muestra dentro de un contexto respeccional. 2. Esta perjudicialidad apunta hacia un determinado ámbito de cosas que pueden ser afectadas por ella. En cuanto así determinada, ella misma viene de una zona bien determinada. 3. La propia zona y lo que desde ella viene son experimentados como "inquietantes". 4. Lo perjudicial, en cuanto amenazante, no está todavía en una cercanía dominable, pero se acerca. En ese acercarse, la perjudicialidad irradia y cobra su carácter amenazante. 5. Este acercamiento acontece dentro de la cercanía. Lo que puede ser dañino en grado máximo y se acerca, además, constantemente, pero en la lejanía, no se revela en su temibilidad. Pero, acercándose

[1] Cf. Aristóteles, *Retórica* B, 5, 1382 a 20 - 1383 b 11.

en la cercanía, lo perjudicial es amenazante: puede alcanzarnos, o quizás no. A 141
medida que se acerca, se acrecienta este "puede, pero a la postre quizás no". Es terrible, decimos. 6. Esto significa que lo perjudicial, al acercarse en la cercanía, lleva en sí la abierta posibilidad de no alcanzarnos y pasar de largo, lo cual no aminora ni extingue el miedo, sino que lo constituye.

El *tener miedo*, en cuanto tal [*das* Fürchten selbst], es el dejar-se-afectar que libera lo amenazante tal como ha sido caracterizado. No es que primero se constate un mal venidero (*malum futurum*) y que luego se lo tema. Pero tampoco empieza el miedo por constatar lo que se acerca, sino que primeramente lo descubre en su temibilidad. Y teniendo miedo, el miedo puede, enseguida, en una explícita mirada observadora, aclarar qué es lo temible. La circunspección ve lo temible porque está en la disposición afectiva del miedo. El tener miedo, en cuanto posibilidad latente del estar-en-el-mundo afectivamente dispuesto —vale decir, la "medrosidad"—, ha abierto ya de tal manera el mundo que desde él puede acercarse lo temible. El poder-acercarse mismo queda liberado por medio de la esencial espacialidad existencial del estar-en-el-mundo.

Aquello *por lo que* el miedo teme [*das* Worum *die Furcht fürchtet*] es el ente mismo que tiene miedo, el Dasein. Solo un ente a quien en su ser le va este mismo ser, puede tener miedo. El miedo abre a este ente en su estar en peligro, en su estar entregado a sí mismo. El miedo revela siempre al Dasein en el ser de su Ahí, aunque en distintos grados de explicitud. Y si tememos por la casa y los bienes (*), esto no contradice la definición recién dada del por-qué del miedo. Porque el Dasein, en cuanto estar-en-el-mundo, es siempre un ocupado estar en medio de... Inmediata y regularmente el Dasein *es* en función de (**) aquello *de que* se ocupa. El peligro para él es la amenaza de su estar-en-medio-de. El miedo abre al Dasein de un modo predominantemente privativo. Lo confunde y lo hace "perder la cabeza". Pero el miedo, junto con hacer ver, cierra el estar-en puesto en peligro, de tal manera que cuando el miedo ya ha pasado el Dasein necesita reencontrarse.

El tener-miedo-por, en cuanto atemorizarse ante [algo] (***), abre siempre, privativa o positivamente, y de un modo cooriginario, el ente intramundano en su carácter amenazante y el estar-en en su estar amenazado. El miedo es un modo de la disposición afectiva.

Pero el tener-miedo-por puede estar relacionado también con otros, y entonces decimos que tememos por ellos. Este temer por... no toma sobre sí el miedo del otro. Esto queda excluido ya por el hecho de que el otro *por* quien tememos, bien puede, por su parte, no tener miedo. Tememos al máximo *por* el otro precisamente cuando *él no* tiene miedo y se precipita temerariamente
hacia lo amenazante. Temer por... es un modo de la disposición afectiva solidaria 142
con los otros [*Mitbefindlichkeit mit den Anderen*], pero no es necesariamente

un tener-miedo-con, ni menos todavía un tener-miedo-juntos. Se puede temer por... sin tener miedo uno mismo. Pero, en rigor, temer por... es temer *también uno mismo* [*ein sich fürchten*]. Se teme entonces por el coestar con el otro, ese otro que podría serle arrebatado a uno. Lo temible no apunta directamente al que tiene-miedo-con. El temer por..., se sabe, en cierto modo, no concernido, pero está, sin embargo, co-afectado por estar concernido el Dasein co-existente por el que teme. Por eso, el temer por... no es una forma atenuada de tener miedo. No se trata aquí de grados de "intensidad emotiva", sino de modos existenciales. Por eso, el temer por... no pierde tampoco su específica autenticidad cuando "propiamente hablando" no experimenta en sí mismo el miedo.

Los momentos constitutivos del fenómeno integral del miedo pueden variar. De esta manera se dan diferentes posibilidades de ser del tener miedo. El acercamiento en la cercanía forma parte de la estructura de comparecencia de lo amenazante. Cuando algo amenazante irrumpe brusca y sorpresivamente en medio del ocupado estar-en-el-mundo con su "aunque todavía no, pero posiblemente en cualquier momento", el miedo cobra la forma del *susto*. En lo amenazador hay que distinguir, pues, el inmediato acercamiento de lo amenazante y el modo de comparecencia del acercarse mismo: la repentinidad. El ante-qué del susto es, primeramente, algo conocido y familiar. Pero si, por el contrario, lo amenazador tiene el carácter de lo absolutamente desconocido, el miedo se convierte en pavor. Y aún más: cuando lo amenazante comparece con el carácter de lo pavoroso y tiene, al mismo tiempo, el modo de comparecencia de lo que asusta, es decir, la repentinidad, el miedo se convierte en *espanto*. Otras variedades del miedo son la timidez, la temerosidad, la ansiedad, el estupor. Todas las modalidades del miedo, como posibilidades del encontrar-se afectivo, muestran que el Dasein, en cuanto estar-en-el-mundo, es "miedoso". Esta "medrosidad" no debe ser entendida ónticamente como una predisposición fáctica "particular", sino como una posibilidad existencial de la esencial disposición afectiva del Dasein en general, posibilidad que, sin embargo, no es la única.

§ 31. El Dasein en cuanto comprender

La disposición afectiva es *una* de las estructuras existenciales en que se mueve el ser del "Ahí". Este ser está constituido, cooriginariamente con ella, por el *comprender* [*Verstehen*] (*). La disposición afectiva tiene siempre su comprensión, aun cuando la reprima. El comprender es siempre un comprender afectivamente
143 templado. Si lo interpretamos como un existencial fundamental[a], con ello se

[a] en la perspectiva de una ontología fundamental, e.d. desde la re-ferencia a la verdad del ser.

muestra que este fenómeno es comprendido como un modo fundamental del ser del Dasein. En cambio, el "comprender" en el sentido de *un* posible modo de conocimiento entre otros, diferente, por ejemplo, del "explicar", deberá ser interpretado, junto con este, como un derivado existencial del comprender primario que es con-constitutivo del ser del Ahí en cuanto tal.

La investigación hecha hasta ahora ya ha tropezado con este comprender originario, pero sin haberlo tematizado explícitamente. Que el Dasein, existiendo, es su Ahí, significa, por una parte, que el mundo es "ahí"; su *ser-ahí* es el estar-en. Y este es, asimismo, "ahí", como aquello por mor de lo cual el Dasein es. En el por-mor-de está abierto el existente estar-en-el-mundo en cuanto tal; esta aperturidad ha sido llamada comprender[1]. En la comprensión del por-mor-de está coabierta la significatividad que en él se funda. La aperturidad del comprender en cuanto aperturidad del por-mor-de y de la significatividad, es cooriginariamente una aperturidad del íntegro estar-en-el-mundo. La significatividad es aquello en función de lo cual el mundo está abierto como tal. Que el por-mor-de y la significatividad están abiertos en el Dasein significa que el Dasein es el ente al que en cuanto estar-en-el-mundo le va su propio ser.

En el lenguaje óntico se usa a veces en alemán la expresión "*etwas verstehen*", "comprender algo" [en castellano, "entender de algo"], en el sentido de "ser capaz de una cosa", de "poder hacer frente a ella", de "saber hacer algo". Lo existencialmente "podido" en el comprender no es una cosa, sino el ser en cuanto existir. En el comprender se da existencialmente ese modo de ser del Dasein que es el poder-ser. El Dasein no es algo que está-ahí y que tiene, por añadidura, la facultad de poder algo, sino que es primariamente un ser-posible. El Dasein es siempre lo que puede ser y en el modo de su posibilidad. El esencial poder-ser del Dasein concierne a los modos ya caracterizados del ocuparse del "mundo", de la solicitud por los otros y en todo ello y desde siempre, al poder-ser en relación consigo mismo, por-mor-de sí. La posibilidad que el Dasein es siempre existencialmente se distingue tanto de la vacía posibilidad lógica como de la contingencia de algo que está-ahí, en cuanto que con este puede "pasar" esto o aquello. Como categoría modal del estar-ahí, posibilidad significa lo que *todavía no* es real y lo que *jamás* es necesario. Ella es el carácter de lo *meramente* posible. Es ontológicamente inferior a la realidad y a la necesidad.
En cambio, la posibilidad, entendida como existencial, es la más originaria y 144
última determinación ontológica positiva del Dasein; por ahora ella solo puede ser tratada preparatoriamente como problema —al igual que la existencialidad en general. La base fenoménica para poder siquiera verla es el comprender en cuanto poder-ser aperiente.

[1] Cf. § 18, p. 109 ss.

La posibilidad en cuanto existencial no equivale a un poder-ser que flota en el vacío, a la manera de la "indiferencia de la voluntad" (*libertas indifferentiae*). El Dasein, en cuanto afectivamente dispuesto, por esencia ya ha venido a dar siempre en determinadas posibilidades; por ser el poder-ser que es, ha dejado pasar algunas, renuncia constantemente a posibilidades de su ser, las toma entre manos o las deja escapar. Pero esto significa: el Dasein es un ser-posible entregado a sí mismo, es, de un extremo al otro, *posibilidad arrojada*. El Dasein es la posibilidad de ser libre *para* el más propio poder-ser. El ser-posible es transparente para sí mismo en distintos modos y grados.

El comprender es el ser de un poder-ser que jamás está pendiente como algo que todavía no está-ahí, sino que, siendo por esencia algo que jamás está-ahí, "*es*" junto con el ser del Dasein, en el sentido de la existencia. El Dasein es en el modo de haber siempre comprendido o no comprendido que es de esta o aquella manera. Siendo tal comprender, "sabe" *lo que* pasa consigo mismo, es decir, con su poder-ser. Este "saber" no proviene de una autopercepción inmanente, sino que pertenece al ser del Ahí, que es esencialmente comprender. Y solo *porque* el Dasein, comprendiendo, es su Ahí, *puede* extraviarse y malentenderse. Y en la medida en que el comprender está afectivamente dispuesto y, en cuanto tal, existencialmente abandonado a su condición de arrojado, el Dasein ya se ha extraviado y malentendido siempre. Él está, pues, entregado en su poder-ser a la posibilidad de reencontrarse en sus posibilidades.

El comprender es el ser existencial del propio poder-ser del Dasein mismo, de tal manera que este ser abre en sí mismo lo que pasa consigo mismo. Intentaremos ahora aprehender más rigurosamente la estructura de este existencial.

La apertura del comprender concierne siempre a la constitución fundamental entera del estar-en-el-mundo. Como poder-ser, el estar-en es siempre un poder-estar-en-el-mundo. El mundo no solo está abierto en cuanto tal como posible significatividad, sino que la puesta en libertad de lo intramundano mismo deja a este ente en libertad con vistas a *sus* posibilidades. Lo a la mano queda descubierto, en cuanto tal, en su utiliza*bilidad*, emplea*bilidad*, perjudicia*lidad*. La totalidad respeccional se revela como el todo categorial de una *posibilidad* de interconexión de los entes a la mano. Pero también la "unidad" de los múltiples
145 entes que están-ahí —la naturaleza— solo se torna descubrible sobre la base de la apertura de una *posibilidad* suya. ¿Será casual que la pregunta por el ser de la naturaleza apunte a las "condiciones" de su *posibilidad*? ¿En qué se funda tal preguntar? Respecto de él no puede dejar de plantearse la pregunta: *¿por qué* el ente que no tiene el modo de ser del Dasein es comprendido en su ser cuando se lo patentiza en función de sus condiciones de posibilidad? Kant supone, quizás con razón, que ello es así. Pero más que ninguna otra cosa este supuesto mismo necesita ser justificado en su legitimidad.

¿Por qué el comprender penetra siempre hasta las posibilidades, en todas las dimensiones esenciales de lo que en él puede ser abierto? Porque el comprender tiene en sí mismo la estructura existencial que nosotros llamamos el *proyecto* [*Entwurf*] (*). Con igual originariedad, el comprender proyecta el ser del Dasein hacia el por-mor-de y hacia la significatividad en cuanto mundaneidad de su mundo. El carácter proyectivo del comprender constituye la aperturidad del Ahí del estar-en-el-mundo como el Ahí de un poder-ser. El proyecto es la estructura existencial de ser del ámbito en que se mueve el poder-ser fáctico. Y en cuanto arrojado, el Dasein lo está en el modo de ser del proyectar. El proyectar no tiene nada que ver con un comportamiento planificador (**) por medio del cual el Dasein organizara su ser, sino que, en cuanto Dasein, el Dasein ya siempre se ha proyectado, y es proyectante mientras existe. El Dasein, mientras es, ya se ha comprendido y se sigue comprendiendo desde posibilidades. El carácter proyectivo del comprender implica, además, que el comprender no capta lo que él proyecta —las posibilidades— en forma temática. Ese modo de captación priva a lo proyectado precisamente de su carácter de posibilidad, reduciéndolo a la condición de un dato simplemente mentado, mientras que el proyecto, en el proyectar mismo, pro-yecta ante sí la posibilidad en cuanto posibilidad y la hace *ser* tal. El comprender, en cuanto proyectar, es el modo de ser del Dasein en el que este *es* sus posibilidades como posibilidades.

En razón del modo de ser constituido por el existencial del proyecto, el Dasein sería constantemente "más" de lo que de hecho es, si se quisiera y pudiera examinar el contenido de su ser a la manera de un ente que está-ahí. Pero nunca es más de lo que fácticamente es, porque a su facticidad le pertenece esencialmente el poder-ser. Pero el Dasein en cuanto posibilidad tampoco es menos; es decir, lo que él en su poder-ser *todavía no* es, lo *es* existencialmente. Y solo porque el ser del Ahí recibe su constitución por medio del comprender y de su carácter proyectivo, y porque él *es* lo que él llega a ser o no llega a ser, puede decirse a sí mismo, comprendiendo lo que dice, "¡sé lo que eres!"[a].

El proyecto concierne siempre a la plena aperturidad del estar-en-el-mundo; 146
en cuanto poder-ser, también el comprender mismo tiene posibilidades, que quedan bosquejadas por el ámbito de todo lo que puede ser esencialmente abierto en él. El comprender *puede* establecerse primariamente en la aperturidad del mundo, es decir, el Dasein puede llegar a comprenderse inmediata y regularmente a partir de su mundo. O bien, por el contrario, el comprender se lanza primariamente en el por-mor-de, es decir, el Dasein existe como sí mismo[b]. El compren-

[a] Pero, ¿quién eres 'tú'? Ese que tú, librándote de ti mismo, proyectas al lanzarte *decididamente* hacia adelante [*als den du dich* los *wirfst*] - el que *devienes*.

[b] Pero no como sujeto e individuo, ni como persona.

der o bien es propio, un comprender que surge del propio sí-mismo en cuanto tal, o bien es impropio. El "in" del término "impropio" no implica una ruptura del Dasein respecto de sí mismo, de tal manera que el Dasein "solo" comprenda el mundo. El mundo pertenece a la mismidad del Dasein en cuanto estar-en-el-mundo. Tanto el comprender propio como el impropio, *pueden* ser, a su vez, auténticos o inauténticos (*). El comprender en cuanto poder-ser está enteramente impregnado de posibilidad. Pero, al transponerse en una de estas posibilidades fundamentales, el comprender no excluye la otra. *Por el contrario, puesto que el comprender concierne siempre a la plena aperturidad del Dasein en cuanto estar-en-el-mundo, el transponerse del comprender es una modificación existencial del proyecto en su integridad.* En la comprensión del mundo siempre está comprendido a la vez el estar-en (**); la comprensión de la existencia en cuanto tal es siempre comprensión del mundo.

En cuanto fáctico, el Dasein ya ha puesto siempre su poder-ser en una de las posibilidades del comprender.

El comprender en su carácter proyectivo constituye existencialmente eso que llamamos la visión [*Sicht*] (***) del Dasein. La visión que tiene lugar existencialmente junto con la aperturidad del Ahí es el Dasein mismo en sus distintas maneras fundamentales de ser ya aclaradas, y lo es en todas ellas con igual originariedad: como circunspección del ocuparse, respeto de la solicitud, visión de aquel ser por mor del cual el Dasein es siempre como es. La visión que apunta primariamente a la existencia en su integridad la llamamos *transparencia* [*Durchsichtigkeit*]. Escogemos este término para designar un "autoconocimiento" bien entendido, es decir, para indicar que no se trata de la búsqueda y contemplación aprehensora de un sí-mismo puntual, sino de una toma de posesión comprensora de la plena aperturidad del estar-en-el-mundo, a través de sus momentos estructurales esenciales. El ente existente "se" tiene a la vista tan solo en la medida en que se ha hecho cooriginariamente transparente en su estar en medio del mundo y en el coestar con los otros, como momentos constitutivos de su existencia.

A la inversa, la falta de transparencia del Dasein no proviene primaria ni únicamente de autoilusiones "egocéntricas", sino también del desconocimiento del mundo.

147 Sin embargo, es necesario preservar el término "visión" de un posible malentendido. Este término corresponde a la claridad, que es el carácter que hemos atribuido a la aperturidad del Ahí. El "ver" no solo no mienta la percepción con los ojos del cuerpo, sino tampoco mienta la pura aprehensión no sensible de un ente que está-ahí, en su estar-ahí. Para la significación existencial de la visión solo se toma en cuenta aquella característica del ver según la cual este deja comparecer al descubierto el ente mismo al que tiene acceso. Ciertamente todo

"sentido" hace lo mismo dentro de su propio ámbito de descubrimiento. Pero la tradición filosófica se orientó desde un principio primariamente hacia el "ver" como modo de acceso al ente *y al ser*. Para mantenerse en esta tradición se puede formalizar la visión y el ver hasta llegar a un término universal que caracterice en general todo acceso al ente y al ser.

Al mostrar cómo toda visión se funda primariamente en el comprender —la circunspección del ocuparse es la comprensión en cuanto *comprensión común* (*)— se le ha quitado a la pura intuición su primacía, la cual corresponde, en un plano noético, a la tradicional primacía ontológica de lo que está-ahí. Tanto la "intuición" como el "pensar"[a] son derivados ya lejanos del comprender. También la "intuición de esencias" de la fenomenología se funda en el comprender existencial. No es posible pronunciarse acerca de este modo del ver antes de haber obtenido los conceptos explícitos de ser y de estructura de ser, única forma posible de que pueda haber fenómenos en sentido fenomenológico.

La aperturidad del Ahí en el comprender es también una manera del poder-ser del Dasein. En el estar proyectado de su ser hacia el por-mor-de, a una con el estar proyectado hacia la significatividad (mundo), se da la aperturidad del ser en general[b]. En la proyección hacia posibilidades ya se ha anticipado la comprensión del ser. En el proyecto, el ser está comprendido[c], no ontológicamente concebido. El ente con el modo de ser del proyecto esencial del estar-en-el-mundo tiene como constitutivo de su ser la comprensión del ser. Lo que antes fue afirmado dogmáticamente[1] queda ahora mostrado a partir de la constitución del ser en el que el Dasein es su Ahí, es decir, en el comprender. Una aclaración satisfactoria del sentido existencial de esta comprensión del ser, que corresponda a los límites de toda la presente investigación, solo podrá lograrse sobre la base de la interpretación temporaria del ser.

Disposición afectiva y comprender caracterizan como existenciales la apertu- 148
ridad originaria del estar-en-el-mundo. En el modo del temple anímico, el Dasein "ve" posibilidades desde las cuales él es. En la apertura proyectante de estas posibilidades él ya está siempre anímicamente templado. El proyecto del poder-ser más propio está entregado al *factum* de la condición de arrojado en el Ahí. ¿No se torna más enigmático el ser del Dasein con la explicación de la estructura existencial del ser del Ahí en el sentido del proyecto arrojado? Efectivamente. Es necesario que dejemos salir primero a luz toda la enigmaticidad de este ser, aunque

[1] Cf. § 4, p. 34 ss.

[a] Tómese este como 'entendimiento', διάνοια; pero no se entienda el 'comprender'' ['*Verstehen*'] desde el entendimiento [*aus Verstand*].

[b] ¿Cómo 'está' allí esa aperturidad y qué significa ahí Ser [*Seyn*]?

[c] Lo que no significa que el ser 'sea' gracias al proyecto.

solo sea para fracasar de un modo genuino en la "solución" y poder así plantear de nuevo la pregunta por el ser del estar-en-el-mundo arrojado y proyectante.

Para poder poner, por lo pronto, ante la mirada en forma fenoménicamente suficiente el modo cotidiano de ser del comprender afectivamente dispuesto, es decir, de la plena aperturidad del Ahí, se requiere una elaboración concreta de estos existenciales.

§ 32. Comprender e interpretación

El Dasein en cuanto comprender proyecta su ser hacia posibilidades. Este comprensor *estar vuelto hacia posibilidades,* por la repercusión que tienen sobre el Dasein esas mismas posibilidades en tanto que abiertas, es también un poder-ser. El proyectarse del comprender tiene su propia posibilidad de desarrollo. A este desarrollo del comprender lo llamamos *interpretación* [*Auslegung*] (*). En la interpretación el comprender se apropia comprensoramente de lo comprendido por él. En la interpretación el comprender no se convierte en otra cosa, sino que llega a ser él mismo. La interpretación se funda existencialmente en el comprender, y no es este el que llega a ser por medio de aquella (**). La interpretación no consiste en tomar conocimiento de lo comprendido, sino en la elaboración de las posibilidades proyectadas en el comprender. De acuerdo con la tendencia de la etapa preparatoria de los análisis del Dasein cotidiano, examinaremos el fenómeno de la interpretación en el comprender del mundo, es decir, en la comprensión impropia y, más concretamente, en su modalidad auténtica.

El ocupado estar en medio de lo a la mano se da a comprender desde la significatividad abierta en la comprensión del mundo, la condición respectiva que puede tener lo que comparece. Que la circunspección descubre quiere decir que ella interpreta el mundo ya comprendido. Lo a la mano accede *explícitamente* a la visión comprensora. Todo preparar, ordenar, arreglar, mejorar, completar,
149 se lleva a cabo en tanto que lo circunspectivamente a la mano es explicitado en su para-qué y se hace objeto de un ocuparse que se rige por lo que se ha hecho visible en esta explicitación. Lo que la circunspección explícita en su para-qué, y precisamente en cuanto tal, lo *explícitamente* comprendido, tiene la estructura de *algo en cuanto algo.* A la pregunta circunspectiva acerca de lo que sea este determinado ente a la mano, la interpretación circunspectiva responde diciendo: es para... La indicación del para-qué no consiste simplemente en nombrar algo, sino que lo nombrado es comprendido en está forma: lo que está en cuestión debe ser considerado *como* tal. Lo abierto en el comprender, lo comprendido, ya es accesible siempre de un modo tal que en él se puede destacar explícitamente su "en

cuanto qué". El "en cuanto" expresa la estructura explicitante de lo comprendido; es lo constitutivo de la interpretación. El trato circunspectivo-interpretante con el ente a la mano del mundo circundante, que lo "ve" en *cuanto* mesa, puerta, coche o puente, no tiene necesidad de exponer también en un *enunciado* determinativo lo circunspectivamente interpretado. Toda simple visión antepredicativa de lo a la mano ya es en sí misma comprensora-interpretante. ¿Pero no es la carencia de este "en cuanto" lo que constituye la simplicidad de la pura percepción? El ver que tiene lugar en esta visión es siempre comprensor-interpretante. Encierra en sí los respectos remisionales explícitos (del para-qué) que son propios de la totalidad respeccional a partir de la cual queda comprendido lo simplemente compareciente. La articulación de lo comprendido en el acercamiento interpretante del ente en la forma de "algo en cuanto algo" es *previa* al enunciado temático acerca de él. No es en este dónde surge por vez primera el "en cuanto", sino que en él tan solo se expresa; lo que no sería posible si no se encontrara allí como expresable. El que a la simple visión le pueda faltar el carácter explícito de un enunciado no autoriza a negarle a esta visión toda interpretación articuladora y, consiguientemente, la estructura del "en cuanto". La simple visión de las cosas inmediatas en el habérselas con ellas comporta de un modo tan originario la estructura de la interpretación que precisamente una aprehensión de algo, por así decirlo, *libre de "en cuanto"* demanda una cierta readaptación. El nada-más-que-tener-ante-sí una cosa se da en el puro quedarse mirando esa cosa *en cuanto ya-no-comprenderla*. Esta percepción carente de "en cuanto" es una privación del *simple* ver comprensor, no más originaria que este, sino derivada de él. Que el "en cuanto" no esté expresado ónticamente no debe inducir a pasarlo por alto como estructura existencial *a priori* del comprender.

Pero si ya toda percepción de un útil a la mano es comprensora-interpretante
y deja comparecer circunspectivamente algo en cuanto algo, ¿no quiere entonces 150
decir esto que primero se experimenta una cosa que está puramente ahí, y que luego se la entiende *en cuanto* puerta o *en cuanto* casa? Esto sería malentender la específica función aperiente de la interpretación. La interpretación no arroja cierto "significado" sobre el nudo ente que está-ahí, ni lo reviste con un valor, sino que lo que comparece dentro del mundo, ya tiene siempre, en cuanto tal, una condición respectiva abierta en la comprensión del mundo, y esta condición queda expuesta por medio de la interpretación.

Lo a la mano es comprendido siempre desde la totalidad respeccional. Esta no necesita ser aprehendida explícitamente por medio de una interpretación temática. Incluso cuando ha pasado a través de una interpretación semejante, vuelve nuevamente a la comprensión implícita. Y es precisamente en esta modalidad como ella es el fundamento esencial de la interpretación circunspectiva cotidiana. Esta interpretación se funda siempre en un *haber previo* [*Vorhabe*]. La interpretación, en cuanto se apropia de una comprensión, se mueve en un comprensor estar vuelto hacia una totalidad respeccional ya comprendida. La apropiación de lo comprendido pero todavía velado realiza siempre el desvelamiento guiada por un punto de vista que fija aquello en función de lo cual lo comprendido debe ser interpretado. La interpretación se funda siempre en una *manera previa de ver* [*Vorsicht*] que "recorta" lo dado en el haber previo hacia una determinada interpretabilidad. Lo comprendido que se tiene en el haber previo y que está puesto en la mira del modo previo de ver, se hace entendible por medio de la interpretación. La interpretación puede extraer del ente mismo que hay que interpretar los conceptos correspondientes, o bien puede forzar al ente a conceptos a los que él se resiste por su propio modo de ser. Sea como fuere, la interpretación se ha decidido siempre, definitiva o provisionalmente, por una determinada conceptualidad; ella se funda en una *manera de entender previa* [*Vorgriff*] (*).

La interpretación de algo en cuanto algo está esencialmente fundada en el haber previo, en la manera previa de ver y en la manera de entender previa. La interpretación no es jamás una aprehensión, sin supuestos, de algo dado. Cuando esa particular concreción de la interpretación que es la interpretación exacta de los textos apela a lo que "está allí", lo que por lo pronto está allí no es otra cosa que la obvia e indiscutida opinión previa del intérprete, que subyace necesariamente en todo quehacer interpretativo como aquello que con la interpretación misma ya está "puesto", es decir, previamente dado en el haber previo, la manera previa de ver y la manera de entender previa.

¿Cómo debe entenderse el carácter de esta "prioridad" (**)? ¿Basta con que se diga, de una manera formal, que se trata de un *a priori*? ¿Por qué pertenece esta estructura al comprender, que hemos caracterizado como un existencial
151 fundamental del Dasein? ¿Cómo se relaciona con ella la estructura del "en cuanto", propia de lo interpretado como tal? Evidentemente este fenómeno no puede descomponerse "en partes integrantes" (***). ¿Pero excluye esto una analítica originaria? ¿Debemos considerar semejantes fenómenos como "ultimidades"? En tal caso quedaría en pie la pregunta: ¿por qué? ¿O muestran quizás la estructura de prioridad del comprender y la estructura de en cuanto de la interpretación una conexión ontológico-existencial con el fenómeno del proyecto? Y este ¿no remite hacia atrás, hacia una originaria estructura de ser del Dasein?

Antes de responder a estas preguntas, para lo cual no estamos aún suficientemente preparados, hay que investigar si aquello que se nos ha mostrado como estructura de prioridad del comprender y como estructura de en cuanto de la interpretación no representa ya en sí mismo un fenómeno unitario, fenómeno del que sin duda se hace abundante uso en la problemática filosófica, pero sin que a lo así universalmente usado corresponda una explicación ontológica originaria.

En el proyectar del comprender el ente está abierto en su posibilidad. El carácter de posibilidad corresponde cada vez al modo de ser del ente comprendido. El ente intramundano en general es proyectado hacia un mundo, es decir, hacia un todo de significatividad a cuyos respectos remisionales la ocupación, en cuanto estar-en-el-mundo, se ha ligado de antemano. Cuando un ente intramundano ha sido descubierto por medio del ser del Dasein, es decir, cuando ha venido a comprensión, decimos que tiene *sentido*. Pero lo comprendido no es, en rigor, el sentido, sino el ente o, correlativamente, el ser. Sentido es aquello en lo que se mueve la comprensibilidad de algo. Sentido es lo articulable en la apertura comprensora. El *concepto de sentido* abarca la estructura formal de lo que pertenece necesariamente a lo articulable por la interpretación comprensora. *Sentido es el horizonte (*) del proyecto estructurado por el haber-previo, la manera previa de ver y la manera de entender previa, horizonte desde el cual algo se hace comprensible en cuanto algo*. En la medida en que el comprender y la interpretación conforman la constitución existencial del ser del Ahí, el sentido debe ser concebido como la estructura existencial-formal de la aperturidad que es propia del comprender. El sentido es un existencial del Dasein, y no una propiedad que adhiera al ente, que esté "detrás" de él o que se cierna en alguna parte como "región intermedia" (**). Solo el Dasein "tiene" sentido, en la medida en que la aperturidad del estar-en-el-mundo puede ser "llenada" por el ente en ella descubrible. *Por eso, solo el Dasein puede estar dotado de sentido o desprovisto de él.* Esto significa: su propio ser y el ente abierto con este puede ser apropiado en la comprensión o rehusado en la incomprensión.

Si se mantiene esta fundamental interpretación ontológico-existencial del 152
concepto de "sentido", entonces todo ente que tenga un modo de ser diferente del modo de ser del Dasein deberá ser concebido como sin sentido, como esencial y absolutamente desprovisto de sentido. "Sin sentido" no significa aquí una valoración, sino que expresa una determinación ontológica. *Y solo lo sin-sentido puede ser un contrasentido*. Lo que está-ahí, en cuanto compareciente en el Dasein, puede, por así decirlo, ir en contra del ser del Dasein, como sucede, por ejemplo, con el desatarse de devastadores fenómenos de la naturaleza.

Y cuando preguntamos por el sentido del ser, la investigación no se torna por eso profunda, ni intenta alcanzar, a costa de cavilaciones, algo que estuviera detrás del ser, sino que pregunta por el ser mismo en tanto que inmerso en la comprensibilidad del Dasein. El sentido del ser no puede ser jamás contrapuesto al ente o al ser en cuanto "fundamento" sustentador del ente, puesto que el "fundamento" solo es accesible como sentido, aunque solo fuere como el abismo del sinsentido.

El comprender, en cuanto aperturidad del Ahí, atañe siempre a la totalidad del estar-en-el-mundo. En todo comprender del mundo está comprendida también la existencia, y viceversa. Además, toda interpretación se mueve en la estructura de prioridad ya caracterizada. Toda interpretación que haya de aportar comprensión debe haber comprendido ya lo que en ella se ha de interpretar. Este hecho siempre ha sido advertido, aunque tan solo en el ámbito de las formas derivadas del comprender y la interpretación, en la interpretación filológica. La interpretación filológica pertenece al ámbito del conocimiento científico. Este conocimiento pide el rigor de la demostración evidenciante. La demostración científica no debe presuponer lo que ella tiene que demostrar. Pero si la interpretación debe moverse ya siempre en lo comprendido y nutrirse de ello, ¿cómo podrá producir resultados científicos sin moverse en un círculo, sobre todo si la comprensión presupuesta se basa, por otra parte, en el conocimiento ordinario del hombre y del mundo? Ahora bien, según las más elementales reglas de la lógica, el *círculo* es un *circulus vitiosus.* Pero de esta manera el quehacer de la interpretación histórica queda excluido *a priori* del dominio del conocimiento riguroso. Mientras no se elimine este *factum* del círculo en el comprender, la historiografía tendrá que resignarse a posibilidades de conocimiento menos rigurosas. Ella podrá compensar, en cierta medida, esta deficiencia mediante la "significación espiritual" de sus "objetos". Pero ciertamente el ideal sería, incluso en opinión de los propios historiadores, que el círculo pudiese ser evitado y hubiese esperanza de crear algún día una ciencia histórica que fuese tan independiente del punto de vista del observador como presuntamente lo es el conocimiento de la naturaleza.

153 *Sin embargo, ver en este círculo un* circulus vitiosus *y buscar cómo evitarlo, o por lo menos "sentirlo" como imperfección inevitable, significa malcomprender radicalmente el comprender.* No se trata de adecuar el comprender y la interpretación a un determinado ideal de conocimiento, que no es sino una variedad del comprender que se ha orientado hacia la legítima empresa de aprehender lo que está-ahí en su esencial incomprensibilidad. Por el contrario, el cumplimiento de las condiciones fundamentales de toda interpretación exige no desconocer de partida las esenciales condiciones de su realización. Lo decisivo no es salir del círculo, sino entrar en él en forma correcta. Este círculo del comprender no es un circuito en el que gire un género cualquiera de conocimientos, sino que es la expresión de la *estructura* existencial de *prioridad* del Dasein mismo. No se lo debe rebajar a la condición de un *circulus vitiosus,* y ni siquiera a la de un círculo vicioso tolerado. En él se encierra una positiva posibilidad del conocimiento más originario, posibilidad que, sin embargo, solo será asumida de manera auténtica cuando la interpretación haya comprendido que su primera, constante y última tarea consiste en no dejar que el haber previo, la manera previa de ver y la manera de entender previa le sean dados por simples ocurrencias y opiniones populares, sino en asegurarse el carácter científico del tema mediante la elaboración de esa estructura de prioridad a partir de las cosas mismas. Dado que, en virtud de su sentido existencial, el comprender es el poder-ser del Dasein mismo, los supues-

tos ontológicos del conocimiento histórico trascienden fundamentalmente la idea del rigor de las ciencias más exactas. La matemática no es más rigurosa que la historia, sino tan solo más estrecha en cuanto al ámbito de los fundamentos existenciales relevantes para ella.

El "círculo" en el comprender pertenece a la estructura del sentido, fenómeno que está enraizado en la estructura existencial del Dasein, en el comprender interpretante. El ente al que en cuanto estar-en-el-mundo le va su ser mismo[a], tiene una estructura ontológica circular. Sin embargo, si se tiene en cuenta que el "círculo" cae en el dominio de ser del estar-ahí (consistencia), deberá evitarse en general caracterizar ontológicamente por medio de este fenómeno a un ente como el Dasein.

§ 33. El enunciado en cuanto modo derivado de la interpretación

Toda interpretación se funda en el comprender. El sentido es lo articulado en la interpretación y lo bosquejado como articulable en el comprender. En la medida en que el enunciado (o "juicio") se funda en el comprender y representa una for- 154
ma derivada de llevarse a cabo la interpretación, él *también* "tiene" un sentido. Sin embargo, el sentido no puede ser definido como algo que se encuentra "en" el juicio, junto con el acto de juzgar. El análisis explícito del enunciado en el contexto presente tiene una múltiple finalidad.

Por una parte, en el enunciado se puede hacer ver en forma palpable de qué manera la estructura del "en cuanto", constitutiva del comprender y la interpretación, es modificable. El comprender y la interpretación se vuelven así mucho más nítidos. Por otra parte, el análisis del enunciado tiene un lugar sobresaliente dentro de la problemática ontológico-fundamental por el hecho de que en los comienzos decisivos de la ontología antigua el λόγος constituyó el único hilo conductor para el acceso al ente propiamente dicho y para la determinación del ser de ese ente. Finalmente, desde hace mucho tiempo se considera al enunciado como el "lugar" primario y propio de la *verdad*. El fenómeno de la verdad se halla tan estrechamente unido al problema del ser, que la presente investigación tropezará necesariamente en su desarrollo con el problema de la verdad, e incluso se encuentra ya, implícitamente, en esa dimensión. El análisis del enunciado debe contribuir a la preparación de esta problemática.

[a] Pero este "su ser mismo" está determinado en sí por la comprensión del ser, e.d. por el hecho de estar en el claro [*Lichtung*] de la pre-sencia; donde ni el claro en cuanto tal ni la presencia en cuanto tal llegan a ser tema de una representación.

En adelante asignaremos al término *enunciado* tres significaciones que han sido extraídas del fenómeno designado por él y que, estando unidas entre sí, circunscriben en su unidad la estructura entera del enunciado.

1. Enunciado significa primariamente *mostración*. Mantenemos así el sentido originario del λόγος como ἀπόφανσις: hacer ver al ente desde sí mismo. En el enunciado "el martillo es demasiado pesado", lo descubierto para la visión no es un "sentido", sino un ente en la forma del estar a la mano. Aunque este ente no se encuentre en una cercanía palpable y "visible", la mostración mienta al ente mismo, y de ningún modo una mera representación de él, ni tampoco algo "puramente representado", ni mucho menos un estado psíquico del enunciante, su representación de este ente.

2. Enunciado significa tanto como *predicación*. De un "sujeto" se "enuncia" un "predicado"; aquel es *determinado* por este. Lo enunciado, en está significación, no es el predicado, sino "el martillo mismo". En cambio, lo enunciante, es decir, lo determinante, está en el "demasiado pesado". Lo enunciado, en esta
155 segunda significación, es decir, lo determinado, en cuanto tal, ha experimentado una reducción de su contenido, en comparación con lo enunciado en la primera significación. Toda predicación es lo que es tan solo como mostración. La segunda significación del enunciado tiene su fundamento en la primera. Los miembros de la articulación predicativa —sujeto y predicado— surgen dentro de la mostración. No es la determinación la que descubre, sino que, en cuanto modo de la mostración, empieza, precisamente, por *reducir* la visión a lo que se muestra en cuanto tal —el martillo—, a fin de hacer, por medio de la *reducción* explícita de la mirada, que lo patente se manifieste *explícitamente* en su determinación. La determinación empieza por dar un paso atrás en relación a lo ya patente, al martillo demasiado pesado; la "posición del sujeto" reduce el enfoque del ente a "este martillo aquí", a fin de hacer, mediante la reampliación del enfoque, que lo patente se vea *en* su determinable determinación. La posición del sujeto y la posición del predicado son, a una con la aplicación [de este a aquel], enteramente "apofánticos", en el más estricto sentido de la palabra.

3. Enunciado significa *comunicación*, expresión verbal. En cuanto tal, tiene relación directa con el enunciado en la primera y segunda significación. Es un hacer-ver-a-una-con-otros lo que ha sido mostrado en la forma de la determinación. Este hacer-ver-con comparte con el otro el ente que ha sido mostrado en su determinación. Lo "compartido" es el vidente y común *estar vuelto hacia* lo mostrado, estar vuelto que debe ser afirmado en su carácter de estar-en-el-mundo, vale decir, en *aquel* mundo desde el cual comparece lo mostrado. El enunciado, en cuanto común-icación, entendida en este sentido existencial, implica el estar expresado [*Ausgesprochenheit*]. Lo enunciado en cuanto comunicado puede ser

"compartido" por los otros con el enunciante, sin que el ente mostrado y determinado esté para ellos mismos en una cercanía palpable y visible. Lo enunciado puede "seguir siendo comunicado de unos a otros". El círculo de este vidente compartir de unos a otros se amplía. Pero, al mismo tiempo, en está transmisión de unos a otros, lo mostrado puede volver a ocultarse; aunque también el saber y conocer que surge en este oír decir sigue apuntando al ente mismo, y no "afirma" —como podría pensarse— un "sentido valedero" que haya ido pasando de mano en mano. También el oír decir es un estar-en-el-mundo y un estar vuelto hacia la cosa de la cual se oye hablar.

La teoría del "juicio" inspirada hoy predominantemente en el fenómeno de la "validez" no podrá ser discutida aquí en forma detallada. Contentémonos con señalar el carácter en muchos sentidos problemático de este fenómeno de la "validez", que es considerado desde la época de Lotze como un "protofenómeno" irreductible. Esta condición la debe ese fenómeno únicamente a
su falta de claridad ontológica. No menos oscura es la "problemática" que ha 156
echado raíces en torno a este ídolo verbal. "Validez" mienta, en primer lugar, la *"forma" de la realidad* que es propia del contenido del juicio en tanto que este se mantiene inalterable frente al cambiante proceso "psíquico" del juzgar. En el estado actual de la pregunta por el ser, que fue descrito en la Introducción de este tratado, difícilmente podrá esperarse que la "validez", en cuanto "ser ideal", se destaque por una particular claridad ontológica. "Validez" significa también la vigencia del sentido del juicio válido, respecto del "objeto" mentado en él, y adquiere así la significación de *validez objetiva* y de objetividad en general. El sentido que de esta manera "vale" del ente, y que es "intemporalmente" valedero en sí mismo, "vale", además, en el sentido del valor para todo el que juzga racionalmente. "Validez" quiere decir ahora *carácter vinculativo* [*Verbindlichkeit*], "validez universal". Y si además de todo ello se sostiene una teoría "crítica" del conocimiento, según la cual el sujeto "propiamente" no "sale" hacia el objeto, entonces la validez, en cuanto validez del objeto, objetividad, se funda en la consistencia valedera del verdadero (!) sentido. Las tres significaciones del "valer" aquí expuestas, esto es, del valer en cuanto manera de ser de lo ideal, en cuanto objetividad y en cuanto carácter vinculativo, no solo carecen en sí mismas de transparencia, sino que se confunden constantemente enredándose entre sí. La prudencia metodológica exige que no se tomen como hilo conductor de la interpretación conceptos tan iridiscentes. No restringiremos de antemano el concepto de sentido a la significación de "contenido del juicio", sino que lo entenderemos como el fenómeno existencial ya caracterizado en el que se hace visible la estructura formal de lo que puede ser abierto en el comprender y articulado en la interpretación.

Si reunimos en una mirada unitaria hacia el fenómeno completo las tres significaciones del "enunciado" recién analizadas, tendremos como definición que *el enunciado es una mostración que determina y comunica.* Pero hay que preguntar con qué derecho entendemos el enunciado como un modo de la interpretación. Si lo es, entonces tendrán que reaparecer en él las estructuras esenciales de la interpretación. El mostrar del enunciado se lleva a cabo sobre la base de lo ya abierto en el comprender o de lo circunspectivamente descubierto. El enunciado no es un comportamiento en el aire que por sí mismo pudiera abrir primariamente el ente, sino que se mueve ya siempre sobre la base del estar-en-el-mundo. Lo que
157 antes[1] se mostró con relación al conocimiento del mundo no es menos valedero del enunciado. El enunciado necesita del haber previo de algo abierto, que será mostrado en la forma de la determinación. Por otra parte, la determinación implica ya un punto de vista desde el cual se mira hacia lo que hay que enunciar. Aquello hacia lo que se apunta en el ente previamente dado asume en la determinación la función de lo determinante. El enunciado necesita de una manera previa de ver, mediante la cual el predicado que hay que destacar y convertir en atributo se libera, en cierto modo, de su inexplícita inclusión en el ente mismo. Al enunciado en cuanto comunicación determinativa le pertenece siempre una articulación de lo mostrado, realizada en el plano de la significación; el enunciado se mueve en una determinada conceptualización: el martillo es pesado, la pesantez le pertenece al martillo, el martillo tiene la propiedad de la pesantez. El modo previo de entender implicado en el enunciado no llama de ordinario la atención, porque el lenguaje lleva siempre consigo una bien elaborada conceptualización. Al igual que la interpretación en general, el enunciado tiene necesariamente sus fundamentos existenciales en el haber previo, la manera previa de ver y el modo previo de entender.

Pero, ¿hasta qué punto el enunciado es un modo *derivado* de la interpretación? ¿Qué se ha modificado en está? Podemos señalar esa modificación ateniéndonos a casos-límite de enunciados, considerados en la lógica como casos normales y como ejemplos de los fenómenos enunciativos "más simples". Lo que la lógica estudia como proposición enunciativa categórica (ejemplo: "el martillo es pesado") lo comprende siempre, previamente a todo análisis, "de un modo lógico". Inadvertidamente se ha supuesto de antemano como "sentido" de la proposición que la cosa-martillo tiene la propiedad de la pesantez. "En un primer momento", en la circunspección del ocuparse no hay enunciados de este tipo. Pero, en cambio, la circunspección tiene sus formas específicas de interpretación, que, a diferencia del "juicio teorético" mencionado, podrían expresarse así: "el martillo es demasiado pesado", o mejor aun: "demasiado pesado", o bien:

[1] Cf. § 13, p. 86 ss.

"¡el otro martillo!". El modo originario como se lleva a cabo la interpretación no consiste en la proposición enunciativa teorética, sino en el hecho de que en la circunspección del ocuparse se deja de lado o se cambia la herramienta inapropiada "sin decir una sola palabra". De la falta de palabras no se debe concluir la falta de interpretación. Por otra parte, la interpretación circunspectiva expresada no es necesariamente, por ese solo hecho, un enunciado en el sentido ya definido. *¿Que modificaciones ontológico-existenciales hacen surgir el enunciado desde la interpretación circunspectiva?*[a].

El ente tenido en el haber previo, el martillo, por ejemplo, está, como útil, inmediatamente a la mano. Si este ente se vuelve "objeto" de un enunciado, ya 158
con la actitud enunciante se produce de antemano y de un solo golpe una mutación en el haber previo. El *con-qué —de carácter a la mano—* del habérselas o del quehacer, se convierte en un *"acerca-de-qué"* del enunciado mostrativo. La manera previa de ver apunta a algo que está-ahí en lo a la mano. *Por medio* de la mirada contemplativa y *para* ella, lo a la mano se oculta en tanto que a la mano. Dentro del proceso del descubrimiento del estar-ahí que encubre el estar a la mano, el ente que comparece estando-ahí es determinado como estando-de-tal-o-cual-modo-ahí. Ahora, por primera vez, se abre el acceso a algo así como las *propiedades*. El "qué" del decir determinante de lo que está-ahí, es extraído de lo que está-ahí en cuanto tal. La estructura de "en cuanto" de la interpretación experimenta así una modificación. El "en cuanto" ya no llega en su función de apropiación hasta una totalidad respeccional. Ha sido apartado de sus posibilidades de articulación de las relaciones remisivas de la significatividad que constituye la circunmundaneidad. El "en cuanto" queda repelido al plano indiferenciado de lo que solo está-ahí. Desciende al nivel de la estructura del mero-dejar-ver determinativo, que hace ver lo que está-ahí. Esta nivelación del originario "en cuanto" de la interpretación circunspectiva que lo convierte en el "en cuanto" de la determinación del estar-ahí, es el privilegio del enunciado. Solo así puede este llegar a ser una pura mostración contemplativa.

De este modo, el enunciado no puede negar su origen ontológico en la interpretación comprensora. El "en cuanto" originario de la interpretación circunspectivamente comprensora (ἑρμηνεία) será llamado "en cuanto" *hermenéutico*-existencial, a diferencia del "en cuanto" *apofántico* del enunciado.

Entre la interpretación todavía enteramente encubierta en el comprender de la ocupación y su extrema contrapartida, el enunciado teorético sobre lo que está-ahí, hay múltiples grados intermedios. Enunciados sobre sucesos del mundo circundante, descripción de cosas a la mano, "informes de situación", registro y fijación de una "condición fáctica", descripción de un estado de cosas, narra-

[a] ¿De qué modo puede realizarse el enunciado mediante la modificación de la interpretación?

ción de lo acaecido. Estas "proposiciones" no se dejan reducir, sin tergiversación esencial de su sentido, a proposiciones enunciativas teoréticas. Tienen su "origen", al igual que estas, en la interpretación circunspectiva.

Con el avance en el conocimiento de la estructura del λόγος, el fenómeno del "en cuanto" apofántico no podía dejar de mostrarse en alguna forma. La manera como fue visto por primera vez no es casual y no ha dejado de tener su influencia en la historia ulterior de la lógica.

159 Para la consideración filosófica, el λόγος es, también, un ente, y, según la orientación de la ontología antigua, un ente que está-ahí. Lo primero que está-ahí, es decir, lo primero que encontramos al modo de las cosas, son las palabras y la secuencia de palabras en que el λόγος se expresa. La primera investigación de la estructura del λόγος que de este modo está-ahí encuentra una multitud de palabras que *están-ahí-juntas*. ¿Qué es lo que produce la unidad de este conjunto? Tal como lo vio Platón, esta unidad proviene del hecho de que el λόγος es siempre un λόγος τινός. Por referencia al ente manifiesto en el λόγος, las palabras son reunidas en *un* todo verbal. Aristóteles tuvo una comprensión más radical: todo λόγος es, al mismo tiempo, σύνθεσις y διαίρεσις: no, disyuntivamente, o bien lo uno —en cuanto "juicio afirmativo"— o bien lo otro —en cuanto "juicio negativo". Todo enunciado, tanto el que afirma como el que niega, tanto el verdadero como el falso, es, con igual originariedad, σύνθεσις y διαίρεσις. Mostrar es reunir y separar. Sin embargo, Aristóteles no desarrolló el análisis hasta el punto de preguntarse qué fenómeno es el que, dentro de la estructura del λόγος, hace posible y a la vez exige caracterizar todo enunciado como síntesis y diaíresis.

Lo que con las estructuras formales del "enlazar" y el "separar", o más exactamente, con la unidad de ambos, debía ser fenoménicamente descubierto, es el fenómeno del "algo en cuanto algo". En virtud de está estructura, una cosa solo es comprendida en función de otra cosa, en conjunción con ella, y de tal manera, que esta confrontación *comprensora*, junto con reunir, a la vez separa lo reunido, articulándolo en la *interpretación*. Si el fenómeno del "en cuanto" queda encubierto y, sobre todo, si queda oculto en su origen existencial a partir del "en cuanto" hermenéutico, entonces el planteamiento fenomenológico de Aristóteles para el análisis del λόγος se desintegra en una superficial "teoría del juicio" según la cual juzgar es enlazar o separar representaciones y conceptos.

Enlazar y separar pueden ser formalizados aún más, convirtiéndose en una "relación". En la logística el juicio se resuelve en un sistema de "correlaciones" y se convierte en objeto de un "cálculo", pero no en tema de una interpretación ontológica. La posibilidad e imposibilidad de una comprensión analítica de la σύνθεσις y de la διαίρεσις, de la "relación" en el juicio en general, están estrechamente vinculadas con el correspondiente estado de la problemática ontológica fundamental.

Cuán profundamente influya esta problemática ontológica en la interpretación del λόγος y, a la inversa, cuán profundo efecto tenga —por curiosa repercusión— la concepción del "juicio" sobre la problemática ontológica, lo muestra el fenómeno de la *cópula*. En esta "ligadura" se pone de manifiesto, en primer lugar, que la estructura sintética ha sido supuesta como cosa evidente y que ella, 160
además, detenta un carácter determinante en la interpretación. Pero si los caracteres puramente formales de la "relación" y "enlace" no pueden hacer ningún aporte fenoménico a un análisis del contenido de la estructura del λόγος, el fenómeno al que apunta el término "cópula" no tiene en definitiva nada que ver con ligadura o enlace. El "es" y su interpretación, sea que ese "es" se halle taxativamente expresado en forma lingüística, sea que esté indicado en la terminación verbal, entran en el contexto de los problemas de la analítica existencial, si es verdad que el enunciar y la comprensión del ser son posibilidades existenciales de ser del Dasein mismo. La elaboración de la pregunta por el ser (cf. I Parte, 3 Sección) volverá a encontrar este peculiar fenómeno de ser que aparece dentro del λόγος.

De momento, se trataba tan solo de dejar en claro, mediante la demostración del carácter derivado del enunciado con respecto a la interpretación y el comprender, que la "lógica" del λόγος está enraizada en la analítica existencial del Dasein. El reconocimiento de la insuficiente interpretación ontológica del λόγος agudiza, además, la visión del carácter no originario de la base metodológica en que se apoya la ontología antigua. El λόγος es experimentado como algo que está-ahí e interpretado como tal; asimismo el ente mostrado por él tiene el sentido de un estar-ahí. Este sentido de ser queda sin diferenciar frente a otras posibilidades de ser, de tal manera que al mismo tiempo el ser, en el sentido formal de ser-algo, se amalgama con él, sin que se haya podido lograr siquiera una clara separación regional de ambos[a].

§ 34. Da-sein y discurso. El lenguaje

Los existenciales fundamentales que constituyen el ser del Ahí, es decir, la aperturidad del estar-en-el-mundo, son la disposición afectiva y el comprender. El comprender lleva consigo la posibilidad de la interpretación, es decir, de la apropiación de lo comprendido. Dado que la disposición afectiva es cooriginaria con el comprender, ella se mantiene en una cierta comprensión. Asimismo a la disposición afectiva le es propia una cierta interpretabilidad. En el enunciado se hizo visible un último derivado de la interpretación. El esclarecimiento de la

[a] Husserl.

tercera acepción del enunciado, la comunicación (o expresión verbal) condujo al concepto del decir y del hablar, concepto que hasta ese momento había quedado intencionalmente sin considerar. El hecho de que *solo ahora* se tematice el lenguaje deberá servir para indicar que este fenómeno tiene sus raíces en la constitución existencial de la aperturidad del Dasein. *El fundamento ontológi-*
161 *co-existencial del lenguaje es el discurso [Rede]* (*). En el análisis anteriormente realizado de la disposición afectiva, del comprender, de la interpretación y del enunciado ya hemos hecho uso constante de este fenómeno, pero sustrayéndolo, por así decirlo, a un análisis temático.

El discurso es existencialmente cooriginario con la disposición afectiva y el comprender. La comprensibilidad ya está siempre articulada, incluso antes de la interpretación apropiadora. El discurso es la articulación de la comprensibilidad. Por eso, el discurso se encuentra ya en la base de la interpretación y del enunciado. Lo articulable en la interpretación y, por lo mismo, más originariamente ya en el discurso, ha sido llamado el sentido. A lo articulado en la articulación del discurso lo llamamos el todo de significaciones. Este puede descomponerse en significaciones. Las significaciones, por ser lo articulado de lo articulable están siempre provistas de sentido. Si el discurso, como articulación de la comprensibilidad del Ahí, es un existencial originario de la aperturidad, y la aperturidad, por su parte, está constituida primariamente por el estar-en-el-mundo, el discurso deberá tener también esencialmente un específico modo de ser *mundano* (**). La comprensibilidad afectivamente dispuesta del estar-en-el-mundo *se expresa como discurso* (***). El todo de significaciones de la comprensibilidad *viene a palabra.* A las significaciones les brotan palabras, en vez de ser las palabras las que, entendidas como cosas, se ven provistas de significaciones.

La exteriorización del discurso es el lenguaje. Esa totalidad de palabras en la que el discurso cobra un peculiar ser "mundano", puede, de esta manera, en cuanto ente intramundano, ser encontrada como algo a la mano. El lenguaje puede desarticularse en palabras-cosas que están-ahí. El discurso es existencialmente lenguaje porque el ente cuya aperturidad él articula en significaciones tiene el modo de ser del estar-en-el-mundo en condición de arrojado y de consignado al "mundo" (****)[a].

Como estructura existencial de la aperturidad del Dasein, el discurso es constitutivo de la existencia del Dasein. Al hablar discursivo le pertenecen las posibilidades del *escuchar* y del *callar.* En estos fenómenos se torna enteramente clara la función constitutiva del discurso para la existencialidad de la existencia. En primer lugar, será necesario desentrañar la estructura del discurso en cuanto tal.

[a] Para el lenguaje, la condición de arrojado es esencial.

El discurso es la articulación "significante" de la comprensibilidad del estar-en-el-mundo, estar-en-el-mundo al que le pertenece el coestar, y que siempre se mantiene en una determinada forma del convivir ocupado. Este convivir es discursivo en el modo del asentir y disentir, del exhortar y prevenir, en cuanto discusión, consulta e intercesión, y también en el modo de "hacer declaraciones" y de hablar en el sentido de "hacer discursos". Discurrir es discurrir sobre... El *sobre-qué* del discurso no tiene necesariamente, y la mayor parte de las veces
no tiene siquiera de hecho, el carácter de tema de un enunciado determinativo. 162
También una orden se da sobre algo; el deseo lo es de alguna cosa. La intercesión no está desprovista de algo sobre lo que recae. El discurso tiene necesariamente este momento estructural por ser parte constitutiva de la aperturidad del estar-en-el-mundo y porque en su estructura propia está preformado por esta constitución fundamental del Dasein. Aquello acerca de lo cual se discurre en el discurso está siempre "tratado" (*) desde un determinado punto de vista y dentro de ciertos límites. En todo discurso hay *algo que el discurso dice*, lo dicho en cuanto tal en el respectivo desear, preguntar, pronunciarse sobre... En lo así dicho, el discurso se comunica.

El fenómeno de la *comunicación* —como ya se indicó al hacer su análisis— debe ser comprendido en un sentido ontológicamente amplio. La "comunicación" enunciativa, por ejemplo informar acerca de algo, es un caso particular de la comunicación entendida en un sentido existencial fundamental. En esta se constituye la articulación del convivir comprensor. Ella realiza el "compartir" de la disposición afectiva común y de la comprensión del coestar. La comunicación no es nunca un transporte de vivencias, por ejemplo de opiniones y deseos, desde el interior de un sujeto al interior de otro. La coexistencia ya está esencialmente revelada en la disposición afectiva común y en el comprender común. El coestar es *compartido* "explícitamente" en el discurso, es decir, el ya *es* previamente, aunque sin ser todavía compartido, por no haber sido asumido ni apropiado.

Todo discurso sobre..., que comunica algo mediante lo dicho en el discurso, tiene, a la vez, el carácter del *expresarse* [*Sichaussprechen*] (**). En el discurrir, el Dasein se *ex*presa no porque primeramente estuviera encapsulado como algo "interior", opuesto a un fuera, sino porque, como estar-en-el-mundo, comprendiendo, ya está "fuera". Lo expresado es precisamente el estar fuera[a], es decir, la correspondiente manera de la disposición afectiva (el estado de ánimo) que, como ya se hizo ver, afecta a la aperturidad entera del estar-en. El índice lingüístico de ese momento constitutivo del discurso que es la notificación [*Bekundung*] del estar-en afectivamente dispuesto lo hallamos en el tono de la voz, la modulación, el *tempo* del discurso, "en la manera de hablar".

[a] el Ahí; condición de expuesto [*Ausgesetztheit*], en tanto que lugar abierto.

La comunicación de las posibilidades existenciales de la disposición afectiva, es decir, la apertura de la existencia, puede convertirse en finalidad propia del discurso "poetizante".

El discurso es la articulación en significaciones de la comprensibilidad afectivamente dispuesta del estar-en-el-mundo. Sus momentos constitutivos son: el sobre-qué del discurso (aquello acerca de lo cual se discurre), lo discursivamente dicho en cuanto tal, la comunicación y la notificación [*Bekundung*]. Estas no son propiedades que se puedan recoger en el lenguaje por la sola vía empírica,
163 sino caracteres existenciales enraizados en la constitución de ser del Dasein, que hacen ontológicamente posible el lenguaje. En la forma lingüística fáctica de un determinado discurso algunos de estos momentos pueden faltar o bien pasar inadvertidos. El hecho de que frecuentemente *no* se expresen "en palabras", no es sino el índice de un modo particular de discurso, ya que el discurso como tal comporta siempre la totalidad de las estructuras mencionadas.

Los intentos hechos para aprehender la "esencia del lenguaje" se han orientado siempre hacia alguno de estos momentos, concibiendo el lenguaje al hilo de la idea de "expresión", de "forma simbólica", de comunicación declarativa, de "manifestación" de vivencias o de "configuraciones" de vida. Sin embargo, para una definición plenamente satisfactoria del lenguaje no se ganaría nada con reunir en forma sincretística estas múltiples determinaciones parciales. Lo decisivo es elaborar previamente, por medio de la analítica del Dasein, la totalidad ontológico-existencial de la estructura del discurso.

La conexión del discurso con el comprender y la comprensibilidad se aclara por medio de una posibilidad existencial propia del mismo discurso: el escuchar [*Hören*]. No por casualidad cuando no hemos escuchado "bien", decimos que no hemos "comprendido". El escuchar es constitutivo del discurso (*). Y así como la locución verbal se funda en el discurso, así también la percepción acústica se funda en el escuchar (**). El escuchar a alguien [*das Hören auf...*] es el existencial estar abierto al otro, propio del Dasein en cuanto coestar. El escuchar constituye incluso la primaria y auténtica apertura del Dasein a su poder-ser más propio, como un escuchar de la voz del amigo que todo Dasein lleva consigo. El Dasein escucha porque comprende. Como comprensor estar-en-el-mundo con los otros el Dasein está sujeto, en su escuchar, a la coexistencia y a sí mismo, y en esta sujeción del escuchar [*Hörigkeit*] se hace solidario de los otros *[ist zugehörig*]. El escucharse unos a otros, en el que se configura el coestar, puede cobrar la forma de un "hacerle caso" al otro, de un estar de acuerdo con él, y los modos privativos del no querer-escuchar, del oponerse, obstinarse y dar la espalda.

Sobre la base de este primario poder-escuchar existencial es posible eso que llamamos el *oír* [*Horchen*], que fenoménicamente es algo más originario que lo que la psicología define como el oír "inmediato", vale decir, sentir sonidos y percibir ruidos. También el oír tiene el modo de ser del escuchar comprensor. Nunca oímos "primeramente" ruidos y complejos sonoros, sino la carreta chirriante o la motocicleta. Lo que se oye es la columna en marcha, el viento del norte, el pájaro carpintero que golpetea, el fuego crepitante.

Para "oír" un "puro ruido" hay que adoptar una actitud muy artificial y com- 164
plicada. Ahora bien, el hecho de que oigamos en primer lugar motocicletas y coches sirve como prueba fenoménica de que el Dasein, en cuanto estar-en-el-mundo, se encuentra ya siempre *en medio* de los entes a la mano dentro del mundo y, de ningún modo, primeramente entre "sensaciones", que fuera necesario sacar primero de su confusión mediante una forma, para que proporcionaran el trampolín desde el cual el sujeto saltaría para poder llegar finalmente a un "mundo". Por ser esencialmente comprensor, el Dasein está primeramente en medio de lo comprendido.

Y asimismo, cuando nos ponemos expresamente a escuchar el discurso del otro, comprendemos, en primer lugar, lo dicho, o mejor aun, estamos de antemano con el otro en el ente acerca del que se habla. *No* oímos, en cambio, primeramente el sonido de las palabras. Incluso allí donde el hablar es confuso o la lengua extranjera, escuchamos en primer lugar palabras *incomprensibles*, y no una diversidad de datos acústicos.

En el escuchar "natural" de aquello sobre lo que se discurre podemos, sin duda, prestar a la vez oído al modo del decir, a la "dicción", pero esto solo es posible en una previa con-comprensión de lo dicho en el discurso; pues solo así se da la posibilidad de valorar la adecuación del modo del decir a aquello que constituye el tema acerca del cual se discurre.

De un modo semejante, el discurso de respuesta procede inmediata y directamente de la comprensión de aquello sobre lo que recae el discurso y que ya está "compartido" en el coestar.

Solo donde se da la posibilidad existencial de discurrir y escuchar se puede oír. El que "no puede escuchar" y "necesita sentir" (*) puede, tal vez precisamente por eso, oír muy bien. El puro oír por oír [*Nur-herum-hören*] es una privación del comprender escuchante. El discurrir y el escuchar se fundan en el comprender. El comprender no se logra ni a fuerza de discurrir ni por el hecho de afanarse en andar a la escucha. Solo quien ya comprende puede escuchar.

El mismo fundamento existencial tiene esa otra posibilidad esencial del discurrir que es el *callar*. El que en un diálogo guarda silencio puede "dar a entender", es decir, promover la comprensión, con más propiedad que aquel a quien no le faltan las palabras. No por el mucho hablar acerca de algo se garantiza en lo más mínimo el progreso de la comprensión. Al contrario: el prolongado discurrir sobre una cosa la encubre, y proyecta sobre lo comprendido una aparente claridad, es decir, la incomprensión de la trivialidad. Pero callar no significa estar

mudo. El mudo tiene, por el contrario, la tendencia a "hablar". Un mudo no solo
165 no demuestra que puede callar, sino que incluso carece de toda posibilidad de demostrarlo. Y de la misma manera, el que es por naturaleza taciturno tampoco muestra que calla y que puede callar. El que nunca dice nada no tiene la posibilidad de callar en un determinado momento. Solo en el auténtico discurrir es posible un verdadero callar. Para poder callar, el Dasein debe tener algo que decir[a], esto es, debe disponer de una verdadera y rica aperturidad de sí mismo. Entonces el silencio manifiesta algo y acalla la "habladuría". El silencio, en cuanto modo del discurso, articula en forma tan originaria la comprensibilidad del Dasein, que es precisamente de él de donde proviene la auténtica capacidad de escuchar y el transparente estar los unos con los otros.

Puesto que el discurso es constitutivo del ser del Ahí, es decir, de la disposición afectiva y el comprender, y que Dasein quiere decir estar-en-el-mundo, el Dasein, en cuanto estar-en que discurre, ya se ha expresado en palabras. El Dasein tiene lenguaje. ¿Será un azar que los griegos, cuya existencia cotidiana tomaba predominantemente la forma de diálogo, y que, además, "tenían ojos" para ver, hayan determinado la esencia del hombre, en la interpretación prefilosófica y filosófica del Dasein, como ζῷον λόγον ἔχον[b]? La interpretación posterior de está definición del hombre como *animal rationale*, sin ser "falsa", encubre, sin embargo, el terreno fenoménico de donde esta definición del Dasein fue tomada. El hombre se muestra en ella como el ente que habla. Esto no significa que el hombre tenga la posibilidad de comunicarse por medio de la voz, sino que este ente es en la forma del descubrimiento del mundo y del mismo Dasein. Los griegos no tienen ninguna palabra para el lenguaje; ellos comprendieron este fenómeno "inmediatamente" como discurso. Pero, como en la reflexión filosófica el λόγος fue visto preponderantemente como enunciado, la elaboración de las formas y elementos constitutivos del discurso en sus estructuras fundamentales se llevó a cabo al hilo de *este logos*. La gramática buscó su fundamento en la "lógica" de este logos. Pero esta se funda en la ontología de lo que está-ahí. El inventario fundamental de las "categorías de la significación", transmitido después a la lingüística y todavía hoy fundamentalmente en vigor, tiene como punto de referencia el discurso, entendido como enunciado. Si se toma en cambio este fenómeno con la radical originariedad y amplitud de un existencial, surge la necesidad de buscar para la lingüística fundamentos ontológicos más originarios. La *liberación* de la gramática respecto de la lógica requiere *previamente* una comprensión *positiva* de la estructura fundamental *a priori* del discurso en

[a] ¿y qué se ha de decir? (el Ser).

[b] El hombre como el que 'recoge', recogiéndose en el Ser - desplegándose en la abertura del ente (pero este último, en el trasfondo).

general, entendido como un existencial, y no puede llevarse a cabo ulteriormente por medio de correcciones y complementaciones del legado de la tradición. Con este propósito, habría que preguntar por las formas fundamentales de una posible articulación en significaciones de todo lo que puede ser comprendido, y no solo de los entes intramundanos conocidos de un modo teorético y expresados en proposiciones. La doctrina de la significación no es el resultado espontáneo de la amplia comparación del mayor número de variadas lenguas. Tampoco sería suficiente adoptar el horizonte filosófico en el que W.von Humboldt planteó el problema del lenguaje. La doctrina de la significación arraiga en la ontología del Dasein. Su auge y decadencia penden del destino de esta[1]. 166

En definitiva, la investigación filosófica deberá decidirse de una vez por todas a preguntar cuál es el modo de ser que le conviene al lenguaje. ¿Es el lenguaje un útil a la mano dentro del mundo, o tiene el modo de ser del Dasein, o ninguna de las dos cosas? ¿Cuál es el modo de ser del lenguaje para que pueda haber una "lengua muerta"? ¿Qué significa ontológicamente que una lengua pueda desarrollarse y decaer? Poseemos una ciencia del lenguaje, pero el ser del ente tematizado por ella es oscuro; incluso el horizonte para la pregunta que lo investiga está encubierto. ¿Es un azar que las significaciones sean inmediata y regularmente "mundanas", que estén esbozadas por la significatividad del mundo, y que incluso sean a menudo predominantemente "espaciales", o es este un "hecho" ontológico-existencial necesario y por qué? La investigación filosófica deberá renunciar a una "filosofía del lenguaje" para pedir información a las "cosas mismas", adoptando la condición de una problemática conceptualmente clara.

La presente interpretación del lenguaje no tenía otra finalidad que mostrar el "lugar" ontológico de este fenómeno dentro de la constitución de ser del Dasein y, sobre todo, preparar el siguiente análisis, que, siguiendo el hilo conductor de un fundamental modo de ser del discurso y en conexión con otros fenómenos, intentará hacer visible, en forma ontológicamente más originaria, la cotidianidad del Dasein.

B. El ser cotidiano del Ahí y la caída del Dasein

Al remontar hacia las estructuras existenciales de la aperturidad del estar-en-el-mundo, la interpretación, en cierto modo, ha perdido de vista la cotidianidad del Dasein. El análisis debe recuperar ahora este horizonte fenoménico que fuera antes temáticamente planteado. Surgen entonces las siguientes preguntas: ¿cuáles

[1] Sobre la doctrina de la significación, véase E. Husserl, *Logische Untersuchungen,* tomo II, investigaciones la, 4a y 6a. También la versión más radical de la problemática en *Ideen* I, *loc. cit.* § § 123 ss., p. 255 ss.

son los caracteres existenciales de la aperturidad del estar-en-el-mundo cuando este estar-en-el-mundo se mueve en la cotidianidad en el modo de ser del uno? ¿Tiene el uno una disposición afectiva particular, una forma peculiar de comprender, discurrir e interpretar? La respuesta a estas preguntas se vuelve más apremiante si recordamos que el Dasein inmediata y regularmente se absorbe en el uno y es dominado por él. En cuanto arrojado en el estar-en-el-mundo, ¿no está el Dasein arrojado ante todo precisamente en lo público del uno? ¿Y qué significa este carácter público sino la específica aperturidad del uno?

Si el comprender debe ser concebido primariamente como el poder-ser del Dasein, entonces será necesario partir de un análisis del comprender e interpretar que son propios del uno, si se quiere establecer cuáles son las posibilidades de su ser que el Dasein abre y hace suyas en cuanto uno. Ahora bien, estas posibilidades muestran, por su parte, una esencial tendencia de ser de la cotidianidad. Y esta, una vez explicitada ontológicamente en forma suficiente, deberá revelar, por último, un modo de ser originario del Dasein, de tal manera que a partir de él se haga ostensible en su concreción existencial el fenómeno de la condición de arrojado al que ya nos hemos referido.

Ante todo será necesario aclarar, en base a algunos fenómenos particulares, la aperturidad del uno, dilucidando el modo de ser cotidiano del discurso, de la visión y de la interpretación. En relación con esos fenómenos no está demás advertir que la interpretación tiene un propósito puramente ontológico, y que está muy lejos de una crítica moralizante del Dasein cotidiano y de cualquier tipo de aspiraciones propias de una "filosofía de la cultural".

§ 35. La habladuría

La expresión "habladuría" ["*Gerede*"] (*) no debe entenderse aquí en sentido peyorativo. Terminológicamente significa un fenómeno positivo, que constituye el modo de ser del comprender y de la interpretación del Dasein cotidiano. Ordinariamente el discurso se expresa y ya se ha expresado siempre en palabras. El discurso es lenguaje. Pero entonces, en lo expresado en el lenguaje subyace una comprensión e interpretación. En su condición de expresado, el lenguaje lleva en sí un estado interpretativo de la comprensión del Dasein. Este estado interpretativo, al igual que el lenguaje mismo, no se reduce a estar-ahí, sino que su ser es, también él, a la manera del Dasein. Al estado interpretativo está entregado el Dasein en forma inmediata y, dentro de ciertos límites, constantemente; él regula y
168 distribuye las posibilidades del comprender mediano y de la correspondiente disposición afectiva. La expresión lingüística alberga, en el todo articulado de sus

conexiones de significación, una comprensión del mundo abierto y, cooriginariamente con ella, una comprensión de la coexistencia de los otros y del propio estar-en. Esta comprensión que está depositada en la expresión lingüística concierne tanto a la manera, alcanzada o recibida, como se descubre el ente, cuanto a la correspondiente comprensión del ser, y a las posibilidades y horizontes disponibles para una ulterior interpretación y articulación conceptual. Pero, por sobre la simple referencia al *factum* de este estado interpretativo del Dasein, será necesario preguntar ahora por el modo existencial de ser del discurso ya expresado o en vías de expresarse. Si el discurso no puede ser concebido como algo que está-ahí, ¿cuál es su ser, y qué nos dice este fundamentalmente acerca del modo cotidiano de ser del Dasein?

El discurso que se expresa es comunicación. La tendencia de su ser consiste en llevar al que escucha a una participación en el estar vuelto aperiente hacia lo dicho en el discurso.

En virtud de la comprensibilidad media ya implícita en el lenguaje expresado, el discurso comunicado puede ser comprendido en buena medida sin que el que escucha se ponga en una originaria versión comprensora hacia aquello sobre lo que recae el discurso. Más que comprender al ente del que se hable, se presta oídos solo a lo hablado en cuanto tal. Él es lo comprendido; el sobre-qué tan solo a medias, superficialmente; se apunta a *lo mismo,* porque todos comprenden lo dicho moviéndose en *la misma* medianía.

El escuchar y el comprender quedan de antemano fijos en lo hablado en cuanto tal. La comunicación no hace "compartir" la primaria relación de ser con el ente del que se habla, sino que todo el convivir se mueve en el hablar de los unos con los otros y en la preocupación por lo hablado. Lo que le interesa es que se hable. El haber sido dicho, el *dictum,* la expresión, garantiza la autenticidad del habla y de su comprensión, así como su conformidad con las cosas. Y, puesto que el hablar ha perdido o no ha alcanzado nunca la primaria relación de ser con el ente del que se habla, no se comunica en la forma de la apropiación originaria de este ente sino por la vía de una *difusión* y *repetición de lo dicho.* Lo hablado en cuanto tal alcanza círculos cada vez más amplios y cobra un carácter autoritativo. La cosa es así, porque se la dice. La habladuría se constituye en esa repetición y difusión, por cuyo medio la inicial falta de arraigo se acrecienta hasta una total carencia de fundamento (*). Y, además, la habladuría no se limita a la repetición oral, sino que se propaga en forma escrita como "escribiduría". El hablar repe- 169
tidor no se funda aquí tan solo en un oír decir. Se alimenta también de lo leído a la ligera. La comprensión media del lector no *podrá* discernir *jamás* entre lo que ha sido conquistado y alcanzado originariamente y lo meramente repetido. Más aún: la comprensión media no querrá siquiera hacer semejante distinción ni tendrá necesidad de ella, puesto que ya lo ha comprendido todo.

La carencia de fundamento de la habladuría no le impide a esta el acceso a lo público, sino que lo favorece. La habladuría es la posibilidad de comprenderlo todo sin apropiarse previamente de la cosa. La habladuría protege de antemano del peligro de fracasar en semejante apropiación. La habladuría, que está al alcance de cualquiera, no solo exime de la tarea de una comprensión auténtica, sino que desarrolla una comprensibilidad indiferente, a la que ya nada está cerrado.

El discurso, que forma parte esencial de la estructura de ser del Dasein, cuya aperturidad contribuye a constituir, tiene la posibilidad de convertirse en habladuría y, en cuanto tal, de no mantener abierto el estar-en-el-mundo en una comprensión articulada, sino más bien de cerrarlo, y de encubrir así el ente intramundano. Para esto no se necesita tener la intención de engañar. La habladuría no tiene el modo de ser de un *consciente hacer pasar* una cosa por otra. El desarraigado haberse dicho y seguirse diciendo basta para que el abrir se convierta en un cerrar. En efecto, lo dicho es comprendido siempre, en primer lugar, como "diciente", esto es, como descubriente. Y de esta manera, *al no volver* al fundamento de las cosas de que se habla, la habladuría es siempre y de suyo una obstrucción.

Esta obstrucción se agrava aún más por el hecho de que la habladuría, en la que se presume haber alcanzado la comprensión de aquello de que se habla, cohíbe, en virtud de esta presunción misma, toda nueva interrogación y discusión, reprimiéndolas y retardándolas de una manera peculiar.

Esta forma de interpretar las cosas, propia de la habladuría, ya está instalada desde siempre en el Dasein. Muchas cosas son las que primeramente llegamos a conocer de esta manera y no pocas las que nunca irán más allá de semejante comprensión media. El Dasein no logra liberarse jamás de este estado interpretativo cotidiano en el que primeramente ha crecido. En él, desde él y contra él se lleva a cabo toda genuina comprensión, interpretación y comunicación, todo redescubrimiento y toda reapropiación. No hay nunca un Dasein que, intocado e incontaminado por este estado interpretativo, quede puesto frente a la tierra virgen de un "mundo" en sí, para solamente contemplar lo que le sale al paso. El predominio del estado interpretativo público ha decidido ya incluso sobre las
170 posibilidades del temple afectivo, es decir, sobre el modo fundamental como el Dasein se deja afectar por el mundo. El uno bosqueja de antemano la disposición afectiva, determina lo que se "ve" y cómo se lo ve.

La habladuría, que tiene semejante modo de cerrar, es el modo de ser de la comprensión desarraigada del Dasein. Pero no tiene lugar a la manera de un estado simplemente presente en un ente que está-ahí, sino que, por estar existencialmente desarraigada, acontece en la forma de un permanente desarraigo. Esto significa ontológicamente lo siguiente: el Dasein que se mueve en la habladuría tiene, en cuanto estar-en-el-mundo, cortadas las relaciones primarias, originarias y genuinas con el mundo, con la coexistencia y con el propio estar-en. Se mantiene en suspenso y, sin embargo, sigue estando en medio del "mundo", con los otros y en relación consigo mismo. Solo un ente cuya aperturidad está constituida por el discurso afectivamente comprensor, es decir, que en esta estructura ontológica *es* su Ahí, es su "en-el-mundo", tiene la posibilidad de ser de semejante desarraigo, que, lejos de constituir un no-ser del Dasein, es, por el contrario, su más cotidiana y obstinada "realidad".

Pero en lo obvio y autoseguro del estado interpretativo medio se desliza la fatalidad de que, bajo su amparo, se oculta al propio Dasein lo desazonante de este estar en suspenso en el que el Dasein puede aproximarse cada vez más a una carencia total de fundamento.

§ 36. La curiosidad

En el análisis del comprender y de la aperturidad del Ahí en general se ha hecho referencia al *lumen naturale* y se ha llamado a la aperturidad del estar-en *claridad* del Dasein, claridad solo en la cual se hace posible algo así como una visión. La visión fue concebida teniendo presente el modo fundamental del abrir del Dasein, es decir, el comprender, entendido en el sentido de la genuina apropiación del ente respecto del cual el Dasein puede comportarse en virtud de sus posibilidades esenciales de ser.

La constitución fundamental de la visión se muestra en una peculiar tendencia de ser propia de la cotidianidad: la tendencia al "ver". Designaremos esa tendencia con el término *curiosidad* [*Neugier*] (*), que tiene la característica de no limitarse solamente al ver, sino de expresar la tendencia a una particular forma de encuentro perceptivo con el mundo. Interpretaremos este fenómeno desde una perspectiva fundamental de carácter ontológico-existencial, sin restringirlo al mero conocimiento, el cual ya tempranamente y no por azar fue concebido en la filosofía griega como "placer de ver". El tratado que ocupa el primer lugar
en la colección de los tratados de Aristóteles relativos a la ontología comienza 171
con la siguiente frase: πάντες ἄνθρωποι τοῦ εἰδέναι ὀρέγονται φύσει[1]. En el ser del hombre se da esencialmente el cuidado por el ver. Con esta frase se introduce una indagación que busca poner al descubierto el origen de la investigación científica del ente y de su ser, partiendo de ese modo de ser del Dasein. Esta interpretación griega de la génesis existencial de la ciencia no es casual. En ella se llega a la comprensión explícita de lo que ya estaba bosquejado en la frase de Parménides: τὸ γὰρ αὐτὸ νοεῖν ἐστίν τε καὶ εἶναι. El ser es lo que

[1] *Metafísica* A, 1, 980 a 21.

se muestra en una pura percepción intuitiva, y solo este ver descubre el ser. La verdad originaria y auténtica se halla en la pura intuición. Esta tesis constituirá en adelante el fundamento de la filosofía occidental. En ella encuentra su motor la dialéctica hegeliana, que solo es posible sobre esa base.

Esta extraña primacía del "ver" fue advertida sobre todo por San Agustín, dentro del contexto de la interpretación de la *concupiscentia*[1]. *Ad oculos enim videre proprie pertinet,* el ver pertenece propiamente a los ojos. *Utimur autem hoc verbo etiam in ceteris sensibus cum eos ad cognoscendum intendimus.* Pero usamos también la palabra "ver" para los otros sentidos cuando nos ponemos en ellos para conocer. *Neque enim dicimus: audi quid rutilet; aut, olefac quam niteat; aut, gusta quam splendeat; aut, palpa quam fulgeat: videri enim dicuntur haec omnia.* En efecto, no decimos: oye como brilla, o huele como luce, o gusta como resplandece, o palpa como irradia; sino que en todos estos casos decimos: *mira*, decimos que todo esto se ve. *Dicimus autem non solum, vide quid luceat, quod soli oculi sentire possunt*, pero tampoco decimos solamente: mira cómo resplandece, cosa que solo los ojos pueden percibir, *sed etiam, vide quid sonet; vide quid oleat, vide quid sapiat, vide quam durum sit.* Decimos también: mira cómo suena, mira cómo huele, mira cómo sabe, mira lo duro que es. *Ideoque generalis experientia sensuum concupiscentia sicut dictum est oculorum vocatur, quia videndi officium in que primatum oculi tenent, etiam ceteri sensus sibi de similitudine usurpant, cum aliquid cognitionis explorant.* Por eso se llama "concupiscencia de los ojos" a la experiencia de todos los sentidos en general, porque, cuando se habla de conocer, los otros sentidos hacen suya, por una cierta analogía, la operacion del ver, en la que los ojos tienen la primacía.

172 ¿Qué pasa con esta tendencia a la sola percepción? ¿Qué estructura existencial del Dasein se da a conocer en el fenómeno de la curiosidad?

El estar-en-el-mundo se absorbe inmediatamente en el mundo del que se ocupa. La ocupación está dirigida por la circunspección, que descubre lo a la mano y lo conserva en su estar descubierto. La circunspección proporciona a toda realización y ejecución el modo de proceder, los medios, la ocasión justa, el momento oportuno. La ocupación puede detenerse cuando interrumpe su actividad para descansar o cuando termina de hacer lo que estaba haciendo. En el reposo la ocupación no desaparece, pero la circunspección queda libre, desligada del mundo del obrar. En el reposo, el cuidado [*Sorge*] se sumerge en la circunspección ahora libre. El descubrimiento ciscunspectivo del mundo del obrar tiene el carácter de ser del des-alejar. La circunspección que ha quedado libre ya no tiene nada a la mano de cuyo acercamiento hubiera de ocuparse. Por ser esencialmente des-/-alejante, la circunspección se procura nuevas posibilidades de

[1] *Confessiones* lib. X, cap. 35.

des-alejamiento; y esto significa que, dejando lo inmediatamente a la mano, tiende hacia el mundo distante y ajeno. El cuidado se convierte en búsqueda de las posibilidades de ver el "mundo" tan solo en su *aspecto*, reposando y demorando [junto a él]. El Dasein busca lo lejano solamente para acercárselo en su aspecto. El Dasein se deja llevar únicamente por el aspecto del mundo, y en este modo de ser procura deshacerse de sí mismo en cuanto estar-en-el-mundo, sustrayéndose de su estar entre los entes inmediatamente a la mano en la cotidianidad.

Pero cuando la curiosidad queda en libertad no se preocupa de ver para comprender lo visto, es decir, para entrar en una relación de ser con la cosa vista, sino que busca el ver *tan solo* por ver. Si busca lo nuevo, es solo para saltar nuevamente desde eso nuevo a otra cosa nueva. En este ver, el cuidado no busca una captación [de las cosas], ni tampoco estar en la verdad mediante el saber, sino que en él procura posibilidades de abandonarse al mundo. Por eso, la curiosidad está caracterizada por una típica *incapacidad de quedarse* en lo inmediato. Tampoco busca, por consiguiente, el ocio del detenerse contemplativo, sino más bien la inquietud y excitación de lo siempre nuevo y los cambios de lo que comparece. En esa incapacidad de quedarse en las cosas, la curiosidad busca la constante posibilidad de la *distracción*. La curiosidad no tiene nada que ver con la contemplación admirativa del ente, con el θαυμάζειν, no está interesada en que el asombro la lleve a un no-comprender; más bien procura un saber, pero tan solo para haber sabido. Los dos momentos constitutivos de la curiosidad, la *incapacidad de quedarse* en el mundo circundante y la distracción hacia nuevas posibilidades, fundan el tercer carácter esencial de este fenómeno, que nosotros denominamos 173
la *falta de paradero* [*Aufenthaltslosigkeit*]. La curiosidad se halla en todas partes y en ninguna. Esta modalidad del estar-en-el-mundo revela un nuevo modo de ser del Dasein cotidiano, en el que este se desarraiga constantemente.

La habladuría controla también los caminos de la curiosidad, diciendo lo que se debe haber leído y visto. El estar en todas partes y en ninguna que caracteriza a la curiosidad está entregado a la habladuría. Estos dos modos de ser cotidianos del discurso y la visión no están solamente ahí el uno junto al otro, en su tendencia desarraigadora, sino que *uno* de ellos arrastra consigo al *otro*. La curiosidad, para la que nada está cerrado, y la habladuría, para la que nada queda incomprendido, garantizan para sí mismas, es decir, para el Dasein que es de esta manera, la presunta autenticidad de una "vida plenamente vivida". Pero con esta presunción se muestra un tercer fenómeno que caracteriza la aperturidad del Dasein cotidiano.

§ 37. La ambigüedad

Cuando en el convivir cotidiano comparece algo que por su modo de ser es accesible a cualquiera, algo de lo que cualquiera puede decir cualquier cosa, pronto se hace imposible discernir entre lo que ha sido y no ha sido abierto en una comprensión auténtica. Esta ambigüedad no se extiende solamente al mundo, sino también al convivir en cuanto tal e incluso a la relación del Dasein consigo mismo.

Todo parece auténticamente comprendido, aprehendido y expresado, pero en el fondo no lo está, o bien no lo parece, y en el fondo lo está. La ambigüedad no concierne tan solo a la disposición y libre trato de lo accesible en el uso y la fruición, sino que ya se ha establecido firmemente en el comprender en cuanto poder-ser, y en el modo del proyecto y de la presentación de las posibilidades del Dasein. No solo cada cual conoce y discute lo presente y lo que acontece, sino que además cada uno puede hablar de lo que va a suceder, de lo aún no presente, pero que "en realidad" debiera hacerse. Cada uno ha presentido y sospechado ya siempre y de antemano lo que otros también presienten y sospechan. Ese estar en la pista y estarlo solo de oídas —quien verdaderamente está en la pista de una cosa, no lo dice— es la forma más insidiosa como la ambigüedad presenta posibilidades al Dasein, para despojarlas enseguida de su fuerza.

Porque, supuesto que alguna vez se realizare efectivamente lo que *uno* presentía y sospechaba, la ambigüedad ya habrá cuidado de que el interés por la cosa
174 realizada se desvanezca de inmediato. En efecto, este interés solo se mantiene en el modo de la curiosidad y habladuría mientras se dé la posibilidad de un mero-presentir-en-común sin mayor compromiso. Ese estar-con-el-otro cuando y mientras uno está en la pista, renuncia al compromiso con el otro cuando lo presentido llega a realizarse. Porque con está realización el Dasein se ve siempre forzado a retornar a sí mismo. La habladuría y la curiosidad pierden su poder. Y además se vengan de ello. Frente a la realización de aquello que se presentía en común, la habladuría tiene fácilmente a mano la constatación de que también uno podrá haberlo hecho, puesto que al fin y al cabo uno también lo había presentido. En última instancia, la habladuría está incluso molesta porque lo que ella había presentido y exigido siempre, ahora sucede *realmente*. Pues con eso se le ha arrebatado nada menos que la oportunidad de seguir presintiendo.

Pero, en la medida en que el tiempo del Dasein comprometido en el silencio de la realización o del auténtico fracaso es diferente y, desde el punto de vista público, esencialmente más lento que el tiempo de la habladuría, la cual "vive más de prisa", esta habladuría ya habrá llegado mucho antes a otra cosa, a lo que cada vez es lo más nuevo. Eso que antes se presentía y que ahora ha sido realizado, llega demasiado tarde respecto a lo más nuevo. La habladuría y la curiosidad cuidan en su ambigüedad de que lo genuina y recientemente creado ya haya envejecido para la opinión pública en el momento de hacer su aparición. Solo podrá llegar a ser libre en sus posibilidades positivas cuando la habladuría que lo encubre haya perdido su eficacia y el interés "común" se haya extinguido.

La ambigüedad del estado interpretativo público presenta el hablar previo acerca de algo y el presentir de la curiosidad como el verdadero acontecer, y califica a la realización y al actuar de cosa adventicia y sin importancia. La comprensión del Dasein en el uno se *equivoca*, pues, constantemente en sus proyectos en relación con las genuinas posibilidades de ser. Ambiguo, el Dasein lo es siempre "Ahí, es decir, en *la* aperturidad pública del convivir, donde la más bulliciosa habladuría y la curiosidad más ingeniosa mantienen el "quehacer" en marcha, allí donde cotidianamente todo sucede y en el fondo, no sucede nada.

Esta ambigüedad facilita siempre a la curiosidad lo que ella busca, y le da a la habladuría la apariencia de que en ella se decide todo.

Pero este modo de ser de la aperturidad del estar-en-el-mundo impregna totalmente el convivir en cuanto tal. El otro se hace, por lo pronto, "presente" ["*da*"] en virtud de lo que se ha oído de él, en virtud de lo que de él se dice y se sabe. En medio del convivir originario, lo primero que se desliza es la habladuría. Cada uno se fija primero y ante todo en el otro: cómo se ira a comportar y qué irá a 175
decir. El convivir en el uno no es de ningún modo un estar-juntos acabado e indiferente, sino un tenso y ambiguo vigilarse unos a otros, un secreto y recíproco espionaje. Bajo la máscara del altruismo se oculta un estar contra los otros.

Es necesario, sin embargo, advertir que la ambigüedad no tiene en modo alguno su origen en una deliberada intención de disimulo y tergiversación, ni es provocada tampoco por el Dasein singular. Subyace en el convivir en cuanto *arrojado* en un mundo. Pero ella está oculta públicamente, y *uno* se defenderá siempre de que esta interpretación del modo de ser del estado interpretativo del uno sea acertada. Sería un malentendido pretender confirmar la explicación de estos fenómenos mediante el asentimiento del uno.

Los fenómenos de la habladuría, de la curiosidad y de la ambigüedad han sido expuestos en una forma tal que ha hecho aparecer entre ellos una conexión de ser. Será necesario ahora aprehender de manera ontológico-existencial el modo de ser de esta conexión. El modo de ser fundamental de la cotidianidad debe ser comprendido en el horizonte de las estructuras de ser del Dasein alcanzadas hasta aquí.

§ 38. La caída y la condición de arrojado

Habladuría, curiosidad y ambigüedad caracterizan la manera cómo el Dasein es cotidianamente su "Ahí", es decir, la aperturidad del estar-en-el-mundo. En cuanto determinaciones existenciales, estos caracteres no son algo que está-ahí en el Dasein, sino que contribuyen a constituir su ser. En ellos y en su conexión de ser se revela un modo fundamental del ser de la cotidianidad, que nosotros llamamos la *caída* [*Verfallen*] del Dasein (*).

Este término no expresa ninguna valoración negativa; su significado es el siguiente: el Dasein está inmediata y regularmente *en medio* del "mundo" del que se ocupa. Este absorberse en... tiene ordinariamente el carácter de un estar perdido en lo público del uno. Por lo pronto, el Dasein ha desertado siempre de sí mismo en cuanto poder-ser-sí-mismo propio, y ha caído en el "mundo". El estado de caída en el "mundo" designa el absorberse en la convivencia regida por la habladuría, la curiosidad y la ambigüedad. Lo que antes hemos llamado impropiedad del Dasein[1] recibirá ahora una determinación más rigurosa por medio
176 de la interpretación de la caída. Sin embargo, im-propio o no-propio no debe ser entendido en modo alguno a la manera de una simple negación, como si en este modo de ser el Dasein perdiera pura y simplemente su ser. La impropiedad no mienta una especie de no-estar-ya-en-el-mundo, sino que ella constituye, por el contrario, un modo eminente de estar-en-el-mundo, en el que el Dasein queda enteramente absorto por el "mundo" y por la coexistencia de los otros en el uno. El no-ser-sí-mismo representa una posibilidad *positiva* del ente que, estando esencialmente ocupado, se absorbe en un mundo. Este *no-ser* debe concebirse como el modo de ser inmediato del Dasein, en el que este se mueve ordinariamente.

Por consiguiente, el estado de caída del Dasein no debe ser comprendido como una "caída" desde un "estado original" más puro y más alto. De ello no solo no tenemos ninguna experiencia óntica, sino tampoco posibilidades y cauces ontológicos de interpretación.

El Dasein en cuanto cadente ha desertado ya *de sí mismo*, entendido como fáctico estar-en-el-mundo, ha caído no en algo entitativo con lo que pudiera llegar o no llegar quizás a tropezar en el transcurso de su ser, sino que ha caído en el *mundo*, en ese mismo mundo que forma parte de su ser. La caída es una determinación existencial del Dasein mismo, y no dice nada acerca del Dasein en cuanto ente que está-ahí, o acerca de relaciones simplemente presentes con algún ente del que pudiera "proceder" o con el que el Dasein posteriormente hubiese llegado a tener un *commercium*.

La estructura ontológico-existencial de la caída sería también mal entendida si se le quisiera atribuir el sentido de una mala y deplorable propiedad óntica que, en una etapa más desarrollada de la cultura humana, pudiera quizás ser eliminada.

[1] Cf. § 9, p. 67 ss.

En la primera alusión al estar-en-el-mundo en cuanto constitución fundamental del Dasein, y asimismo en la caracterización de sus momentos estructurales constitutivos, quedó sin considerar, en el análisis de aquella *constitución* de ser, su [concreto] modo fenoménico de ser. Se describieron, ciertamente, los posibles modos fundamentales del estar-en: la ocupación y la solicitud. Pero la pregunta por el modo de ser cotidiano de ellos quedó sin examinar. También se nos mostró que el estar-en no tiene nada que ver con un enfrentamiento puramente contemplativo o activo, es decir, con un estar-ahí-juntos de un sujeto y un objeto. Sin embargo no pudo menos de quedar la apariencia de que el estar-en-el-mundo funciona como una armazón rígida dentro de la cual se desenvolverían los posibles comportamientos del Dasein en relación con su mundo, sin tocar la "armazón" misma en su ser. Pero esta presunta "armazón" contribuye también a constituir el modo de ser del Dasein. El fenómeno de la caída pone de manifiesto en forma palpable una *modalidad existencial* del estar-en-el-mundo.

La habladuría abre para el Dasein el estar vuelto comprensor hacia su mundo, 177
hacia los otros y hacia sí mismo, pero de tal manera que este estar vuelto hacia... tiene la modalidad de un estar suspendido en el vacío (*). La curiosidad abre todas y cada una de las cosas, pero de tal manera que el estar-en se halla en todas partes y en ninguna. La ambigüedad no oculta nada a la comprensión del Dasein, pero solo para retener al estar-en-el-mundo en ese desarraigado "en todas partes y en ninguna".

Con la aclaración ontológica del modo de ser del estar-en-el-mundo cotidiano que asoma en estos fenómenos, alcanzaremos la determinación existencial suficiente de la estructura fundamental del Dasein. ¿Qué estructura muestra la "movilidad" de la caída?

La habladuría y el estado interpretativo público en ella implicado se constituyen en el convivir. La habladuría no está-ahí dentro del mundo por sí misma, como un producto desvinculado de ese convivir. Tampoco se deja diluir y convertir en un "universal" que, por no pertenecer esencialmente a nadie, no sería "propiamente" nada, y solo tendría lugar "realmente" en el Dasein individual que habla. La habladuría es el modo de ser del convivir mismo, y no surge en virtud de determinadas circunstancias que actuaran "desde fuera" sobre el Dasein. Pero si es el Dasein mismo quien, en la habladuría y en el estado interpretativo público, se confiere a sí mismo la posibilidad de perderse en el uno, de caer en la carencia de fundamento, esto significa que el Dasein prepara para sí mismo la constante tentación de caer. El estar-en-el-mundo es en sí mismo *tentador* (**).

De esta manera, convertido para sí mismo en tentación, el estado interpretativo público retiene al Dasein en su estado de caída. Habladuría y ambigüedad, el haberlo visto y comprendido todo, crean la presunción de que la aperturidad así disponible y dominante del Dasein sería capaz de garantizarle la certeza, autenticidad y plenitud de todas las posibilidades de su ser. La autoseguridad y determinación del uno propaga una creciente falta de necesidad en relación al modo propio del comprender afectivamente dispuesto. La presunción del uno de alimentar y dirigir la "vida" plena y auténtica procura al Dasein una *tranquilización* para la cual todo está "en perfecto orden" y todas las puertas están abiertas. El cadente estar-en-el-mundo que es para sí mismo tentador es, al mismo tiempo, *tranquilizante*.

Sin embargo, esta tranquilidad en el ser impropio no conduce a la quietud e inactividad, sino al "ajetreo" desenfrenado. El estar caído en el "mundo" no se
178 torna ahora precisamente quieto. La tranquilización tentadora *acrecienta* la caída (*). Desde el punto de vista particular de la interpretación del Dasein puede surgir ahora la opinión de que la comprensión de las más extrañas culturas y la "síntesis" de ellas con la propia llevarían a la total y por primera vez auténtica aclaración del Dasein acerca de sí mismo. Una curiosidad abierta en todas las direcciones y un infatigable afán de conocerlo todo simulan una comprensión universal del Dasein. Pero en último término queda indeterminado e incuestionado *qué* es lo que propiamente hay que comprender; queda sin comprender que la comprensión misma es un poder-ser que solo ha de ser liberado en el Dasein *más propio*. En este tranquilizado y omni-"comprensor" compararse con todo, el Dasein se precipita en una alienación en la que se le oculta su más propio poder-ser. El cadente estar-en-el-mundo, en cuanto tentador-tranquilizante, es al mismo tiempo, *alienante* (**).

Pero, a su vez, esta alienación no puede significar que el Dasein quede fácticamente arrancado de sí mismo; al contrario, ella impulsa al Dasein a un modo de ser caracterizado por los más exagerados "autoanálisis", que se aventura en todas las posibilidades de interpretación, hasta el punto de que las "caracterologías" y "tipologías" que de aquí surgen llegan a ser ilimitadas. Esta alienación, que le cierra al Dasein su propiedad y posibilidad, aunque solo sea la posibilidad de un auténtico fracaso, no lo entrega, sin embargo, a un ente que no es él mismo, sino que lo fuerza a la impropiedad, es decir, a un posible modo de ser *de sí mismo*. La alienación tentadora y tranquilizante de la caída lleva, en su propia movilidad, a que el Dasein se *enrede* en sí mismo.

Los fenómenos de la tentación, tranquilización, alienación y del enredarse en sí mismo caracterizan el modo de ser específico de la caída. A esta "movilidad" del Dasein en su ser propio nosotros la llamamos el *despeñamiento* [*Absturz*]. El Dasein se precipita desde sí mismo en sí mismo, en la carencia de fundamento y en lo inane de la cotidianidad impropia. Sin embargo, el estado interpretativo público oculta al Dasein esta caída, interpretándola como "progreso" y "vida concreta".

La forma de movilidad del despeñamiento que se precipita en y se mueve dentro de la carencia de fundamento del impropio estar en el uno, arranca constantemente a la comprensión del proyectar de posibilidades propias y la arrastra dentro de la aquietada presunción de poseerlo todo o de alcanzarlo todo. Este constante sacar fuera de la condición de propio —y, pese a ello, simularla siempre— junto con el movimiento de arrastre hacia dentro del uno, caracteriza la movilidad de la caída como *torbellino* (*).

La caída no determina tan solo existencialmente al estar-en-el-mundo. El tor- 179
bellino pone de manifiesto también el carácter de lanzamiento y de movilidad de la condición de arrojado, condición que en la disposición afectiva del Dasein puede imponérsele a este mismo. La condición de arrojado no solo no es un "hecho consumado", sino que tampoco es un *factum* plenamente acabado (**). Es propio de la facticidad de este *factum* que el Dasein, *mientras* es lo que es, se halla en estado de lanzamiento y es absorbido en el torbellino de la impropiedad del uno. La condición de arrojado, en la que la facticidad se deja ver fenoménicamente, pertenece a ese Dasein al que en su ser le va este mismo ser. El Dasein existe fácticamente.

Pero esta caracterización de la caída ¿no ha destacado un fenómeno que va directamente *en contra* de la determinación con la que se indicó la idea formal de existencia? ¿Puede concebirse al Dasein como un ente a cuyo ser *le va* su poder-ser, si precisamente este ente *se ha perdido* en su cotidianidad y "vive" *lejos de sí* en la caída? La caída en el mundo solo constituye empero una "prueba" fenoménica *en contra* de la existencialidad del Dasein si se concibe al Dasein como un yo-sujeto aislado, como un sí-mismo puntual, del cual él se apartaría. En tal caso, el mundo sería un objeto. La caída en el mundo sería reinterpretada ontológicamente y convertida en un estar-ahí a la manera de un ente intramundano. En cambio, si mantenemos firmemente que el ser del Dasein tiene la estructura del *estar-en-el-mundo* ya mostrada, resultará evidente que la caída, en cuanto *modo de ser de este estar-en*, representa la prueba más elemental *en pro* de la existencialidad del Dasein. En la caída no está en juego sino el poder-estar-en-el-mundo, aunque en el modo de la impropiedad. El Dasein solo *puede* caer *porque* lo que a él le va es el estar-en-el-mundo por medio del comprender y la disposición afectiva. A la inversa, la existencia *propia* no es nada que flote por encima de la cotidianidad cadente, sino que existencialmente solo es una manera modificada de asumir esta cotidianidad.

El fenómeno de la caída no nos da algo así como una "visión nocturna" del Dasein, una propiedad óntica que pudiera servir para complementar el aspecto inocuo de este ente. La caída desvela una estructura ontológica esencial del Dasein mismo, estructura que, lejos de determinar su lado nocturno, conforma más bien, en su cotidianidad, la totalidad de sus días.

Por consiguiente, la interpretación ontológico-existencial tampoco hace ninguna declaración óntica acerca de la "corrupción de la naturaleza humana", y no

porque le falten los medios que serían necesarios para probarla, sino porque su
180 problemática es *anterior* a todo pronunciamiento sobre corrupción e incorrupción. La caída es un concepto ontológico de movimiento. Ónticamente no queda decidido si el hombre está "embebido en el pecado", en un *status corruptionis,* si peregrina en un *status integritatis* o si se encuentra en un estadio intermedio, el *status gratiae.* Pero fe y "concepción del mundo", en la medida en que se pronuncien en tal o cual sentido, si declaran algo sobre el Dasein como estar-en-el-mundo, tendrán que retornar a las estructuras existenciales que se han mostrado, supuesto que sus enunciados aspiren, al mismo tiempo, a una comprensión *conceptual.*

La pregunta que ha guiado este capítulo apuntaba al ser del Ahí. Su tema fue el de la constitución ontológica de la aperturidad que pertenece esencialmente al Dasein. Su ser se constituye en la disposición afectiva, el comprender y el discurso. El modo cotidiano de ser de la aperturidad está caracterizado por la habladuría, la curiosidad y la ambigüedad. Estos fenómenos muestran la movilidad de la caída, con los caracteres esenciales de la tentación, la tranquilización, la alienación y el enredarse en sí mismo.

Pero con este análisis se ha puesto al descubierto en sus rasgos fundamentales el todo de la constitución existencial del Dasein, y se ha alcanzado el fundamento fenoménico para la interpretación "recapitulante" del ser del Dasein como cuidado.

CAPÍTULO SEXTO

El cuidado como ser del Dasein

§ 39. La pregunta por la totalidad originaria del todo estructural del Dasein

El estar-en-el-mundo es una estructura originaria y constantemente *total*. En los capítulos precedentes (Primera Sección, capítulos 2-5) esa estructura ha sido aclarada fenoménicamente en su carácter de todo y —siempre sobre esta base— también en sus momentos constitutivos. La visión preliminar del todo del fenómeno, que presentamos al comienzo[1] ha perdido ahora la vacuidad que es propia de un primer bosquejo general. Ciertamente, la *multiplicidad* fenoménica de la constitución de este todo estructural y de su modo de ser cotidiano puede fácilmente obstruir la mirada fenomenológica unitaria hacia el todo en cuanto tal. Pero esta mirada debe quedar lo más libre posible y debe ser preparada en la forma más segura, ahora que planteamos la pregunta a la que se orienta la eta- 181
pa preparatoria del análisis fundamental del Dasein en general: *¿como ha de ser determinada desde un punto de vista ontológico-existencial la totalidad del todo estructural que se ha mostrado?*

El Dasein existe fácticamente. Se pregunta, entonces, por la unidad ontológica de la existencialidad y la facticidad, o por la esencial pertenencia de esta a aquella. El Dasein tiene, en virtud de la disposición afectiva que esencialmente le pertenece, un modo de ser en el que es llevado ante sí mismo y abierto para sí en su condición de arrojado. Pero la condición de arrojado es el modo de ser de un ente que siempre *es*, él mismo, sus posibilidades, de tal suerte que se comprende en y desde ellas (se proyecta en ellas). El estar-en-el-mundo, al que le pertenece con igual originariedad el estar en medio de lo a la mano y el coestar con otros, es siempre por mor de sí mismo. Pero el sí-mismo es inmediata y regularmente el

[1] Cf. §12, p. 79 ss.

sí-mismo impropio, el uno-mismo. El estar-en-el-mundo ya está siempre caído. La *cotidianidad media del Dasein* puede ser definida, por consiguiente, como *el estar-en-el-mundo cadentemente abierto, arrojado-proyectante, al que en su estar en medio del "mundo" y coestar con otros le va su poder-ser más propio.*

¿Será posible captar en su totalidad este todo estructural de la cotidianidad del Dasein? ¿Será posible poner de tal manera unitariamente de relieve el ser del Dasein que, desde él, se pueda comprender la esencial cooriginariedad de las estructuras mostradas, y sus correspondientes posibilidades existenciales de modificación? ¿Hay alguna vía para llegar fenoménicamente a este ser, sobre la base del actual planteamiento de la analítica existencial?

Negativamente dicho: la totalidad del todo estructural no puede ser alcanzada fenoménicamente por medio de un ensamblaje de elementos. Este ensamblaje requeriría un plano arquitectónico. El ser del Dasein, sobre el cual se apoya ontológicamente el todo de las estructuras en cuanto tal, se nos hace accesible en una mirada completa que *atraviesa* este todo *en busca de un* fenómeno originariamente unitario, que ya está presente en el todo y que funda ontológicamente cada uno de los momentos de la estructura en su posibilidad estructural. La interpretación "unificadora" no podrá, por consiguiente, ser un simple compendio de lo alcanzado hasta ahora. La pregunta por el carácter existencial fundamental del Dasein es esencialmente diferente de la pregunta por el ser de un ente que está-ahí. La experiencia cotidiana circunmundana, orientada óntica y ontológicamente al ente intramundano, no es capaz de presentar al Dasein ante el análisis ontológico de un modo ónticamente originario. Asimismo, tampoco la percepción inmanente de
182 las vivencias puede servir de hilo conductor ontológicamente suficiente. Por otra parte, el ser del Dasein no ha de ser deducido de una idea del hombre. A partir de la interpretación del Dasein hecha hasta aquí, ¿será posible encontrar la vía de acceso óntico-ontológica al Dasein exigida *por él mismo* como la única adecuada?

A la estructura ontológica del Dasein le pertenece la comprensión del ser. Siendo, el Dasein está abierto para sí mismo en su ser. La disposición afectiva y el comprender constituyen el modo de ser de esta aperturidad. ¿Habrá en el Dasein alguna disposición afectiva comprensora que lo deje abierto para sí mismo en forma eminente?

Si la analítica existencial del Dasein necesita mantener una primordial claridad respecto de su función ontológico-fundamental, entonces deberá buscar, para la realización de su tarea preliminar, que consiste en sacar a luz el ser del Dasein, una *de las más amplias y originarias* posibilidades de apertura, implícita en el Dasein mismo. El modo de la apertura en la que el Dasein se lleva ante sí mismo debe ser tal que en ella se haga accesible en una forma, por así decirlo, *simplificada*. Con lo abierto en ella, la totalidad estructural del ser buscado deberá entonces salir a luz de un modo elemental.

Como una disposición afectiva que satisface estas exigencias metodológicas, se pondrá a la base del análisis el fenómeno de la *angustia*. La elaboración de esta disposición afectiva fundamental y la caracterización ontológica de lo abierto en ella en cuanto tal, arrancará del fenómeno de la caída y delimitará la angustia frente al fenómeno afín del miedo, analizado antes. La angustia, en cuanto posibilidad de ser del Dasein, junto con presentar al Dasein mismo en ella abierto, presenta también el fundamento fenoménico para la captación explícita de la totalidad originaria del ser del Dasein. Este ser se revelará como *cuidado*. La elaboración ontológica de este fenómeno existencial fundamental exige una delimitación frente a ciertos fenómenos que a primera vista podrían ser identificados con el cuidado. Tales fenómenos son la voluntad, el deseo, la inclinación y el impulso. El cuidado no puede ser derivado de ellos, puesto que ellos mismos están fundados en aquel.

La interpretación ontológica del Dasein como cuidado, al igual que todo análisis ontológico, está muy lejos, con lo logrado por ella, de lo que es accesible a la comprensión preontológica del ser y, con mayor razón aún, al conocimiento óntico del ente. No debe sorprender que lo conocido en el saber ontológico le parezca extraño al entendimiento común cuando lo relaciona con lo único que le
es ónticamente familiar. Sin embargo, también el punto de partida óntico de la 183
interpretación ontológica aquí intentada del Dasein como cuidado, podrá parecer rebuscado y teoréticamente inventado, para no decir nada de la violencia que podrá verse en el hecho de que se prescinda totalmente de la tradicional y acreditada definición del hombre. Se hace necesaria, pues, una comprobación preontológica de la interpretación existencial del Dasein como cuidado. La hallaremos al mostrar que el Dasein, ya desde antiguo, hablando de sí mismo, se interpretó como *cuidado* (*cura*), aunque solo haya sido preontológicamente.

La analítica del Dasein que se interna hasta el fenómeno del cuidado debe preparar la problemática ontológico-fundamental, es decir, *la pregunta por el sentido del ser en general.* Con el fin de orientar explícitamente nuestra mirada en esa dirección, partiendo de lo hasta ahora logrado y yendo más allá del problema particular de una antropología existencial *a priori,* será necesario volver a examinar más a fondo *aquellos* fenómenos que se hallan en estrecha conexión con la pregunta que nos guía, la pregunta por el ser. Esos fenómenos son, en primer lugar, los modos de ser explicitados hasta ahora —el estar a la mano y el estar-ahí— que determinan al ente intramundano de carácter diferente al del Dasein. Puesto que hasta hoy la problemática ontológica ha comprendido el ser primariamente en el sentido del estar-ahí ("realidad", realidad del "mundo"), y ha dejado sin determinar ontológicamente el ser del Dasein, será menester que sometamos a examen la conexión ontológica entre cuidado, mundaneidad, estar a la mano y estar-ahí (realidad). Esto conducirá a una determinación más precisa del concepto de *realidad*, dentro del contexto de una discusión de los planteamientos epistemológicos, orientados por esta idea, del realismo e idealismo.

El ente *es* independientemente de la experiencia, conocimiento y aprehensión por medio de los cuales queda abierto, descubierto y determinado. En cambio, el ser solo "es" en la comprensión[a] de aquel ente a cuyo ser le pertenece eso que llamamos comprensión del ser. El ser puede, por consiguiente, no estar conceptualizado, pero nunca queda completamente incomprendido. Desde la antigüedad, la problemática ontológica reunió —e incluso a veces identificó— el *ser* y la *verdad*. En este hecho se documenta, aunque quizás oculta en sus fundamentos originarios, la necesaria conexión entre ser y comprensión[b]. Para que la pregunta por el ser quede suficientemente preparada, se requiere, pues, la aclaración ontológica del fenómeno de la *verdad*. Esta aclaración se realizará, en primer lugar, en base a lo que la interpretación precedente ha ganado en los fenómenos de la aperturidad y del estar al descubierto, de la interpretación y del enunciado.

184 La conclusión de la etapa preparatoria del análisis fundamental del Dasein abarcará, pues, los siguientes temas: la disposición afectiva fundamental de la angustia como modo eminente de la aperturidad del Dasein (§ 40), el ser del Dasein como cuidado (§ 41), confirmación de la interpretación existencial del Dasein como cuidado por medio de la autointerpretación preontológica del Dasein (§ 42), Dasein, mundaneidad y realidad (§ 43), Dasein, aperturidad y verdad (44).

§ 40. La disposición afectiva fundamental de la angustia como modo eminente de la aperturidad del Dasein

Es una posibilidad de ser del Dasein la que deberá darnos "información" óntica acerca del Dasein mismo como ente. Tal información solo es posible en la aperturidad que pertenece al Dasein, y que se funda en la disposición afectiva y el comprender. ¿En qué medida es la angustia una disposición afectiva eminente? ¿De qué modo en la angustia el Dasein es llevado ante sí mismo por su propio ser, de tal manera que el ente que la angustia abre en cuanto tal pueda ser determinado fenomenológicamente en su ser, o que esta determinación pueda, al menos, recibir una preparación suficiente?

Con el fin de acercarnos al ser de la totalidad del todo estructural, tomaremos como punto de partida los análisis concretos de la caída que acabamos de desa-

[a] Pero está comprensión [debe entenderse] como escuchar. Lo que, sin embargo, no significa jamás que el 'Ser' sea solo 'subjetivo', sino que ser [debe ser entendido] (*qua* ser de lo ente) *qua* diferencia 'en' el Da-sein en cuanto arrojado de (el arrojamiento).

[b] Por consiguiente: entre ser y Dasein.

rrollar. La absorción en el uno y en el "mundo" del que nos ocupamos, manifiesta una especie de *huida* del Dasein ante sí mismo como poder-ser-sí-mismo propio. Este fenómeno de la huida del Dasein ante sí mismo y ante su propiedad pareciera empero ser el menos indicado para servir de fundamento fenoménico para la investigación que va a seguir. En esta huida el Dasein justamente no se pone ante sí mismo. Darse la espalda a sí mismo, en conformidad con el rasgo más propio de la caída, lleva *lejos del* Dasein. Sin embargo, al investigar esta clase de fenómenos, es necesario cuidarse de no confundir la caracterización óntico-existentiva con la interpretación ontológico-existencial o, lo que es igual, de no pasar por alto los fenómenos positivos de aquella que sirven de base para esta.

Es cierto que en la caída el modo propio de ser-sí-mismo está existentivamente cerrado y repelido; pero este estar cerrado es solo la *privación* de una aperturidad que se manifiesta fenoménicamente en el hecho de que la huida del Dasein es una huida *ante* sí mismo. En el ante-que de la huida el Dasein viene precisamente "tras" de sí. Tan solo en la medida en que el Dasein es llevado por esencia ontológicamente ante sí mismo por su propia aperturidad, *puede* también
huir *ante* sí mismo. Es cierto que el ante-qué de la huida *no queda aprehendido* 185
en este cadente darse la espalda, ni menos aun experimentado en una vuelta hacia atrás. Pero, en cambio, al dar*le* la espalda, el ante-qué queda abierto "Ahí". El óntico-existentivo darse la espalda, en razón de su carácter de apertura, ofrece fenoménicamente la posibilidad de entender ontológico-existencialmente el ante-qué de la huida en cuanto tal. Dentro del óntico "lejos de" que se halla en el darse la espalda, el ante-qué de la huida puede ser comprendido y conceptualizado en una vuelta hacia atrás fenomenológicamente interpretativa.

Según esto, la orientación del análisis por el fenómeno de la caída no excluye, en principio, la posibilidad de averiguar ontológicamente algo acerca del Dasein que ha sido abierto en dicho fenómeno. Por el contrario, precisamente aquí es donde la interpretación queda menos expuesta a una autocomprensión artificial del Dasein. Ella no hace más que explicar lo que el Dasein mismo abre ónticamente. La posibilidad de avanzar hacia el ser del Dasein por medio de una interpretación que va siguiendo los pasos de un comprender afectivamente dispuesto, es tanto mayor cuanto más originario es el fenómeno que sirve metodológicamente de disposición afectiva aperiente. Que la angustia cumpla con estas condiciones es, por lo pronto, una mera afirmación.

Para el análisis de la angustia no carecemos enteramente de preparación. Es cierto que aún queda oscura su conexión ontológica con el miedo. Manifiestamente hay entre ambos una afinidad fenoménica. Indicio de ello es el hecho de que ambos fenómenos quedan ordinariamente indiferenciados y que suele designarse como angustia lo que es miedo y como miedo lo que tiene el carácter de angustia. Intentaremos acercarnos al fenómeno de la angustia por pasos contados.

La caída del Dasein en el uno y en el "mundo" de la ocupación la hemos llamado una "huida" ante sí mismo. Pero no todo retroceder ante..., ni todo dar la espalda a... es necesariamente una huida. El retroceder por miedo ante lo abierto por el miedo, ante lo amenazante, tiene el carácter de la huida. La interpretación del miedo como disposición afectiva hizo ver lo siguiente: el ante-qué del miedo es siempre un ente perjudicial intramundano que desde una cierta zona se acerca en la cercanía y que, no obstante, puede no alcanzarnos. En la caída el Dasein se da la espalda a sí mismo. El ante-qué de este retroceder debe tener, en general, el carácter del amenazar; pero eso ante lo que el Dasein retrocede es un ente de la misma índole del ente que retrocede: es el Dasein mismo. El ante-qué de este retroceder no puede concebirse como algo "temible", porque lo temible siempre
186 comparece como ente intramundano. La única amenaza "temible", la amenaza descubierta en el miedo, proviene siempre de un ente intramundano.

Por consiguiente, el darse la espalda propio de la caída tampoco es un huir que esté fundado en un miedo ante un ente intramundano. Un carácter de huida así fundado es tanto menos propio del darse la espalda cuanto que este precisamente se *vuelve hacia* el ente intramundano absorbiendose en él. *El darse la espalda propio de la caída se funda más bien en la angustia, y esta, a su vez, hace posible el miedo.*

Para la comprensión de lo que quiere decir aquí la huida cadente del Dasein ante sí mismo, es necesario traer a la memoria el estar-en-el-mundo como constitución fundamental de este ente. *El ante-qué de la angustia es el estar-en-el-mundo en cuanto tal.* ¿Cómo se distingue fenoménicamente eso de lo que la angustia se angustia, de aquello ante lo que el miedo tiene miedo? El ante-qué de la angustia no es un ente intramundano. De ahí que por esencia no pueda estar en condición respectiva. La amenaza no tiene el carácter de una determinada perjudicialidad que afecte a lo amenazado desde el punto de vista de un poder-ser fáctico particular. El ante-qué de la angustia es enteramente indeterminado. Esta indeterminación no solo deja fácticamente sin resolver cuál es el ente intramundano que amenaza, sino que indica que los entes intramundanos no son en absoluto "relevantes". Nada de lo que está a la mano o de lo que está-ahí dentro del mundo funciona como aquello ante lo que la angustia se angustia. La totalidad respeccional —intramundanamente descubierta— de lo a la mano y de lo que está-ahí, carece, como tal, de toda importancia. Toda entera se viene abajo. El mundo adquiere el carácter de una total insignificancia. En la angustia no comparece nada determinado que, como amenazante, pudiera tener una condición respectiva.

Por consiguiente, la angustia tampoco "ve" un determinado "aquí o "allí" desde el que pudiera acercarse lo amenazante. El ante-qué de la angustia se caracteriza por el hecho de que lo amenazante no está *en ninguna parte*. La angustia "no sabe" qué es aquello ante lo que se angustia. Pero, "en ninguna parte" no significa simplemente "nada", sino que implica la zona en cuanto tal, la aperturidad del mundo en cuanto tal para el estar-en esencialmente espacial. Por consiguiente, lo amenazante no puede tampoco acercarse desde una cierta dirección dentro de la cercanía; ya está en el "Ahí" —y, sin embargo, en ninguna parte; está tan cerca que oprime y le corta a uno el aliento— y, sin embargo, en ninguna parte.

En el ante-qué de la angustia se revela el "no es nada, no está en ninguna parte". La rebeldía del intramundano "nada y en ninguna parte" viene a significar
fenoménicamente que *el ante-qué de la angustia es el mundo en cuanto tal.* La 187
completa falta de significatividad que se manifiesta en el "nada y en ninguna parte" no significa una ausencia de mundo, sino que, por el contrario, quiere decir que el ente intramundano es en sí mismo tan enteramente insignificante que, en virtud de está *falta de significatividad* de lo intramundano, solo sigue imponiéndose todavía el mundo en su mundaneidad.

Lo que oprime no es esto o aquello, pero tampoco todo lo que está-ahí en su conjunto, a la manera de una suma, sino la *posibilidad* de lo a la mano en general, es decir, el mundo mismo. Una vez que la angustia se ha calmado, el hablar cotidiano suele decir: "en realidad no era nada". En efecto, este modo de hablar acierta ónticamente en *lo* que era. El decir cotidiano atañe a un ocuparse y a un hablar de lo a la mano. Aquello ante lo que la angustia se angustia no es nada de lo a la mano dentro del mundo. Pero esta nada de lo a la mano, que es lo único que el decir cotidiano de la circunspección entiende, no es una nada total. La nada del estar a la mano se funda en el más originario "algo"[a]: en el *mundo.* Sin embargo, por esencia este pertenece ontológicamente al ser del Dasein en cuanto estar-en-el-mundo. Si, por consiguiente, la nada, es decir, el mundo en cuanto tal, se ha mostrado como el ante-qué de la angustia, esto significa que *aquello ante lo cual la angustia se angustia es el estar-en-el-mundo mismo*[b].

El angustiarse abre originaria y directamente el mundo en cuanto mundo. No se trata de que primero se prescinda reflexivamente del ente intramundano y se piense tan solo el mundo, ante el cual surgirá entonces la angustia, sino que, por el contrario, la angustia como modo de la disposición afectiva, abre inicialmente el *mundo en cuanto mundo.* Sin embargo, esto no significa que en la angustia quede conceptualizada la mundaneidad del mundo.

La angustia no es solo angustia ante..., sino que, como disposición afectiva, es al mismo tiempo *angustia por...* Aquello por lo que la angustia se angustia no es un *determinado* modo de ser ni una posibilidad del Dasein. En efecto, la amenaza misma es indeterminada y, por consiguiente, no puede penetrar ame-

[a] Por lo tanto, lo dicho aquí no tiene, justamente, nada que ver con 'nihilismo'.

[b] como determinante del Ser en cuanto tal; lo absolutamente inesperado e insoportable –lo que provoca extrañeza.

nazadoramente hacia este o aquel poder-ser concreto fáctico. Aquello por lo que la angustia se angustia es el estar-en-el-mundo mismo. En la angustia se hunde lo circunmundanamente a la mano y, en general, el ente intramundano. El "mundo" ya no puede ofrecer nada, ni tampoco la coexistencia de los otros. De esta manera, la angustia le quita al Dasein la posibilidad de comprenderse a sí mismo en forma cadente a partir del "mundo" y a partir del estado interpretativo público. Arroja al Dasein de vuelta hacia aquello por lo que él se angustia, hacia su propio poder-estar-en-el-mundo. La angustia aísla al Dasein en su más propio estar-en-el-mundo, que, en cuanto comprensor, se proyecta esencialmente
188 en posibilidades. Con el "por" del angustiarse la angustia abre, pues, al Dasein *como ser-posible*, vale decir, como aquello que él puede ser únicamente desde sí mismo y en cuanto aislado en el aislamiento.

La angustia revela en el Dasein el *estar vuelto hacia* el más propio poder-ser, es decir, revela su *ser libre para* la libertad de escogerse y tomarse a sí mismo entre manos. La angustia lleva al Dasein ante su *ser libre para...* (*propensio in...*) la propiedad de su ser en cuanto la posibilidad que él es desde siempre. Pero este ser es, al mismo tiempo, aquel ser al que el Dasein está entregado en cuanto estar-en-el-mundo.

Aquello *por lo que* la angustia se angustia se revela como aquello *ante lo que* ella se angustia: el estar-en-el-mundo. La identidad del ante-qué y del por-qué de la angustia se extiende incluso al angustiarse mismo, porque este, en cuanto disposición afectiva, es un modo fundamental del estar-en-el-mundo. *La identidad existencial del abrir y lo abierto, de tal manera que en este último queda abierto el mundo como mundo y el estar-en en tanto que poder-ser aislado, puro y arrojado, deja en claro que con el fenómeno de la angustia se ha hecho tema de interpretación una disposición afectiva eminente.* Así la angustia aísla y abre al Dasein como un *solus ipse*. Pero este "solipsismo" existencial, lejos de instalar a una cosa-sujeto aislada en el inocuo vacío de un estar-ahí carente de mundo, lleva precisamente al Dasein, en un sentido extremo, ante su mundo como mundo, y, consiguientemente, ante sí mismo como estar-en-el-mundo.

Una vez más, la interpretación y el decir cotidiano del Dasein nos ofrecen la prueba más imparcial de que la angustia, en cuanto disposición afectiva fundamental, tiene esta manera de abrir. Anteriormente se ha dicho que la disposición afectiva manifiesta el modo "como uno está". En la angustia uno se siente "*desazonado*" (*). Con ello se expresa, en primer lugar, la peculiar indeterminación del "nada y en ninguna parte" en que el Dasein se encuentra cuando se angustia. Pero, la desazón [*Unheimlichkeit*] mienta aquí también el no-estar-en-casa [*Nichtzuhause-sein*]. En la primera indicación fenoménica de la constitución fundamental del Dasein, al aclarar el sentido existencial del estar-en a diferencia de la significación categorial del "estar dentro", el estar-en fue caracterizado como un

habitar en..., estar familiarizado con...[1]. Este carácter del estar-en se hizo luego más concretamente visible por medio de la publicidad cotidiana del uno, que introduce en la cotidianidad media del Dasein, la tranquilizada seguridad de sí mismo, el claro y evidente "estar como en casa" [*Zuhause-sein*][2]. En cambio, la 189
angustia trae al Dasein de vuelta de su cadente absorberse en el "mundo". La familiaridad cotidiana se derrumba. El Dasein queda aislado, pero aislado *en cuanto* estar-en-el-mundo. El estar-en cobra el "modo" existencial del *no-estar-en-casa* [*Un-zuhause*]. Es lo que se quiere decir al hablar de "desazón" [*Unheimlichkeit*].

Ahora resulta fenoménicamente visible ante qué huye la caída en tanto que huida. No huye *ante* un ente intramundano, sino precisamente hacia él, en cuanto ente en el que la ocupación, perdida en el uno, puede estar en tranquila familiaridad. La huida cadente *hacia* el estar-en-casa de la publicidad es una huida *ante* el no-estar-en-casa, es decir, ante la desazón que se encuentra en el Dasein en cuanto estar-en-el-mundo arrojado y entregado a sí mismo en su ser. Esta desazón persigue constantemente al Dasein y amenaza, aunque no en forma explícita, su cotidiano estar perdido en el uno. Esta amenaza puede muy bien ir fácticamente unida a una plena seguridad y a una carencia de necesidades de la ocupación cotidiana. La angustia puede surgir en las situaciones más anodinas. No necesita siquiera de la oscuridad, de esa oscuridad en la que uno, de ordinario, más fácilmente se desazona. En una forma especial, en la oscuridad no hay "nada" que ver, si bien el mundo *sigue*, justamente, estando "presente" e incluso con *mayor insistencia.*

Cuando interpretamos ontológico-existencialmente la desazón del Dasein como aquella amenaza que lo afecta viniendo desde él mismo, con ello no se afirma que siempre la desazón sea comprendida en este sentido en la angustia fáctica. La manera cotidiana cómo el Dasein comprende la desazón es el cadente darse la espalda, que "atenúa" el no-estar-en-casa. Pero la cotidianidad de este huir muestra fenoménicamente que la angustia pertenece, como disposición afectiva fundamental, a la constitución esencial del Dasein que es el estar-en-el-mundo, constitución que, en cuanto existencial, jamás consiste en un estar-ahí, sino que, también ella misma, *es* en uno de los modos del Dasein fáctico, es decir, en la disposición afectiva. El tranquilo y familiar estar-en-el-mundo es un modo de la desazón del Dasein, y no al revés. *El no-estar-en-casa*[a] *debe ser concebido ontológico –existencialmente como el fenómeno más originario.*

Y solo porque la angustia determina desde siempre en forma latente el estar-en-el-mundo, puede este tener miedo, en cuanto es un estar en medio del "mun-

[1] Cf. § 12, p. 80 ss.
[2] Cf. § 27, p. 150 ss.
[a] (Despropiación) [*Enteignis*].

do" ocupándose de él en una disposición afectiva. Miedo es angustia caída en el "mundo", angustia impropia y oculta en cuanto tal para sí misma.

190 Fácticamente, la mayor parte de las veces el estado de ánimo de la desazón queda también existentivamente incomprendido. Dado el predominio de la caída y de lo público, la "verdadera" angustia es, además, infrecuente. A menudo la angustia está "fisiológicamente" condicionada. Este *factum* es, en su facticidad misma, un problema *ontológico*; no solo es un problema la averiguación óntica de su causa y de la forma de su decurso. El desencadenamiento fisiológico de la angustia solo es posible porque el Dasein se angustia en el fondo de su ser.

Aún menos frecuentes que el hecho existentivo de la verdadera angustia son los intentos de interpretar este fenómeno en su fundamental constitución y función ontológico-existencial. Las razones para ello radican, en parte, en la omisión de una analítica existencial del Dasein en cuanto tal y, particularmente, en el desconocimiento del fenómeno de la disposición afectiva[1]. La infrecuencia fáctica del fenómeno de la angustia no puede, sin embargo, despojarlo de su aptitud para asumir una función metodológico *fundamental* en la analítica existencial. Por el contrario, la infrecuencia del fenómeno es un índice de que el Dasein, pese a quedar habitualmente oculto a sí mismo en su carácter propio, en virtud del estado interpretativo público del uno, puede, sin embargo, ser abierto en forma originaria en esta disposición afectiva fundamental.

Ciertamente es esencial a toda disposición afectiva abrir siempre el estar-en-el-mundo en su totalidad, según todos sus momentos constitutivos (mundo,
191 estar-en, sí-mismo). Pero solo en la angustia se da la posibilidad de una apertura privilegiada, porque ella aísla. Este aislamiento recobra al Dasein sacándolo de su caída, y le revela la propiedad e impropiedad como posibilidades de su ser.

[1] No es un azar que los fenómenos de la angustia y del miedo, habitualmente confundidos entre sí, hayan entrado en el horizonte de la teología cristiana, tanto óntica como ontológicamente, aunque esto último dentro de muy estrechos límites. Ello ocurrió cada vez que el problema antropológico del ser del hombre con respecto a Dios cobró primacía y que la problemática se orientó por fenómenos tales como la fe, el pecado, el amor, el arrepentimiento. Véase la doctrina de S. Agustín acerca del *timor castus* y *servilis,* de la que trata frecuentemente en sus escritos exegéticos y en sus cartas. Sobre el temor en general, cf. *De diversis quaestionibus octoginta tribus,* qu. 33 *de metu,* qu. 34: *utrum non aliud amandum sit, quam metu carere,* qu. 35: *quid amandum sit.* (Migne P.L. XL, *Augustinus* VI, p. 22 ss).

Lutero, además de tratar el problema del temor dentro del contexto tradicional de una interpretación de la *poenitentia* y *contritio,* lo hace en su comentario al Génesis; y aquí ciertamente, de un modo muy poco conceptual, pero, desde el punto de vista de la edificación, máximamente eficaz; cf. *Enarrationes in genesin,* cap. 3, *WW.* (Eri. Ausg.) *Exegetica opera latino* tom. I, 177 ss.

S. Kierkegaard es quien más hondamente ha penetrado en el análisis del fenómeno de la angustia, y, ciertamente, una vez más, dentro del contexto teológico de una exposición "psicológica" del problema del pecado original. Cf. *El concepto de la angustia,* 1844. *Ges. Werke* (Diederichs), tomo 5.

Estas posibilidades fundamentales del Dasein, Dasein que es cada vez el mío[a], se muestran en la angustia tales como son en sí mismas, no desfiguradas por el ente intramundano al que el Dasein inmediata y regularmente se aferra.

¿En qué medida esta interpretación existencial de la angustia ha alcanzado una base fenoménica para responder a la pregunta rectora por el ser de la totalidad del todo estructural del Dasein?

§ 41. El ser del Dasein como cuidado

Si queremos captar ontológicamente la totalidad del todo estructural deberemos preguntar en primer lugar: el fenómeno de la angustia y lo abierto en ella ¿es capaz de dar, en forma fenoménicamente cooriginaria, el todo del Dasein de modo tal que la mirada que busca la totalidad pueda encontrar su cumplimiento en lo así dado? El conjunto de lo que allí se encuentra puede ser resumido en la siguiente enumeración formal: el angustiarse, en cuanto disposición afectiva, es una manera de estar-en-el-mundo; el ante-que de la angustia es el estar-en-el-mundo en condición de arrojado; aquello por lo que la angustia se angustia es el poder-estar-en-el-mundo. Por consiguiente, el fenómeno de la angustia tornado en su totalidad muestra al Dasein como un estar-en-el-mundo fácticamente existente. Los caracteres ontológicos fundamentales de este ente son la existencialidad, la facticidad y el estar-caído (*). Estas determinaciones existenciales no son partes de un *compositum* al que pudiera alguna vez faltarle una de ellas, sino que conforman una trama originaria que constituye la totalidad del todo estructural que se busca. En la unidad de dichas determinaciones del ser del Dasein, este ser puede ser aprehendido en cuanto tal. ¿Cómo deberá caracterizarse esta unidad?

El Dasein es un ente al que en su ser le va este mismo ser. El "irle" se ha aclarado en la estructura de ser del comprender en cuanto proyectante estar vuelto hacia el más propio poder-ser. Este poder-ser es aquello por mor de lo cual el Dasein es en cada caso tal como es. El Dasein, en su ser, ya se ha confrontado, cada vez, con una posibilidad de sí mismo. El ser libre para el poder-ser más propio y, con ello, para la posibilidad de la propiedad e impropiedad, se muestra con originaria y elemental concreción en la angustia. Pero estar vuelto hacia el poder-ser más propio significa ontológicamente que en su ser el Dasein ya se ha
anticipado siempre a sí mismo. El Dasein ya siempre está "más allá de sí", pero 192
no como un comportarse respecto de otros entes que no son él, sino, más bien, en cuanto está vuelto hacia el poder-ser que él mismo es. A esta estructura de ser del esencial "irle" la llamamos el *anticiparse-a-sí* del Dasein (**).

[a] No egoísticamente, sino arrojado para ser asumido.

Ahora bien, esta estructura concierne al todo de la constitución del Dasein. El anticiparse-a-sí no es una tendencia aislada en un "sujeto" sin mundo, sino que caracteriza al estar-en-el-mundo. Pero este, junto con estar entregado a sí mismo, ya está siempre arrojado *en un mundo*. La entrega del Dasein a sí mismo se muestra originaria y concretamente en la angustia. El anticiparse-a-sí, más plenamente comprendido, significa *anticiparse-a-sí-estando-ya-en-un-mundo*. Tan pronto como esta estructura esencialmente unitaria ha sido fenoménicamente vista se aclara también lo expuesto más arriba al hacer el análisis de la mundaneidad. El resultado de ese análisis fue que el todo remisional de la significatividad constitutiva de la mundaneidad se "afinca" en un por-mor-de. La trabazón del todo remisional, de los múltiples respectos del "para-algo", con aquello que al Dasein le va, no es la soldadura de un "mundo" de objetos que esté-ahí, con un sujeto. Es, más bien, la expresión fenoménica de la constitución originariamente total del Dasein, cuya totalidad ha quedado ahora explícitamente puesta de relieve como un anticiparse-a-sí-estando-ya-en... Dicho de otra manera: el existir es siempre existir fáctico. La existencialidad está determinada esencialmente por la facticidad.

Y a su vez, el fáctico existir del Dasein no solo es, en general, y de un modo indiferente, un poder-estar-en-el-mundo en condición de arrojado, sino que ya está siempre absorto en el mundo de la ocupación. En este cadente estar en medio de... se acusa, explícita o implícitamente, comprendido o no comprendido, el huir ante la desazón que habitualmente queda oculta junto con la angustia latente, porque el carácter público del uno reprime todo lo que no es familiar. En el anticiparse-a-sí-estando-ya-en-un-mundo se incluye de modo esencial el cadente *estar en medio de lo* intramundanamente a la mano de la ocupación.

La totalidad existencial del todo estructural ontológico del Dasein debe concebirse, pues, formalmente, en la siguiente estructura: el ser del Dasein es un anticiparse-a-sí-estando-ya-en-(el-mundo-) en-medio-de (el ente que comparece dentro del mundo). Este ser da contenido a la significación del término *cuidado* [*Sorge*] (*), que se emplea en un sentido puramente ontológico-existencial. Queda excluida de su significación toda tendencia de ser de carácter óntico, tal como la preocupación o, correlativamente, la despreocupación.

193 Por ser el estar-en-el-mundo esencialmente cuidado, en los precedentes análisis ha sido posible concebir como *ocupación* [*Besorgen*] el estar en medio del ente a la mano, y como *solicitud* [*Fürsorge*] el estar con los otros, en cuanto coexistencia que comparece en el mundo. El estar-en-medio-de... es ocupación porque, como modo del estar-en queda determinado por la estructura fundamental de este último, es decir, por el cuidado. El cuidado no caracteriza, por ejemplo, tan solo a la existencialidad, separada de la facticidad y de la caída, sino que abarca la unidad de todas estas determinaciones de ser. Por consiguiente,

cuidado tampoco quiere decir primaria y exclusivamente el comportamiento del yo respecto de sí mismo, tomado en forma aislada. La expresión "cuidado de sí" [*Selbstsorge*], por analogía con *Besorgen* [ocupación, e.d. cuidado de las cosas] y *Fürsorge* [solicitud, e.d cuidado por los otros], sería una tautología. Cuidado no puede referirse a un particular comportamiento respecto de sí mismo, puesto que este comportamiento ya está ontológicamente designado en el anticiparse-a-sí; ahora bien, en está determinación quedan también *incluidos* los otros dos momentos estructurales del cuidado: el ya-estar-en y el estar-en-medio-de.

En el anticiparse-a-sí, en cuanto estar vuelto hacia el más propio poder-ser, radica la condición ontológico-existencial de la posibilidad del *ser libre para* posibilidades existentivas propias. El poder-ser es aquello por mor de lo cual el Dasein es en cada caso como fácticamente es. Ahora bien, en la medida en que este estar vuelto hacia el poder-ser está determinado por la libertad, el Dasein *puede* comportarse también *involuntariamente* en relación a sus posibilidades, *puede* ser impropio, como de hecho sucede de un modo inmediato y regular. El por-mor-de propio queda sin asumir, el proyecto del poder-ser del sí mismo queda abandonado a la disposición del uno. En el anticiparse-a-sí, el "sí" mienta, pues, en este caso, el sí-mismo del uno-mismo. También en la impropiedad el Dasein se anticipa esencialmente a sí, de la misma manera como el cadente huir del Dasein ante sí mismo muestra todavía *aquella* estructura de ser según la cual a este ente *le va su ser.*

El cuidado, en cuanto totalidad estructural originaria, se da existencialmente *a priori* "antes", es decir, desde siempre, *en* todo fáctico "comportamiento" y "situación" del Dasein. Este fenómeno no expresa, pues, en modo alguno, una primacía del comportamiento "práctico" sobre el teórico. La determinación puramente contemplativa de algo que está-ahí no tiene menos el carácter del cuidado que una "acción política" o un distraerse recreativo. "Teoría" y "praxis" son posibilidades de ser de un ente cuyo ser debe ser definido como cuidado.

Y esta es la razón por la cual ha de fracasar también todo intento de reducir el fenómeno del cuidado, en su indestructible totalidad esencial, a ciertos actos o
tendencias particulares, tales como la voluntad y el deseo o el impulso y la incli- 194
nación o, correlativamente, de reconstruirlo a partir de ellos.

La voluntad y el deseo arraigan ontológicamente de un modo necesario en el Dasein como cuidado, y no son simples vivencias ontológicamente indiferentes que tuvieran lugar en una "corriente" enteramente indeterminada en su sentido de ser. Esto no es menos válido para la inclinación y el impulso. También ellos, hasta donde es posible encontrarlos en estado puro en el Dasein, se fundan en el cuidado. Lo cual no excluye que el impulso y la inclinación sean también ontológicamente constitutivos de los entes que solo "viven". Pero la estructura ontológica fundamental del "vivir" es ya, por sí misma, un problema, y este solo puede ser tratado, por la vía de una privación reductiva, a partir de la ontología del Dasein.

El cuidado es ontológicamente "anterior" a estos fenómenos, pero ellos pueden ciertamente ser "descritos" en forma adecuada dentro de ciertos límites, sin que todo el horizonte ontológico haya sido necesariamente aclarado o siquiera conocido. Para la presente investigación ontológico-fundamental, que no pretende elaborar una ontología completa y temática del Dasein, ni menos una concreta antropología, baste con una referencia al modo cómo estos fenómenos están existencialmente fundados en el cuidado.

El poder-ser por mor del cual el Dasein es, tiene el modo de ser del estar-en-el-mundo. Ese poder-ser implica, pues, ontológicamente, una relación con el ente intramundano. El cuidado es siempre, bien sea tan solo privativamente, ocupación y solicitud. En el querer, un ente ya comprendido, es decir, proyectado en su posibilidad, es tomado como un ente del que hay que ocuparse o, correlativamente, al que hay que llevar a su ser por medio de la solicitud. *Por eso*, al querer le pertenece siempre algo querido, que ya se ha determinado desde un por-mor-de. Los momentos constitutivos de la posibilidad ontológica del querer son pues los siguientes: la previa aperturidad del por-mor-de en general (anticiparse-a-sí), la aperturidad del ámbito de lo que puede ser objeto de ocupación (mundo como el dónde del ya-estar) y el proyectarse comprensor hacia un poder-ser relativo a una posibilidad del ente "querido". A través del fenómeno del querer asoma la subyacente totalidad del cuidado.

En cuanto fáctico, el proyectarse comprensor del Dasein ya está siempre en medio de un mundo descubierto. De este toma sus posibilidades, y lo hace primeramente siguiendo el estado interpretativo del uno. Esta interpretación ha limitado de antemano las posibilidades disponibles al ámbito de lo conocido, asequible, tolerable, de lo que se debe y acostumbra hacer. Esta nivelación de las posibilidades del Dasein a lo inmediatamente disponible en la cotidianidad
195 lleva a cabo, al mismo tiempo, una reducción de lo posible en cuanto posible. La cotidianidad media del ocuparse se vuelve ciega respecto de la posibilidad y se aquieta en lo meramente "real". Esta quietud no excluye una intensa actividad en el ocuparse, sino que la suscita. Lo querido no son, en este caso, nuevas y positivas posibilidades, sino que "tácticamente" lo disponible es modificado de tal manera que surja la apariencia de que sucede algo.

No obstante, el aquietado "querer" regido por el uno no equivale a una extinción del estar vuelto hacia el poder-ser, sino que es solo una modificación del mismo. El estar vuelto hacia las posibilidades se revela entonces, ordinariamente, como un mero *desear*. En el deseo, el Dasein proyecta su ser hacia posibilidades que no solo quedan sin asumir en la ocupación, sino que ni siquiera se piensa ni espera que se cumplan. Por el contrario: el predominio del anticiparse-a-sí en la modalidad del mero deseo lleva consigo una falta de comprensión para las posibilidades fácticas. El estar-en-el-mundo cuyo mundo ha sido primariamente proyectado como un mundo de deseos, se ha perdido irremediablemente en lo disponible, pero de tal manera que, siendo este último lo único a la mano a la luz de lo deseado, sin embargo jamás logra satisfacer. El deseo es una modificación existencial del proyectarse comprensor, que, sumido en la condición de arrojado, se limita a *añorar* las posibilidades. Esta añoranza *cierra* las posibilidades; lo presente en el añorar desiderativo se convierte en el "mundo real". El deseo presupone ontológicamente el cuidado.

En la añoranza el ya-estar-en-medio-de... tiene la primacía. El anticiparse-a" sí-estando-ya-en... queda correspondientemente modificado. La añoranza cadente revela la *inclinación* [*Hang*] del Dasein a ser "vivido" por el mundo en el que cada vez está siendo. La inclinación muestra el carácter de la salida en busca de algo... [*Aussein auf...*]. El anticiparse-a-sí se ha perdido en un "tan-solo-siempre-ya-en-medio-de...". El "hacia-algo" de la inclinación es un dejarse arrastrar por aquello que la inclinación añora. Cuando el Dasein se deja absorber por una inclinación, lo que propiamente ocurre no es que solo se dé una inclinación, sino que la estructura entera del cuidado queda modificada. Enceguecido, el Dasein pone al servicio de la inclinación todas sus posibilidades.

Por el contrario, el *impulso* "a vivir" es un "hacia" que tiene en sí mismo la fuerza propulsora. Es un "hacia allá a toda costa". El impulso procura reprimir otras posibilidades. También aquí el anticiparse-a-sí es impropio, aunque la fuerza invasora del impulso provenga del mismo que lo experimenta. El impulso puede atropellar la disposición afectiva y el comprender. Pero el Dasein no es 196
entonces, ni jamás, un "mero impulso" al que pudieran sobrevenirle de vez en cuando comportamientos de control y dirección, sino que, en cuanto modificación del estar-en-el-mundo en su integridad, el Dasein impulsivo es desde siempre cuidado.

En el impulso puro, el cuidado no ha quedado todavía liberado, si bien es él quien hace ontológicamente posible que el Dasein esté propulsado desde sí mismo. En la inclinación, en cambio, el cuidado está siempre atado. Inclinación e impulso son posibilidades enraizadas en la condición de arrojado del Dasein. El impulso "a vivir" no puede ser aniquilado, la inclinación a ser "vivido" por el mundo no puede ser extirpada. Pero ambos, en cuanto, y solo en cuanto se fundan ontológicamente en el cuidado, pueden ser modificados óntico-existentivamente por este en tanto que propio.

El término "cuidado" mienta un fenómeno ontológico-existencial fundamental que, sin embargo, *no es simple* en su estructura. La totalidad ontológicamente elemental de la estructura del cuidado no puede ser reducida a un "elemento" óntico "primordial", así como el ser tampoco puede "ser explicado" por los entes. Al término de esta investigación podrá verse que la idea del ser en general no es más "simple" que el ser del Dasein. La definición del cuidado como anticiparse-a-sí-estando-ya-en... medio-de... muestra con claridad que incluso este fenómeno se halla estructuralmente *articulado* en sí mismo. Pero, ¿no es esto un indicio fenoménico de la necesidad de seguir examinando la cuestión ontológica hasta sacar a luz un fenómeno *aun más originario*, que sirva de fundamento ontológico a la unidad y totalidad de la multiplicidad estructural del cuidado? Antes que la investigación examine este problema se requiere una apropiación retrospectiva más rigurosa de lo interpretado hasta aquí, con vistas a la pregunta ontológico-fundamental por el sentido del ser en general. Pero antes aun será necesario mostrar que lo ontológicamente "nuevo" de esta interpretación es ónticamente muy antiguo. La explicación del ser del Dasein como cuidado no fuerza al Dasein a entrar en una idea previamente pensada, sino que conceptualiza existencialmente algo que ya está óntico-existentivamente abierto.

§ 42. Confirmación de la interpretación existencial del Dasein como cuidado por medio de la autointerpretación preontológica del Dasein

En las interpretaciones precedentes, que llevaron finalmente a la exposición del cuidado como ser del Dasein, lo importante era alcanzar los fundamentos *ontológicos* adecuados para el ente que somos nosotros mismos y que llamamos "hom-
197 bre". Para ello fue necesario que desde el comienzo nuestro análisis se apartara de la dirección tradicional pero ontológicamente confusa y principalmente cuestionable, representada por la definición usual del hombre. Si se la mide por esta, la interpretación ontológico-existencial podrá parecer extraña, especialmente si el "cuidado" se entiende, de un modo puramente óntico, como "preocupación" y "aflicción". Por esta razón será oportuno aducir ahora un testimonio preontológico, aunque su fuerza demostrativa sea "solamente histórica".

Tengamos, sin embargo, presente que en este testimonio el Dasein se expresa acerca de sí mismo en forma originaria, sin estar determinado por interpretaciones teoréticas, y sin proponérselas. Tengamos también en cuenta que el ser del Dasein está caracterizado por la historicidad, si bien este punto deberá ser primero ontológicamente demostrado. *Si* el Dasein es "histórico" en el fondo de su ser, un decir que viene de su historia y que a ella retorna y que, además, es *anterior* a toda ciencia, cobra un peso particular, aunque no puramente ontológico. La comprensión del ser ínsita en el Dasein mismo se expresa preontológicamente. El testimonio citado más adelante servirá para aclarar que la interpretación existencial no es una invención, sino que, en cuanto "construcción" ontológica, tiene un fundamento y, en este fundamento, el bosquejo de sus rasgos elementales.

La siguiente autointerpretación del Dasein como "cuidado" está formulada en una antigua fábula[1]:

Cura cum fluvium transiret, videt cretosum lutum
sustulitque cogitabunda atque coepit fingere.
dum deliberat quid iam fecisset, Jovis intervenit.
rogat eum Cura ut det illi spiritum, et facile impetrat.
cui cum vellet Cura nomen ex sese ipsa imponere,
Jovis prohibuit suumque nomen ei dandum esse dictitat.
dum Cura et Jovis disceptant, Tellus surrexit simul
suumque nomen esse volt cui corpus praebuerit suum.
sumpserunt Saturnum iudicem, is sic aecus iudicat: 198
'tu Jovis quia spiritum dedisti, in morte spiritum,
tuque Tellus, quia dedisti corpus, corpus recipito,
Cura enim quia prima finxit, teneat quamdiu vixerit.
sed quae nunc de nomine eius vobis controversia est,
homo vocetur, quia videtur esse factus ex humo'.

Al atravesar Cura un río, ve un gredoso barro,
y cogiéndolo meditabunda lo comenzó a modelar.
Mientras piensa en lo que hiciera, Júpiter se presenta.
Pídele Cura le dé espíritu y fácilmente lo consigue.
Como Cura quisiese darle su propio nombre,
niégase Júpiter y exige se le ponga el suyo.
Mientras ellos discuten, interviene también la Tierra
pidiendo que su nombre sea dado a quien ella el cuerpo diera.
Tomaron por juez a Saturno, y este, equitativo, juzga:
'Tu, Júpiter, porque el espíritu le diste, en la muerte el
espíritu y tu, Tierra, pues le diste el cuerpo, el cuerpo
recibid, reténgalo Cura mientras viva, porque fue la
primera en modelarlo. Y en cuanto a la disputa entre
vosotros por el nombre, llámesele hombre, ya que del *humus*
ha sido hecho'.

[1] El autor encontró esta prueba documental preontológica de la interpretación ontológico-existencial del Dasein como cuidado en el artículo de K. Burdach: *Faust und die Sorge, Deutsche Vierteljahrschrift für Literaturwissenschaft und Geistesgeschichte* I (1923), pp. 1 ss. Burdach muestra que Goethe tomó de Herder y reelaboró para la segunda parte de su *Fausto* la fábula de la *cura*, transmitida como fábula 220 de Hyginio. Cf. especialmente pp. 40 ss. El texto se cita según F. Bücheler, *Rheinisches Museum* t. 41 (1886), p. 5; la traducción alemana es de Burdach, *óp. cit.*, pp. 41 s.

Este testimonio preontólogico cobra una especial significación por el hecho de que no solo ve el "cuidado" como aquello a lo que el Dasein humano pertenece "durante toda su vida", sino porque esta primacía del "cuidado" se presenta en conexión con la conocida concepción del hombre como compuesto de cuerpo (tierra) y espíritu. *Cura* prima *finxit*: este ente tiene el "origen" de su ser en el cuidado. *Cura teneat quamdiu vixerit*: este ente no queda abandonado por su origen, sino retenido por él y sometido a su dominio mientras "está en el mundo". El "estar-en-el-mundo" tiene la impronta del ser del "cuidado". Recibe su nombre (*homo*) no en consideración de su ser, sino por relación a aquello de que está hecho (*humus*). En qué consista el ser "originario" de lo así configurado lo decide Saturno, el "tiempo"[1]. La determinación preontológica de la esencia del
199 hombre que se expresa en esta fábula ha fijado así, desde el comienzo, la mirada en *aquel* modo de ser que domina por entero su *peregrinar temporal en el mundo*.

La historia del significado del término óntico "*cura*" permite incluso entrever nuevas estructuras fundamentales del Dasein. Burdach[2] llama la atención acerca de un doble sentido del término "*cura*", el cual no significa solamente "afán ansioso", sino también "cuidado" y "dedicación". Séneca escribe así en su última carta (*ep.* 124): "De las cuatro naturalezas que existen (árbol, animal, hombre, Dios), las dos últimas, que son las únicas dotadas de razón, se distinguen entre sí en que Dios es inmortal y el hombre mortal. El bien de uno, vale decir, el de Dios, lo realiza su naturaleza; el del otro, el del hombre, el *cuidado* (*cura*): *unius bonum natura perficit, dei scilicet, alterius cura, hominis*".

La *perfectio* del hombre —el llegar a ser eso que él puede ser en su ser libre para sus más propias posibilidades (en el proyecto)— es "obra" del "cuidado". Pero el "cuidado" determina también con igual originariedad la índole radical de este ente, según la cual está entregado al mundo de que se ocupa (condición de arrojado). El "doble sentido" de la "*cura*" mienta *una sola* constitución fundamental en su doble estructura esencial de proyecto arrojado.

La interpretación ontológico-existencial no es, en relación a la interpretación óntica, una mera generalización óntico-teorética. Tal generalización significaría tan solo que todos los comportamientos del hombre están marcados ónticamente por la "preocupación" y regidos por una "dedicación" a algo. La "generalización" es *ontológico-apriorística*. No se refiere a propiedades ónticas que se presenten constantemente, sino a una estructura de ser ya subyacente en cada caso.

[1] Cf. el poema de Herder: *Das Kind der Sorge (Suphan* XXIX, 75).

[2] *Loc. cit.*, p. 49. Ya en la Stoa el término μέριμνα estaba consagrado; y vuelve a presentarse en el N.T, en la traducción de la Vulgata, como *sollicitudo*. El enfoque del "cuidado" que ha orientado la precedente analítica existencial del Dasein, se le fue aclarando al autor a través de los intentos de una interpretación de la antropología augustiniana —es decir, greco-cristiana— en relación a los principios fundamentales de la ontología de Aristóteles.

Solo ella hace ontológicamente posible la designacion óntica de este ente como *cura*. La condición existencial de la posibilidad de las "preocupaciones de la vida" y de la "dedicación [a algo]" debe concebirse como cuidado en un sentido originario, es decir, ontológico.

Por otra parte, la "generalidad" trascendental del fenómeno del cuidado y de todos los otros existenciales fundamentales tiene la amplitud requerida para 200
proporcionar el terreno en que se mueve *toda* interpretación óntica del Dasein, propia de una concepción del mundo, tanto si en ella se lo comprende como "preocupación vital" y penuria, como si se lo entiende de un modo opuesto.

El "vacío" y "generalidad" con que las estructuras existenciales se presentan en un plano óntico tiene su *propia* precisión y plenitud ontológica. La totalidad de la constitución del Dasein no es, por consiguiente, algo simple en su unidad, sino que muestra una articulación estructural que se expresa en el concepto existencial del cuidado.

La interpretación ontológica del Dasein ha llevado la autointerpretación preontológica de este ente como "cuidado" al *concepto existencial* del cuidado. Sin embargo, la analítica del Dasein no tiene como finalidad una fundamentación ontológica de la antropología; su objetivo es una ontología fundamental. Es esta quien, si bien en forma tácita, ha determinado la marcha de las meditaciones hechas hasta ahora, la elección de los fenómenos y los límites hasta donde debe llegar el análisis. Pero ahora, con vistas a la pregunta rectora por el sentido del ser, y a su elaboración, será necesario que la investigación se asegure *explícitamente* de lo logrado hasta este momento. Tal finalidad no podrá, sin embargo, alcanzarse mediante una síntesis extrínseca de lo ya dilucidado. Por el contrario, lo que al comienzo de la analítica existencial solo pudo ser esbozado en sus líneas generales deberá profundizarse ahora, con la ayuda de lo ya alcanzado, a fin de lograr una comprensión más acabada del problema.

§ 43. Dasein, mundaneidad y realidad

La pregunta por el sentido del ser solo es posible si *se da* (*) algo así como una comprensión del ser. Al modo de ser del ente que llamamos Dasein le pertenece la comprensión del ser. Cuanto más adecuada y originaria haya podido resultar la explicación de este ente, con tanto más seguridad el proceso ulterior de la elaboración del problema ontológico-fundamental llegará a su meta.

En la ejecución de las tareas de la etapa preparatoria de una analítica existencial del Dasein se ha hecho la exégesis (**) del comprender, del sentido y de la interpretación [*Auslegung*]. El análisis de la aperturidad mostró, además, que

con esta el Dasein —en conformidad con su fundamental constitución de estar-en-el-mundo— queda cooriginariamente desvelado en lo que respecta al mundo, al estar-en, y al sí-mismo. En la fáctica aperturidad del mundo queda, además, codescubierto el ente intramundano. Esto implica que el ser de este ente en cierta manera ya es comprendido siempre, aunque no ontológicamente conceptualiza-
201 do en forma adecuada. La comprensión preontológica del ser abarca ciertamente a todo ente esencialmente abierto en el Dasein, pero la comprensión del ser no se ha articulado aún de acuerdo con los diferentes modos de ser (*).

Por otra parte, la interpretación del comprender ha mostrado que inmediata y regularmente este, según el modo de ser de la caída, ya se ha emplazado en la comprensión del "mundo". Incluso allí donde no se trata solo de experiencia óntica, sino también de comprensión ontológica, la interpretación del ser se orienta, en primer lugar, por el ser del ente intramundano[a]. El ser de lo inmediatamente a la mano se pasa por alto, y el ente es concebido primero como un conjunto de cosas (*res*) que están-ahí. El *ser* cobra el sentido de *realidad* [*Realität*][1]. La sustancialidad se convierte en la determinación fundamental del ser. Correspondiendo a este desplazamiento de la comprensión del ser, también la comprensión ontológica del Dasein entra en el horizonte de este concepto de ser. El *Dasein*, al igual que cualquier otro ente, también *está realmente ahí*. De esta manera, el *ser en general* adquiere el sentido de *realidad*[b]. El concepto de realidad tiene, pues, una peculiar primacía en la problemática ontológica. Esta primacía obstruye el camino hacia una genuina analítica existencial del Dasein e impide incluso dirigir la mirada hacia el ser de lo inmediatamente a la mano dentro del mundo. Finalmente, ella fuerza a la problemática del ser en general a orientarse en una falsa dirección. Los demás modos de ser son determinados negativa y privativamente con respecto a la realidad.

Por este motivo, no solo la analítica del Dasein, sino también la elaboración de la pregunta por el sentido del ser en general, deben ser arrancadas de su unilateral orientación por el ser en el sentido de realidad. Es necesario demostrar que la realidad no solo es *un* modo de ser *entre* otros, sino que ontológicamente se halla en una determinada conexión de fundamentación con el Dasein, el mundo y el estar a la mano. Esta demostración demanda una discusión a fondo del *problema de la realidad*, de sus condiciones y límites.

Bajo el título de "problema de la realidad" se entremezclan diferentes cuestiones: 1. acaso *se da* (**) siquiera el ente que presuntamente "trasciende la

[1] Cf. más arriba p. 116 ss. y p. 125 s.

[a] Distinguir aquí: φύσις, ἰδέα, οὐσία, *substantia, res,* objetividad, estar-ahí.

[b] 'Realidad' como 'efectividad' [*Wirklichkeit*] *y realitas* como 'quididad'; posición intermedia del concepto de 'realidad objetiva' en Kant.

conciencia"; 2. acaso está realidad del "mundo exterior" puede ser *demostrada* suficientemente; 3. supuesto que este ente sea real, hasta qué punto es concible en su ser-en-sí; 4. qué significa, en general, el sentido de este ente, vale decir, la realidad. La consideración que expondremos a continuación del problema de la realidad desarrolla tres puntos en relación con la pregunta ontológico-fundamental, vale decir: a) realidad como problema del ser del "mundo 202
exterior" y de su demostrabilidad, b) realidad como problema ontológico, c) realidad y cuidado.

a) Realidad como problema del ser del "mundo exterior" y de su demostrabilidad

En el orden de las preguntas acerca de la realidad que hemos enumerado, la pregunta ontológica —que significa propiamente realidad— es la primera. Sin embargo, a falta de una problemática y de una metodología ontológica pura, está cuestión —si es que alguna vez fue planteada explícitamente— no pudo menos de entremezclarse con la discusión del "problema del mundo exterior", puesto que el análisis de la realidad solo es posible sobre la base de un adecuado acceso a lo real. Ahora bien, desde siempre se consideró al conocimiento intuitivo como el modo propio de aprehensión de lo real. El conocimiento intuitivo "es" un comportamiento del alma, de la conciencia. En la medida en que a la realidad le pertenece el carácter del en-sí y de la independencia, la pregunta por el sentido de la realidad se enlaza con la pregunta por la posibilidad de la independencia de lo real "con respecto a la conciencia" o, lo que es igual, por la posibilidad de la trascendencia de la conciencia hasta la "esfera" de lo real. La posibilidad de un análisis ontológico suficiente de la realidad depende de la medida en que haya sido aclarado en su *ser* aquello *de lo que* debe haber independencia, *aquello que* debe ser trascendido. Solo así se hará también ontológicamente comprensible el modo de ser del trascender. Finalmente, es necesario establecer el modo primario de acceso a lo real, en el sentido de resolver la cuestión de si en definitiva el conocimiento es capaz de asumir esta función.

Estas investigaciones, que son *previas* a todo posible cuestionamiento ontológico de la realidad, han sido desarrolladas en la precedente analítica existencial. En ella se hizo ver que el conocimiento es un modo *fundado* de acceder a lo real. Lo real, por su misma esencia, solo es accesible como ente intramundano. Todo acceso a un ente tal se funda ontológicamente en la constitución fundamental del Dasein, en el estar-en-el-mundo. El estar-en-el-mundo tiene la constitución de ser aún más originaria del cuidado (anticiparse a sí-estando ya en un mundo-en medio del ente intramundano).

La pregunta si hay siquiera un mundo y si acaso su ser pueda demostrarse, es, en cuanto pregunta que plantea el *Dasein* como estar-en-el-mundo —¿y quien otro podrá plantearla?— una pregunta sin sentido. Además, está afectada de ambigüedad. El mundo en cuanto el dónde del estar-en y el "mundo" en cuanto
203 ente intramundano, en cuanto "en qué" del absorberse de la ocupación, quedan confundidos o no han sido aún distinguidos. Pero el mundo está esencialmente abierto *con el ser* del Dasein; y el "mundo" ya está siempre descubierto con la aperturidad del mundo. Sin embargo, el ente intramundano, precisamente en el sentido de lo real, de lo que solo está-ahí, puede quedar todavía encubierto. Pero incluso lo real mismo solo es descubrible sobre la base de un mundo ya abierto. Y tan solo sobre esta base puede lo real quedar todavía *oculto*. La pregunta por la "realidad" del "mundo exterior" queda planteada sin que se aclare previamente el *fenómeno del mundo* en cuanto tal. Fácticamente, el "problema del *mundo* exterior" se orienta en todo momento por el ente intramundano (las cosas y los objetos). Y de esta manera, tales discusiones conducen hacia una problemática ontológicamente casi inextricable.

El embrollo de las cuestiones, la confusión de lo que se quiere demostrar con lo que se demuestra y con aquello con lo que se hace la demostración se puede ver en la "Refutación del Idealismo" de Kant[1]. Kant llama "escándalo de la filosofía y de la razón humana universal"[2] la falta de una demostración perentoria de la "existencia de las cosas fuera de nosotros", que sea capaz de eliminar todo escepticismo. Él mismo Kant propone una demostración semejante, presentándola como fundamentación del siguiente "teorema": "La mera conciencia, empíricamente determinada, de mi propia existencia demuestra la existencia de los objetos en el espacio fuera de mí"[3].

En primer lugar, debe advertirse expresamente que Kant usa el término "Dasein" ["existencia"] para designar la manera de ser que en la presente investigación nosotros llamamos "estar-ahí" ["*Vorhandenheit*"]. "Conciencia de mi existencia" significa para Kant conciencia de mi estar-ahí, en el sentido de Descartes. El término "existencia" significa tanto el estar-ahí de la conciencia como el estar-ahí de las cosas.

La demostración de la "existencia de las cosas fuera de mí" se apoya en que a la esencia del tiempo le pertenecen cooriginariamente el cambio y la permanencia. Mi estar-ahí, es decir, el estar-ahí de una multiplicidad de representacio-

[1] Cf. *Kritik der reinen Vernunft*[2] p. 274 ss.; y las adiciones correctivas en el Prefacio a la 2a edición p. XXXIX, nota; asimismo: "De los paralogismos de la razón pura", *loc. cit.*, p. 399 ss., especialmente p. 412.

[2] *Loc. cit.*, Prefacio, nota.

[3] *Loc. cit.*, p. 275.

nes dada en el sentido interno, es un estar cambiando que está ahí. Ahora bien, la determinación temporal presupone algo que está persistentemente ahí. Pero este "algo" no puede estar "en nosotros", "ya que justamente mi existencia en el tiempo tiene que ser determinada por medio de eso que es permanente"[1]. Con el cambio "en mí", empíricamente dado, está, por consiguiente, necesariamente 204
también puesto empíricamente algo permanente que está-ahí "fuera de mí". Esto permanente es la condición de posibilidad del estar-ahí del cambio "en mí". La experiencia del estar-en-el-tiempo de las representaciones implica cooriginariamente algo cambiante "en mí" y algo permanente "fuera de mí".

Sin duda, esta demostración no es una inferencia causal y no está, por consiguiente, afectada por los inconvenientes de esta última. Kant propone aquí una especie de "prueba ontológica" a partir de la idea de un ente temporal. A primera vista puede parecer que Kant ha abandonado el punto de partida cartesiano de un sujeto que puede ser hallado aisladamente. Pero esto no es sino apariencia. El hecho de que Kant necesite una demostración de la "existencia de las cosas fuera de mí" indica que él toma como punto de apoyo para la problemática, el sujeto, el *"en mí"*. La demostración misma se desarrolla también partiendo del cambio empíricamente dado "en mí". En efecto, el "tiempo", que sirve de soporte a la prueba, solo es experimentado "en mí". Él proporciona el punto de apoyo para el salto demostrativo hacia el "fuera de mí". Kant subraya, además, que: "El [idealismo] problemático, que... sostiene solamente nuestra impotencia para demostrar por experiencia inmediata una existencia fuera de la nuestra, es razonable y conforme con una concienzuda mentalidad filosófica, vale decir: que antes que se haya encontrado una demostración suficiente, no debe hacerse ningún juicio tajante"[2].

Pero, incluso si se hubiese renunciado a la primacía óntica del sujeto aislado y de la experiencia interna, la posición de Descartes seguiría, sin embargo, ontológicamente vigente. Lo que Kant demuestra —una vez aceptada la legitimidad de la demostración y de su fundamento— es la necesidad del estar-ahí juntos de un ente cambiante y un ente permanente. Pero esta yuxtaposición de dos entes que están-ahí no implica siquiera que un sujeto y un objeto estén-ahí juntos. E incluso si esto fuese demostrado, seguiría, sin embargo, estando encubierto lo ontológicamente decisivo: la constitución fundamental del "sujeto", es decir, del Dasein, como estar-en-el-mundo. *Que lo físico y lo psíquico estén-ahí juntos es, desde un punto de vista óntico y ontológico, enteramente diferente del fenómeno del estar-en-el-mundo.*

[1] *Loc. cit.*, p. 275.
[2] *Loc. cit.*, pp. 274/275.

La distinción y *conexión* del "en mí" y el "fuera de mí" es supuesta por Kant, y, de hecho, con razón, pero ciertamente sin ella, si nos atenemos al sentido de su demostración. Asimismo, tampoco queda demostrado que aquello que, siguiendo el hilo del tiempo, resulta válido del estar-ahí juntos de lo cambiante y
205 permanente, sea también aplicable a la conexión del "en mí" y el "fuera de mí". Ahora bien, si se viera el todo de la distinción y conexión del "dentro" y "fuera", supuesto en la demostración, si se comprendiera ontológicamente lo que en esta suposición queda supuesto, se derrumbaría la posibilidad de considerar la demostración de la "existencia de las cosas fuera de mí" como algo necesario y que aún sigue faltando.

El "escándalo de la filosofía" no consiste en que esta demostración aún no haya sido hecha hasta ahora, sino, más bien, *en que tales demostraciones sigan siendo esperadas e intentadas*. Semejantes expectativas, propósitos y exigencias provienen de un insuficiente planteamiento ontológico de *aquello con respecto a lo cual* debería demostrarse la "existencia" de un "mundo" independiente y "exterior". No son las demostraciones las insuficientes, sino que lo insuficiente es la *determinación* del modo de ser del ente que realiza y exige la demostración. Por eso puede surgir la apariencia de que, con la demostración del necesario estar-ahí-juntos de dos entes que están-ahí, se haya demostrado, o por lo menos hecho demostrable, también algo acerca del Dasein en cuanto estar-en-el-mundo. El Dasein, entendido correctamente, se resiste a tales demostraciones, porque en su ser él *es* ya siempre lo que las tardías demostraciones creen necesario hacerle ver demostrativamente.

La tergiversación del problema no quedaría superada si, de la imposibilidad de probar la "existencia" de las cosas fuera de nosotros, se quisiera inferir que ella "solo puede admitirse en virtud de una *creencia*"[1]. En tal caso, seguiría en pie el supuesto de que en el fondo el ideal sería que se pudiera aducir una prueba. Al limitarse a una "creencia en la realidad del mundo exterior", se reafirma el inapropiado planteamiento del problema, aun cuando se reconozca explícitamente la "legitimidad" de dicha creencia. Se acepta, en principio, la exigencia de una prueba, aunque se intente satisfacerla por un camino diferente del de una demostración estricta[2].

[1] *Loc. cit.*, Prefacio, nota.

[2] Cf. W. Dilthey, *Beiträge zur Lösung der Frage vom Ursprung unseres Glaubens an die Realität der Aussenwelt und seinem Recht* (1890). *Ges. Schr.* V, 1, p. 90 ss.

En forma inequívoca, dice Dilthey ya al comienzo de este tratado: "Porque si ha de haber para el hombre una verdad universalmente válida, es necesario que, según el método por primera vez expuesto por Descartes, el pensar se abra un camino desde los hechos de la conciencia hacia la realidad exterior", *óp. cit.* p. 90.

Incluso si se quisiera apelar a que el sujeto debe suponer y que inconscientemente ya siempre supone la "existencia" del "mundo exterior", seguiríamos partiendo constructivamente de un sujeto aislado. Con ello no se acertaría mejor en el fenómeno del estar-en-el-mundo que cuando se intenta demostrar el estar-ahí-juntos de lo físico y lo psíquico. Con tales suposiciones el Dasein llega siempre "demasiado tarde", porque, realizando está suposición *en cuanto ente* —y de otra manera ella no es posible— ya está siempre, en cuanto ente, en un mundo. "Anterior" a toda suposición y comportamiento del Dasein es el *a priori* de su constitución de ser, en el modo de ser del cuidado. 206

Creer, con o sin razón, en la realidad del "mundo exterior", *demostrar*, satisfactoria o insatisfactoriamente, esta realidad, *suponerla*, explícitamente o no, todos estos intentos, incapaces de adueñarse, en plena transparencia, del terreno en que se mueven, suponen un sujeto primeramente *sin mundo* o, lo que es igual, un sujeto inseguro de su mundo, y que, en definitiva, necesitaría asegurarse primero de un mundo. Desde un comienzo, el estar-en-un-mundo dependería entonces, de una aprehensión, una suposición, certeza o creencia, es decir, de un comportamiento que no es sino un modo fundado del estar-en-el-mundo.

El "problema de la realidad", es decir, el problema de la "existencia" y demostrabilidad de un mundo exterior, se revela como un imposible, y no porque de él se deriven aporías insolubles, sino porque el ente mismo que constituye el tema de este problema se niega, por así decirlo, a semejante cuestionamiento. El problema no estriba en demostrar que "exista" y cómo "exista" un "mundo exterior", sino en mostrar por qué el Dasein tiene, en cuanto estar-en-el-mundo, la tendencia a empezar por una "teoría del conocimiento", en la que sepulta el "mundo exterior" en la nada para hacerlo luego resucitar mediante demostraciones. La razón de ello se encuentra en la caída del Dasein y en el consiguiente desplazamiento de la comprensión primaria del ser hacia el ser en cuanto estar-ahí. Cuando, dentro de esta orientación ontológica, el cuestionamiento es "crítico", lo único que inmediatamente encuentra como ente que está-ahí con certeza es una pura "interioridad". Una vez desintegrado el fenómeno originario del estar-en-el-mundo, se realiza, sobre la base de lo que aún queda en pie, es decir, del sujeto aislado, su ensamblaje con un "mundo".

En está investigación no es posible examinar *in extenso* las numerosas tentativas de solución al "problema de la realidad" que han ido surgiendo dentro de las distintas formas de realismo e idealismo y de las posiciones intermedias.
Aunque en todas estas tentativas podrá encontrarse, sin lugar a duda, un fondo 207
de auténtico cuestionamiento, sería absurdo pretender llegar a una solución satisfactoria del problema sopesando lo acertado de cada posición. En cambio, es necesario llegar a la convicción fundamental de que las diversas corrientes de la teoría del conocimiento no yerran propiamente desde el punto de vista de las

teorías del conocimiento, sino que, por haber omitido la analítica existencial del Dasein, no logran siquiera dar con el terreno requerido para una problemática fenoménicamente segura. Este *terreno* tampoco puede alcanzarse mediante ulteriores rectificaciones fenomenológicas de los conceptos de sujeto y conciencia[a]. Tal procedimiento no da garantía de que, pese a todo, no se siga con él mismo inadecuado *planteamiento del problema.*

Con el Dasein en cuanto estar-en-el-mundo ya está siempre abierto el ente intramundano. Esta afirmación ontológico-existencial parece coincidir con la tesis del *realismo*, según la cual el mundo exterior "existe" realmente. En la medida en que la afirmación existencial no niega la "existencia" del ente intramundano, esa afirmación concuerda en el resultado —doxográficamente, por así decirlo— con la tesis del realismo. Pero se distingue fundamentalmente de todo realismo por el hecho de que este sostiene que la realidad del "mundo" necesita ser demostrada y que, además, es demostrable. Precisamente estas dos cosas quedan negadas en el enunciado existencial. Lo que separa a este plenamente del realismo es la ceguera ontológica de este último. En efecto, el realismo trata de explicar ónticamente la realidad por medio de conexiones reales de interacción entre cosas reales.

El *idealismo*, por opuesto[b] e insostenible que sea en sus resultados, tiene frente al realismo una ventaja fundamental, siempre que no se malentienda a sí mismo como idealismo "psicológico". Cuando el idealismo insiste en que el ser y la realidad solo están "en la conciencia", con ello expresa la comprensión de que el ser no puede explicarse por medio de los entes. Pero, como no queda claro que aquí acontece una comprensión del ser y *qué* dice ontológicamente esta comprensión del ser, ni cómo es ella posible, ni queda tampoco claro que ella pertenece a la constitución de ser del Dasein[c], el idealismo construye su interpretación de la realidad sobre el vacío. Que el ser no pueda explicarse por los entes, y que la realidad solo sea posible en la comprensión del ser, no dispensa en modo alguno de preguntar por el ser de la conciencia, de la *res cogitans*. El previo análisis ontológico de la conciencia misma es una consecuencia inevitable de la tesis idealista. Solo porque el ser está "en la conciencia", es decir, solo porque es comprensible en el Dasein, puede este último comprender y conceptualizar caracteres ontológicos tales como la independencia, el "en sí" y la realidad misma.
208 Y también solo por eso resulta circunspectivamente accesible un ente "independiente" como algo que comparece dentro del mundo.

[a] Saltar dentro del Da-sein.

[b] entiéndase, opuesto a la experiencia ontológico-existencial.

[c] y que el Dasein [pertenece] al desplegarse [*Wesen*] del ser en cuanto tal.

Si el término idealismo equivale a la comprensión del hecho de que el ser jamás es explicable por medio de entes[a], sino que ser es siempre lo "trascendental" respecto de todo ente, entonces el idealismo representa la única posibilidad adecuada de una problemática filosófica. En tal caso, Aristóteles no fue menos idealista que Kant. Pero si el idealismo significa la reducción de todo ente a una conciencia o sujeto, que solo se distinguirían por quedar *indeterminados* en su ser, y, en el mejor de los casos, negativamente caracterizados como "no cósicos", entonces este idealismo no es metodológicamente menos ingenuo que el más burdo realismo.

Queda todavía la posibilidad de plantear la problemática de la realidad *antes* de adoptar un determinado "punto de vista". Es lo que expresa la tesis de que todo sujeto es lo que es solo para un objeto, y viceversa. Pero en este planteamiento formal los miembros de la correlación, al igual que esta misma, quedan ontológicamente indeterminados. En el fondo, sin embargo, no cabe duda de que el todo de la correlación es necesariamente pensado como *siendo* "de alguna manera" y, por consiguiente, con referencia a una determinada idea de ser. Pero si previamente se ha asegurado el terreno ontológico-existencial mediante la exposición del estar-en-el-mundo, aquella correlación podrá ser considerada ulteriormente como una relación formalizada y ontológicamente indiferente.

La discusión de los supuestos implícitos en las tentativas de solución del problema de la realidad tan solo mediante una teoría del conocimiento, muestra que aquel tiene que ser reasumido como problema ontológico dentro de la analítica existencial del Dasein[1].

[1] Recientemente Nicolai Hartmann, siguiendo el ejemplo de Scheler, ha fundado su teoría del conocimiento, ontológicamente orientada, sobre la tesis de que el conocer es una *"relación entitativa"* [*Seinsverhältnis*]. *Cf. Grundzüge einer Metaphysik der Erkenntnis,* 2a ed. aumentada, 1925. Ahora bien, a pesar de sus diferencias en lo que respecta al punto de partida fenomenológico, tanto Scheler como Hartmann desconocen por igual que la "ontología" de orientación tradicional fracasa frente al Dasein, y que precisamente la "relación entitativa" implicada en el conocimiento (cf. más arriba p. 86 ss.) obliga a una revisión radical de esa ontología y no solo a su perfeccionamiento crítico. Al subestimar el implícito alcance de los efectos del planteamiento de una relación de ser que no ha sido aclarada ontológicamente, Hartmann se ve llevado a un "realismo crítico" que, en el fondo, es enteramente ajeno al nivel de su problemática. Acerca de la concepción que Hartmann tiene de la ontología cf. "Wie ist kritische Ontologie überhaupt möglich?" en la *Festschrift für Paul Natorp,* 1924, pp. 124 ss.

[a] Diferencia ontológica.

Si el término realidad[a] nombra el ser del ente intramundano que está-ahí (*res*) —y no es otra cosa lo que se entiende por realidad—, esto significa, para el análisis de este modo de ser, que el ente *intramundano* solo puede ser concebido ontológicamente si se ha aclarado el fenómeno de la intramundaneidad. Ahora bien, la intramundaneidad se funda en el fenómeno del *mundo*, el cual, a su vez, como momento esencial de la estructura del estar-en-el-mundo, pertenece a la constitución fundamental del Dasein. El estar-en-el-mundo, por su parte, está ontológicamente articulado en la totalidad estructural del ser del Dasein, caracterizada ya como cuidado. Pero de este modo quedan especificados los fundamentos y horizontes que es necesario aclarar previamente para hacer posible el análisis de la realidad. Solo dentro de este contexto se hace ontológicamente comprensible el carácter del en-sí. El ser del ente intramundano fue interpretado en los análisis hechos más arriba tomando como punto de referencia este contexto problemático[1].

Sin duda se puede hacer, dentro de ciertos límites, una caracterización fenomenológica de la realidad de lo real sin que se haya explicitado su base ontológico-existencial. Es lo que intentó Dilthey en el tratado de que hemos hablado antes. Lo real es experimentado en el impulso y en la voluntad. Realidad es *resistencia* o, más exactamente, "resistentidad" [*Widerständigkeit*]. La dilucidacion analítica del fenómeno de la resistencia es lo positivo en dicho tratado, y la mejor verificación concreta de la idea de una "psicología descriptiva y analítica". Pero la verdadera eficacia del análisis del fenómeno de la resistencia queda inhibida por el carácter que cobra la problemática de la realidad en la teoría del conocimiento. El "principio de la fenomenalidad" no le permite a Dilthey llegar a una interpretación ontológica del ser de la conciencia. "Tanto la voluntad como su obstáculo se presentan dentro de la misma conciencia"[2]. El modo de ser del "presentarse", el sentido de ser del "dentro", la relación de ser de la conciencia con lo real mismo, todo ello está necesitado de una determinación ontológica. La omisión de esta última se debe, en definitiva, a que Dilthey dejó sin diferenciar ontológicamente la vida, esa vida "más atrás" de la cual ciertamente es imposible ir. Pero la interpretación ontológica del Dasein no significa un retroceso óntico hacia otro ente. El hecho de que Dilthey haya

[1] Cf. sobre todo § 16, p. 99 ss.: La mundicidad del mundo circundante que se acusa en el ente intramundano; § 18, p. 109 ss.: Condición respectiva y significatividad. La mundaneidad del mundo; § 29, p. 158 ss.: Dasein como disposición afectiva. Acerca del ser-en-sí del ente intramundano cf. p. 102 s.

[2] Cf. *Beiträge, óp. cit.* p. 134.

[a] realidad no en el sentido de quididad.

sido refutado en el plano de la teoría del conocimiento no puede impedir, sin embargo, hacer fructífero lo positivo de sus análisis, que quedó precisamente incomprendido en esas refutaciones. 210

Es así como últimamente Scheler ha retomado la interpretación de la realidad propuesta por Dilthey[1]. Scheler sostiene una "teoría voluntativa de la existencia". Existencia es entendida aquí en el sentido kantiano de estar-ahí. El "ser de los objetos solo es dado en forma inmediata en relación al impulso y la voluntad". Scheler no se limita a insistir, al igual que Dilthey, en que la realidad nunca nos es dada primariamente en el pensar y la aprehensión, sino que pone sobre todo el acento en el hecho de que el conocer mismo no consiste en juzgar y que el saber es una "relación entitativa".

También para esta teoría vale sustancialmente lo que hemos dicho acerca de la indeterminación ontológica de los fundamentos en Dilthey. Pero el análisis ontológico de los fundamentos de la "vida" no puede insertarse ulteriormente a la manera de una infraestructura, porque él sustenta y condiciona el análisis de la realidad, y la explicación plenaria de la "resistentidad" y de sus supuestos fenoménicos. La resistencia comparece cuando no se logra pasar a través de algo que se presenta como obstáculo a una voluntad de pasar-a-través. Ahora bien, con esta última ya ha sido abierto aquello hacia lo que el impulso y la voluntad *tienden*. La indeterminación óntica de aquello "hacia lo que..." no debe pasarse ontológicamente por alto ni, menos aun, concebirse como una nada. El tender a... que tropieza con una resistencia (y ninguna otra cosa podría "tropezar" con ella), se encuentra ya *en medio* de una totalidad respeccional. Ahora bien, la patencia de esta última se funda en la aperturidad del todo remisional de la significatividad. *La experiencia de la resistencia, es decir, el descubrimiento de lo resistente por medio del impulso solo es ontológicamente posible sobre la base de la aperturidad del mundo*. La resistentidad caracteriza el ser del ente intramundano. Las experiencias de resistencia solo determinan fácticamente la amplitud y dirección del descubrimiento del ente que comparece dentro del mundo. La suma de estas experiencias no conduce a la apertura del mundo, sino que la presupone. El "re-" de la resistencia y su "hacer frente" están sostenidos en su posibilidad ontológica por el estar-en-el-mundo previamente abierto.

[1] Cf. *Die Formen des Wissens und die Bildung*, conferencia de 1925, notas 24 y 25. Nota al corregir las pruebas: en la colección de trabajos *Die Wissensformen und die Gesselschaft*, recién aparecida (1926), Scheler acaba de publicar su estudio sobre "Erkenntnis und Arbeit" (p. 233 ss.), anunciado desde mucho tiempo atrás. La sección VI de este trabajo (p. 455) presenta dentro del contexto de una valoración crítica de Dilthey, una exposición más detallada de la "teoría voluntativa de la existencia".

211 La resistencia tampoco es experimentada en un impulso o voluntad que se "presenten" aisladamente. El impulso y la voluntad se revelan como modificaciones del cuidado. Solo un ente que tiene este modo de ser es capaz de tropezar con lo resistente como algo intramundano. Cuando se determina, por consiguiente, la realidad por la resistentidad, es necesario hacer una doble observación: en primer lugar, que con ello solo se ha encontrado uno de los caracteres de la realidad entre otros; y luego, que para la resistentidad ya se ha supuesto necesariamente un mundo abierto. La resistencia caracteriza al "mundo exterior", en el sentido del ente intramundano, pero nunca en el sentido del mundo. *La "conciencia de la realidad" es —ella misma— un modo del estar-en-el-mundo.* Toda "problemática del mundo exterior" remite necesariamente a este fenómeno existencial fundamental.

Si el *cogito sum* hubiera de servir como punto de partida de la analítica existencial del Dasein, no solo sería necesario invertir sus términos, sino que además se requeriría una nueva verificación ontológico-fenoménica de su contenido. La primera afirmación sería entonces el "*sum*", en el sentido de yo-estoy-en-el-mundo. En cuanto tal ente, "yo soy" en la posibilidad de estar vertido hacia diferentes comportamientos (*cogitationes*), como modos de estar en medio del ente intramundano. En cambio Descartes afirma que las *cogitationes* están-ahí, y que junto con ellas está presente un *ego*, como *res cogitans* carente de mundo.

c) Realidad y cuidado

"Realidad" es un término ontológico que se refiere al ente intramundano. Si se lo usa como designación de este modo de ser en general, entonces el estar a la mano y el estar-ahí serían modos de la realidad. Pero si se conserva esta palabra en su significación tradicional[a], entonces ella mienta el ser en el sentido del puro estar-ahí de las cosas. Pero no todo estar-ahí es un estar-ahí de las cosas. La "naturaleza" que nos "rodea" es sin lugar a dudas un ente intramundano, pero no tiene el modo de ser ni de lo a la mano ni de lo que está-ahí a la manera de una "cosa natural". Como quiera que se interprete este ser de la "naturaleza", *todos* los modos de ser del ente intramundano están ontológicamente fundados en la mundaneidad del mundo y, por ende, en el fenómeno del estar-en-el-mundo. A partir de aquí surge la evidencia de que la realidad no tiene una primacía entre los modos de ser del ente intramundano, y que menos aun podría caracterizar ontológicamente en forma adecuada al mundo y al Dasein.

[a] Actual.

En el orden de las conexiones ontológicas de fundamentación y de la posibilidad de una justificación categorial y existencial, *la realidad queda remitida al fenómeno del cuidado*. Pero que la realidad se funde ontológicamente en el ser 212
del Dasein no puede significar que lo real solo pueda ser lo que él es en sí mismo, únicamente si existe y mientras exista el Dasein.

Ciertamente tan solo mientras el Dasein, es decir, mientras la posibilidad óntica de comprensión del ser, *es*, "hay" ser. Si el Dasein no existe, la "independencia" tampoco "es", ni tampoco "es" el en-sí. Nada de esto es entonces comprensible ni incomprensible. Y entonces tampoco el ente intramundano puede ser descubierto ni quedar en el ocultamiento. *En tal caso* no se puede decir que el ente sea ni que no sea. *Ahora*, mientras la comprensión del ser es y, por ende, la comprensión del estar-ahí, podemos decir que *entonces* el ente seguirá todavía siendo.

La recién caracterizada dependencia del ser —no de los entes— respecto de la comprensión del ser, es decir, la dependencia de la realidad —no de lo real— respecto del cuidado, preserva la ulterior analítica del Dasein de una interpretación no crítica, aunque siempre asediante, en la que el Dasein es comprendido siguiendo el hilo conductor de la idea de realidad. Tan solo la orientación en la existencialidad ontológicamente interpretada en forma *positiva* ofrece la garantía de que en el curso efectivo del análisis de la "conciencia" o de la "vida", no se deslice subrepticiamente un sentido de realidad, aunque solo fuere indiferente.

Que el ente que tiene el modo de ser del Dasein no pueda ser concebido desde la realidad y la sustancialidad, lo hemos expresado por medio de la siguiente tesis: *la sustancia del hombre es la existencia* (*). La interpretación de la existencialidad como cuidado y el deslinde de este último respecto de la realidad, no significa empero el fin de la analítica existencial, sino que hace tan solo aparecer más vivamente el entrelazamiento de los problemas que surgen en conexión con la pregunta por el ser y sus posibles modos, y con la pregunta por el sentido de estas modalizaciones: tan solo si la comprensión del ser *es*, se hace accesible el ente en cuanto ente; tan solo si un ente que tiene el modo de ser del Dasein es, la Comprensión del ser es posible como ente.

§ 44. Dasein, aperturidad y verdad

La filosofía ha asociado desde antaño la verdad con el ser[a]. El primer descubrimiento del ser del ente, hecho por Parménides, "identifica" el ser con la comprensión aprehensora del ser: τὸ γὰρ αὐτὸ νοεῖν ἐστίν τε καὶ εἶναι[1]. Aristóteles,

1 Diels, Fragm. 3.

a φύσις es ya en sí ἀλήθεια, porque κρύπτεσθαι φιλεῖ.

en su bosquejo de la historia del descubrimiento de las ἀρχαί[1], hace notar que los
213 filósofos que lo precedieron, guiados por "las cosas mismas", se vieron forzados a seguir indagando: αὐτὸ τὸ πρᾶγμα ὡδοποίησεν αὐτοῖς καὶ συνηνάγκασε ζητεῖν[2]. Él mismo hecho lo describe también con las siguientes palabras: ἀναγκαζόμενος δ' ἀκολουθεῖν τοῖς φαινομένοις[3], se vio forzado (Parménides) a seguir lo que se mostraba en sí mismo. En otro pasaje se dice: ὑπ' αὐτῆς τῆς ἀληθείας ἀναγκαζόμενοι[4], investigaban forzados por la "verdad" misma. Aristóteles caracteriza esta investigación como un φιλοσοφεῖν περὶ τῆς ἀληθείας[5], como un "filosofar" acerca de la "verdad", o también como un ἀποφαίνεσθαι περὶ τῆς ἀληθείας[6], como un hacer-ver mostrativo que apunta a la "verdad" y se mueve dentro de su ámbito. La filosofía misma es determinada como ἐπιστήμη τις τῆς ἀληθείας[7], como una ciencia de la "verdad". Pero, a la vez, es caracterizada como una ϵπιστήμη, ἣ θεωρεῖ τὸ ὂν ᾗ ὄν[8], como una ciencia que contempla al ente en cuanto ente, es decir, desde el punto de vista de su ser.

¿Qué significa aquí "investigar acerca de la 'verdad'", ciencia de la "verdad"? ¿Se convierte la "verdad" en tema de esta investigación, en el sentido de una teoría del conocimiento o de una teoría del juicio? Manifiestamente no, porque "verdad" significa lo mismo que "cosa", que "aquello que se muestra en sí mismo". Pero entonces, ¿qué significa la expresión "verdad", si puede usarse como término para designar el "ente" y el "ser"?

Pero si la *verdad* está con pleno derecho en una conexión originaria con el ser, entonces el fenómeno de la verdad entra en el ámbito[a] de la problemática de la ontología fundamental. Pero entonces, ¿no tendrá que comparecer este fenómeno también en la etapa preparatoria del análisis fundamental de la analítica del Dasein? ¿En qué conexión óntico-ontológica está la "verdad" con el Dasein y con esa determinación óntica del Dasein que nosotros llamamos comprensión del ser? ¿Es posible mostrar, a partir de la comprensión del ser, la razón por la cual el ser va necesariamente junto con la verdad, y esta con aquel?

Son preguntas que no se pueden soslayar. Y puesto que el ser efectivamente "va junto" con la verdad, el fenómeno de la verdad ya ha sido tratado en los análisis precedentes, aunque no en forma explícita ni bajo este nombre. Pero ahora,

1 *Met.* A
2 *Loc. cit.*, 984 a 18 s.
3 *Loc. cit.*, 986 b 31.
4 *Loc. cit.*, 984 b 10.
5 *Loc. cit.*, 983 b 2, cf. 988 a 20.
6 *Loc. cit.*, a, 1, 993 b 17.
7 *Loc. cit.*, 993 b 20.
8 *Loc. cit.*, Γ, 1, 1003 a 21.
a no solo eso, sino *medio a medio.*

con vistas a la profundización del problema del ser, deberemos delimitar explícitamente el fenómeno de la verdad y precisar los problemas que él implica. Para tal fin no será suficiente resumir los resultados de los anteriores análisis, sino que 214
la investigación deberá tomar un nuevo punto de partida[a].

El análisis partirá del *concepto tradicional de verdad* y procurará poner al descubierto sus fundamentos ontológicos (a). Desde esos fundamentos se tornará visible el fenómeno *originario* de la verdad. A partir del fenómeno originario de la verdad será posible mostrar el *carácter derivado* del concepto tradicional de verdad (b). Esta investigación dejará en claro que la pregunta por la "esencia" de la verdad necesariamente implica también la pregunta por el *modo de ser* de la verdad. A una con ello, se esclarecerá el sentido ontológico de la afirmación de que "hay verdad" y el tipo de necesidad que "nos obliga a suponer" que "hay" verdad (c).

a) El concepto tradicional de verdad y sus fundamentos ontológicos

Tres son las tesis que caracterizan la concepción tradicional de la esencia de la verdad y la opinión vigente acerca de su primera definición: 1. El "lugar" de la verdad es el enunciado (el juicio). 2. La esencia de la verdad consiste en la "concordancia" del juicio con su objeto. 3. Aristóteles, el padre de la lógica, habría asignado la verdad al juicio, como a su lugar originario, y puesto en marcha la definición de la verdad como "concordancia".

No nos proponemos hacer aquí una historia del concepto de verdad, historia que solo podrá presentarse sobre la base de una historia de la ontología. Algunas particulares referencias a cosas conocidas servirán para introducir las consideraciones analíticas.

Aristóteles dice: παθήματα τῆς ψυχῆς τῶν πραγμάτων ὁμοιώματα[1], las "vivencias" del alma, los νοήματα ("representaciones"), son adecuaciones de las cosas (*). Esta afirmación, que de ningún modo se presenta como una explícita definición esencial de la verdad, contribuyó a desarrollar la ulterior formulación de la esencia de la verdad como *adaequatio intellectus et rei.* S. Tomás de Aquino[2], que para su definición remite a Avicena, quien, por su parte, la tomó del *Libro de las Definiciones* de Isaac Israelis (siglo x), usa también los términos de *correspondentia* y *convenientia* para expresar la *adaequatio*,

[1] *De interpret.* 1, 16 a 6.

[2] Cf. *Quaest. disp. de veritate,* q. I, art. 1.

[a] Aquí está el lugar apropiado para arriesgar el salto en pleno Da-sein.

215 En el siglo XIX la teoría neokantiana del conocimiento estigmatizó con frecuencia esta definición de la verdad como expresión de un realismo ingenuo y metodológicamente retrasado, declarándola incompatible con un cuestionamiento que haya pasado por la "revolución copernicana" de Kant. Se olvida que, como ya Brentano lo hizo notar, el mismo Kant se atiene a este concepto de verdad, hasta el punto de que ni siquiera lo somete a discusión: "La antigua y célebre cuestión con la que se pretendía poner en apuro a los lógicos... es la siguiente: *¿Qué es la verdad?* La definición nominal de la verdad como la concordancia del conocimiento con su objeto se admite y se da por supuesta aquí..."[1].

"Si la verdad consiste en la concordancia de un conocimiento con su objeto, este objeto deberá, por esto mismo, distinguirse de los otros; porque un conocimiento que no concuerda con el objeto al que se refiere es falso, aun cuando contenga algo que pueda valer de otros objetos"[2]. Y en la introducción a la *Dialéctica trascendental* dice Kant: "La verdad o la apariencia no están en el objeto en cuanto intuido, sino en el juicio que recae sobre él en cuanto pensado"[3].

Sin duda, la caracterización de la verdad como "concordancia", *adaequatio*, ὁμοίωσις, es muy general y vacía. Pero alguna justificación habrá de tener cuando se mantiene a pesar de las más heterogéneas interpretaciones del conocimiento, que es el soporte de este importante predicado. Preguntamos ahora por los fundamentos de esta "relación". *¿Qué es lo que en este todo relacional* adaequatio intellectus et rei *queda tácitamente com-puesto? ¿Que carácter ontológico tiene lo compuesto mismo?*

¿Qué quiere decir, propiamente, el término "concordancia"? La concordancia de algo con algo tiene el carácter formal de una relación de algo a algo. Toda concordancia, y por ende también la "verdad", es una relación. Pero no toda relación es concordancia. Un signo apunta *hacia* lo señalado. El señalar es una relación, pero no una concordancia del signo con lo señalado. Pero manifiestamente, tampoco toda concordancia mienta algo así como la *convenientia* de la que se habla en la definición de verdad. El número 6 concuerda con 16-10. Los
216 números concuerdan, son iguales, en lo que respecta al cuánto. La igualdad es *una* forma de concordancia. A esta última le pertenece estructuralmente algo así como un "respecto a". ¿Con respecto a qué concuerdan los términos relacionados en la *adaequatio*? En la aclaración de la "relación de verdad" hay que atender también a la particularidad de los miembros de la relación. ¿Con respecto a qué concuerdan el *intellectus* y la *res*? ¿Ofrecen ellos en su modo de ser y en su contenido esencial, algo con respecto a lo cual puedan concordar? Y si la igualdad

1 *Kritik d.r. V.*², p. 82.
2 *Loc. cit.*, p. 83.
3 *Loc. cit.*, p. 350.

es imposible en razón de la falta de homogeneidad de ambos, ¿serán entonces (el *intellectus* y la *res*) quizás semejantes? Ahora bien, el conocimiento debe, ciertamente, "dar" la cosa tal *como* ella es. La "concordancia" tiene el carácter relacional de un "tal como". ¿De qué manera es posible esta relación como relación entre el *intellectus* y la *res?* A partir de estas preguntas se deja ver que para aclarar la estructura de la verdad no basta simplemente con suponer este todo relacional, sino que es necesario preguntar hacia atrás, hacia el contexto ontológico que sustenta este todo en cuanto tal.

¿Será necesario para ello desarrollar la problemática, propia de una teoría del conocimiento, de la relación sujeto-objeto, o podrá limitarse el análisis a la interpretación de la "conciencia inmanente de la verdad", permaneciendo así "dentro de la esfera" del sujeto? Según la opinión general, verdadero es el conocimiento. Ahora bien, el conocimiento consiste en juzgar. En el juicio es necesario establecer la siguiente distinción: el acto de juzgar, en cuanto proceso psíquico *real*, y lo juzgado, como contenido *ideal*. De este se dice que es "verdadero". En cambio, el proceso psíquico real está presente o no lo está. Por consiguiente, lo que está en la relación de concordancia es el contenido ideal del juicio y, por ende, esta relación afecta a la conexión entre el contenido ideal del juicio y la cosa real, como aquello *acerca de lo cual* se juzga. ¿Es la concordancia, por su modo de ser, real o ideal, o ninguna de estas dos cosas? *¿Cómo debe concebirse ontológicamente la relación entre un ente ideal y algo que está realmente ahí?* Porque, sin lugar a dudas, debe haberla, y en el juzgar fáctico no solo debe haberla entre el contenido del juicio y el objeto real, sino también entre el contenido ideal y la ejecución real del juicio; ¿y no deberá darse aquí —evidentemente— en forma más íntima?

¿O no es acaso lícito preguntar por el sentido ontológico de la relación entre lo real y lo ideal (la μέθεξις)? Pero la relación debe tener una *cierta subsistencia* [*soll bestehen*] (*). ¿Qué significa ontológicamente subsistencia [*Bestand*]?

¿Qué podrá oponerse a la legitimidad de esta cuestión? ¿Es un azar que este
problema no se haya movido de su sitio desde hace más de dos milenios? ¿No 217
se encontrará la tergiversación del problema ya en su planteamiento inicial, en la separación —no aclarada ontológicamente— de lo real y lo ideal?

Y si se toma en consideración el acto "efectivo" de juzgar acerca de lo juzgado, ¿no será injustificada la separación de la ejecución real y el contenido ideal? ¿No se nos parte la realidad efectiva del conocimiento y del juicio en dos maneras de ser o "estratos" cuya recomposición no logra jamás acertar en el modo de ser del conocimiento? ¿No tiene razón el psicologismo cuando se cierra frente a esta separación, aunque él tampoco aclara ontológicamente el modo de ser del acto que piensa lo pensado, ni lo conoce siquiera como problema?

El recurso a la distinción entre la ejecución del juicio y el contenido del juicio no contribuye a la solución del problema del modo de ser de la *adaequatio*, sino que solamente pone de manifiesto que la aclaración del modo de ser del conocimiento mismo se torna ineludible. El análisis requerido para esto deberá esforzarse en poner al mismo tiempo ante la mirada el fenómeno de la verdad que es característico del conocimiento. ¿Cuándo se hace la verdad fenoménicamente explícita en el conocimiento mismo? Se hace fenoménicamente explícita cuando el conocimiento se acredita *como verdadero* (*). La autoacreditación le da al conocimiento la seguridad de estar en la verdad. Por consiguiente, la relación de concordancia se volverá visible dentro del contexto fenoménico de la evidenciación.

Supongamos que alguien, de espaldas a la pared, formula el siguiente juicio verdadero: "El cuadro que cuelga en la pared está torcido". Este enunciado se evidencia cuando el que lo enuncia se vuelve hacia la pared y percibe en ella el cuadro torcido. ¿Que es lo evidenciado en esta evidenciación? ¿Cuál es el sentido de la confirmación del enunciado? ¿Se constata acaso una concordancia del "conocimiento" o de lo "conocido" con la cosa que está en la pared? Sí y no; ello depende de si se interpreta en forma fenoménicamente adecuada la expresión "lo conocido". ¿A qué está referido el enunciante cuando hace su juicio sin percibir el cuadro, sino "tan solo representándoselo"? ¿A "representaciones" acaso? Ciertamente que no, si representación significa aquí el acto de representarse algo, en cuanto proceso psíquico. Tampoco está referido a representaciones en el sentido de lo representado, si por ello se entiende una "imagen" de la cosa real que está en la pared. Por el contrario, el enunciado "meramente representativo" está referido —en virtud de su sentido más propio— al cuadro real en la pared. Este y no otra cosa es lo mentado. Toda interpretación que interponga aquí cualquier otra
218 cosa, a la que el enunciado meramente representativo hubiera de referirse, adultera el contenido fenoménico acerca de aquello sobre lo cual recae el enunciado. El enunciar es un estar vuelto hacia la cosa misma que es. ¿Y qué es lo que se evidencia mediante la percepción? Tan solo esto: *que* lo que percibo es él mismo ente al que se refería el enunciado. Se comprueba que el estar vuelto enunciante hacia lo enunciado es una mostración del ente, *que* el enunciado *descubre* el ente hacia el que está vuelto. Se evidencia el carácter descubridor del enunciado. En el proceso evidenciante el conocer queda referido únicamente al ente mismo. Es en este mismo, por así decirlo, donde se juega la comprobación. El ente mismo se muestra tal *como* él es en sí mismo, es decir, que él es en mismidad tal como el enunciado *lo* muestra y descubre. No se comparan representaciones entre sí, ni tampoco en *relación* a la cosa real. Lo que ha de evidenciarse no es una concordancia del conocer y el objeto, ni menos aun de lo psíquico y lo físico, pero tampoco es una concordancia de "contenidos de conciencia" entre sí. Lo que necesita ser evidenciado es únicamente el estar-descubierto del ente mismo, de *él* en el *cómo* de su estar al descubierto. Este estar al descubierto se comprueba cuando lo

enunciado, esto es, el ente mismo, se muestra *como él mismo. Comprobación* significa lo siguiente: *mostrarse del ente en mismidad*[1]. La comprobación se realiza sobre la base de un mostrarse del ente. Esto solo es posible si el conocimiento enunciador y autocomprobatorio es, por su propio sentido ontológico, un *estar vuelto descubridor hacia* el ente real mismo.

Que el enunciado *sea verdadero* significa que descubre al ente en sí mismo. Enuncia, muestra, "hace ver" (ἀπόφανσις) al ente en su estar al descubierto. El *ser-verdadero* (verdad) del enunciado debe entenderse como un *ser-descubridor*. La verdad no tiene, pues, en absoluto, la estructura de una concordancia entre conocer y objeto, en el sentido de una adecuación de un ente (sujeto) a otro 219 (objeto).

A su vez, el ser-verdadero, en cuanto ser-descubridor, solo es ontológicamente posible en virtud del estar-en-el-mundo. Este fenómeno, en el que hemos reconocido una constitución fundamental del Dasein es el *fundamento* del fenómeno originario de la verdad. Este último deberá ser examinado ahora más a fondo.

b) El fenómeno originario de la verdad y el carácter derivado del concepto tradicional de verdad

Ser-verdadero (verdad) quiere decir ser-descubridor. ¿Pero no es esta una definición extremadamente arbitraria de la verdad? Con determinaciones conceptuales tan forzadas claro está que puede lograrse eliminar del concepto de verdad la idea de la concordancia. Este dudoso logro ¿no tendrá que pagarse reduciendo a nada la antigua y "buena" tradición? Pero la definición aparentemente *arbitraria* solo contiene la necesaria interpretación de lo que la más remota tradición de la filosofía antigua ya barruntó en sus orígenes y comprendió al mismo tiempo de un modo prefenomenológico. El ser-verdadero del λόγος en cuanto ἀπόφανσις es el ἀληθεύειν en el modo del ἀποφαίνεσθαι: un hacer ver al ente en su desocultación (en su estar al descubierto), sacándolo fuera del ocultamiento. La ἀλήθεια,

[1] Sobre la idea de la evidenciación como "identificación", cf. Husserl, *Logische Untersuchungen*[2], tomo II, 2a parte, Investigación VI. Sobre "evidencia y verdad", *ibíd.* §§ 36-39, p. 115 ss. Las exposiciones usuales de la *teoría fenomenológica* de la verdad se limitan a lo dicho en los Prolegómenos *críticos* (tomo I), y hacen notar su relación con la doctrina de la proposición de Bolzano. En cambio, se dejan intactas las interpretaciones fenomenológicas *positivas*, que difieren radicalmente de la teoría de Bolzano. El único que, desde fuera de la investigación fenomenológica, acogió positivamente dichas investigaciones fue E.Lask, cuya *Logik der Philosophic* (1911) está fuertemente determinada por la Investigación VI (sobre las intuiciones sensibles y categoriales, p. 128 ss.) de la misma manera como su *Lehre vom Urteil* (1912) lo está por las secciones relativas a la evidencia y la verdad, ya mencionadas.

que en los textos arriba citados es identificada por Aristóteles con el πρᾶγμα y los φαινόμενα, significa las "cosas mismas", aquello que se muestra, el *ente en el cómo de su estar al descubierto.* ¿Y será acaso un azar el hecho de que en uno de los fragmentos de Heráclito[1] —los documentos filosóficos *más antiguos* que tratan *explícitamente* del λόγος— trasluzca el fenómeno de la verdad recién expuesto, es decir, la verdad en el sentido del estar al descubierto (no-ocultación)? Al λόγος y a aquel que lo dice y comprende, Heráclito contrapone los que carecen de comprensión. El λόγος es φράζων ὅκως ἔχει, dice cómo se comporta el ente. En cambio, para los que no comprenden, queda oculto, λανθάνει, lo que hacen; ἐπιλανθάνονται, ellos olvidan, es decir, vuelve a hundírseles en el ocultamiento. Por consiguiente, al λόγος le es inherente la no-ocultación, la ἀ-λήθεια. La traducción de este vocablo por la palabra "verdad" y, sobre todo, las determinaciones conceptuales teoréticas de esta expresión, encubren el sentido de la comprensión prefilósofica que subyacía para los griegos "como cosa obvia" en el uso del término ἀλήθεια.

220 El recurso a este tipo de pruebas documentales deberá cuidarse de no caer en una desenfrenada mística de la palabra; sin embargo, forma parte, en definitiva, del quehacer de la filosofía preservar *la fuerza de las más elementales palabras* en que se expresa el Dasein, impidiendo su nivelación por el entendimiento común a un plano de incomprensibilidad, que a su vez opera como fuente de pseudoproblemas.

Lo que anteriormente[2], en una interpretación en cierto modo dogmática, se expuso acerca del λόγος y la ἀλήθεια, ha recibido ahora su justificación fenoménica. La "definición" de la verdad que hemos propuesto no es un *repudio* (*) de la tradición, sino su *apropiación* originaria, y lo será más claramente aun si se logra demostrar que y como la teoría filosófica tenía que llegar a la idea de la concordancia en virtud del fenómeno originario de la verdad.

La "definición" de la verdad como un estar al descubierto y ser-descubridor tampoco es la mera aclaración de una palabra, sino que surge del análisis de aquellos comportamientos del Dasein que solemos llamar en primera instancia "verdaderos".

Ser-verdadero, en tanto que ser-descubridor, es una forma de ser del Dasein. Aquello que hace posible este descubrir mismo necesariamente deberá ser llamado "verdadero" en un sentido más originario. *Los fundamentos ontológico-existenciales del descubrir mismo ponen por primera vez, ante la vista el fenómeno más originario de la verdad.*

1 Cf. Diels, *Fragmente der Vorsokratiker,* Heráclito, fragm. 1.

2 Cf. p. 55 ss.

Descubrir es una forma de ser del estar-en-el-mundo. La ocupación circunspectiva y la que se queda simplemente observando, descubren los entes intramundanos. Estos llegan a ser lo descubierto. Son "verdaderos" en un segundo sentido. Primariamente "verdadero", es decir, descubridor, es el Dasein. Verdad, en sentido derivado, no quiere decir ser-descubridor (descubrimiento), sino ser-descubierto (estar al descubierto).

El análisis de la mundaneidad del mundo y del ente intramundano que se hizo más arriba ha mostrado, sin embargo, lo siguiente: el estar al descubierto del ente intramundano *se funda* en la aperturidad del mundo. Ahora bien, la aperturidad es el modo fundamental como el Dasein es su Ahí. La aperturidad está constituida por la disposición afectiva, el comprender y el discurso, y concierne cooriginariamente al mundo, al estar-en y al sí-mismo. La estructura del cuidado como *anticiparse-a-sí* —estando ya en un mundo— en medio del ente intramundano, implica la aperturidad del Dasein. El estar al descubierto tiene lugar *con* ella y *por* ella; por consiguiente, solo con la *aperturidad* del Dasein se ha alcanzado el fenómeno *más originario* de la verdad. Lo mostrado más arriba 221
respecto de la constitución existencial del Ahí[1] y en relación al ser cotidiano del Ahí[2] no se refería sino al fenómeno más originario de la verdad. En tanto que el Dasein es esencialmente su aperturidad, y que, por estar abierto, abre y descubre, es también esencialmente "verdadero". *El Dasein es "en la verdad"*. Este enunciado tiene un sentido ontológico. No pretende decir que el Dasein esté siempre, o siquiera alguna vez, ónticamente iniciado "en toda la verdad", sino que afirma que a su constitución existencial le pertenece la aperturidad de su ser más propio.

Recogiendo lo que ya hemos alcanzado, se puede formular el sentido existencial plenario de la proposición "el Dasein es en la verdad" por medio de las siguientes precisiones:

1. A la constitución de ser del Dasein le pertenece esencialmente *aperturidad en general*. Esta abarca el todo de aquella estructura de ser que ha sido explicitada por medio del fenómeno del cuidado. Al cuidado le pertenece no solo el estar-en-el-mundo, sino también el estar en medio de los entes intramundanos. Cooriginario con el ser del Dasein y su aperturidad es el estar al descubierto de los entes intramundanos.

2. A la constitución de ser del Dasein le pertenece, como *constitutivum* de su aperturidad, la *condición de arrojado*. En esta última se revela que el Dasein, en cuanto mío y en cuanto este [concretísimo], ya está cada vez en un determinado mundo y en medio de un determinado círculo de determinados entes intramundanos. La aperturidad es esencialmente fáctica.

[1] Cf. p. 158 ss.

[2] Cf. p. 189 ss.

3. A la constitución de ser del Dasein le pertenece el *proyecto*: el aperiente estar vuelto hacia su poder ser. El Dasein, en cuanto comprensor, *puede* comprender*se* desde "el mundo" y los otros, o desde su más propio poder-ser. Esta última posibilidad implica que el Dasein se abre para sí mismo en y como el más propio poder-ser. Esta aperturidad *propia* muestra el fenómeno de la verdad más originaria en el modo de la propiedad. La aperturidad más originaria, vale decir, la más propia, en la que el Dasein puede estar en cuanto poder-ser, es la *verdad de la existencia.* Esta alcanzará su determinación ontológico-existencial dentro del contexto de un análisis de la propiedad del Dasein.

4. A la constitución de ser del Dasein le pertenece la *caída.* Inmediata y re-
222 gularmente el Dasein está perdido en su "mundo". El comprender en tanto que proyectarse hacia las posibilidades de ser, se ha emplazado allí. El absorberse en el uno significa el dominio del estado interpretativo público. Lo descubierto y lo abierto lo está en el modo del disimulo y de la obstrucción que resultan de la habladuría, la curiosidad y la ambigüedad. El estar vuelto hacia el ente no ha desaparecido, pero está desarraigado. El ente no queda enteramente oculto, sino que está justamente descubierto, pero a la vez disimulado; se muestra —pero en el modo de la apariencia. Parejamente, lo ya antes descubierto vuelve a hundirse en el disimulo y el ocultamiento. *A fuer de esencialmente cadente, el Dasein está, por su misma constitución de ser, en la "no verdad".* Este término, al igual que el de la "caída", se usa aquí en un sentido ontológico. Toda "valoración" óntica negativa debe ser excluida cuando se lo usa en este sentido analítico-existencial. A la *facticidad* del Dasein son inherentes la obstrucción y el encubrimiento. El sentido ontológico-existencial plenario de la proposición "el Dasein está en la verdad" implica cooriginariamente que "el Dasein está en la no-verdad". Pero tan solo en la medida en que el Dasein está abierto, también está cerrado; y solo en la medida en que con el Dasein ya está siempre descubierto el ente intramundano, semejante ente queda —en cuanto es algo que puede comparecer intramundanamente— encubierto (oculto) o disimulado.

De ahí que el Dasein tenga también la esencial necesidad de apropiarse explícitamente de lo ya descubierto, *en lucha contra* la apariencia y la disimulación, y la de asegurarse siempre de nuevo del estar al descubierto. Y, más aún, ningún nuevo descubrimiento se realiza sobre la base de un completo ocultamiento, sino, más bien, a partir de un estar al descubierto en el modo de la apariencia. El ente tiene el aspecto de..., es decir, ya está en cierto modo al descubierto, pero en forma disimulada.

La verdad (el estar al descubierto) debe empezar siempre por serle arrebatada al ente. El ente es arrancado al ocultamiento. Todo estado fáctico de descubrimiento es siempre algo así como un *robo.* ¿Será un azar que los griegos, para decir la esencia de la verdad, usaran una expresión *privativa* (ἀ-λήθεια)? ¿No se acusa en este modo de expresarse del Dasein una comprensión originaria de su propio ser, que es sin embargo tan solo una comprensión preontológica del hecho de que el estar-en-la-no-verdad constituye una determinación esencial del estar-en-el-mundo?

Que la diosa de la verdad, que conduce a Parménides, lo ponga ante los dos caminos, vale decir, el del descubrimiento y el del ocultamiento, no significa sino que el Dasein ya está siempre en la verdad y en la no-verdad. El camino del descubrimiento solo se alcanza en el κρίνειν λόγῳ, en el discernimiento com- 223
prensor de ambos y en la decisión por uno de ellos[1].

La condición ontológico-existencial para la determinación del estar-en-el-mundo por la verdad y la no-verdad se encuentra en *esa* constitución de ser del Dasein[a] que hemos caracterizado como el *proyecto arrojado*. Ella es un momento constitutivo de la estructura del cuidado.

El resultado de la interpretación ontológico-existencial del fenómeno de la verdad ha sido el siguiente: 1. Verdad, en el sentido más originario, es la aperturidad del Dasein, aperturidad a la que pertenece también el estar al descubierto de los entes intramundanos. 2. El Dasein está cooriginariamente en la verdad y en la no-verdad.

Estas afirmaciones solo podrán volverse plenamente comprensibles dentro del horizonte de la interpretación tradicional del fenómeno de la verdad[b], si se logra mostrar 1. que la verdad, entendida como concordancia, tiene su origen en la aperturidad, y que lo tiene en virtud de una determinada modificación; 2. que el modo mismo de ser de la aperturidad lleva a que aparezca en primer lugar ante la mirada su modificación derivada y que está dirija la explicación teorética de la estructura de la verdad.

El enunciado y la estructura del enunciado, vale decir, el "en cuanto" apofántico, están fundados en la interpretación y en la estructura de la interpretación, esto es, en el "en cuanto" hermenéutico, y, más originariamente aún, en el comprender y en la aperturidad del Dasein. Ahora bien, la verdad es considerada usualmente como un carácter distintivo del enunciado así derivado. De este modo, las raíces de la verdad del enunciado remontan hasta la aperturidad del comprender[2]. Más allá de esta mera indicación de la procedencia de la verdad del

[1] K. Reinhardt (cf. *Parmenides und die Geschichte der griechischen Philosophie,* 1916) ha comprendido y resuelto por primera vez el problema tan debatido de la conexión de las dos partes del poema de Parménides, aunque sin mostrar en forma explícita el fundamento ontológico de la conexión de la ἀλήθεια con la δόξα, ni su necesidad.

[2] Cf. más arriba § 33, p. 177 ss. El enunciado como modo derivado de la interpretación.

[a] del Da-sein y, por consiguiente, de la in-sistencia [*Inständigkeit*].

[b] Así nunca llegarán a serlo.

enunciado, será necesario mostrar ahora *en forma explícita* el carácter derivado del fenómeno de la *concordancia.*

El estar en medio del ente intramundano —el ocuparse— es descubridor. Pero a la aperturidad del Dasein le pertenece esencialmente el discurso[1]. El Da-
224 sein se expresa a *sí mismo* —en cuanto descubridoramente vuelto hacia el ente. Y en cuanto tal, en el enunciado, el Dasein se expresa a sí mismo acerca del ente descubierto. El enunciado comunica el ente en el cómo de su estar al descubierto. El Dasein que recibe está comunicación se pone a sí mismo (al percibirla) en el descubridor estar vuelto hacia el ente del que se habla. El enunciado expresado contiene, en aquello "acerca de lo cual" habla, el estar al descubierto del ente. Este estar al descubierto se conserva en lo expresado. Lo expresado se convierte, de alguna manera, en un ente a la mano dentro del mundo, que puede ser recibido y vuelto a decir a otros. En virtud de la conservación del estar al descubierto, lo expresado, que ahora está a la mano, tiene en sí mismo una relación con el ente acerca del cual él es un enunciado. El estar al descubierto es siempre un estar al descubierto de... También en el hablar repetidor el Dasein llega a estar vuelto hacia el ente mismo del que habla. Pero está y se considera dispensado de una originaria reejecución del acto descubridor de ese ente.

El Dasein no necesita colocarse ante el ente mismo en una experiencia "originaria", y, sin embargo, su ser queda vuelto hacia ese ente. El Dasein no se apropia del estar al descubierto [del ente] mediante un acto propio de descubrimiento, sino que, en amplia medida, se apropia de él oyendo decir lo que se dice. El absorberse en lo dicho pertenece al modo de ser del uno. Lo expresado, en cuanto tal, se hace cargo del estar vuelto hacia el ente descubierto en el enunciado. Pero si este ente ha de ser objeto de una apropiación explícita en su estar al descubierto, entonces el enunciado deberá evidenciarse como descubridor. Pero el enunciado que ha sido expresado es un ente a la mano, y lo es de tal manera que, en cuanto conserva en sí el estar al descubierto, tiene en sí mismo una relación con el ente descubierto. La evidenciación de su ser-descubridor significa ahora: evidenciación de la relación que tiene *con* el ente el enunciado que conserva el estar al descubierto. El enunciado es un ente a la mano. El ente con el que él, en cuanto descubridor, guarda relación, es un ente intramundano a la mano o, correlativamente, un ente que está-ahí. La relación misma se presenta de esta manera como estando-ahí. Pero la relación consiste en que el estar al descubierto que se conserva en el enunciado es siempre un estar al descubierto de... El juicio "contiene algo que vale de los objetos" (Kant). Pero, la relación misma, al transmutarse en una relación entre cosas que están-ahí, cobra ahora el carácter de un estar-ahí. El estar al descubierto de... se convierte en la conformidad que está-ahí de un ente

[1] Cf. § 34, p. 183 ss.

que está-ahí (el enunciado expresado) *con* un ente que está-ahí (el ente del que se habla). Y si se considera la conformidad solamente como una relación entre entes que están-ahí, es decir, si el modo de ser de los miembros de la relación es comprendido indiferenciadamente como un mero estar-ahí, entonces la relación se muestra como la concordancia simplemente presente de dos entes que están-ahí.

Cuando el enunciado ha sido expresado, el estar al descubierto del ente co- 225
bra el modo de ser de lo a la mano dentro del mundo. Ahora bien, en la medida en que en el estar al descubierto, en cuanto es un estar al descubierto de... persiste una relación a algo que está-ahí, el estar al descubierto (verdad) se convierte a su vez, en una relación que está-ahí entre entes que están-ahí (intellectus y res).

El fenómeno existencial del estar al descubierto, fundado en la aperturidad del Dasein, se convierte en una propiedad simplemente presente, que aún lleva consigo un carácter relacional y que en cuanto tal, queda dislocada en una relación entre cosas que están-ahí. La verdad como aperturidad y como estar vuelto descubridor hacia el ente descubierto, se ha convertido en verdad entendida como concordancia entre entes que están-ahí dentro del mundo. Con ello queda demostrado el carácter ontológicamente derivado del concepto tradicional de verdad.

Sin embargo, lo que en el orden de las conexiones de fundamentación ontológico-existenciales es lo último, pasa óntica y fácticamente por ser lo primero y más inmediato. Pero la necesidad de este *factum* se funda, a su vez, en el modo de ser del Dasein mismo. Absorbiéndose en los quehaceres de la ocupación, el Dasein se comprende desde lo que comparece dentro del mundo. El estar al descubierto que forma parte del descubrir es algo que, dentro del mundo, encontramos inmediatamente en lo expresado. Pero no es solo la verdad lo que comparece como algo que está-ahí, sino que, de un modo general, la comprensión del ser comprende todo ente, en primer lugar, como estando-ahí. La reflexión ontológica inmediata sobre la "verdad" que primero comparece ónticamente comprende, a su vez, el λόγος (enunciado) como un λόγος τινός (enunciado sobre..., estar al descubierto de...), pero interpreta este fenómeno como algo que está-ahí y en función de su posible estar-ahí. Pero, dado que ese estar-ahí es identificado con el sentido del ser en general, no *puede* siquiera surgir la pregunta si acaso este modo de ser de la verdad, y la estructura con que ella se presenta en primer lugar, son o no originarios. *Es la propia comprensión del ser inmediatamente dominante en el Dasein y todavía hoy no superada de un modo radical y explícito la que encubre el fenómeno originario de la verdad.*

Pero, a la vez, no se debe pasar por alto que entre los mismos griegos, que fueron los primeros que desarrollaron en forma científica esta comprensión inmediata del ser e impusieron su dominio, estaba también viva la comprensión originaria aunque preontológica de la verdad, y que ella se hacía valer —por lo menos en Aristóteles— incluso en contra del encubrimiento implícito en su ontología[1].

226 Aristóteles no defendió jamás la tesis de que el "lugar" originario de la verdad sea el juicio. Dice, más bien, que el λόγος es la forma de ser del Dasein que puede ser tanto descubridora *como* encubridora. Esta *doble posibilidad* es lo que hay de característico en el ser-verdadero del λόγος; el λόγος es el comportamiento que *puede también encubrir.* Y como Aristóteles nunca sostuvo dicha tesis, tampoco pudo hallarse en condición de "extender" el concepto de verdad desde el λόγος hacia el puro νοεῖν. La "verdad" de la αἴσθησις y de la visión de las "ideas" es el descubrimiento originario. Y tan solo porque la νόησις descubre de una manera primaria, también el λόγος puede tener, en cuanto διανοεῖν, una función descubridora.

La tesis según la cual el "lugar" genuino de la verdad es el juicio, no solo apela injustificadamente a Aristóteles, sino que, por su contenido, significa además un desconocimiento de la estructura de la verdad. El enunciado no solo no es el "lugar" primario de la verdad, sino que, *al revés,* en cuanto modo de apropiación del estar al descubierto y en cuanto forma de estar-en-el-mundo, el enunciado se funda en el descubrir mismo o, lo que es igual, en la *aperturidad* del Dasein. La "verdad" más originaria es el "lugar" del enunciado y la condición ontológica de posibilidad para que los enunciados puedan ser verdaderos o falsos (descubridores o encubridores).

La verdad, entendida en su sentido más originario, pertenece a la constitución fundamental del Dasein. El término verdad designa un existencial. Pero con esto queda ya bosquejada la respuesta a la pregunta por el modo de ser de la verdad y por el sentido que tiene la necesidad de presuponer que "hay verdad".

c) El modo de ser de la verdad y la presuposición de la verdad

El Dasein, en cuanto constituido por la aperturidad, está esencialmente en la verdad. La aperturidad es un modo de ser esencial del Dasein. *"Hay" verdad solo en cuanto y mientras el Dasein es.* El ente solo queda descubierto *cuando* y patentizado *mientras* el Dasein *es*. Las leyes de Newton, el principio de contradicción y, en general, toda verdad, solo son verdaderos mientras el Dasein *es*. Antes que hubiera algún Dasein y después que ya no haya ningún Dasein, no había ni habrá ninguna verdad, porque en ese caso la verdad, en cuanto aperturidad, descubrimiento y estar al descubierto, *no puede* ser. Antes que las leyes de Newton fueran descubiertas, no eran "verdaderas"; de lo cual no se sigue que fueran falsas, ni mucho menos que se volverían falsas si ya no fuera ónticamente posible

[1] Cf. *Eth.* Nic. Z y *Met.* Θ 10.

ningún estar al descubierto. Esta "restricción" tampoco implica una disminución del ser-verdadero de las "verdades". 227

Que las leyes de Newton no eran antes de él ni verdaderas ni falsas, no puede significar que el ente que ellas muestran en su descubrir no haya sido antes. Tales leyes llegaron a ser verdaderas por medio de Newton; en virtud de ellas, ciertos entes se hicieron accesibles en sí mismos para el Dasein. Con el estar al descubierto del ente, este se muestra precisamente como el ente que ya era antes. Esta forma de descubrir es el modo de ser de la "verdad".

Que hay "verdades eternas" solo quedará suficientemente demostrado cuando se logre probar que el Dasein fue y será por toda la eternidad. Mientras esto no se pruebe, la frase no dejará de ser una afirmación fantástica, que no cobra legitimidad por el hecho de que ordinariamente es "creída" por los filósofos.

En virtud de su esencial modo de ser conforme al Dasein, toda verdad es relativa al ser del Dasein. ¿Significa esta relatividad que toda verdad sea "subjetiva"? Si se interpreta "subjetivo" como "sometido al arbitrio del sujeto", entonces, ciertamente que no. En efecto, el descubrir, en conformidad con su sentido más propio, sustrae el enunciado al arbitrio "subjetivo" y enfrenta al Dasein descubridor con el ente mismo. Y precisamente *porque* la "verdad" es, en cuanto descubrir, un *modo de ser del Dasein*, puede estar sustraida a su arbitrio. La misma "validez universal" de la verdad arraiga únicamente en el hecho de que el Dasein puede descubrir y dejar en libertad al ente en sí mismo. Solo así este ente puede ser en sí mismo vinculante para todo posible enunciado, es decir, para toda mostración que recaiga sobre él. La verdad rectamente comprendida ¿quedará siquiera afectada en lo más mínimo por el hecho de que ella solo es ónticamente posible en el "sujeto" y que se sostiene o cae con el ser de este?

A partir del modo de ser de la verdad, existencialmente concebida, resulta ahora también comprensible el sentido de la presuposición de la verdad. *¿Por que debemos presuponer que hay verdad?* ¿Qué significa "presuponer"? ¿Qué quiere decir "debemos" y "nosotros"? ¿Qué significa "hay verdad"? La verdad la presuponemos "nosotros" porque, siendo nosotros en el modo de ser del Dasein, *estamos* "en la verdad". No la presuponemos como algo "fuera" de nosotros o "sobre" nosotros, con respecto a lo cual nos comportaríamos de la misma manera como lo hacemos con respecto a otros "valores". No somos nosotros los que presuponemos la "verdad", sino que[a] es *ella* la que hace ontológicamente posible que nosotros podamos ser de tal modo que "presupongamos" algo. Solo la verdad *hace posible* algo así como una presuposición. 228

[a] ¡por el contrario, la esencia de la verdad nos implanta en lo previo de lo que se nos dice [*des Zugesagten*]!

¿Que significa “presuponer”? Significa comprender algo como el fundamento del ser de otro ente. Semejante comprensión de un ente en sus conexiones de ser solo es posible en base a la aperturidad, es decir, al ser-descubridor del Dasein. Presuponer la “verdad” quiere decir entonces comprenderla como algo por mor de lo cual el Dasein es. Ahora bien, el Dasein —en virtud de la estructura de ser del cuidado— se anticipa siempre a sí mismo. Es un ente al que en su ser le va su más propio poder-ser. Al ser y poder-ser del Dasein, en cuanto estar-en-el-mundo, le pertenece esencialmente la aperturidad y el descubrir. Al Dasein le va su poder-estar-en-el-mundo y, en él, le va el ocuparse circunspectivamente descubridor con el ente intramundano. En el anticiparse-a-sí del cuidado, en cuanto constitución de ser del Dasein, se encuentra la presuposición más originaria. *Como este presuponerse le pertenece al ser del Dasein, también “nosotros” debemos presuponernos “a nosotros mismos” en cuanto determinados por la aperturidad.* Este “presuponer” constitutivo del ser del Dasein no se refiere al ente que no tiene el modo de ser del Dasein —y que también es, además de aquel—, sino que se refiere únicamente al Dasein mismo. La verdad presupuesta o el “hay” con el que se debe determinar su ser, tiene el modo de ser o el sentido de ser del Dasein mismo. La presuposición de la verdad debemos “hacerla” nosotros, porque ella ya *está* “hecha” con el ser del “nosotros”.

Debemos presuponer la verdad, ella *debe ser*, en cuanto aperturidad del Dasein, así como este mismo *debe* ser cada vez mío y este. Todo ello pertenece a la esencial condición de arrojado del Dasein en el mundo. *¿Ha decidido alguna vez el Dasein libremente y por sí mismo, y podrá decidir jamás, si quiere o no venir a la “existencia”?* “En sí” es imposible comprender por qué los entes deban ser descubiertos, por qué hayan de ser la *verdad* y el *Dasein*. La refutación usual del escepticismo, es decir, de la negación del ser o de la conocibilidad de la “verdad”, se queda a medio camino. Lo que ella muestra en una argumentación formal es solamente que cuando se juzga, se presupone la verdad. Es la apelación al hecho de que la “verdad” es inherente al enunciado, y de que el mostrar es, por su sentido mismo, un descubrir. Pero *queda sin aclarar por qué* tiene que ser así, cuál es la razón ontológica de esta necesaria conexión de ser entre el enunciado y la verdad. Asimismo queda totalmente oscuro el modo de ser de la verdad y el sentido del presuponer y de su fundamento ontológico en el Dasein mismo. Y se
229 desconoce, además, que, aun cuando nadie *juzgara*, se presupondría la verdad ya por el solo hecho de que el Dasein es.

Un escéptico no puede ser refutado, de la misma manera como no se puede “demostrar” el ser de la verdad. El escéptico si fácticamente es en el modo de la negación de la verdad, *tampoco necesita* ser refutado. En la medida en que él *es* y se ha comprendido en este ser, habrá extinguido, en la desesperación del suicidio, el Dasein y, por ende, la verdad. La verdad no puede ser demostrada en su necesidad, porque el Dasein no puede someterse a sí mismo a demostración. Así como no se ha demostrado que haya "verdades eternas", tampoco se ha demostrado que alguna vez —como en el fondo creen las refutaciones del escepticismo, a pesar de su propio empeño— haya habido un "verdadero" escéptico (*). Quizás los haya habido con más frecuencia de lo que se imagina la ingenuidad de las tentativas dialéctico-formales de tomar por sorpresa al "escepticismo".

De está manera, al preguntar por el ser de la verdad y por la necesidad que tenemos de presuponerla, se parte de un "sujeto ideal", lo mismo que al preguntar por la esencia del conocimiento. El motivo explícito o tácito para ello es la exigencia legítima, pero que ha de ser fundamentada ontológicamente, de que el tema de la filosofía sea el "*a priori*" y no meros "hechos empíricos". Pero ¿se satisface esta exigencia partiendo de un "sujeto ideal"? ¿No es este un sujeto *fantásticamente idealizado*? Con semejante concepto del sujeto ¿no perdemos justamente el *a priori* del sujeto puramente "fáctico", es decir, del Dasein? ¿No pertenece a la condición del *a priori* del sujeto fáctico, esto es, a la facticidad del Dasein, el estar cooriginariamente en la verdad y en la no-verdad?

Las ideas de un "yo puro" y de una "conciencia en general" no contienen en modo alguno el *a priori* de la subjetividad "real", y de esta manera ambas ideas pasan por alto o no ven en absoluto los caracteres ontológicos de la facticidad y de la constitución de ser del Dasein. El rechazo de una "conciencia en general" no significa la negación del *a priori*, así como tampoco la posición de un sujeto idealizado garantiza que la *a priori*dad del Dasein esté fundada en las cosas mismas.

La afirmación de "verdades eternas" y la confusión de un sujeto absoluto idealizado con la "idealidad" del Dasein fenoménicamente fundada, son restos de teología cristiana que hasta ahora no han sido plenamente erradicados de la problemática filosófica.

El ser de la verdad está en conexión originaria con el Dasein. Y tan solo 230
porque el Dasein está constituido por la aperturidad, es decir, por el comprender, eso que llamamos el ser puede llegar a ser comprendido: la comprensión del ser es posible.

Ser —no el ente— solo lo "hay" en tanto que la verdad es. Y la verdad *es* tan solo mientras el Dasein es y en la medida en que es. Ser y verdad "son" cooriginarios. Qué significa que el ser "es", cuando debe distinguírselo de todo ente[a], solo podrá ser preguntado concretamente una vez que se haya aclarado en general el sentido del ser y el alcance de la comprensión del ser. Solo entonces será posible hacer un análisis originario del concepto de una ciencia del *ser en cuanto tal* y de sus posibilidades y modalidades. Y frente a esta investigación y a

[a] Diferencia ontológica.

su verdad, será necesario determinar ontológicamente el carácter y la verdad de la investigación que consiste en el descubrimiento *del ente.*

La respuesta a la pregunta por el sentido del ser está todavía pendiente. ¿Qué contribución ha hecho a la elaboración de esa pregunta el análisis fundamental del Dasein que hemos realizado hasta aquí? Con la puesta al descubierto del fenómeno del cuidado, se ha aclarado la constitución de ser del ente a cuyo ser le pertenece eso que llamamos la comprensión del ser. Al mismo tiempo el ser del Dasein quedó delimitado frente a ciertos modos de ser (tales como el estar a la mano, el estar-ahí, la realidad) que caracterizan a los entes que no tienen el modo de ser del Dasein. También se ha aclarado el comprender mismo, y de este modo se ha garantizado a la vez la transparencia metodológica del procedimiento comprensor-interpretativo de la interpretación del ser.

Si con el fenómeno del cuidado hemos llegado a la constitución originaria del ser del Dasein, entonces será también posible conceptualizar, sobre esta base, la comprensión del ser que se da en el cuidado, es decir, circunscribir el sentido del ser. Pero, *¿ha quedado* abierta, con el fenómeno del cuidado, la constitución ontológico-existencial más originaria del Dasein? La multiplicidad de estructuras que se da en el fenómeno del cuidado ¿representa la totalidad más originaria del ser del Dasein fáctico? La investigación hecha hasta ahora, ¿ha logrado poner ante nuestra vista al Dasein *como un todo?*

SEGUNDA SECCIÓN

Dasein y temporeidad

§ 45. El resultado de la etapa preparatoria del análisis fundamental del Dasein y la tarea de una interpretación existencial originaria de este ente

¿Qué se ha logrado con el análisis preparatorio del Dasein, y qué es lo que se busca? Hemos *encontrado* la constitución fundamental del ente temático, el estar-en-el-mundo, cuyas estructuras esenciales se centran en la aperturidad. La totalidad de este todo estructural se reveló como cuidado. En el cuidado está contenido el ser del Dasein. El análisis de este ser tomó como hilo conductor lo que anticipadamente fue definido como la esencia del Dasein, la existencia[1]. Formalmente, este término quiere decir lo siguiente: el Dasein *es* en cuanto poder-ser comprensor al que en tal ser le va este ser como el suyo propio. El ente que es de esta manera lo soy cada vez yo mismo. La elaboración del fenómeno del cuidado proporcionó una mirada al interior de la constitución concreta de la existencia, esto es, a su cooriginaria conexión con la facticidad y la caída del Dasein.

Se *busca* la respuesta a la pregunta por el sentido del ser en general y, previamente, la posibilidad de una elaboración radical de esta pregunta fundamental[a] de toda ontología. Pero la puesta al descubierto del horizonte dentro del cual se vuelve inmediatamente comprensible algo así como el ser en general equivale a la aclaración de la posibilidad de la comprensión del ser en general, la cual pertenece, por su parte, a la constitución del ente que nosotros llamamos Dasein[2]. Sin embargo, la comprensión del ser, en cuanto momento esencial del ser del Dasein, solo podrá ser aclarada *en forma radical* una vez que el ente a cuyo ser ella pertenece haya sido *originariamente* interpretado en sí mismo por lo que respecta a su ser.

1 Cf. § 9, p. 67 ss.

2 Cf. § 6, p. 43 ss.; § 21, p. 121 ss.; § 43, p. 221.

a pero por medio de la cual, la "onto-logía', a la vez, se transforma (cf. *Kant und das Problem der Metaphysik,* sección IV).

¿Podemos considerar la caracterización ontológica del Dasein en tanto que cuidado como una interpretación *originaria* de este ente? ¿Con qué patrón se debe evaluar la originariedad o falta de originariedad de la analítica existencial del Dasein? ¿Qué quiere decir, propiamente, *originariedad* de una interpretación ontológica?

La investigación ontológica es un posible modo de interpretación [*Auslegung*], interpretación que fue caracterizada como la elaboración y apropiación de
232 un comprender[1]. Toda interpretación tiene su haber previo, su manera previa de ver y su manera de entender previa. Si como interpretación teorética [*Interpretation*] ella se convierte en tarea explícita de una investigación, entonces el todo de estos "supuestos", llamado por nosotros la *situación hermenéutica*, necesita ser previamente aclarado y asegurado en y desde una experiencia fundamental del "objeto" que queremos patentizar. La interpretación ontológica, que debe poner al descubierto el ente en lo que respecta a la constitución de ser que le es propia, se ve obligada a llevar al ente temático, por medio de una primera caracterización fenoménica, al haber previo, al cual deberán ajustarse todos los pasos ulteriores del análisis. Pero, a la vez, estos necesitan ser dirigidos por la posible manera previa de ver que apunta al modo de ser del ente en cuestión. Haber previo y manera previa de ver bosquejan entonces, al mismo tiempo, el repertorio de conceptos (manera de entender previa) a que deben ser elevadas todas las estructuras de ser.

Pero una interpretación ontológica *originaria* no demanda, tan solo, una situación hermenéutica garantizada por su adecuación a los fenómenos, sino que debe asegurarse explícitamente de que ha hecho entrar en el haber previo el *todo* del ente temático. Asimismo tampoco basta un primer bosquejo, aunque fenoménicamente fundado, del ser de este ente. La manera previa de ver que apunta hacia el ser debe, más bien, alcanzarlo en la *unidad* de los correspondientes y posibles momentos estructurales. Solo entonces podrá plantearse y responderse con seguridad fenoménica la pregunta por el sentido de la unidad de la totalidad-de-ser del ente entero.

¿Podemos decir que el análisis existencial del Dasein realizado hasta ahora haya surgido de una situación hermenéutica tal, que garantice la originariedad requerida desde un punto de vista ontológico-fundamental? ¿Se puede, a partir del resultado obtenido —el ser del Dasein es el cuidado—, progresar hacia la pregunta por la unidad originaria de este todo estructural?

¿Qué sucede con la manera previa de ver que ha guiado hasta aquí el procedimiento ontológico? La idea de la existencia ha sido perfilada como un poder-ser-comprensor al que le va su ser mismo. Pero, en tanto que cada vez *mío*,

[1] Cf. § 32, p. 172 ss.

el *poder-ser* queda libre para la propiedad o impropiedad, o para la indiferencia modal de ellas[1]. Hasta aquí, la interpretación, tomando pie en la cotidianidad media, se ha limitado al análisis del existir indiferente o impropio. Es verdad que por este camino también nos ha sido posible, y hasta necesario, alcanzar una determinación concreta de la existencialidad de la existencia. Sin embargo, la 233
caracterización ontológica de la constitución de la existencia ha adolecido de una falla esencial. Existencia quiere decir poder-ser, pero también, poder-ser propio. Mientras la estructura existencial del poder-ser propio no sea incorporada en la idea de existencia, le faltará originariedad a la manera previa de ver que guía la interpretación *existencial*.

¿Y qué sucede con el haber previo de la situación hermenéutica en que nos encontramos? ¿Cuándo y en qué forma se ha asegurado el análisis existencial de que, al tomar pie en la cotidianidad, hacía entrar al Dasein *entero* —a este ente, desde su "comienzo" hasta su "final"— en la mirada fenomenológica tematizante? Hemos afirmado, ciertamente, que el cuidado es la totalidad del todo estructural de la constitución del Dasein[2]. ¿Pero no se renuncia ya en el punto de partida de la interpretación a la posibilidad de poner bajo la mirada al Dasein como un todo? En efecto, cotidianidad es precisamente el ser "entre" el nacimiento y la muerte. Y si la existencia determina el ser del Dasein y la esencia de la existencia está co-constituida[a] por el poder-ser, entonces, mientras exista, el Dasein, pudiendo ser, tendrá siempre que *no ser todavía* algo. Un ente cuya esencia consiste en la existencia se resiste esencialmente a la posibilidad de ser aprehendido como un ente entero. La situación hermenéutica no solo no se ha asegurado hasta ahora el "haber" del ente entero, sino que cabe incluso preguntarse si este "haber" es siquiera alcanzable, y si una interpretación ontológica originaria del Dasein no tendrá que fracasar —por el modo de ser del ente temático mismo.

Una cosa se ha vuelto imposible de desconocer: *el análisis existencial del Dasein hecho hasta aquí no puede reivindicar para sí la originariedad*. En el haber previo estaba siempre tan solo el ser *impropio* del Dasein, y este, en tanto que *no entero*. Si la interpretación del ser del Dasein, como fundamento de la elaboración de la pregunta ontológica fundamental debe llegar a ser originaria, entonces ella tendrá primero que sacar existencialmente a luz el ser del Dasein en su posible *propiedad* e *integridad* (*).

Y así surge la tarea de introducir al Dasein entero en el haber previo. Pero esto significa desarrollar primero, de una vez por todas, la cuestión del poder-estar-entero (**) de este ente. En el Dasein, mientras él es, queda siempre aún algo

[1] Cf. § 9, p. 67 ss.

[2] Cf. § 41, p. 213 ss.

[a] a la vez que por el *estar-ya*.

234 pendiente que él puede ser y será. Pero a este resto pendiente (*) pertenece el "fin" mismo. El "fin" del estar-en-el-mundo es la muerte. Este fin, perteneciente al poder-ser, es decir, a la existencia, limita y determina la integridad cada vez posible del Dasein. El haber-llegado-a-fin[a] (**) del Dasein en la muerte y, por consiguiente, el estar-entero de este ente, solo podrá empero ser incorporado en forma fenoménicamente adecuada al examen del posible estar-entero cuando se haya logrado un concepto ontológicamente suficiente, esto es, un concepto *existencial*, de la muerte. Ahora bien, si hablamos de un modo que sea conforme al Dasein[b], la muerte solo *es* en un existentivo *estar vuelto hacia la muerte*[c]. La estructura existencial de este estar [o ser] se revela como la constitución ontológica del poder-estar-entero del Dasein. Por consiguiente, el Dasein existente entero se deja introducir en el haber previo existencial. ¿Pero puede el Dasein existir entero también *propiamente*? ¿Cómo deberá entonces determinarse la propiedad de la existencia si no es con vistas a un existir propio? ¿De dónde tomaremos el criterio para ello? Manifiestamente, el Dasein mismo deberá ofrecernos en su ser la posibilidad y el modo de su existencia propia, si es que esta no ha de serle ónticamente impuesta ni inventada ontológicamente. Ahora bien, el testimonio de un poder-ser propio lo da la conciencia moral (***). Al igual que la muerte, este fenómeno del Dasein exige una interpretación genuinamente existencial. Esta nos llevará a ver que en el *querer-tener-conciencia* se da un poder-ser propio del Dasein. Pero esa posibilidad existentiva que es el querer-tener-conciencia tiende, por su sentido de ser, a determinarse existentivamente por medio del estar vuelto hacia la muerte.

Con la exhibición de un *poder-estar-entero propio* del Dasein, la analítica existencial se asegura la constitución del ser *originario* del Dasein, pero, al mismo tiempo, el poder-estar-entero propio aparece como un modo del cuidado. Con ello se asegura también el terreno fenoménico adecuado para una interpretación originaria del sentido del ser del Dasein.

Ahora bien, el fundamento ontológico originario de la existencialidad del Dasein es la *temporeidad*. Solo desde ella resulta existencialmente comprensible la totalidad estructural articulada del ser del Dasein en tanto que cuidado. La interpretación del sentido del ser del Dasein no puede detenerse en esta averiguación. El análisis tempóreo-existencial de este ente necesita de la comprobación concreta. Las estructuras ontológicas del Dasein ya alcanzadas tienen que ser retrospectivamente puestas al descubierto en su sentido tempóreo. La cotidianidad se revela como modo de la temporeidad. Mediante esta repetición del análisis

[a] 'Estar'-vuelto-hacia-el-fin [o 'ser'-de-cara-al-fin].
[b] si se piensa en conformidad a la esencia del Dasein.
[c] Ser del no-ser.

fundamental preparatorio del Dasein, se volverá, a la vez, más transparente el fenómeno mismo de la temporeidad. Desde ella se hace entonces comprensible por qué el Dasein, en el fondo de su ser, es y puede ser histórico, y por qué puede, 235
en cuanto histórico, desarrollar un saber histórico (*).

Si la temporeidad constituye el sentido originario del ser del Dasein, y si a este ente en su ser *le va este mismo ser,* entonces el cuidado tendrá que hacer uso del "tiempo" y, por consiguiente, contar con "el tiempo". La temporeidad del Dasein desarrolla el "cómputo del tiempo". El "tiempo" experimentado en este es el aspecto fenoménico inmediato de la temporeidad. De él brota la comprensión cotidiana y vulgar del tiempo. Y esta se despliega en el concepto tradicional del tiempo.

El esclarecimiento del origen del "tiempo" "en el que" comparece el ente intramundano, del tiempo como intratemporeidad, pone de manifiesto una esencial posibilidad de temporización de la temporeidad. Con esto se prepara la comprensión para una temporización aún más originaria de la temporeidad. En ella se funda la comprensión del ser que es constitutiva del ser del Dasein. La proyección de un sentido del ser en general se puede llevar a cabo en el horizonte del tiempo[a].

La investigación contenida en la presente sección recorre, pues, los siguientes estadios: la posibilidad del estar-entero del Dasein y el estar vuelto hacia la muerte (Capítulo 1); la atestiguación por parte del Dasein de un poder-ser propio y la resolución (Capítulo 2); el poder-estar-entero propio y la temporeidad como sentido ontológico del cuidado (Capítulo 3); temporeidad y cotidianidad (Capítulo 4); temporeidad e historicidad (Capítulo 5); temporeidad e intratemporeidad como origen del concepto vulgar del tiempo (Capítulo 6)[1].

[1] En el siglo XIX S. Kierkegaard abordó expresamente el problema de la existencia en cuanto problema existentivo y lo pensó con profundidad. Sin embargo, la problemática existencial[b] le es de tal modo ajena, que, desde un punto de vista ontológico, Kierkegaard es enteramente tributario de Hegel y de la filosofía antigua vista a través de él. De ahí que filosóficamente haya más que aprender de sus escritos "edificantes" que de los teoréticos, con la excepción del tratado sobre el concepto de la angustia.

[a] Pre-sencia [*An-wesenheit*] (llegada y acontecer apropiante [*Ankunft und Ereignis*]).

[b] Entiéndase: la de la ontología fundamental, e.d., la que se dirige a la pregunta por el ser, como tal pregunta.

CAPÍTULO PRIMERO

La posibilidad del estar-entero del Dasein y el estar vuelto hacia la muerte

§ 46. La aparente imposibilidad de una aprehensión y determinación ontológica del estar-entero del Dasein

Lo insuficiente de la situación hermenéutica de la que surgió el precedente análisis del Dasein debe ser superado. En vista de la necesidad de alcanzar el haber 236
previo del Dasein en su integridad, se deberá preguntar si este ente, en cuanto existente, puede siquiera hacerse accesible en su estar-entero. Por la imposibilidad de esto último parecen abogar importantes razones, que arraigan en la constitución de ser del Dasein mismo.

La posibilidad de un estar-entero de este ente contradice manifiestamente el sentido ontológico del cuidado, que constituye la totalidad del todo estructural del Dasein. El momento primario del cuidado, el "anticiparse-a-sí", quiere decir, en efecto: el Dasein existe siempre por mor de sí mismo. "Mientras está siendo", hasta su fin, se comporta en relación a su poder-ser. Incluso cuando, todavía existiendo, no tiene nada más "ante sí y ha "cerrado su cuenta", su ser está todavía determinado por el "anticiparse-a-sí". La desesperanza, por ejemplo, no arranca al Dasein de sus posibilidades, sino que es solamente un modo peculiar del *estar vuelto hacia* estas posibilidades. No menos encierra un "anticiparse-a-sí" el "estar dispuesto a todo", sin ilusiones. En efecto, este momento estructural del cuidado dice inequívocamente que en el Dasein siempre hay algo que todavía falta, que, como poder-ser de sí mismo, no se ha hecho aún "real". En la esencia de la constitución fundamental del Dasein se da, por consiguiente, una *permanente inconclusión*. El inacabamiento significa un resto pendiente de poder-ser. Pero, tan pronto como el Dasein "existe" de tal manera que en él ya no haya absolutamente nada pendiente, entonces ya se ha convertido también, a una con ello, en un no-existir-más. La eliminación de lo que falta de ser equivale a la aniquilación de su ser. Mientras el Dasein, en cuanto ente, *es*, jamás habrá alcanzado su "integridad". Pero si la alcanza, este logro se convierte en la absoluta pérdida del estar-en-el-mundo. Entonces ya nunca más será experimentable *como ente.*

La razón de la imposibilidad de experimentar ónticamente al Dasein en su integridad entitativa y, por consiguiente, de determinarlo ontológicamente en su estar-entero, no estriba en una imperfección de la *facultad cognoscitiva.* El impedimento está por el lado del ser de este ente. Lo que no puede en absoluto *ser de la manera como* la experiencia pretende aprehender al Dasein, se sustrae principalmente a la posibilidad de ser experimentado. Pero, ¿no resulta entonces una empresa desesperada descifrar en el Dasein la integridad ontológica de su ser?

El "anticiparse-a-sí", como momento esencial de la estructura del cuidado, no se deja suprimir. Pero, ¿es igualmente concluyente lo que de ahí deducíamos? ¿No se llegó mediante una argumentación meramente formal a la imposibilidad
237 de captar al Dasein entero? ¿O no se habrá concebido, en el fondo, al Dasein, inadvertidamente, como algo-que-está-ahí al que en todo momento se le desliza por delante un no-estar-todavía-ahí? La argumentación ¿habrá comprendido el no-ser-aún y la "anticipación" en un genuino sentido *existencial*? Al hablar de "fin" y de "integridad" ¿nos hemos ajustado fenoménicamente al Dasein? La expresión "muerte" ¿tenía una significación biológica o una significación ontológico-existencial?, ¿tenía siquiera una significación definida en forma suficientemente segura? ¿Se han agotado efectivamente todas las posibilidades de hacer accesible al Dasein en su integridad?

Estas preguntas reclaman una respuesta antes de que se pueda descartar como fútil el problema de la integridad del Dasein. La pregunta por la integridad del Dasein, tanto la existentiva en busca de un posible poder-estar-entero, como la existencial, que interroga por la constitución de ser del "fin" y la "integridad", lleva consigo la tarea de un análisis positivo de fenómenos de existencia hasta ahora pospuestos. El centro de estas consideraciones lo ocupará la caracterización ontológica del haber-llegado-a-fin que es propio del Dasein y la acunación de un concepto existencial de la muerte. Estas investigaciones se articularán de la siguiente manera: la posibilidad de experimentar la muerte de los otros y de aprehender al Dasein entero (§ 47); el resto pendiente, el fin y la integridad (§ 48); delimitación del análisis existencial de la muerte frente a otras posibles interpretaciones del fenómeno (§ 49); bosquejo de la estructura ontológico-existencial de la muerte (§ 50); el estar vuelto hacia la muerte y la cotidianidad del Dasein (§ 51); el cotidiano estar vuelto hacia la muerte y el concepto existencial plenario de la muerte (§ 52); proyecto existencial de un modo propio de estar vuelto hacia la muerte (§ 53).

§ 47. La posibilidad de experimentar la muerte de los otros y de aprehender al Dasein entero

Alcanzar la integridad del Dasein en la muerte es, al mismo tiempo, una pérdida del ser del Ahí. El paso a no-existir-más [*nichtmehrdasein*] saca precisamente al Dasein fuera de la posibilidad de experimentar este mismo paso y de comprenderlo en tanto que experimentado. Sin duda esta experiencia le está vedada a cada Dasein respecto de sí mismo. Tanto más se nos impone entonces la muerte de los otros. Así un llegar del Dasein a su fin resulta "objetivamente" accesible. El Dasein puede lograr, ya que él es por esencia un coestar con los otros, una experiencia de la muerte. Este darse "objetivo" de la muerte deberá posibilitar también una delimitacion ontológica de la integridad del Dasein.

¿Conduce al fin propuesto este fácil recurso, tomado del modo de ser del Da- 238
sein en cuanto convivir, que consiste en escoger como sustituto para el análisis de la integridad del Dasein, al Dasein de los otros que ha llegado a su fin?

También el Dasein de los otros, al alcanzar en la muerte su integridad, es un no-existir-más, en el sentido de no-estar-más-en-el-mundo. ¿No quiere decir el morir salir-del-mundo, perder el estar-en-el-mundo? Sin embargo, el no-estar-más-en-el-mundo del que ha muerto es todavía —en rigor— un estar, en el sentido del mero-estar-ahí de una cosa corpórea compareciente. En el morir de los otros se puede experimentar ese extraño fenómeno de ser que cabe definir como la conversión de un ente desde el modo de ser del Dasein (o de la vida) al modo de ser del no-existir-más. El *fin* del ente *qua* Dasein es el *comienzo* de este ente *qua* mero estar-ahí.

Sin embargo, está interpretación de la conversión del Dasein en mero-estar-ahí yerra el fenómeno en la medida en que el ente que queda no se reduce a una mera cosa corpórea. El mismo cadáver ahí presente sigue siendo, desde un punto de vista teorético, un objeto posible de la anatomía patológica, cuya manera de comprender queda orientada por la idea de la vida. Lo meramente-presente (*) es "más" que una cosa material *sin vida*. En él comparece un *no-viviente* que ha perdido la vida.

Pero tampoco esta caracterización de lo aún remanente agota en su integridad el dato fenoménico en lo relativo al Dasein.

El "difunto" (**) que, a diferencia del "muerto", le ha sido arrebatado a sus "deudos", es objeto de una [particular] "ocupación" en la forma de las honras fúnebres, de las exequias, del culto a las tumbas. Y esto ocurre porque el difunto, en su modo de ser, es "algo más" que un mero útil a la mano, objeto de posible ocupación en el mundo circundante. Al acompañarlo en el duelo recordatorio, los deudos *están con él* en un modo de la solicitud reverenciante. Por eso, la relación de ser para con los muertos tampoco debe concebirse como un estar *ocupado* con entes a la mano.

En semejante coestar con el muerto, el difunto *mismo* no ex-siste fácticamente más [*ist... nicht mehr faktisch "da"*]. Sin embargo, coestar quiere decir siempre estar los unos con los otros en el mismo mundo. El difunto ha abandonado y dejado atrás nuestro "*mundo*". *Desde este*, los que quedan pueden *estar* todavía *con él.*

Mientras más ajustadamente se aprehenda el fenómeno del no-existir-más del
239 difunto, tanto más claramente se mostrará que semejante coestar con el muerto justamente *no* experimenta el verdadero haber-llegado-a-fin del difunto. Es cierto que la muerte se nos revela como pérdida, pero más bien como una pérdida que experimentan los que quedan. Sin embargo, al sufrir esta pérdida, no se hace accesible en cuanto tal la pérdida-del-ser que "sufre" el que muere. No experimentamos, en sentido propio, el morir de los otros, sino que, a lo sumo, solamente "asistimos" a él.

Y aun cuando fuese posible y viable representarse "psicológicamente" el morir de los otros cuando se asiste a él, con eso no quedaría en modo alguno captada la manera de ser que está en cuestión, vale decir, el morir como llegar-a-fin. Lo que está en cuestión es el sentido ontológico del morir del que muere, como una posibilidad de ser de *su* ser, y no la forma de la coexistencia y del seguir existiendo del difunto con los que han quedado. El expediente de tomar la muerte experimentada en otros como tema para el análisis del fin y de la integridad del Dasein no consigue dar, ni óntica ni ontológicamente, lo que él cree poder dar.

Pero, sobre todo, la referencia al morir de otros como tema sucedáneo para el análisis ontológico de la conclusión y de la integridad del Dasein reposa sobre un supuesto acerca del cual podrá mostrarse que es un total desconocimiento del modo de ser del Dasein. Este supuesto consiste en la opinión de que un Dasein puede, a voluntad, ser sustituido por otro, de tal manera que lo que resulta inexperimentable en el propio Dasein se vuelva accesible en el ajeno. Pero, ¿es este supuesto efectivamente tan infundado?

Entre las posibilidades de ser del convivir en el mundo figura indiscutiblemente la *reemplazabilidad* de un Dasein por otro. En la cotidianidad del ocuparse se hace variado y constante uso de esta reemplazabilidad. Todo ir a..., todo contribuir con..., es reemplazable en el ámbito del "mundo circundante" de la ocupación inmediata. La amplia variedad de maneras sustituibles de estar-en-el-mundo se extiende no solo a los modos usuales del convivir público, sino que atañe asimismo a las posibilidades del ocuparse limitadas a determinados círculos, y restringidas a ciertas profesiones, clases sociales y edades de la vida. Pero tal sustitución es siempre, por su sentido mismo, una sustitución "en" y "en relación con" algo, es decir, en el ocuparse de algo. Ahora bien, el Dasein cotidiano se comprende inmediata y regularmente desde aquello *de que* suele ocuparse. "Se *es*" lo que se hace. Con respecto a este ser, al común absorberse cotidiano en el

"mundo" de la ocupación, la reemplazabilidad no solo es posible, sino que es incluso un *constitutivum* del convivir. *Aquí* un Dasein puede y hasta tiene que 240
"ser" el otro, dentro de ciertos límites.

Sin embargo, esta posibilidad de sustitución fracasa completamente cuando se trata de la sustitución de la posibilidad de ser que constituye el llegar-a-fin del Dasein y que, como tal, le da a este su integridad. *Nadie puede tomarle al otro su morir.* Bien podría alguien "ir a la muerte por otro". Sin embargo esto siempre significa: sacrificarse por el otro *"en una causa determinada"*. Semejante morir por... no puede empero significar jamás que de este modo le sea tomada al otro su muerte. El morir debe asumirlo cada Dasein por sí mismo. La muerte, en la medida en que ella "es", es por esencia cada vez la mía. Es decir, ella significa una peculiar posibilidad de ser, en la que está en juego simplemente el ser que es, en cada caso, propio del Dasein. En el morir se echa de ver que la muerte[a] se constituye ontológicamente por medio del ser-cada-vez-mío y de la existencia[1]. El morir no es un incidente, sino un fenómeno solo existencialmente comprensible, y esto en un sentido especialísimo, que habrá que ceñir todavía más de cerca.

Pero si el "terminar" en cuanto morir constituye la integridad del Dasein, entonces el ser de la integridad misma tiene que ser concebido como fenómeno existencial del Dasein cada vez propio. En el "terminar" y en el estar-entero del Dasein constituido por aquel no ha lugar, por esencia, ninguna sustitución. La salida propuesta desconoce este hecho existencial cuando toma el morir de los otros como tema sucedáneo para el análisis de la integridad.

De está manera, el intento de hacer accesible de un modo fenoménicamente adecuado el estar-entero del Dasein ha vuelto a fracasar. Pero el resultado de estas reflexiones no es meramente negativo. Aunque en forma elemental, ellas se hicieron con la vista puesta en los fenómenos. La muerte ha sido señalada como fenómeno existencial. Con esto la investigación recibe una orientación puramente existencial hacia el Dasein cada vez propio. Para el análisis de la muerte en tanto que morir solo queda la posibilidad de llevar este fenómeno a un concepto puramente *existencial*; de otro modo, habría que renunciar a su comprensión ontológica.

Además, al caracterizar el paso del Dasein a no-existir-más en tanto que no-estar-más-en-el-mundo, se ha mostrado que el salir-del-mundo del Dasein, en el sentido del morir, debe ser distinguido de un salir-del-mundo de lo solamente viviente. El terminar de un ser vivo lo expresamos en nuestra terminología con el
vocablo fenecer [*Verenden*] (*). La diferencia solo puede hacerse visible trazan- 241

1 Cf. § 9, p. 67 ss.

a El respecto del Dasein para con la muerte; la muerte misma = su llegada-entrada, el morir.

do los límites entre el terminar del Dasein y la cesación de una vida (*)[1]. Es cierto que también el morir se deja concebir de un modo biológico-fisiológico. Pero el concepto médico del *exitus* no coincide con el concepto del fenecer.

De la consideración hecha hasta aquí sobre la posibilidad ontológica de captar la muerte resulta claro, al mismo tiempo, que la interpolación inadvertida de entes de otra índole (estar-ahí o vida) amenaza enturbiar la interpretación de este fenómeno, e incluso ya el *primer darse* adecuado del mismo. A esto solo se puede hacer frente si se busca para el análisis que habrá de seguir una determinación ontológica suficiente de los fenómenos constitutivos que son el fin y la integridad.

§ 48. Resto pendiente, el fin y la integridad

Dentro del marco de la presente investigación la caracterización ontológica del fin y de la integridad solo puede ser provisional. Para llevarla a cabo en forma suficiente se requeriría no solo exponer la estructura *formal* del fin en general y de la integridad en general, sino que se necesitaría también desarrollar sus posibles variantes estructurales regionales, es decir, desformalizadas, referidas a cada preciso género de entes y determinadas desde su ser. Esta tarea presupone, a su vez, una interpretación positiva y suficientemente precisa de los modos de ser que posibilitan una división por regiones del todo del ente. Ahora bien, la comprensión de estos modos de ser exige una idea clara del ser en general. Una adecuada realización del análisis ontológico del fin y de la integridad tropieza no solo con la amplitud del tema, sino también con la dificultad principal de que para la ejecución de esta tarea debe suponerse ya encontrado y conocido precisamente lo que se busca en esta investigación (el sentido del ser en general).

Las consideraciones siguientes están orientadas sobre todo a aquellas "variantes" del fin y de la integridad que, como determinaciones ontológicas del Dasein, deberán guiar una interpretación originaria de este ente. Sin perder jamás de vista la constitución existencial del Dasein antes expuesta, deberemos intentar decidir en qué medida los conceptos de fin y de integridad que inmediatamente
242 se nos presentan, a pesar de su indeterminación categorial, son ontológicamente inadecuados para el Dasein. Más allá del mero rechazo de tales conceptos, será necesario que les *asignemos* positivamente su región específica. Con ello se consolida la comprensión para el fin y la integridad en la modalidad de existenciales, lo que garantiza la posibilidad de una interpretación ontológica de la muerte.

[1] Cf. § 10, p. 70 ss.

Pero si el análisis del fin y de la integridad del Dasein toma una orientación tan amplia, esto no puede significar, con todo, que los conceptos existenciales de fin y de integridad deban alcanzarse por la vía de una deducción. Por el contrario, es necesario extraer del Dasein mismo el sentido existencial de su llegar-a-fin y mostrar cómo semejante "terminar" puede constituir un *estar-entero* del ente que *existe*.

Lo dicho hasta aquí acerca de la muerte se puede formular en tres tesis: 1. Al Dasein le pertenece, mientras está siendo, un no-todavía que él habrá de ser un resto siempre pendiente. 2. El llegar-a-su-fin de lo que es siempre en el modo de no-haber-llegado-aún-al-fin (el contra-ser respecto de lo pendiente) tiene el carácter de un no-existir-más [*Nichtmehrdasein*]. 3. El llegar-a-fin implica para cada Dasein un modo de ser absolutamente insustituible.

Hay en el Dasein una permanente "no-integridad", imposible de abolir, que encuentra su fin con la muerte. Pero la circunstancia fenoménica de que al Dasein, mientras está siendo, le "pertenece" este no-todavía, ¿puede interpretarse como *resto pendiente*? ¿A qué tipo de ente nos referimos cuando hablamos de resto pendiente? La expresión apunta a lo que, si bien le "pertenece" a un ente, sin embargo aún le falta. El estar pendiente, en tanto que faltar, se funda en la pertenencia de una cosa a otra [*Zugehörigkeit*]. Está pendiente, por ejemplo, el saldo de una deuda. Lo pendiente no es aún disponible. La cancelación de la "deuda", como liquidación del saldo, significa el "ingreso" o sucesivo añadirse del resto, por cuyo medio el no-todavía, por así decirlo, se va llenando, hasta que la suma adeudada esté "junta". Estar pendiente quiere decir, por consiguiente, el no-estar-todavía-junto de lo que debiera estar junto. Ontológicamente tenemos aquí el no estar a la mano de ciertas partes que habría que reunir a las que ya están a la mano y que tienen él mismo modo de ser que estas, las que, a su vez, no sufren modificación en su modo de ser por el ingreso de las restantes. La no-totalidad vigente se suprime por la reunión acumuladora de las partes. *El ente en el que hay todavía algo pendiente tiene el modo de ser de lo a la mano.* El estar-junto o, correlativamente, el no-estar-junto fundado en aquel, lo caracterizamos nosotros como *suma*.

Pero este no-estar-junto que pertenece a aquella modalidad del estar-junto, 243
el faltar, en tanto que resto pendiente, no sirve en modo alguno para caracterizar ontológicamente el no-todavía que, como muerte posible, forma parte del Dasein. En efecto, este ente no tiene en absoluto el modo de ser de un ente a la mano dentro del mundo. El estar el ente junto, como lo está el Dasein "en su transcurso" hasta haber consumado "su carrera", no se constituye mediante una "sucesiva" acumulación de entes ya de suyo de alguna manera y en alguna parte a la mano. El Dasein no llega a *estar* junto cuando colma su no-todavía, sino que entonces precisamente no es más. El Dasein ya existe siempre precisamente de tal manera que cada vez *incluye* su no-todavía. ¿Pero no hay algún ente al que,

siendo como es, le pueda pertenecer un no-todavía, sin que este ente deba tener el modo de ser del Dasein?

Se puede decir, por ejemplo: a la luna le falta todavía el último cuarto para estar llena. El no-todavía se reduce con el ir menguando de la sombra encubridora. Pero, al ocurrir esto, la luna ya está siempre ahí como un todo. Prescindiendo de que la luna, incluso como luna llena, jamás puede aprehenderse *por entero*, el no-todavía no significa aquí en modo alguno un no-*estar*-todavía-juntas las partes componentes, sino que atañe únicamente a la aprehensión percipiente. Pero el no-todavía que forma parte del Dasein no es solo provisional y ocasionalmente inaccesible a la experiencia propia y ajena, sino que no "es" todavía "real" en absoluto. El problema no atañe a la *aprehensión* del no-todavía del Dasein, sino a su posible ser o, correlativamente, *no ser.* El Dasein tiene que *devenir*, es decir, *ser*, él mismo, lo que todavía no es. Y así, para poder determinar comparativamente el *modo de ser, característico del Dasein, del no-todavía* deberemos considerar un ente cuyo modo de ser tenga el carácter del devenir.

El fruto inmaduro, por ejemplo, va al encuentro de su madurez. Pero este ir madurando no consiste en modo alguno en que lo que él no es todavía venga a añadírsele, a la manera de algo que aún-no-estaba-ahí. El fruto mismo se encamina hacia la madurez, y este encaminarse caracteriza su ser como fruto. Nada de lo que imaginablemente se le pudiera agregar podrá eliminar la inmadurez del fruto, si este ente no viniera *por sí mismo* a la madurez. El no-todavía de la inmadurez no significa la falta de algo extrínseco, que, indiferente al fruto, pudiese llegar a estar presente en y con él. Se refiere a él mismo, en su modo específico de ser. La suma aún no completa es "indiferente", en su condición de a la mano, frente al resto faltante que no está aún a la mano. En rigor, ella no
244 puede ser ni indiferente ni tampoco no indiferente frente a él. En cambio, el fruto en maduración no solo no es indiferente frente a la inmadurez, como frente a un otro de él mismo, sino que, madurando, él es la inmadurez. El no-todavía ya está incorporado en su propio ser, y esto no como una determinación cualquiera, sino como *constitutivum*. Respectivamente, también el Dasein *ya es siempre*, mientras está siendo, su *no-todavía*[1].

Lo que en el Dasein constituye la "no-integridad", su constante anticiparse-a-sí, no es ni un resto pendiente para la totalidad de una suma ni menos un no-haberse-hecho-aún-accesible, sino un no-todavía que un Dasein, por ser el

[1] La diferencia entre todo y suma, *ὅλον y πᾶν, totum y compositum,* es conocida desde Platón y Aristóteles. Esto no quiere decir, sin embargo, que haya sido *reconocida* ni elevada a concepto la sistemática de la modalidad categorial ya implicada en esta distinción. Como punto de partida para un análisis detallado de las estructuras en cuestión cf. E. Husserl, *Logische Untersuchungen,* tomo II, 3ª investigación: "Zur Lehre von den Ganzen und Teilen".

ente que es, tiene que ser cada vez. Al mismo tiempo, la comparación con la inmadurez del fruto muestra, sin embargo, pese a una cierta concordancia, diferencias esenciales. Tomarlas en cuenta significa reconocer la indeterminación de lo dicho hasta aquí acerca del fin y del terminar.

Aun cuando el madurar, el ser específico del fruto, como modo de ser del no-todavía (de la inmadurez), concuerde formalmente con el Dasein en que, en un sentido todavía por precisar, tanto este como aquel, ya es cada vez su no-todavía, sin embargo, esto no puede significar que la madurez como "fin" y la muerte como "fin" coincidan también respecto de la estructura ontológica del fin. Con la madurez, el fruto se *consuma.* ¿Pero es acaso la muerte a la que el Dasein llega una consumación en este sentido? Es cierto que con la muerte el Dasein ha "consumado su curso". ¿Ha agotado también con ello, necesariamente, sus posibilidades específicas? ¿No le son más bien arrebatadas? También el Dasein "inacabado" termina. Por otra parte, el Dasein no necesita llegar a la muerte para alcanzar la madurez, sino que, por el contrario, bien puede haberla ya sobrepasado antes del fin. La mayor parte de las veces termina en el inacabamiento o incluso quebrantado y desgastado.

Terminar no quiere decir necesariamente consumarse. La pregunta acerca *del sentido en que deba, en definitiva, concebirse la muerte en tanto que terminar del Dasein,* se hace entonces más apremiante.

Terminar significa, por lo pronto, *acabarse*, y este, a su vez, tiene distintos sentidos ontológicos. La lluvia se acaba. No está más ahí. El camino se acaba. Este terminar no hace desaparecer el camino, sino que el acabarse determina en este caso el camino en su efectivo estar-ahí. Terminar, en cuanto acabarse, puede 245
significar, por consiguiente: pasar al no-estar-ahí, o bien llegar precisamente a estar-ahí por medio del fin. El terminar entendido en esta última forma puede, a su vez, o bien configurar el estar-ahí de un ente *inconcluso* —un camino en construcción se interrumpe— o bien constituir la "conclusión" de un ente que esta-ahí: con la última pincelada, el cuadro queda concluido.

Pero el terminar, en cuanto llegar a estar concluido, no implica necesariamente consumación. En cambio, es necesario que lo que ha de consumarse alcance su eventual conclusión. La consumación es un modo fundado de la "conclusión". Por su parte, esta solo es posible como determinación de algo que está-ahí o de algo a la mano.

También el terminar, en el sentido del desaparecer, puede todavía modificarse según el modo de ser del ente. La lluvia ha terminado, es decir, ha desaparecido. El pan se ha terminado, es decir, se ha consumido, no es más disponible como algo a la mano.

Mediante ninguno de estos modos del terminar se puede caracterizar adecuadamente la muerte como fin del Dasein. Si se entendiera el morir, en cuanto haber-llegado-a-fin, en el sentido de un terminar del tipo recién mencionado, se supondría al Dasein como algo que está-ahí o como algo a la mano. En la muerte el Dasein no está consumado ni simplemente ha desaparecido, ni mucho menos ha llegado a estar concluido; tampoco es enteramente disponible como algo a la mano.

Antes bien, así como el Dasein, mientras esté siendo, ya es constantemente su no-todavía, así él *es* también siempre ya su fin. El terminar a que se refiere la muerte no significa un haber-llegado-a-fin del Dasein [*Zu-Ende-sein*], sino[a] un *estar vuelto hacia el fin* de parte de este ente [*Sein zum Ende*]. La muerte es una manera de ser de la que el Dasein se hace cargo tan pronto como él es. "Apenas un hombre viene a la vida ya es bastante viejo para morir"[1].

El terminar, como estar vuelto hacia el fin, exige ser ontológicamente aclarado desde el modo de ser del Dasein. Y presumiblemente también solo a partir de la determinación existencial del terminar se hará comprensible la posibilidad de un no-todavía de la existencia, que está "antes" del "fin". Solo la aclaración existencial del estar vuelto hacia el fin nos dará también la base suficiente para definir en qué sentido se puede hablar de una integridad del Dasein, supuesto que esta integridad deba constituirse mediante la muerte en tanto que "fin".

El intento de llegar a una comprensión de la integridad propia de la existencia partiendo de una aclaración del no-todavía y pasando por la caracterización
246 del terminar, no ha conducido a la meta. Solo ha mostrado *negativamente* que el no-todavía que el Dasein *es* en cada caso se resiste a ser interpretado como un resto pendiente. El fin *al* que el Dasein, existiendo, *está vuelto,* queda inadecuadamente determinado mediante un haber-llegado-al-fin. Pero, a la vez, la meditación tenía como objeto dejar en claro que su marcha debía invertirse. La caracterización positiva de los fenómenos en cuestión (no-ser-todavía, terminar, integridad) solo se logrará mediante una clara orientación que apunte a la constitución de ser del Dasein. Ahora bien, esta claridad se afianzará negativamente frente a posibles desviaciones por medio de la intelección de la filiación regional de las estructuras del fin y de la integridad que van ontológicamente en sentido opuesto al Dasein.

La interpretación analítico-existencial positiva de la muerte y de su carácter de fin debe llevarse a cabo al hilo de la constitución fundamental del Dasein alcanzada hasta aquí, del fenómeno del cuidado.

[1] *Der Ackermann aus Böhmen,* editado por A. Bernt y K. Burdach (*Vom Mittelalter zur Reformation. Forschungen zur Geschichte der deutschen Bildung,* editado por K. Burdach, tomo III, 2a parte), 1917, cap. 20, p. 46.

[a] la muerte en cuanto morir.

§ 49. Delimitación del análisis existencial de la muerte frente a otras posibles interpretaciones del fenómeno

La intención precisa de la interpretación ontológica[a] de la muerte debe fijarse previamente por medio de una explícita toma de conciencia de aquello acerca de lo cual ella *no* puede preguntar y sobre lo cual en vano se esperaría de ella información o indicación.

La muerte, en sentido latísimo, es un fenómeno de la vida. La vida[b] debe ser comprendida como un modo de ser al que le pertenece un estar-en-el-mundo. Este modo de ser solo puede precisarse ontológicamente en forma privativa y con referencia al Dasein. También el Dasein se deja considerar como pura vida. Para el cuestionamiento bio-fisiológico, él entra entonces en la región de ser que conocemos como el mundo animal y vegetal. En este campo se pueden registrar ónticamente datos estadísticos sobre la duración de la vida de las plantas, de los animales y de los hombres. Se puede establecer relaciones entre la duración de la vida, la reproducción y el crecimiento. Pueden investigarse las "clases" de muerte, las causas, los "mecanismos" y los modos como ella se hace presente[1].

Sobre la base de esta investigación óntico-biológica de la muerte subyace una problemática ontológica. Queda por preguntar cómo se determina desde la esencia ontológica de la vida la de la muerte. De alguna manera la investiga- 247
ción óntica de la muerte ya ha zanjado siempre esta cuestión. En ella operan pre-conceptos mayor o menormente aclarados acerca de la vida y de la muerte. Estos necesitan ser bosquejados por medio de la ontología del Dasein. A su vez, dentro de la ontología del Dasein, *previa* a una ontología de la vida, el análisis existencial de la muerte está *subordinado* a una caracterización de la constitución fundamental del Dasein. Al terminar del viviente lo hemos llamado *fenecer*. En la medida en que el Dasein también "tiene" su muerte fisiológica, vital, aunque no ónticamente aislada, sino codeterminada por su modo originario de ser, y en la medida en que el Dasein también puede terminar sin que propiamente muera, y que, por otra parte, como Dasein no perece pura y simplemente, nosotros designaremos a este fenómeno intermedio con el término *dejar de vivir* [*Ableben*] (*). En cambio reservamos el término *morir* para la *manera de ser* en la que el Dasein *está vuelto hacia* su muerte. Según esto, debe decirse: el Dasein nunca fenece. Pero solo puede dejar de vivir en la medida en que muere. La investigación médi-

[1] Sobre este tema cf. la acabada exposición de E. Korschelt, *Lebensdauer, Altern und Tod,* 3ª ed., 1924. Y especialmente, la abundante bibliografía, p. 414 ss.

[a] e. d. ontológico-fundamental.

[b] si nos referimos a la vida humana, de otra manera no-'mundo'.

co-biológica del dejar de vivir puede lograr resultados, y estos resultados pueden ser también ontológicamente significativos, a condición de que se haya asegurado la orientación fundamental para una interpretación existencial de la muerte. ¿O deberán acaso concebirse la enfermedad y la muerte en general —incluso en un plano médico— primariamente como fenómenos existenciales?

La interpretación existencial de la muerte precede a toda biología y ontología de la vida. Pero ella sirve también de fundamento a toda investigación histórico-biográfica y psicológico-etnológica de la muerte. Una "tipología" del "morir", como caracterización de los estados y maneras en que se "vive" el dejar de vivir, supone ya el concepto de la muerte. Por otra parte, una psicología del "morir" informa más sobre el "vivir" del "muriente" que sobre el morir mismo. Esto no es sino el reflejo del hecho de que el Dasein no muere en primer lugar o incluso no muere propiamente con y en la vivencia del dejar de vivir fáctico. Asimismo, las concepciones de la muerte en los pueblos primitivos y sus comportamientos frente a la muerte en la magia y el culto, sirven primariamente para aclarar su comprensión del *Dasein* —pero la interpretación de esa comprensión necesita de una analítica existencial y de un correspondiente concepto de la muerte.

Por otra parte, el análisis ontológico del estar vuelto hacia el fin no implica ninguna toma de posición existentiva respecto de la muerte. Cuando se determina la muerte como "fin" del Dasein, es decir, del estar-en-el-mundo, no se toma con ello ninguna decisión óntica acerca de si "después de la muerte" sea posible aún otro ser, superior o inferior, si el Dasein "siga viviendo" o si al "sobrevivirse" sea
248 "inmortal". Sobre el "más allá" y su posibilidad, lo mismo que sobre el "más acá", nada se zanja ónticamente, como si hubieran de proponerse, para la "edificación", normas y reglas de comportamiento ante la muerte. El análisis de la muerte se mantiene, sin embargo, puramente "en el más acá", en la medida en que su interpretación del fenómeno solo mira al modo cómo la muerte, en cuanto posibilidad de ser de cada Dasein, *se hace presente dentro de este*. No podrá justificadamente y con sentido ni siquiera preguntarse en forma metodológicamente segura qué *hay después de la muerte* sino una vez que esta haya sido comprendida en la plenitud de su esencia ontológica. Quede aquí sin decidir si una pregunta semejante es siquiera posible como pregunta *teorética*. La interpretación ontológica de la muerte desde el más acá precede a toda especulación óntica sobre el más allá.

Por último, cae fuera del ámbito de un análisis existencial de la muerte lo que podrá ser examinado bajo el título de una "metafísica de la muerte". Las preguntas cómo y cuándo "entró" la muerte "en el mundo"; qué "sentido" pueda y deba tener dentro de la omnitud del ente, en tanto que mal y sufrimiento, no solo suponen necesariamente una comprensión del carácter de ser de la muerte, sino también la ontología de la omnitud del ente en total y, especialmente, la aclaración ontológica del mal y de la negatividad en general.

El análisis existencial tiene una prioridad metodológica frente a las cuestiones de una biología, psicología, teodicea y teología de la muerte. Tomados ónticamente, sus resultados muestran la peculiar *formalidad* y vaciedad de toda caracterización ontológica. Esto, sin embargo, no debe ser un obstáculo para ver la rica y compleja estructura del fenómeno. Si ya el Dasein en cuanto tal no es jamás accesible a la manera de algo que está-ahí, puesto que a su modo de ser le pertenece de una forma peculiar el ser-posible, tanto menos deberá esperarse poder descifrar fácilmente la estructura ontológica de la muerte, si es verdad que la muerte es una posibilidad eminente del Dasein.

Por otra parte, el análisis no puede atenerse a una idea casual y arbitrariamente excogitada de la muerte. Esta arbitrariedad solo puede prevenirse mediante una previa caracterización ontológica del modo de ser en el que el "fin" se hace presente dentro de la cotidianidad media del Dasein. Para ello será necesario tener plenamente presentes las estructuras de la cotidianidad expuestas más arriba. Que en un análisis existencial de la muerte resuenen también posibilidades existentivas del estar vuelto hacia la muerte, forma parte de la esencia de toda investigación ontológica. Tanto más expresamente deberá la conceptualización existencial ir acompañada de una desvinculación existentiva, y esto de un modo
particular en relación con la muerte, ya que en ella el carácter de posibilidad del 249
Dasein se deja desvelar en la forma más aguda. La problemática existencial no tiene otra meta que la exposición de la estructura ontológica del estar vuelto *hacia* el fin que es propia del Dasein[1].

[1] La antropología elaborada en la teología cristiana —desde S. Pablo hasta la *meditatio futurae vitae* de Calvino— ha tenido siempre presente la muerte en la interpretación de la "vida". —W. Dilthey, cuyas verdaderas tendencias filosóficas apuntaban a una ontología de la "vida", no pudo desconocer la conexión de esta con la muerte. "Y, finalmente, la relación que más honda y generalmente determina el sentimiento de nuestra existencia es la de la vida vuelta hacia la muerte; en efecto, la limitación de nuestra existencia por la muerte es siempre decisiva para nuestra comprensión y nuestra apreciación de la vida". *Das Erlebnis und die Dichtung,* 23 ed., p. 212. Últimamente, G. Simmel ha incorporado también expresamente el fenómeno de la muerte en la determinación de la "vida", aunque sin una clara distinción entre la problemática óntico-biológica y la ontológico-existencial. Cf. *Lebensanschauung. Vier metaphysische Kapitel,* 1918, p. 99-153.- Para la presente investigación, véase *especialmente* K. Jaspers, *Psychologie der Weltanschauungen,* 3ª ed. 1925, p. 229 ss., espec. p. 259-270. Jaspers concibe la muerte al hilo del fenómeno, por el sacado a luz, de la "situación-límite", cuya significación fundamental está por encima de toda tipología de las "dis-posiciones" e "imágenes del mundo".

Rud. Unger ha recogido las sugerencias de W. Dilthey en su escrito *Herder, Novalis und Kleist. Studien über die Entwicklung des Todesproblems im Denken und Dichten von Sturm und Drang zur Romantik,* 1922. Sobre su planteamiento de la cuestión, Unger ofrece una reflexión fundamental en la conferencia titulada *Literaturgeschichte als Problemgeschichte. Zur Frage geisteshistorischer Synthese, mit besonderer Beziehung auf W. Dilthey* (Schriften der Königsberger Gelehrten Gesellschaft. Geisteswiss. Klasse I. 1. 1924). Unger ve claramente el significado de la investigación fenomenológica para una fundamentación más radical de los "problemas de la vida", *ibíd.* p. 17 ss.

§ 50. Bosquejo de la estructura ontológico-existencial de la muerte

Las consideraciones acerca del resto pendiente, del fin y de la integridad dieron como resultado la necesidad de interpretar el fenómeno de la muerte, en cuanto estar vuelto hacia el fin, partiendo de la constitución fundamental del Dasein. Solo así podrá aclararse en qué medida es posible en el Dasein mismo, conforme a su estructura de ser, una integridad lograda por medio del estar vuelto hacia el fin. La constitución fundamental del Dasein se hizo visible como cuidado. El significado ontológico de esta expresión fue formulado en la siguiente "definición": anticiparse-a-sí-estando-ya-en (el mundo) en-medio del ente que comparece (dentro del mundo)[1]. Quedan así expresados los caracteres fundamentales
250 del ser del Dasein: en el anticiparse-a-sí, la existencia; en el estar-ya-en..., la facticidad; en el estar en medio de..., la caída. La muerte (o el estar vuelto hacia el fin) deberá dejarse determinar a partir de estos caracteres, si es verdad que ella pertenece al ser del Dasein en un sentido eminente.

Por lo pronto, habrá que aclarar, en un primer esbozo, cómo en el fenómeno de la muerte se revelan la existencia, la facticidad y la caída del Dasein.

La interpretación del no-todavía como resto pendiente, y por ende también la del extremo no-todavía, del fin del Dasein, ha sido rechazada como inadecuada. En efecto, ella implicaba la tergiversación ontológica del Dasein que lo convierte en un ente que está-ahí. Haber-llegado-a-fin quiere decir existencialmente estar vuelto hacia el fin. El extremo no-todavía tiene el carácter de algo *respecto a lo cual* el Dasein *se comporta*. El fin amenaza al Dasein. La muerte no es algo que aún no esté-ahí, no es el último resto pendiente reducido a un mínimo, sino más bien una *inminencia* [*Bevorstand*] (*).

Para el Dasein, en cuanto estar-en-el-mundo, pueden, sin embargo, ser inminentes muchas cosas. El carácter de inminencia no caracteriza de suyo a la muerte. Al contrario: está interpretación podrá, además, favorecer la idea de que la muerte debiera ser comprendida en el sentido de un acontecimiento intramundanamente próximo a comparecer. Inminente puede ser, por ejemplo, una tormenta, la transformación de la casa, la llegada de un amigo, es decir, entes que están-ahí o que están a la mano o coexisten. La inminencia de la muerte no tiene un ser de esta especie.

Pero al Dasein le puede ser también inminente, por ejemplo, un viaje, una discusión con otros, una renuncia a lo que el Dasein mismo puede ser: posibilidades propias de ser que se fundan en el coestar con otros.

La muerte es una posibilidad de ser de la que el Dasein mismo tiene que hacerse cargo cada vez. En la muerte, el Dasein mismo, en su poder-ser *más*

[1] Cf. § 41, p. 214.

propio, es inminente para sí. En está posibilidad al Dasein le va radicalmente su estar-en-el-mundo. Su muerte es la posibilidad del no-poder-existir-más. Cuando el Dasein es inminente para sí como esta posibilidad de sí mismo, queda *enteramente* remitido a su poder-ser más propio. Siendo de esta manera inminente para sí, quedan desatados en él todos los respectos a otro Dasein. Esta posibilidad más propia e irrespectiva es, al mismo tiempo, la posibilidad extrema. En cuanto poder-ser, el Dasein es incapaz de superar la posibilidad de la muerte. La muerte es la posibilidad de la radical imposibilidad de existir [*Daseinsunmöglichkeit*].
La *muerte* se revela así como la *posibilidad más propia, irrespectiva e insupe-* 251
rable. Como tal, ella es una inminencia *sobresaliente.* Su posibilidad existencial se funda en que el Dasein está esencialmente abierto para sí mismo, y lo está en la manera del anticiparse-a-sí. Este momento estructural del cuidado recibe en el estar vuelto hacia la muerte su más originaria concreción. El estar vuelto hacia el fin cobra mayor claridad fenoménica cuando se lo concibe como un estar vuelto hacia la posibilidad eminente del Dasein así caracterizada.

Pero está posibilidad más propia, irrespectiva e insuperable no se la procura el Dasein ulterior y ocasionalmente en el curso de su ser. Sino que si el Dasein existe, ya está *arrojado* también en esta posibilidad. Que esté entregado a su muerte y que, por consiguiente, la muerte forme parte del estar-en-el-mundo, es algo de lo que el Dasein no tiene inmediata y regularmente un saber expreso, ni menos aun teorético. La condición de arrojado en la muerte se le hace patente en la forma más originaria y penetrante en la disposición afectiva de la angustia[1]. La angustia ante la muerte es angustia "ante" el más propio, irrespectivo e insuperable poder-ser. El "ante qué" de esta angustia es el estar-en-el-mundo mismo. El "por qué" de esta angustia es el poder-ser radical del Dasein. La angustia ante la muerte no debe confundirse con el miedo a dejar de vivir. Ella no es un estado de ánimo cualquiera, ni una accidental "flaqueza" del individuo, sino, como disposición afectiva fundamental del Dasein, la apertura al hecho de que el Dasein existe como un arrojado estar *vuelto hacia* su fin. Con esto se aclara el concepto existencial del morir como un arrojado estar vuelto hacia el más propio, irrespectivo e insuperable poder-ser. La diferencia frente a un puro desaparecer, como también frente a un puro fenecer y, finalmente, frente a una "vivencia" del dejar de vivir, se hace más tajante.

El estar vuelto hacia el fin no se produce en y como una actitud que surja de vez en cuando, sino que pertenece esencialmente a la condición de arrojado del Dasein, la que se patentiza de tal o cual manera en la disposición afectiva (estado de ánimo). El "saber" o "no saber" acerca del más propio estar vuelto hacia el fin, que de hecho siempre impera en el Dasein, es solo la expresión de la

[1] Cf. § 40, p. 206 ss.

posibilidad existentiva de mantenerse de distintas maneras en este estar. El hecho de que muchos inmediata y regularmente no quieran saber nada de la muerte no debe presentarse como prueba de que el estar vuelto hacia la muerte no pertenece "universalmente" al Dasein, sino que solo prueba que el Dasein inmediata y regularmente se oculta su más propio estar vuelto hacia la muerte, huyendo *de* ella. El Dasein muere fácticamente mientras existe, pero inmediata y regularmente en
252 la forma de la *caída*. En efecto, el existir fáctico no es solo de un modo general e indiferente un poder-estar-en-el-mundo que tenga el carácter de arrojado, sino que también ya está siempre absorto en el "mundo" de la ocupación. En este cadente estar en medio de... se acusa la huida fuera de lo desazonante, es decir, ahora, la huida frente al más propio estar vuelto hacia la muerte. Existencia, facticidad, caída, caracterizan el estar vuelto hacia el fin y son, por consiguiente, constitutivos del concepto existencial de la muerte. *El morir se funda, en cuanto a su posibilidad ontológica, en el cuidado*[a].

Ahora bien, si el estar vuelto hacia la muerte forma parte esencial y originaria del ser del Dasein, entonces habrá de ser también mostrable en la cotidianidad, aunque, por lo pronto, en su modo impropio. Y si el estar vuelto hacia el fin ofreciera incluso la posibilidad existencial para una integridad existentiva del Dasein, tendríamos entonces la comprobación fenoménica de la tesis que dice: el cuidado es el término ontológico para la totalidad del todo estructural del Dasein. Sin embargo, para la plena justificación fenoménica de esta proposición no basta con un *bosquejo* de la conexión entre el estar vuelto hacia la muerte y el cuidado. Esta conexión tendrá que hacerse visible, ante todo, en la más inmediata *concreción* del Dasein: en su cotidianidad.

§ 51. El estar vuelto hacia la muerte y la cotidianidad del Dasein

La exposición del estar vuelto hacia la muerte cotidiano y de término medio debe orientarse por las estructuras de la cotidianidad anteriormente logradas. En el estar vuelto hacia la muerte el Dasein se comporta *en relación a sí mismo* en tanto que eminente poder-ser. Ahora bien, el sí-mismo de la cotidianidad es el uno[1], constituido en el estado interpretativo público que se expresa en la habladuría. Esta última, por consiguiente, es la que tiene que dar a conocer la manera cómo el Dasein cotidiano interpreta para sí mismo su estar vuelto hacia la muerte. El fundamento de la interpretación es siempre un comprender, y el comprender está siempre afectivamente dispuesto, es decir, anímicamente templado. Habrá que

[1] Cf. §27, p. 150 ss.

[a] Pero el cuidado se despliega desde la verdad del Ser [*des Seyns*].

preguntar entonces: ¿cómo ha sido abierto el estar vuelto hacia la muerte por el comprender afectivamente dispuesto que se halla en la habladuría del uno? ¿Cómo se comporta el uno en su comprender respecto de la más propia, irrespectiva e insuperable posibilidad del Dasein? ¿Qué disposición afectiva le abre al uno el estar entregado a la muerte y de qué manera?

La publicidad del convivir cotidiano "conoce" la muerte como un evento que
acaece constantemente, como un "caso de muerte". Este o aquel cercano o leja- 253
no "muere". Desconocidos "mueren" diariamente y a todas horas. "La muerte" comparece como un evento habitual dentro del mundo. Como tal, ella tiene la falta de notoriedad que es característica de lo que comparece cotidianamente[1]. El uno ya tiene también asegurada una interpretación para este evento. El hablar explícito o también frecuentemente reprimido y "fugaz" sobre ella se reduce a decir: uno también se muere por último alguna vez; por lo pronto, sin embargo, uno se mantiene a salvo.

El análisis de este "uno se muere" revela inequívocamente el modo cotidiano de ser del estar vuelto hacia la muerte. La muerte es comprendida en tal decir como algo indeterminado que ha de llegar alguna vez y de alguna parte, pero que por ahora *no está todavía ahí* para uno mismo y que, por lo tanto, no amenaza. El "uno se muere" difunde la convicción de que la muerte, por así decirlo, hiere al uno. La interpretación pública del Dasein dice: "uno se muere", porque así cualquiera, y también uno mismo, puede persuadirse de que cada vez, no soy yo precisamente, ya que este uno no es *nadie*. El "morir" es nivelado a la condición de un incidente que ciertamente hiere al Dasein, pero que no pertenece propiamente a nadie. Si alguna vez la ambigüedad es propia de la habladuría, lo es en este decir sobre la muerte. El morir, que es por esencia insustituiblemente el mío, se convierte en un acontecimiento público que ocurre para el uno. El decir que hemos caracterizado habla de la muerte como de un "caso" que tiene lugar constantemente. La hace pasar por algo ya siempre "real", ocultando su carácter de posibilidad y, a una con él, los correspondientes momentos de la irrespectividad e insuperabilidad. En virtud de semejante equivocidad, el Dasein se expone a perderse en el uno por lo que toca a un especialísimo poder-ser, que forma parte del sí-mismo más propio. El uno justifica y acrecienta la *tentación* de encubrir el más propio estar vuelto hacia la muerte[2].

El encubridor esquivamiento de la muerte domina tan tenazmente la cotidianidad que, con frecuencia en el convivir, las "personas cercanas" se esfuerzan todavía por persuadir al "moribundo" de que se librará de la muerte y de que en breve podrá volver nuevamente a la apacible cotidianidad del mundo de sus ocu-

1 Cf. § 16, p. 99 ss.
2 Cf. § 38, p. 199 ss.

paciones. Este género de "solicitud" piensa incluso "consolar" de esta manera al "moribundo". Quiere reintegrarlo a la existencia [*ins Dasein*] ayudándole a encubrir todavía hasta el final su más propia e irrespectiva posibilidad de ser. El uno procura de esta manera una *permanente tranquilización respecto de la muerte.*
254 Pero ella atañe, en el fondo, no menos al "consolador" que al "moribundo". E incluso en caso de fallecimiento, la publicidad no debe ser perturbada ni inquietada por este evento, en su cuidada despreocupación. Porque no es raro que se vea en el morir de los otros una contrariedad social, y hasta una falta de delicadeza de la que el público debe ser protegido[1].

Ahora bien, junto con procurar esta tranquilización que aparta al Dasein de su muerte, el uno adquiere legitimidad y prestigio mediante la tácita regulación de la manera como *uno* tiene que comportarse en general respecto de la muerte. Ya el "pensar en la muerte" es considerado públicamente como pusilanimidad, inseguridad de la existencia y sombría huida del mundo. *El uno no tolera el coraje para la angustia ante la muerte.* El predominio del estado interpretativo público del uno ya ha decidido también acerca de la disposición afectiva que debe determinar la actitud ante la muerte. En la angustia ante la muerte el Dasein es llevado ante sí mismo como estando entregado a la posibilidad insuperable. El uno procura convertir esta angustia en miedo ante la llegada de un acontecimiento. Hecha ambigua al convertirse en miedo, la angustia se presenta además como una flaqueza que un Dasein seguro de sí mismo no debe experimentar. Lo "debido", según el tácito decreto del uno, es la indiferente tranquilidad ante el "hecho" de que uno se muere. El cultivo de una tal "superior" indiferencia *enajena* al Dasein de su más propio e irrespectivo poder-ser.

Tentación, tranquilización y alienación caracterizan empero el modo de ser de la *caída.* El cotidiano estar vuelto hacia la muerte es, en tanto que cadente, un continuo *huir ante ella.* El estar *vuelto hacia el* fin tiene la modalidad de un esquivar este fin, dándole otro sentido, comprendiéndolo impropiamente y encubriéndolo. Que el Dasein propio de cada cual fácticamente muera ya desde siempre, es decir, que sea en la forma de un estar vuelto hacia su fin, es un *factum* que el Dasein se oculta a sí mismo imprimiéndole a la muerte el carácter de un evento que acaece cotidianamente en los otros, y que en todo caso nos asegura aún más claramente que, por supuesto, "uno mismo", todavía "vive". Pero la cotidianidad del Dasein atestigua con esta huida cadente *ante* la muerte que también el uno mismo está determinado desde siempre *como un estar vuelto hacia la muerte*, incluso aunque no esté pensando expresamente en la muerte. *También en la cotidianidad media,*
255 *el Dasein se mueve constantemente en este poder-ser más propio, irrespectivo e*

[1] En su relato *La muerte de Iván Ilich* L. N. Tolstoi ha presentado el fenómeno de la conmoción y derrumbe de este "uno se muere".

insuperable, aunque solo sea en la modalidad que consiste en procurarse una impasible indiferencia frente a la más extrema posibilidad de su existencia.

Pero la exposición del modo cotidiano de estar vuelto hacia la muerte nos orienta también a intentar asegurarnos del pleno concepto existencial del estar vuelto hacia el fin, mediante una interpretación más acuciosa de la forma cadente del estar vuelto hacia la muerte en cuanto esquivamiento *de ella.* En el "*ante-qué*" *de la huida,* hecho visible en forma fenoménicamente suficiente, debe hacerse posible el proyecto fenomenológico del modo cómo el Dasein esquivante mismo comprende su muerte[1].

§ 52. El cotidiano estar vuelto hacia el fin y el concepto existencial plenario de la muerte

El estar vuelto hacia el fin fue determinado en el bosquejo existencial como el estar vuelto hacia el poder-ser más propio, irrespectivo e insuperable. El estar vuelto existentivo hacia esta posibilidad se coloca ante la absoluta imposibilidad de la existencia. Más allá de esta caracterización aparentemente vacía del estar vuelto hacia la muerte se descubrió su concreción en el modo de la cotidianidad. En conformidad con la tendencia a la caída, que es esencial a dicha cotidianidad, el estar vuelto hacia la muerte mostró ser un esquivamiento encubridor de ella. La marcha de la investigación ha procedido hasta ahora desde el bosquejo formal de la estructura ontológica de la muerte hacia el análisis concreto del modo cotidiano de estar vuelto hacia el fin; ahora, en cambio, siguiendo una dirección opuesta, deberá llegarse al pleno concepto existencial de la muerte mediante una interpretación integral del modo cotidiano de estar vuelto hacia el fin.

La explicación del modo cotidiano de estar vuelto hacia la muerte se atuvo a la habladuría del uno: uno también se muere alguna vez, pero por el momento todavía no. Hasta ahora se ha interpretado únicamente el "uno se muere", en cuanto tal. En el "también alguna vez, pero por el momento todavía no", la cotidianidad admite algo así como una *certeza* de la muerte. Nadie duda de que uno se muere. Solo que este "no dudar" no alberga necesariamente en sí *aquel* estar-cierto que corresponde al modo como la muerte —tomada en el sentido de la posibilidad eminente ya antes caracterizada— viene a estar dentro del Dasein. La cotidianidad se queda en este ambiguo reconocimiento de la "certeza" de la
muerte —para mitigar dicha certeza, encubriendo aún más el morir, y para hacer- 256
se más llevadero el estar arrojado en la muerte.

[1] En relación con esta posibilidad metodológica, véase lo dicho respecto del análisis de la angustia en el § 40, p. 206 s.

El esquivamiento encubridor de la muerte, por su propio sentido, *no* puede estar "cierto" de la muerte *en forma propia*, y, sin embargo, en alguna forma lo *está*. ¿Qué pasa con la "certeza de la muerte"?

Estar-cierto de un ente significa: *tenerlo* por verdadero en tanto que él es verdadero. Ahora bien, verdad significa el estar-al-descubierto del ente. Pero todo estar-al-descubierto se funda ontológicamente en la verdad más originaria, en la aperturidad del Dasein[1]. El Dasein, en cuanto ente abierto-aperiente y descubridor, está esencialmente "en la verdad". *Ahora bien, la certeza se funda en la verdad o pertenece cooriginariamente a ella.* La expresión "certeza" tiene, como el término "verdad", una doble significación. En su sentido originario, verdad se refiere al ser-aperiente del Dasein, esto es, a un comportamiento suyo. En su significación derivada mienta el estar al descubierto del ente. Paralelamente, la certeza se refiere en sentido originario al estar-cierto como modo de ser del Dasein. Pero, en significación derivada, también es llamado "cierto" el ente mismo del cual el Dasein puede estar cierto.

Un modo de la certeza es la *convicción* [*Überzeugung*] (*). En ella el Dasein se deja determinar, en su estar vuelto comprensoramente hacia la cosa, únicamente por el testimonio [*Zeugnis*] de la cosa descubierta misma (de la cosa verdadera). El tener-por-verdadero, en cuanto mantenerse-en-la-verdad, solo es suficiente si se funda en el ente descubierto mismo y si, en su mismo estar vuelto hacia el ente así descubierto, se ha hecho transparente respecto de su adecuación a este. Es lo que falta en la ficción arbitraria o en la mera opinión acerca de un ente.

La suficiencia del tener-por-verdadero se mide por la pretensión de verdad a la cual él pertenece. Esta pretensión de verdad toma su justificación del modo de ser del ente que se trata de abrir y de la dirección del abrir mismo. Con la diversidad de los entes y según la tendencia que guía el abrir y el alcance de este, cambia el tipo de verdad y con ello también la certeza. La presente consideración se limita a un análisis del estar-cierto respecto de la muerte, un estar cierto que es, en última instancia, un modo eminente de *certeza respecto del Dasein.*

El Dasein cotidiano encubre ordinariamente la posibilidad más propia, irrespectiva e insuperable de su ser. Esta fáctica tendencia encubridora confirma la
257 tesis de que, en cuanto fáctico, el Dasein está en la "no-verdad"[2]. Según esto, la certeza inherente a ese encubrimiento del estar vuelto hacia la muerte debe ser una forma inadecuada de tener-por-verdadero y no una incertidumbre en el sentido de la duda. La certeza inadecuada mantiene en el encubrimiento aquello de lo que está cierta. Si "se" entiende la muerte como un evento que tiene lugar en

[1] Cf. § 44, p. 253 ss., especialmente p. 239 ss.

[2] Cf. § 44 b, p. 242.

el mundo circundante, entonces la certeza relativa a él no alcanza al estar vuelto hacia el fin.

Se dice: es cierto que "la" muerte vendrá. *Se* lo dice, pero el uno no advierte que para poder estar cierto de la muerte, el Dasein propio necesita, él mismo, estar cada vez cierto de su poder-ser más propio e irrespectivo. Se dice: la muerte es cierta, y de esta manera se introduce en el Dasein la apariencia de que él *mismo* estaría cierto de su muerte. ¿Y dónde se halla el fundamento del estar-cierto cotidiano? Manifiestamente no en un mero persuadirse unos a otros. Después de todo, uno experimenta a diario el "morir" de los otros. La muerte es un "hecho de experiencia" que no puede negarse.

La manera como el estar vuelto hacia la muerte comprende la certeza así fundada, se delata cuando él intenta "pensar" incluso de una manera críticamente cautelosa —y esto quiere decir adecuada— sobre la muerte. Todos los hombres, por lo que se sabe, "mueren". Para todo hombre, la muerte es en sumo grado probable, pero no "absolutamente" cierta. Estrictamente hablando, a la muerte "solo" se le puede atribuir una certeza *empírica.* Esta queda necesariamente por debajo de la más alta certeza, la certeza apodíctica, que alcanzamos en ciertos dominios del conocimiento teorético.

En esta determinación "óntica" de la certeza de la muerte y de su inminencia se manifiesta, por lo pronto, una vez más, el desconocimiento, característico de la cotidianidad, del modo de ser del Dasein y de su correspondiente estar vuelto hacia la muerte. *Que el dejar de vivir, entendido como un hecho que acontece, "solo" sea empíricamente cierto, no es decisivo en relación con la certeza de la muerte.* Los casos de muerte bien pueden ser la ocasión fáctica para que el Dasein llegue en alguna forma a prestar atención a la muerte. Pero, mientras permanezca en esa certeza empírica de que hemos hablado, el Dasein no podrá en modo alguno llegar a estar cierto de la muerte tal como ella "es". Si bien en lo público del uno el Dasein no "habla", aparentemente, sino de esta certeza "empírica" de la muerte, *sin embargo, no* se atiene *en el fondo* primaria ni exclusivamente a los casos de muerte que acontecen. *Al esquivar su muerte,* el cotidiano estar vuelto hacia el fin también tiene, sin embargo, 258
otra forma de certeza de la muerte que la que él mismo quisiera aceptar en una pura reflexión teorética. La cotidianidad se oculta frecuentemente a sí misma esta "otra" forma y no se atreve a hacerse transparente en este respecto. Con la disposición afectiva cotidiana ya descrita de la superioridad "ansiosamente" procurada y aparentemente libre de angustia, frente al "hecho" cierto de la muerte, la cotidianidad admite una certeza superior a la meramente empírica. Se *sabe* de la muerte cierta, y sin embargo no se "está" propiamente cierto de ella. La cotidianidad cadente del Dasein conoce la certeza de la muerte, y aun así esquiva el *estar* cierto. Pero este esquivamiento atestigua fenoménicamente,

desde aquello mismo que él esquiva, que la muerte debe ser comprendida como la posibilidad más propia, irrespectiva, insuperable y *cierta*.

Se dice: ciertamente la muerte vendrá, pero por el momento todavía no. Con este "pero...", el uno deja en suspenso la certeza de la muerte. El "por el momento todavía no" no es un mero decir negativo, sino una interpretación que el uno hace de sí mismo, con la que se remite a lo que por ahora sigue todavía siendo accesible para el Dasein y objeto de su ocupación. La cotidianidad nos urge a dedicarnos a los quehaceres apremiantes y a cortar las ataduras del cansado y "ocioso pensamiento de la muerte". La muerte queda aplazada para un "después", apelando, por cierto, al así llamado "parecer general". Y de esta manera el uno encubre lo peculiar de la certeza de la muerte: *que es posible en cualquier momento.* Junto a la certeza de la muerte va también la *indeterminación* de su cuándo. El cotidiano estar vuelto hacia la muerte le hurta el cuerpo a esta indeterminación, determinando de alguna manera el cuándo de la muerte. Pero tal determinación no significa en modo alguno pretender calcular el momento del deceso. El Dasein rehuye, más bien, tal determinación. El ocuparse cotidiano determina para sí mismo la indeterminación de la muerte cierta deslizando por delante de ella los apremiantes afanes y las posibilidades inmediatas del diario vivir.

Ahora bien, el encubrimiento de la indeterminación alcanza también a la certeza. De esta manera queda velado lo más propio del carácter de posibilidad de la muerte: ser cierta y a la vez indeterminada, es decir, posible en cualquier momento.

La interpretación cabal del decir cotidiano del uno acerca de la muerte y del modo cómo la muerte está dentro del Dasein nos ha conducido a los caracteres de la certeza e indeterminación. El concepto ontológico-existencial plenario de la muerte puede definirse ahora por medio de las siguientes determinaciones: *la muerte, como fin del Dasein, es la posibilidad más propia, irrespectiva, cierta y como tal indeterminada e insuperable del Dasein.* La *muerte*, como fin del *Da-*
259 *sein*, *es* en el estar vuelto de este *hacia* su fin.

La delimitación de la estructura existencial del estar vuelto hacia el fin se ha realizado con vistas a la elaboración de un modo de ser del Dasein en el que este puede estar *entero en cuanto Dasein.* El hecho de que también el Dasein cotidiano *esté* siempre *vuelto hacia* su fin, es decir, que constante aunque "fugazmente" se confronte con su muerte, muestra que este fin que clausura y determina al estar-entero, no es algo a lo que el Dasein llegue finalmente tan solo al dejar de vivir. En el Dasein, en cuanto está vuelto hacia su muerte, ya se encuentra siempre incorporado el extremo no-todavía de sí mismo al que todos los demás le están antepuestos. Por eso no es correcta la argumentación formal que a partir del no-todavía del Dasein —interpretado, por lo demás, de un modo ontológicamente inadecuado, como resto pendiente— infiere su falta de integridad. *Ni el fenómeno del no-todavía, derivado del anticiparse-a-sí, ni la estructura del cuidado en general, son una instancia contra la posibilidad de un estar-entero del existir; por el contrario, es justamente este anticiparse-a-sí el que hace por primera vez posible semejante estar vuelto hacia el fin.* El problema de la posibilidad del estar-entero del ente que somos cada vez nosotros mismos mantiene su legitimidad si el cuidado, como estructura fundamental del Dasein, "está en conexión" con la muerte en cuanto extrema posibilidad de este ente.

Sin embargo, cabría hacer la pregunta si hemos desarrollado ya suficientemente este problema. El estar vuelto hacia la muerte se funda en el cuidado. En cuanto arrojado estar-en-el-mundo, el Dasein ya está siempre entregado a su muerte. Estando vuelto hacia su muerte, muere fácticamente, y lo hace en todo momento mientras no haya llegado a dejar de vivir. Que el Dasein muera fácticamente quiere decir, al mismo tiempo, que él ya se ha decidido siempre de esta o de aquella manera respecto de su estar vuelto hacia la muerte. El esquivamiento cotidiano y cadente *de* ella es un *impropio estar vuelto hacia* la muerte. La impropiedad tiene por fundamento una posible propiedad[1]. La impropiedad caracteriza un modo de ser en el que el Dasein se puede emplazar, y en el que generalmente se ha emplazado, sin que deba empero emplazarse necesaria y constantemente en él. Porque el Dasein existe, se determina cada vez —por ser como es— desde una posibilidad que él mismo es y comprende.

¿Puede el Dasein *comprender* también *propiamente* su posibilidad más propia, irrespectiva, insuperable, cierta y como tal indeterminada, es decir, puede el
Dasein mantenerse en un modo propio de estar vuelto hacia su fin? Mientras no 260
se haya mostrado y definido ontológicamente este modo propio de estar vuelto hacia la muerte, la interpretación existencial del estar vuelto hacia el fin adolecerá de una esencial insuficiencia.

El estar vuelto de un modo propio hacia la muerte significa una posibilidad existentiva del Dasein. Este poder-ser óntico tiene que ser, a su vez, ontológicamente posible. ¿Cuáles son las condiciones existenciales de esta posibilidad? ¿Cómo puede ella misma llegar a ser accesible?

§ 53. Proyecto existencial de un modo propio de estar vuelto hacia la muerte

Fácticamente el Dasein se mantiene, en forma inmediata y regular, en un modo impropio de estar vuelto hacia la muerte. ¿Cómo puede ser "objetivamente" caracterizada la posibilidad ontológica de un *modo propio* de estar vuelto hacia la

[1] Sobre la impropiedad del Dasein se trató en el § 9, p. 67 ss., § 27, p. 153 y especialmente § 38, p. 197 ss.

muerte, si en definitiva el Dasein nunca se comporta de un modo propio respecto a su fin, y si este ser propio debe permanecer, por su sentido mismo, oculto a los otros? ¿No es acaso una empresa fantástica el proyecto de la posibilidad existencial de un poder-ser existentivo tan problemático? ¿Qué se requiere para que un proyecto semejante sea algo más que una mera construcción ficticia y arbitraria? ¿Ofrece el Dasein mismo indicaciones para este proyecto? ¿Se pueden tomar del Dasein mismo los fundamentos de su legitimidad fenoménica? Para la tarea ontológica que ahora se nos plantea ¿será posible tomar del análisis ontológico hecho hasta aquí líneas directivas que encaucen su propósito por una vía segura?

El concepto existencial de la muerte ya ha sido fijado y consiguientemente también aquello con lo que debe poder habérselas un modo propio de estar vuelto hacia el fin. También se caracterizó la forma impropia del estar vuelto hacia la muerte, y de este modo quedó negativamente bosquejada la manera como el estar vuelto hacia la muerte en forma propia *no* puede ser. Con estas indicaciones positivas y negativas será posible proyectar la estructura existencial de un modo propio de estar vuelto hacia la muerte.

El Dasein está constituido por la aperturidad, esto es, por un comprender afectivamente dispuesto. El estar vuelto *propiamente* hacia la muerte no puede esquivar la posibilidad más propia e irrespectiva, *encubriéndola* en esta huida y *reinterpretándola* en función de la comprensión común del uno. El proyecto existencial de un modo propio de estar vuelto hacia la muerte deberá destacar, por consiguiente, aquellos momentos de semejante estar que lo constituyen como un comprender de la muerte, en el sentido de un estar vuelto no rehuyente ni encubridor hacia la posibilidad ya caracterizada.

261 En primer lugar, es necesario caracterizar el estar vuelto hacia la muerte como un *estar vuelto hacia una posibilidad,* a saber, hacia una posibilidad eminente del Dasein mismo. Estar vuelto hacia una posibilidad, es decir, hacia un posible, puede significar afanarse por algo posible, en tanto que ocuparse de su realización. En el ámbito de lo a la mano y de lo que está-ahí constantemente comparecen tales posibilidades: lo alcanzable, lo dominable, lo viable, etc. El ocupado afanarse por algo posible tiende a *acabar con* la *posibilidad* de lo posible, poniéndolo a nuestra disposición. Pero la realización de útiles a la mano en el ocuparse (produciéndolos, preparándolos, modificándolos, etc.), es siempre tan solo relativa, en tanto que también lo realizado sigue teniendo todavía, y justamente ahora, el carácter de ser de la condición respectiva. Aunque realizado, sigue siendo en cuanto real algo posible para..., caracterizado por un para-algo. El presente análisis deberá aclarar tan solo el modo cómo el afanarse ocupado se comporta en relación a lo posible: no en una consideración temático-teorética de lo posible en cuanto posible, ni menos aun de su posibilidad como tal, sino de tal manera que *aparta circuns*pectivamente la vista de lo posible, fijándola en el para-qué-es-posible.

El estar vuelto hacia la muerte del que ahora nos hacemos cuestión no puede evidentemente tener el carácter de un ocupado afanarse por realizarla. En primer lugar, la muerte en cuanto posible no es un posible ente a la mano o que esté-ahí, sino una posibilidad de ser del *Dasein*. Pero, por otra parte, ocuparse en realizar este posible equivaldría a provocar el deceso. Pero con esto el Dasein se sustraería precisamente el suelo necesario para un estar existentemente vuelto hacia la muerte.

Por consiguiente, si el estar vuelto hacia la muerte no implica una "realización" de ella, esa expresión tampoco podrá significar: permanecer junto al fin, en su posibilidad. Tal actitud se daña en el "pensar en la muerte". Semejante comportamiento consistiría en pensar la posibilidad calculando el cuándo y el cómo de su realización. Es verdad que esta cavilación acerca de la muerte no la despoja completamente de su carácter de posibilidad, ya que la muerte sigue siendo objeto de reflexión en tanto que venidera; sin embargo, ese carácter queda debilitado por la voluntad de disponer calculadoramente de la muerte. En cuanto posible, ella debe mostrar lo menos posible de su posibilidad. Por el contrario, en el estar vuelto hacia la muerte —supuesto que este deba abrir comprensoramente la posibilidad ya caracterizada y abrirla como *tal*— esta debe ser comprendida en toda su fuerza *como posibilidad, interpretada como posibilidad* y, en el comportamiento hacia ella, *sobrellevada como posibilidad.*

Pero el Dasein puede relacionarse con algo posible en su posibilidad también
en el *esperar*. Para un tender hacia lo posible, esto posible puede comparecer, sin 262
impedimento ni menoscabo en su modalidad de quizás sí o quizás no, o quizás en definitiva sí. Pero, en este fenómeno de la espera, ¿no encontrará el análisis el mismo modo de ser respecto de lo posible que ya fue caracterizado a propósito del ocupado afanarse por algo? Todo esperar comprende y "tiene" lo que para él es posible, en cuanto atiende a la circunstancia de si acaso, o cuándo y cómo lo posible habrá de llegar a estar realmente ahí. La espera no solo es ocasionalmente un apartar la vista de lo posible y fijarla en su posible realización, sino que es esencialmente un *esperar esta*. También en la espera hay un salto fuera de lo posible y un apoyarse en lo real que se espera cuando se espera algo. Partiendo de lo real y tendiendo hacia lo real, lo posible es arrastrado por la espera hacia dentro de lo real.

En cambio, el estar vuelto hacia la posibilidad en la forma del estar vuelto hacia la muerte debe comportarse respecto de *esta* de un modo tal que ella se revele *como posibilidad* en y para ese estar. Semejante estar vuelto hacia la posibilidad lo llamaremos *adelantarse hasta la posibilidad* [*Vorlaufen in die Möglichkeit*] (*). ¿Pero no implica este comportamiento una aproximación a lo posible y con la proximidad de lo posible no surge acaso su realización? Sin embargo, este acercamiento no tiende a hacer disponible algo real ocupándose de ello, sino que en el acercarse comprensor la posibilidad de lo posible no hace más que acrecentarse. *La máxima proximidad del estar vuelto hacia la muerte en cuanto posibilidad es la máxima lejanía respecto de lo real.* Cuanto más desveladamente se comprenda esta posibilidad, tanto más libremente penetrará el comprender en la posibilidad *en cuanto posibilidad de la imposibilidad de la existencia en general.* La muerte, como posibilidad, no le presenta al Dasein ninguna "cosa por realizar", ni nada que él mismo pudiera *ser* en cuanto real. La muerte es la posibilidad de la imposibilidad de todo comportamiento hacia..., de todo existir. En el adelantarse hacia esta posibilidad, ella se hace "cada vez mayor", es decir, se revela tal que no admite en absoluto ninguna medida, ningún "más" o "menos", sino que significa la posibilidad de la inconmensurable imposibilidad de la existencia. Por su misma esencia, esta posibilidad no ofrece ningún asidero para una espera impaciente de algo, para "imaginarse en vivos colores" lo real posible, y olvidar de esta manera su posibilidad. El estar vuelto hacia la muerte, en cuanto adelantarse hasta la posibilidad, *hace* por primera vez *posible* esta posibilidad y la deja libre en cuanto tal.

Estar vuelto hacia la muerte es adelantarse hasta un poder-ser *del* ente cuyo modo de ser es el adelantarse mismo. En el adelantarse desvelador de este poder-ser, el Dasein se abre para sí mismo respecto de su extrema posibilidad. Ahora bien, proyectarse hacia el más propio poder-ser quiere decir: poder comprenderse
263 a sí mismo en el ser del ente así desvelado, existir. El adelantarse se revela como posibilidad de comprender el extremo poder-ser *más propio,* es decir, como posibilidad de *existencia propia.* La constitución ontológica de esta posibilidad debe hacerse visible por medio de la elaboración de la estructura concreta del adelantarse hasta la muerte. ¿Cómo se lleva a cabo la delimitación fenoménica de esta estructura? Manifiestamente, determinando los caracteres que debe tener el abrir anticipante para que pueda llegar a ser una comprensión pura de la posibilidad más propia, irrespectiva, insuperable, cierta y como tal indeterminada. Es necesario tener presente que comprender no significa primariamente quedarse tan solo mirando un sentido, sino comprenderse a sí mismo en el poder-ser que se desvela en el proyecto[1].

La muerte es la posibilidad *más propia* del Dasein. El estar vuelto hacia esta posibilidad le abre al Dasein su *más propio* poder-ser, en el que su ser está puesto radicalmente en juego. Allí puede manifestársele al Dasein que en esta eminente posibilidad de sí mismo queda arrebatado al uno, es decir, que, adelantándose, puede siempre escaparse de él. Ahora bien, solo la comprensión de este "poder" revela la pérdida en la cotidianidad del uno-mismo que tiene lugar fácticamente.

[1] Cf. § 31, p. 166 ss.

La posibilidad más propia es *irrespectiva*. El adelantarse hace comprender al Dasein que debe hacerse cargo exclusivamente por sí mismo del poder-ser en el que está radicalmente en juego su ser más propio. La muerte no "pertenece" tan solo indiferentemente al propio Dasein, sino que ella *reivindica* a este en *su singularidad*. La irrespectividad de la muerte, comprendida en el adelantarse, singulariza al Dasein aislándolo en sí mismo (*). Este aislamiento es un modo como el "Ahí" se abre para la existencia. El aislamiento pone de manifiesto el fracaso de todo estar en medio de lo que nos ocupa y de todo coestar con otros cuando se trata del poder-ser más propio. El Dasein no puede ser *él mismo de un modo propio* sino cuando, por sí mismo, se posibilita para ello. Sin embargo, el fracaso de la ocupación y de la solicitud no significa de ningún modo una desvinculación de estas maneras de ser del Dasein respecto del ser-sí-mismo propio. Como estructuras esenciales de la constitución del Dasein, ellas forman parte de la condición de posibilidad de la existencia como tal. El Dasein es él mismo de una manera propia solo en la medida en que *en cuanto* ocupado estar en medio de... y solícito estar con..., se proyecta primariamente hacia su más propio poder-ser y no hacia la posibilidad del uno-mismo. El adelantarse hasta la
posibilidad irrespectiva fuerza al ente que se adelanta a entrar en la posibilidad de 264
hacerse cargo de su ser más propio desde sí mismo y por sí mismo.

La posibilidad más propia e irrespectiva es *insuperable*. El estar vuelto hacia ella hace comprender al Dasein que ante sí y como extrema posibilidad de la existencia se halla la de renunciar a sí mismo. Sin embargo, el adelantarse no esquiva la insuperabilidad, como lo hace el impropio estar vuelto hacia la muerte, sino que se pone en *libertad para* ella. El adelantarse haciéndose libre *para* la propia muerte libera del estar perdido entre las fortuitas posibilidades que se precipitan sobre nosotros, y nos hace comprender y elegir por primera vez en forma propia las posibilidades fácticas que están antepuestas a la posibilidad insuperable. El adelantarse le abre a la existencia, como posibilidad extrema, la de renunciar a sí misma quebrantando así toda obstinación respecto a la existencia ya alcanzada. Adelantándose, el Dasein se libra de quedar rezagado tras de sí mismo y del poder-ser ya comprendido, y de hacerse así "demasiado viejo para su victoria" (Nietzsche). Libre para las posibilidades más propias, determinadas desde el *fin*, es decir, comprendidas como *finitas*, el Dasein conjura el peligro de desconocer, en virtud de su comprensión finita de la existencia, las posibilidades de existencia de los otros que lo superan, o bien de forzarlas, malinterpretándolas, a entrar en la existencia propia —renunciando así a su más propia existencia fáctica. En tanto que posibilidad irrespectiva, la muerte aísla, pero solo para hacer, en su condición de insuperable, que el Dasein pueda comprender, como coestar, el poder-ser de los otros. Puesto que el adelantarse hasta la posibilidad insuperable abre también todas las posibilidades que le están antepuestas, en él se encuentra la posibilidad de una anticipación existentiva del Dasein *entero*, es decir, la posibilidad de existir como *poder-estar-entero.*

La posibilidad más propia, irrespectiva e insuperable es *cierta*. La manera de *estar* cierto de ella se determina en función de la verdad (aperturidad) que le es propia. Pero el Dasein abre como posibilidad la posibilidad cierta de la muerte solo en tanto que, adelantándose hacia ella, la *hace posible* para sí como el poder-ser más propio. La aperturidad de la posibilidad se funda en la posibilitación que se adelanta. El mantenerse en esta verdad, es decir, el estar cierto de lo abierto, requiere precisamente el adelantarse. La certeza de la muerte no puede calcularse mediante la estadística de los casos de muerte registrables. Ella no se mueve de ninguna manera en el ámbito de una verdad relativa al ente que está-ahí, el cual comparece en su forma más pura cuando queda al descubierto para un dejar-comparecer puramente contemplativo del ente en sí mismo. Para que el Dasein pueda alcanzar la "objetividad" pura [*Sachlichkeit*], es decir, la indiferencia de la evidencia apodíctica, es necesario que previamente se haya
265 perdido en las cosas [*Sachverhalte*] y esto puede constituir una tarea particular y una posibilidad del cuidado. Si el estar cierto de la muerte no tiene este carácter, ello no significa que sea de un grado inferior a aquella evidencia apodíctica, sino que quiere decir que *no pertenece en absoluto al orden jerárquico de las evidencias acerca de lo que está-ahí.*

El tener-por-verdadera la muerte —muerte que es siempre la mía propia—. muestra una forma distinta y más originaria de certeza que la relativa a un ente que comparece dentro del mundo o a objetos formales; en efecto, aquella certeza de la muerte está cierta del estar-en-el-mundo. Como tal, no reivindica tan solo *un* determinado comportamiento del Dasein, sino que atañe a este en la plena propiedad de su existencia[1]. Tan solo en el adelantarse puede el Dasein asegurarse de su ser más propio en su integridad insuperable. De ahí que la evidencia del darse inmediato de las vivencias, del yo y de la conciencia deba quedar necesariamente a la zaga de la certeza que va incluida en el adelantarse. Y no en razón de que la correspondiente forma de aprehensión no fuese rigurosa, sino porque, en principio, aquella evidencia no puede tener *por verdadero* (abierto) aquello que en el fondo quiere "tener-ahí como verdadero: el Dasein que *soy* yo mismo y que como poder-ser solo puede ser en forma propia adelantándose.

La posibilidad más propia, irrespectiva, insuperable y cierta es *indeterminada* en su certeza. ¿Cómo abre el adelantarse este carácter de la eminente posibilidad del Dasein? ¿Cómo se proyecta el adelantarse comprensor hacia un poder-ser cierto que, siendo constantemente posible, lo es de tal manera que el "cuándo" en el que se hace posible la absoluta imposibilidad de la existencia queda constan-

[1] Cf. § 62, p. 324 ss.

temente indeterminado? En el adelantarse hacia la muerte indeterminadamente cierta, el Dasein se abre a una constante *amenaza* que brota desde su mismo "Ahí". El estar vuelto hacia el fin tiene que mantenerse en esta amenaza, y hasta tal punto no puede atenuarla que este hecho debe, más bien, configurar la indeterminación de la certeza. ¿Cómo es existencialmente posible la auténtica apertura de esta amenaza constante? Todo comprender está afectivamente dispuesto. El temple afectivo pone al Dasein ante su condición de arrojado, es decir, ante el "*factum*-de-que-existe" [*dass-es-da-ist*][1]. *Ahora bien, la disposición afectiva capaz de mantener abierta la constante y radical amenaza de sí mismo que va brotando del ser más propio y singular del Dasein es la angustia*[2]. Estando en ella, el 266
Dasein se encuentra *ante* la nada de la posible imposibilidad de su existencia. La angustia se angustia *por* el poder-ser del ente así determinado, abriendo de esta manera la posibilidad extrema. Como el adelantarse aísla radicalmente al Dasein, haciéndolo estar cierto, en este aislamiento, de la integridad de su poder-ser, a este comprenderse del Dasein desde su fundamento le pertenece la disposición afectiva fundamental de la angustia. El estar vuelto hacia la muerte es esencialmente angustia[a]. De ello da testimonio infalible, aunque "solo" indirecto, el estar vuelto hacia la muerte ya caracterizado, cuando, trocando la angustia en miedo cobarde, anuncia, con la superación de este, la cobardía ante la angustia.

Las características del proyecto existencial del modo propio de estar vuelto hacia la muerte pueden resumirse de la siguiente manera: *el adelantarse le revela al Dasein su pérdida en el "uno mismo" y lo conduce ante la posibilidad de ser sí mismo sin el apoyo primario de la solicitud ocupada, y de serlo en una libertad apasionada, libre de las ilusiones del uno, libertad fáctica, cierta de sí misma y acosada por la angustia: la libertad para la muerte.*

Todos los respectos inherentes al estar vuelto hacia la muerte y que apuntan al contenido pleno de la extrema posibilidad del Dasein ya caracterizada convergen en un punto: revelar, desarrollar y fijar el adelantarse por ellos constituido como posibilitación de esa posibilidad. La delimitación existencialmente proyectante del adelantarse ha hecho visible la posibilidad *ontológica* de un modo propio de estar existentivamente vuelto hacia la muerte. Con ello surge entonces la posibilidad de un modo propio del poder-estar-entero del Dasein —*pero, tan solo como una posibilidad ontológica.* Es verdad que este proyecto existencial del adelantarse se ha ceñido a las estructuras del Dasein ya alcanzadas, haciendo que en cierto modo el Dasein mismo se proyecte hacia esa posibilidad, sin pro-

[1] Cf. § 29, p. 158 ss.
[2] Cf. § 40, p. 206 s.
[a] pero no solo *angustia, y* de ninguna manera angustia como mera emoción.

ponerle un ideal "concreto" de existencia, ni imponérselo "desde fuera". Pero este estar vuelto hacia la muerte existencialmente "posible", sigue siendo, pese a ello, desde el punto de vista existentivo, una exigencia fantástica. La posibilidad ontológica de un modo propio del poder-estar-entero del Dasein no significa nada mientras no se haya hecho ver desde el Dasein mismo el correspondiente poder-ser óntico. ¿Se proyecta alguna vez el Dasein fácticamente en semejante estar vuelto hacia la muerte? ¿*Exige* siquiera, desde el fondo de su ser más propio, un modo propio de poder-ser que esté determinado por el adelantarse?

267 Antes de responder a estas preguntas hay que indagar hasta qué punto y de qué manera el Dasein *atestigua*, desde su más propio poder-ser, la posibilidad de un *modo propio* de existencia, de tal suerte que no solo la manifieste como *existentivamente* posible, sino que la *exija* desde sí mismo.

La cuestión que se cierne sobre nosotros acerca del modo propio de estar-entero del Dasein y de su constitución existencial solo será llevada a un terreno fenoménico capaz de resistir cualquier prueba, si ella puede apoyarse en un modo propio de ser del Dasein atestiguado por el Dasein mismo. Si este testimonio y lo que en él se atestigua llegaren a ser fenomenológicamente descubiertos, entonces surgirá nuevamente el problema de *si acaso el adelantarse hacia la muerte, que hasta ahora solo se ha proyectado en su posibilidad ontológica, está en una relación esencial con el poder-ser propio atestiguado.*

CAPÍTULO SEGUNDO

La atestiguación por parte del Dasein de un poder-ser propio y la resolución

§ 54. El problema de la atestiguación de una posibilidad existentiva propia

Se busca en el Dasein un poder-ser propio que sea atestiguado en su posibilidad existentiva por el Dasein mismo. Por lo pronto, este testimonio debe ser tal, que pueda ser encontrado[a]. Si el testimonio debe hacer que el Dasein se comprenda a sí mismo en su posible existencia propia, entonces deberá tener sus raíces en el ser del Dasein. La exhibición fenomenológica de semejante testimonio implica, pues, mostrar que su origen se encuentra en la constitución de ser del Dasein.

La atestiguación debe hacer comprender un modo propio de *poder-ser-sí-mismo*. Con la expresión "sí-mismo" [*Selbst*] hemos respondido a la pregunta por el *quién* del Dasein[1]. La mismidad [*Selbstheit*] del Dasein fue determinada formalmente como una *manera de existir*, es decir, no como un ente que está-ahí. Ordinariamente no soy *yo mismo*, sino el uno-mismo, el quién del Dasein. El ser-sí-mismo propio se determina como una modificación existentiva del uno, modificación que es necesario delimitar existencialmente[2]. ¿En qué consiste esta modificación y cuáles son las condiciones ontológicas de su posibilidad?

Con la pérdida en el uno ya se ha decidido siempre el inmediato poder-ser 268
fáctico del Dasein: sus tareas, sus reglas, sus patrones de medida, la urgencia y el alcance de su ocupado y solícito estar-en-el-mundo. El uno ya ha sustraído siempre al Dasein la toma entre manos de estas posibilidades de ser. Más aún, el uno esconde el relevo, tácitamente por el realizado, de la *elección* explícita de estas posibilidades. Queda indeterminado quién es el que "propiamente" elige. Este

[1] Cf. § 25, p. 140 ss.

[2] Cf. § 27, p. 150 ss., especialmente p. 154.

[a] 1) lo atestiguante en cuanto tal, 2) lo atestiguado en él.

ser arrastrado sin elección por el Nadie, mediante el cual el Dasein se enreda en la impropiedad, solo puede revertirse si el Dasein se recupera explícitamente de la pérdida en el uno, retornando a sí mismo. Este traerse de vuelta deberá tener empero *aquel* modo de ser *cuya omisión* había hecho que el Dasein se perdiera en la impropiedad. El traerse de vuelta desde el uno, es decir, la modificación existentiva del uno-mismo que lo convierte en un ser-sí-mismo *propio*, deberá llevarse a cabo como una *reparacion de la falta de elección*. Pero reparar la falta de elección significa *hacer esa elección*, decidirse por un poder-ser desde el propio sí-mismo. Al hacer la elección, el Dasein se *posibilita* a sí mismo por primera vez su poder-ser propio[a].

Pero, como está *perdido* en el uno, primero debe *encontrarse*. Y para poder de algún modo encontrar*se*, debe ser "mostrado" a sí mismo en su posible propiedad. El Dasein necesita del testimonio de un poder-ser-sí-mismo, que él ya es siempre como *posibilidad*.

En la interpretación siguiente tomaremos como un testimonio que responde a estas exigencias lo que la autointerpretación cotidiana del Dasein conoce como la *voz de la conciencia*[1]. Que el "hecho" de la conciencia sea cuestionado, que su función como instancia para la existencia del Dasein sea apreciada en formas diferentes, y que "lo que ella dice" sea interpretado de diferentes maneras, solo debiera conducirnos al abandono de este fenómeno, si la "dubitabilidad" de este *factum* o de su interpretación, no *probara* precisamente que aquí estamos frente a un fenómeno *originario* del Dasein. El siguiente análisis pone a la conciencia en el haber previo temático de una investigación[b] puramente existencial que apunta hacia una ontología fundamental.

En primer lugar la conciencia deberá ser rastreada hasta sus fundamentos y
269 estructuras existenciales, y aclarada *como* fenómeno del Dasein, atendiendo a la constitución de ser de este ente hasta aquí alcanzada. El análisis ontológico de la conciencia así comprendido es previo a una descripción psicológica de las vivencias de la conciencia moral y a una clasificación de las mismas; y es ajeno a una "explicación" biológica o, lo que es igual, a una disolución del fenómeno. Pero no menor es su distancia de una interpretación teológica de la conciencia o, más aún, de una utilización de este fenómeno para la demostración de la existencia de Dios o como una "inmediata" conciencia de Dios.

Sin embargo, aun dentro de estos límites de la investigación de la conciencia, sus resultados no deberán sobrestimarse, ni tampoco minimizarse en función de

[1] Las consideraciones que anteceden y las que siguen fueron dadas a conocer en forma de tesis con ocasión de una conferencia pública sobre el concepto de tiempo leída en Marburg (Julio de 1924).

[a] Acontecer del ser - filosofía, libertad.

[b] Esto ahora más radicalmente desde la esencia del filosofar.

falsas expectativas. La conciencia, en cuanto fenómeno del Dasein, no es un hecho que ocasionalmente ocurra y que de vez en cuando se haga presente, sino que solo "*es*" en el modo de ser del Dasein, y siempre se acusa como *factum* tan solo en y con la existencia fáctica. La exigencia de una "prueba empírica inductiva" de la "efectividad" del hecho de la conciencia y de la autoridad de su "voz", reposa en una tergiversación ontológica del fenómeno. Pero esta tergiversación la comparte también toda crítica presuntamente superior que considere la conciencia como un "hecho" que ocurriría solo a veces, y que no sería "constatado ni constatable universalmente". El *factum* de la conciencia no se deja en absoluto someter a semejantes pruebas y contrapruebas. Esto no es una deficiencia, sino solo el signo en que se acusa su heterogeneidad ontológica frente a todo lo que está-ahí en el mundo circundante.

La conciencia da a entender "algo", la conciencia *abre*. De esta caracterización formal surge la indicación de remitir este fenómeno a la *aperturidad* del Dasein. Esta estructura fundamental del ente que somos nosotros mismos está constituida por la disposición afectiva, el comprender, la caída y el discurso. El análisis más a fondo de la conciencia la revelará como una *llamada* [*Ruf*]. El llamar es un modo del *discurso*. La llamada de la conciencia tiene el carácter de una *apelación* [*Anruf*] al Dasein a hacerse cargo de su más propio poder-ser-sí-mismo, y esto en el modo de una *intimación* [*Aufruf*] a despertar a su más propio ser-culpable [*Schuldigsein*] (*).

Esta interpretación existencial está necesariamente lejos de la comprensión común óntica y cotidiana, aun cuando ponga de manifiesto los fundamentos ontológicos de aquello que, dentro de ciertos límites, siempre ha sido comprendido por la interpretación vulgar de la conciencia, y que esta ha conceptualizado como una "teoría" de la conciencia. De ahí que la interpretación existencial necesite comprobarse mediante una óntica de la interpretación vulgar de la conciencia. Una vez aclarado el fenómeno, podrá establecerse hasta qué punto este da testimonio de un poder-ser propio del Dasein. A la llamada de la conciencia corresponde la posibilidad de escuchar. La comprensión de la llamada se revela 270
como un *querer-tener-conciencia*. Pero en este fenómeno tenemos algo que antes buscábamos: el acto existentivo de hacer la elección de un ser-sí-mismo, acto que nosotros llamaremos, de acuerdo con su estructura existencial, la *resolución*. Con esto queda trazada la articulación de los análisis del presente capítulo: los fundamentos ontológico-existenciales de la conciencia (§ 55); el carácter vocativo de la conciencia (§ 56); la conciencia como llamada del cuidado (§ 57); comprensión de la llamada y culpa (§ 58); la interpretación existencial de la conciencia y la interpretación vulgar de la conciencia (§ 59); la estructura existencial del poder-ser propio atestiguado en la conciencia (§ 60).

§ 55. Los fundamentos ontológico-existenciales[a] de la conciencia

El análisis[b] de la conciencia arranca de una constatación indiferente en relación con este fenómeno: que la conciencia de alguna manera nos da a entender algo. La conciencia abre. Pertenece, por consiguiente, al ámbito de los fenómenos existenciales que constituyen el *ser del Ahí* en cuanto aperturidad[1], cuyas estructuras más generales, la disposición afectiva, el comprender, el discurso y la caída, ya fueron analizadas. Si ponemos la conciencia en este contexto fenoménico, no es porque queramos aplicar esquemáticamente las estructuras alcanzadas a un "caso" especial de apertura del Dasein. Por el contrario, la interpretación de la conciencia no solamente ampliará el análisis de la aperturidad del Ahí que hemos realizado, sino que lo aprehenderá más originariamente con miras al modo propio del ser del Dasein.

En virtud de la aperturidad, el ente que llamamos Dasein tiene la posibilidad de ser su Ahí. Con su mundo, él está presente para sí mismo y lo está inmediata y regularmente en la forma de haber abierto su poder-ser a partir del "mundo" del que se ocupa. El poder-ser que es el existir del Dasein ya se ha entregado siempre a determinadas posibilidades. Y esto porque el Dasein es un ente arrojado, y su condición de arrojado se abre, con mayor o menor claridad y profundidad, por medio del temple anímico. A la disposición afectiva (estado de ánimo) le pertenece cooriginariamente el comprender. Por medio del comprender el Dasein "sabe"[c] lo que pasa con él mismo, y lo sabe en la medida en que se ha proyectado hacia posibilidades de sí mismo, o bien —sumiéndose en el uno— se las ha dejado presentar por el estado interpretativo público. Ahora bien, lo que hace existencialmente posible esta presentación es que el Dasein, en cuanto coestar comprensor, puede *escuchar*[d] a los otros. Perdido en lo público del uno y en su habladuría, el Dasein, al escuchar al uno-mismo, *desoye*
271 su propio sí-mismo. Si el Dasein ha de poder ser rescatado de esta pérdida del desoírse a sí mismo, y si lo ha de poder por sí mismo, entonces primero deberá poder encontrarse: encontrar al sí mismo que ha sido desoído precisamente en

[1] Cf. § § 28 ss., p. 155 ss.

[a] Horizonte.

[b] Aquí se mezclan necesariamente varias cosas: 1. el llamar de aquello que denominamos conciencia 2. el ser interpelado 3. la experiencia de este ser interpelado 4. la interpretación habitual dada por la tradición y 5. el modo de encararla.

[c] Cree saberlo.

[d] ¿De dónde viene este oír y poder-oír? El oír sensible por el oído, como una manera arrojada de re-cibir [*Hin-nehmen*].

la *escucha* del uno. Esta escucha del uno ha de ser quebrantada, esto es, ha de recibir del Dasein mismo la posibilidad de un escuchar que la interrumpa. Para que este quebrantamiento sea posible se requiere una interpelación de carácter inmediato. Esta llamada quebrantará la escucha del uno en la que el Dasein se desoye a sí mismo si logra despertar, en virtud de su propio llamar, una escucha de características enteramente contrarias a las del escuchar perdido en el uno. Si este se aturde en el "bullicio" y la equivocidad de la siempre "nueva" habladuría cotidiana, la llamada ha de llamar silenciosa e inequívocamente, sin dar lugar a la curiosidad. *Aquello que da a entender llamando de esta manera es la conciencia.*

En el llamar de la conciencia vemos nosotros un modo del discurso. El discurso articula la comprensibilidad. La determinación de la conciencia como llamada no es de ninguna manera tan solo una "imagen", como lo es, por ejemplo, la imagen kantiana del tribunal de la conciencia. Por lo demás, no debemos pasar por alto que ni el discurso, ni por ende la llamada, implican esencialmente locución verbal. Todo expresarse y "proclamar" presupone el discurso[1]. Cuando la interpretación cotidiana habla de una "voz" de la conciencia, no se refiere, obviamente, a una locución verbal, que de hecho no se da[a] sino que la "voz" es comprendida como un dar-a-entender algo. En esa tendencia a abrir que tiene la llamada hay un momento de choque, de repentina sacudida[b] Se llama desde la lejanía hacia la lejanía. La llamada alcanzará al que quiera ser traído de vuelta[c].

Pero con está caracterización de la conciencia solo se ha esbozado el horizonte fenoménico para el análisis de su estructura existencial. No se compara el fenómeno con una llamada, sino que se lo comprende como discurso desde la aperturidad constitutiva del Dasein. Esta consideración impide desde el comienzo entrar por el camino que inmediatamente se nos ofrece para una interpretación de la conciencia: referirla a una de las facultades del alma —entendimiento, voluntad o sentimiento— o explicarla como producto de una combinación de todas ellas. Ante un fenómeno como el de la conciencia[d] salta a la vista la insuficiencia 272

[1] Cf. § 34, p. 183 ss.

[a] que no 'oímos' sensiblemente.

[b] pero también el momento de la continuidad.

[c] el que se ha alejado de su propio sí-mismo.

[d] vale decir, de su origen en el ser-sí-mismo; pero esto, ¿no es hasta aquí, tan solo una afirmación?

ontológica y antropológica de una clasificación de las facultades del alma o de los actos personales que se cierne en el vacío[1].

§ 56. El carácter vocativo de la conciencia

Al discurso le pertenece aquello sobre lo que se discurre. El discurso nos ofrece información acerca de algo, y lo hace en un determinado respecto. De aquello a lo que el discurso se refiere de esta manera, él extrae lo que dice, cada vez, en cuanto es este particular discurso, lo dicho en cuanto tal. El discurso en cuanto comunicación hace accesible lo dicho a los otros, y ordinariamente por la vía de la locución verbal.

¿Acerca de qué habla la llamada de la conciencia, es decir, quién es el interpelado por ella? Manifiestamente, el Dasein mismo. Esta respuesta es tan indiscutible como indeterminada. Si la llamada tuviese un objetivo tan vago, no pasaría de ser para el Dasein, a lo sumo, una motivación para fijar la atención sobre sí. Pero al Dasein le pertenece esencialmente que, con la aperturidad de su mundo, él quede abierto para sí mismo, de tal suerte que el Dasein se *comprende* desde siempre. La llamada alcanza al Dasein en esta comprensión cotidiana y media de sí mismo que él ya tiene siempre al ocuparse [de las cosas del mundo]. El uno-mismo del ocupado coestar con otros es alcanzado por la llamada.

273 ¿Y hacia dónde es llamado? Hacia el *sí-mismo propio.* No hacia aquello que el Dasein en el convivir público representa, puede, procura; ni siquiera hacia lo que él ha tomado entre manos, con lo que se ha comprometido o por lo que se ha dejado llevar. El Dasein, tal como, mundanamente comprendido, es para los

[1] Además de las interpretaciones de la conciencia de Kant, Hegel, Schopenhauer y Nietzsche, tómense en consideración: M. Kahler, *Das Gewissen, erster geschichtlicher Teil,* 1878, y el artículo del mismo autor en la *Realenzyklopädie f. prot. Theologie und Kirche.* Además: A. Ritschl, *Über das Gewissen,* 1876, vuelto a imprimir en los *Gesammelte Aufsätze. Neue Folge,* 1896 p. 177 ss.Y finalmente, la monografía, recién aparecida, de H. G. Stoker, *Das Gewissen* (*Schriften zur Philosophie und Soziologie,* herausg. von Max Scheler. Tomo 11), 1925. Esta amplia investigación saca a luz una rica variedad de fenómenos de conciencia, caracteriza críticamente los diferentes modos posibles de tratar el fenómeno, y ofrece una amplia bibliografía que, sin embargo, es incompleta en lo que respecta a la historia del concepto de conciencia. Pese a ciertas coincidencias, la monografía de Stoker se distingue de la interpretación existencial hecha más arriba ya desde el punto de partida y, por ende, también en los resultados. Stoker subestima de antemano las condiciones hermenéuticas de una "descripción" de la "conciencia objetiva y realmente dada", p. 3. A ello se une lo borroso de los límites entre fenomenología y teología, con desmedro para ambas. En lo que respecta al fundamento antropológico de esta investigación, que hace suyo el personalismo de Scheler, cf. el presente tratado § 10, p. 72 ss. Pese a ello, la monografía de Stoker significa un progreso digno de notar frente a las interpretaciones de la conciencia hechas hasta ahora, pero más por la amplitud del tratamiento de los fenómenos de la conciencia y de sus ramificaciones que por haber mostrado las raíces ontológicas del fenómeno.

otros y para sí mismo, *es dejado de lado* en esta llamada. La llamada al sí-mismo no se entera en absoluto de todo aquello. Como solo el *"mismo"* del uno-mismo es interpelado e inducido a oír, el *uno* se viene abajo. Que la llamada *no tome en consideración* al uno ni al estado interpretativo público del Dasein no significa que ella no lo *alcance*. Precisamente *al no tomarlo en consideración,* reduce al uno, ávido de consideración pública, a cosa sin importancia. Pero, el "mismo", privado de este refugio y escondite mediante la interpelación, es conducido por la llamada hacia sí mismo.

El uno-mismo es llamado al sí-mismo. Pero no al sí-mismo que puede ser para sí "objeto" de una apreciación, ni al sí-mismo del inquieto, curioso e incesante análisis de la "vida interior", ni tampoco al sí-mismo de una contemplación "analítica" de los estados del alma y de sus motivaciones. La llamada del "mismo" en el uno-mismo no empuja a aquel hacia sí mismo, en el sentido de una interioridad, en la cual quedaría encerrado frente al "mundo exterior". La llamada pasa por alto todas estas cosas y las disuelve interpelando únicamente al sí-mismo que, sin embargo, solo es en la forma del estar-en-el-mundo.

¿Pero cómo determinaremos lo *dicho* en este discurso? *¿Qué* le dice la conciencia al interpelado? Estrictamente hablando, nada. La llamada no dice nada, no da ninguna información acerca de sucesos del mundo, no tiene nada que contar. Y menos que nada pretende abrir en el sí-mismo interpelado un "diálogo consigo mismo". Al sí-mismo interpelado "nada" se le dice, solamente es *llamado* hacia sí mismo, es decir, hacia su más propio poder-ser. En conformidad con la tendencia de la llamada, esta no invita al sí-mismo a un "debate", sino que, despertándolo para el más propio *poder*-ser-sí-mismo, llama al Dasein hacia "adelante", hacia sus posibilidades más propias.

La llamada carece de toda expresión vocal. No se manifiesta de ningún modo en palabras —y, a pesar de ello, no es en absoluto oscura ni indeterminada. *La conciencia habla única y constantemente en la modalidad del silencio.* Con esto no solo no pierde nada de su perceptibilidad, sino que fuerza al Dasein interpelado e intimado a guardar silencio sobre sí mismo. La ausencia de una formulación verbal de lo dicho en la llamada no relega a este fenómeno a lo indeterminado de una 274
voz misteriosa, sino que solo indica que la comprensión de lo "dicho en la llamada" no debe aferrarse a la expectativa de una comunicación, o de cosas semejantes.

Sin embargo, lo que la llamada abre es inequívoco, aunque cada Dasein la interprete en forma diferente según sus posibilidades de comprensión. Por encima de la aparente indeterminación del contenido de la llamada, no puede desconocerse cuán certera es la *dirección a que apunta.* La llamada no necesita buscar primero a tientas al que ha de ser llamado, ni requiere signos para reconocer si él es a quien se alude o no. Los "errores" no nacen en la conciencia por una equivocación de la llamada, sino tan solo por la manera cómo la llamada es *escuchada*:

porque, en vez de ser comprendida propiamente, es llevada por el uno-mismo a un monólogo negociador, y tergiversada en su tendencia aperiente.

En resumen: hemos caracterizado la conciencia como una llamada que interpela al uno-mismo en su mismidad; en cuanto tal, es una intimación del sí-mismo a su poder-ser-sí-mismo y, por ello, un llamar al Dasein hacia adelante, hacia sus posibilidades.

Sin embargo, no lograremos una interpretación ontológica suficiente de la conciencia sino una vez que hayamos aclarado no solo *quién* es el llamado por la llamada, sino *quién* es el *vocante* mismo, cómo se comporta el interpelado respecto del vocante, y cómo debe concebirse ontológicamente esta "relación" en cuanto conexión entitativa.

§ 57. La conciencia como llamada del cuidado

La conciencia llama al sí-mismo del Dasein a salir de su pérdida en el uno. El sí-mismo interpelado permanece indeterminado y vacío en su "qué". La manera como el Dasein interpreta inmediata y regularmente *lo que* él es desde aquello de que se ocupa, es dejada de lado por la llamada. Pese a ello, el sí-mismo es inequívoca e inconfundiblemente alcanzado. No solo el interpelado es llamado "sin acepción de persona", sino que también el que llama se mantiene en una notoria indeterminidad. No solo rehusa responder a las preguntas acerca de nombre, condición, procedencia y prestigio, sino que, aun cuando no se disimula en la llamada, tampoco ofrece la más mínima posibilidad de hacerse familiar a una comprensión del Dasein "mundanamente" orientada. El vocante en la llamada —esto pertenece a su carácter fenoménico— mantiene absolutamente lejos de sí toda manifestación
275 de sí mismo [*Jedes Bekanntwerden*]. Va contra el modo de su ser volverse tema de contemplación o de discusión. La peculiar indeterminación e indeterminabilidad del vocante no es una nada, sino una nota *positiva*. Ella da a conocer que el vocante se agota enteramente en su intimación a..., que *solo* quiere ser *escuchado en cuanto tal*, sin que se añada ninguna palabrería acerca de él. ¿No sería entonces lo más ajustado al fenómeno que dejásemos de preguntarle al vocante quién es? Para el escuchar existentivo de la llamada fáctica de la conciencia, ciertamente; pero no para el análisis existencial de la facticidad del llamar y de la existencialidad del escuchar.

Pero, ¿es necesario siquiera preguntar expresamente *quién* llama? ¿No surge en el Dasein la respuesta a esta pregunta en forma tan inequívoca como la respuesta a la pregunta por el interpelado en la llamada? *En la conciencia el Dasein se llama a sí mismo*. Esta comprensión del vocante puede estar en mayor o menor grado viva en el escuchar fáctico de la llamada. Sin embargo, la respuesta de que el Dasein es *a la vez* el vocante y el llamado no es en modo alguno ontológicamente suficiente. ¿No *está* "presente" acaso el Dasein en cuanto interpelado de una manera diferente a como está en cuanto vocante? ¿No hará quizás de vocante el poder-ser-sí-mismo más propio?

Porque la llamada precisamente no es ni puede ser jamás planificada, preparada ni ejecutada en forma voluntaria *por nosotros mismos.* "Algo" llama [*"es" ruft*], inesperadamente e incluso en contra de la voluntad. Por otra parte, sin lugar a dudas, la llamada no viene de algún otro que esté conmigo en el mundo. La llamada precede *de* mí y, sin embargo, *de más allá* de mí.

Esta constatación fenoménica no debe dejarse de lado en la interpretación. Por lo demás, ella sirvió también de punto de partida para la interpretación de la voz como un poder ajeno que se alzaría dentro del Dasein. Siguiendo en esta dirección interpretativa, suele adjudicársele el poder constatado a un poseedor, o se lo considera a él mismo como manifestación personal (de Dios). O por el contrario, se intenta rechazar esta interpretación del vocante como manifestación de un poder ajeno, eliminando al mismo tiempo la conciencia en general mediante una interpretación "biológica" de ella. En su precipitación, ambas interpretaciones desatienden la constatación fenoménica. Este procedimiento se ve facilitado por una tesis ontológicamente dogmática que guía tácitamente el proceso: lo que *es*, es decir, lo que es tan efectivamente como es la llamada, tiene que *estar-ahí;* lo que no se deja comprobar objetivamente como *algo que está-ahí*, sencillamente *no es.*

Frente a esta precipitación metodológica es necesario no solo mantener lo fenoménicamente constatado —que la llamada, procediendo de mí y de más allá de mí, se dirige a mí— sino también el bosquejo ontológico del fenómeno tal como allí se encuentra, es decir, como un fenómeno *del Dasein*. Únicamente la 276
constitución existencial *de este* ente puede ofrecernos el hilo conductor para la interpretación del modo de ser de "aquello" que llama [*des "es", das ruft*].

¿Nos muestra el análisis que se ha realizado de la constitución de ser del Dasein alguna vía para hacer ontológicamente comprensible el modo de ser del vocante y, consecuentemente, también, el modo de ser del llamar? Que la llamada no sea realizada explícitamente *por mí*, sino que, más bien, "algo" llama, no autoriza todavía a buscar al vocante entre entes de carácter diferente al del Dasein. Sin duda el Dasein existe siempre de una manera fáctica. No es un proyectarse desarraigado, sino que, al estar determinado por la condición de arrojado en cuanto facticidad del ente que él es, el Dasein ha sido ya siempre y permanece constantemente entregado a la existencia. Pero la facticidad del Dasein se distingue esencialmente del carácter de hecho de lo que está-ahí. El Dasein existente no comparece para sí mismo a la manera de un ente que está-ahí dentro del mundo. Pero la condición de arrojado no adhiere tampoco al Dasein como un carácter inaccesible y sin importancia para su existencia. Como arrojado, el Dasein está arrojado *en la existencia.* Él existe como un ente que ha de ser tal como es y como puede ser.

Que el Dasein fácticamente es, puede estar oculto en lo que concierne al *por qué;* sin embargo, el *“que” mismo* está abierto para el Dasein. La condición de arrojado de este ente pertenece a la aperturidad del “Ahí” y se revela constantemente en la disposición afectiva en la que cada vez el Dasein se encuentra. Esta lleva al Dasein, con mayor o menor grado de explicitud y de propiedad, ante el *factum* “de que es y que como el ente que él es ha de ser en cuanto poder-ser”. Pero regularmente el estado de ánimo *cierra* la condición de arrojado. El Dasein huye ante esta buscando alivio en la presunta libertad del uno-mismo. Esta huida ya ha sido definida como un huir ante la desazón que caracteriza desde lo más hondo el estar-en-el-mundo en su aislamiento. Esta desazón se revela de un modo propio en la disposición afectiva fundamental de la angustia, y, por ser la más elemental aperturidad del Dasein arrojado, lleva su estar-en-el-mundo ante la nada del mundo, frente a la cual el Dasein se angustia en la angustia por el poder-ser más propio. *¿Y si el vocante en la llamada de la conciencia fuese el Dasein que se encuentra en lo profundo de su desazón?*

Nada se opone a ello; en cambio, todos los fenómenos que hasta ahora han sido destacados para caracterizar al vocante y a su llamada hablan en su favor.

Nada “mundano” puede determinar quién es el vocante. Ese que llama es el Dasein en su desazón, es el originario y arrojado estar-en-el-mundo experimentado como un estar fuera de casa [*als Un-zuhause*], el nudo “*factum* que...” en
277 la nada del mundo. El vocante no es familiar al cotidiano uno-mismo —es algo así como una voz *desconocida*. ¿Qué podrá haber más extraño al uno, perdido como está en el variado “mundo” de los quehaceres, que el sí-mismo aislado en la desazón y arrojado en la nada? “Algo” llama y, sin embargo, no ofrece para el oído atareado y curioso nada que pueda ser comunicado a otros, y discutido públicamente. ¿Y qué podría relatar el Dasein en medio de la desazón en que se encuentra su ser al estar arrojado? ¿*Qué* otra cosa le queda sino el poder-ser-sí-mismo, revelado en la angustia? ¿De qué otro modo podrá haber una llamada sino intimando a este poder-ser, que es lo único que para el Dasein está en cuestión?

La llamada no relata ningún hecho, ella llama sin ruido de palabras. La llamada habla en ese modo desazonante que es el *callar*. Y habla así tan solo porque la llamada no llama a entrar en la habladuría pública del uno, sino que, *sacando de esta, llama al silencio del poder-ser existente*. ¿Y en qué se funda la desazonante, fría y ciertamente inevidente seguridad con la que el vocante acierta en el interpelado, sino en que el Dasein, aislado en sí mismo dentro de su desazón, es para sí mismo absolutamente inconfundible? ¿Qué es lo que le arrebata al Dasein tan radicalmente la posibilidad de malentenderse desde alguna otra parte y la posibilidad de desconocerse, sino el desamparo en el cual está abandonado a sí mismo?

La desazón es el modo fundamental, aunque cotidianamente encubierto, del estar-en-el-mundo. El Dasein mismo llama en cuanto conciencia desde el fondo de este estar. El "algo me llama" es una forma eminente del discurso del Dasein. La llamada templada por la angustia le hace posible por primera vez al Dasein proyectarse a sí mismo en su más propio poder-ser. La llamada de la conciencia, comprendida existencialmente, da razón de lo que más arriba[1] habíamos solamente afirmado: que la desazón acosa al Dasein y amenaza la olvidada pérdida de sí mismo.

La afirmación: el Dasein es, a la vez, el vocante y el interpelado, ha perdido ahora su vaciedad formal y su aparente evidencia. *La conciencia se revela como llamada del cuidado*: el vocante es el Dasein que, en su condición de arrojado (estar-ya-en...), se angustia por su poder-ser. El interpelado es este mismo Dasein, en cuanto llamado a su más propio poder-ser (anticiparse-a-sí...). Y el Dasein es llamado por la llamada para que salga de la caída en el uno (ya-estar-en-medio-del-mundo del que nos ocupamos). La llamada de la conciencia, es decir, esta misma, tiene su po- 278
sibilidad ontológica en el hecho de que el Dasein, en el fondo de su ser, es cuidado.

Y de esta manera no hay necesidad de recurrir a poderes extraños al Dasein, y menos aun, si se toma en cuenta que el recurso a ellos no solo no explica el carácter desazonante de la llamada, sino que más bien lo anula. ¿No estará, en definitiva, la causa de las "explicaciones" erróneas de la conciencia en la *miopía* con que se ha procedido en la fijación del repertorio de los fenómenos que conforman la llamada, y en que tácitamente se ha tomado al Dasein en una determinación o indeterminación ontológica fortuita? ¿Por qué acudir a poderes extraños antes de haberse asegurado de que, desde el punto de partida del análisis, no se ha interpretado en forma *demasiado mezquina* el ser del Dasein, es decir, que no se lo ha entendido de partida como un sujeto inocuo que de alguna manera se encuentra presente y está dotado de una conciencia personal?

Y sin embargo, pareciera que al interpretar como poder al vocante —que mundanamente hablando no es "nadie"— se está reconociendo en forma imparcial algo que "objetivamente se encuentra ahí". Pero, bien considerada, esta interpretación es solamente una huida ante la conciencia, una escapatoria del Dasein para alejarse furtivamente del fino muro que, por así decirlo, se interpone entre el uno y lo desazonante de su ser. Esa interpretación de la conciencia pretende ser un reconocimiento de la llamada, en el sentido de una voz que obliga "universalmente" y que no habla en forma "puramente subjetiva". Más aún, esta conciencia "universalmente válida" es elevada a "conciencia universal" [*Weltgewissen*], que, por su carácter fenoménico, es un "algo" [*ein "es"*] y un "nadie", y que, por consiguiente, puede ser identificada con aquello que, en el "sujeto" singular habla como este algo indeterminado.

Pero esta "conciencia pública" ¿qué otra cosa es sino la voz del uno? El Dasein no podrá llegar a la dudosa invención de una "conciencia universal" si no

[1] Cf. § 40, p. 211.

fuera *porque* la conciencia es, desde lo más hondo, y en su esencia misma, *cada vez mía.* Y esto no solo en el sentido de que lo interpelado es siempre el más propio poder-ser, sino porque la llamada viene del ente que soy cada vez yo mismo.

En la interpretación del vocante que acabamos de hacer, que sigue fielmente el carácter fenoménico del llamar, el "poder" de la conciencia no es menoscabado ni se torna "meramente subjetivo". Por el contrario, solo en ella lo inexorable e inequívoco de la llamada logra quedar al descubierto. La "objetividad" de la llamada se justifica en esta interpretación por el reconocimiento de una "subjetividad", que es ciertamente refractaria al imperio del uno-mismo.

279 Sin embargo, a la interpretación que hemos hecho de la conciencia como llamada del cuidado se podrá contrapreguntar lo siguiente: ¿será sólida una interpretación de la conciencia que se aleja tanto de la "experiencia natural"? ¿Es posible que la conciencia funcione como *intimación a despertar* al más propio poder-ser, siendo que inmediata y regularmente ella solo *reprende y amonesta*? ¿Habla la conciencia en forma tan indeterminada y vacía sobre un poder-ser máximamente propio, y no, más bien, de un modo determinado y concreto, en relación a faltas y omisiones cometidas o por cometer? ¿De dónde procede la llamada interpelante: de la *"mala"* o de la *"buena"* conciencia? ¿Aporta la conciencia algo positivo o funciona tan solo críticamente?

No se puede impugnar la legitimidad de tales reparos. Es justo exigir de una interpretación de la conciencia que "se" reconozca en ella el fenómeno, tal como se lo experimenta cotidianamente. Pero satisfacer esta exigencia no significa en modo alguno considerar la comprensión óntica y vulgar de la conciencia como la primera instancia para una interpretación ontológica. Y, por otra parte, los reparos recién mencionados serán prematuros mientras el análisis de la conciencia a que ellos se refieren no haya sido llevado hasta el final. Hasta ahora solamente se ha intentado retrotraer la conciencia *como fenómeno del Dasein* a la estructura ontológica de este ente. Esto había de servir como preparación para la tarea de hacer comprensible la conciencia como *atestiguación* en el Dasein mismo *de su más propio poder-ser.*

Ahora bien, lo que la conciencia atestigua solo llegará a su plena determinación una vez que se haya delimitado en forma suficientemente precisa el carácter que debe tener el *escuchar* que concuerda adecuadamente con la llamada. La comprensión *propia*, "consecuente" con la llamada, no es un simple añadido al fenómeno de la conciencia, un suceso que sobrevenga y que pudiera también faltar. La experiencia *plena* de la conciencia no puede entenderse sino *desde* la comprensión de la llamada y a una *con* ella. Si el vocante y el interpelado son siempre él *mismo* Dasein de cada cual, entonces todo desoír de la llamada, todo malcomprenderla, constituye un *determinado modo de ser* del Dasein. Una llamada en el vacío, de la que "nada se siguiera" es una ficción existencialmente inconcebible. "Que *nada* se siga" significa algo *positivo* en relación al Dasein.

Y, por consiguiente, tan solo el análisis de la comprensión de la llamada puede conducir al tratamiento explícito de *lo que la llamada da a entender.* Pero, solo con la precedente caracterización ontológica general de la conciencia está dada la posibilidad de concebir existencialmente la "culpabilidad" proclamada por la 280
conciencia. Todas las experiencias e interpretaciones de la conciencia concuerdan unánimemente en que de alguna manera la "voz" de la conciencia habla de "culpa".

§ 58. Comprensión de la llamada y culpa

Para que aprehendamos fenoménicamente lo escuchado en la comprensión de la llamada, habrá que retornar, una vez más, a esa llamada. La llamada dirigida al uno-mismo tiene el sentido de una intimación del sí-mismo más propio a despertar a su poder-ser en cuanto Dasein, es decir, en cuanto estar-en-el-mundo ocupándose de él y en cuanto coestar con los otros. La interpretación existencial de aquello a lo que la llamada íntima no podrá, por consiguiente, si ella se comprende correctamente en sus posibilidades metodológicas y en sus tareas, pretender delimitar una singular y concreta posibilidad de existencia. Lo que puede y requiere ser fijado no es lo existentivamente dicho cada vez por la llamada en el correspondiente Dasein y para este, sino lo que *pertenece* a la *condición existencial de posibilidad* del poder-ser fáctico-existentivo.

La comprensión que escucha existentivamente la llamada es tanto más propia cuanto más intransferiblemente el Dasein escuche y comprenda su interpelación y cuanto menos tergiversado quede el sentido de la llamada por "lo que se dice", por "lo que se debe hacer" y por lo vigente. ¿Y qué es lo que esencialmente se da en el carácter propio de la comprensión de la llamada? ¿Qué es lo esencialmente *dado* a entender, aunque no siempre fácticamente comprendido en ella?

Ya hemos respondido a esta pregunta con la siguiente tesis: la llamada no "dice" *nada* que hubiera que discutir, no da noticia de algún suceso. La llamada remite al Dasein *hacia adelante* en dirección a su poder-ser, y lo remite en cuanto ella llama *desde* la desazón. Es cierto que el vocante queda indeterminado —pero el de-dónde de su llamar no es indiferente al llamar mismo. Este de-dónde —la desazón del aislamiento arrojado— va implicado en el llamar, es decir, queda también abierto en él. El de-dónde del llamar hacia adelante en dirección a... coincide con el hacia-dónde de la llamada hacia atrás. La llamada no da a entender un poder-ser universal o ideal; la llamada abre el poder-ser como el poder-ser, en cada caso aislado, de cada Dasein. El carácter aperiente de la llamada no quedará plenamente determinado sino cuando ella sea comprendida como una prevocante llamada hacia atrás. Solamente cuando se la comprenda de esta manera será posible preguntarse *qué* es lo que ella da a entender.

¿Pero no se responde más segura y fácilmente a la pregunta acerca de lo que dice la llamada con la "simple" apelación a lo que usualmente se oye o bien se
281 desoye en todas las experiencias de la conciencia; es decir, apelando a que la llamada acusa al Dasein de ser "culpable", o bien, como en la conciencia amonestadora, apunta hacia una posible "culpabilidad" o, en cuanto "buena" conciencia, ratifica un "no ser consciente de culpa"? (*) ¡Si al menos esta "culpabilidad" "unánimemente" experimentada no se determinara en formas tan enteramente distintas en las diferentes experiencias e interpretaciones de la conciencia! Y aun cuando el sentido de está "culpabilidad" se pudiera concebir en forma unívoca, el *concepto existencial* del ser-culpable seguiría en la oscuridad. Pero si el Dasein se acusa a sí mismo como "culpable", ¿de dónde se habrá de sacar la idea de culpa sino de la interpretación del ser del Dasein? Sin embargo, nuevamente surge la pregunta: *¿quién dice cómo somos culpables y qué significa culpa?* La idea de culpa no puede ser arbitrariamente inventada e impuesta al Dasein. Pero, si en alguna forma es posible una comprensión de la esencia de la culpa, esta posibilidad deberá estar bosquejada en el Dasein mismo. ¿Dónde encontraremos la huella que nos pueda llevar a la desvelación de este fenómeno? Todas las investigaciones ontológicas de fenómenos como el de culpa, conciencia, muerte, deben tomar pie en lo que la interpretación cotidiana del Dasein "dice" de ellos. En el modo de ser cadente del Dasein se da el que la interpretación de este queda, por lo general, "orientada" *en forma impropia* y no llega a la "esencia" del Dasein, porque el planteamiento ontológico adecuado y originario le resulta extraño. Pero en toda visión errada se hace presente, al mismo tiempo, una remisión a la "idea" originaria del fenómeno. ¿Pero de dónde sacaremos el criterio para discernir el sentido existencial originario de la culpabilidad? Del hecho de que este "culpable" surge como predicado del "yo soy". ¿Se halla acaso en el ser del Dasein como tal eso que la interpretación impropia comprende como "culpa", de tal manera que el Dasein *sea* siempre culpable ya por el mero hecho de existir?

La apelación a ese "culpable", unánimemente escuchado, no es aún, por consiguiente, la respuesta a la pregunta por el sentido existencial de lo dicho en la llamada. Esto dicho en la llamada debe ser primeramente conceptualizado para poder hacer comprensible lo que quiere decir la "culpabilidad" allí proclamada, y por qué y cómo el significado de esa culpabilidad se tergiversa en la interpretación cotidiana.

La comprensión común cotidiana toma la expresión alemana *Schuldigsein* primeramente en el sentido de "estar en deuda" [*schulden*], "tener cuentas pendientes con alguien", deber restituir a otro una cosa a la que él tiene derecho. Este "estar en deuda", entendido como *"tener deudas"* es una forma del coestar con los otros en el ámbito de la ocupación, en cuanto suministrar y procurar. También forman parte de este tipo de ocupación modos tales como privar a alguien de algo, sustraer, retener, llevarse una cosa, robar, es decir, formas en que de alguna manera no se respeta el derecho de propiedad de los otros. Este modo de ser deudor está referido a *cosas de que es posible ocuparse.* 282

Ser-culpable [*Schuldigsein*] tiene, también, la significación de *"ser responsable de"*, es decir, ser causa o ser autor de algo, o también "ser el que provoca" algo. En este sentido de "tener la culpa" de algo, se puede "ser culpable" sin "deberle" algo a otro o hacerse deudor suyo. Y al revés, se le puede deber algo a otro sin ser responsable de ello. Un tercero puede "contraer deudas" "por mí" ante otros.

Estas significaciones corrientes de la expresión alemana *Schuldigsein*, entendida como "estar en deuda con..." y "ser responsable de..." pueden conjugarse y determinar un comportamiento que nosotros llamamos "hacerse culpable" [*sich schuldig machen*], es decir, lesionar un derecho y hacerse merecedor de castigo por tener la culpa de estar en deuda. La exigencia que no se respeta no está empero necesariamente ligada a una posesión; puede regular simplemente el convivir público. Este "hacerse culpable" por la lesión de un derecho puede tener, sin embargo, a la vez, el carácter de un *llegar a ser culpable para con otros.* Esto no ocurre por la violación de un derecho, precisamente en cuanto tal violación, sino porque yo tengo la culpa de que la existencia de otro sea amenazada, inducida a error o incluso arruinada. Este hacerse culpable para con otros es posible sin contravención de la ley "pública". El concepto formal del ser culpable en el sentido de haberse hecho culpable para con otro puede ser determinado de la siguiente manera: *ser fundamento* de una deficiencia en la existencia de otro, y serlo de tal manera que este mismo ser-fundamento se determine a su vez como "deficiente" en razón de aquello de lo cual es fundamento. Esta deficiencialidad consiste en la falta de cumplimiento respecto de una exigencia hecha al existente coestar con los otros.

Quede sin resolver cuál es el modo como se originan estas exigencias y de qué manera deba concebirse, sobre la base de este origen, su carácter de exigencia y de ley. En todo caso, el *ser culpable*, en este último sentido, esto es, como violación de una "exigencia moral", es un *modo de ser del Dasein.* Esto también vale, ciertamente, del ser culpable entendido como "hacerse digno de castigo", como "estar en deuda" y de todo "ser causante o responsable de...". También ellos son comportamientos del Dasein. Cuando se interpreta el "ser moralmente culpable" como una "cualidad" del Dasein, es bien poco lo que se dice. Por el contrario, solo se consigue poner de manifiesto que tal caracterización es insuficiente para delimitar ontológicamente este modo de "determinación del ser" del Dasein frente a los comportamientos anteriormente mencionados. El concepto de la culpa moral está, por lo demás, tan poco claro ontológicamente, que han podido cobrar y mantener vigencia interpretaciones de este fenómeno que incorporan 283
en su concepto la idea de ser merecedor de castigo y hasta la de estar en deuda con..., o que incluso lo determinan deduciéndolo de tales ideas. Pero en tal caso

la "culpabilidad" vuelve a ser introducida en el ámbito del ocuparse, como una liquidación de cuentas para satisfacer ciertos derechos.

La aclaración del fenómeno de culpa, fenómeno que no necesariamente se halla vinculado al de "tener deudas" o a la violación del derecho, solo puede lograrse si se pregunta previamente de una manera radical por el *ser*-culpable del Dasein, es decir, si se comprende la idea de "culpable" a partir del modo de ser del Dasein.

A este fin se debe *formalizar* a tal punto la idea de "culpable", que *queden excluidos* de ella los fenómenos corrientes de culpa [o deuda] que tienen que ver con el coestar con los otros en la ocupación. La idea de culpa no solo debe ser elevada por encima del campo del ocuparse calculante, sino que debe ser desvinculada también de la referencia a un deber y a una ley, por cuya violación se incurriría en culpa. En efecto, también en este caso la culpa es determinada todavía necesariamente como *deficiencia* [*Mangel*], como el faltar de algo que puede y debe ser. Ahora bien, faltar quiere decir no-estar-ahí. La deficiencia, como el no-estar-ahí de lo debido, es una determinación de ser propia de los entes que están-ahí. En este sentido, esencialmente nada puede faltar a la existencia, no porque ella sea perfecta, sino porque su carácter de ser es diferente de todo estar-ahí.

Sin embargo, la idea de "culpable" lleva consigo el carácter de *no*. Si la "culpabilidad" ha de poder determinar la existencia, se hace ineludible el problema ontológico de aclarar existencialmente el *carácter-de-no* de este no. Además, la idea de "culpable" implica lo que en el concepto de "culpa" se expresa indiferentemente como "ser responsable o causante de": ser-fundamento de... Definimos, pues, la idea existencial formal de "culpable" de la siguiente manera: ser-fundamento de un ser que está determinado por un no —es decir, *ser-fundamento de una nihilidad* (*). Si la idea del *no*, implicada en el concepto de culpa existencialmente comprendido, excluye la referencia a un posible o necesario ente que está-ahí; y si, por consiguiente, el Dasein no debe medirse en absoluto por algo que está-ahí o que es válido, y que no es él o no es a su manera, es decir, que no existe, entonces queda eliminada la posibilidad de considerar como "deficiente", en razón de ser-fundamento de una deficiencia, a eso mismo que es fundamento de ella. A partir de una deficiencia "causada" por el Dasein —el no cumplimiento
284 de una exigencia— no es posible inferir tan simplemente el carácter deficiente de la "causa". El ser-fundamento de... no necesita tener él mismo carácter negativo que el *privativum* que en él se funda y de él emerge. El fundamento no tiene forzosamente que recibir su nihilidad de lo fundado por él. Pero esto implica lo siguiente: *ser-culpable no es el resultado de haberse hecho culpable, sino al revés: este solo es posible "sobre la base" de un originario ser culpable.* ¿Puede mostrarse algo semejante en el ser del Dasein y cómo es, en general, ese ser-culpable existencialmente posible?

El ser del Dasein es el cuidado. El cuidado comprende facticidad (condición de arrojado), existencia (proyecto) y caída. Siendo, el Dasein es una existencia arrojada, *no* se ha puesto a sí mismo en su Ahí. Siendo, está determinado como un poder-ser que se pertenece a sí mismo y que, sin embargo, *no* se ha dado él mismo en propiedad a sí mismo. Existiendo, jamás logra ir más atrás de su condición de arrojado, de tal suerte que pudiese alguna vez producir formalmente desde *su ser*-sí-mismo y llevar hasta el Ahí esa condición de "que él es y tiene que ser". Pero, la condición de arrojado no yace detrás de él como un acontecimiento que, habiéndole efectivamente ocurrido, enseguida se hubiese desprendido de él, sino que, como cuidado, el *Dasein es* constantemente —mientras está siendo— su "que es...". Estando entregado a ser *este determinado ente* —única forma como él puede existir como el ente que él es— el Dasein es *—existiendo—* el fundamento de su poder-ser. Aun cuando él *no* haya puesto *por sí mismo* el fundamento, reposa sin embargo en su pesantez, que el estado de ánimo le revela como carga.

¿Y cómo es el Dasein este fundamento arrojado? Únicamente proyectándose en posibilidades en las que está arrojado. El sí-mismo que, como tal, tiene que poner el fundamento de sí mismo, *jamás* puede adueñarse de este, y sin embargo, tiene que asumir, existiendo, el ser-fundamento. Tener que ser el propio fundamento arrojado es el poder-ser que está en juego en el cuidado.

Siendo fundamento, es decir, existiendo como arrojado, el Dasein queda constantemente a la zaga de sus posibilidades. Nunca existe *antes* de su fundamento, sino siempre solo *desde y como él*. Ser-fundamento significa, por consiguiente, no ser *jamás* radicalmente dueño del ser más propio. Este *no* pertenece al sentido existencial de la condición de arrojado. Siendo fundamento, *es*, él mismo, una nihilidad de sí mismo. Nihilidad no significa, en manera alguna, no-estar-ahí, no subsistir, sino que mienta un no que es constitutivo de este ser del Dasein, de su condición de arrojado. El carácter negativo de este "no" se determina existencialmente así: siendo *sí-mismo,* el Dasein es el ente arrojado *en cuanto* sí-mismo. *Dejado en libertad no por* sí mismo, sino *en* sí mismo, desde el fundamento, para 285
ser *este fundamento*. El Dasein no es, él mismo, el fundamento de su ser en cuanto que este brotara de un proyectarse del propio Dasein, pero, siendo sí-mismo, el Dasein es, sin embargo, el ser de este fundamento. Este es siempre tan solo fundamento de un ente cuyo ser tiene que asumir el ser-fundamento.

El Dasein es su fundamento existiendo, es decir, de tal manera que él se comprende desde posibilidades y, comprendiéndose de esta manera, él es el ente arrojado. Ahora bien, esto implica que, pudiendo ser, el Dasein está cada vez en una u otra posibilidad, que constantemente *no* es alguna otra y que ha renunciado a ella en el proyectarse existentivo. El proyecto no solo está determinado por la nihilidad del ser-fundamento en tanto que aquel siempre está arrojado, sino que, incluso *como proyecto*, es esencialmente *negativo* [*nichtig*]. Esta determinación, por su parte, no mienta, en modo alguno, la propiedad óntica del "fracaso" o del "no valer", sino que indica un constitutivo existencial de la estructura de ser del proyectar. La nihilidad a que nos referimos pertenece a la libertad del Dasein para sus posibilidades existentivas. Pero la libertad solo *es* en la elección de una de esas posibilidades, y esto quiere decir, asumiendo el no haber elegido y no poder elegir también las otras.

Tanto en la estructura de la condición de arrojado como en la del proyecto, se da esencialmente una nihilidad. Y ella es el fundamento de posibilidad de la nihilidad del Dasein *im*propio en la caída, en la cual el Dasein está siempre fácticamente. *El cuidado mismo está, en su esencia, enteramente impregnado de nihilidad.* El cuidado —el ser del Dasein— consiste, por consiguiente, en cuanto proyecto arrojado, en ser-fundamento (negativo) de una nihilidad. Y esto significa que *el Dasein como tal es culpable*, supuesto que la determinación existencial formal de la culpa como ser-fundamento de una nihilidad sea correcta.

La nihilidad existencial no tiene, en modo alguno, el carácter de una privación, de una deficiencia respecto de un ideal propuesto y no alcanzado en el existir, sino que el ser de este ente es, *previamente* a todo lo que él pueda proyectar y que por lo general alcanza, ya negativo *en cuanto proyectar.* Por consiguiente, esta nihilidad no aparece ocasionalmente en el Dasein, afectándolo como una oscura cualidad que él pudiera apartar de sí, una vez logrado el progreso suficiente.

Sin embargo, el *sentido ontológico de la negatividad* [*Nichtheit*] (*) de esta nihilidad existencial sigue estando aún oscuro. Pero esto vale también para la *esencia ontológica del no en general.* Es cierto que la ontología y la lógica le han atribuido muchas cosas al no y de esa manera han hecho parcialmente visibles sus posibilidades, pero no han logrado desvelarlo ontológicamente a él mismo. La ontología
286 se encontró con el no, e hizo uso de él. ¿Pero es tan evidente que todo "no" sea un *negativum*, en el sentido de una deficiencia? ¿Queda agotada su positividad en ser constitutivo del "paso [dialéctico]"? ¿Por qué toda dialéctica se refugia en la negación sin fundamentarla a ella misma dialécticamente, e incluso sin poderla siquiera determinar *como problema*? ¿Se ha problematizado siquiera alguna vez el *origen ontológico* de la negatividad [*Nichtheit*] o buscado *previamente las condiciones* que permiten plantear el problema del no y de su negatividad y posibilidad? ¿Y dónde podrá hallárselas si no es en la *aclaración temática del sentido del ser en general*?

Para la interpretación ontológica del fenómeno de la culpa no bastan los conceptos, por lo demás poco transparentes, de privación y deficiencia, si bien, considerados de un modo suficientemente formal, ellos admiten una muy vasta aplicación. Y menos aun es posible acercarse al fenómeno existencial de la culpa orientándose por la idea del mal, *malum*, como *privatio boni.* En efecto, tanto el *bonum* como la *privatio* derivan ontológicamente de la ontología de *lo que está ahí*, la que también sustenta la idea del "valor", extraída de aquellos.

El ente cuyo ser es el cuidado no solo puede cargar con una culpa de hecho, sino que es culpable, en el fondo de su ser y este ser-culpable constituye la condición ontológica para que el Dasein pueda llegar a ser culpable en su existir fáctico. Este modo esencial de ser-culpable es cooriginariamente la condición existencial de posibilidad de lo "moralmente" bueno y malo, es decir, de la moralidad en general y de la manera como ella se expresa fácticamente. El originario ser-culpable no puede determinarse por la moralidad, porque esta lo presupone ya para sí misma.

¿Pero hay alguna experiencia que atestigüe este originario ser-culpable del Dasein? No se olvide, sin embargo, la contrapregunta: ¿"hay" culpa tan solo cuando se despierta la conciencia de culpa? ¿No se manifiesta precisamente el ser-culpable originario en el hecho de que la culpa "dormite"? Que inmediata y regularmente este ser-culpable quede sin abrir, que el ser cadente del Dasein lo mantenga en clausura, no hace más que *revelar* la ya mencionada nihilidad. El *ser*-culpable es más originario que todo *saber* de él. Y solo porque el Dasein es culpable en el fondo de su ser y se cierra a sí mismo en cuanto arrojado y cadente, es posible la conciencia, si es verdad que lo que la llamada da a entender en el fondo es *este ser-culpable*.

La llamada es llamada del cuidado. El ser-culpable constituye el ser que llamamos cuidado. En la desazón el Dasein está en originaria solidaridad consigo 287
mismo. La desazón pone a este ente frente a su cruda nihilidad, constitutiva de su más propio poder-ser. En la medida en que el Dasein, en cuanto cuidado, se juega su ser, desde la desazón él se llama a sí mismo, en tanto que uno fáctico-cadente, a despertar a su poder-ser. La llamada es una pre-vocante llamada hacia atrás; *pre*: a la posibilidad de hacerse cargo por sí mismo, existiendo, del ente arrojado que él es; *hacia atrás*: hacia la condición de arrojado, para comprenderla como el fundamento negativo que él tiene que asumir en la existencia. La pre-vocante llamada hacia atrás de la conciencia le da a entender al Dasein que —estando en la posibilidad de su ser como fundamento negativo de su proyecto negativo— debe recuperarse de su pérdida en el uno, y retornar a sí mismo; es decir, le da a entender que *es culpable.*

Pero entonces, lo que el Dasein se da a entender sería un cierto conocimiento acerca de sí mismo. Y el escuchar correspondiente a tal llamada consistiría en una *toma de conocimiento* del hecho de ser "culpable". Pero, si la llamada ha de tener el carácter de una intimación, ¿no llevará esta interpretación de la conciencia a una completa tergiversación de la función de la conciencia? Intimar al ser-culpable ¿no es acaso incitar a la maldad?

Incluso la más forzada de las interpretaciones se resistirá a imponerle a la conciencia una llamada entendida en este sentido. ¿Pero qué podrá significar entonces "intimar al ser-culpable"?

El sentido de la llamada se torna claro si la comprensión, en vez de suponer el concepto derivado de culpa, entendida como la culpabilidad que "surge" por una acción u omisión, se atiene al sentido existencial del ser-culpable. Exigir esto no es una arbitrariedad, si se tiene presente que la llamada de la conciencia, viniendo del Dasein mismo, se dirige únicamente a este ente. Pero, entonces, la intimación al ser-culpable significa pre-vocar hacia el poder-ser que yo soy ya siempre en cuanto Dasein. Este ente no necesita cargar sobre sí una "culpa" por medio de faltas u omisiones; solo debe *ser propiamente* ese "culpable" que él ya es.

Escuchar correctamente la llamada [*das rechte Hören des Anrufs*] equivale entonces a un comprenderse a sí mismo en su poder-ser más propio, es decir, equivale a proyectarse en el *más propio* y auténtico poder-llegar-a-ser-culpable. El comprensor dejarse pre-vocar a esta posibilidad implica el *hacerse libre* del Dasein para la llamada: la disponibilidad para el poder-ser-interpelado. Al comprender la llamada, el Dasein es *obediente* [*ist hörig*] *a su más propia posibilidad de existencia.* Se ha elegido a sí mismo.

288 Con esta elección el Dasein hace posible para sí mismo su más propio ser culpable, el cual queda oculto para el uno-mismo. La comprensión común del uno no conoce más que el cumplimiento o violación de la regla práctica y de la norma pública. Anota las infracciones contra esta y busca compensaciones. Escapándose subrepticiamente del más propio ser-culpable, se dedica a comentar a toda voz las transgresiones. Pero en la llamada el uno-mismo es llamado a despertar al más propio ser-culpable del sí-mismo. Comprender la llamada es elegir —no la conciencia, que, como tal, no puede ser elegida. Lo que se elige es *tener* conciencia, en cuanto ser-libre para el más propio ser-culpable. *Comprender la llamada* quiere decir: *querer-tener-conciencia.*

Esta expresión no significa: querer tener una "buena conciencia", ni tampoco prestar voluntariamente especial atención a la llamada, sino únicamente disponibilidad para poder ser-interpelado. El querer-tener-conciencia está igualmente lejos tanto de andar buscando culpabilidades fácticas como de la tendencia a una liberación de la culpa, en el sentido del esencial "culpable".

Querer-tener-conciencia es, más bien, el supuesto existentivo más originario para la posibilidad de llegar a ser fácticamente culpable. Comprendiendo la llamada, el Dasein deja que el sí-mismo más propio *actúe en él* desde el poder-ser que él ha escogido para sí. Tan solo de esta manera puede el Dasein ser responsable. Pero, de hecho, todo actuar es necesariamente "falto de conciencia" [*gewissenlos*], no solo porque no evita cometer de hecho culpas morales, sino porque, en virtud del fundamento negativo de su proyectar negativo, ya se ha hecho siempre culpable frente a los otros en su coestar con ellos. De este modo, el querer-tener-conciencia asume la esencial "falta de conciencia", en la que se da la única posibilidad existentiva de *ser* "bueno".

Pese a que la llamada no comunica ningún saber, no solo es óntica sino también *positiva*; ella abre el más originario poder-ser del Dasein como ser-culpable. La conciencia se manifiesta, por consiguiente, como una *atestiguación* perteneciente al ser del Dasein, en la que el Dasein es llamado ante su más propio poder-ser. ¿Se deja determinar existencialmente en forma más concreta el poder-ser propio así atestiguado? Previamente surge la pregunta si ese poder-ser atestiguado en el Dasein mismo de que hemos estado hablando puede pretender para sí una suficiente evidencia antes que haya desaparecido la extrañeza producida por el hecho de que aquí la conciencia ha sido interpretada unilateralmente desde la constitución del Dasein, sin tomar en cuenta los datos familiares a la interpretación vulgar de la conciencia. ¿Se deja siquiera reconocer en la precedente interpretación el fenómeno de
la conciencia tal como él es "en realidad"? ¿No se ha deducido allí, con excesiva 289
desenvoltura, una idea de conciencia, a partir de la constitución de ser del Dasein?

A fin de asegurar también para la comprensión vulgar de la conciencia el acceso a la última etapa de la interpretación de esta —la delimitación existencial del poder-ser propio atestiguado en la conciencia— se hace primero necesario mostrar explícitamente la conexión entre los resultados del análisis ontológico y las experiencias cotidianas de la conciencia.

§ 59. La interpretación existencial de la conciencia y la interpretación vulgar de la conciencia (*)

La conciencia es la llamada del cuidado desde la desazón del estar-en-el-mundo, que intima al Dasein a su más propio poder-ser-culpable. El comprender correspondiente a la llamada es el querer-tener-conciencia. Estas determinaciones no se dejan armonizar fácilmente con la interpretación vulgar de la conciencia. Parecen incluso estar en abierta pugna con ella. Llamamos vulgar a esa interpretación de la conciencia porque, en la caracterización del fenómeno y en la especificación de su "función", ella se atiene a lo que *uno* conoce como conciencia y al modo cómo la obedece o desobedece.

¿Pero *será necesario* que la interpretación ontológica concuerde con la interpretación vulgar? ¿No recae sobre esta última una fundamental sospecha ontológica? Si el Dasein se comprende inmediata y regularmente desde aquello de que se ocupa, e interpreta como ocupación todos sus comportamientos, ¿no interpretará entonces en forma cadente-encubriente precisamente *aquella* manera de su ser que, en cuanto llamada, quiere traerlo de vuelta desde su estar perdido en medio de los quehaceres del uno? La cotidianidad toma al Dasein como algo a la mano, objeto de ocupación, es decir, de manejo y de cálculo. La "vida" es un "negocio", cubra o no sus costos.

Y así, el modo de ser ordinario del Dasein no ofrece ninguna garantía de que la interpretación de la conciencia [*Gewissensauslegung*] que de él surge y las teorías de la conciencia orientadas en dicha interpretación hayan alcanzado el horizonte ontológico adecuado para su labor interpretativa. Sin embargo, también la experiencia vulgar de la conciencia debe acertar de algún modo —preontológicamente— en el fenómeno. De aquí se siguen dos cosas: por una parte, la interpretación cotidiana de la conciencia no puede servir de criterio último
290 de la "objetividad" de un análisis ontológico. Pero, por otra parte, este no tiene ningún derecho a pasar por alto la comprensión cotidiana de la conciencia y a desentenderse de las teorías antropológicas, psicológicas y teológicas de la conciencia que en aquella se fundan. *Si* el análisis existencial ha puesto al descubierto el fenómeno de la conciencia en sus raíces ontológicas, será necesario que precisamente desde allí se hagan comprensibles las interpretaciones vulgares, incluyendo —y no en último lugar— la razón por la que ellas no aciertan en el fenómeno y el por qué de su encubrimiento. Sin embargo, puesto que el análisis de la conciencia, en el contexto de problemas del presente tratado, solo está al servicio de la pregunta ontológica fundamental, el análisis de la conexión de la interpretación existencial de la conciencia con la interpretación vulgar de ella deberá contentarse con señalar los problemas esenciales.

Lo que la interpretación vulgar de la conciencia podrá objetarle a la interpretación que hemos propuesto de la conciencia como una intimación del cuidado al ser-culpable, son cuatro cosas: 1. La conciencia tiene esencialmente una función crítica. 2. La conciencia habla siempre en relación a un acto preciso que ha sido ejecutado o querido. 3. Sabemos por experiencia que la "voz" no está nunca tan radicalmente vinculada al ser del Dasein. 4. La interpretación existencial no toma en cuenta las formas fundamentales del fenómeno, la "mala" y la "buena" conciencia, la conciencia "reprensora" y la "amonestadora".

Comencemos por discutir el último de los reparos mencionados. En todas las interpretaciones de la conciencia, la "mala" conciencia o conciencia "culpable" tiene la primacía. Conciencia es primariamente "mala" conciencia. Se pone aquí de manifiesto el hecho de que lo primero que se experimenta en toda experiencia de la conciencia es una cierta "culpabilidad". Pero ¿cómo se entiende esta manifestación de la propia maldad en la idea de la mala conciencia? La "vivencia de la conciencia" surge *después* que se ha cometido u omitido el acto. La voz sigue a la transgresión y señala hacia atrás, hacia el hecho por el cual el Dasein se ha cargado de culpa. Cuando la conciencia denuncia un "ser-culpable", esta denuncia no se lleva a cabo como una intimación a..., sino como un remitir recordatorio a la culpa contraída.

Pero el "hecho" de que la voz "venga después" ¿excluye la posibilidad de que, en el fondo, la llamada sea un llamar hacia adelante? Que la voz sea captada como un movimiento *consecutivo* de la conciencia no es de suyo prueba de una

comprensión originaria del fenómeno de la conciencia. ¿Y si el hecho de haber incurrido en culpa no fuese sino la ocasión para el clamar fáctico de la conciencia? ¿Y si la interpretación usual de la "mala" conciencia se quedase a medio camino? Que ello es así, resulta claro cuando se considera el "haber previo" ontológico en el que el fenómeno queda puesto en esta interpretación. La voz
es algo que emerge, que tiene su lugar dentro de la secuencia de las vivencias 291
que están-ahí, y que sigue a la vivencia del acto. Ahora bien, ni la llamada, ni el acto acaecido, ni la culpa en que se incurre, son eventos con el carácter de algo que está-ahí y que transcurre. La llamada tiene el modo de ser del cuidado. En la llamada el Dasein "es" anticipándose a sí mismo, de tal suerte que, a la vez, se dirige hacia atrás, hacia su condición de arrojado. La posibilidad de considerar la voz como algo que "viene después", es decir, como algo posterior, que por consiguiente necesariamente remite hacia atrás, surge tan solo cuando desde la partida se concibe el existir [*Dasein*] como la trama secuencial de un sucederse de vivencias. Es cierto que la voz llama hacia atrás, pero, por encima del acto acaecido, hacia el arrojado ser-culpable, que "precede" a toda caída en culpa. Pero la llamada hacia atrás llama al mismo tiempo hacia adelante, hacia el ser-culpable en cuanto tiene que ser asumido en la existencia propia, de tal suerte que el modo existentivo propio de *ser*-culpable viene justamente "después" de la llamada, y no a la inversa. La mala conciencia, lejos de ser, en el fondo, tan solo censurante y remisiva al pasado, llama hacia atrás, hacia la condición de arrojado, remitiendo hacia adelante. *El orden de sucesión del trascurrir de las vivencias no nos da la estructura fenoménica del existir.*

Si ni siquiera la caracterización de la "mala" conciencia alcanza al fenómeno originario, esto vale todavía más para la caracterización de la "buena" conciencia, ya se la considere como una forma autónoma de la conciencia, ya como esencialmente fundada en la "mala" conciencia. Si la "mala" conciencia da a conocer un "ser-malo", la "buena" debiera dar a conocer el "ser-bueno" del Dasein. Se echa fácilmente de ver que de esta manera la conciencia, que antes era la "emanación del poder divino", se convierte ahora en esclava del fariseísmo. Ella tendría que hacer que el hombre dijera de sí mismo: "Yo soy bueno". ¿Quién puede decir esto, y quién estará más lejos de autoaprobarse que precisamente el bueno? Pues bien, esta insostenible consecuencia de la idea de la buena conciencia pone tan solo de manifiesto que la conciencia proclama un ser-culpable.

Para evitar esta consecuencia se ha interpretado la "buena" conciencia como privación de la "mala", y se la ha definido como "la vivencia del no-darse de una mala conciencia"[1]. Por consiguiente, la buena conciencia sería la experiencia del

[1] Cf. Max Scheler, *Der Formalismus in der Ethik und die materiale Wertethik.* II Parte. En este *Jahrbuch*, tomo II (1916), p. 192.

no emerger de la llamada, es decir, del hecho de que no tengo nada que reprocharme. Pero ¿cómo es "*vivido*" ese "no-darse" [de la mala conciencia]? Esta presunta vivencia no es en absoluto la experiencia de una llamada, sino que consiste en asegurarse de que un acto imputado al Dasein no ha sido realizado por
292 él y que, *por consiguiente*, él es inocente. Pero estar cierto de no haber realizado algo *no* tiene *en absoluto* el carácter de un fenómeno de la conciencia. Por el contrario: este estar cierto puede significar, más bien, un olvido de la conciencia, es decir, ponerse fuera de la posibilidad de ser interpelado. Aquella "certeza" lleva consigo una tranquilizante represión del querer-tener-conciencia, es decir, de la comprensión del más propio y permanente ser-culpable. La "buena" conciencia no es ni una forma autónoma ni una forma fundada de conciencia, es decir, no es en absoluto un fenómeno de conciencia.

Dado que cuando se habla de una "buena" conciencia, este hablar brota de la experiencia de la conciencia del Dasein cotidiano, con ello se pone en evidencia que cuando el Dasein cotidiano habla de la "mala" conciencia, tampoco acierta en la raíz del fenómeno. En efecto, la idea de la "mala" conciencia se apoya en la idea de la "buena" conciencia. La interpretación cotidiana se mueve en la dimensión del ocuparse que calcula "culpas" e "inocencias", y busca saldar las deudas pendientes. Y es en este horizonte donde se "vive" entonces la voz de la conciencia.

Al haber aclarado lo que respecta a la originariedad de las ideas de una "mala" y de una "buena" conciencia se ha decidido también acerca de la distinción entre una conciencia que mira hacia adelante para amonestar y de otra que se vuelve hacia atrás para censurar. Es cierto que la idea de la conciencia amonestadora parece acercarse máximamente al fenómeno de la intimación a... Comparte, en efecto, con este el carácter de un señalar hacia adelante. Sin embargo, esta concordancia es tan solo aparente. Una vez más, la experiencia de una conciencia amonestadora mira en la voz solamente el hecho de que esté orientada al acto querido por la voluntad, frente al cual quiere poner en guardia. Pero el amonestar, en cuanto interdicción de lo querido, solo es posible porque la llamada "amonestadora" apunta al poder-ser del Dasein, esto es, a su comprenderse como ser-culpable, solo contra el cual viene a quebrarse lo "querido" por la voluntad. La conciencia amonestadora tiene como función la regulación momentánea de un quedar libre de culpas. La experiencia de una conciencia "amonestadora" solo ve la función vocante de la conciencia dentro de los límites accesibles a la comprensión común del uno.

La objeción mencionada en tercer lugar apela a que la experiencia cotidiana de la conciencia *no conoce* algo así como una intimación a despertar al ser-culpable. Hay que concederlo. Pero, ¿garantiza ya solo con esto la experiencia cotidiana de la conciencia que en ella todo el posible contenido de la llamada de

la voz de la conciencia quede escuchado? ¿Se sigue de ahí que las teorías de la conciencia fundadas en la experiencia vulgar se hayan asegurado el horizonte 293
ontológico adecuado para el análisis de este fenómeno? ¿No muestra acaso un esencial modo de ser del Dasein, la caída, que este ente se comprende ónticamente a sí mismo inmediata y regularmente desde el horizonte del ocuparse y que ontológicamente determina el ser en el sentido del estar-ahí? Ahora bien, de allí proviene un doble encubrimiento del fenómeno: la teoría ve una secuencia de vivencias o "procesos psíquicos", que queda de ordinario enteramente indeterminada en su modo de ser. La conciencia comparece para la experiencia como un juez y un amonestador con el que el Dasein trata y negocia.

Que Kant haya colocado como idea rectora de su interpretación de la conciencia la "imagen del tribunal" no es un hecho fortuito, sino algo sugerido por la idea de la *ley* moral —aun cuando su concepto de la moralidad esté muy lejos de toda moral utilitaria y de todo eudemonismo. También la teoría de los valores, sea en su dirección formal, sea en la material, tiene como supuesto ontológico tácito una "metafísica de las costumbres", es decir, una ontología del Dasein y de la existencia. El Dasein es considerado como un ente del que hay que ocuparse, y este ocuparse tiene el sentido de la "realización de valores" o del cumplimiento de normas.

La apelación a la esfera de lo que la experiencia cotidiana conoce como única instancia para la interpretación de la conciencia solo podrá justificarse una vez que se haya planteado la pregunta si en esa experiencia la conciencia puede hacerse accesible en forma propia.

Con ello pierde también su fuerza la otra objeción, según la cual la interpretación existencial pasa por alto el hecho de que la llamada de la conciencia se refiere siempre a un acto determinado, "realizado" o querido por la voluntad. Una vez más, no puede negarse que la llamada sea experimentada frecuentemente en esta dirección. Pero queda en pie la pregunta si esta experiencia de la llamada deja que la llamada exprese plenamente lo que tiene que decir. La interpretación del sentido común podrá creer que se atiene a los "hechos", pero en definitiva su sensatez no ha hecho más que restringir la amplitud de apertura de la llamada. Si la "buena" conciencia no se deja poner al servicio de un "fariseísmo", tampoco la función de la "mala" conciencia puede ser degradada a una denuncia de culpabilidades que estuvieran-ahí o al rechazo de culpas en que se podría incurrir. Como si el Dasein fuese una "cuestión administrativa" cuyas deudas solo necesitaran ser saldadas en debida forma para que el sí-mismo pudiera estar "junto" al fluir de sus vivencias, a la manera de un espectador imparcial.

Ahora bien, si la relación a una culpa fácticamente "presente" o a una acción culpable fácticamente querida por la voluntad no es algo primario para la llamada, y si, por consiguiente, la conciencia "censurante" y la conciencia "amones- 294

tadora" no representan funciones vocantes originarias, también pierde su base la objeción mencionada en primer lugar, según la cual la interpretación existencial desconocería la función "esencialmente" *crítica* de la conciencia. También esta objeción se origina en una visión del fenómeno que, dentro de ciertos límites, es verdadera. En efecto, en el contenido de la llamada no puede mostrarse nada que la voz recomiende o mande "positivamente". Pero ¿cómo se entiende esta positividad que se echa de menos en la función de la conciencia? ¿Se sigue de ella el carácter "negativo" de la conciencia?

Se echa de menos un contenido "positivo" en lo proclamado por la conciencia, *porque se espera una indicación fácilmente utilizable de posibilidades de "acción" que sean disponibles, calculables y seguras.* Esta expectativa se funda en el horizonte de interpretación del ocuparse dirigido por la comprensión común, horizonte que fuerza a pensar el existir del Dasein dentro de la idea de un trámite regulable. Tales expectativas, que están parcialmente implícitas en la exigencia de una ética *material* de los valores, contrapuesta a una ética "solamente" formal, se ven ciertamente defraudadas por la conciencia. Si la llamada de la conciencia no da ese tipo de instrucciones "prácticas", es *únicamente porque* ella intima al Dasein a la existencia, a su más propio poder-ser-sí-mismo. Con las máximas inequívocamente contabilizables que se echan de menos, la conciencia rehusaría a la existencia nada menos que *—la posibilidad de actuar.* Pero si la conciencia evidentemente no puede ser "positiva" en este modo de ser, no por eso tiene en él una función "solamente negativa". La llamada no abre nada que pueda ser positivo o negativo en cuanto *objeto de ocupación,* porque ella atañe a un ser que es en lo ontológico totalmente diferente: a la *existencia.* En cambio, en sentido existencial, la llamada correctamente entendida ofrece lo "máximamente positivo", vale decir, la posibilidad más propia que el Dasein pueda darse; y lo hace como pre-vocante llamada hacia atrás, como llamada hacia el poder-ser-sí-mismo fáctico. Escuchar propiamente la llamada significa entrar en el actuar fáctico. Sin embargo, la interpretación plenamente suficiente de lo proclamado en la llamada solo podrá lograrse cuando se saque a luz la estructura existencial de la comprensión de la llamada que *escucha en forma propia.*

Previamente fue necesario mostrar que los fenómenos familiares a la interpretación vulgar de la conciencia, los únicos que ella conoce, cuando son comprendidos ontológicamente en forma correcta, remiten al sentido originario de la llamada de la conciencia; enseguida, que la interpretación vulgar procede de las limitaciones de la autointerpretación cadente del Dasein y —puesto que la caída pertenece al cuidado mismo— que dicha interpretación, *a pesar de su carácter obvio, no es en modo alguno casual.*

295 La crítica ontológica de la interpretación vulgar de la conciencia podrá prestarse al malentendido de que, con la demostración de la no-originariedad *existen-*

cial de la experiencia cotidiana de la conciencia, se quisiese formular un juicio sobre la "calidad moral" *existentiva* del Dasein que se mueve en ella. Así como la existencia no se ve necesaria y directamente perjudicada por una comprensión ontológicamente insuficiente de la conciencia, tampoco el comprender existentivo de la llamada queda garantizado por una adecuada interpretación existencial de esta. No menos posible es la seriedad en la experiencia vulgar de la conciencia que la falta de seriedad en una comprensión más originaria de ella. No obstante, la interpretación existencialmente más originaria abre también *posibilidades* para un comprender existentivo más originario, a condición de que los conceptos ontológicos no corten su vinculación con la experiencia óntica.

§ 60. La estructura existencial del poder-ser propio atestiguado en la conciencia

La interpretación existencial de la conciencia está destinada a sacar a luz un testimonio, *ínsito* en el Dasein mismo, de su poder-ser más propio. La manera cómo la conciencia atestigua no tiene el carácter de una información indiferente, sino que es una intimación provocante a despertar al ser-culpable. Lo así atestiguado es "agarrado" en el escuchar que sin simulaciones comprende la llamada en el sentido en que ella misma quiere ser comprendida. Solo la comprensión de la llamada, como modo de *ser* del Dasein, da a conocer el contenido fenoménico de lo atestiguado en la llamada de la conciencia. Ya hemos caracterizado el comprender propio de la llamada como un querer-tener-conciencia. Este dejar-actuar-en-sí al sí-mismo más propio desde él mismo en su ser-culpable, es el fenómeno de la atestiguación en el Dasein mismo de su poder-ser propio. Será necesario ahora exponer su estructura existencial. Solo así podremos avanzar hacia la constitución fundamental, abierta en el Dasein mismo, de la *propiedad* de su existencia.

Querer-tener-conciencia es, en cuanto comprender-se en el más propio poder-ser, una forma de la *aperturidad* del Dasein. Esta última está constituida no solo por el comprender, sino también por la disposición afectiva y el discurso. El comprender existentivo significa: proyectarse en la más propia posibilidad fáctica del poder-estar-en-el-mundo. Pero, a un *poder*-ser se lo comprende tan solo existiendo en esa posibilidad.

¿Cuál es el estado de ánimo que corresponde a este comprender? La comprensión de la llamada abre al propio Dasein en la desazón de su aislamiento. La desazón co-desvelada en el comprender se abre de un modo genuino por 296
medio de la disposición afectiva de la angustia implicada en ese comprender. El *factum* de la *angustia de conciencia* es una comprobación fenoménica de que en la comprensión de la llamada el Dasein es llevado ante lo desazonante

de sí mismo. El querer-tener-conciencia se convierte en disponibilidad para la angustia.

El tercer momento esencial de la aperturidad es el *discurso*. Para la llamada, como discurso originario del Dasein, no hay un contradiscurso correspondiente, en el que se pusiera, por ejemplo, en cuestión lo que la conciencia dice. Si el escuchar comprensor de la llamada no admite réplica, no es porque esté sobrecogido por un "oscuro poder" que lo doblegue, sino porque él mismo se apropia sin encubrimientos del contenido de la llamada. La llamada nos enfrenta al ser-culpable que somos en todo momento y trae de vuelta de este modo al sí-mismo desde la ruidosa habladuría de la comprensión del uno. Por consiguiente, el modo de articulación del discurso que corresponde al querer-tener-conciencia es el *callar* [*Verschwiegenheit*]. El callar fue caracterizado como posibilidad esencial del discurso[1]. Quien callando quiere dar a entender algo, ha de "tener algo que decir". El Dasein da a entender en la llamada su poder-ser más propio. Por eso, este llamar es un callar. El discurso de la conciencia jamás habla en voz alta. La conciencia solo llama callando, es decir, la llamada viene de la silenciosidad de la desazón, y llama al Dasein a retornar, también callando, al silencio de su ser. El querer-tener-conciencia comprende, pues, en forma adecuada este discurso silente únicamente cuando calla. El silencio hace callar la habladuría del uno.

El hablar silencioso de la conciencia sirve de pretexto a la interpretación que, basada en el comprender común, pretende "atenerse rigurosamente a los hechos", para afirmar que la conciencia es algo absolutamente imposible de constatar e inexistente [*nicht... vorhandenen*]. Como el *uno* solo escucha y comprende la habladuría ruidosa, y no puede "constatar" ninguna llamada, imputa a la conciencia el ser "muda" y manifiestamente inexistente. Con esta interpretación el uno no hace más que encubrir su propia sordera para la llamada y el corto alcance de su "escuchar".

La aperturidad del Dasein que se da en el querer-tener-conciencia está, por ende, constituida por la disposición afectiva de la angustia, por el comprender en cuanto proyectarse en el más propio ser-culpable, y por el discurso que calla.
297 Este eminente modo propio de la aperturidad, atestiguado en el Dasein mismo por su conciencia *—el callado proyectarse en disposición de angustia hacia el más propio ser-culpable—* es lo que nosotros llamamos la *resolución* [*Entschlossenheit*] (*).

La resolución es un modo eminente de la aperturidad del Dasein. Ahora bien, la aperturidad fue interpretada más arriba en forma existencial como la *verdad originaria*[2]. Esta no es primariamente una cualidad del "juicio" ni, en general, el

[1] Cf. § 34, p.187.

[2] Cf. § 44, p. 233 ss.

carácter de un determinado comportamiento, sino un esencial *constitutivum* del estar-en-el-mundo como tal. La verdad debe ser concebida como un existencial fundamental. La aclaración ontológica de la afirmación: "el Dasein está en la verdad" ha puesto de manifiesto la aperturidad originaria de este ente como la *verdad de la existencia*, remitiendo, para su delimitación, al análisis de la propiedad del Dasein[1].

Con la resolución se ha alcanzado ahora esta verdad que, a fuer de *propia*, es la más originaria del Dasein. La aperturidad del Ahí abre cooriginariamente cada vez el estar-en-el-mundo en su totalidad, es decir, el mundo, el estar-en y el sí-mismo que es este ente, en cuanto ese sí-mismo es un "yo soy". En virtud de la aperturidad del mundo ya está descubierto cada vez el ente intramundano. El estar-al-descubierto de lo a la mano y de lo que está-ahí se funda en la aperturidad del mundo[2]; en efecto, la puesta en libertad de la correspondiente totalidad respeccional de lo a la mano exige una comprensión previa de la significatividad. Comprendiendo la significatividad, el Dasein que está en la ocupación se ordena circunspectivamente al ente a la mano que comparece. Por su parte, la comprensión de la significatividad, en cuanto aperturidad del correspondiente mundo, se funda en la comprensión de aquello por-mor-de-lo-cual [se actúa], y a lo que remonta todo descubrimiento de la totalidad respeccional. Los diversos por-mor-de, tales como el albergue, el sustento, el progreso, son posibilidades inmediatas y constantes del Dasein, hacia las que el ente al que le va su ser ya siempre se ha proyectado. Arrojado en su "Ahí", el Dasein está cada vez fácticamente consignado a un determinado "mundo" —al suyo. Al mismo tiempo, los proyectos fácticos inmediatos quedan dirigidos por el *estar-perdido* en el uno en medio de las ocupaciones. Este estar-perdido puede ser interpelado por el propio Dasein; la interpelación puede ser comprendida en el modo de la resolución. Ahora bien, esta aperturidad *propia* modifica entonces cooriginariamente el estar-al-descubierto del "mundo", en ella fundado, y la aperturidad de la co-existencia de los otros. Esto no significa que el "mundo" a la mano se vuelva otro "en su contenido", que el círculo de los otros sea sustituido por uno diferente, y sin embargo, el 298
comprensor estar vuelto en ocupación hacia lo a la mano y el coestar solícito con los otros quedan determinados ahora desde su más propio poder-ser-sí-mismo.

La resolución, como *modo propio de ser-sí-mismo*, no corta el vínculo del Dasein con su mundo, ni aísla al Dasein convirtiéndolo en un "yo" que flota en el vacío. ¿Cómo podría, por lo demás, hacerlo, siendo que, como aperturidad propia, no es otra cosa que el *modo propio de estar-en-el-mundo*? La resolución lleva al sí-mismo precisamente a estar en ocupación en medio de lo a la mano y lo impele al coestar solícito con los otros.

[1] Cf. *loc. cit.*, p. 242.
[2] Cf. § 18, p. 109 ss.

En virtud del por-mor del poder-ser que él mismo ha elegido, el Dasein resuelto se libera para su mundo. Solo la resolución para sí mismo pone al Dasein en la posibilidad de dejar "ser" a los otros en su poder-ser más propio, incluyendo este poder-ser en la apertura de la solicitud anticipante y liberadora. El Dasein resuelto puede convertirse en "conciencia" de los otros. Del modo propio de ser-sí-mismo en la resolución nace por vez primera el modo propio de la convivencia, y no de ambiguos y mezquinos acuerdos ni de locuaces fraternizaciones en el uno y en lo que él pueda emprender.

Por su esencia ontológica, la resolución es siempre la de un determinado Dasein fáctico. La esencia de este ente es su existencia. La resolución "existe" solo en cuanto acto resolutorio [*Entschluss*] (*) que se proyecta a sí mismo en comprensión. Pero, ¿a qué se resuelve el Dasein en la resolución? (**) ¿A qué podrá resolverse? La respuesta solo puede ser dada por el acto resolutorio mismo. Sería comprender el fenómeno de la resolución de un modo completamente equivocado si se lo entendiera como un mero echar mano de posibilidades propuestas y recomendadas. *El acto resolutorio es precisamente el primer proyectarse y determinar aperiente de la correspondiente posibilidad fáctica.* A la resolución le *pertenece* necesariamente la *indeterminación* que caracteriza a todo fáctico y arrojado poder-ser del Dasein. La resolución no está segura de sí misma sino como acto resolutorio. Pero la *indeterminación existentiva* de la resolución, que solo se determina en cada caso en el acto de resolverse, tiene, como contrapartida, una *determinación existencial.*

Aquello a lo que la resolución se resuelve está ontológicamente bosquejado en la existencialidad del Dasein en cuanto tal como un poder-ser en el modo de la solicitud ocupada. El Dasein, empero, está determinado como cuidado por la facticidad y la caída. Estando abierto en su "Ahí, el Dasein se mueve con igual
299 originariedad en la verdad y en la no-verdad[1]. Esto vale "propiamente" justo de la resolución en cuanto modo propio de la verdad. La resolución hace suya en forma propia la no-verdad. El Dasein está desde siempre, y volverá quizás a estar de nuevo, en la irresolución. Este término no hace más que expresar el fenómeno que anteriormente interpretamos como el estar entregado al dominio del estado interpretativo del uno. El Dasein como uno-mismo es "vivido" en la ambigüedad de la comprensión común de lo público, en donde nadie se resuelve, y donde, sin embargo, ya todo está siempre decidido. La resolución significa dejarse despertar desde la pérdida en el uno. La irresolución del uno se mantiene empero vigente, aunque ella ya no puede contrariar a la existencia resuelta. La irresolución, como antítesis de la resolución existencialmente comprendida, no mienta un estado psíquico óntico, en el sentido de un estar afectado por inhibiciones. También el

[1] Cf. § 44 b, p. 242.

acto resolutorio tiene que contar con el uno y su mundo. Comprender esto forma parte de lo que él abre, puesto que solo la resolución le da al Dasein su auténtica transparencia. En la resolución le va al Dasein su más propio poder-ser que, en cuanto arrojado, solo puede proyectarse hacia determinadas posibilidades fácticas. El acto resolutorio no se substrae a la "realidad", sino que descubre por vez primera lo fácticamente posible, y lo descubre de un modo tal que lo asume como aquello que, en cuanto poder-ser más propio, es posible en el uno. La determinación existencial del cada vez posible Dasein resuelto abarca los momentos constitutivos de aquel fenómeno existencial, hasta ahora pasado por alto, que nosotros llamamos *situación*.

En la palabra situación (emplazamiento, "estar en disposición de...") resuena una significación espacial. No vamos a intentar extirparla del concepto existencial. Porque esa significación espacial se da también en el "Ahí" del Dasein. Al estar-en-el-mundo le pertenece una particular espacialidad, que está caracterizada por los fenómenos de la des-alejación y la direccionalidad. El Dasein "ordena un espacio" ["*räumt ein*"] en cuanto existe fácticamente[1]. Pero la peculiar espacialidad del Dasein, que es el fundamento sobre el cual la existencia determina cada vez su específico "lugar", se funda en la constitución del estar-en-el-mundo. El constitutivo primario de esta constitución es la aperturidad. Así como la espacialidad del Ahí se funda en la aperturidad, así también la situación tiene sus fundamentos en la resolución. La situación es el Ahí que cada vez se abre en la resolución, y es en cuanto tal Ahí como el ente existente ex-siste [*ist da*]. La situación no es un marco meramente presente donde se halla el Dasein o donde él pudiera instalarse. Lejos de ser una mezcla meramente presente de circuns- 300
tancias y accidentes, la situación solo *es* por y en la resolución. Estando resuelto para aquel Ahí que el sí-mismo ha de ser existiendo, se abre para él cada vez el carácter respeccional fáctico de las circunstancias. Solamente a la resolución le puede *sobre-venir* [*zu-fallen*], en el mundo compartido y circundante, eso que llamamos los azares de la vida [*Zufälle*].

En cambio, al uno la situación le está radicalmente cerrada. El uno solo conoce la "*situación general*" [*die allgemeine Lage*], se pierde en las "*oportunidades*" que le están más cercanas y configura la existencia [*Dasein*] mediante el cálculo de las "contingencias" que, en su desconocimiento, él considera y presenta como su propia realización.

La resolución pone el ser del Ahí en la existencia de su situación. Pero la resolución delimita la estructura existencial del modo propio del poder-ser, atestiguado en la conciencia, del querer-tener-conciencia. En él hemos reconocido la manera correcta de comprender la llamada. Resulta así absolutamente claro que,

[1] Cf. § § 23 y 24, p. 130 ss.

cuando la llamada de la conciencia nos intima al poder-ser, no nos propone un ideal vacío de existencia, sino que *nos llama a entrar en la situación.* Esta positividad existencial de la llamada de la conciencia rectamente comprendida nos hace ver también hasta qué punto la reducción del sentido de la llamada a culpas pasadas o futuras desconoce el carácter aperiente de la conciencia y solo en apariencias nos da la comprensión concreta de su voz. La interpretación existencial de la comprensión de la llamada como resolución hace ver la conciencia como aquel modo de ser, encerrado en el fondo del Dasein, en el que este —atestiguando su más propio poder-ser— hace posible para sí mismo su existencia fáctica.

El fenómeno que hemos expuesto con el término de "resolución" difícilmente podrá confundirse con un vacío *habitus* o con una "veleidad" indeterminada. La resolución no queda reducida a un puro representarse cognoscitivo de la situación, sino que desde un comienzo ya se ha puesto en ella. En cuanto resuelto, el Dasein ya *actúa.* Pero evitamos deliberadamente el término "actuar". Pues, por una parte, esta palabra tendría que ser comprendida en un sentido tan amplio que la actividad abarcara también la pasividad de la resistencia. Por otra parte, el término favorece una falsa comprensión ontológica del Dasein, según la cual la resolución sería un comportamiento particular de la facultad práctica frente a una teórica. Pero el cuidado, en cuanto solicitud que se ocupa, envuelve el ser del Dasein de un modo tan originario y total, que tiene que ser supuesto cada vez en su integridad al hacer la distinción entre un comportamiento teorético y uno práctico, y no podrá ser reconstruido a partir de estas facultades con la ayuda de
301 una dialéctica necesariamente sin fundamento, puesto que es existencialmente infundada. *Pero la resolución no es sino el modo propio del cuidado por el que el cuidado se cuida y que solo es posible como cuidado.*

La exposición de las posibilidades fácticas existentivas en sus caracteres fundamentales y en sus conexiones, y la interpretación de su estructura existencial, caen en el ámbito de los problemas de la antropología existencial temática[1]. Para el propósito ontológico fundamental de la presente investigación debe bastar la delimitación existencial del modo propio de poder-ser atestiguado en la conciencia por y para el Dasein mismo.

[1] En la dirección de está problemática, K. Jaspers ha comprendido y llevado a cabo explícitamente por primera vez la tarea de elaborar una doctrina de la *Weltanschauung.* Cf. su *Psychologie der Weltanschauungen,* 3ª ed., 1925. En esta obra se pone en cuestión "lo que es el hombre", determinándolo a partir de lo que él esencialmente puede ser (cf. el Prefacio de la 1ª ed.). De allí se deduce la fundamental significación ontológico-existencial de las "situaciones-límite". La tendencia filosófica de la *Psychologie der Weltanschauungen* es comprendida de un modo enteramente falso cuando se la "usa" como simple obra de consulta sobre los "diversos tipos de *Weltanschauung*".

Una vez expuesta la resolución como un callado proyectarse en disposición de angustia hacia el más propio ser-culpable, la investigación ha quedado en situación de precisar el sentido ontológico del poder-estar-entero propio que buscamos. La propiedad del Dasein no es ahora un término vacío ni una idea ficticia. Pero incluso así, el estar vuelto hacia la muerte en forma propia, que hemos deducido existencialmente, sigue siendo, en cuanto poder-estar-entero propio, un proyecto puramente existencial al que le falta la atestiguación del Dasein. Solo una vez hallada esta, la investigación habrá satisfecho la exigencia, impuesta por su problemática, de mostrar un poder-estar-entero propio, existencialmente garantizado y aclarado. Porque solo cuando este ente se haya hecho fenoménicamente accesible en su propiedad e integridad, la pregunta por el sentido del ser de este ente, en cuya existencia va implicada necesariamente la comprensión del ser, habrá alcanzado un terreno que resista toda prueba.

CAPÍTULO TERCERO

El poder-estar-entero propio y la temporeidad como sentido ontológico del cuidado.

§ 61. Bosquejo del paso metodológico desde la delimitación del estar-entero propio hacia la puesta al descubierto fenoménica de la temporeidad

Hasta aquí hemos proyectado existencialmente el modo propio del poder-estar-entero del Dasein. El análisis del fenómeno reveló al estar vuelto en forma 302
propia hacia la muerte como *adelantarse*[1]. En su atestiguación existentiva, el modo propio del poder-ser del Dasein se nos mostró y fue existencialmente interpretado como *resolución* ¿Cómo deberán unirse estos dos fenómenos? ¿No nos condujo el proyecto ontológico del poder-estar-entero propio a una dimensión del Dasein muy lejana del fenómeno de la resolución? ¿Qué cosa puede tener en común la muerte con la "situación concreta" del actuar? El intento de juntar por la fuerza la resolución y el adelantarse ¿no conduce a una construcción insostenible y absolutamente no fenomenológica, que ya no puede siquiera reivindicar el carácter de un proyecto ontológico fenoménicamente fundado?

Un enlace externo de ambos fenómenos se excluye por sí mismo. Solo queda, como único camino metodológicamente posible, partir del fenómeno de la resolución atestiguado en su posibilidad existentiva, y preguntar: *la resolución misma, en la tendencia existentiva más propia de su ser, ¿no apunta acaso hacia la resolución precursora [vorlaufende Entschlossenheit] como hacia su más propia y auténtica posibilidad?* ¿Y si, por su sentido mismo, la resolución solo llegase a su propiedad cuando ella se proyecta no hacia posibilidades cualesquiera y en cada caso meramente inmediatas, sino hacia la posibilidad extrema, hacia esa posibilidad que antecede a todo poder ser fáctico del Dasein y que, a fuer

[1] Cf. § 53, p. 279 ss.

de tal, viene a estar, de un modo mayor o menormente desembozado, dentro de todo poder-ser fácticamente asumido del Dasein? ¿Y si la resolución, en cuanto verdad-propia del Dasein, alcanzase solo en el adelantarse hacia la muerte su *correspondiente certeza propia*? ¿Y si tan solo en el *adelantarse* hacia la muerte se comprendiese de un modo propio, es decir, se *alcanzase* existentivamente toda la "*provisionalidad*" fáctica del resolver? (*).

Mientras la interpretación existencial no eche en olvido que el ente temático que le está propuesto tiene el modo de ser del *Dasein* y que, por ende, no puede ser reconstruido a la manera de un ente que está-ahí presente, hecho de partes también presentes, todos sus pasos deberán dejarse guiar por la idea de la *existencia*. Ello implica, para el problema de la posible conexión entre el adelantarse y la resolución, nada menos que la exigencia de proyectar estos fenómenos existenciales en
303 las posibilidades existentivas en ellos bosquejadas y de "pensar hasta el fondo" dichas posibilidades de un modo existencial. De esta manera, la elaboración de la resolución precursora como posible modo propio existentivo del poder-estar-entero pierde el carácter de una construcción arbitraria y se convierte en una interpretación que libera al Dasein *para* su más extrema posibilidad de existencia.

Con este paso la interpretación existencial da a conocer al mismo tiempo su carácter metodológico más propio. Hasta ahora, salvo algunas observaciones ocasionalmente necesarias, habíamos pospuesto toda discusión metodológica explícita. Primero era necesario "abrirse paso" hacia los fenómenos. *Antes* de la puesta al descubierto del sentido del ser del ente que ha sido desvelado en su estructura fenoménica, la marcha de la investigación necesita detenerse, no para gozar de un "descanso" sino para imprimirle a la investigación un renovado impulso.

Todo auténtico método se apoya en una adecuada mirada previa sobre la estructura fundamental del "objeto" o dominio de objetos que han de ser patentizados. Toda auténtica reflexión metodológica —que hay que distinguir cuidadosamente de vacías consideraciones técnicas— también nos da, por consiguiente, información acerca del modo de ser del ente temático[a]. La aclaración de las posibilidades, exigencias y límites metodológicos de la analítica existencial en general, le asegura la necesaria transparencia a ese paso decisivo (**) que es la patentización del sentido de ser del cuidado. *Pero la interpretación del sentido ontológico del cuidado deberá llevarse a cabo teniendo fenomenológicamente presente en forma cabal y constante la constitución existencial del Dasein que ha sido anteriormente expuesta.*

Desde un punto de vista ontológico, el Dasein es fundamentalmente distinto de todo estar-ahí y de toda realidad. Su "consistencia" no se funda en la sustancialidad de una sustancia, sino en la "*autonomía*" [*Selbständigkeit*] del sí-mismo

[a] Distinguir procedimiento científico y marcha pensante.

existente, cuyo ser fue concebido como cuidado. El fenómeno del *sí-mismo*, implicado en el cuidado, requiere una delimitación existencial originaria y propia, frente al uno-mismo impropio que ya fue mostrado en la etapa preparatoria. Esto implica también especificar las preguntas ontológicas que en general pueden y deben hacérsele al sí-mismo, en el supuesto de que este no es sustancia ni sujeto.

Ya aclarado así suficientemente el fenómeno del cuidado, preguntaremos por su sentido ontológico. La determinación de este sentido se convierte en la puesta al descubierto de la temporeidad. Esta exhibición no conduce a lejanos y separa- 304
dos dominios del Dasein, sino que no hace otra cosa que aprehender la totalidad de los fenómenos de la constitución existencial fundamental del Dasein en los últimos fundamentos de su propia comprensibilidad ontológica. *La temporeidad es experimentada en forma fenoménicamente originaria en el modo propio del estar-entero del Dasein, es decir, en el fenómeno de la resolución precursora.* Si la temporeidad se manifiesta aquí originariamente, es de presumir que la temporeidad de la resolución precursora sea uno de sus modos eminentes. La temporeidad tiene distintas posibilidades y diferentes maneras de *temporizarse* [*sich zeitigen*] (*). Las posibilidades fundamentales de la existencia, propiedad e impropiedad del Dasein, se fundan ontológicamente en distintos modos posibles de temporización de la temporeidad.

Si ya el carácter ontológico de su propio ser le resulta extraño al Dasein en razón del predominio de la comprensión cadente del ser (ser entendido como estar-ahí), más extraños aún le serán los fundamentos originarios de ese ser. No deberá sorprendernos, por consiguiente, que, en una primera mirada, la temporeidad no corresponda a eso que a la comprensión vulgar le es accesible como "tiempo". El concepto de tiempo de la experiencia vulgar del tiempo y la problemática que de ella deriva no pueden servir, pues, sin más, como criterios de la justeza de una interpretación del tiempo. Por el contrario, la investigación tiene que familiarizarse *previamente* con el fenómeno originario de la temporeidad; *solo a partir de él* podrá clarificarse la necesidad y la índole del origen de la comprensión vulgar del tiempo, como también la razón de su predominio.

El afianzamiento del fenómeno originario de la temporeidad se logra demostrando que todas las estructuras fundamentales del Dasein que hemos expuesto hasta ahora son, en el fondo, "tempóreas" en su posible totalidad, unidad y despliegue, y que deben ser concebidas como modos de temporización de la temporeidad. De esta manera, al haber puesto al descubierto la temporeidad, surge para la analítica existencial la tarea de *repetir* [*wiederholen*] el análisis ya hecho del Dasein, interpretando las estructuras esenciales en función de su temporeidad. Las líneas fundamentales de los análisis exigidos están bosquejadas por la temporeidad misma. El capítulo se divide, según esto, de la manera siguiente: el modo existentivo propio del poder-estar-entero del Dasein como resolución pre-

cursora (§ 62); la situación hermenéutica alcanzada para una interpretación del
sentido de ser del cuidado, y el carácter metodológico de la analítica existencial
en general (§ 63); cuidado y mismidad (§ 64); la temporeidad como sentido on-
305 tológico del cuidado (§ 65); la temporeidad del Dasein y las consiguientes tareas
de una repetición originaria del análisis existencial (§ 66).

§ 62. El modo existentivo propio del poder-estar-entero del Dasein como resolución precursora

¿Hasta qué punto la resolución, "pensada hasta el fondo" en la dirección de su más propia tendencia de ser, conduce al estar vuelto hacia la muerte de un modo propio? ¿Cómo se ha de concebir la conexión entre el querer-tener-conciencia y el modo propio del poder-estar-entero del Dasein existencialmente bosquejado? La fusión de ambos ¿produce un nuevo fenómeno? ¿O hay que quedarse en la resolución, atestiguada en su posibilidad existentiva, de tal manera que ella pueda experimentar una *modalización existentiva* mediante el estar vuelto hacia la muerte? ¿Pero qué quiere decir pensar existencialmente "hasta el fondo" el fenómeno de la resolución?

La resolución fue definida como el proyectarse, callado y dispuesto a la angustia, hacia el más propio ser-culpable. Este pertenece al ser del Dasein, y significa: *ser* fundamento negativo de una nihilidad (*). El "culpable" que forma parte del ser del Dasein no tolera aumento ni disminución. Es *anterior* a toda cuantificación, si esta tiene siquiera algún sentido. El Dasein es esencialmente culpable, y no *unas veces sí, y otras veces no*. El querer-tener-conciencia se decide por este ser-culpable. El propio sentido de la resolución lleva consigo este proyectarse al ser-culpable que es el Dasein *mientras está siendo*. Por consiguiente, el existentivo hacerse cargo de esta "culpa" en la resolución solo es ejecutado en forma propia cuando la resolución se ha hecho de tal *manera* transparente en su apertura del Dasein, que comprende el ser-culpable *como constante*. Pero esta comprensión solo es posible en la medida en que el Dasein abre para sí mismo su propio poder-ser "hasta el fondo", ["hasta su fin"]. Ahora bien, el *estar* del Dasein en el fin quiere decir, existencialmente, estar *vuelto hacia* el fin. La resolución solo llega a ser propiamente lo que ella puede ser, *cuando es un comprensor estar vuelto hacia el fin*, es decir, un adelantarse hasta la muerte. La resolución no "tiene" tan solo una conexión con el adelantarse como algo diferente de ella misma. *Ella implica el estar vuelto de un modo propio hacia la muerte como la posible modalidad existentiva de su propiedad.* Esta "conexión" deberá ser aclarada ahora fenoménicamente.

Resolución significa: dejarse llamar hacia adelante, hacia el más propio *ser*-culpable. El ser-*culpable* pertenece al ser del Dasein mismo, que nosotros hemos determinado primariamente como un poder-ser. Que el Dasein "es" constantemente culpable solo puede significar que siempre se mantiene en este ser [culpa- 306
ble] ya como existir propio, ya como impropio. El *ser*-culpable no es una mera propiedad permanente de algo que está constantemente ahí, sino la *posibilidad existentiva* de *ser* culpable en forma propia o impropia. Este "culpable" solo *es* en cada caso en el correspondiente poder-ser fáctico. Por consiguiente, el ser-culpable, por pertenecer al ser del Dasein, debe ser concebido como un poder-ser-culpable. La resolución se proyecta en este poder-ser, es decir, se comprende en él. Este comprender se mantiene, por tanto, en una posibilidad originaria del Dasein. Y lo hace en forma *propia* cuando la resolución es originariamente aquello que ella tiende a ser. Ahora bien, más arriba hemos mostrado que el modo originario cómo el Dasein está vuelto hacia su poder-ser es un estar vuelto hacia la muerte, es decir, hacia la eminente posibilidad del Dasein que allí fue caracterizada. El adelantarse abre esta posibilidad como posibilidad. Por consiguiente, la resolución solo *en cuanto precursora* llega a ser un originario estar vuelto hacia el más propio poder-ser del Dasein. La resolución solo comprende el "poder" del poder-ser-culpable cuando se "cualifica" como un estar vuelto hacia la muerte.

Resuelto, el Dasein se hace cargo propiamente, en su existencia, del hecho de que él es el fundamento negativo de su nihilidad. Hemos concebido existencialmente la muerte como la posibilidad ya caracterizada de la *im*posibilidad de la existencia, es decir, como la absoluta nihilidad del Dasein. La muerte no se añade al Dasein al "final", sino que el Dasein es, en cuanto cuidado, el fundamento arrojado (es decir, negativo) de su muerte. La nihilidad que atraviesa originariamente el ser del Dasein de un extremo al otro dominándolo, se le revela a él mismo en el estar vuelto en forma propia hacia la muerte. El anticiparse manifiesta el ser-culpable tan solo desde el fundamento del *íntegro* ser del Dasein. El cuidado lleva consigo con igual originariedad muerte y culpa. Solo la resolución precursora comprende *en forma propia e íntegra*, es decir, *originaria*, el poder-ser-culpable[1].

[1] El ser-culpable, originariamente inherente a la constitución de ser del Dasein, debe distinguirse con todo cuidado de lo que la teología entiende por el *status corruptionis*. La teología puede encontrar en el ser-culpable existencialmente concebido una condición ontológica de su posibilidad fáctica. La culpa incluida en la idea de este *status* es una culpabilidad fáctica de índole enteramente peculiar. Ella tiene su propia atestiguación, principialmente inaccesible a toda experiencia filosófica. El análisis existencial del ser-culpable no prueba nada *en pro* ni *en contra* de la posibilidad del pecado. Estrictamente hablando, no puede decirse siquiera que la ontología del Dasein deje abierta, *desde sí misma*, esta posibilidad, ya que, en cuanto cuestionamiento filosófico, ella no "sabe" absolutamente nada del pecado.

307 La comprensión de la llamada de la conciencia revela el estar perdido en el uno. La resolución trae al Dasein de vuelta a su más propio poder-ser-sí-mismo. El poder-ser propio adquiere el modo de la propiedad y se hace enteramente transparente en el comprensor estar vuelto hacia la muerte como posibilidad *más propia.*

En la interpelación, la llamada de la conciencia pasa por alto toda "mundana" consideración y capacidad del Dasein. Inexorablemente aísla al Dasein en su poder-ser-culpable, pretendiendo que lo sea en forma propia. El inexorable rigor del aislamiento esencial en el más propio poder-ser abre el adelantarse hacia la muerte como posibilidad *irrespectiva.* La resolución precursora hace que el poder-ser-culpable golpee fuertemente en la conciencia con el carácter de maximamente propio e irrespectivo.

Querer-tener-conciencia significa disponibilidad para la llamada al más propio ser-culpable que ya ha determinado siempre al Dasein fáctico *antes* de toda culpabilidad fáctica y *después* de su extinción. Este previo y constante ser-culpable solo se muestra al descubierto en su prioridad cuando esta queda inserta en la posibilidad absolutamente *insuperable* para el Dasein. Una vez que la resolución, adelantándose, ha *introducido* en su poder-ser la posibilidad de la muerte, la existencia propia del Dasein no puede ser ya *superada* por nada más.

Con el fenómeno de la resolución hemos sido llevados ante la *verdad* originaria de la existencia. Al estar resuelto, el Dasein queda desvelado para él mismo en su cada vez fáctico poder-ser y, de esta manera, él *es* en sí mismo este desvelar y quedar desvelado. A la verdad le pertenece siempre su respectiva certeza. La apropiación explícita de lo abierto o descubierto es el *estar*-cierto. La verdad originaria de la existencia exige un igualmente originario estar-cierto, en tanto que mantenerse en aquello que la resolución abre. Ella se *da* a sí misma la correspondiente situación fáctica y se *pone* en ella. La situación no se deja calcular previamente ni dar como algo que está-ahí esperando su captación. Solo es abierta en un libre resolverse, primeramente indeterminado, pero abierto a la determinabilidad. *¿Qué significa entonces la certeza propia de esta resolución?* Ella debe mantenerse en lo que ha sido abierto por el acto resolutorio. Pero esto quiere decir que ella justamente no debe *obstinarse* en la situación, sino que debe comprender que, por su propio sentido aperiente, el acto resolutorio tiene
308 que *mantenerse* libre y *abierto* para la correspondiente posibilidad fáctica. La certeza del acto resolutorio significa: *mantenerse libre para* su posible y acaso fácticamente necesaria *revocación.* Semejante tener-por-verdadero de la resolución (como verdad de la existencia) no deja empero en modo alguno recaer en la irresolución. Al contrario: este tener-por-verdadero en cuanto es un resuelto mantenerse libre para la revocación, es el *modo propio de estar-resuelto a la repetición de sí mismo.* Pero, justamente con ello, la pérdida en la irresolución

queda existentivamente socavada. El tener-por-verdadero de la resolución tiende, por su sentido mismo, a mantenerse *permanentemente* libre, es decir, libre para el poder-ser *entero* del Dasein. Esta constante certeza solo le es garantizada a la resolución si ella se comporta en relación con la posibilidad respecto de la cual puede *estar* absolutamente cierta. En su muerte, el Dasein tiene que "revocarse" absolutamente. Estando constantemente cierta de esto, es decir, *adelantándose*, la resolución logra su propia y cabal certeza.

Pero el Dasein también está cooriginariamente en la no-verdad. La resolución precursora le da al mismo tiempo la certeza originaria de su estar cerrado. Precursoramente resuelto, el Dasein se *mantiene* abierto para la posible pérdida en la irresolución del uno, que constantemente amenaza desde el fondo de su propio ser. La irresolución, en cuanto posibilidad permanente del Dasein, es *concomitantemente cierta* [*mitgewiss*]. La resolución transparente para sí misma comprende que la *indeterminación* del poder-ser solo se determina cada vez en el acto de resolverse a la correspondiente situación. Sabe de la indeterminación que impera de un extremo al otro en el ente que existe. Pero este saber, si ha de corresponder al modo propio de la resolución, tiene que surgir, también él, de un abrir en el modo propio. La *indeterminación* del poder-ser propio, hecha cierta en el acto resolutorio, solo se manifiesta, sin embargo, *en su integridad* en el estar vuelto hacia la muerte. El adelantarse lleva al Dasein ante una posibilidad que, siendo constantemente cierta, permanece empero en todo momento indeterminada respecto de cuando dicha posibilidad se convertirá en imposibilidad. Ella pone de manifiesto que el Dasein está arrojado en la indeterminación de su "situación límite", y que, resolviéndose por ella, alcanza su modo propio de poder-estar-entero. La indeterminación de la muerte se abre originariamente en la angustia. Pues bien, la resolución se esfuerza por hacerse capaz de esta angustia originaria. Ella remueve todo encubrimiento del estar entregado a sí mismo del Dasein. La nada, frente a la cual lleva la angustia, desvela la nihilidad que determina al Dasein en su *fundamento*, fundamento que, por su parte, es en cuanto arrojamiento en la muerte.

El análisis ha ido revelando, uno tras otro, los *momentos de esa modalización* 309
a que la resolución tiende por sí misma, los cuales surgen del modo propio de estar vuelto hacia la muerte como la posibilidad más propia, irrespectiva, insuperable, cierta y, sin embargo, indeterminada. Solo en cuanto *resolución precursora*, la resolución es entera y propiamente lo que ella puede ser.

Pero, a la inversa, solo la interpretación de la "conexión" entre resolución y adelantarse ha logrado la plena comprensión existencial del adelantarse mismo. Hasta aquí, este no tenía más validez que la de un proyecto ontológico. Ahora se ha mostrado que el adelantarse no es una posibilidad inventada e impuesta al Dasein, sino la *modalidad* de un poder-ser existentivo atestiguado en el Dasein, del que este se hace capaz cuando llega a comprenderse a sí mismo de un modo propio en el estar resuelto. El adelantarse no "es" un comportamiento que esté flotando en el vacío, sino que debe ser concebido como la *posibilidad, escondida en la resolución existentivamente atestiguada, del modo propio de esa resolución, posibilidad que de esta manera queda coatestiguada también ella misma.* El modo auténtico de "pensar en la muerte" es el querer-tener-conciencia existentivo que se ha vuelto transparente.

Si la resolución en cuanto propia tiende a la modalidad definida por el adelantarse, y si el adelantarse constituye el modo propio del poder-estar-entero del Dasein, entonces en la resolución existentivamente atestiguada esta coatestiguado también un modo propio del poder-estar-entero del Dasein. *La pregunta por el poder-estar-entero es una pregunta fáctico-existentiva. El Dasein la responde en tanto que resuelto.* La pregunta por el poder-estar-entero del Dasein ha perdido ahora completamente el carácter que mostraba en un comienzo[1], cuando pudo parecer una mera pregunta teorética y metodológica de la analítica del Dasein, surgida del esfuerzo por lograr un pleno "darse" del Dasein entero. La pregunta por la integridad del Dasein, que en un comienzo solo fue debatida desde un punto de vista metódico-ontológico, era legítima, pero lo era tan solo porque su fundamento remonta a una posibilidad óntica del Dasein.

La aclararación de la "conexión" entre el adelantarse y la resolución, en el sentido de la posible modalización de esta por aquel, se ha transformado en la mostración fenoménica de un modo propio del poder-estar-entero del Dasein. Si con este fenómeno se ha alcanzado una manera de ser del Dasein en la que este se lleva hacia sí mismo y se pone delante de sí mismo, entonces el fenómeno tendrá que resultarle óntica y ontológicamente incomprensible a la interpretación cotidiana del Dasein hecha por la comprensión común del uno. Sería malentender las
310 cosas si se quisiera desechar está posibilidad existentiva como "indemostrada", o si se quisiera "demostrarla" teoréticamente. Con todo, el fenómeno requiere ser preservado de las tergiversaciones más burdas.

La resolución precursora no es una escapatoria que haya sido inventada para "sobreponerse" a la muerte, sino la comprensión obediente a la llamada de la conciencia, que le deja abierta a la muerte la posibilidad de *adueñarse* de la *existencia* del Dasein y de disipar radicalmente todo autoencubrimiento rehuyente. El querer-tener-conciencia, determinado como estar-vuelto-hacia la muerte, tampoco quiere decir ninguna separación y fuga del mundo, sino que lleva, sin ilusiones, a la resolución del "actuar". La resolución precursora no proviene tampoco de una pretensión "idealista" que sobrevolara por encima de la existencia y de sus posibilidades, sino que brota de la sobria comprensión de las fundamen-

[1] Cf. § 45, p. 251 ss.

tales posibilidades fácticas del Dasein. La serena angustia, que nos lleva ante el poder-ser singularizado, se acompaña de la vigorosa alegría por esta posibilidad. En ella el Dasein se libera de las "contingencias" de la distracción que la laboriosa curiosidad procura primariamente para sí misma a partir de los sucesos del mundo. El análisis de estos estados de ánimo fundamentales sobrepasa, sin embargo, los límites que le han sido trazados a la presente interpretación por el hecho de que su propósito es una ontología fundamental.

¿Pero no hay acaso por debajo de está interpretación ontológica de la existencia del Dasein una determinada concepción óntica del modo propio de existir, un ideal fáctico del Dasein? Efectivamente es así. Este *factum* no solo no debe ser negado ni aceptado a la fuerza, sino que es necesario que se lo conciba en su *positiva necesidad*, a partir del objeto que constituye el tema de la investigación. La filosofía no ha de querer nunca negar sus "supuestos", pero tampoco deberá contentarse con admitirlos. Ella debe reconocer los supuestos y exponer, en estrecha relación con ellos, aquello para lo que son supuestos. Esta es la función que tiene la reflexión metodológica que ahora debemos hacer.

§ 63. La situación hermenéutica alcanzada para una interpretación del sentido de ser del cuidado, y el carácter metodológico de la analítica existencial en general

Con el tema de la resolución precursora el Dasein se ha vuelto fenoménicamente visible en lo que respecta a la posibilidad de su propiedad y de su integridad. La situación hermenéutica, hasta ahora insuficiente para la interpretación del sentido de ser del cuidado[1], ha logrado la necesaria originariedad. El Dasein ha sido 311
puesto en el haber previo en una forma originaria, es decir, en una forma relativa a su modo propio de poder-estar-entero; la orientadora manera previa de ver —la idea de la existencia— ha podido ser determinada mediante la aclaración del poder-ser más propio; con la elaboración concreta de la estructura de ser del Dasein se ha hecho tan clara su índole ontológica peculiar frente a todo lo que está-ahí, que la manera de entender previa de la existencialidad del Dasein posee ahora una articulación suficiente como para guiar en forma segura la elaboración conceptual de los existenciales.

El camino recorrido hasta aquí por la analítica del Dasein se ha convertido en la demostración concreta de la tesis que al comienzo quedó tan solo formulada[2]: *el ente que somos nosotros mismos es ontológicamente el más lejano.* La razón

[1] Cf. § 45, p. 252.
[2] Cf. § 5, p. 39.

de esto se encuentra en el cuidado mismo. El cadente estar en medio de aquellas cosas del "mundo" que son objeto inmediato de ocupación guía la interpretación cotidiana del Dasein y encubre ónticamente el modo propio de su ser, privando a la ontología orientada hacia este ente de su base adecuada[a]. Por eso, aunque usualmente la ontología se deja guiar por la interpretación cotidiana del Dasein, la forma originaria en que este ente se da como fenómeno no es en absoluto obvia. La puesta al descubierto del ser originario del Dasein debe *conquistarse* para este yendo *en contra* de la tendencia interpretativa óntico-ontológica propia de la caída.

Al mostrar las estructuras más elementales del estar-en-el-mundo, definición del concepto de mundo, aclaración del inmediato y mediano "quién" de este ente —el uno-mismo— e interpretación del "Ahí", y, sobre todo, al hacer los análisis del cuidado, la muerte, la conciencia y la culpa, se ha podido ver *cómo*, en el Dasein mismo, la comprensión común de la ocupación se ha adueñado del poder-ser y de su abrir, es decir, de su cerrar.

El *modo de ser* del Dasein exige, pues, que una interpretación ontológica, cuya meta sea la originariedad de la mostración fenoménica, *conquiste para sí el ser de este ente en contra de la tendencia encubridora que hay en él.* De ahí que el análisis existencial tenga en todo momento el carácter de algo que violenta las pretensiones o la falta de pretensiones y la aquietada "evidencia" de la interpretación cotidiana. Este carácter distingue de una manera especial la ontología del Dasein, pero, a la vez, es propio de toda interpretación teorética, porque el
312 comprender que en esta se desarrolla tiene la estructura del proyectar. Pero, ¿no se requiere para ello una *guía* y *regulación* apropiadas? ¿De dónde habrán de sacar los proyectos ontológicos la evidencia de la adecuación fenoménica de sus "constataciones"? La interpretación ontológica proyecta hacia el ser que le es propio el ente que le está dado, con el fin de llevarlo a concepto en su estructura. ¿Dónde están los señalizadores que indican la dirección que debe tomar el proyecto para poder llegar hasta el ser? ¿Y si fuese el ente mismo que es el tema de la analítica existencial quien, *en* su manera de ser, oculta el ser que le es propio? La respuesta a estas preguntas deberá limitarse por ahora a la aclaración exigida por ellas de la analítica del Dasein.

Al ser del Dasein le pertenece una autointerpretación [*Selbstauslegung*]. En el descubrimiento circunspectivo y ocupado del "mundo" la ocupación misma queda también a la vista. El Dasein se comprende siempre fácticamente en determinadas posibilidades existentivas, aunque los proyectos procedan tan solo de

1 ¡Errado! Como si la ontología se pudiese descifrar a partir de lo auténticamente óntico. Porque, ¿qué es lo auténticamente óntico si no es auténtico en virtud de un proyecto pre-ontológico? —supuesto que todo deba quedarse en esta distinción.

la comprensión común del uno. Expresa o tácitamente, adecuada o inadecuadamente, de alguna manera la existencia queda concomitantemente comprendida. Todo comprender óntico tiene sus "implicaciones", aunque estas sean tan solo *pre*-ontológicas, es decir, aunque no estén comprendidas de un modo temático-teorético. Toda pregunta ontológica explícita por el ser del Dasein ya está preparada por el modo de ser del Dasein.

Sin embargo, ¿dónde se podrá encontrar lo constitutivo de la existencia "propia" del Dasein? Porque sin un comprender existentivo todo análisis de la existencialidad carece de base. ¿No se apoya nuestra interpretación de la propiedad e integridad del Dasein en una concepción óntica de la existencia que, aunque sea posible, no tiene necesariamente carácter vinculativo para todos? La interpretación existencial no pretenderá jamás atribuirse autoritativamente la decisión sobre posibilidades o vinculaciones existentivas. Pero, ¿no deberá justificarse a sí misma respecto *de las* posibilidades existentivas con las cuales ella le da a la interpretación ontológica su fundamento óntico? Si el ser del Dasein es por esencia poder-ser y ser-libre para sus más propias posibilidades, y si el Dasein no existe sino en la libertad para ellas o en la falta de libertad frente a ellas, ¿podrá la interpretación ontológica hacer otra cosa que establecer como fundamento *posibilidades ónticas* (modos del poder-ser) y proyectar *esas posibilidades ónticas* hacia *su posibilidad ontológica*? Y si regularmente el Dasein se interpreta a sí mismo desde su estar perdido en los quehaceres del "mundo", ¿no será la determinación de las posibilidades óntico-existentivas lograda en oposición a ello, y el análisis
existencial en ellas fundado, la forma de apertura que se ajusta adecuadamente 313
a este ente? *¿No se convierte entonces lo violento del proyecto en una concreta puesta en libertad del contenido fenoménico no disimulado del Dasein?*

La presentación "violenta" de posibilidades de la existencia bien puede responder a una exigencia metodológica, pero, ¿podrá ella sustraerse a lo puramente arbitrario? Cuando la analítica pone como modo propio del poder-ser existentivo la resolución precursora, una posibilidad a la que el Dasein mismo intima desde el fondo de su existencia, ¿es esta posibilidad una posibilidad *arbitraria*?[a] ¿Es la manera de ser en la que el poder-ser del Dasein se comporta en relación con su posibilidad eminente, la muerte, una manera de ser de la que se ha echado mano casualmente? *¿Tiene el estar-en-el-mundo una instancia de su poder-ser más allá que su muerte?*

Pero, aun suponiendo que el proyectarse óntico-ontológico del Dasein en un poder-estar-entero propio no sea arbitrario, ¿se justifica por eso la interpretación existencial que hemos hecho de este fenómeno? ¿De dónde toma ella su hilo conductor si no es de una idea "previamente supuesta" de la existencia en ge-

[a] Esto ciertamente no; pero 'no arbitraria' no significa: necesaria y vinculante.

neral? ¿Qué reguló los distintos pasos del análisis de la cotidianidad impropia sino ese concepto de existencia puesto desde la partida? Y cuando decimos que el Dasein "cae" y que por eso la propiedad del poder-ser le debe ser arrebatada a la fuerza en contra de esta tendencia de su ser, ¿desde qué perspectiva se está hablando? ¿No está todo iluminado, si bien crepuscularmente, por la luz de una idea "previamente supuesta" de existencia? ¿De dónde recibe ella su justificación? El primer proyecto que apuntaba hacia ella, ¿carecía acaso de dirección? De ningún modo.

La indicación formal de la idea de existencia se guiaba por la comprensión del ser que se encuentra en el Dasein mismo. A pesar de carecer de toda transparencia ontológica, esa comprensión revela, sin embargo, que el ente que llamamos Dasein lo soy cada vez yo mismo, y lo soy como un poder-ser en el que está en-juego ser este ente. Aunque sin suficiente precisión ontológica, el Dasein se comprende como estar-en-el-mundo. Y por ser el Dasein de esta manera, comparecen para él entes con el modo de ser de lo a la mano y de lo que está-ahí. La distinción entre existencia y realidad podrá estar muy lejos aún de ser un concepto ontológico, podrá incluso el Dasein comprender, por lo pronto, la existencia como realidad; sin embargo, él no es tan solo algo que está-ahí, sino que, bien sea en una interpretación mítica y mágica, ya *se* ha *comprendido* siempre a sí mismo. Pues de lo contrario no "viviría" en un mito, ni practicaría su magia en ritos y culto. La idea de existencia supuesta desde el comienzo es el bosquejo existentivamente no vinculante de la estructura formal de la comprensión del Dasein en general.

314 Bajo la conducción de esta idea se ha llevado a cabo el análisis preparatorio de la cotidianidad inmediata hasta llegar a una primera delimitación conceptual del cuidado. Este fenómeno hizo posible una comprensión más rigurosa de la existencia y de la relación que ella tiene con la facticidad y la caída. La delimitación de la estructura del cuidado proporcionó la base para una primera distinción ontológica entre existencia y realidad[1]. Esto nos llevó a la tesis: la sustancia del hombre es la existencia[2].

Pero incluso esta idea de existencia formal y existentivamente no vinculante lleva consigo un "contenido" ontológico determinado, aunque no explícito que, al igual que la idea de realidad a él contrapuesta, "presupone" una idea del ser en general. Solo dentro del horizonte *de esta idea* puede llevarse a cabo la distinción entre existencia y realidad. En efecto, las dos nombran el *ser*.

Pero, ¿no tenemos que llegar a la aclaración de la idea del ser en general por medio de la elaboración de la comprensión del ser que es propia del Dasein? Sin embargo, esta no puede ser originariamente comprendida sino sobre la base de

[1] Cf. § 43, p. 221 ss.

[2] Cf. p. 233 y p. 142.

una interpretación originaria del Dasein hecha al hilo de la idea de existencia. ¿No resulta entonces enteramente evidente que el problema de la ontología fundamental se mueve en un "círculo"?

Ya hicimos ver, con ocasión del análisis de la estructura del comprender en general, que lo censurado con la inadecuada expresión de "círculo" pertenece a la esencia y carácter distintivo del comprender mismo[1]. Sin embargo, la investigación deberá volver ahora explícitamente sobre el "argumento del círculo", con vistas a la aclaración de la situación hermenéutica de la problemática ontológico fundamental. La "objeción del círculo" contra la interpretación existencial se expresa así: Se empieza por "suponer" la idea de la existencia y del ser en general, y enseguida se interpreta "por ella" el Dasein, para obtener por esta vía la idea del ser. Bien, pero, ¿que significa "suponer"? ¿Se formula acaso, con la idea de existencia, una proposición a partir de la cual deduzcamos, de acuerdo con las reglas formales de la inferencia, otras proposiciones sobre el ser del Dasein? ¿O no tiene esta pre-suposición más bien el carácter de un proyectar comprensor, de tal manera que la interpretación en la que dicho comprender se desarrolla *empieza por ceder la palabra precisamente a aquello mismo que ha de ser* 315
interpretado, a fin de que este decida desde sí mismo si él proporciona, en cuanto tal ente, la constitución de ser con vistas a la cual él ha sido abierto en el proyecto formalmente indicativo? ¿Hay otra manera en la que ese ente tome la palabra con respecto a su ser? En la analítica existencial el "círculo" en la prueba no puede siquiera ser "evitado", puesto que ella *no prueba nada* según las reglas de la "lógica de la inferencia". Lo que la comprensión común quiere eliminar, a fin de evitar el "círculo", creyendo dar satisfacción a la máxima rigurosidad de la investigación científica, es nada menos que la estructura fundamental del cuidado. Constituido originariamente por este, el Dasein ya se ha anticipado siempre a sí mismo. Siendo, ya se ha proyectado siempre hacia determinadas posibilidades de su existencia, y en esos proyectos existentivos ha comproyectado preontológicamente eso que llamamos existencia y ser. ¿Pero puede entonces denegársele este proyectar esencial del Dasein a *aquella* investigación que, *como toda investigación, es, también ella, un modo de ser del Dasein aperiente* que tiende a desarrollar y llevar a concepto la comprensión del ser propia de la existencia?

Ahora bien, la "objeción del círculo" proviene, ella misma, de un modo de ser del Dasein. A la comprensión común que en su ocupación se absorbe en el uno, eso de un proyectar, y máxime de un proyectar ontológico, le resulta extraño, porque ella se cierra "en principio" frente a aquel. La comprensión común solo se ocupa, "teorética" o "prácticamente", del ente que puede ser abarcado con la

[1] Cf. § 32, p. 176 s.

mirada circunspectiva. Lo característico de la comprensión común consiste en que ella cree experimentar tan solo entes "de hecho", para poder así sustraerse a una comprensión del ser. No comprende que los entes solo pueden ser experimentados "de hecho" si el ser ya ha sido comprendido, aunque sea sin conceptos. La comprensión común comprende mal el comprender. Y *por eso* tiene que considerar necesariamente como "violento" aquello que supera el alcance de su comprensión e incluso la tendencia misma a superarla.

Hablar de un "círculo" de la comprensión implica un doble desconocimiento: 1. que el comprender mismo constituye un modo fundamental del ser del Dasein; 2. que este ser está constituido por el cuidado. Negar, ocultar o querer superar el círculo equivale a consolidar definitivamente este desconocimiento. Los esfuerzos debieran dirigirse, más bien, a saltar de un modo originario y pleno dentro de este "círculo", para asegurarse, desde el comienzo del análisis del Dasein, la plena visión del carácter "circular" de este. Se supone no demasiado, sino *de-*
316 *masiado poco* para la ontología del Dasein, cuando se "parte" de un yo carente de mundo, para proporcionarle luego un objeto y una relación a este, carente de fundamento ontológico. *Muy corto alcance tiene la mirada* cuando se problematiza "la vida" y se toma *enseguida* en cuenta *ocasionalmente también* la muerte. El objeto temático queda *dogmática y artificiosamente mutilado* cuando uno se limita "primeramente" a un "sujeto teorético", para luego completarlo "por su lado práctico" con el agregado de una "ética".

Baste con esto para la aclaración del sentido existencial de la situación hermenéutica de una analítica originaria del Dasein. Con la exposición de la resolución precursora, el Dasein ha sido llevado al haber previo en su integridad propia. El modo propio del poder-ser-sí-mismo garantiza la manera previa de ver en dirección a la existencialidad originaria, y esta asegura la acuñación de los conceptos existenciales adecuados.

El análisis de la resolución precursora condujo, al mismo tiempo, al fenómeno de la verdad originaria y propia. Más arriba se mostró que la comprensión del ser inmediata y regularmente dominante comprende el ser en el sentido del estar-ahí, y de esta manera encubre el fenómeno originario de la verdad[1]. Ahora bien, si solo "hay" ser en tanto que la verdad "es", y si la comprensión del ser se modifica siempre según la índole de la verdad, entonces la verdad originaria y propia deberá garantizar la comprensión del ser del Dasein y del ser en general. La "verdad" ontológica del análisis existencial se configura sobre la base de la verdad existentiva originaria. En cambio, a esta no le hace falta necesariamente aquella. La más originaria y fundamental verdad existencial a que tiende —preparando, en definitiva, la pregunta por el ser— la problemática ontológico-fun-

[1] Cf. § 44 b, p. 239 ss.

damental es *la apertura del sentido de ser del cuidado*. Para poner al descubierto este sentido es necesario tener íntegramente a disposición el contenido estructural pleno del cuidado.

§ 64. Cuidado y mismidad

La unidad de los momentos constitutivos del cuidado, existencialidad[a], facticidad y condición de caído, hizo posible la primera delimitación ontológica de la totalidad del todo estructural que es el Dasein. La estructura del cuidado fue reducida a 317
la siguiente fórmula existencial: anticiparse-a-sí-estando-ya-en (un mundo) en medio-de (los entes que comparecen dentro del mundo). La totalidad de la estructura del cuidado no se obtiene por acoplamiento de partes y, sin embargo, es una totalidad *articulada*[1]. Este resultado ontológico debió ser evaluado considerando hasta qué punto satisface las exigencias de una interpretación *originaria* del Dasein[2]. El resultado de esta reflexión fue que ni el Dasein en su totalidad ni su *modo propio* de poder-ser habían sido tematizados. Sin embargo, el intento de captar fenoménicamente al Dasein en su totalidad parecía fracasar precisamente en virtud de la estructura del cuidado. El anticipar-se se presentaba como un no todavía. Pero este anticiparse, caracterizado como un resto pendiente, se reveló luego a la consideración existencial genuina como un *estar vuelto hacia el fin*, un modo de ser que todo Dasein, en el fondo de su ser, tiene. Asimismo dejamos en claro que, en la llamada de la conciencia, el cuidado intima al Dasein a su poder-ser más propio. La comprensión de la llamada —originariamente comprendida— se reveló como resolución precursora. Esta encierra en sí el modo propio del poder-estar-entero del Dasein. La estructura del cuidado no va *en contra* de un posible estar-entero, sino que es la *condición de posibilidad* de semejante poder-ser existentivo. A lo largo de estos análisis se hizo claro que los fenómenos existenciales de la muerte, la conciencia y la culpa, están anclados en el fenómeno del cuidado. *La articulación de la totalidad del todo estructrural se ha vuelto aún más rica y así se ha hecho también más apremiante la pregunta existencial por la unidad de esta totalidad.*

¿Cómo debemos concebir esta unidad? ¿Cómo puede el Dasein existir unitariamente en las mencionadas formas y posibilidades de su ser? Manifiestamente, tan solo a condición de que él *mismo sea* este ser en sus posibilidades esenciales, que cada vez[b] *yo* sea este ente. El "yo" pareciera ser lo que "mantiene unida"

[1] Cf. §41, p. 213 ss.

[2] Cf. §45, p. 251 ss.

[a] Existencia significa: 1. todo el ser del Dasein; 2. solamente el 'comprender'.

[b] El Dasein *mismo sea* este ente.

la totalidad del todo estructural. El "yo" y el "sí-mismo" han sido concebidos desde siempre en la "ontología" de este ente como el fundamento sustentador (sustancia o sujeto). La presente analítica, por su parte, ha tropezado ya desde la caracterización preparatoria de la cotidianidad, con la pregunta por el quién del Dasein. Se ha podido ver que inmediata y regularmente el Dasein no es él mismo, sino que está perdido en el uno-mismo[a]. Este último es una modificación existentiva del sí mismo propio. La pregunta por la constitución ontológica de la
318 mismidad quedó sin contestar. Pero ya se ha fijado en principio el hilo conductor del problema[a]: si el sí-mismo pertenece a las determinaciones esenciales del Dasein, y si la "esencia" de este consiste en la *existencia*, entonces la yoidad y la mismidad deberán ser comprendidas *existencialmente*. De un modo negativo se ha mostrado también que la caracterización ontológica del uno excluye cualquier empleo de categorías propias del estar-ahí (sustancia). Fundamentalmente ha quedado en claro que el cuidado no puede ser deducido ontológicamente de la realidad, ni edificado con las categorías de esta[2]. Si es válida la tesis del carácter *tautológico* de la expresión "cuidado de sí mismo", en correspondencia a la solicitud como cuidado por los otros[3], entonces el cuidado lleva ya en sí el fenómeno del sí-mismo. Pero con ello se agudiza el problema de la determinación ontológica de la mismidad del Dasein, y se transforma en la pregunta por la "conexión" existencial entre cuidado y mismidad.

La aclaración de la existencialidad del sí-mismo tiene su punto de partida "natural" en la autointerpretación cotidiana del Dasein, que se expresa acerca de "sí mismo" *diciendo "yo"*. No se necesita para ello hablar en voz alta. Diciendo "yo", este ente apunta a sí mismo[b]. El contenido de esta expresión pasa por ser absolutamente simple. Ella se refiere cada vez solamente a mí y a nada más. Siendo simple de esta manera, el "yo" no es ninguna determinación de otras cosas, no es, *él mismo*, un predicado, sino que es el "sujeto" absoluto. Lo expresado al decir "yo", aquello de lo que en ese decir se habla [*das Aus-und An-gesprochene*], es comprendido siempre como lo que permanece siendo lo mismo. Los caracteres de la "simplicidad", "sustancialidad" y "personalidad" que Kant, por ejemplo, pone a la base de su doctrina "de los paralogismos de la razón pura"[4], surgen de una auténtica experiencia prefenomenológica. Queda, sin embargo,

[1] Cf. § 25, p. 140 ss.

[2] Cf. § 43 c, p. 232 s.

[3] Cf. § 41, p. 214.

[4] Cf. *Kritik der reinen Vernunft*[2], p. 399; sobre todo, la elaboración en la 1ª ed., p. 348 ss.

[a] El 'yo' como el sí-mismo en cierto sentido 'inmediato', de primer plano y, por consiguiente, aparente.

[b] aclarar con más precisión: *decir-yo* y *ser-sí-mismo*

en pie la pregunta si aquello que es experimentado ónticamente de esta manera puede ser interpretado ontológicamente recurriendo a dichas “categorías”.

Es cierto que Kant, ajustándose rigurosamente al contenido fenoménico que se nos da cuando decimos “yo”, hace ver que las tesis ónticas sobre la sustancia del alma inferidas de los caracteres mencionados son ilegítimas. Pero de esta forma solo se logra rechazar una falsa explicación *óntica* del yo[a]. Sin embargo, con esto no se ha alcanzado en absoluto, ni siquiera asegurado o preparado positivamente la interpretación *ontológica* de la mismidad. Aunque Kant intenta, más rigurosamente que sus predecesores, determinar el contenido fenoménico que se nos da
cuando decimos “yo”, vuelve a caer, sin embargo, en la *misma* inadecuada onto- 319
logía de lo sustancial, cuyos fundamentos ónticos le ha negado teoréticamente al yo. Es necesario que mostremos esto con mayor precisión, a fin de establecer por este medio el sentido ontológico del análisis de la mismidad que arranca del decir “yo”. El análisis kantiano del “yo pienso” será propuesto ahora a modo de ilustración y solo en la medida en que es necesario para aclarar dicha problemática[1].

El “yo” es una mera conciencia que acompaña a todo concepto. Con él “no se representa nada más que un sujeto trascendental de los pensamientos”. La “conciencia en sí no (es) tanto una representación ... cuanto una forma de la representación en general”[2]. El “yo pienso” es “la forma de la apercepción inherente a toda experiencia y anterior a ella”[3].

Kant recoge, con razón, el contenido fenoménico del “yo” en la expresión “yo pienso”, o bien —si se considera la inclusión de la “persona práctica” en la “inteligencia”— en el “yo actúo”. Decir “yo” significa para Kant decir “yo pienso”. Kant intenta determinar el contenido fenoménico del yo como *res cogitans*. Si llama a este yo un “sujeto lógico”, esto no quiere decir que el yo en general sea un concepto logrado tan solo por medio de un procedimiento lógico. Antes bien, el yo es el sujeto del comportamiento lógico, del enlace. “Yo pienso” quiere decir “yo enlazo”. Todo enlazar es un “yo enlazo”. A la base de todo reunir y relacionar se encuentra ya siempre el yo —el ὑποκείμενον. Por eso, el sujeto es “conciencia en sí”, y no una representación[b], sino, más bien, la “forma” de la representación. Esto quiere decir que el “yo pienso” no es una cosa representada, sino la estructura formal del representar como tal, por cuyo medio lo representado llega

[1] Para el análisis de la apercepción trascendental cf. ahora M. Heidegger, *Kant und das Problem der Metaphysik*, 2ª ed. inalterada, 1951, III Sección.

[2] Kr. d. r. V². p. 404.

[3] *Loc. cit.* A, p. 354.

[a] y la intención de formular proposiciones ónticas suprasensibles (*Metaphysica specialis*).

[b] No una cosa re-pre-sentada, sino lo representante [mismo] como lo que pone-ante-sí [*das Vor-sich-stellende*] en el representar —pero *solo* en este; y el yo ‘es’ solo en cuanto [es] este *ante-sí*, solo en cuanto [es] esta *“seidad”* [*dieses* Sichliche].

a ser posible. Forma de la representación no quiere decir "marco" ni "concepto general", sino aquello que hace, en cuanto εἶδος, de todo lo representado y de todo representar lo que ellos son. El yo, comprendido como forma de la representación, viene a ser lo mismo que el yo del que se dice que es un "sujeto lógico".

Dos cosas constituyen lo positivo en el análisis kantiano: por una parte, en el
320 plano óntico, Kant ve la imposibilidad de reducir el yo a una sustancia; por otra parte, sostiene que el carácter del yo es el "yo pienso". No obstante, Kant vuelve a entender a este yo como sujeto y, por consiguiente, en un sentido ontológicamente inadecuado. Porque el concepto ontológico de sujeto *no* caracteriza *la mismidad* [*Selbstheit*] *del yo en tanto que sí-mismo, sino la identidad* [*Selbigkeit*] y *permanencia de algo que ya está siempre ahí.* Determinar ontológicamente el yo como sujeto significa plantearlo como un ente que ya está siempre ahí. El ser del yo es comprendido como realidada de la *res cogitans*[1].

[1] Que Kant, moviéndose, en el fondo, pese a todo, en el horizonte de la ontología inadecuada de lo que está-ahí dentro del mundo, haya comprendido como "sustancial" el carácter ontológico del sí-mismo de la persona, resulta evidente en virtud del material investigado por H. Heimsoeth en su ensayo "Persönlichkeitsbewusstsein und Ding an sich in der kantischen Philosophie" (separata de *Immanuel Kant. Festschrift zur zweiten Jahrhundertfeier seines Geburtstages,* 1924). La tendencia de este ensayo, más allá de la mera información histórica, apunta al problema "categorial" de la personalidad. Heimsoeth dice: "No se atiende lo bastante a la estrecha interacción entre la razón teorética y la razón práctica, tal como Kant la proyecta y desarrolla. Se atiende demasiado poco a la manera cómo aquí incluso las categorías (en contraste con su aplicación naturalista en los "principios") conservan expresamente su validez, exigiendo, bajo el primado de la razón práctica, una nueva aplicación, libre del racionalismo naturalista (por ejemplo, la sustancia en la "persona" y en la inmortalidad personal; la causalidad en la "causalidad por libertad"; la acción recíproca en la "comunidad de los seres racionales", etc.). Ellas sirven para un nuevo modo de acceso a lo incondicionado en tanto que medios de fijación del pensamiento, sin pretender por ello dar un conocimiento racionalizante de objetos". P. 31 ss. Sin embargo, aquí *se pasa por alto* el problema ontológico propiamente dicho. No es posible soslayar la pregunta si acaso estas "categorías" pueden conservar su validez originaria sin más requisito que ser aplicadas de otra manera, o si no *tergiversan,* más bien, desde su base, la problemática ontológica del Dasein. Aunque se inserte la razón teorética en la razón práctica, el problema ontológico-existencial del sí-mismo queda no solo sin solucionar, sino incluso *sin plantear.* ¿Sobre qué terreno ontológico podría llevarse a cabo la "interacción" entre la razón teorética y la razón práctica? ¿Qué es lo que determina el modo de ser de la persona: el comportamiento teorético o el práctico, o bien ninguno de los dos? ¿Y entonces cuál? ¿No manifiestan los paralogismos, a pesar de su fundamental significación, la falta de base ontológica en que se mueve la problemática del sí-mismo desde la *res cogitans* de Descartes hasta el concepto hegeliano del espíritu? No se necesita pensar en forma "naturalista" o "racionalista" para estar bajo el imperio, tanto más fatal cuanto aparentemente más obvio, de la ontología de lo "sustancial". Como decisivo complemento del ensayo mencionado, cf. Heimsoeth "Metaphysische Motive in der Ausbildung des kritischen Idealismus". *Kantstudien* tomo XXIX (1924), p. 121 ss. Para una crítica del concepto del yo en Kant cf. también Max Scheler, *Der Formalismus in der Ethik und die materiale Wertethik.* II Parte. En este *Jahrbuch* tomo II (1916), p. 246 ss. Sobre *"Person und das 'Ich' der transzendentalen Apperzeption".*

[a] 'Presencia'; el 'acompañar' constante.

Pero, ¿a qué se debe el que Kant no pueda sacar provecho ontológico de su auténtico punto de partida fenoménico en el "yo pienso", y que tenga que recaer 321
en el sujeto, es decir, en lo sustancial? El yo no es solamente un "yo pienso", sino un "yo pienso algo". Pero, ¿no insiste Kant mismo, una y otra vez, en que el yo queda referido a sus representaciones y que sin ellas no es nada?

Pero estas representaciones son para él lo "empírico" que es "acompañado" por el yo, los fenómenos a los que este "adhiere". Pero Kant no muestra en ninguna parte el modo de ser de este "adherir" y aquel "acompañar". En el fondo, este modo es comprendido como un constante co-estar-ahí del yo y sus representaciones. Es cierto que Kant evitó disociar el yo del pensar, pero sin plantear el "yo pienso" en la plenitud de su contenido esencial como un "yo pienso algo" y, sobre todo, sin ver el "supuesto" ontológico del "yo pienso algo" como determinación fundamental del sí-mismo[a]. En efecto, tampoco el planteamiento del "yo pienso algo" está ontológicamente bien determinado, ya que el "algo" mismo queda indeterminado. Si lo que se comprende con ese "algo" es un ente *intramundano*, entonces allí se encuentra en forma tácita el supuesto del *mundo*; ahora bien, este fenómeno codetermina justamente la constitución de ser del yo, si el yo ha de poder ser algo así como un "yo pienso algo". El decir "yo" apunta al ente que soy yo, entendido como "yo-estoy-en-un-mundo". Kant no vio el fenómeno del mundo, y fue lo bastante consecuente como para mantener las "representaciones" lejos del contenido apriorístico del "yo pienso". Pero con esto el yo fue reducido forzadamente a la Condición de sujeto *aislado* que acompaña a las representaciones de una manera ontológica enteramente indeterminada[1].

En el decir "yo" el Dasein se expresa como estar-en-el-mundo. Pero, ¿se mienta acaso el yo cotidiano a sí mismo como estando-en-el-mundo? Aquí es necesario distinguir. Al decir "yo", el Dasein apunta, sin duda, al ente que es cada vez él mismo. Pero la autointerpretación cotidiana tiene la tendencia a comprenderse desde el "mundo" de las ocupaciones. Apuntando ónticamente a sí mismo, el Dasein *se equivoca en su visión* del modo de ser del ente que es él mismo. Y esto es sobre todo válido de la constitución fundamental del Dasein, del estar-en-el-mundo[2].

¿Qué es lo motivante de este "fugitivo" decir "yo"? La caída del Dasein, por 322
la que este *huye* de sí mismo hacia el uno. El que de un modo "natural" dice "yo" es el uno-mismo. En el "yo" se expresa aquel sí-mismo que inmediata y regularmente *no* es el que yo propiamente soy. El sí-mismo del "yo me ocupo" olvidado de sí se muestra para el que se absorbe en el tráfago cotidiano y en la veloz sucesión de los quehaceres como algo simple, permanentemente idéntico,

[1] Cf. la crítica fenomenológica a la "refutación del idealismo" de Kant, § 43 a, p. 233 ss.

[2] Cf. §§ 12 y 13, p.79 ss.

[a] e.d. la temporeidad.

pero indeterminado y vacío. Porque, al fin y al cabo, uno *es lo que* a uno lo ocupa. Que el decir-"yo" óntico "natural" soslaye el contenido fenoménico del Dasein a que el "yo" se refiere no le da a la interpretación ontológica del *yo ningún derecho para soslayarlo también ella*, imponiéndole a la problemática del sí-mismo un horizonte "categorial inadecuado".

Ciertamente, la interpretación ontológica del yo no logra en modo alguno la *solución* del problema por el hecho de rehusarle su adhesión al decir-"yo" cotidiano; pero, en cambio, *bosqueja la dirección* en la que se debe seguir preguntando. El yo mienta el ente que uno es "estando-en-el-mundo". Ahora bien, el estar-ya-en-un-mundo en cuanto estar-en-medio-del-ente-a-la-mano-intramundano quiere decir, con igual originariedad, anticiparse-a-sí. El "yo" mienta el ente al que le *va* el ser del ente que él es. En él "yo" el cuidado se expresa, inmediata y regularmente, en el modo "fugitivo" del decir "yo" del ocuparse. El uno-mismo dice "yo, yo" muy frecuentemente y en la voz más alta, porque en el fondo *no es propiamente* él mismo, y esquiva el poder-ser propio. La constitución ontológica del sí-mismo no se deja reducir a un yo-sustancia ni a un "sujeto", sino que, por el contrario, el cotidiano y fugitivo decir "yo, yo" tiene que ser comprendido desde el poder-ser propio; pero de aquí no se sigue, sin embargo, que el sí-mismo sea el fundamento constantemente presente del cuidado. La mismidad solo puede ser existencialmente descubierta en el modo propio de poder-ser-sí-mismo, es decir, en la propiedad del ser del Dasein *en cuanto cuidado*. Desde aquí recibe su aclaración la *estabilidad del sí-mismo* como presunta persistencia del sujeto. Pero el fenómeno del poder-ser propio abre también la mirada para la *estabilidad del símismo* en el sentido de haber alcanzado un cierto estado [*Standgewonnenhaben*]. La *estabilidad del sí-mismo*, en el doble sentido de la constancia y de la firmeza de estado (*) es la contraposibilidad *propia* de la inestabilidad del sí-mismo de la caída irresoluta. La *estabilidad del sí-mismo* [*Selbst-ständigkeit*] no significa existencialmente otra cosa que la resolución precursora. La estructura ontológica de la resolución precursora revela la existencialidad de la mismidad del sí-mismo.

El Dasein *es propiamente él mismo* en el aislamiento originario de la calla-
323 da resolución dispuesta a la angustia[a]. El *ser*-sí-mismo propio en cuanto *silente* precisamente no dice "yo, yo", sino que en su silenciosidad "*es*" el ente arrojado que él puede ser en cuanto propio. El sí-mismo revelado en la silenciosidad de la existencia resuelta es la base fenoménica originaria para la pregunta por el ser del "yo". La orientación fenoménica por el sentido del ser del poder-ser-sí-mismo propio permite establecer el derecho ontológico que se le puede asignar a la sustancialidad, simplicidad y personalidad como caracteres de la mismidad. La pregunta ontológica acerca del ser del sí-mismo debe ser arrancada de la idea

[a] e.d. el claro del ser en cuanto ser.

previa de un sí-mismo-cosa que perdura en su estar-ahí, idea constantemente sugerida por el uso predominante del decir "yo".

El cuidado no tiene necesidad de fundarse en el sí-mismo; es, más bien, la existencialidad, en cuanto constitutivum *del cuidado, la que le da su constitución ontológica a la estabilidad del sí-mismo, a la cual —conforme al pleno contenido estructural del cuidado— le pertenece la caída fáctica en la inestabilidad del sí-mismo.* Cabalmente concebida, la estructura del cuidado incluye el fenómeno de la mismidad. La aclaración de este fenómeno se ha realizado en la forma de una interpretación del sentido del cuidado, que constituye —como vimos—, la totalidad del ser del Dasein.

§ 65. La temporeidad como sentido ontológico del cuidado

La caracterización de la "conexión" entre cuidado y mismidad no solo tenía como propósito el esclarecimiento del problema específico de la yo-idad, sino que, además, debía servir como última preparación para la aprehensión fenoménica de la totalidad del todo estructural del Dasein. Es necesaria una *inquebrantable disciplina* en el cuestionamiento existencial para que el modo de ser del Dasein no se convierta, en definitiva, ante la mirada ontológica en un modo, aunque solo fuere puramente indiferente, del estar-ahí. El Dasein se torna "esencial" en la existencia propia, que se constituye como resolución precursora. El cuidado, en el modo de la propiedad, contiene la originaria estabilidad del sí-mismo e integridad del Dasein. La puesta al descubierto del sentido ontológico del ser del Dasein deberá llevarse a cabo fijando una mirada concentrada y existencialmente comprensora sobre la modalidad propia del cuidado.

¿Qué se busca ontológicamente cuando se busca el sentido del cuidado? ¿Qué significa *sentido*? La investigación tropezó con este fenómeno en el contexto del 324
análisis del comprender y de la interpretación[1]. De acuerdo con lo que allí se dijo, sentido es aquello en que se mueve la comprensibilidad de algo, sin que ello mismo caiga explícita y temáticamente bajo la mirada. Sentido significa el fondo sobre el cual (*) se lleva a cabo el proyecto primario, fondo desde el cual puede concebirse la posibilidad de que algo sea lo que es. En efecto, el proyectar abre posibilidades, es decir, abre aquello que hace posible algo.

Poner al descubierto el fondo sobre el cual se lleva a cabo un proyecto significa abrir aquello que hace posible lo proyectado. Esta puesta al descubierto exige, desde un punto de vista metodológico, que se le siga de tal modo la pista al proyecto —usualmente tácito— que está a la base de una interpretación [*Auslegung*], que

[1] Cf. § 32, p. 172 ss., especialmente p. 175.

se vuelva patente y aprehensible el fondo de proyección de lo proyectado en el proyectar. Dilucidar el sentido del cuidado significa entonces examinar el proyecto que fundamenta y guía la interpretación existencial y originaria del Dasein, de tal manera que en lo proyectado por él se haga visible su fondo de proyección. Lo proyectado es el ser del Dasein, en cuanto abierto en lo que lo constituye como modo propio del poder-estar-entero. El fondo de proyección de esto proyectado —del ser abierto, constituido de esta manera— es lo que hace posible esta constitución del ser como cuidado. En la pregunta por el sentido del cuidado se pregunta: *¿qué es lo que hace posible la totalidad de ese todo estructural articulado que es el cuidado en la unidad que se despliega en su articulación?*

Estrictamente hablando, sentido significa el fondo sobre el cual se lleva a cabo el proyecto primario de la comprensión del ser. El estar-en-el-mundo, abierto a sí mismo, comprende cooriginariamente con el ser del ente que es él mismo, el ser del ente descubierto dentro del mundo, pero lo comprende de forma no temática y aun indiferenciada en sus modos primarios de existencia y realidad. Toda experiencia óntica del ente, sea el cálculo circunspectivo de lo a la mano, sea el conocimiento científico positivo de lo que está-ahí, se funda en proyectos más o menos transparentes del ser del respectivo ente. Pero estos proyectos implican un fondo de proyección del que en cierto modo se nutre la comprensión del ser.

Cuando decimos que un ente "tiene sentido", esto significa que se ha hecho accesible *en su ser*, ser que, proyectado sobre su fondo de proyección, es quien, antes que ningún otro, "tiene" "propiamente" "sentido". El ente no "tiene" sentido sino porque, estando abierto de antemano como ser, se hace comprensible en el proyecto del ser, es decir, desde su fondo de proyección. El proyecto primario
325 de la comprensión del ser "da" el sentido. La pregunta por el sentido del ser de un ente tiene como tema el fondo de proyección de la comprensión de ser que está sobre la base de todo *ser* de ente.

El Dasein, en lo que respecta a su existencia, está propia o impropiamente abierto a sí mismo. Existiendo, el Dasein se comprende de tal manera, que este comprender no es una pura aprehensión, sino que es el ser existentivo del poder-ser fáctico. El ser abierto es el de un ente al que le va este ser. El sentido de este ser, es decir, del cuidado —sentido que lo posibilita en su constitución— es lo originariamente constitutivo del ser del poder-ser. El sentido de ser del Dasein no es algo "otro" y flotante, algo "ajeno" al Dasein mismo, sino que es él mismo Dasein que se autocomprende. ¿Qué es lo que hace posible el ser del Dasein y, con ello, su existencia fáctica?

Lo proyectado en el proyecto existencial originario de la existencia se reveló como resolución precursora[a]. ¿Qué es lo que hace posible este modo propio del

[a] Ambiguo: aquí se confunde el proyecto existentivo con el ponerse en él mediante un proyecto existencial.

estar-entero del Dasein en lo que respecta a la unidad del todo estructural articulado? Desde un punto de vista existencial formal, y sin mencionar constantemente todo su contenido estructural, la resolución precursora es un *estar vuelto hacia* el más propio y eminente poder-ser. Esto último solo es posible en tanto que el Dasein *puede, en general,* venir hacia sí mismo en su posibilidad más propia y en tanto que en este dejar-se-venir-hacia-sí-mismo soporta esa posibilidad en cuanto posibilidad, es decir, existe. El dejar-se-*venir* hacia sí mismo soportando la posibilidad eminente, es el fenómeno originario del *porvenir* [*Zukunft*]. El hecho de que al ser del Dasein le pertenezca el *estar vuelto hacia la muerte* en forma propia o impropia, solo es posible en cuanto ese ser es venidero, en el sentido recién indicado y todavía por precisar con más exactitud. "Futuro" no quiere decir aquí un ahora que *todavía no* se ha hecho "efectivo", "actual", y que recién más tarde *llegará a ser,* sino que mienta la venida en la que el Dasein viene hacia sí mismo en su más propio poder-ser. El adelantarse hace al Dasein venidero en *forma propia,* de tal suerte que el adelantarse mismo solo es posible en la medida en que el Dasein, *en cuanto ente,* ya viene siempre hacia sí, es decir, es venidero en su ser mismo.

La resolución precursora comprende al Dasein en su ser-culpable esencial. Este comprender quiere decir hacerse cargo, existiendo, del ser-culpable, ser el fundamento arrojado de la nihilidad. Ahora bien, hacerse cargo de la condición de arrojado significa para el Dasein *ser en forma propia como él ya siempre era.* Pero hacerse cargo de la condición de arrojado solo es posible en tanto que el
Dasein venidero puede ser su más propio "como el ya siempre era", es decir, su 326
"haber-sido". Solo en la medida en que el Dasein es, en general, un "yo *he* sido", puede venir futurientemente hacia sí mismo, volviendo hacia *atrás*. Siendo venidero en forma propia, el Dasein es propiamente *sido*. El adelantarse hasta la posibilidad más propia y extrema es el retornar comprensor hacia el más propio haber-sido. El Dasein solo puede *haber* sido en forma propia en la medida en que es venidero. El haber-sido [*Gewesenheit*] emerge en cierta manera del futuro.

La resolución precursora abre la correspondiente situación del *Ahí*, de tal manera que la existencia, al actuar, se ocupa de un modo circunspectivo de lo fácticamente a la mano en el mundo circundante. El resuelto estar en medio de lo a la mano de la situación, es decir, el hacer comparecer, actuando, lo *presente* del mundo circundante, solo es posible en una *presentación* [*Gegenwärtigen*] de este ente. Solo como *presente* —en el sentido de hacer-presente— puede la resolución ser lo que es: un dejar comparecer sin distorsiones aquello que ella, actuando, toma entre manos.

Volviendo venideramente a sí, la resolución se pone en la situación, presentándola. El haber-sido emerge del futuro, de tal manera que el futuro que ha sido (o mejor, que está siendo sido) hace brotar de sí el presente. Este fenómeno que de esta manera es unitario, es decir, como futuro que está siendo sido y que presenta, es lo que nosotros llamamos la *temporeidad*. Solo en la medida en que el Dasein está determinado por la temporeidad hace posible para sí mismo el modo propio del poder-estar-entero que hemos caracterizado como resolución precursora. *La temporeidad se revela como el sentido del cuidado propio.*

El contenido fenoménico de este sentido, tomado de la constitución de ser de la resolución precursora, le da al término temporeidad su plena significación. El uso terminológico de esta expresión debe excluir, por lo pronto, todas aquellas significaciones del "futuro", el "pasado" y el "presente" que nos asaltan a partir del concepto vulgar de tiempo. Esto es válido también para los conceptos de "tiempo subjetivo" y "objetivo" o, correlativamente, "inmanente" y "trascendente". En la medida en que el Dasein inmediata y regularmente se comprende a sí mismo en forma impropia, es de suponer que el "tiempo" de la comprensión vulgar, pese a ser un fenómeno auténtico, sea empero un fenómeno derivado. Este surge de la temporeidad impropia, la cual tiene también su propio origen. Los conceptos de "futuro", "pasado" y "presente" provienen, en primer lugar, de la comprensión impropia del tiempo. La delimitación terminológica de los
327 correspondientes fenómenos originarios y propios se enfrenta con la misma dificultad que afecta a toda terminología ontológica. En este campo de investigación, la violencia hecha al lenguaje no es antojadiza, sino necesidad impuesta por las cosas mismas. Sin embargo, para poder exponer en forma cabal el origen de la temporeidad impropia a partir de la originaria y propia, será menester llevar a cabo primeramente una elaboración concreta del fenómeno originario, aclarado hasta ahora solo de un modo rudimentario.

Si la resolución constituye el modo del cuidado propio, y ella misma solo es posible por la temporeidad, entonces el mismo fenómeno alcanzado con vistas a la resolución deberá ser tan solo un modo de la temporeidad, de esa temporeidad que hace posible, por su parte, al cuidado en cuanto tal. La totalidad de ser del Dasein como cuidado quiere decir: anticiparse-a-sí-estando-ya-en (un mundo) y en-medio-de (los entes que comparecen dentro del mundo). En la primera determinación de esta trama estructural se hizo ver que, con respecto a la articulación de esta estructura, era necesario llevar aún más atrás la pregunta ontológica, hasta poner al descubierto la unidad integradora de esta multiplicidad estructural[1]. *La unidad originaria de la estructura del cuidado es la temporeidad.*

El anticiparse-a-sí se funda en el futuro. El estar-ya-en... acusa en sí el haber-sido. El estar-en-medio-de... es posible por la presentación. Después de lo dicho, resulta obviamente improcedente entender desde la comprensión vulgar del tiempo el "antes" del "anticiparse" y el "ya". El "antes" no significa un "an-

[1] Cf. § 41, p. 217 s.

teriormente", en el sentido de un "ahora-todavía-no, pero sí después"; asimismo tampoco el "ya" significa "ahora-ya-no, pero sí antes". Si las expresiones "antes" y "ya" tuviesen *esta* significación temporal (que también pueden tener), al hablar de la temporeidad del cuidado se estaría diciendo que el cuidado es, a la vez, algo que es "antes" y "después", "todavía no" y "ya no más". El cuidado sería entonces concebido como un ente que está y transcurre "en el tiempo". El ser de un ente que tiene el carácter del Dasein se convertiría en algo que *está-ahí.* Si esto es imposible, la significación temporal de dichas expresiones debe ser otra. El "antes" y el "anticiparse" indican ese futuro que, en definitiva hace posible que el Dasein pueda ser de tal manera que *le vaya* su poder-ser. El proyectarse en el "por mor de sí mismo", proyectarse que se funda en el futuro, es un carácter esencial de la *existencialidad. El sentido primario de esta es el futuro.*

Asimismo, el "ya" mienta el sentido existencial y tempóreo de ser del ente 328
que, en cuanto es, ya está siempre arrojado. Solo porque el cuidado se funda en el haber-sido, puede el Dasein existir como el ente arrojado que él es. "Mientras" el Dasein exista fácticamente, jamás será algo pasado, pero será siempre algo ya *sido*, en el sentido del "yo *he* sido" [literalmente: "yo *soy* sido": "*ich* bin-*gewesen*"]. Y sólo *puede haber* sido [lit.: *ser* sido], mientras está siendo. En cambio, llamamos pasado a un ente que ya no está-ahí. Por consiguiente, mientras exista el Dasein, no podrá jamás constatarse a sí mismo como un hecho que está-ahí y que "con el tiempo" llegará a ser o dejará de ser, y que ya en parte ha dejado de ser. Siempre "se encuentra" tan solo al modo de un *factum* arrojado. En la disposición *afectiva*, el Dasein se sorprende a sí mismo como aquel ente que el, mientras es, ya era, es decir, constantemente *ha* sido [*ist gewesen*]. El sentido existencial primario de la facticidad radica en el haber-sido. La formulación de la estructura del cuidado indica, con las expresiones "antes" y "ya", el sentido tempóreo de la existencialidad y de la facticidad.

Falta, en cambio, una indicación semejante para el tercer momento constitutivo del cuidado: el cadente estar-en-medio-de... Lo cual no significa que la caída no se funde también en la temporeidad, sino que insinúa que la *presentación*, en la que se funda *primariamente la caída* en lo a la mano y en lo que está-ahí de la ocupación, queda, en el modo de la temporeidad originaria, *incluida* en el futuro y en el haber-sido. Estando resuelto, el Dasein se ha recuperado de la caída para "ex"-sistir tanto más propiamente en el "instante" ["*Augen*blick"] que abarca la situación abierta.

La temporeidad hace posible la unidad de existencia, facticidad y caída, y así constituye originariamente la totalidad de la estructura del cuidado. Los momentos del cuidado no quedan reunidos por yuxtaposición, como tampoco la temporeidad misma se va constituyendo de futuro, haber-sido y presente, "a lo largo del tiempo". La temporeidad no "es" en absoluto un *ente*. La temporeidad no es, sino que se *temporiza* [zeitigt *sich*] (*). Sin embargo, por qué razón no podemos dejar de decir que "la temporeidad 'es' el sentido del cuidado", que "la temporeidad 'es' algo determinado de tal o cual manera", solo se hará comprensible cuando se haya aclarado la idea del ser y del "es" en general. La temporeidad temporiza, y temporiza diversas formas posibles de ella misma. Estas hacen posible la diversidad de los modos de ser del Dasein, ante todo la posibilidad fundamental de la existencia propia e impropia.

Futuro, haber-sido, presente, muestran los caracteres fenoménicos del "hacia-sí" [*Auf-sich-zu*], del "de-vuelta-a" [*Zurück auf*] y del "hacer-comparecer-al-
329 go" [*Begegnenlassen von*]. Los fenómenos del "hacia...", del "a...", del "en medio de..." manifiestan la temporeidad como lo ἐκστατικόν por excelencia. *Temporeidad es el originario "fuera de sí" en y por sí mismo.* Por eso, a los fenómenos de futuro, haber-sido y presente ya caracterizados los llamamos *éxtasis* de la temporeidad. La temporeidad no es primero un ente que, luego, sale de sí, sino que su esencia es la temporización en la unidad de los *éxtasis*. Lo característico del "tiempo" accesible a la comprensión vulgar consiste, entre otras cosas, precisamente en que en él, en cuanto pura secuencia-de-ahoras sin comienzo ni fin, queda nivelado el carácter extático de la temporeidad originaria. Pero esta misma nivelación se funda, en virtud de su sentido existencial, en una determinada temporización posible, a través de la cual la temporeidad, en cuanto impropia, temporiza dicho "tiempo". Por consiguiente, si se demostrara que el "tiempo" accesible a la comprensión común del Dasein no es originario, sino que deriva de la temporeidad propia, quedaría justificado que, conforme al principio *a potiori fit denominatio*, llamemos *tiempo originario* a la *temporeidad* ahora puesta al descubierto.

En la enumeración de los éxtasis hemos nombrado siempre en primer lugar el futuro. Con ello quiere indicarse que el futuro tiene una primacía en la unidad extática de la temporeidad originaria y propia, si bien es cierto que la temporeidad no surge por adición y sucesión de éxtasis, sino que se temporiza siempre en la cooriginariedad de los mismos. Pero, dentro de esta, los modos de la temporización son diferentes. Y la diferencia consiste en el hecho de que la temporización se puede determinar primariamente desde los distintos éxtasis. La temporeidad originaria y propia se temporiza desde el futuro propio, de tal suerte que, solo por ser venideramente sida, ella despierta el presente. *El fenómeno primario de la temporeidad originaria y propia es el futuro.* La primacía del futuro variará de acuerdo con la temporización modificada de la temporeidad impropia, pero se manifestará también en el "tiempo" derivado.

El cuidado es estar vuelto hacia la muerte. La resolución precursora fue definida como el estar vuelto en forma propia hacia la posibilidad de la absoluta imposibilidad del Dasein, tal como fue caracterizada. En semejante estar vuelto

hacia su fin, el Dasein existe en forma propia y en su integridad, como aquel ente
que él —"arrojado en la muerte"— puede ser. El Dasein no tiene un fin en el que 330
solamente termine, sino que *existe de un modo finito*. El futuro propio, tempori-
zado primariamente por *la* temporeidad que constituye el sentido de la resolución
precursora, se revela así, también él, *como finito.* Es cierto, pero ¿no sigue el
tiempo su marcha" a pesar de que yo no exista más? ¿Y no puede haber todavía
"en el futuro" una cantidad ilimitada de cosas que vendrán desde él?

A estas preguntas hay que responder afirmativamente. Sin embargo, ellas no implican ninguna objeción contra la finitud de la temporeidad originaria —porque no tratan en absoluto de ella. No está en cuestión lo que pueda todavía suceder "en un tiempo que sigue su marcha", ni lo que pueda comparecer para un dejar-venir-a-sí "desde ese tiempo", sino como está determinado originariamente en *sí mismo* el dejar-venir-a-sí *en cuanto tal.* Su finitud no quiere decir primariamente una cesación, sino que es un carácter de la temporización misma. El futuro originario y propio es el hacia-sí, hacia ese sí que existe como la posibilidad insuperable de la nihilidad. El carácter extático del futuro originario consiste precisamente en que él clausura el poder-ser, es decir, que él mismo está clausurado y, en cuanto tal, hace posible el comprender existentivo resuelto de la nihilidad. El modo originario y propio del venir-a-sí es el sentido del existir en la nihilidad más propia. Con la tesis de la finitud originaria de la temporeidad no se niega que "el tiempo siga su marcha", sino que esa tesis solo pretende mantener con firmeza el carácter fenoménico de la temporeidad originaria que se muestra en lo proyectado en el proyecto existencial originario del Dasein mismo.

La tentación de pasar por alto la finitud del futuro originario y propio y, por
consiguiente, la finitud de la temporeidad, o de considerarla imposible *a priori,*
proviene del constante presionar de la comprensión vulgar del tiempo. Si esta
conoce, con toda razón, un tiempo ilimitado y tan solo este, con ello no se ha
demostrado aún que también comprenda ese tiempo y su "infinitud". ¿Qué quiere decir eso de que "el tiempo sigue su marcha" y que "sigue pasando"? ¿Qué
sentido tiene, en general, ese "en el tiempo" y, en particular, la expresión "en el
futuro" y "desde el futuro"? ¿En qué sentido "el tiempo" es ilimitado? Todo ello
exige ser aclarado si las objeciones corrientes contra la finitud del tiempo originario no quieren quedar sin base. Pero esta aclaración solo se podrá hacer si se ha
logrado un planteamiento adecuado del problema de la finitud e in-finitud. Y este
surge de la visión comprensora del fenómeno originario del tiempo. El problema
no puede formularse así: *¿cómo se convierte* el tiempo infinito "*derivado*", "en
el cual" lo que está-ahí llega a ser y deja de ser, en temporeidad *originaria* fini- 331
ta?, sino ¿cómo surge de la temporeidad finita propia la temporeidad *im*propia,
y cómo temporiza esta, *en cuanto im*propia, un tiempo *in*-finito desde el tiempo
finito? Tan solo porque el tiempo originario es *finito* puede el tiempo "derivado"

temporizarse como *in-finito*. En el orden de la aprehensión comprensora, la finitud del tiempo se tornará plenamente visible solo cuando se haya aclarado el "tiempo ilimitado", para ser contrastado con ella.

El análisis de la temporeidad originaria hecho hasta aquí puede resumirse en las siguientes tesis: el tiempo es originariamente temporización de la temporeidad, y en cuanto tal posibilita la constitución de la estructura del cuidado. La temporeidad es esencialmente extática. La temporeidad se temporiza originariamente desde el futuro. El tiempo originario es finito.

Sin embargo, la interpretación del cuidado como temporeidad no puede quedar limitada al reducido campo alcanzado hasta ahora, aunque sus primeros pasos se hayan dado mirando hacia el modo propio y originario del estar-entero del Dasein. La tesis de que el sentido del Dasein es la temporeidad debe ser confirmada en relación al contenido concreto de la constitución fundamental de este ente que ya hemos aclarado.

§ 66. La temporeidad del Dasein y las consiguientes tareas de una repetición originaria del análisis existencial

El fenómeno de la temporeidad puesto al descubierto no solo exige una amplia confirmación de su fuerza constitutiva, sino que a través de ella, él mismo se mostrará en sus posibilidades fundamentales de temporización. Mostrar la posibilidad de la constitución de ser del Dasein sobre la base de la temporeidad es lo que, en fórmula breve aunque solo provisional, llamamos interpretación "tempórea".

La tarea que inmediatamente se nos impone, después del análisis tempóreo del modo propio del poder-estar-entero del Dasein, y de la caracterización general de la temporeidad del cuidado, es la de hacer visible la *impropiedad* del Dasein en su específica temporeidad. La temporeidad se mostró primeramente en la resolución precursora. La resolución precursora es el modo propio de la aperturidad, la cual se mueve regularmente en la impropiedad de la autointerpretación cadente del uno. La caracterización de la temporeidad de la aperturidad en general conduce a la comprensión tempórea del modo inmediato y ocupado de estar-en-el-mundo y, por ende, a la comprensión tempórea de la indiferencia
332 mediana del Dasein, desde la que tomó su punto de partida la analítica existencial[1]. Al modo mediano de ser del Dasein, en el que este se mueve inmediata y regularmente, lo hemos llamado la cotidianidad. Por la repetición del análisis de la *cotidianidad* que se hizo más arriba, debe revelarse el sentido *tempóreo* de la

[1] Cf. § 9, p. 68 s.

cotidianidad, a fin de que se manifieste la problemática implicada en la temporeidad y desaparezca por completo la aparente "evidencia" de los análisis preparatorios. La temporeidad deberá acreditarse en todas las estructuras esenciales de la constitución fundamental del Dasein. Pero esto no implica, sin embargo, una repetición superficial y esquemática de los análisis hechos, en él mismo orden en que fueron expuestos. La diferente orientación de la marcha del análisis tempóreo busca hacer más clara la coherencia de las meditaciones anteriores, superando lo que en ellas había de fortuito y de aparentemente arbitrario. Pero, además de estas exigencias metodológicas, hay buenos motivos en el fenómeno mismo que fuerzan a una diferente articulación del análisis repetitorio.

La estructura ontológica del ente que soy cada vez yo mismo se centra en la estabilidad del sí-mismo de la existencia. Y puesto que el sí-mismo no puede ser concebido ni como sustancia ni como sujeto, sino que se funda en la existencia, el análisis del sí-mismo impropio, del uno, fue dejado enteramente de lado en el transcurso de la interpretación preparatoria del Dasein[1]. Ahora que la mismidad ha sido *explícitamente* reasumida en la estructura del cuidado y, por consiguiente, de la temporeidad, la interpretación tempórea de la estabilidad del sí-mismo y de la inestabilidad del sí-mismo adquiere un peso particular. Ella necesita un tratamiento temático específico. Ahora bien, esta interpretación no solo aporta la primera y segura garantía contra los paralogismos y las preguntas ontológicamente inadecuadas acerca del ser del yo en general, sino que, al mismo tiempo, procura, de acuerdo con su función central, una visión más originaria de la *estructura de temporización* de la temporeidad. Esta se revelará como la *historicidad* [*Geschichtlichkeit*] del Dasein. La proposición "el Dasein es histórico" [*geschichtlich*] se acredita como un enunciado ontológico-existencial fundamental. No tiene el carácter de una mera constatación óntica del hecho de que el Dasein acontece dentro de una "historia universal". Ahora bien, la historicidad del Dasein es el fundamento de la posibilidad del comprender histórico [*historisches Verstehen*], y este, por su parte, lleva en sí la posibilidad de desarrollar en forma expresa la historia como ciencia.

La interpretación tempórea de la cotidianidad e historicidad consolida la mirada para el tiempo originario en forma suficiente como para ponerlo al descubierto en cuanto condición de la posibilidad y de la necesidad de la experiencia 333
cotidiana del tiempo. El Dasein en cuanto ente al que le va su ser, *se prodiga* primariamente (*), en forma expresa o no, *para sí mismo.* Inmediata y regularmente el cuidado es ocupación circunspectiva. Prodigándose por mor de sí mismo, el Dasein se consume. Consumiéndose, se necesita a sí mismo, es decir, necesita de su tiempo. Necesitando de tiempo, cuenta con él. La ocupación circunspectiva

[1] Cf. §§ 25 ss., p. 139 ss.

calculante descubre inmediatamente el tiempo y lleva a desarrollar un cálculo del tiempo. Contar con el tiempo es constitutivo del estar-en-el-mundo. Contando con su tiempo, el descubrimiento ocupado de la circunspección hace que el ente a la mano y el ente que está-ahí, que han sido descubiertos, vengan a comparecer en el tiempo. El ente intramundano se hace de esta manera accesible como "estando en el tiempo". A la determinación del tiempo del ente intramundano la llamaremos *intratemporeidad*. El "tiempo" encontrado primeramente en ella en forma óntica se convierte en base para la formacion del concepto vulgar y tradicional del tiempo. Ahora bien, el tiempo como intratemporeidad brota de un modo esencial de temporización de la temporeidad originaria. En virtud de este origen, el tiempo "en el que" lo que está-ahí llega a ser y deja de ser es un auténtico fenómeno de tiempo, y no una exteriorización de un "tiempo cualitativo" que convirtiera a este en espacio, como lo pretende la interpretación del tiempo hecha por Bergson, una interpretación que, desde el punto de vista ontológico, es enteramente indeterminada e insatisfactoria.

Con la elaboración de la temporeidad del Dasein como cotidianidad, historicidad e intratemporeidad, se hace posible por primera vez la decidida penetración en las *complicaciones* propias de una ontología originaria del Dasein. Como estar-en-el-mundo, el Dasein existe fácticamente con y entre los entes que comparecen dentro del mundo. El ser del Dasein recibe, pues, su completa transparencia ontológica tan solo dentro del horizonte que se abre con la aclaración del ser del ente cuyo modo de ser no es el del Dasein, es decir, con la aclaración incluso de aquello que no estando a la mano ni estando tampoco ahí, tiene tan solo "consistencia" [*nur "besteht"*]. La interpretación de las variedades del ser de todo aquello de lo que decimos que es, presupone empero una aclaración previa y suficiente de la idea del ser en general. Mientras no se haya llegado a esta idea, incluso la *repetición* del análisis tempóreo del Dasein seguirá siendo incompleta y poco clara —por no decir nada de las dificultades que la cosa misma presenta. El análisis tempóreo-existencial del Dasein exige, por su parte, una nueva repetición en el marco de la discusión a fondo del concepto de ser.

CAPÍTULO CUARTO 334

Temporeidad y cotidianidad

§ 67. El contenido fundamental (*) de la constitución existencial del Dasein y el bosquejo de su interpretación tempórea

El análisis preparatorio[1] nos ha abierto el acceso a una multiplicidad de fenómenos que, si bien están centrados en el todo estructural del cuidado, que les sirve de fundamento, no debe, sin embargo, escapar a la mirada fenomenológica. El todo *originario* de la constitución del Dasein no excluye sino que, *en cuanto articulado*, más bien exige tal multiplicidad. La originariedad de una estructura de ser no se confunde con la simplicidad y unicidad de un primer elemento constitutivo. El origen ontológico del ser del Dasein no es "menor" que lo que de él precede, sino que lo sobrepasa de antemano en poderosidad, puesto que todo "proceder" es, en el terreno ontológico, degeneración. La penetración ontológica en dirección al "origen" no conduce a cosas ónticamente obvias para el "entendimiento común", sino que para ella se abre precisamente la cuestionabilidad de todo lo obvio.

Para volver a poner bajo la mirada fenomenológica los fenómenos examinados en el análisis preparatorio bastará con una simple referencia a los estadios recorridos. La determinación del cuidado fue el resultado del análisis de la aperturidad constitutiva del ser del "Ahí". La aclaración de este fenómeno implicaba la previa interpretación de la constitución fundamental del Dasein, del estar-en-el-mundo. La investigación tuvo que empezar con la caracterización de este fenómeno, a fin de asegurarse desde el comienzo un horizonte fenoménico suficiente, frente a las preconcepciones ontológicas inadecuadas y ordinariamente tácitas acerca del Dasein. El estar-en-el-mundo fue concebido primeramente en relación al fenómeno del mundo. De esta manera, una vez hecha la caracterización óntico-ontológica de lo a la mano y de lo que está-ahí "*en*" el mundo circundante, la

[1] Cf. Primera Sección, p. 65-250.

investigación puso de relieve la intramundaneidad, a fin de hacer visible en esta el fenómeno de la mundaneidad en general. Ahora bien, la estructura de la mundaneidad, la significatividad, mostró estar articulada con aquello hacia lo que se proyecta el comprender que forma parte esencial de la aperturidad, es decir, con el poder-ser del Dasein, *por mor del cual* el Dasein existe.

La interpretación tempórea del Dasein cotidiano debe comenzar con las estruc-
335 turas en que se constituye la aperturidad. Ellas son: el comprender, la disposición afectiva, la caída y el discurso. Los modos de temporización de la temporeidad que deberán descubrirse en relación con estos fenómenos darán el fundamento para determinar la temporeidad del estar-en-el-mundo. Esto nos llevará de nuevo al fenómeno del mundo y permitirá acotar la problemática tempórea específica de la mundaneidad. Este trabajo deberá confirmarse mediante la caracterización del estar-en-el-mundo inmediatamente cotidiano, es decir, de la ocupación circunspectiva cadente. La temporeidad de esta última hace posible la modificación de la circunspección en percepción contemplativa y en el conocimiento teorético fundado en ella. La temporeidad del estar-en-el-mundo que así sale a luz, se muestra a la vez como fundamento de la específica espacialidad del Dasein. Será necesario mostrar la constitución tempórea de la desalejación y de la direccionalidad. El conjunto de estos análisis revelará una posibilidad de temporización de la temporeidad que funda ontológicamente la impropiedad del Dasein, y conducirá ante la pregunta acerca del modo cómo debe comprenderse el carácter tempóreo de la cotidianidad, el sentido tempóreo del "inmediata y regularmente", del cual hemos hecho constante uso hasta ahora. La exposición de este problema hará ver hasta qué punto la aclaración del fenómeno alcanzada hasta ese momento es insuficiente.

El presente capítulo tendrá, pues, la siguiente articulación: la temporeidad de la aperturidad en general (§ 68); la temporeidad del estar-en-el-mundo y el problema de la trascendencia (§ 69); la temporeidad de la espacialidad que es propia del Dasein (§ 70); el sentido tempóreo de la cotidianidad del Dasein (§71).

§ 68. La temporeidad de la aperturidad en general

La resolución, que ya fue caracterizada en cuanto a su sentido tempóreo, representa el modo propio de la aperturidad del Dasein. Esta constituye a un ente tal que, existiendo, puede ser, él mismo, su "Ahí". El sentido tempóreo del cuidado solo fue caracterizado en sus rasgos fundamentales. Mostrar la constitución tempórea concreta del cuidado significa interpretar tempóreamente cada uno de sus momentos estructurales, es decir, interpretar el comprender, la disposición afectiva, la caída y el discurso. Todo comprender tiene su estado de ánimo. Toda disposición afectiva es comprensora. El comprender afectivamente dispuesto tiene el carácter de la caída. La comprensión cadente y anímicamente templada articula su comprensibilidad en el discurso. La constitución tempórea de cada uno de estos fenómenos remonta cada vez a aquella temporeidad *unitaria* que hace posible la unidad estructural del comprender, la disposición afectiva, la caída y el discurso.

a) La temporeidad del comprender[1] 336

Con el término comprender nos referimos a un existencial fundamental, y no a una determinada especie de conocimiento, diferente, por ejemplo, del explicar y del concebir, ni en general, a un conocer en el sentido de la aprehensión temática. Por el contrario, el comprender constituye el ser del Ahí, de tal modo que un Dasein, existiendo, puede desarrollar, sobre la base del comprender, las distintas posibilidades de la visión, del mirar en torno o del mero contemplar. Toda explicación arraiga, en cuanto descubrimiento comprensor de lo difícilmente comprensible (*), en la comprensión primaria del Dasein.

Concebido en forma existencial originaria, el comprender *es el proyectante estar vuelto hacia un poder-ser por mor del cual el Dasein existe cada vez*. El comprender abre el poder-ser de cada Dasein (**), de tal manera, que, comprendiendo, el Dasein sabe cada vez, de algún modo, qué pasa con él. Pero este "saber" no consiste en haber descubierto un hecho, sino que consiste en estar en una posibilidad existentiva. El correspondiente no-saber no reside en una carencia de comprensión, sino que debe ser entendido como un modo deficiente del proyectarse del poder-ser. La existencia puede ser problemática. Pero para que su "problematicidad" misma sea posible, se requiere una aperturidad. A la base del proyectante autocomprenderse en una posibilidad existentiva se encuentra el futuro, entendido como un venir-a-sí-mismo desde la posibilidad según la cual el Dasein existe cada vez. El futuro hace posible, desde el punto de vista ontológico, a un ente que es de tal manera que, comprendiendo, existe en su poder-ser. El proyectar, que es fundamentalmente futuro, no aprehende primariamente la posibilidad proyectada de un modo temático y en un acto de referencia a ella, sino que se arroja en ella en tanto que posibilidad. Comprendiendo, el Dasein es cada vez como puede ser. La resolución se nos ha mostrado como el existir originario y propio. Sin duda el Dasein permanece, inmediata y regularmente irresoluto, es decir, cerrado a su más propio poder-ser, en el que solo puede instalarse cada vez por medio del aislamiento. Esto implica que la temporeidad no se temporiza constantemente desde el futuro propio. Sin embargo, esta inestabi-

[1] Cf. § 31, p. 166 ss.

lidad no significa que la temporeidad carezca a veces de futuro, sino tan solo que la temporización de este es modificable.

Para la caracterización terminológica del futuro propio seguiremos usando la expresión *adelantarse* o *precursor* [*Vorlaufen*]. Esta expresión indica que el Dasein, existiendo en forma propia, se deja venir hacia sí mismo como po-
337 der-ser más propio, e.d. indica que tiene que ganar para sí el futuro no desde un presente, sino desde el futuro impropio. El término formal e indiferente para designar el futuro se encuentra en la denominación del primer momento estructural del cuidado, en el *anticiparse-a-sí*. El Dasein fácticamente se anticipa-a-sí de un modo constante, pero no es constantemente precursor en sus posibilidades existentivas.

¿Cómo deberá, en cambio, determinarse el futuro impropio? Este modo extático solo puede desvelarse —paralelamente a la manera como el futuro propio se desvela en la resolución— si desde el comprender cotidiano, ocupado e impropio volvemos ontológicamente sobre su sentido tempóreo-existencial. Como cuidado, el Dasein se anticipa esencialmente a sí. Inmediata y regularmente el ocupado estar-en-el-mundo se comprende a sí mismo desde aquello *de lo que* se ocupa. El *comprender* impropio se proyecta hacia lo que puede ser objeto de ocupación, hacia lo factible, apremiante o ineludible del quehacer cotidiano. Ahora bien, lo que es objeto de ocupación no es como es sino por mor del poder-ser que se cuida. Este poder-ser hace que el Dasein venga a sí mismo en su estar ocupado con lo que es objeto de ocupación. El Dasein no viene primariamente a sí mismo en su poder-ser más propio e irrespectivo, sino que, ocupándose, *está a la espera de sí mismo desde lo que el objeto de su ocupación da de sí o rehusa*. El Dasein viene a sí mismo desde aquello que lo ocupa. El futuro impropio tiene el carácter de un *estar a la espera* [*Gewärtigen*]. El ocupado comprenderse a sí mismo como uno-mismo desde aquello que se hace, encuentra la "razón" de su posibilidad en este modo extático del futuro. Y *solo porque* el Dasein fáctico *está*, en esta forma, a la *espera* de su poder-ser desde el objeto que lo ocupa, puede *esperar algo*, estarlo esperando. El estar a la espera debe haber abierto ya cada vez el horizonte y el ámbito desde el cual algo puede ser esperado. *Esperar algo es un modo del futuro fundado en el estar a la espera, futuro que se temporiza en forma propia en el precursor.* Por eso, el precursar es un modo más originario de estar vuelto hacia la muerte que la preocupada espera de ella.

El comprender —en cuanto existir en el poder-ser y cualquiera sea la forma como este se proyecte— es *primariamente* venidero. Pero no se temporizaría si no fuese tempóreo, es decir, si no estuviese cooriginariamente determinado por el haber-sido y el presente. La manera cómo este último éxtasis contribuye a la constitución del comprender impropio ya fue aclarada a grandes rasgos. La ocupación cotidiana se comprende a sí misma desde el poder-ser que viene a su en-

cuentro en función de un posible éxito o fracaso con respecto a lo que cada vez es objeto de ocupación. Al futuro impropio, al estar a la espera, le corresponde una forma peculiar de estar *en medio* de lo que es objeto de ocupación. El modo extático de este presente [*Gegen-wart*] se desvela al compararlo con el modo de este 338
éxtasis en la temporeidad propia. Al adelantarse de la resolución le corresponde un presente en el que un acto resolutorio abre la situación. En la resolución, el presente no solo es traído de vuelta desde la dispersión en que se encuentra en medio de aquello que es objeto de inmediata ocupación, sino que es retenido en el futuro y en el haber-sido. Al presente retenido en la temporeidad propia, y que por ende es un *presente propio*, lo llamamos el *instante* [*Augenblick*] (*). Este término debe entenderse en sentido activo, como éxtasis. Significa la salida fuera de sí, resuelta, pero *retenida* en la resolución, por la que el Dasein sale de sí a lo que en la situación comparece en forma de posibilidades y circunstancias de las que es posible ocuparse. El fenómeno del instante *principialmente no* puede ser aclarado por el *ahora*. El ahora es un fenómeno tempóreo que pertenece al tiempo en cuanto intratemporeidad: el ahora "en el que" algo llega a ser, deja de ser o simplemente está-ahí. "En el instante" no puede ocurrir nada, sino que, en cuanto presente propio, él deja *comparecer primero* lo que puede estar "en un tiempo" como ente a la mano o que está-ahi[1].

Al presente impropio en su diferencia con el instante como presente propio lo llamamos *presentación* [*Gegenwärtigen*]. Formalmente comprendido, todo presente es presentante, pero no todo presente es "instantáneo". Cuando usamos el término presentación, sin más añadido, nos referimos siempre a la presentación impropia, no instantánea, irresoluta. La presentación se hará clara tan solo a partir de la interpretación tempórea de la caída en el "mundo" de la ocupación, caída que tiene en ella su sentido existencial. Pero, como quiera que el comprender impropio proyecta el poder-ser a partir de un posible objeto de ocupación, esto significa que ese comprender se temporiza desde la presentación. Por el contrario, el instante se temporiza desde el futuro propio.

El comprender impropio se temporiza como un presentante estar a la espera
de cuya unidad extática debe formar parte un correspondiente *haber-sido*. El 339

[1] S. Kierkegaard vio con máxima penetración el fenómeno *existentivo* del instante, lo que no significa que lograse también su correspondiente interpretación existencial. Kierkegaard se queda en el concepto vulgar del tiempo y determina el instante recurriendo al ahora y a la eternidad. Cuando Kierkegaard habla de "temporalidad", se refiere al "estar en el tiempo" del hombre. El tiempo como intratemporeidad solo conoce el ahora, pero no conoce jamás el instante. Pero si este es experimentado existentivamente, el supuesto de ello es una temporeidad más originaria, aunque existencialmente no explícita. Sobre el "instante" cf. K. Jaspers, *Psychologie der Weltanschauungen*, 3ª edición inalterada, 1925, p. 108 ss., y también el correspondiente "Referat Kierkegaards", p. 419-432.

modo propio de venir-a-sí en la resolución precursora constituye, a la vez, un retorno al más propio sí-mismo, arrojado en su aislamiento. Este éxtasis hace posible que el Dasein pueda asumir resueltamente el ente que él ya es. En el adelantarse el Dasein se *re-toma* [*wiederholt*] [e.d., se *re-pite*] a sí mismo, adelantándose hasta su más propio poder-ser. A este modo propio del *haber*-sido lo llamamos *repetición* [*Wiederholung*]. Ahora bien, el proyectarse impropio hacia las posibilidades que han sido extraídas de lo que es objeto de ocupación mediante la presentación de este último, solo es posible si el Dasein se ha *olvidado* de su más propio y *arrojado* poder-ser. Este olvido no es una nada, ni solo falta de recuerdo, sino un modo extático, peculiar y "positivo" del haber-sido. El éxtasis (salida fuera de sí) del olvido tiene el carácter de un escapar, cerrado a sí mismo, *ante* el más propio haber-sido, y en tal forma que este escapar ante... cierra extáticamente el "ante qué", cerrándose, junto con él, a sí mismo. El *olvido*, como modo impropio del haber-sido, se relaciona, pues, con el arrojado ser de cada cual; es el sentido tempóreo del modo de ser según el cual inmediata y regularmente yo *he* sido. Y solo sobre la base de este olvido la presentación ocupada y que está a la espera, puede *conservar* algo, vale decir, conservar el ente distinto del Dasein, que comparece en el mundo circundante. A esta conservación corresponde una "no conservación", que es el olvido en un sentido derivado.

Así como la espera de algo solo es posible sobre la base del estar a la espera, así también el *recuerdo* solo es posible sobre la base del olvido, *y no al revés*; porque, en la modalidad del olvido, el haber-sido abre primariamente el horizonte dentro del cual el Dasein, perdido en la "exterioridad" de lo que lo ocupa, puede recordar. El *estar a la espera olvidante-presentante* es una unidad extática peculiar, según la cual el comprender impropio se temporiza en su temporeidad. La unidad de estos éxtasis cierra el modo propio del poder-ser, y es de esta manera la condición existencial de la posibilidad de la irresolución. Si bien es cierto que el comprender impropio y ocupado se determina desde la presentación de lo que es objeto del ocuparse, sin embargo la temporización del comprender se realiza primariamente en el futuro.

b) La temporeidad de la disposición afectiva[1]

El comprender no flota jamás en el vacío, sino que está siempre afectivamente dispuesto. Siempre el Ahí es abierto o cerrado co-originariamente por el estado
340 de ánimo. El temple anímico lleva al Dasein *ante* su condición de arrojado, pero de tal manera que esta no queda conocida como tal, sino incluso mucho más originariamente abierta en el modo "como uno se siente". *Estar* arrojado significa

[1] Cf. § 29, p. 158 ss.

existencialmente encontrarse de esta o aquella manera. La disposición afectiva se funda, pues, en la condición de arrojado. El estado de ánimo representa la manera cómo cada vez yo soy primariamente el ente arrojado. ¿Cómo puede hacerse visible la constitución tempórea de la disposición afectiva? ¿Cómo puede descubrirse, a partir de la unidad extática de la correspondiente temporeidad, la conexión existencial entre la disposición afectiva y el comprender?

El estado de ánimo abre en el modo de la conversión o de la aversión respecto del propio Dasein. *Llevar ante* el *factum* de la propia condición de arrojado —sea desvelándolo en forma propia o encubriéndolo en forma impropia— solo es existencialmente posible si, por su mismo sentido, el ser del Dasein constantemente *ha* sido. El llevar ante el ente arrojado que es uno mismo no crea el haber sido, sino que es el éxtasis del haber sido el que hace posible el encuentro consigo mismo en la forma del encontrar-se afectivo. El comprender se funda primariamente en el futuro; en cambio, la *disposición afectiva* se temporiza *primariamente* en el haber-sido. El estado de ánimo se temporiza, y esto quiere decir que su éxtasis específico pertenece a un futuro y a un presente, pero de tal modo que el haber-sido modifica los otros éxtasis cooriginarios.

Anteriormente hemos hecho notar que, si bien los estados de ánimo son conocidos ónticamente, no son empero reconocidos en su función existencial originaria. Se los considera como vivencias fugaces que "colorean" la totalidad del "estado de alma". Lo que para la observación presenta el carácter de un fugaz aparecer y desaparecer, pertenece a la estabilidad originaria de la existencia. Pero, ¿qué pueden tener en común los estados de ánimo con "el tiempo"? Que estas "vivencias" van y vienen, que transcurren "en el tiempo", es una constatación trivial; sin lugar a dudas, y, además, una constatación óntico-psicológica. Pero la tarea es aquí mostrar la estructura ontológica del temple anímico en su constitución tempóreo-existencial. Y por lo pronto, solo puede tratarse de hacer visible la temporeidad del estado de ánimo en general. La tesis de que "la disposición afectiva se funda primariamente en el haber-sido" sostiene que el carácter existencial fundamental del estado de ánimo es un *retrotraer hacia...* Pero no es este el que produce el haber-sido, sino que la disposición afectiva pone cada vez de manifiesto para el análisis existencial un modo del haber-sido. La interpretación tempórea de la disposición afectiva no podrá, por consiguiente, pretender deducir los estados de ánimo a partir de la temporeidad, resolviéndolos en puros fenómenos de temporización. Aquí se
trata simplemente de hacer ver que los estados de ánimo *no son posibles*, en 341
el qué y en el cómo de su "significación" existentiva, *sino sobre la base de la temporeidad*. La interpretación tempórea se limitará a los fenómenos del miedo y de la angustia, ya analizados en la etapa preparatoria.

Empezaremos el análisis mostrando la temporeidad del *miedo*[1]. El miedo fue caracterizado como una disposición afectiva impropia. ¿Hasta qué punto es el haber-sido el sentido existencial que hace posible el miedo? ¿Qué modalidad de este éxtasis caracteriza la específica temporeidad del miedo? Este consiste en tener miedo ante algo amenazante que, siendo perjudicial para el poder-ser fáctico del Dasein, se acerca de la manera ya descrita, en el ámbito de lo a la mano y de lo que está-ahí. El miedo abre en la forma de la circunspección cotidiana algo que amenaza. Un sujeto puramente intuitivo jamás podrá descubrir nada semejante. Pero este abrir del tener miedo ante... ¿no es acaso un dejar venir a sí? ¿No se ha definido, con razón, el miedo como la espera de un mal venidero (*malum futurum*)? ¿No es el futuro el sentido tempóreo primario del miedo, más bien que el haber-sido? Indiscutiblemente el miedo no solo se "relaciona" con "algo futuro", en el sentido de lo que ha de venir "en el tiempo", sino que ese relacionarse mismo es venidero en el sentido tempóreo originario. Manifiestamente, a la constitución tempóreo-existencial del miedo le pertenece *también* un *estar a la espera*. Pero esto solo significa, por lo pronto, que la temporeidad del miedo es *impropia*. ¿Es el tener miedo ante... tan solo la espera de algo amenazador que se aproxima? La espera de algo amenazador que se aproxima no es necesariamente miedo, y tan poco lo es, que a ella le falta precisamente el específico carácter afectivo del miedo. Este carácter consiste en que el estar a la espera que es inherente al miedo *retrotrae* lo amenazante hacia el ocupado poder-ser fáctico. *Retrocediendo hacia* el ente que soy yo, lo amenazante solo puede ser aguardado y, por consiguiente, el Dasein amenazado, si el "hacia qué" del retroceder hacia... ya está extáticamente abierto en general. El carácter de estado de ánimo o carácter *afectivo* del miedo consiste en que el estar a la espera —sintiendo miedo— "se" atemoriza, es decir, que el miedo ante... es siempre un miedo *por*... El sentido tempóreo-existencial del miedo se constituye por un olvido de sí, por el confuso escapar ante el propio poder-ser fáctico en que el amenazado estar-
342 en-el-mundo se ocupa de lo a la mano. Aristóteles define, con razón, el miedo como λύπη τις ἢ ταραχή como un abatimiento o confusión[2]. El abatimiento obliga al Dasein a volver a su condición de arrojado, pero de tal manera que esta precisamente se cierra. La confusión se funda en un olvido. El escapar olvidante que huye de un poder-ser fáctico resuelto se atiene a las posibilidades de salvarse y de evadirse descubiertas de antemano por la circunspección. Presa del miedo, la ocupación salta de una posibilidad a otra, porque, al olvidarse de sí, no *asume* ninguna *determinada*. Todas las posibilidades "posibles", es decir, también las imposibles, se le ofrecen. El que tiene miedo no se detiene en ninguna de ellas;

[1] Cf. § 30, p. 164 ss.
[2] Cf. *Retórica* B, 5, 1382 a 21.

el “mundo circundante” no desaparece, sino que comparece en un ya no saber a qué atenerse dentro *de él.* Al olvido de sí que tiene lugar en el miedo le es propia esta *confusa presentación* de lo primero que viene. Sabido es, por ejemplo, que los habitantes de una casa en llamas muchas veces “salvan” lo menos importante, lo primero que tienen a mano. La presentación auto-olvidada de una maraña de posibilidades flotantes hace posible la confusión que constituye el carácter afectivo del miedo. El olvido, propio de la confusión, modifica también el estar a la espera y le confiere el carácter de un abatido o confuso estar a la espera, diferente de una pura espera de algo.

La específica unidad extática que hace existencialmente posible el atemorizarse se temporiza primariamente a partir del olvido, tal como ha sido caracterizado, el cual, como modo del haber-sido, modifica la temporización del correspondiente presente y futuro. La temporeidad del miedo es un olvido que, estando a la espera, hace presente. La interpretación común del miedo intenta, por lo pronto —conforme a su orientación por lo que comparece intramundanamente—, determinar el ante-qué del miedo como “mal futuro” y, correspondientemente, la relación con este como una espera. Lo que fuera de esto pertenece al fenómeno, es un “sentimiento de placer o de disgusto”.

¿Cómo se relaciona con la temporeidad del miedo la de la *angustia*? Hemos llamado al fenómeno de la angustia una disposición afectiva fundamental[1]. La angustia pone al Dasein ante su más propio estar arrojado, desvelando lo desazonante del modo cotidianamente familiar del estar-en-el-mundo. Al igual que el miedo, la angustia está determinada formalmente por un *ante-qué* del angustiarse y un *por-qué.* Sin embargo, el análisis ha mostrado que estos dos fenómenos coinciden. Esto no significa que los caracteres estructurales del ante-qué y del 343
por-qué se confundan, como si la angustia no se angustiara ni ante... ni por... Que el ante-qué y el por-qué coincidan debe entenderse, más bien, en el sentido de que el ente en que se realizan es él mismo, a saber, el Dasein. En forma especial, el ante-qué de la angustia no comparece como una cosa particular de la que hubiera que ocuparse; la amenaza no viene de lo a la mano ni de lo que está-ahí, sino, al contrario, precisamente de que todo lo que está a la mano o ahí ya no le “dice” a uno absolutamente nada. El ente circunmundano ha perdido su condición respectiva. El mundo en el que existo se ha hundido en la insignificancia, y el mundo así abierto solo puede dejar en libertad entes de carácter irrespectivo. La nada del mundo frente a la cual la angustia se angustia no significa que en la angustia se experimente una especie de ausencia de lo que debiera estar-ahí dentro del mundo. Lo que está-ahí debe justamente comparecer para que de *este modo* pueda no tener *ninguna* condición respectiva y mostrarse en una vacía

[1] Cf. § 40, p. 206 ss.

inexorabilidad. Esto implica, sin embargo, que el ocupado estar a la espera no encuentra nada desde donde pudiera comprenderse a sí mismo, y que, al intentar asir algo, solo encuentra la nada del mundo; al tropezar con el mundo, el comprender es llevado por la angustia hacia el estar-en-el-mundo en cuanto tal; pero este ante-qué de la angustia es también su por-qué. El angustiarse ante... no tiene el carácter de una espera de algo, ni, en general, el de un estar a la espera. El ante-qué de la angustia ya está, sin embargo, "ahí", es el Dasein mismo. ¿No queda entonces constituida la angustia por un futuro? Ciertamente, pero no por el futuro impropio del estar a la espera.

La insignificancia del mundo abierta en la angustia desvela la nihilidad de todo lo que puede ser objeto de ocupación, es decir, la imposibilidad de proyectarse en un poder-ser de la existencia primariamente fundado en las cosas que nos ocupan. Ahora bien, la desvelación de esta imposibilidad significa dejar resplandecer la posibilidad de un modo propio de poder-ser. ¿Qué sentido tempóreo tiene esta desvelación? La angustia se angustia por la nuda existencia en cuanto arrojada en la desazón. Devuelve hacia el puro "que..." de la más propia y aislada condición de arrojado. Esta vuelta atrás no tiene el carácter de un olvido esquivador, pero tampoco el de un recuerdo. Asimismo, no se da en la angustia una repetición que asuma la existencia dentro del acto resolutorio. Es cierto, en cambio, que la angustia lleva de vuelta hacia la condición de arrojado *como posibilidad repetible*. Y de esta manera ella revela *también* la posibilidad de un modo propio de poder-ser, que en la repetición debe retomar, como poder-ser venidero, hacia el Ahí arrojado. *Llevar ante la posibilidad de ser repetido es el modo extático específico del haber-sido que constituye la disposición afectiva de la angustia.*

344 El olvido constitutivo del miedo confunde al Dasein y lo hace ir de un lado a otro entre posibilidades "mundanas" no asumidas. Al contrario de esta presentación incontenida, el presente de la angustia está *retenido* en el volverse hacia la más propia condición de arrojado. Por su sentido existencial, la angustia no puede perderse en un posible objeto de ocupación. Si algo semejante sucede en alguna disposición afectiva similar a ella, lo será en el miedo, que el entendimiento cotidiano confunde con la angustia. Aunque el presente de la angustia está *retenido*, no tiene empero todavía el carácter del instante, que se temporiza en el acto resolutorio. La angustia solo lleva al estado de ánimo de un *posible* acto resolutorio. Su presente mantiene al instante —que es el modo como ese presente, y solo él, es posible— *a punto de producirse* [*auf dem Sprung*].

En la temporeidad característica de la angustia, es decir, en el hecho de que ella se funda originariamente en el haber-sido y de que solo a partir del haber-sido se temporizan en ella el futuro y el presente, se revela la posibilidad del poder que es propio del estado de ánimo de la angustia. En la angustia el Dasein está plenamente replegado sobre su nudo estado de desazón y absorbido por él. Ahora bien, esta absorción no solo *trae* de vuelta al Dasein desde sus posibilidades "*mundanas*", sino que le *da* también la posibilidad de un poder-ser *propio*.

Sin embargo, ninguno de estos dos estados de ánimo —el miedo y la angustia— se "presenta" jamás en forma puramente aislada en la "corriente de las vivencias", sino que ellos determinan siempre afectivamente un comprender o, correlativamente, se determinan a sí mismos desde él. El miedo es provocado por el ente de la ocupación circunmundana. La angustia, en cambio, emerge desde el Dasein mismo. El miedo sobreviene desde lo intramundano. La angustia se eleva desde el estar-en-el-mundo como un arrojado estar vuelto hacia la muerte. Este "irrumpir" de la angustia desde el Dasein, comprendido tempóreamente, significa: el futuro y el presente de la angustia se temporizan desde un haber-sido originario que tiene el sentido de un traer de vuelta hacia la posibilidad de la repetición. Pero la angustia solo puede irrumpir de un modo propio en un Dasein resuelto. Quien está resuelto no conoce el miedo, pero comprende, precisamente, la posibilidad de la angustia como *aquel* estado de ánimo que no lo paraliza ni confunde. La angustia libera de las posibilidades "nihílicas" [*nichtigen*] y hace libre *para* las propias.

Si bien ambos modos de la disposición afectiva, el miedo y la angustia, se fundan primariamente en un *haber-sido*, su origen, sin embargo, es distinto desde el punto de vista de la manera como cada uno de ellos se temporiza dentro del todo del cuidado. La angustia se origina a partir del *futuro* de la resolución; el miedo, desde el presente perdido, que medrosamente tiene miedo del miedo, y 345
así cae justamente en él.

Sin embargo, la tesis de la temporeidad de los estados de ánimo ¿no será quizas solamente válida para los fenómenos que se ha escogido para el análisis? ¿Cómo encontrar un sentido tempóreo en la descolorida indeterminación afectiva que impregna la "cotidiana monotonía"? ¿Y qué pasa con la temporeidad de estados de ánimo y afectos tales como la esperanza, el gozo, el entusiasmo, la alegría? Que no solo el miedo y la angustia se fundan existencialmente en un haber-sido, sino también otros estados de ánimo, resulta claro con solo nombrar fenómenos como el hastío, la tristeza, la melancolía, la desesperación. Sin embargo, su interpretación debería hacerse sobre la base más amplia de una analítica existencial del Dasein plenamente elaborada. Pero, incluso un fenómeno como la esperanza, que parece estar enteramente fundado en el futuro, debe ser analizado de un modo análogo al del miedo. A diferencia del miedo, que se refiere a un *malum futurum*, la esperanza ha sido definida como espera de un *bonum futurum*. Pero lo decisivo para la estructura de este fenómeno no es tanto el carácter "futuro" de aquello *con lo que* la esperanza se relaciona, sino más bien el sentido existencial del *esperar mismo*. El carácter afectivo reside también aquí, primariamente, en el esperar en cuanto *esperar-algo-para-sí*. El que espera se pone, en cierto modo, *también* a sí mismo dentro de la esperanza, saliendo así al encuentro de lo esperado. Ahora bien, esto supone un haber-se-ganado-a-sí-mismo. Que la esperanza, a diferencia de la medrosidad deprimente, *aligere*, significa que también esta disposición afectiva queda referida, en el modo del *haber*-sido, a una carga. Un estado de ánimo alto, o mejor, elevador, no es ontológicamente posible sino en una relación extático-tempórea del Dasein con el fundamento arrojado de sí mismo.

La descolorida indeterminación afectiva de la indiferencia que no adhiere a nada ni tiende a nada, y se abandona a lo que trae cada vez el momento presente, llevándose empero en cierta manera todo consigo, hace ver, finalmente, *en la forma más aguda*, el poder del *olvido* en los estados de ánimo cotidianos de la ocupación inmediata. El vivir al día, que deja que "todo sea" como es, se funda en un olvidado abandonarse a la condición de arrojado. Tiene el sentido extático de un haber-sido impropio. La indiferencia [*Gleichgültigkeit*], que puede ir a la par con una afanosa actividad, debe distinguirse rigurosamente de la serenidad [*Gleichmut*]. Este estado de ánimo surge de la resolución, que es como una *mirada* instantánea sobre las posibles situaciones del poder-estar-entero abierto en el adelantarse hacia la muerte.

346 Solo un ente que por el sentido mismo de su ser se encuentra [afectivamente dispuesto], es decir, solo un ente que, mientras existe ya siempre ha sido, y que constantemente existe en algún modo del haber-sido, puede ser "afectado". La afección presupone ontológicamente la presentación, y de tal manera la presupone, que en la presentación el Dasein puede ser traído de vuelta a sí mismo en cuanto "sido". La manera como se haya de caracterizar ontológicamente la *estimulación* y *afección* de los sentidos en un simple viviente, y cómo y dónde, en general, el ser de los animales, por ejemplo, esté constituido por un cierto "tiempo", son problemas que requerirían un tratamiento particular.

c) La temporeidad de la caída[1]

La interpretación tempórea del comprender y de la disposición afectiva no solo ha encontrado un éxtasis cada vez *primario* para el correspondiente fenómeno, sino que, además, se ha encontrado siempre con la temporeidad *entera*. Así como el futuro posibilita primariamente el comprender, y el haber-sido posibilita el estado de ánimo, de igual manera el tercer momento estructural constitutivo del cuidado, la *caída*, tiene su sentido existencial en el *presente*. El análisis preparatorio de la caída comenzó con una interpretación de la habladuría, de la

[1] Cf. § 38, p. 197 ss.

curiosidad y de la ambigüedad[1]. El análisis tempóreo de la caída debe seguir el mismo camino. Sin embargo, limitaremos nuestra investigación a la consideración de la curiosidad, porque en ella es donde resulta más fácil ver la específica temporeidad de la caída. En cambio, el análisis de la habladuría y de la ambigüedad presupone la aclaración de la constitución tempórea del discurso y de la interpretación.

La *curiosidad* es una particular tendencia de ser del Dasein, en la que este procura un poder-ver[2]. Ni el "ver" ni tampoco el concepto de "visión" se limitan aquí a la percepción con los "ojos del cuerpo". La percepción, en sentido amplio, deja que lo a la mano y lo que está-ahí comparezca en sí mismo y "en persona" [*leibhaftig*] en cuanto a su aspecto. Este dejar comparecer se funda en un presente. Dicho presente [*Gegenwart*] ofrece el horizonte extático dentro del cual el ente puede estar "personalmente" *presente* [*anwesend*]. Pero la curiosidad no presenta al ente que está-ahí para *comprenderlo*, quedándose en él, sino que busca ver *solo* por ver y por haber visto. La curiosidad, en cuanto presentación que se enreda en ella misma, está en unidad extática con un respectivo futuro y haber-sido. La avidez de lo nuevo es, sin duda, un avanzar hacia algo aún-no- 347
visto, pero de tal modo que la presentación busca sustraerse del estar a la espera. La curiosidad es por completo impropiamente venidera, y esto, a su vez de tal manera, que ella no está a la espera de una *posibilidad*, sino que en su avidez no hace más que apetecerla como algo ya real. La curiosidad se constituye por medio de una presentación incontenida que, no haciendo otra cosa que presentar, trata constantemente de evadirse del estar a la espera, en el que, sin embargo, está incontenidamente "retenida". El presente "salta fuera" [*entspringt*] del correspondiente estar a la espera, y lo hace en el sentido ya destacado de un evadirse. Pero la presentación "que salta fuera", propia de la curiosidad, está de tal manera poco entregada a la "cosa", que, apenas ha logrado la visión de esta, aparta de ella la mirada para echarla sobre la siguiente. La presentación que constantemente "salta fuera" del estar a la espera de una determinada posibilidad ya asumida, posibilita ontológicamente el *desasosiego* que caracteriza a la curiosidad. La presentación no "salta fuera" del estar a la espera de tal manera que, comprendida ónticamente, se separara de el y se entregara a sí misma. El "saltar fuera" es una modificación extática del estar a la espera, de tal manera que este estar a la espera va *saltando tras* el presentar. El estar a la espera renuncia, en cierto modo, a sí mismo, y no deja tampoco que las posibilidades impropias de la ocupación vengan a él desde aquello que es objeto de ocupación, a excepción de las necesarias para una presentación incontenida. La modificación extática del estar a la espera

[1] Cf. §§ 35 y ss., p. 190 ss.

[2] Cf. § 36, p. 193 ss.

por medio de la presentación que salta fuera, que convierte a ese estar a la espera en un estar a la espera que salta detrás, es la condición tempóreo-existencial de la posibilidad de la *distracción*.

Mediante el estar a la espera que salta detrás la presentación queda cada vez más abandonada a sí misma. La presentación presenta por mor del presente. Enredándose de este modo en sí mismo, el desasosiego distraído se convierte en la *falta de paradero*. Este modo del presente es el fenómeno máximamente opuesto al *instante*. En *aquel* el Dasein está en todas partes y en ninguna. En cambio, el *instante* pone a la existencia en la situación y abre el "Ahí" propio.

Cuanto más impropio es el presente, es decir, cuanto más la presentación viene hacia sí "misma", tanto más huye ella, en su cerrar, de un determinado poder-ser, y tanto menos puede entonces el futuro retornar al ente arrojado. En el "saltar fuera" que es propio del presente, se da, al mismo tiempo, un creciente olvido. Que la curiosidad esté siempre en lo que viene después y que haya olvidado lo de "antes", no es una consecuencia que se siga *de* la curiosidad, sino la condición ontológica para ella misma.

Los caracteres de la caída que fueron mostrados más arriba —tentación, tranquilización, alienación y enredarse en sí mismo— significan, desde el punto de
348 vista del sentido tempóreo, que la presentación que "salta fuera" trata, por su propia tendencia extática, de temporizarse desde ella misma. El Dasein se enreda en sí mismo: esta determinación tiene un sentido extático. La salida fuera de sí de la existencia en la presentación no significa empero que el Dasein se separe de su yo y de su mismidad. Incluso en la presentación más extrema, el Dasein sigue siendo tempóreo, es decir, sigue estando a la espera y olvidando. Incluso presentando, el Dasein sigue comprendiéndose a sí mismo, aunque esté alienado de su más propio poder-ser, que se funda primariamente en el modo propio del futuro y del haber-sido. Pero en la medida en que la presentación ofrece siempre "algo nuevo", no deja que el Dasein retorne a sí mismo, y constantemente lo tranquiliza una y otra vez. Ahora bien, por su parte, esta tranquilización fortalece la tendencia al saltar fuera. La curiosidad no es "producida" por la ilimitada vastedad de lo que aún no ha sido visto, sino por el modo cadente de temporización del presente que salta fuera. Incluso cuando todo se ha visto, y precisamente entonces, la curiosidad *inventa* algo nuevo.

El modo de temporización del "saltar fuera" propio del presente se funda en la esencia *finita* de la temporeidad. Arrojado en el estar vuelto hacia la muerte, el Dasein, inmediata y regularmente huye de esta condición de arrojado, que con mayor o menor explicitud le está desvelada. El presente salta fuera de su futuro y haber-sido propios, y hace que el Dasein llegue a la existencia propia tan solo mediante el rodeo a través de sí [a través del presente]. El origen del "saltar fuera", propio del presente, es decir, de la caída en el estar perdido, es la temporeidad originaria y propia misma, temporeidad que hace posible el arrojado estar vuelto hacia la muerte.

La condición de arrojado, *ante* la cual el Dasein puede, sin duda, ser llevado *en forma propia* a fin de comprenderse a sí mismo en ella de un modo propio. le queda, sin embargo, cerrada en lo relativo al "de dónde" y al "cómo" ónticos. Pero esta obstrucción no es en modo alguno el mero hecho de no saber, sino que constituye la facticidad misma del Dasein. Codetermina el carácter *extático* de la entrega de la existencia al fundamento negativo de ella misma.

El arrojamiento *[Wurf]* del estar arrojado al mundo no es, por lo pronto, cogido en forma propia por el Dasein; la "movilidad" de ese arrojamiento no se "detiene" por el hecho de que el Dasein ahora "existe". El Dasein es arrastrado por el movimiento del estar arrojado; es decir, en cuanto arrojado en el mundo se pierde en el "mundo", en su fáctico estar consignado a aquello de lo que hay que ocuparse. El presente, que constituye el sentido existencial de ese "ser llevado", no gana nunca por sí mismo un horizonte extático diferente, a menos que en el 349
acto resolutorio sea traído de vuelta de su estado de pérdida, para abrir, como instante retenido, la respectiva situación y, junto con ella, la originaria "situación límite" del estar vuelto hacia la muerte.

d) La temporeidad del discurso[1]

La aperturidad plena del Ahí, constituida por el comprender, la disposición afectiva y la caída, recibe su articulación por medio del discurso. Por eso el discurso no se temporiza primariamente en un éxtasis determinado. Pero como de hecho el discurso se expresa regularmente por medio del lenguaje, y habla, en primer lugar, en el modo de un dirigirse al "mundo circundante" para decir las cosas de las que se ocupa, la *presentación* tiene en él una función constitutiva *preferencial.*

Ni los tiempos de los verbos, ni tampoco los otros fenómenos tempóreos del lenguaje, como son los "modos verbales" y las "subordinaciones temporales", surgen del hecho de que el discurso "también" se expresa acerca de procesos "temporales", es decir, de procesos que comparecen "en el tiempo". Tampoco tienen su fundamento en el hecho de que el hablar transcurre "en un tiempo psíquico". El discurso es tempóreo *en sí mismo*, por cuanto todo discurrir que hable sobre..., de... y a... está fundado en la unidad extática de la temporeidad. Los *modos verbales* arraigan en la temporeidad originaria del ocuparse, se relacione este o no con lo intratempóreo. Con el concepto tradicional y vulgar del tiempo, al que la ciencia del lenguaje se ve forzada a recurrir, el problema de la estructura

[1] Cf. § 34, p. 183 ss.

tempóreo-existencial de los modos verbales no puede *siquiera ser planteado*[1]. Pero, puesto que el discurso discurre siempre acerca del ente, aunque no lo haga primaria ni preponderantemente en el sentido del enunciado teorético, el análisis de la constitución tempórea del discurso y la explicación de los caracteres tempóreos de las estructuras del lenguaje solo podrán emprenderse cuando el problema de la conexión fundamental de ser y verdad haya sido desarrollado desde la problemática de la temporeidad. Entonces se podrá también definir el sentido ontológico del "es", que una superficial teoría de la proposición y del juicio ha desfigurado convirtiéndolo en simple "cópula". Solo desde la temporeidad del discurso, es decir, desde la temporeidad del Dasein en general, podrá ser aclarado el "origen" de la "significación", y hacerse comprensible ontológicamente la posibilidad de una conceptualización.

350 El comprender se funda primariamente en el futuro (adelantarse o estar a la espera). La disposición afectiva se temporiza primariamente en el haber-sido (repetición u olvido). La caída arraiga tempóreamente de un modo primario en el presente (presentación o instante). Sin embargo, el comprender es siempre un presente "que está-siendo-sido". Pero la disposición afectiva se temporiza como futuro "presentante". No obstante, el presente "salta fuera" de un futuro que está-siendo-sido o está retenido por él. En todo ello se puede ver lo siguiente: *La temporeidad se temporiza enteramente en cada éxtasis, y esto quiere decir que la unidad extática de la correspondiente plena temporización de la temporeidad funda la integridad del todo estructural constituido por la existencia, la facticidad y la caída, esto es, la unidad de la estructura del cuidado.*

La temporización no significa una "sucesión" de los éxtasis. El futuro *no es posterior* al haber-sido, *ni* este *anterior* al presente. La temporeidad se temporiza como futuro que está-siendo-sido y presentante.

La aperturidad del Ahí y las posibilidades existentivas fundamentales que son la propiedad y la impropiedad, están fundadas en la temporeidad. Pero la aperturidad concierne siempre cooriginariamente a la integridad del *estar-en-el-mundo,* es decir, al estar-en y al mundo. Tomando, pues, como punto de referencia la constitución tempórea de la aperturidad deberá poderse mostrar también la condición ontológica de la posibilidad de que haya un ente que existe como estar-en-el-mundo.

[1] Cf., entre otros, Jak. Wackernagel, *Vorlesungen über Syntax,* tomo I (1920), p. 15; especialmente p. 149-210. Además, G. Herbig, *Aktionsart und Zeitstufe. Indogermanische Forschung,* tomo VI (1896), p. 167 ss.

§ 69. La temporeidad del estar-en-el-mundo y el problema de la trascendencia del mundo

La unidad extática de la temporeidad, es decir, la unidad del "estar fuera de sí que tiene lugar en los éxtasis del futuro, del haber-sido y del presente, es la condición de la posibilidad de que haya un ente que existe como su "Ahí". El ente que lleva el nombre de Dasein está *iluminado*[1]. La luz constitutiva de este "estar iluminado" del Dasein no es una fuerza o fuente óntica de claridad irradiante que de vez en cuando se hiciese presente en este ente. Lo que ilumina esencialmente a este ente, es decir, lo que lo hace "abierto" a la vez que "claro" para sí mismo, ha sido determinado ya antes de toda interpretación "tempórea" como cuidado. En él se funda la plena aperturidad del Ahí. Este estar iluminado del Dasein hace posible la iluminación, aclaración, percepción, "visión" y posesión de cualquier cosa. La 351
luz de este estar iluminado solo la comprenderemos si, en vez de buscar una fuerza simplemente presente que estuviera implantada en el Dasein, interrogamos la totalidad de su constitución de ser —el cuidado— preguntando por el fundamento unitario de su posibilidad existencial. *La temporeidad extática ilumina originariamente el Ahí*. Ella es el regulador primario de la posible unidad de todas las estructuras existenciales que conforman la esencia del Dasein.

Solo a partir del enraizamiento del Dasein en la temporeidad se hace visible la *posibilidad* existencial del fenómeno que al comienzo de la analítica del Dasein fue presentado como estructura fundamental de este ente: el *estar-en-el-mundo*. En un comienzo era necesario asegurar la indisoluble unidad estructural de este fenómeno. La pregunta por el *fundamento que hace posible la unidad* de esta estructura *articulada* quedó relegada a segundo plano. Con el propósito de defender este fenómeno frente a las muy naturales y por lo mismo fatalísimas tendencias que llevan a desintegrarlo, se interpretó con mayor detención el modo inmediatamente cotidiano del estar-en-el-mundo, el estar en medio de lo intramundanamente a la mano *ocupándose* de ello. Ahora que el *cuidado* mismo ha sido ontológicamente determinado y reconducido a su fundamento existencial, la temporeidad, el *ocuparse* puede, por su parte, ser concebido *explícitamente* a partir del cuidado y, por consiguiente, a partir de la temporeidad.

El análisis de la temporeidad del ocuparse se orientará primeramente a ese modo de la ocupación que es el habérselas circunspectivo con los entes a la mano. Enseguida examinará la posibilidad tempóreo-existencial de la modificación por la que el ocuparse circunspectivo se convierte en "mero" descubrimiento contemplativo del ente intramundano, sirviendo así de base para ciertas

[1] Cf. § 28, p.157.

posibilidades de investigación científica. La interpretación de la temporeidad del circunspectivo y teorético estar ocupado en medio de los entes a la mano y que están-ahí *dentro del mundo*, mostrará también que está misma temporeidad es previamente la condición de posibilidad del estar-en-el-mundo, en la que se funda, en definitiva, el estar en medio de los entes intra*mundanos*. El análisis temático de la constitución tempórea del estar-en-el-mundo nos llevará a las siguientes preguntas: ¿de qué manera es posible algo así como un mundo?, ¿en qué sentido el mundo *es*?, ¿qué es lo trascendido por el mundo y cuál su manera de trascenderlo?, ¿cuál es la "conexión" entre la "independencia" del ente intramundano y el mundo trascendente? La *exposición ontológica* de estas preguntas no equivale a su respuesta. En cambio, ella pone de manifiesto la necesidad de aclarar previamente las estructuras en función de las cuales se ha de plantear el problema de la trascendencia. La interpretación tempóreo-existencial del estar-en-el-mundo
352 deberá considerar tres problemas: a) la temporeidad del ocuparse circunspectivo; b) el sentido tempóreo de la modificación por la que el ocuparse circunspectivo se convierte en conocimiento teorético de lo que está-ahí dentro del mundo; c) el problema tempóreo de la trascendencia del mundo.

a) La temporeidad del ocuparse circunspectivo

¿Cómo alcanzamos la perspectiva necesaria para el análisis de la temporeidad del ocuparse? El estar ocupado en medio del "mundo" lo hemos llamado trato con y en el mundo circundante[1]. Como fenómenos ejemplares del estar en medio de... hemos escogido el uso, el manejo, la producción de entes a la mano y sus modos deficientes e indiferentes, es decir, el estar en medio de lo que pertenece a las necesidades cotidianas[2]. También la existencia propia se mueve dentro de ese ocuparse —incluso cuando este le es a ella "indiferente". El ente a la mano del que nos ocupamos no es el que causa la ocupación, como si esta surgiera por la actuación del ente intramundano. El estar en medio de lo a la mano no puede ser ónticamente aclarado desde este, ni este puede, a la inversa, derivarse de aquel. Pero tampoco la ocupación, como modo de ser del Dasein, y aquello de que nos ocupamos, como ente a la mano dentro del mundo, *están* simplemente *ahí juntos*. Hay, sin embargo, entre ellos una "conexión". La adecuada comprensión del con-qué del trato arroja una luz sobre el trato mismo de la ocupación. Y, a la inversa, el error acerca de la estructura fenoménica del con-qué del trato tiene como consecuencia un desconocimiento de la constitución existencial del trato mismo. Para el análisis del ente que comparece de un modo inmediato ya es ciertamen-

[1] Cf. § 15, p. 94 ss.
[2] Cf. § 12, p. 83.

te un logro esencial que no se pase por alto el específico carácter pragmático de este ente. Pero es necesario comprender, además, que el trato de la ocupación jamás se detiene en un útil singular. El uso y manejo de un determinado útil está necesariamente orientado hacia un contexto de útiles. Así, por ejemplo, cuando buscamos un útil que "no está en su sitio", ese buscar no apunta tan solo ni primariamente a lo buscado en un "acto" aislado, sino que, previamente a eso, tiene que haberse descubierto el ámbito del todo pragmático. Ningún "ponerse a la obra" o emprender tropieza desde la nada con un útil ya dado aisladamente, sino que, al echar mano del útil, vuelve sobre él desde el mundo que ya cada vez ha sido abierto.

De aquí se sigue, para el análisis que tiene en vista el con-qué del trato, la 353
indicación de no centrar el existente estar en medio de lo que es objeto de ocupación en un útil a la mano aislado, sino, más bien, en el todo de útiles. A esta concepción del con-qué del trato nos fuerza también la reflexión sobre el particular carácter de ser del útil a la mano que es la *condición respectiva*[1]. Entendemos este término en un sentido ontológico. Cuando se dice que algo está en condición respectiva a otra cosa, no se pretende constatar ónticamente un hecho, sino indicar el modo de ser de lo a la mano. El carácter referencial de la condición respectiva da a entender que *un* útil [aislado] es ontológicamente imposible. Sin duda puede estar a la mano un útil único y 'faltar" los otros. Pero, en esto mismo se manifiesta la pertenencia de lo ahora a la mano a otros entes a la mano. El trato de la ocupación puede dejar comparecer circunspectivamente un ente a la mano tan solo si ya comprende algo así como la condición respectiva en la que algo está siempre referido a otra cosa. El descubriente y circunspectivo estar entre las cosas, propio de la ocupación, es un dejar que las cosas queden en respectividad, es decir, es un proyectar comprensor de una condición respectiva. *Si el dejar que las cosas queden en respectividad constituye la estructura existencial del ocuparse, y este, en cuanto estar en medio de... pertenece a la constitución esencial del cuidado, y si este, a su vez, se funda en la temporeidad, entonces la condición existencial de la posibilidad del dejar que las cosas queden en respectividad debe ser buscada en un modo de la temporización de la temporeidad.*

En el más simple manejo de un útil hay un dejar que algo esté en respectividad. Aquello hacia lo cual se deja que algo esté en respectividad tiene el carácter del para-qué; es con vistas a este para-qué como el útil es utilizable o es utilizado. La comprensión del para-qué, es decir, del hacia-qué de la condición respectiva tiene la estructura tempórea del estar a la espera. Solo estando a la espera del para-qué la ocupación puede retornar, a la vez, a "lo que" está en condición respectiva. El *estar a la espera* del hacia-qué, a una con la *retención* de lo que está en

[1] Cf. § 18, p. 109 ss.

condición respectiva, posibilita, en su unidad extática, la específica presentación del útil mediante su manejo.

El estar a la espera del para-qué no es ni una contemplación de la "finalidad", ni un esperar el acabamiento ya próximo de la obra por producir. No tiene en absoluto el carácter de una captación temática. Pero tampoco la retención de lo que está en condición respectiva significa su retención temática. El trato manejante no se comporta exclusivamente en relación con el "hacia qué" del dejar estar en respectividad ni tampoco exclusivamente en relación con lo que se deja estar
354 en respectividad. El dejar estar en respectividad se constituye más bien en la unidad del retener que está a la espera, de tal manera que la presentación que de allí brota [o salta fuera] posibilita la característica absorción del ocuparse en su mundo pragmático. El "auténtico" y enteramente dedicado ocuparse-con no está solamente en la obra, ni solo en el instrumento, ni tampoco está en ambos "a la vez". El dejar estar en respectividad fundado en la temporeidad ya ha instituido la unidad de los respectos en los que el ocuparse se "mueve" circunspectivamente.

Para la temporeidad constitutiva del dejar estar en respectividad es esencial un específico *olvido*. Para poder ponerse "efectivamente" a la obra y operar "per-diéndose" en el mundo de los útiles, el sí-mismo tiene que olvidarse de sí. Pero como en la unidad de la temporización del ocuparse la dirección la tiene siempre un *estar a la espera*, el poder-ser del Dasein ocupado está, como veremos más adelante, inserto en el cuidado.

La presentación que, reteniendo, está a la espera, constituye aquella familiaridad en virtud de la cual el Dasein en cuanto convivir "sabe cómo habérselas" [*sich auskennt*] en el mundo público circundante. Al dejar estar en respectividad lo comprendemos existencialmente como un dejar-"ser". Sobre este fundamento, lo a la mano puede comparecer para la circunspección *como el ente* que él es. Por consiguiente, podremos precisar aún más la temporeidad del ocuparse si prestamos atención a *aquellos* modos del dejar comparecer circunspectivo que más arriba[1] hemos caracterizado como llamatividad, apremiosidad y rebeldía. El útil a la mano no comparece en su "verdadero en-sí" para una percepción temática de las cosas, sino que comparece en la no llamatividad de lo "obvia" y "objetivamente" encontrable. Pero si una cosa llama la atención en el todo de estos entes, se da entonces la posibilidad de que el todo pragmático en cuanto tal se haga también notorio. ¿Cómo debe estar estructurado existencialmente el dejar estar en respectividad para que pueda dejar comparecer algo que llama la atención? La pregunta no se dirige ahora a las circunstancias fácticas que orientan la atención hacia algo ya dado, sino al sentido ontológico de la posibilidad misma de orientarse.

[1] Cf. § 16, p. 99 ss.

Lo inservible, por ejemplo la herramienta que falla en un caso determinado, solo puede llamar la atención en y para un trato que la maneja. Ni siquiera la más aguda y cuidadosa "percepción" y "representación" de las cosas, podrá descubrir jamás algo así como un desperfecto de la herramienta. El manejo debe 355
poder ser impedido para que comparezca lo inmanejable. Pero, ¿qué significa esto *desde un punto de vista ontológico*? La presentación que reteniendo está a la espera queda impedida en su absorberse en las relaciones de respectividad por aquello que posteriormente se mostrará como un desperfecto. La presentación que cooriginariamente está a la espera del para-qué, queda retenida en el útil del que hace uso, de tal modo que ahora comparecen explícitamente el para-qué y el para-algo. Sin embargo, la presentación misma, por su parte, solo puede encontrar algo inapropiado para... en tanto que ya se mueve en un estar a la espera que retiene lo que está en condición respectiva a algo. Que la presentación sea "impedida" quiere decir que, manteniéndose en unidad con el estar a la espera que retiene, ella se establece aún más en sí misma, posibilitando así la "revisión", el examen y la eliminación del impedimento. Si el trato ocupado fuese solamente una secuencia de "vivencias" que transcurren "en el tiempo", por íntimamente "asociadas" que ellas estuviesen, el encuentro con el útil que llama la atención, con el útil inservible, sería ontológicamente imposible. El dejar estar en respectividad, cualesquiera sean los contextos pragmáticos que él hace accesibles en el trato, debe estar fundado, en cuanto tal, en la unidad extática de la presentación que reteniendo está a la espera.

¿Y cómo es posible la "constatación" de lo que falta, es decir, no solo de lo que, estando a mano, resulta inmanejable, sino de lo que simplemente no está a la mano? Lo que no está a la mano es descubierto circunspectivamente en la *experiencia del faltar*. Esta experiencia del faltar y la "constatación" en ella fundada del no estar-ahí de algo, tiene sus propios supuestos existenciales. La experiencia del faltar no es, en modo alguno, un no presentar, sino un modo deficiente del presente, en el sentido de la no presentación de algo esperado o de algo ya siempre disponible. Si el circunspectivo dejar estar en respectividad no fuese ya de suyo un *estar a la espera* de lo que es objeto de ocupación, y si el estar a la espera no se temporizase en la *unidad con* una presentación, jamás podrá el Dasein "encontrar" que algo falta.

A la inversa, la posibilidad de *ser sorprendido* por algo se funda en que la presentación que, *estando a la espera*, presenta algo a la mano, *no está a la espera* de algo otro que se encuentra en una posible conexión de respectividad con aquello. El no estar a la espera que pertenece a la presentación pérdida abre por primera vez el horizonte dentro del cual lo sorpresivo puede recaer sobre el Dasein.

Lo que no puede ser dominado por el trato de la ocupación en el modo del producir, del procurar, pero también en el del apartar, mantener a distancia o

ponerse a cubierto de..., se revela como obstáculo insuperable. El ocuparse se
356 resigna a ello. Pero el resignarse a... es un modo particular del dejar comparecer circunspectivo. Sobre la base de esta forma de descubrimiento, la ocupación puede encontrar lo importuno, perturbador, obstaculizante, amenazador y, en general, lo de algún modo hostil. La estructura tempórea de la resignación consiste en un *no retener* que presenta estando a la espera. La presentación que está a la espera no cuenta, por ejemplo, "con" lo que, siendo disponible, es inapropiado. No contar con... es un modo de tomar en cuenta, un modo relativo a aquello a lo que uno *no* puede atenerse. No se lo olvida, sino que queda de tal manera retenido que está a la mano precisamente *en su carácter de inapropiado*. Este tipo de ente a la mano forma parte del repertorio cotidiano del mundo circundante abierto fácticamente.

Solo en la medida en que lo que opone resistencia queda descubierto en base a la temporeidad extática del ocuparse, puede el Dasein fáctico comprenderse en su estar abandonado a un "mundo" del que nunca llega a enseñorearse. Aun cuando el ocuparse quede reducido a lo más apremiante de las necesidades cotidianas, él no es jamás una pura presentación, sino que brota [o salta fuera] de un retener que está a la espera, sobre la base del cual —o, mejor aun, siendo él esa "base"— el Dasein existe en un mundo. Por eso, incluso en medio de un "mundo" extraño, el Dasein sabe de alguna manera cómo habérselas.

El dejar estar en respectividad que tiene lugar en el ocuparse, y que se funda en la temporeidad, es una comprensión aún enteramente preontológica y atemática de la condición respectiva y del estar a la mano. Más adelante veremos que la temporeidad también funda, en definitiva, la comprensión de estas determinaciones de ser en cuanto tales. Pero antes deberemos mostrar aún más concretamente la temporeidad del estar-en-el-mundo. Con vistas a ello examinaremos el modo cómo el comportamiento teorético respecto del "mundo" se "origina" a partir de la ocupación circunspectiva con lo a la mano. El descubrimiento circunspectivo del ente intramundano, lo mismo que el descubrimiento teorético, están fundados en el estar-en-el-mundo. La interpretación tempóreo-existencial de ambas formas de descubrimiento servirá para preparar la caracterización tempórea de esta constitución fundamental del Dasein.

b) El sentido tempóreo de la modificación por la que el ocuparse circunspectivo se convierte en descubrimiento teorético de lo que está-ahí dentro del mundo

La pregunta por el "origen" del descubrimiento teorético a partir de la ocupación circunspectiva surge dentro del curso de los análisis *ontológico-existenciales*; ya

este solo hecho indica que el problema no es aquí la historia y evolución *óntica* 357
de la ciencia, ni sus causas fácticas o fines inmediatos. Al buscar la *génesis ontológica* del comportamiento teorético, preguntamos: ¿cuáles son, en la constitución de ser del Dasein, las condiciones de posibilidad existenciales necesarias para que el Dasein pueda existir en la forma de la investigación científica? El planteamiento de este problema apunta a un *concepto existencial de la ciencia.* Distinto de este es el concepto "lógico", que comprende a la ciencia en función de sus resultados, y la define como un "conjunto de proposiciones verdaderas, es decir, válidas, en el que unas proposiciones se fundan en otras". El concepto existencial comprende la ciencia como una forma de existencia y, por consiguiente, como un modo del estar-en-el-mundo que descubre o bien abre el ente o el ser. Una interpretación existencial de la ciencia plenamente satisfactoria solo podrá ser realizada cuando se hayan aclarado desde la temporeidad de la existencia *el sentido del ser y la "conexión" entre ser y verdad*[1]. Las reflexiones que siguen preparan la comprensión *de esta problemática central*; en el curso de ellas, podrá desarrollarse también una idea de la fenomenología más acabada que el mero concepto preliminar dado a conocer en la Introducción[2].

El nivel en el que ahora se mueve la investigación impone un nuevo límite a la interpretación del comportamiento teorético. Examinaremos el vuelco que experimenta el ocuparse circunspectivo con lo a la mano al transformarse en una investigación de lo que está-ahí dentro del mundo, tan solo con el propósito preciso de profundizar en la constitución tempórea del estar-en-el-mundo en general.

Podría pensarse en caracterizar el vuelco que experimenta el manejo y el uso circunspectivo "práctico" al transformarse en investigación "teorética", diciendo lo siguiente: la mirada puramente contemplativa hacia el ente surge porque el ocuparse se *abstiene* de toda manipulación. Lo decisivo en la "génesis" del comportamiento teorético radicaría entonces en la *desaparición* de la praxis. Precisamente cuando se sostiene la tesis de que la ocupación "práctica" es el modo de ser primario y predominante del Dasein fáctico, la "teoría" deberá su posibilidad ontológica a la *falta* de una praxis, es decir, a una *privación.* Sin embargo, la suspensión de un específico manejo en el trato del ocuparse no deja atrás como un simple residuo la circunspección que lo rige.
Por el contrario, el ocuparse se emplaza entonces expresamente en un puro-mi- 358
rar-en-torno de sí. Pero con esto aún no se ha alcanzado en absoluto la actitud "teorética" de la ciencia. Al contrario, el detenerse que interrumpe el manejo puede cobrar el carácter de una circunspección más intensa, en la forma de un "mirar cuidadoso", de un examen de lo logrado, o de una mirada de conjunto

1 Cf. § 44, p. 233 ss.
2 Cf. § 7, p. 50 ss.

al "quehacer momentáneamente paralizado". Abstenerse del uso de útiles no es de suyo una "teoría", tanto menos, cuanto que la circunspección que entonces queda detenida y que "considera" [lo que pasa], está totalmente aprisionada en el útil a la mano del ocuparse. El trato "práctico" tiene sus *propias* formas de permanencia. Y así como a la praxis le corresponde su específica visión ("teoría"), así también a la investigación teorética, su propia praxis. La lectura de los índices de medición, como resultado de un experimento, requiere a menudo un complicado montaje "técnico" del proyecto experimental. La observación al microscopio depende de la elaboración de los "preparados". La excavación arqueológica previa a la interpretación del "descubrimiento" demanda muy rudas operaciones. Pero incluso la más "abstracta" elaboración de problemas y fijación de logros opera, por ejemplo, con útiles de escribir. Aunque tales elementos de la investigación científica sean "poco interesantes" y "obvios", no son de ningún modo ontológicamente indiferentes. La referencia explícita al hecho de que el comportamiento científico, en cuanto modo del estar-en-el-mundo, no es tan solo una "actividad puramente intelectual", puede parecer una complicación superflua. Pero, ¡no vaya a resultar que en está trivialidad se nos aclare que no es en absoluto evidente por dónde pasa, en definitiva, el límite ontológico entre el comportamiento "teorético" y el "ateorético"!

Se replicará que en la ciencia toda manipulación está exclusivamente al servicio de la mera contemplación, del descubrimiento investigador y de la apertura de "las cosas mismas". El "ver", tomado en su sentido más amplio, regula todos los "preparativos" y mantiene la primacía. "Sean cuales fueren la manera y los medios por los que un conocimiento se relaciona con los objetos, aquella en que la relación es inmediata y *a la que todo pensar tiende como un medio hacia su fin* (subrayado por nosotros) es la *intuición*"[1]. La idea de un *intuitus* orienta desde los comienzos de la ontología griega hasta hoy toda interpretación del conocimiento, sea ese *intuitus* fácticamente alcanzable o no. De acuerdo con la primacía del "ver", la presentación de la génesis existencial de la ciencia deberá partir caracterizando la *circunspección* que dirige la ocupación "práctica".

359 La circunspección se mueve en las relaciones de respectividad del contexto de útiles que está a la mano. Además, ella misma queda regida por una visión de conjunto más o menos explícita del todo de útiles que conforman cada vez el mundo pragmático y su correspondiente mundo circundante público. La visión de conjunto no se reduce a recoger ulteriormente unos entes que estuvieran-ahí. Lo esencial de la visión de conjunto radica en la comprensión primaria de la totalidad respeccional dentro de la cual se mueve en cada caso el ocuparse fáctico. La visión de conjunto que ilumina la ocupación recibe su "luz" del poder-ser

[1] Kant, *Kr.d.r.V.*[2], p. 33.

del Dasein, *por mor del cual* cobra existencia el ocuparse en cuanto cuidado. La circunspección del ocuparse "dotada de visión de conjunto" *lleva*, en el correspondiente uso y manejo, lo a la mano *más* cerca del Dasein mediante la interpretación de lo visto. Al acercamiento específico de lo que es objeto de ocupación, que tiene lugar en la circunspección interpretativa, lo llamamos la *deliberación*. Su esquema característico es el "si-entonces": si esto o aquello debe ser, por ejemplo, producido, usado o evitado, entonces son necesarios tales o cuales recursos, expedientes, circunstancias, ocasiones. La deliberación circunspectiva ilumina la correspondiente situación fáctica del Dasein en el mundo circundante del que se ocupa. Jamás se reduce, pues, a "constatar" la presencia de un ente que está-ahí o de sus propiedades. La deliberación también puede llevarse a cabo sin que lo que en ella queda circunspectivamente acercado esté a la mano en forma palpable y se halle presente al alcance inmediato de la vista. El acercamiento del mundo circundante en la deliberación circunspectiva tiene el sentido existencial de una *presentación*. En efecto, la *re*-presentación no es sino un modo de esta. En ella la deliberación logra ver directamente lo necesitado que no está a la mano. La circunspección representativa no tiene que habérselas, como podrá pensarse, con "meras representaciones".

Ahora bien, la presentación circunspectiva es un fenómeno múltiplemente fundado. Por lo pronto, pertenece siempre a una plena unidad extática de la temporeidad. Se funda en una *retención* del complejo de útiles del que el Dasein se ocupa, estando, al hacerlo, *a la espera* de una posibilidad. Lo ya abierto en la retención que está a la espera lo acerca la presentación deliberante o la representación. Ahora bien, para que la deliberación pueda moverse en el esquema del "si-entonces" es necesario que previamente el ocuparse comprenda, en visión de conjunto, un contexto respeccional. Lo dicho con el "si" debe estar ya comprendido *en cuanto esto o aquello*. A este fin no se requiere que la comprensión del útil se exprese en una predicación. El esquema de "algo en cuanto algo" está previamente bosquejado en la estructura del comprender antepredicativo. La estructura del "en cuanto" se funda ontológicamente en la temporeidad del comprender. Solo en la medida en que el Dasein, estando a la espera de una posibilidad, es decir, aquí, de un para-qué, ha vuelto a un para-eso, es decir, en la 360
medida en que retiene a un ente a la mano, puede ocurrir, *a la inversa*, que la presentación que pertenece a ese retener que está a la espera, partiendo de esto que ha sido retenido, lo *acerque explícitamente* en su estar remitido al para-qué. La deliberación acercante debe ajustarse, en el esquema de la presentación, al modo de ser de aquello que ha de ser acercado. El carácter respeccional de lo a la mano no es primariamente descubierto por la deliberación, sino tan solo acercado, y esto en la medida en que la deliberación deja ver circunspectivamente *en cuanto tal aquello hacia lo que algo* queda vuelto en respección.

El arraigamiento del presente en el futuro y en el haber-sido es la condición tempóreo-existencial de posibilidad para que lo proyectado en el comprender de la comprensión circunspectiva pueda ser acercado en una presentación y que, de esta forma, el presente tenga entonces que ajustarse a lo que comparece en el horizonte de la retención que está a la espera, es decir, que tenga que interpretarse en el esquema de la estructura del "en cuanto". De esta manera se ha dado respuesta a la pregunta anteriormente planteada si acaso la estructura del "en cuanto" tiene alguna conexión ontológico-existencial con el fenómeno de la proyección[1]. El *"en cuanto" se funda, lo mismo que el comprender y la interpretación en general, en la unidad extático-horizontal de la temporeidad.* En el análisis fundamental del ser, concretamente en el contexto de la interpretación del "es" que, como cópula, da "expresión" a la designacion de algo *como* algo, deberemos considerar nuevamente el fenómeno del "en cuanto" y delimitar existencialmente el concepto de "esquema".

Pero, ¿en qué podrá contribuir la caracterización tempórea de la deliberación circunspectiva y de sus esquemas a la solución del problema aún pendiente del origen del comportamiento teórico? Solo en tanto que aclara la situación existencial en que el ocuparse circunspectivo se convierte en descubrimiento teorético. El análisis de esta conversión puede intentarse siguiendo el hilo de un decir elemental de la deliberación circunspectiva y de sus posibles modificaciones.

En el uso circunspectivo de un útil puede ocurrir que digamos, por ejemplo: "el martillo es demasiado pesado o demasiado liviano". La frase "el martillo es pesado" puede expresar también una reflexión del ocuparse, y entonces significa que no es liviano, es decir, que para su manejo exige un esfuerzo, que el manejo será difícil. Pero la frase *puede* significar también: el ente que se halla delante, ya
361 circunspectivamente conocido por nosotros como martillo, tiene peso, es decir, la "propiedad" de la pesantez: ejerce una presión sobre aquello en que se apoya, y cae cuando se le quita el apoyo. Así comprendida, la frase ya no está dicha en el horizonte del retener que, estando a la espera, retiene un todo de útiles y sus relaciones de respectividad. Lo dicho está tomado con vistas a lo que es propio de un ente "dotado de masa" en general. Lo ahora visto no es propio del martillo en cuanto útil de trabajo, sino como cosa corpórea sujeta a la ley de gravedad. El hablar circunspectivo de algo "demasiado pesado" o "demasiado liviano" ya no tiene "sentido", es decir, el ente que ahora comparece no ofrece en sí mismo nada con respecto a lo cual se lo pudiese "encontrar" demasiado pesado o demasiado liviano.

¿A qué se debe el hecho de que en el decir modificado aquello sobre lo que el hablar recae, es decir, el martillo pesado, se muestre de otra manera? No se

[1] Cf. § 32, p. 174.

debe a que abandonemos el manejo, pero tampoco se debe únicamente a que *prescindamos* del carácter de útil de este ente, sino a que ahora *vemos* "de un modo nuevo" el ente que encontramos a la mano, vale decir, a que lo vemos como algo que está-ahí. *La comprensión del ser* que dirige el trato ocupado con el ente intramundano *se ha trastocado*. Pero, ¿se constituye un comportamiento científico por el solo hecho de que, en vez de deliberar circunspectivamente sobre lo a la mano, lo "aprehendamos" como algo que está-ahí? Por otra parte, no cabe duda de que también lo a la mano puede volverse tema de una investigación y especificación científica, por ejemplo, cuando se investiga un mundo vital, un determinado ambiente en el contexto de una biografía histórica. El complejo de útiles cotidianamente a la mano, su origen histórico, la forma de aprovecharlo, su función fáctica en el Dasein, son objeto de la ciencia económica. Lo a la mano no necesita perder su carácter de útil para volverse "objeto" de una ciencia. La modificación de la comprensión del ser no parece necesariamente constitutiva de la génesis del comportamiento teorético "en relación a las cosas". Ciertamente que no —si "modificación" quiere decir: cambio en aquello que la comprensión comprende como el modo de ser del ente que está delante.

Para la primera caracterización de la génesis del comportamiento teorético a partir de la circunspección, hemos puesto como fundamento una forma de la captación teorética del ente intramundano que es la naturaleza física, en la que la modificación de la comprensión del ser equivale a un vuelco. En la afirmación de carácter "físico" "el martillo es pesado", no solo se prescinde del carácter de útil del ente que comparece, sino también de aquello que pertenece a todo útil a la mano: su lugar propio [*sein Platz*]. Este se torna indiferente. No quiere decir que lo que está-ahí haya perdido totalmente su "lugar" [*seinen "Ort"*]. El lugar pro- 362
pio se convierte en una mera posición en el espacio y en el tiempo, en un "punto dentro del mundo", que en nada se distingue de los demás. Y esto significa que la multiplicidad de lugares propios de los útiles a la mano delimitada por el mundo circundante no solo se modifica convirtiéndose en una pura multiplicidad local, sino que, más aún, el ente del mundo circundante queda, en general, *sacado de sus límites*. El todo de lo que está-ahí se convierte en tema.

En el caso presente, la modificación de la comprensión del ser lleva consigo una supresión de los límites del mundo circundante. Siguiendo el hilo de la comprensión del ser como estar-ahí, que ahora toma la dirección, la supresión de los límites se convierte en una delimitación de la "región" del ente que está-ahí. Cuanto más adecuadamente quede comprendido, en la conductora comprensión del ser, el ser del ente que debe investigarse y, por ende, cuanto más adecuadamente quede articulado en sus determinaciones fundamentales el conjunto de los entes como posible dominio objetivo de una ciencia, tanto más segura será la correspondiente perspectiva de la investigación metodológica.

El clásico ejemplo del desarrollo histórico de una ciencia y, a la vez, de su génesis ontológica, es el nacimiento de la física matemática. Lo decisivo para su desarrollo no consiste ni en una valoración más alta de la observación de los "hechos", ni en la "aplicación" de las matemáticas para la determinación de los procesos naturales —sino en el *proyecto matemático de la naturaleza misma.* Este proyecto descubre de antemano algo que constantemente está-ahí (la materia) y abre el horizonte para una mirada conductora que considera los momentos constitutivos cuantitativamente determinables de eso que está-ahí (movimiento, fuerza, lugar y tiempo). Tan solo "a la luz" de una naturaleza así proyectada resulta posible encontrar algo así como un "hecho", y tomarlo como punto de referencia para un experimento regulativamente delimitado desde el proyecto. La "fundación" de la "ciencia de los hechos" solo fue posible cuando los investigadores comprendieron que no hay en absoluto "meros hechos". A su vez, en el proyecto matemático de la naturaleza lo primariamente decisivo no es lo matemático en cuanto tal, sino que el proyecto *abra un a priori.* Y así, lo ejemplar de la ciencia matemática de la naturaleza no consiste tampoco en su específica exactitud ni en su carácter vinculativo "para cualquiera", sino en que en ella el ente temático queda descubierto de la única *manera* como puede descubrirse un ente: en el previo proyecto de su estructura de ser. Con la elaboración de los conceptos fundamentales de la conductora comprensión del ser se determinan los hilos conductores de los métodos, la estructura del aparato conceptual, la correspondiente
363 posibilidad de verdad y certeza, el modo de fundamentación y demostración, la modalidad del carácter vinculativo y el modo de la comunicación. El conjunto de estos momentos constituye el concepto existencial plenario de la ciencia.

El proyecto científico del ente con el que de alguna manera nos encontramos siempre, hace comprender explícitamente su modo de ser, y de esta forma se tornan manifiestas las posibles vías hacia el puro descubrimiento del ente intramundano. La totalidad de ese proyectar del que forma parte la articulación de la comprensión del ser, la delimitación del ámbito de objetos, guiada por esa comprensión del ser, y el bosquejo del aparato conceptual a la medida del ente, es lo que llamamos *tematización.* La tematización busca dejar en libertad al ente que comparece dentro del mundo, de tal manera que este pueda "arrojarse al encuentro" de un puro descubrir, es decir, pueda volverse objeto. La tematización objetiviza. Ella no "pone" el ente, sino que lo deja de tal manera en libertad que él se hace "objetivamente" interrogable y determinable. El objetivante estar en medio de lo que está-ahí dentro del mundo tiene el carácter de una *muy particular presentación*[1]. Ella se distingue del presente de la circunspección sobre todo por el

[1] La tesis según la cual todo conocimiento tiende a una "intuición" tiene el sentido tempóreo de que todo conocer es presentación. Quede aquí sin zanjar si acaso toda ciencia y, en especial, todo

hecho de que el descubrir de la correspondiente ciencia se halla únicamente a la espera del descubrimiento de lo que está-ahí. El estar a la espera de ese descubrimiento se funda existentivamente en una resolución del Dasein por medio de la cual este se proyecta hacia el poder-ser en "la verdad". Este proyecto solo es posible porque el estar-en-la-verdad constituye una determinación de la existencia del Dasein. El origen de la ciencia a partir de la existencia propia no puede ser investigado aquí más a fondo. Por ahora se trata únicamente de comprender que la tematización del ente intramundano tiene como supuesto la constitución fundamental del Dasein, el estar-en-el-mundo, y cómo la tiene.

Para que la tematización del ente que está-ahí, es decir, para que el proyecto científico de la naturaleza sea posible, *es necesario que el Dasein trascienda* el ente tematizado. La trascendencia no consiste en la objetivación, sino que esta presupone a aquella. Ahora bien, si la tematización del ente que está-ahí dentro 364
del mundo no es sino un vuelco del ocuparse circunspectivamente descubridor, entonces ya sobre la base del estar "práctico" entre los entes a la mano deberá darse una trascendencia del Dasein.

Además, si la tematización modifica y articula la comprensión del ser, entonces será necesario que el ente tematizante, el Dasein, en la medida en que existe, ya comprenda algo así como el ser. La comprensión del ser puede permanecer neutral. El estar a la mano y el estar-ahí no han sido diferenciados y, menos aun, ontológicamente concebidos. Pero para que el Dasein pueda tener trato con un complejo de útiles, debe comprender, bien sea no temáticamente, algo así como una condición respectiva: *es necesario que le esté abierto un mundo.* Y le está abierto con la existencia fáctica del Dasein, ya que el Dasein existe esencialmente como estar-en-el-mundo. Y si, por último, el ser del Dasein se funda en la temporeidad, será necesario que esta haga posible el estar-en-el-mundo y, por consiguiente, la trascendencia del Dasein, trascendencia que, por su parte, sustenta la ocupación teorética o práctica del estar entre los entes del mundo.

c) El problema tempóreo de la trascendencia del mundo

La comprensión de una totalidad respeccional, implícita en el ocuparse circunspectivo, se funda en una previa comprensión de los respectos del para-algo, para-qué, para-eso, por-mor-de. La conexión de estos respectos fue presentada más

conocimiento filosófico, aspira a ser una presentación. Husserl usa el término "presentación" para caracterizar la percepción sensible. Cf. Log. *Untersuchungen*, 1ª ed. (1901), tomo II, p. 588 y 620. El análisis intencional de la percepción y de la intuición en general no podía menos de sugerir esta caracterización "tempórea" del fenómeno. En la sección siguiente se mostrará que la intencionalidad de la "conciencia" se funda en la temporeidad extática del Dasein, y el modo como se funda en ella.

arriba[1] como significatividad. Su unidad configura eso que llamamos un mundo. Surge entonces la pregunta: ¿cómo es ontológicamente posible algo así como un mundo en su unidad con el Dasein? ¿De qué modo debe ser el mundo para que el Dasein pueda existir como estar-en-el-mundo?

El Dasein existe por mor de un poder-ser de sí mismo. Existiendo, está arrojado y, como arrojado, entregado al ente del que ha menester *para* poder ser como es, a saber, *por mor de* sí mismo. En la medida en que el Dasein existe fácticamente, se comprende a sí mismo en está conexión del por-mor-de sí mismo con su correspondiente para-algo. *Aquello dentro de lo cual* el Dasein existente se comprende, "ex-*siste* con la existencia fáctica del Dasein. El "dentro de lo cual" de la comprensión primaria de sí mismo tiene el modo de ser del Dasein. El Dasein, existiendo, *es* su mundo.

Hemos definido ya el ser del Dasein como cuidado. El sentido ontológico del cuidado es la temporeidad. Ya se ha mostrado que la temporeidad constituye
365 la aperturidad del Ahí, y el modo como la constituye. En la aperturidad del Ahí el mundo está coabierto. La unidad de la significatividad, es decir, la estructura ontológica del mundo, también deberá entonces fundarse en la temporeidad. *La condición tempóreo-existencial de la posibilidad del mundo se encuentra en el hecho de que la temporeidad en cuanto unidad extática tiene algo así como un horizonte.* Los éxtasis no son simplemente salidas de sí mismo hacia..., sino que al éxtasis le pertenece también un "hacia qué" de la salida. A este "hacia qué" del éxtasis lo llamamos esquema horizontal (*). El horizonte extático es diferente en cada uno de los tres éxtasis. El esquema en el que el Dasein viene *venideramente* hacia sí, de un modo propio o impropio, es el *por-mor-de sí*. El esquema en el que en la disposición afectiva el Dasein está abierto para sí mismo como arrojado, lo concebimos como el *ante-qué* de la condición de arrojado o, correlativamente, como el a-qué del estar entregado. Caracteriza la estructura horizontal del *haber-sido*. Existiendo por mor de sí en el estar entregado a sí mismo como arrojado, el Dasein, en cuanto está en medio de..., es también presentante. El esquema horizontal del *presente* se determina por medio del *para-algo*.

La unidad de los esquemas horizontales de futuro, haber-sido y presente se funda en la unidad extática de la temporeidad. El horizonte de la temporeidad total determina aquello *respecto de lo cual* el ente que existe fácticamente está esencialmente *abierto*. Con el ex-sistir [*Da-sein*] fáctico queda siempre proyectado en el horizonte del futuro un poder-ser; y en el horizonte del haber-sido queda abierto el "ser ya"; y en el horizonte del presente queda descubierto el objeto de ocupación. La unidad horizontal de los esquemas de los éxtasis hace posible el contexto originario de los respectos-para con el por-mor-de. De ahí

[1] Cf. § 18, p. 113 ss.

se sigue que, en virtud de la constitución horizontal de la unidad extática de la temporeidad, al ente que es en cada caso su Ahí le pertenezca siempre algo así como un mundo abierto.

Así como en la unidad de la temporización de la temporeidad el presente brota [o salta fuera] del futuro y del haber-sido, así también, cooriginariamente con los horizontes del futuro y el haber-sido, se temporiza el horizonte de un presente. En la medida en que el Dasein se temporiza *hay* [o *es*] también un mundo. Temporizándose en virtud de su ser como temporeidad, en razón de la constitución extático-horizontal de esta última, el Dasein *está* esencialmente "en un mundo". El mundo no está-ahí ni está a la mano, sino que se temporiza en la temporeidad. "Ex-siste" [*ist da*] junto con el fuera-de-sí de los éxtasis. Si no existiera ningún *Dasein*, tampoco "existiría" un mundo.

El fáctico estar ocupado en medio de los entes a la mano, la tematización de lo que está-ahí y el descubrimiento objetivante de este ente, *presuponen ya un mundo*, esto es, solo son posibles como modos del estar-en-el-mundo. Por 366
estar fundado en la unidad horizontal de la temporeidad extática, el mundo es trascendente. El mundo tiene que estar ya extáticamente abierto para que el ente intramundano pueda comparecer desde él. La temporeidad se mantiene extáticamente ya [desde un comienzo] en los horizontes de sus éxtasis y, temporizándose, retorna al ente que comparece en el Ahí. Con la existencia fáctica del Dasein comparece también el ente intramundano. Que semejante ente quede descubierto con el propio Ahí de la existencia no depende del arbitrio del Dasein. De su libertad depende, aunque dentro de los límites de su condición de arrojado, tan solo *lo que* el Dasein descubre y abre cada vez, y la *dirección, amplitud* y *modo* de ese descubrimiento y apertura.

Los respectos de significatividad que determinan la estructura del mundo no son, pues, una trama de formas impuesta a un material por un sujeto sin mundo. Por el contrario, el Dasein fáctico, comprendiéndose a sí mismo y comprendiendo, a la vez, en la unidad del Ahí, su mundo, vuelve desde estos horizontes hacia el ente que comparece en ellos. La vuelta comprensora hacia los entes es el sentido existencial que tiene el dejar que los entes comparezcan por medio de una presentación; y por eso a tales entes se los llama intramundanos. El mundo está, en cierto modo, "mucho más fuera" de lo que puede estarlo jamás algún objeto. El "problema de la trascendencia" no puede ser planteado en términos de cómo sale un sujeto hacia un objeto (donde se da por supuesto que el mundo se identifica con el conjunto de los objetos). Lo que hay que preguntar es: ¿qué hace ontológicamente posible que el ente pueda comparecer dentro del mundo y que, así, pueda ser objetivado? La respuesta se encuentra en una vuelta hacia la trascendencia del mundo extático-horizontalmente fundada.

Si el "sujeto" se concibe ontológicamente como un Dasein que existe y cuyo ser se funda en la temporeidad, será necesario decir que el mundo es "subjetivo". Pero entonces ese mundo "subjetivo", en cuanto tempóreamente trascendente, es "más objetivo" que todo posible "objeto".

La reducción del estar-en-el-mundo a la unidad extático-horizontal de la temporeidad hace comprensible la posibilidad ontológico-existencial de esta constitución fundamental del Dasein. Junto con eso, se nos hace claro que la elaboración concreta de la estructura del mundo en general y de sus posibles modificaciones solo podrá emprenderse cuando la ontología del posible ente intramundano se haya orientado de un modo suficientemente seguro por la idea del ser en general, una vez que esta haya sido aclarada. La posibilidad de la interpretación de esta idea exige la previa dilucidación de la temporeidad del Dasein, que es la finalidad de la presente caracterización del estar-en-el-mundo.

367 § 70. La temporeidad de la espacialidad que es propia del Dasein (*)

Aunque la expresión "temporeidad" no significa eso que entendemos por "tiempo" al hablar de "espacio y tiempo", podría parecer sin embargo que también la espacialidad es una determinación fundamental del Dasein, paralela a la temporeidad. Por consiguiente, con la espacialidad del Dasein, el análisis existencial-tempóreo parecería haber llegado a un límite, de tal manera que el ente que llamamos Dasein debería ser considerado no solo como "tempóreo", sino "también", paralelamente, como espacial. ¿Habrá llegado el análisis existencial-tempóreo del Dasein a un punto en que debería detenerse en virtud del fenómeno que hemos conocido como la espacialidad que es propia del Dasein, y que hemos mostrado como constitutiva del estar-en-el-mundo?[1].

No parece necesario puntualizar una vez más que cuando en el curso de la interpretación existencial hablamos de la determinación "espacio-tempórea" del Dasein, esto no significa un estar-ahí del Dasein "en el espacio y en el tiempo". La temporeidad es el sentido de ser del cuidado. La constitución del Dasein y sus maneras de ser solo son ontológicamente posibles sobre la base de la temporeidad, prescindiendo del hecho de si este ente se presenta o no "en el tiempo". Pero entonces también la espacialidad específica del Dasein deberá fundarse en la temporeidad. Por otra parte, la demostración de que esta espacialidad solo es existencialmente posible por medio de la temporeidad no puede tener como finalidad la deducción del espacio a partir del tiempo, es decir, su disolución en puro tiempo. Si la espacialidad del Dasein es "abarcada" por la temporeidad, en

[1] Cf. §§ 22-24, p. 127 ss.

el sentido de que queda existencialmente fundada por ella, esta relación entre espacio y tiempo, que deberá aclararse más adelante, es asimismo diferente de la primacía del tiempo sobre el espacio, en el pensamiento de Kant. Que las representaciones empíricas de lo que está-ahí "en el espacio" transcurran "en el tiempo", en cuanto sucesos psíquicos, y que de este modo lo "físico" también se presente mediatamente "en el tiempo", no es en absoluto una interpretación ontológico-existencial del espacio como forma de la intuición, sino la constatación óntica de que el ente que está psíquicamente ahí transcurre "en el tiempo".

Es necesario preguntar de un modo analítico-existencial por las condiciones tempóreas de posibilidad de la espacialidad que es propia del Dasein, la cual funda, por su parte, el descubrimiento del espacio intramundano. Pero antes debemos recordar la manera cómo el Dasein es espacial. El Dasein solo podrá *ser* espacial en cuanto cuidado, es decir, en cuanto existir fáctico cadente. Negativamente, esto significa que el Dasein jamás está-ahí en el espacio, ni tan siquiera de 368
un modo inmediato. El Dasein no ocupa una parte del espacio a la manera de una cosa real o de un útil, de tal suerte que sus límites, en relación con el espacio que lo rodea, solo fuesen una determinación espacial del espacio mismo. El Dasein ocupa espacio en el sentido de que toma posesión de él. De ningún modo está solamente presente en el trozo de espacio que ocupa su cuerpo. Existiendo, ya ha dispuesto y ordenado siempre un espacio donde moverse. Cada vez determina su sitio propio volviendo desde el espacio ordenado hacia el "lugar" que ha reservado para sí. Para poder decir que el Dasein está-ahí en un punto en el espacio, tendríamos que empezar por *concebirlo* de un modo ontológicamente inadecuado. La diferencia entre la "espacialidad" de una cosa extensa y la del Dasein no consiste tampoco en el hecho de que el Dasein tenga *conocimiento* del espacio; porque la toma de posesión del espacio no se identifica con una "representación" de lo espacial, sino que, por el contrario, esta última presupone a aquella. La espacialidad del Dasein tampoco se debe interpretar como una imperfección inherente a la existencia en virtud de la fatal "conexión del espíritu con un cuerpo". Por el contrario, el Dasein puede tener una espacialidad esencialmente imposible para una cosa extensa por el hecho de que es "espiritual", *y solo por ello.*

La instalación del Dasein en el espacio está constituida por la direccionalidad y la des-alejación. ¿Cómo es esto existencialmente posible en base a la temporeidad del Dasein? La función fundante de la temporeidad para la espacialidad del Dasein deberá indicarse brevemente solo en la medida en que es necesario para la consideración posterior del sentido ontológico del "acoplamiento" de espacio y tiempo. A la instalación del Dasein en el espacio le pertenece el descubrimiento direccional de eso que llamamos una *zona*. Con esta expresión nos referimos, en primer lugar, al ámbito de la posible pertenencia del útil localizable y a la mano dentro del mundo circundante. En todo encuentro, manejo, cambio de lugar o

remoción de un útil, ya está descubierta una zona. El estar-en-el-mundo ocupándose de él está orientado, y se orienta en una cierta dirección. La pertenencia a una zona dice relación esencial con la condición respectiva. Ella siempre se determina fácticamente a partir del contexto respeccional del útil que es objeto de ocupación. Las relaciones de respectividad solo son comprensibles dentro del horizonte de un mundo previamente abierto. Su carácter de horizonte posibilita también el horizonte específico del adónde de la pertenencia zonal. El descubrimiento de una zona, orientado en una cierta dirección se funda en un estar a la espera extáticamente retinente del posible allá o acá. El instalarse en el espacio, en cuanto estar a la espera de una zona estando orientado en una cierta dirección,
369 es cooriginariamente un acercamiento (des-alejación) de lo a la mano y de lo que está-ahí. Desde la zona previamente descubierta, el ocuparse retoma —des-alejando— a lo inmediato. El acercamiento, al igual que la apreciación y mensuración de distancias dentro de lo que está-ahí en el mundo desalejadamente, se fundan en una presentación que pertenece a la unidad de la temporeidad en la que también es posible una direccionalidad.

Dado que el Dasein, en cuanto temporeidad, es extático-horizontal en su ser, puede tomar fáctica y constantemente posesión de un espacio ordenado. En relación a este espacio del que se ha tornado posesión extaticamente, el aquí de la correspondiente posición o situación fáctica no significa jamás un punto en el espacio, sino el ámbito de movimiento, abierto en direccionalidad y desalejación, del dominio del todo de útiles que es objeto inmediato de ocupación.

En el acercamiento que hace posible el modo del manejo y ocupación que "se absorbe en la cosa", se manifiesta esa estructura esencial del cuidado, que es la caída. Su constitución tempóreo-existencial se caracteriza por el hecho de que en la caída, y por ende también en el acercamiento que se funda en la presentación, el olvido que está a la espera salta detrás del presente. En la aproximante presentación de algo desde su allí, la presentación se pierde en sí misma, olvidando el allí. Esa es la razón de que, cuando la "observación" del ente intramundano parte de una presentación de este tipo, surja la apariencia de que lo "primero" que hay es tan solo una cosa que está presente, ciertamente aquí, pero indeterminadamente, en un espacio cualquiera.

Tan solo en base a la temporeidad extático-horizontal es posible la irrupción del Dasein en el espacio. El mundo no está-ahí en el espacio; pero este solo puede ser descubierto dentro de un mundo. La temporeidad extática de la espacialidad que es propia del Dasein permite, precisamente, comprender la independencia del espacio respecto del tiempo, pero también, a la inversa, la "dependencia" del Dasein respecto del espacio, dependencia que se manifiesta en el conocido fenómeno de que la autointerpretación del Dasein y el repertorio de significados del lenguaje en general, está ampliamente dominado por "representaciones espaciales". Esta primacía de lo espacial en la articulación de las significaciones y conceptos no tiene su fundamento en una específica poderosidad del espacio, sino en el modo de ser del Dasein[a]. Por ser esencialmente cadente, la temporeidad se pierde en la presentación y no solo se comprende circunspectivamente a partir de los entes a la mano que son objeto de ocupación, sino que toma de aquello que la presentación encuentra constantemente presente en estos entes, es decir, de las relaciones espaciales, los hilos conductores para la articulación de lo comprendido e interpretable en el comprender en general.

§ 71. El sentido tempóreo de la cotidianidad del Dasein 370

El análisis de la temporeidad del ocuparse ha mostrado que las estructuras esenciales de la constitución de ser del Dasein, que fueron interpretadas *antes* de que la temporeidad fuese sacada a luz, y con la finalidad de conducir hacia ella, han de ser *reasumidas* existencialmente *en la temporeidad*. En su planteamiento inicial, la analítica no eligió como tema una determinada y destacada posibilidad de existencia del Dasein, sino que se dejó guiar por la forma inadvertida y mediana del existir. Hemos llamado *cotidianidad* al modo de ser en que el Dasein se mueve inmediata y regularmente[1].

Lo que esta expresión significa en el fondo cuando se la determina ontológicamente quedó en la oscuridad. Tampoco se nos ofreció al comienzo de la investigación ninguna vía que permitiese siquiera plantear el problema del sentido ontológico-existencial de la cotidianidad. El sentido del ser del Dasein ya ha sido aclarado como temporeidad. ¿Podrá quedar todavía alguna duda acerca de la significación tempóreo-existencial del término "cotidianidad"? Sin embargo, estamos aún muy lejos de un concepto ontológico de este fenómeno. Incluso resulta cuestionable si la explicación de la temporeidad que hemos hecho hasta ahora es suficiente para determinar el sentido existencial de la cotidianidad.

La cotidianidad se refiere, evidentemente, *a aquel* modo de existir en el que el Dasein se mantiene "todos los días". Sin embargo, "todos los días" no significa la suma de los "días" que le han sido concedidos al Dasein en el tiempo de su vida. Aun cuando ese "todos los días" no se haya de comprender en el sentido del calendario, sin embargo tal forma de determinación del tiempo también resuena en la significación de lo "cotidiano". Pero primariamente el término cotidianidad mienta un determinado *cómo* de la existencia: el que domina al Dasein durante toda su vida. En los análisis precedentes hemos usado a menudo la expresión

[1] Cf. § 9, p. 67 ss.

[a] No hay oposición; ambas cosas van juntas.

"inmediata y regularmente". "Inmediatamente" significa la forma cómo el Dasein se manifiesta en el convivir de la publicidad, aun cuando "en el fondo" haya "superado" existentivamente la cotidianidad. "Regularmente" significa la forma cómo el Dasein se muestra "por regla general", aunque no siempre, a cualquiera.

La cotidianidad se refiere al modo como el Dasein "vive simplemente su día" (*), ya sea en todos sus comportamientos, ya solo en algunos, bosquejados por el convivir. A este cómo le pertenece, además, el hallarse a gusto en lo acostumbra-
371 do, aunque obligue a cargar con lo penoso y "desagradable". El mañana del que la ocupación cotidiana está a la espera es el "eterno ayer". La monotonía de la cotidianidad toma como mudanza lo que cada día trae consigo. La cotidianidad determina al Dasein incluso cuando este no haya hecho del uno su "héroe".

Pero estos distintos rasgos de la cotidianidad no la caracterizan en modo alguno como un mero "aspecto" que pudiese mostrar el Dasein cuando "uno" "observa" el ir y venir de los hombres. Cotidianidad es una manera *de ser*, a la que le pertenece sin duda el carácter de lo públicamente manifiesto. Pero, como manera de su propio existir, la cotidianidad es conocida también en mayor o menor grado por cada Dasein "individual", por medio de la disposición afectiva de la descolorida indeterminación anímica. El Dasein puede "padecer" sordamente la cotidianidad, puede hundirse en su oscura pesadez, o bien evitarla buscando nuevas distracciones para su dispersión en los quehaceres. La existencia también puede hacerse dueña, en el instante —aunque tan solo "por un instante"— de la cotidianidad, pero jamás puede borrarla.

Lo que en el estado interpretativo fáctico del Dasein es ónticamente tan conocido que ni siquiera nos fijamos en ello, encierra ontológico-existencialmente una serie de enigmas. El horizonte "natural" para el primer arranque de la analítica existencial del Dasein *es obvio tan solo en apariencias.*

¿Nos encontramos empero ahora, después de la interpretación de la temporeidad hecha hasta aquí, en una situación más prometedora respecto de la determinación existencial de la estructura de la cotidianidad? Este turbio fenómeno ¿no pone precisamente de manifiesto la insuficiencia de la precedente explicación de la temporeidad? Hasta ahora ¿no hemos acaso inmovilizado constantemente al Dasein, fijándolo en determinados estados y situaciones, y desatendiendo, "en consecuencia", el hecho de que el Dasein, al ir viviendo simplemente sus días, se *extiende* "temporalmente" a lo largo de su vida? La monotonía, la rutina, el "como ayer, así también hoy y mañana", el "regularmente", nada de ello puede ser comprendido sin recurrir al extenderse "temporal" del Dasein.

¿Y no pertenece también al Dasein existente el *factum* de que, al ocupar su tiempo, cuenta día a día con el "tiempo", regulando esa "cuenta" por los astros y el calendario. Tan solo cuando incorporemos a la interpretación de la temporeidad el "acontecer" cotidiano del Dasein y la cuenta del "tiempo" de la que él

se ocupa en ese acontecer, nuestra orientación se volverá suficientemente amplia para poder convertir en problema el sentido ontológico de la cotidianidad en
cuanto tal. Pero, dado que con el término cotidianidad no se mienta, en el fondo, 372
otra cosa que la temporeidad, y que esta posibilita el *ser* del Dasein, no será posible lograr una suficiente determinación conceptual de la cotidianidad sino dentro del marco de la dilucidación fundamental del sentido del ser en general y de sus posibles modificaciones.

CAPÍTULO QUINTO

Temporeidad e historicidad

§ 72. Exposición ontológico-existencial del problema de la historia

Todos los esfuerzos de la analítica existencial están orientados a una sola meta: encontrar una posibilidad de respuesta para la pregunta por el *sentido del ser* en general. La elaboración de esta *pregunta* demanda un acotamiento *del* fenómeno en el que se vuelve accesible eso que llamamos el ser, es decir, del fenómeno de la *comprensión del ser*. Esta comprensión pertenece a la constitución de ser del Dasein. Tan solo cuando se haya interpretado este ente en forma suficientemente originaria será posible conceptualizar la comprensión del ser implicada en la constitución de su ser, y plantear sobre esta base la pregunta por el ser que en esa Comprensión se comprende y por los "supuestos" de ese comprender.

Aunque muchas de las estructuras del Dasein quedan todavía oscuras en su detalle, podrá parecer, sin embargo, que con la aclaración de la temporeidad como condición de posibilidad originaria del *cuidado* ya hemos alcanzado la originariedad requerida para la interpretación del Dasein. La temporeidad fue sacada a luz tomando en consideración el modo propio del poder-estar-entero del Dasein. La interpretación tempórea del cuidado fue luego confirmada mediante la demostración de la temporeidad del estar-en-el-mundo ocupándose de él. El análisis del modo propio del poder-estar-entero reveló la cooriginaria conexión de muerte, culpa y conciencia, enraizada en el cuidado. ¿Puede el Dasein ser comprendido de un modo todavía más originario que el modo como es comprendido en el proyecto de su existencia propia?

Aunque hasta este momento no vemos ninguna posibilidad de un planteamiento más radical de la analítica existencial, se suscita, sin embargo, un grave reparo, precisamente respecto de la precedente discusión del sentido ontológico de la cotidianidad: ¿ha sido efectivamente llevado el todo del Dasein, desde el punto de vista de su modo propio de *estar*-entero, al haber previo del análisis existencial? Es posible que el cuestionamiento relativo a la integridad del Dasein

haya alcanzado una auténtica claridad ontológica. Es posible que la pregunta
373 haya encontrado incluso su respuesta en virtud de la orientación al *estar vuelto hacia el fin*. Pero la muerte no es sino el "término" del Dasein o, dicho formalmente, uno de los términos que encierran la integridad del Dasein. El otro "término" es el "comienzo", el "nacimiento". El todo que buscamos no es otra cosa que el ente que se despliega "entre" nacimiento y muerte. De está manera, la orientación tomada por la analítica, a pesar de su tendencia al estar-entero *existente*, y de la genuina explicación del modo propio e impropio del estar vuelto hacia la muerte, ha sido hasta este momento "unilateral". El Dasein fue tematizado tan solo en cuanto existe, por así decirlo, "hacia adelante" y deja "tras de sí" todo lo sido. No solo quedó sin consideración el estar vuelto hacia el comienzo, sino, además y sobre todo, el *extenderse* del Dasein *entre* el nacimiento y la muerte. En el análisis del estar-entero quedó precisamente sin considerar la "trama de la vida", esa trama en la que sin embargo el Dasein está envuelto constantemente.

¿Deberemos entonces —si bien lo que llamamos la "trama" entre el nacimiento y la muerte está completamente oscuro desde un punto de vista ontológico— retirar la afirmación de que la *temporeidad* es el sentido de ser de la integridad del Dasein? ¿O nos dará, por el contrario, la temporeidad, tal como ha sido dilucidada, precisamente el *fundamento* para orientar en una dirección inequívoca la pregunta ontológico-existencial que interroga por esa "trama"? En el campo de estas investigaciones, quizás sea ya una ganancia que aprendamos a no tomar los problemas demasiado a la ligera.

¿Qué puede parecer "más sencillo" que caracterizar la "trama de la vida" entre el nacimiento y la muerte? *Consiste simplemente* en una secuencia de vivencias "en el tiempo". Pero si se examina más detenidamente esta forma de caracterizar aquella trama, y, sobre todo, su premisa ontológica, se llegará a un extraño resultado. En esta secuencia de vivencias solo es "propiamente real" la vivencia presente en el "ahora de cada momento". En cambio, las vivencias pasadas y las vivencias por venir ya no son "reales" o no lo son todavía. El Dasein recorre el lapso de tiempo que le ha sido concedido entre el nacimiento y la muerte en tal forma que, siendo cada vez "real" solo en el ahora, atraviesa a saltos, por así decirlo, la secuencia de ahoras de su "tiempo". Por esto se dice que el Dasein es "temporal". En este continuo cambio de vivencias el sí-mismo se mantiene en una cierta identidad. En la determinación de lo que permanece y de su posible relación con el cambio de las vivencias, las opiniones discrepan. El ser de esta trama cambiante y permanente de las vivencias queda indeterminado. Pero, en el fondo, en esta caracterización de la trama de la vida se afirma —quiera o no reconocérselo— un ente que está-ahí "en el tiempo", aunque, por supuesto, un ente "no cósico".

374 Teniendo presente lo que bajo el término de temporeidad hemos dilucidado como sentido de ser del cuidado, resulta claro que, si se sigue el hilo de la inter-

pretación vulgar del Dasein, justificada y suficiente dentro de sus límites, no solo no es posible realizar un genuino análisis ontológico del *extenderse* del Dasein entre el nacimiento y la muerte, sino que ni siquiera es posible plantearlo como problema.

El Dasein no existe como suma de realidades momentáneas de vivencias que se van sucediendo y van desapareciendo. Tampoco se trata de que esta sucesión vaya rellenando paulatinamente un cierto trecho. Porque, ¿cómo podría este espacio intermedio estar-ahí si en cada momento solo es "real" la vivencia "actual" y si los límites de ese espacio, es decir, el nacimiento y la muerte, carecen de realidad, en cuanto son algo pasado o por venir? En el fondo, la concepción vulgar de la "trama de la vida" no piensa tampoco en un marco que se extendiese "fuera" del Dasein y lo rodease, sino que lo busca, con toda razón, en el Dasein mismo. Pero la tácita suposición ontológica según la cual este ente sería algo que está-ahí "en el tiempo" arruina todo intento de aclaración ontológica del ser "entre" el nacimiento y la muerte.

Lejos de recorrer, precisamente a través de las fases de sus realidades momentáneas, una trayectoria y un trecho "de la vida", que de alguna manera ya estuviesen-ahí, el Dasein *mismo* se extiende, de tal modo que su propio ser queda constituido, desde un comienzo, como extensión. *En el ser* del Dasein se encuentra ya el "entre" del nacimiento y la muerte. En cambio, no se trata en modo alguno de que el Dasein *sea* real en un punto del tiempo y que, además, esté "rodeado" por lo no-real de su nacimiento y de su muerte. Comprendido existencialmente, el nacimiento no es jamás algo pasado, en el sentido de algo que ya no está-ahí, como tampoco le pertenece a la muerte el modo de ser de lo pendiente que aún no está-ahí, pero que vendrá. El Dasein fáctico existe nativamente [*gebürtig*] (*), y nativamente muere también, en el sentido de estar vuelto hacia la muerte. Nacimiento y muerte, al igual que su "entre", solo *son* mientras el Dasein existe fácticamente, y *son* de la única manera como ello es posible: en base al ser del Dasein como *cuidado*. En la unidad del estar arrojado y del estar vuelto rehuyente o precursantemente hacia la muerte, nacimiento y muerte se conectan en la forma característica del Dasein. En cuanto cuidado, el Dasein *es* el "entre".

Ahora bien, la totalidad estructural del cuidado tiene en la temporeidad un posible *fundamento* para su unidad. Por consiguiente, la aclaración ontológica de la "trama de la vida", es decir, de la específica extensión, movilidad y persistencia del Dasein, debe intentarse en el horizonte de la constitución tempórea
de este ente. La movilidad de la existencia no es el movimiento de un ente que 375
está-ahí. Se determina a partir del extenderse del Dasein. A esa específica movilidad del *extenderse extendido* la llamamos nosotros el *acontecer* del Dasein. La pregunta por la "trama" del Dasein es el problema ontológico de su acontecer. Poner al descubierto la *estructura del acontecer* y sus condiciones de posibili-

dad tempóreo-existenciales significa alcanzar una comprensión ontológica de la historicidad (*).

Con el análisis de la específica movilidad y persistencia que son propias del acontecer del Dasein, la investigación vuelve al problema que fue tratado inmediatamente antes de la dilucidación de la temporeidad: a la pregunta por la estabilidad del sí-mismo [*Ständigkeit des Selbst*] que hemos determinado como el quién del Dasein[1]. La estabilidad del sí mismo [*Selbstständigkeit*] es una manera de ser del Dasein, y se funda, por consiguiente, en una específica temporización de la temporeidad. El análisis del acontecer conduce ante los problemas de una investigación temática de la temporización en cuanto tal.

Si la pregunta por la historicidad nos hace remontar a estos "orígenes", entonces queda decidido el *lugar* en que se sitúa el problema de la historia [*Geschichte*]. Ese lugar no debe ser buscado en el saber histórico [*Historie*] como ciencia de la historia. Incluso cuando el tratamiento científico-teorético del problema de la "historia" no apunta tan solo al esclarecimiento "epistemológico" (Simmel) del modo de aprehensión que es propio del saber histórico o a la lógica de la conceptualización de la exposición historiográfica (Rickert), sino que se orienta también hacia el "lado del objeto", incluso en este planteamiento, la historia sigue, en el fondo, siendo accesible tan solo como *objeto* de una ciencia. El fenómeno fundamental de la historia, que subyace de antemano a una posible tematización por medio del saber histórico, queda así irreversiblemente abandonado. El modo cómo pueda la historia convertirse en *objeto* del saber histórico solo puede ser inferido a partir del modo de ser de lo histórico, a partir de la historicidad y de su enraizamiento en la temporeidad.

Si la historicidad debe ser aclarada a partir de la temporeidad y, primordialmente, a partir de la temporeidad *propia*, entonces será esencial a esta tarea que solo pueda ser realizada por medio de una construcción[a] fenomenológica[2]. La
376 constitución ontológico-existencial de la historicidad debe ser conquistada *en contra* de la tendencia encubridora que es propia de la interpretación vulgar de la historia del Dasein. La construcción existencial de la historicidad tiene su apoyo concreto en la comprensión vulgar del Dasein, y encuentra una guía en las estructuras existenciales alcanzadas hasta aquí.

La investigación se procurará, en primer lugar, por medio de la caracterización de las concepciones vulgares de la historia, una orientación acerca de los momentos que usualmente se consideran esenciales para la historia. Con esto deberá quedar en claro qué es lo que originariamente se designa como histórico. Y

[1] Cf. § 64, p. 335 ss.

[2] Cf. § 63, p. 329 ss.

[a] Proyecto.

de este modo se señalara el lugar desde dónde debe llevarse a cabo la exposición del problema ontológico de la historicidad.

La interpretación que hemos hecho del modo propio del poder-estar-entero y el consiguiente análisis del cuidado como temporeidad, sirven de hilo conductor para la construcción existencial de la historicidad. El proyecto existencial de la historicidad del Dasein no hace más que desvelar lo que ya veladamente subyace en la temporización de la temporeidad. De acuerdo con el enraizamiento de la historicidad en el cuidado, el Dasein existe siempre como propia o como impropiamente histórico. Lo que bajo el término de cotidianidad se presentaba para la mirada de la analítica existencial como el horizonte inmediato, se revela ahora como la historicidad impropia del Dasein.

Al acontecer del Dasein le pertenece por esencia la aperturidad y la interpretación. En este modo de ser del ente que existe históricamente se origina la posibilidad existentiva de una apertura y comprensión explícita de la historia. La tematización de la historia, es decir, su apertura *historiográfica*, es el supuesto para una posible "construcción del mundo histórico en las ciencias del espíritu". La interpretación existencial de la ciencia histórica solo apunta a la demostración de su procedencia ontológica en la historicidad del Dasein. Solo desde aquí es posible fijar los límites dentro de los cuales una teoría de la ciencia orientada por el quehacer científico fáctico puede exponerse a las contigencias de sus cuestionamientos.

El análisis de la historicidad del Dasein intenta mostrar que este ente no es "tempóreo" porque "esté dentro de la historia", sino que, por el contrario, solo existe y puede existir históricamente porque es tempóreo en el fondo de su ser.

Sin embargo, el Dasein también debe ser llamado "tempóreo" por el hecho de que está "en el tiempo". El Dasein fáctico necesita y usa el calendario y el reloj aun antes de haber desarrollado un saber histórico. Experimenta lo que "le"
sucede como si aconteciera "en el tiempo". De igual manera comparecen "en el 377
tiempo" los procesos de la naturaleza inanimada o viviente. Son intratempóreos. Podría, pues, parecer que antes de discutir la conexión entre historicidad y temporeidad habrá que proceder al análisis del origen del "tiempo" de la intratemporeidad en la temporeidad, análisis que hemos reservado para el próximo capítulo[1]. Pero, a fin de quitarle a la caracterización vulgar de lo histórico, llevada a cabo con la ayuda del tiempo de la intratemporeidad, su carácter aparentemente obvio y exclusivo, será necesario, tal como lo exige, por lo demás, el contexto de "la cosa misma", que la historicidad sea —en primer lugar— "deducida" únicamente de la temporeidad originaria del Dasein. Ahora bien, en la medida en que el tiempo de la intratemporeidad también "procede" de la temporeidad del Dasein,

[1] Cf. § 80, p. 426 ss.

historicidad e intratemporeidad se muestran como igualmente originarias. Así, pues, dentro de sus límites, la interpretación vulgar del carácter temporal de la historia conserva todos sus derechos.

Después de esta primera caracterización de la marcha de la exposición ontológica de la historicidad a partir de la temporeidad, ¿será necesaria la afirmación explícita de que la presente investigación no cree poder resolver el problema de la historia de un solo golpe de mano? La penuria de los medios "categoriales" disponibles y la incertidumbre de los horizontes ontológicos primarios se agudizan en la misma medida en que el problema de la historia es llevado a su *enraizamiento originario.* La presente meditación se contenta con indicar el lugar ontológico del problema de la historicidad. En el fondo, este análisis no pretende otra cosa que abrir caminos que contribuyan a fomentar la apropiación de las investigaciones de Dilthey, tarea que aún está pendiente para la generación actual.

La exposición del problema existencial de la historicidad, necesariamente limitada, además de lo ya dicho, por su finalidad ontológico-fundamental, tiene la siguiente articulación: la comprensión vulgar de la historia y el acontecer del Dasein (§ 73); la constitución fundamental de la historicidad (§ 74); la historicidad del Dasein y la historia del mundo (§ 75); el origen existencial del saber histórico en la historicidad del Dasein (§ 76); conexión de la precedente exposición del problema de la historicidad con las investigaciones de Dilthey y las ideas del conde de Yorck (§ 77).

378 § 73. La comprensión vulgar de la historia y el acontecer del Dasein

La próxima meta es encontrar el lugar desde donde debe plantearse la pregunta originaria por la esencia de la historia, es decir, desde donde ha de intentarse la construcción existencial de la historicidad. Este lugar deberá quedar señalado por aquello que es originariamente histórico. Comenzaremos, pues, con una caracterización de lo que en la interpretación vulgar del Dasein se quiere decir con las expresiones "historia" e "histórico". Estas expresiones tienen varios sentidos.

La ambigüedad del término "historia" que primero se nos hace presente, frecuentemente advertida, pero de ningún modo "casual", se revela en el hecho de que ese término se refiere tanto a la "realidad histórica" como a la posible ciencia acerca de ella. Dejaremos momentáneamente de lado la significación de "historia" en el sentido de ciencia histórica (historiografía).

Entre las significaciones de la expresión "historia" que no denotan ni la ciencia de la historia ni la historia en cuanto objeto, sino este ente mismo, y no necesariamente objetivado, reclama un uso preferente aquella que comprende a este ente como algo *pasado*. Esta significación la encontramos en el modo de hablar que dice que esto o aquello ya pertenece a la historia. "Pasado" significa, en este caso, por una parte, que ya no está-ahí, y por otra, que, aunque todavía esté-ahí, no tiene empero "eficacia" sobre el "presente". Sin embargo, lo histórico como pasado tiene también la significación opuesta cuando decimos: uno no puede escapar a la historia. Historia quiere decir aquí lo pasado[a] que, sin embargo, sigue actuando. Sea como fuere, lo histórico en cuanto pasado es comprendido siempre en una relación de eficacia —positiva o privativa— con respecto al "presente", en el sentido de lo que es real "ahora" y "hoy". El "pasado" tiene entonces una curiosa duplicidad de sentido. Lo pasado pertenece irrevocablemente al tiempo anterior; perteneció a los acontecimientos de ese entonces y puede, sin embargo, todavía "ahora" estar-ahí, como lo están, por ejemplo, los restos de un templo griego. Con él, un "trozo del pasado" está "presente" aún.

Además, historia no significa tanto el "pasado", en el sentido de lo pasado, sino *tener su origen* en el pasado. Lo que "tiene una historia" está dentro del contexto de un devenir. El "desarrollo" será unas veces ascensión, otras veces decadencia. Lo que de está manera "tiene historia" puede también "hacer" historia. "Haciendo época" determina "desde el presente" un "futuro". Historia significa aquí un encadenamiento de sucesos y de efectos que se extiende a lo largo del
"pasado", "presente" y "futuro". En este caso, el pasado no tiene una particular 379
primacía.

Historia significa, además, la totalidad del ente que cambia "en el tiempo", entendiendo por tal, a diferencia de la naturaleza, que también se mueve "en el tiempo", las transformaciones y vicisitudes de los hombres, de las agrupaciones humanas y de la "cultura". Aquí historia no significa tanto el modo de ser, el acontecer, cuanto aquella región del ente que, en virtud de la esencial determinación de la existencia del hombre por el "espíritu" y la "cultura", es distinguida de la naturaleza, naturaleza que, sin embargo, también pertenece en alguna forma a la historia así comprendida.

Y, por último, se considera como "histórico" lo transmitido en cuanto tal, sea ello reconocido en un saber histórico, sea tan solo recibido como cosa obvia, oculta en su procedencia.

Resumiendo unitariamente las cuatro significaciones mencionadas, obtendremos el siguiente resultado: historia es el específico acontecer en el tiempo del Dasein existente, de tal manera que se considera como historia en sentido eminente el acontecer "ya pasado" y a la vez "transmitido" y siempre actuante en el convivir.

Estos cuatro significados están conectados entre sí por el hecho de relacionarse con el hombre como "sujeto" de los acontecimientos. ¿Cómo deberá

[a] Lo que nos precedió anteriormente y ahora queda atrás.

determinarse el carácter aconteciente de estos? ¿Es el acontecer una secuencia de eventos, un alternante emerger y desaparecer de sucesos? ¿De qué manera pertenece al Dasein este acontecer de la historia? ¿Comienza el Dasein por "estar-ahí de un modo fáctico, para luego entrar ocasionalmente "en una historia"? ¿Deviene histórico el Dasein solo por su entrelazamiento con circunstancias y sucesos? ¿O se constituye, más bien, el ser del Dasein precisamente por medio del acontecer, de tal suerte que *solo porque el Dasein es histórico en su ser mismo* son ontológicamente posible eso que llamamos las circunstancias, sucesos y vicisitudes? ¿Por qué en la caracterización "tempórea" del Dasein que acontece "en el tiempo" tiene precisamente el pasado una función eminente?

Si la historia pertenece al ser del Dasein, y este ser se funda en la temporeidad, parece natural comenzar el análisis existencial de la historicidad con *aquellos* caracteres de lo histórico que manifiestamente tienen un sentido tempóreo. La exposición de la constitución fundamental de la historicidad deberá, pues, ser preparada por una determinación más precisa de esa curiosa primacía que tiene el pasado en el concepto de la historia.

380 Las "antigüedades" que se conservan en los museos —enseres domésticos, por ejemplo— pertenecen a un "tiempo pasado" y, sin embargo, están-ahí todavía en el "presente". ¿En qué forma es histórico este útil, siendo que *todavía no* ha pasado? ¿Acaso tan solo por haber llegado a ser *objeto de interés historiográfico*, arqueológico o cultural? Sin embargo, semejante útil solo puede ser *objeto del saber histórico* porque de alguna manera ya *es histórico* en sí mismo. Vuelve entonces a surgir la pregunta: ¿con qué derecho llamamos histórico a este ente que, sin embargo, todavía no ha pasado? ¿O tienen "en sí" estas "cosas" algo de pasado, aunque todavía hoy estén-ahí? ¿*Son* acaso ellas —esas cosas que están-ahí— todavía lo que eran? Evidentemente esas "cosas" han cambiado. "Con el correr del tiempo" el mueble se ha deteriorado y carcomido. Pero este carácter perecedero, que, por lo demás, persiste durante la permanencia del útil en el museo, no constituye *aquella* específica condición de pasado que hace de él algo histórico. Pero entonces, ¿qué es lo propiamente pasado en el útil? ¿Qué *eran* las "cosas" que ya no lo son ahora? Siguen siendo, evidentemente, ese determinado objeto de uso —pero fuera de uso. Suponiendo, sin embargo, que todavía estuviesen en uso, como tantas cosas heredadas dentro del menaje doméstico, ¿dejarían por eso de ser históricas? En uso o fuera de uso, ya no son lo que eran. ¿Qué es lo "pasado" en ellas? No es otra cosa, sino el *mundo* dentro del cual, formando parte de un contexto de útiles, las cosas comparecían como algo a la mano y eran usadas por un Dasein que, en cuanto estar-en-el-mundo, se ocupaba de ellas. Es el *mundo* lo que ya no es más. Pero lo que alguna vez fue un ente *intramundano* en aquel mundo, aún está-ahí. Como un útil del mundo, lo que *ahora* todavía está-ahí puede pertenecer, sin embargo, al "*pasado*". ¿Pero

que significa el ya-no-ser de un mundo? El mundo solo es en la forma del Dasein *existente*, que en cuanto estar-en-el-mundo es *fáctico*.

El carácter histórico de las antigüedades todavía conservadas se funda, pues, en el "pasado" del Dasein, a cuyo mundo ellas pertenecían. Según esto, solo el Dasein "pasado" sería histórico, pero no el "presente". ¿Pero podrá el Dasein tener el carácter de *pasado*, si llamásemos "pasado" a lo que "ahora *ya no está-ahí, ya no está a la mano*"? Manifiestamente el Dasein nunca puede ser pasado, no porque sea imperecedero, sino porque por esencia nunca puede *estar-ahí*, antes por el contrario, si es, *existe*. Pero un Dasein ya no existente no es, en estricto sentido ontológico, un Dasein pasado sino, más bien, un Dasein que *ha ex-sistido* [*da-gewesen*]. Las antigüedades que todavía están-ahí tienen carácter de "pasado", carácter histórico, por el hecho de que, como útiles, pertenecen *a* y proceden 381
de un mundo ya sido de un Dasein que ha ex-sistido. Lo primariamente histórico es el Dasein. Pero, ¿se hace histórico el Dasein solo cuando ya no existe? ¿No es precisamente histórico en cuanto existe de un modo fáctico? *¿Es el Dasein algo que ha sido tan solo en el sentido de haber existido o, por el contrario, ha sido en cuanto presentante-venidero, es decir, en la temporización de su temporeidad?*

A partir de este análisis preliminar del útil que todavía está-ahí, pero que ya de algún modo ha "pasado", del útil que pertenece a la historia, resulta claro que tal ente solo es histórico en razón de su pertenencia a un mundo. Pero el mundo tiene el modo de ser de lo histórico porque constituye una determinación ontológica del Dasein. Por otra parte, se nos muestra que la determinación temporal del "pasado" carece de sentido unívoco y que manifiestamente debe distinguirse del *haber-sido* que, como hemos visto, es un constitutivo de la unidad extática de la temporeidad del Dasein. Pero con esto no hace más que agudizarse el enigma del porqué, precisamente el "pasado" o, hablando con más propiedad, el "haber-sido", determina *en forma preponderante* lo histórico, en circunstancias de que, por otra parte, el "haber-sido" se temporiza cooriginariamente con el presente y el futuro.

Primariamente histórico —hemos afirmado— es el Dasein. *Secundariamente* histórico, en cambio, es lo que comparece dentro del mundo: no solo el útil a la mano, en su más amplio sentido, sino también la *naturaleza* del mundo circundante, en cuanto "suelo de la historia". Al ente que tiene una forma de ser diferente a la del Dasein y que es histórico en razón de su pertenencia al mundo, lo llamamos lo mundi-histórico [*das Weltgeschichtliche*]. Se puede mostrar que el concepto corriente de la "historia universal" [o "historia del mundo", "*Weltgeschichte*"] surge precisamente de haber tomado como punto de referencia este ente secundariamente histórico. Lo mundi-histórico no llega, por así decirlo, a ser histórico solamente en virtud de una objetivación historiográfica, sino que lo es *como ese ente* que él es en sí mismo al comparecer dentro del mundo.

El análisis del carácter histórico de un útil que todavía está-ahí no solo nos ha llevado de vuelta hacia el Dasein como lo primariamente histórico, sino que a la par nos ha hecho poner en duda que la caracterización tempórea de lo histórico en general pueda orientarse primariamente por el estar-en-el-tiempo de un ente que está-ahí. Un ente no deviene "más histórico" a medida que se aleja hacia un pasado cada vez más remoto, de tal suerte que lo más antiguo fuese lo más propiamente histórico. Pero, por otra parte, si la distancia "temporal" respecto del ahora y del hoy carece de significación primariamente constitutiva para la histo-
382 ricidad del ente propiamente histórico, esto no es porque ese ente no esté "en el tiempo" y sea un ente atemporal, sino porque él existe *de un modo tan originariamente tempóreo* como jamás podrá serlo, por su misma esencia ontológica, un ente que "en el tiempo" está-ahí, está pasando o está por venir.

Innecesarias sutilezas, se dirá. Nadie niega que el Dasein humano sea, en el fondo, el "sujeto" primario de la historia, y el concepto corriente de la historia anteriormente aducido lo dice con suficiente claridad. Pero la tesis de que "el Dasein es histórico" no se refiere solamente al hecho óntico de que el hombre es un "átomo" más o menos importante en el tráfago de la historia universal y que esta, cual juguete, a merced de las circunstancias y acontecimientos, sino que plantea el siguiente problema: *¿en qué medida y en virtud de qué condiciones ontológicas la historicidad pertenece a la subjetividad del sujeto "histórico" como su constitución esencial?*

§ 74. La constitución fundamental de la historicidad

El Dasein tiene fácticamente en cada caso su "historia", y puede tenerla porque el ser de este ente se halla constituido por la historicidad. Esta tesis deberá ser justificada con vistas a la exposición del problema *ontológico* de la historia, en cuanto problema existencial. El ser del Dasein ha sido definido como cuidado. El cuidado se funda en la temporeidad. Por consiguiente, debemos buscar dentro del ámbito de esta un acontecer que determine a la existencia como histórica. De esta manera, la interpretación de la historicidad del Dasein se revela, en última instancia, como una elaboración más concreta de la temporeidad. La temporeidad fue dilucidada, en primer lugar, considerando la forma propia del existir, que hemos caracterizado como resolución precursora. ¿En qué sentido constituye esta un modo propio del acontecer del Dasein?

La resolución fue caracterizada como un callado proyectarse, en disposición de angustia, hacia el propio ser-culpable[1]. Su propiedad la alcanza la resolución

[1] Cf. § 60, p. 313 ss.

en cuanto resolución *precursora*[1]. En la resolución precursora el Dasein se comprende de tal manera en lo que respecta a su poder-ser, que se presenta ante la muerte para asumir plenamente, en su condición de arrojado, el ente que es él mismo. Este resuelto asumir del propio "Ahí" fáctico significa, a la vez, el acto de resolverse a la situación. Por principio, el análisis existencial no puede dilucidar a qué cosa se resuelve *fácticamente* el Dasein en cada caso. Pero la presente in- 383
vestigación excluye también el proyecto existencial de posibilidades fácticas de existencia. En cambio, es necesario preguntar de dónde pueden ser extraídas, *en general,* las posibilidades en las que el Dasein se proyecta fácticamente. El adelantarse que se proyecta en la posibilidad insuperable de la existencia, es decir, en la muerte, solo garantiza la integridad y propiedad de la resolución. Pero las posibilidades de la existencia abiertas fácticamente no pueden ser tomadas de la muerte. Tanto menos, cuanto que el adelantarse hasta la posibilidad no consiste en una especulación acerca de ella, sino, justamente, en una vuelta al Ahí fáctico. La toma entre manos del estar arrojado del sí-mismo en su propio mundo ¿abrirá acaso un horizonte del cual la existencia podrá extraer sus posibilidades fácticas? ¿No hemos dicho —además— que el Dasein no retrocede nunca más allá de su condición de arrojado[2]? No podemos decidir precipitadamente si el Dasein extrae o no de la condición de arrojado sus posibilidades propias de existencia, antes de asegurarnos del concepto plenario de esta determinación fundamental del cuidado.

Por estar arrojado, el Dasein está entregado a sí mismo y a su poder-ser, *pero en cuanto estar-en-el-mundo.* Por estar arrojado, está consignado a un "mundo" y existe fácticamente con otros. Inmediata y regularmente, el sí-mismo está perdido en el uno. Se comprende a partir de las posibilidades de existencia "que circulan" en el estado interpretativo público "mediano" vigente en cada caso. Ordinariamente esas posibilidades se han hecho irreconocibles por su ambigüedad, pero ciertamente son conocidas. El comprender existentivo propio no se sustrae al estado interpretativo recibido, sino que, por el contrario, en el acto resolutorio asume siempre desde él y contra él, y, sin embargo, en pro de él, la posibilidad escogida.

La resolución, en la que el Dasein retorna a sí mismo, abre las posibilidades fácticas del existir propio a *partir del legado* que ese existir asume en cuanto arrojado. El retorno resuelto a la condición de arrojado encierra en sí una *entrega* de posibilidades recibidas por tradición, aunque no necesariamente en *cuanto* tales. Si todo "bien" es un legado y si el carácter de la "bondad" consiste en la posibilitación de la existencia propia, entonces en la resolución se constituye

1 Cf. § 62, p. 324 ss.

2 Cf. p. 303.

384 siempre la transmisión de un patrimonio. Cuanto más auténticamente se resuelva el Dasein, es decir, cuanto más inequívocamente se comprenda a sí mismo desde su más propia y eminente posibilidad en el adelantarse hasta la muerte, tanto más certera y menos fortuita será la elección y hallazgo de la posibilidad de su existencia. Solo el adelantarse hasta la muerte elimina toda posibilidad fortuita y "provisional". Solo el ser libre *para* la muerte le confiere al Dasein su finalidad plenaria y lanza a la existencia a su finitud. La finitud, cuando es asumida, sustrae a la existencia de la infinita multiplicidad de posibilidades de bienestar, facilidad, huida de responsabilidades, que inmediatamente se ofrecen, y lleva al Dasein a la simplicidad de su *destino* [*Schicksal*]. Con esta palabra designamos el acontecer originario del Dasein que tiene lugar en la resolución propia, acontecer en el que el Dasein, libre para la muerte, hace *entrega* de sí mismo a sí mismo en una posibilidad que ha heredado, pero que también ha elegido.

El Dasein solo puede ser alcanzado por los golpes del destino porque en el fondo de su ser él *es* destino, en el sentido que acabamos de definir. Existiendo destinalmente en la resolución que hace entrega de sí a sí misma, el Dasein, en cuanto estar-en-el-mundo, está abierto para "acoger" las circunstancias "felices" y la crueldad de los acontecimientos. El destino no surge del choque de circunstancias y acontecimientos. También el irresoluto, y más aún que aquel que ha elegido, es zarandeado por ellos, y sin embargo, no puede "tener" un destino.

Cuando el Dasein, adelantándose [hasta la muerte], permite que la muerte se torne poderosa en él, entonces, libre ya para ella, se comprende a sí mismo en la propia *superioridad de poder* [*Übermacht*] de su libertad finita (libertad que solo "es" en el haber hecho la propia opción), para asumir en esa libertad finita la impotencia [*Ohnmacht*] de su estar abandonado a sí mismo y poder ver con claridad las contingencias de la situación abierta. Pero si el Dasein destinal existe esencialmente, en cuanto estar-en-el-mundo, coestando con otros, su acontecer es un co-acontecer, y queda determinado como *destino común* [*Geschick*]. Con este vocablo designamos el acontecer de la comunidad, del pueblo. El destino común no es el resultado de la suma de los destinos individuales, así como el convivir tampoco puede ser concebido como un estar-juntos de varios sujetos[1]. Conviviendo en el mismo mundo y resueltos a determinadas posibilidades, los destinos individuales ya han sido guiados de antemano. Solo en el compartir y en la lucha queda libre el poder del destino común. El destinal destino común [*das*
385 *schicksalhafte Geschick*] del Dasein en y con su "generación"[2] es lo que constituye el acontecer pleno y propio del Dasein.

[1] Cf. § 26, p. 142 ss.

[2] Sobre el concepto de "generación" cf. W. Dilthey, *Über das Studium der Geschichte der Wissenschaften vom Menschen, der Gesellschaft und dem Staat* (*1875*). Obras Completas, tomo V (1924), pp. 36-41.

El destino, en cuanto impotente superioridad de poder abierta a las contrariedades del silencioso proyectarse en disposición de angustia hacia el propio ser-culpable, exige, como condición ontológica de su posibilidad, la constitución de ser del cuidado, es decir, la temporeidad. Tan solo si en el ser de un ente la muerte, la culpa, la conciencia, la libertad y la finitud conviven en una forma tan cooriginaria como sucede en el cuidado, es posible que ese ente exista en el modo del destino, es decir, que sea histórico en el fondo de su existencia.

Solo un ente que es esencialmente venidero en su ser de tal manera que, siendo libre para su muerte y estrellándose contra ella, pueda dejarse arrojar hacia atrás, hacia su "Ahí" fáctico, es decir, solo un ente que como venidero sea cooriginariamente un ente que está siendo sido, puede, entregándose a sí mismo la posibilidad heredada, asumir la propia condición de arrojado y ser instantáneo para "su tiempo". Tan solo la temporeidad propia, que es, a la vez, finita, hace posible algo así como un destino, es decir, una historicidad propia.

No es necesario que la resolución conozca *explícitamente* el origen de las posibilidades en las que se proyecta. Pero, en cambio, se da en la temporeidad del Dasein, y solo en ella, la posibilidad de extraer *explícitamente*, desde la comprensión tradicional del Dasein, el poder-ser existentivo en el que el Dasein se proyecta. La resolución que retorna a sí, y que se entrega a sí misma [la posibilidad heredada] se convierte entonces en la *repetición* [*Wiederholung*] de una posibilidad de existencia recibida por tradición. *La repetición es la tradición explícita*, es decir, el retorno a posibilidades del Dasein que ha existido. La repetición propia de una posibilidad de existencia que ya ha sido —que el Dasein escoja su héroe— se funda existencialmente en la resolución precursora; porque en ella se hace por primera vez la opción que libera para el seguimiento combatiente y para la fidelidad a lo repetible. Si la repitente entrega a sí mismo de una posibilidad que ha sido abre al Dasein ya existido, esto no ocurre, sin embargo, para hacerlo nuevamente real [en la misma forma]. La repetición de lo posible no consiste en una restauración del "pasado" ni en una amarra del "presente" a lo ya "dejado atrás". La repetición, que brota de un proyectarse resuelto, no se 386
deja persuadir por el pasado a procurar tan solo que ese pasado vuelva a tener la realidad que tuvo en otro tiempo. La repetición *responde* [*erwidert*] más bien, a la posibilidad de la existencia ya existida. Pero la respuesta a la posibilidad, en el acto resolutorio, es, al mismo tiempo, *en su condición de instantánea*, una *revocación* de lo que en el hoy sigue actuando como "pasado". La repetición ni se abandona al pasado ni aspira a un progreso. En el instante, ambas cosas son indiferentes para la existencia propia.

Definiremos la repetición como el modo de la resolución que se entrega a sí misma [una posibilidad heredada] y mediante el cual el Dasein existe explícitamente como destino. Ahora bien, si el destino constituye la historicidad originaria del Dasein, el peso esencial de la historia no recae ni en el pasado ni en el presente en su "conexión" con el pasado, sino en el acontecer propio de la existencia, que brota del *futuro* del Dasein. La historia, en cuanto forma de ser del Dasein, hunde sus raíces tan esencialmente en el futuro, que la muerte, como esa posibilidad del Dasein antes descrita, rechaza a la existencia precursante hacia su fáctica condición de arrojada, otorgando así al *haber-sido* su peculiar primacía dentro de lo histórico. *El modo propio de estar vuelto hacia la muerte, es decir, la finitud de la temporeidad, es el fundamento oculto de la historicidad del Dasein.* El Dasein no se hace histórico por la repetición, sino que, por ser histórico en cuanto tempóreo, puede asumirse repitentemente en su historia. Para esto no necesita aún de ningún saber histórico.

Llamamos destino al precursante entregarse al Ahí del instante, ínsito en la resolución. En el destino se funda también el destino común, que entendemos como el acontecer del Dasein en el coestar con los otros. En la repetición el destinal destino común puede ser abierto explícitamente en lo que respecta al legado de la tradición. La repetición le revela al Dasein por primera vez su propia historia. El acontecer mismo y su correspondiente aperturidad, o bien la apropiación de esta, se fundan existencialmente en el hecho de que el Dasein está extáticamente abierto en cuanto tempóreo.

Lo que hasta este momento, ateniéndonos al acontecer que tiene lugar en la resolución precursora, hemos definido como historicidad, lo llamamos, más precisamente, el *modo propio* de la historicidad del Dasein. A partir de los fenómenos de la tradición y la repetición, enraizados en el futuro, se ha vuelto
387 claro por qué el acontecer de la historia propia tiene su peso en el haber-sido. Tanto más enigmática resulta, en cambio, la manera cómo este acontecer puede, en cuanto destino, constituir la "trama" entera del Dasein, desde su nacimiento hasta la muerte. ¿Qué aclaración puede aportar la vuelta a la resolución? Porque un acto resolutorio ¿no es acaso tan solo una única "vivencia" dentro de la serie entera de las vivencias? La "trama" del acontecer propio ¿consistirá acaso en la serie ininterrumpida de actos resolutorios? ¿A qué se debe el hecho de que la pregunta por la constitución de la "trama de la vida" no encuentre una respuesta plenamente satisfactoria? ¿Y si, en definitiva, la investigación se hubiese empeñado demasiado precipitadamente en la búsqueda de una respuesta, sin haber examinado antes la legitimidad de la *pregunta*? A través del camino recorrido hasta ahora por la analítica existencial, nada resulta tan claro como el hecho de que una y otra vez la ontología del Dasein cae bajo las seducciones de la comprensión ordinaria del ser. Esto solo puede remediarse metodológicamente si indagamos el *origen* de la pregunta aparentemente tan "obvia" por la constitución de la trama del Dasein y determinamos el horizonte ontológico dentro del que ella se mueve.

Si la historicidad pertenece al ser del Dasein, también el existir impropio tendrá que ser histórico. ¿Y si fuese la historicidad *impropia* del Dasein la que determina la orientación que tiene la pregunta por una "trama de la vida" y bloquea el acceso a la historicidad propia y a la peculiar "trama" de esta? Sea de ello lo que fuere, lo cierto es que si la exposición del problema ontológico de la historia ha de ser suficientemente completa, de ningún modo sería posible soslayar la consideración de la historicidad impropia del Dasein.

§ 75. La historicidad del Dasein y la historia del mundo

Inmediata y regularmente el Dasein se comprende a partir de lo que comparece en el mundo circundante y de lo que es objeto de ocupación circunspectiva. Esta comprensión no es un mero conocimiento de sí mismo que simplemente acompañase a todos los comportamientos del Dasein. Comprender significa proyectarse hacia una determinada posibilidad del estar-en-el-mundo, es decir, existir como tal posibilidad. De esta manera, el comprender, en cuanto comprensión común, constituye también la existencia impropia del uno. Lo que en el convivir público comparece para el ocuparse cotidiano no son tan solo el útil y la obra, sino también lo que con ellos "sucede": "quehaceres", empresas, incidentes y accidentes. 388
El "mundo" es, al mismo tiempo, suelo y escenario y, como tal, forma parte del ir y venir cotidiano. En el convivir público comparecen los otros en esas actividades en las que también "uno mismo" se encuentra sumergido. Se conoce, se discute, se aprueba, se combate, se retiene en la memoria y se olvida, pero considerando siempre, en primer lugar, *lo que* se hace y lo que de allí "resulta". El progreso, el estancamiento, el cambio de actitud y el "balance final" del Dasein individual los medimos ante todo por la marcha, el estado, el cambio y la disponibilidad de lo que nos ocupa. Por trivial que sea la referencia a la comprensión que tiene del Dasein la comprensión cotidiana común, esta última no es en modo alguno ontológicamente transparente. Pero entonces, ¿por qué no determinar la "trama" del Dasein por lo que es objeto de ocupación, y por "lo vivido"? ¿No pertenecen también a la "historia" el útil, la obra y todas aquellas cosas entre las que el Dasein se encuentra? ¿Es acaso el acontecer de la historia solo el aislado transcurrir de la "corriente de vivencias" en los sujetos individuales?

En efecto, la historia no es ni la textura dinámica de las variaciones de los objetos ni el fluir, suspenso en el vacío, de las vivencias de los "sujetos". ¿Afectará entonces el acontecer de la historia a la conexión de sujeto y objeto? Pero, si se atribuye el acontecer a la relación sujeto-objeto, entonces también deberá preguntarse por el modo de ser de esa conexión en cuanto tal, puesto que en ese caso sería ella la que propiamente "acontece". La tesis acerca de la historicidad

del Dasein no afirma que sea histórico un sujeto sin mundo, sino el ente que existe como estar-en-el-mundo. *El acontecer de la historia es el acontecer del estar-en-el-mundo.* La historicidad del Dasein es esencialmente historicidad del mundo, un mundo que, en razón del carácter extático-horizontal de la temporeidad, pertenece necesariamente a la temporización de esa temporeidad. En la medida en que el Dasein existe fácticamente, comparece también lo descubierto dentro del mundo. *Con la existencia del estar-en-el-mundo histórico, lo a la mano y lo que está-ahí se encuentran incorporados desde siempre a la historia del mundo.* El útil y la obra, los libros, por ejemplo, tienen sus "destinos"; las obras arquitectónicas y las instituciones tienen su historia. Pero también la naturaleza es histórica. Aunque no precisamente en el sentido de una "historia natural"[1], pero sí en cuanto paisaje, terreno de asentamiento o de explotación, en
389 cuanto campo de batalla y lugar de culto. Estos entes intramundanos son históricos en cuanto tales, y su historia no es algo "externo" que se limitase a acompañar la historia "interior" del "alma". Llamamos a este ente lo *mundi-histórico* [*das Welt-Geschichtliche*]. Aquí es necesario tener en cuenta el doble significado de la expresión elegida —"historia-del-mundo"— entendida, en este caso, en un sentido ontológico. Por una parte, está expresión significa el acontecer del mundo en su esencial y existente unidad con el Dasein. Pero a la vez, y por el hecho de que con el mundo fácticamente existente queda siempre descubierto el ente intramundano, ella nombra también el "acontecer" intramundano de lo a la mano y de lo que está-ahí. El mundo histórico fácticamente solo es en cuanto mundo del ente intramundano. Lo que "acontece" con el útil y la obra en cuanto tales tiene un carácter particular de movilidad, que hasta ahora ha quedado enteramente en la oscuridad. Un anillo, por ejemplo, que se "entrega" y que se "lleva" no experimenta por este hecho meros cambios de lugar. La movilidad del acontecer en el que algo "sucede con el anillo" no puede ser comprendida en modo alguno en función del movimiento como cambio de lugar. Esto es válido para todos los "procesos" y acontecimientos mundi-históricos, y también, en cierto modo, para las "catástrofes naturales". No nos es posible profundizar aquí el problema de la estructura ontológica del acontecer mundi-histórico, porque —prescindiendo de que ello implicaría un rebasamiento de los límites de nuestro tema— el propósito de esta exposición no es otro que ponernos ante el enigma ontológico de la movilidad del acontecer en general.

Aquí se trata tan solo de delimitar *aquel* ámbito de fenómenos que de un modo necesario queda ontológicamente implicado cuando se habla de la histori-

[1] En relación con el problema de la delimitación ontológica del "acontecer natural" frente a la movilidad que es propia de la historia, véanse las meditaciones ni con mucho suficientemente apreciadas, de F. Gotti, *Die Grenzen der Geschichte* (1904).

cidad del Dasein. En razón de la trascendencia del mundo, tempóreamente fundada, lo mundi-histórico ya está siempre "objetivamente" dado en el acontecer del existente estar-en-el-mundo, pero *sin ser aprehendido en un saber histórico.* Y como el Dasein fáctico en su caída se absorbe en aquello de lo que se ocupa, comprende en primer lugar su historia mundi-históricamente. Y como, además, la comprensión vulgar del ser comprende el "ser" indiferentemente como estar-ahí, el ser de lo mundi-histórico queda experimentado e interpretado en el sentido de algo que está-ahí viniendo, haciéndose presente y desapareciendo. Y como, finalmente, el sentido del ser en general es considerado como lo absolutamente obvio, la pregunta por el modo de ser de lo mundi-histórico y por la movilidad del acontecer en general no parece ser, "propiamente", otra cosa que la estéril minuciosidad de una sutileza verbal.

El Dasein cotidiano está disperso en la multiplicidad de lo que "pasa" diariamente. Las eventualidades y circunstancias frente a las cuales el ocuparse está 390
de antemano "tácticamente" a la espera, conforman el "destino". El Dasein impropiamente existente solo contabiliza su historia a partir de lo que es objeto de ocupación. Y puesto que entonces, llevado de un lado a otro por sus "quehaceres", el Dasein necesita, si quiere llegar a sí mismo, *recogerse* primeramente desde la *dispersión* y la *inconexión* de lo eventualmente "ocurrido", surge, por vez primera, desde el horizonte de comprensibilidad de la historicidad impropia, el *problema* de crear una "conexión" de la existencia [Dasein], entendida como una conexión de las vivencias que "también" están-ahí en el sujeto. La posibilidad del predominio de este horizonte problemático se funda en la falta de resolución, que constituye la esencia de la in-estabilidad del sí-mismo.

Con esto se ha mostrado el *origen* de la pregunta por una "trama" del Dasein, entendida como unidad de concatenación de las vivencias entre el nacimiento y la muerte. La procedencia de la pregunta hace ver, al mismo tiempo, su incompatibilidad con una interpretación existencial originaria de la totalidad del acontecer del Dasein. El predominio de este horizonte problemático "natural" explica, por otra parte, por qué el modo propio de la historicidad del Dasein —el destino y la repetición— parece ser el menos apto para proporcionar la base fenoménica sobre la cual cobraría la forma de un problema ontológicamente fundado aquello a lo que en el fondo tiende la pregunta por la "trama de la vida".

La pregunta no es ¿cómo logra el Dasein la unidad de una trama para la ulterior concatenación de la serie de "vivencias" acontecidas y por acontecer?, sino, más bien: ¿cuál es ese modo de ser en el que el Dasein *de tal manera se pierde que, como consecuencia, necesita posteriormente reunirse a sí mismo, recuperándose de su dispersión, y excogitar para lo así reunido una unidad que lo haga coherente*? La pérdida en el uno y en lo mundi-histórico se reveló más arriba como huida ante la muerte. Esta huida ante... manifiesta al estar *vuelto hacia* la

muerte como una determinación fundamental del cuidado. La resolución precursora lleva a este estar vuelto hacia la muerte a la existencia propia. Ahora bien, el acontecer de esta resolución, es decir, la repetición del legado de posibilidades, repetición que, anticipándose, hace entrega de sí misma, fue interpretado como historicidad propia. ¿No será esta historicidad propia el extenderse originario, sin pérdida, innecesitado de concatenación, de la existencia entera? La resolución del sí-mismo en contra de la inestabilidad de la dispersión constituye como tal la *continuidad extensa* en la que el Dasein en cuanto destino mantiene "incorporados", dentro de su existencia, tanto el nacimiento y la muerte, como su "entre",
391 de tal manera que en esta estabilidad el Dasein se ha hecho "instantáneo" para lo mundi-histórico de su situación concreta. En la destinal repetición de posibilidades que han sido, el Dasein se retrotrae "inmediatamente", es decir, tempóreo-extáticamente, hacia lo ya sido antes de él. Ahora bien, con esta autotransmisión del legado, el "nacimiento" queda *incorporado en la existencia* mediante la vuelta hacia atrás desde la posibilidad insuperable de la muerte, pero tan solo para que la existencia, libre de ilusiones, asuma la condición de arrojado de su propio Ahí.

La resolución constituye la *fidelidad* de la existencia a su propio sí-mismo. La fidelidad, en cuanto resolución en disposición de *angustia*, es, al mismo tiempo, la posibilidad del respeto frente a la única autoridad que un existir libre puede reconocer: frente a las posibilidades repetibles de la existencia. La resolución sería ontológicamente mal comprendida si se pensara que ella solo es real como "vivencia" mientras "dura" el "acto" de resolverse. En la resolución radica la estabilidad existentiva que, por su esencia, ya ha anticipado todo posible instante que de ella brote. La resolución, en cuanto destino, es la libertad para *renunciar* a una determinada decisión si eventualmente la situación lo demandare. Con ello no se interrumpe la estabilidad de la existencia, sino que, por el contrario, se la confirma en el instante. La estabilidad no se constituye ni por ni a partir de la acumulación de "instantes", sino que estos brotan de la temporeidad *ya extensa* de la repetición que venideramente está-siendo-sida.

En la historicidad impropia, en cambio, la extensión originaria del destino queda oculta. El Dasein presenta [*gegenwärtigt*] su "hoy" en la inestabilidad del uno-mismo. Mientras está a la espera de la próxima novedad, ya ha olvidado lo antiguo. El uno rehuye la elección. Ciego para las posibilidades, es incapaz de repetir lo que ha sido, y se limita a retener y mantener lo "real" que ha quedado de lo mundanamente histórico ya sido, los restos e informaciones presentes acerca de ello. Absorto en la presentación del hoy, comprende el "pasado" desde el "presente". Por el contrario, la temporeidad de la historicidad propia es, en cuanto instante precursor y repitente, una *des-presentación* del hoy y un desacostumbramiento de las conductas usuales del uno. La existencia impropiamente histórica, cargada con la herencia del "pasado", irreconocible

ya para ella misma, busca, en cambio, lo moderno. La historicidad propia comprende la historia como el "retorno" de lo posible y sabe, por eso, que la posi- 392
bilidad solo retorna cuando la existencia está destinal-instantáneamente abierta para ella en la repetición resuelta.

Constantemente la interpretación existencial de la historicidad del Dasein, sin advertirlo, se sume en la oscuridad. Las oscuridades son difíciles de disipar por cuanto no se han distinguido aún las posibles dimensiones del cuestionamiento adecuado y porque en todas ellas ronda el *enigma* del *ser* y —como ahora se nos ha hecho claro— el del *movimiento*. Es posible, sin embargo, esbozar un proyecto de la génesis ontológica de la historia como ciencia, a partir de la historicidad del Dasein. Este proyecto servirá como preparación para aclarar, en su momento, la tarea de una destrucción historiográfica de la historia de la filosofía[1].

§ 76. El origen existencial del saber histórico en la historicidad del Dasein

No cabe duda de que la ciencia histórica, como, por lo demás, toda ciencia en cuanto modo de ser del Dasein, "depende" siempre fácticamente de la "concepción dominante del mundo". Pero, más allá de este hecho, será necesario preguntar por la posibilidad ontológica del origen de las ciencias en la constitución de ser del Dasein. Este origen no es aún suficientemente transparente. En el presente contexto, el análisis deberá bosquejar el origen existencial del saber histórico solo en la medida en que así se logre aclarar mejor la historicidad del Dasein y su enraizamiento en la temporeidad.

Si el ser del Dasein es fundamentalmente histórico, resulta evidente que toda ciencia fáctica se verá envuelta en este acontecer [histórico]. Pero el saber histórico presupone de un modo propio y especial la historicidad del Dasein.

Esto podría, por lo pronto, explicarse haciendo presente que la historia, en cuanto ciencia acerca del acontecer histórico del Dasein, tiene que "suponer" como su posible "objeto" el ente originariamente histórico. Pero no solo se requiere que el acontecer histórico sea, para que un objeto histórico se torne accesible; ni tampoco basta solamente con el hecho de que el conocimiento histórico, en cuanto comportamiento aconteciente del Dasein, sea una forma de acontecer histórico, sino que la *apertura del acontecer histórico llevada a cabo por la historiografía está enraizada, en sí misma y por su propia estructura ontológica* —se realice o no fácticamente—, en la historicidad del Dasein. A esta conexión se refiere el problema del origen existencial del saber histórico en la historicidad 393

[1] Cf. § 6, p. 43 ss.

del Dasein. Aclarar esta conexión significa, desde un punto de vista metodológico, proyectar ontológicamente, a partir de la historicidad del Dasein, la *idea* del saber histórico. Por el contrario, no sería procedente intentar "abstraer" el concepto de saber histórico a partir de una actividad científica hoy en día fáctica, ni pretender asimilarlo a ella. Porque ¿qué nos garantiza, en principio, que este modo fáctico de proceder sea efectivamente representativo del saber histórico en sus posibilidades originarias y propias? Y, supuesto que así fuese —cuestión que nos abstenemos de zanjar—, el concepto solo podrá "descubrirse" en los hechos a través del hilo conductor de la idea ya comprendida del saber histórico. Pero, por otra parte, la idea existencial del saber histórico no alcanzaría una mayor justificación por el hecho de que el historiador constatase que su comportamiento fáctico concuerda con ella. Ni tampoco se tornaría "falsa" porque él niegue dicha concordancia.

La idea de la historia como ciencia implica que la tarea por ella asumida es la *apertura* del ente histórico. Toda ciencia se constituye primariamente por la tematización. Lo que precientíficamente es familiar al Dasein en cuanto abierto estar-en-el-mundo, es proyectado en su ser específico. Con este proyecto se delimita la respectiva región del ente. Las vías de acceso a este ente reciben "dirección" metodológica; la estructura conceptual de la interpretación comienza a bosquejarse. Si posponemos el problema de la posibilidad de una "historia del presentar y le asignamos al saber histórico la tarea de abrir el "pasado", entonces la tematización historiográfica de la historia solo será posible si, de alguna manera, el "pasado" ya está abierto. Prescindiendo completamente de la cuestión de si se dispone o no de fuentes suficientes para una representación historiográfica del pasado, no cabe duda de que *la vía de acceso hacia ese pasado* debe estar de algún modo *abierta*, si ha de ser posible volver a él por medio del saber histórico. Que esto ocurra y cómo llegue a ser posible, no es en absoluto evidente.

Ahora bien, en la medida en que el ser del Dasein es histórico, es decir, en la medida en que, por razón de la temporeidad extático-horizontal, está abierto en su haber-sido, la tematización del "pasado" tiene efectivamente vía libre para realizarse en la existencia. Y como el Dasein, *y solo él*, es originariamente histórico, lo que la tematización historiográfica presenta como posible objeto de la investigación deberá tener el modo de ser de un *Dasein que ha existido*. Con el Dasein fáctico, en cuanto estar-en-el-mundo, también se da siempre una historia del mundo. Cuando aquel ya no existe, el mundo mismo es algo que ha existido. No se opone a ello el hecho de que lo antaño a la mano dentro del mundo no haya
394 aún dejado de ser y que, como algo aún no pasado del mundo que ha existido, pueda ser encontrado en un presente por medio del "saber histórico".

Ruinas, monumentos y crónicas aún presentes son "material" *posible* para la concreta apertura del Dasein en su haber-existido. Tales cosas *pueden* convertirse en material para el *saber histórico* tan solo porque tienen, por su propio modo de ser, carácter *mundi-histórico.* Y solo se *convierte* efectivamente en material porque de antemano quedan comprendidas en su intramundaneidad. El mundo ya proyectado se determina por medio de la interpretación del material mundi-histórico que se ha "conservado". La adquisición, clasificación y aseguración del material no son lo que pone en movimiento la vuelta hacia el "pasado", sino que esas actividades presuponen el *histórico estar vuelto hacia* el haber-existido del Dasein, es decir, presuponen la historicidad de la existencia del propio historiador. Esta historicidad funda existencialmente la historia en cuanto ciencia hasta en sus más insignificantes dispositivos "artesanales"[1].

Si el saber histórico hunde de este modo sus raíces en la historicidad, a partir de este hecho habrá de ser posible también determinar cuál es "propiamente" el *objeto* de la historia. Para delimitar el tema originario del saber histórico será necesario ajustarse a la historicidad propia y a su correspondiente modo de apertura del haber-existido, vale decir, a la repetición. La repetición comprende al Dasein que ha-existido en su posibilidad propia ya existida. El "nacimiento" del saber histórico desde la historicidad propia significa entonces lo siguiente: la tematización primaria del objeto del saber histórico proyecta al Dasein que ha-existido hacia su más propia posibilidad de existencia. ¿Quiere decir entonces que el saber histórico deberá tener como tema lo *posible*? Pero su sentido ¿no consiste acaso exclusivamente en la búsqueda de los *hechos*, es decir, de lo que efectivamente ha sido?

Pero, ¿qué significa que el Dasein sea "efectivamente"? Si el Dasein solo es "propiamente" real en la existencia, entonces, sin duda alguna, su "efectividad" habrá de constituirse precisamente en el proyectarse resuelto hacia un poder-ser que se ha escogido. Pero entonces el verdadero y "efectivo" haber-existido será la posibilidad existentiva en la que fácticamente se ha determinado el destino individual, el destino colectivo y la historia del mundo. Dado que la existencia solo es tal en cuanto fácticamente arrojada, con tanto mayor penetración podrá el saber histórico abrir la callada fuerza de lo posible, cuanto más concreta y simplemente comprenda y "se limite" a exponer el haber-sido-en-el-mundo, precisamente a partir de su posibilidad.

Cuando, por medio de la repetición, el saber histórico que surge de la his- 395
toricidad propia revele en su posibilidad al Dasein que ha-existido, entonces también habrá revelado lo "universal" en lo singular. El problema si el saber histórico tiene como objeto tan solo la sucesión de acontecimientos irrepetibles

[1] Acerca de la constitución del comprender historiográfico, cf. E. Spranger, "Zur Theorie des Verstehens und zur geisteswissenschaftlichen Psychologie", en *Festschrift für Joh. Volket*, 1918, p. 357 ss.

e "individuales" o también las "leyes", está mal planteado desde su raíz. Su tema no lo constituye ni lo singularmente acontecido, ni un universal que flotara por encima de aquel, sino la posibilidad que ha sido fácticamente existente. Esta posibilidad no queda repetida en cuanto tal, es decir, verdaderamente comprendida en un saber histórico, cuando se la tergiversa proyectándola en un descolorido modelo supratemporal. Tan solo la fáctica historicidad propia, en cuanto destino resuelto, puede abrir la historia que ya existió de tal manera que en la repetición la "fuerza" de lo posible irrumpa en la existencia fáctica, es decir, que venga a ella en su futuridad. De la misma manera, pues, como la historicidad del Dasein ajeno a la historiografía no arranca del "presente" y de lo que solamente hoy es "real", tampoco el saber histórico arranca desde allí para ir retrocediendo luego a tientas hacia un pasado, sino que incluso la apertura *historiográfica* misma se temporiza *desde el futuro*. La "selección" de lo que habrá de ser un posible objeto del saber histórico *ya ha sido realizada* en la *elección* fáctica y existentiva de la historicidad del Dasein, Dasein tan solo del cual el saber histórico brota y únicamente en el cual *es*.

La apertura historiográfica del "pasado" fundada en la repetición destinal, lejos de ser "subjetiva", es la única que garantiza la "objetividad" del saber histórico. Porque la objetividad de una ciencia se regula primariamente por su capacidad de *presentar* a la comprensión, al descubierto y en la originariedad de su ser, el ente temático que le es propio. No hay ninguna ciencia donde la "válidez universal" de los modelos y las pretensiones de "universalidad" que el uno y su modo común de comprender exige puedan imponerse menos como posibles criterios de la "verdad" que en la auténtica historiografía.

Tan solo porque el tema central del saber histórico es siempre la *posibilidad* de la existencia que ya ha-existido, y porque esta existe siempre fácticamente en forma mundi-histórica, aquel saber puede exigirse inexorablemente a sí mismo una orientación atenida a "los hechos". Por eso, la investigación fáctica se ramifica profusamente, haciendo objeto suyo la historia de los útiles, de las obras, de la cultura, del espíritu y de las ideas. A la vez, la historia, en cuanto se entrega a sí misma una tradición, está siempre en un estado interpretativo que le es inherente, estado interpretativo que, por su parte, tiene su propia historia, de tal manera que el saber histórico no logra, regularmente, penetrar hasta aquello mismo que ha
396 existido sino a través de la historia de la tradición. A ello se debe el que la investigación histórica concreta pueda mantener con su tema una cercanía que es, en cada caso, variable. El historiador que se "arroja" de antemano a la "concepción del mundo" de una época, no por ello ha demostrado que comprenda su objeto en forma propiamente histórica, y no meramente "estética". Por otra parte, la existencia de un historiador que se "limita" a editar "fuentes" puede estar inspirada por una historicidad propia.

Y, de la misma manera, el predominio de un diferenciado interés histórico hasta por las más remotas y primitivas culturas no constituye todavía una demostración del carácter propio de la historicidad de una "época". En última instancia, el surgimiento de un problema del "historialismo" es el más claro indicio de que el saber histórico tiende a enajenar al Dasein de su historicidad propia. Esta última no requiere necesariamente el saber histórico. Épocas sin interés por el saber histórico no son, solo por eso, menos históricas.

La posibilidad de que el saber histórico en general tenga "ventajas" o "inconvenientes" "para la vida" se funda en que esta es histórica en la raíz misma de su ser y que, por consiguiente, en cuanto fácticamente existente, ya siempre se ha decidido por una historicidad propia o impropia. Nietzsche ha comprendido y dicho de un modo penetrante e inequívoco —en la segunda de sus *Consideraciones Intempestivas* (1874)— lo esencial acerca de las "Ventajas e inconvenientes del saber histórico para la vida". Distingue allí tres clases de saber histórico: el monumental, el anticuarial y el crítico, sin mostrar, sin embargo, explícitamente la necesidad de esta tríada, ni el fundamento de su unidad. *La triplicidad del saber histórico está bosquejada en la historicidad del Dasein.* La historicidad del Dasein hace comprender también hasta qué punto el modo propio del saber histórico debe ser la unidad concreta y fáctica de estas tres posibilidades. La clasificación de Nietzsche no está hecha al azar. El comienzo de su *Segunda Consideración* permite conjeturar que él comprendía más de lo que daba a conocer.

El Dasein en cuanto histórico solo es posible en virtud de la temporeidad. Esta se temporiza en la unidad extático-horizontal de sus éxtasis. El Dasein en cuanto venidero existe de un modo propio en la apertura resuelta de una posibilidad que él ha elegido. Retornando resueltamente a sí, está repitentemente abierto para las posibilidades "monumentales" de la existencia humana. El saber histórico que brota de esta historicidad es "monumental". En cuanto está-siendo-sido, el Dasein está entregado a su condición de arrojado. En la apropiación repitente de lo posible está bosquejada, a la vez, la posibilidad de la conservación venerante de la existencia que ya existió, existencia en la que se hizo manifiesta la posibilidad ahora asumida. Por consiguiente, en cuanto monumental, el saber histórico 397
propio es "anticuarial". En la unidad del futuro y el haber-sido, el Dasein se temporiza como presente. El presente, en cuanto instante, abre el hoy en forma propia. Pero, en la medida en que el hoy queda interpretado desde el comprender venideramente-repitente de una posibilidad de existencia que se ha asumido, el modo propio del saber histórico se convierte en des-presentación del hoy, esto es, en un penoso desligarse del cadente carácter público del hoy. El saber histórico monumental-anticuarial es, en cuanto propio, necesariamente una crítica del "presente". El modo propio de la historicidad es el fundamento que hace posible la unidad de las tres modalidades de la ciencia histórica. Pero, el *fundamento* del

fundamento [*der Grund des Fundaments*] del modo propio del saber histórico es la *temporeidad*, en cuanto sentido existencial del ser del cuidado.

La exposición concreta del origen histórico-existencial del saber histórico se lleva a cabo en el análisis de la tematización que es constitutiva de esta ciencia. La tematización historiográfica tiene como núcleo la elaboración de la situación hermenéutica que se constituye por medio del acto en el que el Dasein históricamente existente se resuelve a la apertura repitente de la existencia que ya existió. La posibilidad y estructura de la *verdad del saber histórico* debe exponerse a partir del modo propio de la *aperturidad* ("verdad") *de la existencia histórica*. Ahora bien, puesto que los conceptos fundamentales de las ciencias históricas —tanto los que se refieren a sus objetos como los relacionados con el procedimiento— son conceptos de existencia, la interpretación existencial temática de la *historicidad* del Dasein es el supuesto de toda teoría de las ciencias del espíritu. Tal es la meta a la que constantemente tratan de acercarse las investigaciones de W. Dilthey, meta que contribuye a aclarar con mayor penetración las ideas del Conde Yorck von Wartenburg.

§ 77. Conexión de la precedente exposición del problema de la historicidad con las investigaciones de W. Dilthey y las ideas del Conde Yorck

El análisis que hemos hecho del problema de la historia es el resultado de la apropiación del trabajo de Dilthey, y se ha visto confirmado y a la vez consolidado por las tesis del Conde Yorck, que se encuentran diseminadas en sus cartas a Dilthey[1].

La imagen de Dilthey todavía hoy ampliamente difundida es la siguiente: un "fino" intérprete de la historia del espíritu, y muy especialmente de la historia de
398 la literatura, que "también" se esfuerza por trazar los límites entre las ciencias de la naturaleza y las ciencias del espíritu, un hombre que atribuye un papel preponderante a la historia de estas ciencias lo mismo que a la "psicología", y que deja esfumarse todo esto en una "filosofía de la vida" de carácter relativista. Para la consideración superficial, esta caracterización es "correcta". Sin embargo, a ella se le escapa lo "sustancial". Y en vez de revelar, encubre.

Se podría clasificar esquemáticamente la labor investigadora de Dilthey en tres dominios: estudios relativos a la teoría de las ciencias del espíritu y a su delimitación frente a las ciencias de la naturaleza; investigaciones acerca de la historia de las ciencias del hombre, de la sociedad y del Estado; tentativas para

[1] Cf. *Briefwechsel zwischen Wilhelm Dilthey und dem Grafen Paul Yorck von Wartenburg* 1877-1897, Halle a.d.S. 1923.

elaborar una psicología destinada a exponer la "integridad del hecho humano". Las investigaciones acerca de la teoría de la ciencia, la historia de la ciencia y la psicología hermenéutica se compenetran y entrecruzan constantemente. Allí donde una de estas perspectivas predomina, también las otras están en juego a título de motivación o de medios. Lo que pudiera hacer el efecto de una interna discrepancia o de un "tanteo" incierto y azaroso es la inquietud elemental que tiende a una sola meta: lograr una comprensión filosófica de la "vida", y asegurarle a esta comprensión un fundamento hermenéutico a partir de la "vida misma". Todo está centrado en la "psicología", la cual debe comprender la "vida" en sus conexiones históricas evolutivas y de interacción con el mundo como la manera de ser del hombre, como posible *objeto* de las ciencias del espíritu y *—a la vez—* como *raíz* de estas mismas ciencias. La hermenéutica es el autoesclarecimiento de este comprender y solo en forma derivada, una metodología de la ciencia histórica.

Tomando en consideración ciertas discusiones contemporáneas que confinaban en forma unilateral las investigaciones diltheyanas relativas a una fundamentación de las ciencias del espíritu en el campo de la teoría de la ciencia, el propio Dilthey orientó frecuentemente sus publicaciones en esta dirección. Sin embargo, la "lógica de las ciencias del espíritu" no tiene un carácter central para él, así como tampoco su "psicología" pretende ser "solamente" un perfeccionamiento de la ciencia positiva de lo psíquico.

La tendencia filosófica más propia de Dilthey en el intercambio epistolar con su amigo el Conde Yorck queda inequívocamente expresada por este cuando alude a *"nuestro común interés por comprender la historicidad"* (destacado por el autor)[1]. La apropiación de las investigaciones de Dilthey, que recién ahora se hacen accesibles en toda su amplitud, requiere la perseverancia y la concreción de una confrontación llevada a fondo. No es este el lugar para una consideración detallada de los problemas que lo movían y de la manera en que lo movían[2]. En 399
cambio, algunas de las ideas centrales del Conde Yorck serán descritas provisionalmente a través de una selección de pasajes característicos de sus cartas.

La tendencia que anima a Yorck en este intercambio con la labor y los modos de cuestionamiento *dilthey*anos se muestra precisamente en su toma de posición frente a las tareas de la disciplina fundamental, la psicología analítica. A propósito del tratado presentado por Dilthey a la Academia, con el título de *Ideas acerca*

1 *Briefwechsel* p. 185.

2 Con mayor razón podemos renunciar a ello ahora que le debemos a G. Misch una exposición concreta de Dilthey, orientada hacia lo central de sus tendencias, de la que ninguna confrontación con su obra podrá prescindir. Cf. W.Dilthey, Ges. *Schriften* tomo V (1924), Vorbericht, p. VII-CXVII.

de una Psicologia descriptiva y analítica (1894), Yorck escribe: "La reflexión sobre sí mismo como el medio primario del conocimiento, y el análisis como su procedimiento primario quedan firmemente establecidos. A partir de aquí se formulan proposiciones que son verificadas por propia constatación. No se marcha hacia un análisis crítico o hacia una aclaración y, por consiguiente, una refutación intrínseca de la psicología constructiva y de sus supuestos" (*Briefw*. p. 177). "... la renuncia a un análisis crítico, esto es, a mostrar psicológicamente —en una discusión a fondo— la proveniencia de cada cosa, está en conexión, a mi parecer, con el concepto y la posición que usted le asigna a la teoría del conocimiento" (p. 177). "La *explicación* de la inaplicabilidad —el hecho de esta ha quedado establecido y precisado— solo la da una teoría del conocimiento. Ella tiene que dar cuenta de la adecuación de los métodos científicos, ella tiene que fundamentar la metodología y no dejar que, como ahora sucede, los métodos se tomen de los dominios particulares —no puedo menos de decirlo— al puro azar" (p. 179 s.).

En esta exigencia de Yorck —que es, en el fondo, la de una lógica que, como la de Platón y Aristóteles, antecede a las ciencias y las dirige— va involucrada la tarea de desentrañar en forma positiva y radical la diversidad de estructura categorial del ente que es naturaleza y del ente que es historia (del Dasein). Yorck encuentra que las investigaciones de Dilthey *"acentúan demasiado poco la diferencia genérica entre lo óntico y lo histórico"* (p. 191) (subrayado por el autor). "En particular, se echa mano del procedimiento de la comparación como método de las ciencias del espíritu. Aquí me aparto de usted... La comparación es siempre algo estético, se aferra siempre a la forma [*Gestalt*]. Para Windelband la historia tiene que habérselas con formas. El concepto de tipo, que usted maneja,
400 es muchísimo más íntimo. Lo que allí está en cuestión son caracteres, no formas. Para aquel, la historia es una serie de imágenes, de formas individuales, una exigencia estética. Porque, al fin y al cabo, para el cultivador de las ciencias de la naturaleza no hay, fuera de la ciencia, otra cosa que esa especie de calmante para el ser humano que es el gozo estetico. El concepto que usted tiene de la historia es, en cambio, el de una complexión de fuerzas, de unidades de fuerzas, a las que la categoría de forma solo sería aplicable en un sentido figurado" (p. 193).

Con un certero instinto para la "diferencia entre lo óntico y lo histórico" reconoce Yorck cuán fuertemente la investigación tradicional de la historia se mantiene aún en "determinaciones puramente oculares" (p. 192), que apuntan a lo corpóreo y figurativo.

"Ranke es un gran ocular, para el cual lo ya desaparecido no puede convertirse en *realidades* ... El estilo intelectual de Ranke explica también la limitación de la materia de la historia a lo político. Solo lo político es dramático" (p. 60). "Las modificaciones que ha traído consigo el transcurso del tiempo me parecen inesenciales, y bien quisiera apreciar las cosas de otra manera. En efecto, la llamada escuela histórica, por ejemplo, me parece una corriente meramente secundaria dentro del lecho del mismo río, como si representara tan solo un eslabón de una antigua y prolongada antítesis. El nombre tiene algo de engañoso. *Aquella escuela no era en absoluto una escuela histórica* (destacado por el autor), era más bien una escuela anticuarial; ella construía estéticamente, en tanto que el gran movimiento entonces dominante era el de la construcción mecánica. Por eso, lo que ella metodológicamente aportó al método de la racionalidad fue solo un sentimiento del conjunto" (p. 68 s.).

"El genuino filólogo, cuyo concepto de la historia es el de una caja de antigüedades. Allí dónde no hay palpabilidad, allí hasta dónde conduce tan solo una viva transposición psíquica, tan lejos no llegan esos señores. Son, justamente, y en lo más íntimo, cultivadores de las ciencias naturales, y se tornan más escépticos aún porque les falta el experimento. De toda esa bagatela acerca, por ejemplo, de las veces que Platón estuvo en la Magna Grecia o en Siracusa, debe mantenerse uno lo más lejos posible. No hay nada vivo en todo ello. Tan superficial estilo como el que ahora he examinado ónticamente, viene a parar, por último, en un gran signo de interrogación, y queda cubierto de vergüenza ante las grandes realidades que son Homero, Platón, el Nuevo Testamento. Todo lo efectivamente real se convierte en espectro cuando se lo considera como 'cosa en sí', cuando no se lo vive" (p. 61). "Los 'hombres de ciencia' se enfrentan con los poderes de su tiempo de una manera semejante a como la refinada sociedad francesa se enfrentaba con el movimiento revolucionario de su época. Aquí como allí, formalismo, culto de la forma. Determinaciones relacionales, la última palabra de la sabiduría. Tal dirección del pensar tiene naturalmente —a mi parecer— su historia aún no escrita. La falta 401
de fundamento del pensar y de la creencia en tal pensar —considerada desde el punto de vista de la teoría del conocimiento: una actitud metafísica— es un producto histórico" (p. 39). "Las vibraciones ondulatorias provocadas por el principio excéntrico que hace más de cuatrocientos años trajo a luz una nueva época, me parecen haberse extendido y nivelado hasta el extremo; el conocimiento parece haber progresado hasta la abolición de sí mismo; el hombre parece haber saltado tan lejos de sí, que ya no logra verse a sí mismo. El 'hombre moderno', es decir, el hombre desde la época del renacimiento, está listo para ser enterrado" (p. 83). En cambio: "Todo saber histórico verdaderamente vivo, y no solo descriptivo de la vida, tiene el carácter de una óntica" (p. 19). "Pero el conocimiento de la historia es en buena parte conocimiento de las fuentes ocultas" (p. 109). "Pasa con la historia que lo espectacular, lo que salta a la vista, no es lo principal. Los nervios son invisibles; como también es invisible lo esencial en general. Y así como se dice: 'Si estuvieseis quietos seríais fuertes, es igualmente verdadera la variante: si estáis quietos, escucharéis, es decir, comprenderéis" (p. 26). "Y entonces disfruto el tranquilo soliloquio y la frecuentación con el espíritu de la historia. Él no se le

apareció a Fausto en su celda, ni tampoco al maestro Goethe. No lo habrían esquivado temerosos, por grave y conmovedora que hubiera sido la aparición. Pero ella es fraterna y afín en un sentido distinto y más profundo que el sentido en que lo son los habitantes del campo y la floresta. El esfuerzo se parece a la lucha de Jacob: para el luchador mismo, una ganancia segura. Ahora bien, es esto lo que en primer lugar importa" (p. 133).

Yorck alcanza una clara intelección del carácter fundamental de la historia en cuanto "virtualidad", a partir del conocimiento del carácter de ser del existir humano mismo y, por consiguiente, no lo alcanza en una teoría del conocimiento, es decir, a partir de aquello que es objeto de una consideración de la historia: "El hecho de que la totalidad de lo que nos está psicofísicamente dado no *es* [ser = estar-ahí de la naturaleza. Nota del autor], sino que, más bien, vive, es la clave de la historicidad. Y una autorreflexión que no esté dirigida hacia un yo abstracto, sino hacia la plenitud de mi propia mismidad, me encontrará históricamente determinado, de la misma manera como la física me conoce en cuanto cósmicamente determinado. De igual modo como soy naturaleza, soy también historia ..." (p. 71). Y Yorck, tan perspicaz para poner al descubierto todas las espurias "determinaciones de relación" y los relativismos "sin base", no vacila en sacar la última consecuencia de su comprensión de la historicidad del Dasein.
402 "Pero, además, supuesta la intrínseca historicidad de la conciencia de sí, un sistematismo separado de la historia es metodológicamente inadecuado. Así como la fisiología no puede prescindir de la física, la filosofía —y precisamente cuando es crítica— tampoco puede prescindir de la historicidad... Comportamiento e historicidad se relacionan entre sí como el respirar y la presión atmosférica, y —esto puede sonar en cierta medida paradójico— la no historización del filosofar me parece, desde un punto de vista metodológico, como un resto de metafísica" (p. 69). "Puesto que filosofar es vivir, hay, a mi modo de ver —no se asuste usted— una filosofía de la historia —¡quién pudiera escribirla!—. Ciertamente no a la manera como se la ha concebido e intentado hasta ahora, manera contra la cual usted se ha declarado de un modo que no puede ser refutado. La forma como hasta ahora se ha planteado la pregunta era ciertamente falsa, y, más aún, imposible, pero esa forma no es la única. Y por eso de aquí en adelante no habrá ningún filosofar efectivo que no sea histórico. La separación entre filosofía sistemática y exposición histórica es esencialmente incorrecta" (p. 251). "No cabe duda de que la posibilidad de hacerse práctica es la verdadera razón justificante de toda ciencia. Pero la praxis matemática no es la única. La finalidad práctica de nuestro punto de vista es la pedagógica, en el más amplio y hondo sentido de esta palabra. Ella es el alma de toda verdadera filosofía, y la verdad de Platón y Aristóteles" (p. 42 s.). "Usted sabe lo que pienso de la posibilidad de una ética como ciencia. Sin embargo, siempre podrá hacerse algo mejor. ¿Para quién son

propiamente esos libros? ¡Archivos y más archivos! Lo único digno de notarse, el impulso a ir desde la física hacia la ética" (p. 73). "Si se concibe la filosofía como manifestación de la vida, y no como expectoración de un pensar sin fundamento, pensar que se manifiesta como tal por el hecho de que la mirada se ha desviado del fundamento de la conciencia, entonces la tarea, además de menguada en resultados, es también enmarañada y fatigosa en su prosecución. Libertad de prejuicios es el supuesto previo, y ya este es difícil de lograr" (p. 250).

Que el propio Yorck se haya puesto en camino hacia la captación categorial de lo histórico frente a lo óntico (ocular), y hacia una comprensión científica adecuada de "la vida", se volverá claro si señalamos el género de dificultad que esta clase de investigaciones lleva consigo: la manera estético-mecanicista de pensar "encuentra más fácilmente expresión verbal —cosa explicable por la vasta proveniencia de las palabras desde la ocularidad— que un análisis que retroceda más atrás de la intuición... En cambio, lo que penetra hasta el fondo de la vida queda sustraído a la posibilidad de una exposición exotérica; y de ahí que toda su terminología sea incomprensible a la mayoría, y sea símbolica e inevitable. 403
De la índole particular del pensar filosófico se sigue la particularidad de su expresión verbal" (p. 70 s.). "Pero usted conoce mi predilección por lo paradójico, predilección que justifico por el hecho de que lo paradójico es un signo distintivo de la verdad, y que con toda certeza la *communis opinio* jamás está en la verdad, como que es el precipitado elemental de una comprensión a medias generalizante, que, en relación con la verdad, es como el vapor sulfuroso que el rayo deja tras de sí. La verdad no es jamás un elemento. Sería función pedagógica del Estado disolver las opiniones públicas elementales y posibilitar al máximo, mediante la educación, la individualidad del ver y del observar. Entonces, en vez de la llamada conciencia pública —en vez de esa radical exteriorización de la conciencia moral— volverían a imperar las conciencias individuales, es decir, la conciencia a secas" (p. 249 s.).

El interés por comprender la historicidad se aboca a la tarea de desentrañar la "diferencia genérica entre lo óntico y lo histórico". Con esto queda fijada la *meta fundamental* de la *"filosofía de la vida"*. Sin embargo, el planteamiento del problema exige una radicalización a fondo. Pues ¿cómo podrá la historicidad ser filosóficamente captada y "categorialmente" concebida en su diferencia con lo óntico, sino llevando tanto lo "óntico" como lo "histórico" a una *unidad más originaria* que haga posible su mutua comparación y diferenciación? Ahora bien, esto solo es posible si se comprende lo siguiente: 1. que la pregunta por la historicidad es una pregunta *ontológica* por la constitución de ser del ente histórico; 2. que la pregunta por lo óntico es la pregunta *ontológica* por la constitución de ser del ente que no tiene el modo de ser del Dasein, del ente que está-ahí, en el sentido más amplio de esta palabra; 3. que lo óntico es tan solo *un* dominio del ente. La idea del ser abarca lo "óntico" y lo "histórico". *Ella* es la que debe dejarse "diferenciar genéricamente".

No es un azar que Yorck denomine al ente no histórico lo "óntico" a secas. Esta denominación no es sino el reflejo del dominio inquebrantado de la ontología tradicional que, nacida del cuestionamiento acerca del ser planteado por la antigüedad, mantiene la problemática ontológica en un fundamental estrechamiento. El problema de la diferencia entre lo óntico y lo histórico solo puede ser elaborado como un problema digno de investigación si *ha llegado a asegurarse previamente el hilo conductor* por medio de la aclaración ontológico-fundamen-
404 tal de la pregunta por el sentido del ser en general[1]. De esta manera se aclara el sentido en que la analítica tempóreo-existencial y preparatoria del Dasein está resuelta a cultivar el espíritu del Conde Yorck, a fin de servir a la obra de Dilthey.

[1] Cf. §§ 5 y 6, p. 39 ss.

CAPÍTULO SEXTO

Temporeidad e intratemporeidad como origen del concepto vulgar del tiempo

§ 78. Lo incompleto del precedente análisis tempóreo del Dasein

Para demostrar que la temporeidad constituye el ser del Dasein y el modo como lo hace, se ha hecho ver que la historicidad, en cuanto constitución de ser de la existencia, es, "en el fondo", temporeidad. La interpretación del carácter tempóreo de la historia se llevó a cabo sin tomar en consideración el "hecho" de que todo acontecer transcurre "en el tiempo". En el curso del análisis tempóreo-existencial de la historicidad no se tomó en cuenta la comprensión cotidiana del Dasein, que fácticamente solo conoce la historia como acontecer "intratempóreo". Pero, si es precisamente en su facticidad como la analítica existencial debe hacer ontológicamente transparente al Dasein, se hace necesario reconocerle su derecho *en forma explícita* también a esta fáctica interpretación "óntico-tempórea" de la historia. El tiempo "en el que" los entes comparecen demanda tanto más necesariamente un análisis *fundamental*, cuanto que, fuera de la historia, también los procesos de la naturaleza están determinados "por el tiempo". Sin embargo, aun más elemental que la circunstancia de que en las *ciencias* de la historia y de la naturaleza aparezca el "factor tiempo", es el hecho de que el Dasein, ya antes de toda investigación temática "cuenta con el tiempo" y se rige *por él*. Y aquí, una vez más, es decisivo *aquel* "contar" del Dasein "con su tiempo" que precede a todo uso de instrumentos de medición construidos para determinar el tiempo. Aquel contar es previo a este uso, y es lo que hace justamente posible el uso de los relojes.

Existiendo fácticamente, el Dasein singular "tiene" o "no tiene tiempo". Se "toma tiempo" o "no logra dejarse tiempo". ¿Por qué el Dasein se toma "tiempo" y por qué puede "perderlo"? ¿De dónde toma el tiempo? ¿En qué relación se encuentra este tiempo con la temporeidad del Dasein?

El Dasein fáctico toma en cuenta el tiempo sin comprender existencialmente la temporeidad. El comportamiento elemental de contar con el tiempo requiere

una aclaración que es previa a la pregunta acerca de lo que significa que un ente esté "en el tiempo". Todo comportamiento del Dasein debe ser interpretado des-
405 de su ser, es decir, desde la temporeidad. Será necesario mostrar cómo el Dasein, en cuanto temporeidad, temporiza un comportamiento que se las ha con el tiempo de esa manera que consiste en tomarlo en cuenta. Por eso, la caracterización de la temporeidad hecha hasta ahora no solo está de algún modo incompleta porque en ella no se han considerado todas las dimensiones del fenómeno, sino que es fundamentalmente inacabada por el hecho de que a la temporeidad misma le pertenece algo así como un tiempo del mundo, en el sentido estricto del concepto tempóreo-existencial de mundo. Deberemos llegar a comprender cómo es esto posible, y por qué es necesario. Así llegará a aclararse el "tiempo" ordinariamente conocido, el tiempo "en el que" se presentan los entes y, a una con ello, se hará clara la intratemporeidad de estos entes.

El Dasein cotidiano que se toma su tiempo encuentra el tiempo primeramente en lo a la mano y en lo que está-ahí, en cuanto entes que comparecen dentro del mundo. El tiempo así "experimentado" es comprendido por el Dasein en el horizonte de la comprensión inmediata del ser, es decir, como algo que en cierto modo también está-ahí. Cómo y por qué el Dasein llega a formarse este concepto vulgar del tiempo deberá ser aclarado a partir de la constitución de ser (tempóreamente fundada) del Dasein que se ocupa del tiempo. El concepto vulgar del tiempo debe su origen a una nivelación del tiempo originario. Al demostrar que este es el origen del concepto vulgar del tiempo, se justificará también la precedente interpretación de la temporeidad como *tiempo originario.*

En el curso de la elaboración del concepto vulgar del tiempo se echa de ver una curiosa vacilación respecto del carácter "subjetivo" u "objetivo" que se le deba atribuir al tiempo. Allí dónde se lo concibe como siendo en sí, es atribuido, sin embargo, preferentemente al "alma". Y allí donde tiene el carácter de un fenómeno de conciencia, funciona, en cambio, "objetivamente". En la interpretación hegeliana del tiempo ambas posibilidades quedan en cierto modo superadas. Hegel intenta determinar la conexión entre "tiempo" y "espíritu" a fin de hacer comprensible desde allí, por qué el espíritu, en cuanto historia, "cae en el tiempo". La interpretación hecha más arriba de la temporeidad del Dasein y de la pertenencia a ella del tiempo del mundo parece coincidir con Hegel en el *resultado*. Pero, dado que el presente análisis del tiempo se distingue fundamentalmente, ya en su planteamiento inicial, del análisis de Hegel, y que su finalidad, es decir, su intención ontológico-fundamental se orienta justamente en dirección *contraria* a la suya, una breve exposición de la concepción hegeliana de la relación entre tiempo y espíritu puede servir para aclarar indirectamente, y para concluir en forma provisional la interpretación ontológico-existencial de la temporeidad del Dasein, la interpretación del tiempo del mundo y la del origen del concepto vulgar del tiempo.

La pregunta si acaso al tiempo le corresponda y cómo le corresponda un "ser", es decir, por qué y en qué sentido lo llamamos "ente", solo puede ser contestada una vez que se haya mostrado hasta qué punto la temporeidad misma hace posible, en el todo de su temporización, una comprensión del ser y un hablar del ente. La articulación del capítulo será, pues, la siguiente: la temporeidad del Dasein y el ocuparse del tiempo (§ 79); el tiempo de que nos ocupamos y la intratemporeidad (§ 80); la intratemporeidad y la génesis del concepto vulgar del tiempo (§ 81); confrontación de la conexión ontológico-existencial de la temporeidad, del Dasein y del tiempo del mundo con la concepción de la relación entre tiempo y espíritu en Hegel (§ 82); la analítica tempóreo-existencial del Dasein y la pregunta ontológico-fundamental por el sentido del ser en general (§ 83). 406

§ 79. La temporeidad del Dasein y el ocuparse del tiempo

El Dasein existe como un ente al que en su ser *le va* este mismo ser. Anticipándose esencialmente a sí mismo, él se ha proyectado hacia su poder-ser antes de toda mera y ulterior consideración de sí mismo. En el proyecto, el Dasein se revela como arrojado. Arrojadamente abandonado al "mundo", ocupándose, cae en él. En cuanto cuidado, esto es, existiendo en la unidad del proyecto arrojado y cadente, el Dasein queda abierto como Ahí. Coestando con otros, se mantiene en un estado interpretativo mediano que queda articulado en el discurso y expresado en el lenguaje. El estar-en-el-mundo ya se ha expresado siempre, y, *estando en medio de* los entes que comparecen dentro del mundo, se expresa constantemente al referirse a aquello de lo que se ocupa y al decir algo de ello. El ocuparse circunspectivo de la comprensión común se funda en la temporeidad, y lo hace en el modo de la presentación que está a la espera y retiene. En cuanto ocupación que calcula, planifica, previene y precave, ella dice siempre, audiblemente o no: "*luego*" —deberá ocurrir tal cosa; "*antes*" —deberá terminarse aquella otra; "*ahora*" —debe recuperarse lo que "*entonces*" fracasó y se perdió.

En el "luego" la ocupación se expresa en un estar a la espera; en el "entonces", retinentemente, y en el "ahora", de un modo presentante. En el "luego" subyace, habitualmente en forma tácita, un "ahora todavía no" que en alguna forma queda dicho en la presentación que está a la espera y retiene (o bien olvida). El "entonces" implica un "ahora ya no más". En él se expresa el retener en cuanto presentación que está a la espera. El "luego" y el "entonces" son comprendidos el uno con el otro con vistas a un "ahora", y esto quiere decir que la presenta- 407
ción tiene una particular preponderancia. Por cierto la presentación se temporiza siempre en unidad con un estar a la espera y una retención, aun cuando estos puedan tomar la forma de un olvido que no está a la espera, un modo en el que la

temporeidad se enreda en el presente y en que, presentando, dice insistentemente "ahora-ahora". Aquello de lo que la ocupación está a la espera, como algo inmediato, se expresa con el "enseguida" (*); lo inmediatamente hecho disponible o perdido, se expresa en el "recién". El horizonte de la retención que se expresa diciendo "entonces" es el "*anteriormente*", el del "luego", el "*más tarde*" (en el futuro"), el del "ahora", el "*hoy*".

Ahora bien, todo "luego" *en cuanto tal*, es un "luego cuando..."; todo "entonces", un "entonces [en aquel tiempo] cuando..."; todo "ahora", un "ahora que...". A esta estructura relacional, aparentemente obvia, del "ahora", "entonces" y "luego", la llamamos la *databilidad*. Al llamarla así es necesario prescindir, por ahora, enteramente de si la datación se realiza *de facto* en relación a una "fecha" del calendario. Aun sin este tipo de "fechas", el "ahora", el "luego" y el "entonces" quedan más o menos determinadamente fechados ["datados"] (**). Cuando la datación no se determina, esto no quiere decir que falte la estructura de la databilidad o que quede abandonada al azar.

¿De qué cosa forma parte esencialmente esta databilidad y en qué se funda? Pero, ¿es posible hacer una pregunta más superflua que esta? "No cabe duda" de que, con el "ahora que..." mentamos un "momento del tiempo" [*Zeitpunkt*]. El "ahora" es tiempo. Indiscutiblemente, comprendemos el "ahora-que", el "luego-cuando" y el "entonces [en aquel tiempo]-cuando", y de alguna manera comprendemos también que ellos están en conexión con "el tiempo". Pero que todo ello se refiera al "tiempo" mismo, cómo sea posible esto y qué signifique "tiempo", no queda conceptualizado en la comprensión "natural" del "ahora", etc. Más aún, ¿es tan obvio que "comprendemos sin más" eso que llamamos el "ahora", el "luego" y el "entonces", y que lo expresamos "de un modo natural"? ¿De dónde sacamos este "ahora que..."? ¿Hemos encontrado algo semejante entre los entes intramundanos, entre los entes que están-ahí? Evidentemente que no. ¿Ha sido siquiera necesario encontrarlo? ¿Nos hemos puesto alguna vez a buscarlo, a averiguarlo? "En todo momento" disponemos de ello, pero sin haberlo recibido nunca en forma explícita; constantemente lo usamos, aunque no siempre en forma verbal. La más trivial locución cotidiana, como cuando decimos: "hace frío", connota un "ahora que...". ¿Por qué el Dasein, al hablar de lo que es objeto de su ocupación, connota siempre, aunque ordinariamente sin palabras, un "ahora que...", un "luego cuando...", o un "entonces [en aquel tiempo] cuando..."? Porque cuando habla de alguna cosa interpretándola, se expresa también a sí
408 mismo, es decir, coexpresa su *estar en medio* de lo a la mano comprendiéndolo circunspectivamente, un estar que, descubriendo lo a la mano, lo deja comparecer; y —además— porque este hablar de las cosas y decir algo de

ella que se interpreta concomitantemente a *sí mismo*, está fundado en una *presentación*, y solo es posible en cuanto tal[1].

La presentación que está a la espera y retiene se interpreta a sí misma. Y esto, a su vez, solo es posible porque la presentación —extáticamente abierta en sí misma— ya está siempre abierta para sí misma, y es articulable en la interpretación comprensora y discursiva. *Puesto que la temporeidad constituye en forma extático-horizontal la luminidad del Ahí, ya es siempre originariamente interpretable en el Ahí y, por consiguiente, ya está conocida en él.* Llamamos "tiempo" a la presentación que se interpreta a sí misma, es decir, a lo interpretado a que se refiere el "ahora". Esto significa simplemente que la temporeidad, conocible en cuanto extáticamente abierta, solo es conocida inmediata y regularmente en el estado interpretativo que guía la ocupación. La "inmediata" comprensibilidad y conocibilidad del tiempo no excluye, sin embargo, el desconocimiento y la incomprensión de la temporeidad originaria en cuanto tal, y del origen del tiempo expresado que en ella se temporiza.

Que a lo interpretado con el "ahora", "luego" y "entonces" le pertenezca esencialmente la estructura de la databilidad viene a ser la más elemental demostración de que lo interpretado se origina en la temporeidad que se interpreta a sí misma. Diciendo "ahora", comprendemos también siempre —sin decirlo—, un "*que* [sucede] esto o lo otro...". ¿Y por qué? Porque el "ahora" interpreta una *presentación de* entes. En el "ahora que..." se da el *carácter extático* del presente. La *databilidad* del "ahora", "luego" y "entonces" es el *reflejo* de la constitución *extática* de la temporeidad y es, *por ello*, esencial al tiempo mismo expresado. La estructura de la databilidad del "ahora", "luego" y "entonces" demuestra que estos momentos, *procediendo de la temporeidad, son, ellos mismos, tiempo.* La expresión interpretante del "ahora", "luego" y "entonces" es la más originaria[a] *indicación del tiempo*. Y puesto que en la unidad extática de la temporeidad —atemáticamente comprendida en la databilidad y, por lo mismo, inconocible— el Dasein ya está siempre abierto para sí mismo en cuanto estar-en-el-mundo y, junto con ello, ya están descubiertos los entes intramundanos, el tiempo interpretado tiene desde siempre una datación relativa a los entes que comparecen en la aperturidad del Ahí: ahora que -se golpea la puerta; ahora que -me falta el libro, etcétera.

En razón de este mismo originarse en la temporeidad *extática*, también los
horizontes que son propios del "ahora", "luego" y "entonces" tienen el carácter 409
de la databilidad, en la forma del "hoy que...", "más tarde cuando..." y "anteriormente cuando...".

[1] Cf. § 33, p. 177 ss.

[a] inmediata.

Si el estar a la espera se interpreta a sí mismo comprendiéndose en el "luego", y de esta manera, en cuanto presentación, comprende, a partir de su "ahora" aquello de lo que está a la espera, entonces, en la "indicación" del "luego" queda implicado un "y ahora todavía no". El estar a la espera que presenta comprende el "hasta entonces". La interpretación articula ese "hasta entonces" -a saber, [la cosa] "tiene su tiempo" como un *entre tanto*, que posee también un respecto de databilidad. Este respecto se expresa en el "mientras que...". La ocupación, en su estar a la espera, puede articular, una vez más, el propio "mientras" mediante nuevas indicaciones de un "luego". El "hasta entonces" es dividido en un cierto número de "desde tal momento hasta tal momento", los cuales, sin embargo, quedan de antemano "abarcados" en el estar a la espera proyectante del "luego" primario. Con el comprender que estando a la espera y presentando comprende al "mientras", se articula la "duración". Esta duración es, una vez más, el tiempo tal como se manifiesta en el interpretarse de la temporeidad, tiempo que en la ocupación queda, de esta manera, atemáticamente comprendido en cada caso, como "lapso de tiempo" ["*Spanne*"]. La presentación que está a la espera y retiene no "ex"-plicita un "mientras" *tenso* [*gespanntes*] sino en la medida en que está abierta *para sí* misma como *extensión* extática de la temporeidad histórica, aunque no se conozca expresamente como tal. Ahora bien, aquí se muestra una nueva característica del tiempo "indicado". No solo es tenso el "mientras", sino que todo "ahora", "luego" y "entonces" tiene siempre, además de la estructura de la databilidad, una tensidad de variable amplitud: "ahora": en el recreo, durante la comida, en la tarde, en el verano; "luego": en el desayuno, cuando subamos, etc.

La ocupación que está a la espera, retiene y presenta "se da" tiempo (*) de esta o de la otra manera y, ocupándose de él, lo fija para sí misma, incluso sin llevar a cabo y antes de llevar a cabo alguna determinación del tiempo específicamente calculante. Y entonces, en cada uno de los modos de la ocupación que "se da tiempo", el tiempo queda datado a partir de aquello que es objeto de ocupación dentro del mundo circundante y que está abierto en la comprensión afectivamente dispuesta, a partir de aquello que se hace "a lo largo del día". En la medida en que el Dasein, estando a la espera, se absorbe en lo que lo ocupa y, desatendiéndose a sí mismo se olvida de sí, también el tiempo que él se "da" queda *encubierto* por esta forma del "dar". Justamente en el "simple vivir" de la ocupación cotidiana, el Dasein no se comprende jamás como si corriera a lo largo de una serie continua de puros "ahoras". En virtud de este encubrimiento, el tiempo que el Dasein se da tiene, por así decirlo, agujeros. Frecuentemente no logramos reconstituir un "día" entero cuando volvemos nuestra mirada sobre el
410 tiempo "usado". Esta falta de integridad del tiempo horadado no es, sin embargo, un despedazamiento, sino un modo de la temporeidad ya siempre abierta y extá-

ticamente *extendida*. La manera cómo "transcurre" el tiempo que nos "damos", y el modo cómo la ocupación lo fija para sí misma con mayor o menor explicitud, solo pueden aclararse fenoménicamente en forma adecuada si, por una parte, nos mantenemos lejos de la "representación" teorética de un flujo continuo de ahoras y si, por otra, comprendemos que las posibles formas cómo el Dasein se da y deja tiempo han de ser determinadas primariamente a partir de *la manera como el Dasein, de acuerdo con el modo concreto de su existencia, "tiene" su tiempo.*

Más arriba se ha caracterizado el existir propio e impropio en relación con los modos de temporización de la temporeidad que lo fundan. De acuerdo con eso, la irresolución de la existencia impropia se temporiza en el modo de una presentación que no está a la espera y que olvida. El irresoluto se comprende a sí mismo a partir de los sucesos y azares inmediatos que en esa presentación comparecen en variable afluencia. Perdiéndose a *sí mismo* en sus múltiples quehaceres, el irresoluto *pierde* en ellos *su tiempo*. De ahí procede ese decir que le es tan característico: "no tengo tiempo para nada". Y así como el que existe en forma impropia pierde constantemente el tiempo y nunca "tiene" tiempo, así también el carácter distintivo de la temporeidad de la existencia propia es que esta existencia, en su resolución, nunca pierde el tiempo, y que "siempre tiene tiempo". Porque la temporeidad de la resolución tiene, por lo que respecta a su presente, el carácter del *instante*. En el modo propio como el instante presenta la situación no es el presentar lo que toma la dirección, sino que la presentación está *retenida* en el futuro que está siendo sido. La existencia instantánea se temporiza como extensión íntegra en forma de destino, en el sentido de la *estabilidad* propia e histórica del sí-mismo. La existencia que es tempórea de esta manera tiene "en forma estable" su tiempo para lo que la situación exige de ella. Pero de este modo la resolución abre el Ahí tan solo como situación. Por consiguiente, lo abierto no puede comparecer nunca para el resuelto en tal forma que este pudiera perder en ello su tiempo sin resolverse.

El Dasein fácticamente arrojado puede "tomarse" tiempo y perderlo tan solo porque a él en cuanto temporeidad extáticamente extendida, con la aperturidad del Ahí fundada en esa temporeidad le ha sido asignado un "tiempo".

En cuanto abierto, el Dasein existe fácticamente en la forma del coestar con otros. Se mantiene en una comprensibilidad pública y mediana. Los "ahora que...", o "luego cuando..." interpretados y expresados en el convivir cotidiano son comprendidos básicamente, aunque solo quedan taxativamente datados den- 411
tro de ciertos límites. En el convivir "inmediato", muchos pueden decir "simultáneamente" "*ahora*", pero datando cada cual en forma distinta el "ahora" de su decir: ahora que ocurre tal o cual cosa. El "ahora" expresado queda dicho por cada cual en el ámbito público del estar-unos-con-otros-en-el-mundo. El tiempo interpretado y expresado en cada Dasein queda, pues, *hecho* siempre *público* en

cuanto tal, en virtud de su extático estar-en-el-mundo. Ahora bien, en la medida en que la ocupación cotidiana se comprende a sí misma desde el "mundo" del que se ocupa, *no* conoce *como suyo* el "tiempo" que se toma, sino que al ocuparse *aprovecha* el tiempo que "hay", con el que se cuenta. Pero la publicidad del "tiempo" es tanto más apremiante cuanto más *explícita* es la forma como el Dasein fáctico se ocupa del tiempo en tanto que lo toma taxativamente en cuenta.

§ 80. El tiempo de que nos ocupamos y la intratemporeidad

Hasta el momento solo interesaba comprender cómo el Dasein, que se funda en la temporeidad, existiendo, se ocupa del tiempo, y de qué manera este se hace público para el estar-en-el-mundo mediante el ocuparse interpretativo. Por ahora ha quedado enteramente indeterminado en qué sentido se puede decir que el tiempo expresado y público "*es*", y si puede siquiera hablarse de él como *ente*. Antes de toda decisión acerca de si el tiempo público es "meramente subjetivo" o si es "objetivamente real", o ninguna de las dos cosas, será necesario, por lo pronto, precisar más rigurosamente el carácter fenoménico del tiempo público.

El hacerse público del tiempo no es algo que acontezca ocasional y ulteriormente. Por el contrario, puesto que el Dasein, en cuanto extático-tempóreo, ya *está* siempre abierto y, puesto que a la existencia le pertenece una interpretación comprensora, el tiempo deberá también haberse hecho público en la ocupación. Todo el mundo se rige *por él,* de tal manera que en alguna forma debe ser hallable por cualquiera.

Si bien es cierto que el ocuparse del tiempo puede ocurrir en la forma descrita de una datación hecha con base en acontecimientos del mundo circundante, sin embargo, en el fondo, esto ya sucede siempre en el horizonte de un ocuparse del tiempo que nos es conocido como *cómputo* astronómico *del tiempo* especificado por medio del calendario. Este cómputo no ocurre ocasionalmente, sino que tiene su necesidad ontológico-existencial en la constitución fundamental del Dasein, que es el cuidado. Puesto que el Dasein existe esencialmente como arrojado y cadente, en su ocupación interpreta el tiempo en la forma de un cómputo del
412 tiempo. *En él* se temporiza el verdadero *hacerse público* del tiempo; y de esta manera se debe decir que *la condición de arrojado del Dasein es la razón de que "haya" un tiempo público.* Para asegurar la comprensibilidad de la demostración del originarse del tiempo público en la temporeidad fáctica, fue necesario caracterizar previamente en forma general el tiempo interpretado en la temporeidad del ocuparse, aunque solo fuera para dejar en claro que la esencia del ocuparse del tiempo *no* consiste en la aplicación de determinaciones numéricas en la datación. Por consiguiente, lo que, desde un punto de vista ontológico-existencial

es lo decisivo en el *cómputo* del tiempo, tampoco debe ser puesto en la cuantificación del tiempo sino que ha de ser concebido más originariamente, desde la temporeidad del Dasein que cuenta con el tiempo.

El "tiempo público" se revela como el tiempo "en el que" comparecen dentro del mundo los entes a la mano y los entes que están-ahí. Y, por consiguiente, a estos entes que no tienen el modo de ser del Dasein deberá llamárselos *intratempóreos*. La interpretación de la intratemporeidad nos proporcionará una mirada más originaria a la esencia del "tiempo público" y, a la vez, posibilitará una delimitación de su "ser".

El ser del Dasein es el cuidado. En cuanto arrojado, el Dasein existe cayendo. Abandonado al "mundo" que queda descubierto con la facticidad de su Ahí y consignado a ese "mundo" en su ocupación, el Dasein está de tal modo a la espera de su poder-ser-en-el-mundo, que no puede menos de "contar" *con* y apoyarse *en* aquel ente que, con miras a este poder-ser, tiene, en definitiva, una *condición respectiva* especialísima. Para poder tratar en la ocupación con lo a la mano dentro de lo que está-ahí, el cotidiano y circuns*pectivo* estar-en-el-mundo necesita *poder ver*, es decir, necesita de la claridad. En virtud de la aperturidad fáctica de su mundo, la naturaleza queda descubierta para el Dasein. Por su condición de arrojado, el Dasein está a merced de la fluctuación de día y noche. El día con su claridad hace posible la visión, la noche la imposibilita.

Estando, en su ocupación circunspectiva, a la espera de la posibilidad de ver, el Dasein que se comprende a sí mismo desde su quehacer cotidiano, se da su propio tiempo en base a un "luego, cuando amanezca". El "luego" que es objeto de su ocupación es datado en función de aquello que, dentro del mundo circundante, está en una inmediata conexión respeccional con el aclarar: la salida del sol. Luego, cuando salga el sol, será *tiempo para*... De esta manera, el Dasein data el tiempo que él debe tomar para sí, en función de aquello que, en el horizonte del estar entregado al mundo, comparece dentro de este como algo que está en una condición respectiva especialísima con el circunspectivo poder-ser-en-el-mundo. El ocuparse recurre al "estar a la mano" del sol, dispensador de luz y calor. El sol sirve para datar el tiempo interpretado en el ocuparse. De esta datación 413
surge la medida "más natural" del tiempo: el día. Y como la temporeidad del Dasein que debe tomarse su tiempo es finita, también sus días ya están contados. El "mientras es de día" ofrece al estar a la espera de la ocupación la posibilidad para que este determine previsoramente los "luegos" de aquello de lo que hay que ocuparse, es decir, la posibilidad de subdividir el día. Esta subdivision se realiza, a su vez, tomando en consideración aquello por lo que se data el tiempo: el sol peregrinante. Así como su salida, también el ocaso y el cenit del sol son "lugares" eminentes que ocupa el astro. Su periódico transitar lo toma en cuenta el Dasein arrojado en el mundo, el Dasein que —temporizando— se da tiempo a

sí mismo. En virtud de la interpretación datante del tiempo, bosquejada desde el estar arrojado en el Ahí, el acontecer del Dasein es un acontecer *cotidiano*.

Esta datación realizada en función del astro dispensador de luz y calor y de sus más importantes "posiciones" en el cielo, es una forma de indicar el tiempo que, en la convivencia "bajo él mismo cielo", "cualquiera" puede realizar en cualquier momento y de la misma manera, y en la que, dentro de ciertos límites, todos están —por lo pronto— de acuerdo. Lo datante es disponible dentro del mundo circundante y, sin embargo, no está limitado al mundo de útiles del que nos ocupamos en cada caso. En cambio, en este ya está co-descubierta siempre la naturaleza que nos rodea y el mundo público circundante[1]. Todos pueden "contar" con esta datación pública en la que cada cual señala para sí mismo su propio tiempo, pues ella usa una *medida* públicamente disponible. Esta datación toma en cuenta el tiempo, en el sentido de una *medición del tiempo*, y, por consiguiente, necesita de un medidor del tiempo, es decir, de un reloj. Esto implica que *con la temporeidad del Dasein arrojado, abandonado al mundo y que se da tiempo, ya está descubierto algo así como el "reloj", es decir, un ente a la mano que, en su regular periodicidad, se ha hecho accesible en la presentación que está a la espera*. El estar arrojado entre los entes a la mano se funda en la temporeidad. La temporeidad es el fundamento del reloj. Como condición de posibilidad de la necesidad fáctica del reloj, la temporeidad condiciona también la posibilidad de descubrirlo; porque, efectivamente, tan solo la presentación a la espera y retinente del curso del sol que comparece con el estar al descubierto del ente intramundano, posibilita y a la vez exige, cuando se interpreta a sí misma, la datación hecha en función de lo públicamente a la mano en el mundo circundante.

El reloj "natural" ya siempre descubierto con el fáctico estar arrojado del
414 existir fundado en la temporeidad, motiva y a la vez posibilita la producción y el uso de relojes de manejo más fácil, de tal suerte que estos relojes "artificiales" tienen que "sincronizarse" con el reloj "natural" para que puedan, a su vez, hacer accesible el tiempo primariamente descubierto en este último.

Antes de precisar en su sentido ontológico-existencial los rasgos fundamentales del desarrollo del cómputo del tiempo y del uso del reloj, será necesario caracterizar, por lo pronto, más plenamente el tiempo de que nos ocupamos en la medición del tiempo. Si es la medición del tiempo la que "propiamente" hace público el tiempo de que nos ocupamos, entonces el tiempo público resultará fenoménicamente accesible en forma clara si prestamos atención a la manera cómo se muestra lo datado en semejante datación "calculante".

La datación del "luego" que se autointerpreta en el ocupado estar a la espera contiene en sí el momento de un "luego, cuando amanezca" será *tiempo para* el

[1] Cf. § 15, p. 94 ss.

quehacer diario. El tiempo interpretado en el ocuparse es comprendido siempre como un tiempo para... El "ahora que sucede esto o aquello" es, siempre en cuanto *tal, apropiado* o *inapropiado*. El "ahora" —y cualquier modo del tiempo interpretado— no es solamente un "ahora que...", sino que, en cuanto esencialmente datable, está determinado también, esencialmente, por la estructura del ser-apropiado o del ser-inapropiado. El tiempo interpretado tiene de por sí el carácter de un "tiempo para..." o, correlativamente, de un "no tiempo para...". La presentación a la espera y retinente del ocuparse comprende el tiempo en referencia a un para-qué, el cual, a su vez, se afinca, en última instancia, en un por-mor-de del poder-ser del Dasein. El tiempo hecho público manifiesta, con este respecto del para-algo, aquella estructura que más arriba se nos dio a conocer como *significatividad*[1]. Ella constituye la mundaneidad del mundo. El tiempo hecho público en cuanto tiempo-para... tiene esencialmente carácter múndico [*Weltcharakter*]. Por eso llamamos al tiempo que se hace público en la temporización de la temporeidad *tiempo del mundo* [*Weltzeit*]. Y no lo llamamos así por ser un ente que *esté-ahí* a la manera de *un ente intramundano*, pues no puede serlo jamás, sino porque pertenece *al mundo*, en el sentido ontológico-existencial explicado anteriormente. Más adelante deberemos mostrar el modo cómo los respectos esenciales de la estructura del mundo —por ejemplo, el *"para-algo"*— se conectan, sobre la base de la constitución extático-horizontal de la temporeidad, con el tiempo público, por ejemplo, con el "luego-cuando". Sin embargo, desde ahora ya es posible caracterizar estructuralmente de un modo completo el tiempo de que nos ocupamos: este tiempo es datable, tenso, público y pertenece, en cuanto estructurado de esta manera, al mundo mismo. Por ejemplo, todo "ahora" que se exprese en forma cotidiana y natural tiene esta estructura y, a fuer de tal,
está comprendido —aunque de un modo preconceptual y atemático— en el darse 415
tiempo del Dasein que se ocupa de las cosas.

La patentización del reloj natural que es propia del Dasein existente en cuanto arrojado y cadente, implica, a la vez, un modo privilegiado de *hacer público* el tiempo de la ocupación, publicidad que es llevada a cabo desde siempre por el Dasein fáctico, y que se acrecienta y consolida con el perfeccionamiento del cómputo del tiempo y con el refinamiento del uso del reloj. No necesitamos aquí una presentación historiográfica de la evolución histórica del cálculo del tiempo y del uso del reloj en todas sus posibles variaciones. En cambio, nos preguntaremos ontológico-existencialmente por el modo de la temporización de la temporeidad del Dasein que se manifiesta en la *dirección* que toma el desarrollo del cálculo del tiempo y del uso del reloj. Con la respuesta a esta pregunta deberá obtenerse una comprensión más originaria del hecho de que la *medición del tiempo*, es decir, el

[1] Cf. § 18, p. 109 ss. y § 69 c, p. 379 ss.

explícito hacerse público del tiempo de la ocupación, se funda en la *temporeidad* del Dasein y, más concretamente, en una muy determinada temporización de ella.

Si comparamos al Dasein "primitivo", que nos ha servido de base para el análisis del cómputo "natural" del tiempo, con el Dasein que ha alcanzado un cierto nivel de "progreso", se puede ver que para este último el día y la presencia de la luz solar ya no poseen una función privilegiada, puesto que este Dasein tiene el "privilegio" de poder convertir en día incluso la noche misma. Igualmente ya no necesita tampoco hacer una observación explícita e inmediata de la posición del sol para determinar el tiempo. La construcción y el uso de un instrumento adecuado de medición hacen posible la lectura directa del tiempo en el reloj hecho expresamente para ello. Preguntar por la hora que señala el reloj es lo mismo que preguntar por "el tiempo en que se está" (*). Aunque para la lectura del tiempo que tiene lugar en cada caso no sea ello evidente, también el uso del útil-reloj se funda en la temporeidad del Dasein, la que hace posible, en virtud de la aperturidad del Ahí, una datación del tiempo de que nos ocupamos. La razón de ello radica en que el reloj, en cuanto posibilita un cómputo público del tiempo, tiene que ser regulado por el reloj "natural". La comprensión del reloj *natural*, que se va perfeccionando con el progresivo descubrimiento de la *naturaleza*, abre la vía para nuevas posibilidades de medición del tiempo, que son relativamente independientes del día y de toda explícita observación del cielo.

Pero de algún modo también el Dasein "primitivo" logra independizarse de la lectura directa del tiempo en el cielo, cuando, en vez de establecer la posición del sol en el cielo, mide la sombra proyectada por un ente del que es po-
416 sible disponer en todo momento. Esto puede ocurrir, por lo pronto, en la forma más simple por medio del antiguo "reloj del campesino". En la sombra que en todo momento acompaña a cada cual comparece la variable presencia del sol en los distintos lugares. Las longitudes de la sombra, diferentes a lo largo del día, pueden medirse "en todo momento" por medio de pasos. Aunque el tamaño del cuerpo y del pie sea diferente en los distintos individuos, sin embargo la *relación* de ambos es, dentro de ciertos límites de exactitud, constante. La determinación pública del tiempo, en el caso, por ejemplo, de que en la ocupación se concierte una cita, toma entonces la siguiente forma: "Encontrémonos en tal sitio cuando la sombra mida tantos pies". En este caso, en el convivir que tiene lugar dentro de los estrechos límites del mundo circundante inmediato, se supone tácitamente la igualdad de latitud del "lugar" en el que se realiza la medición de la sombra. Este es un reloj que el Dasein no necesita siquiera llevar consigo, ya que lo es, en cierta manera, él mismo.

El público reloj de sol, en el que una línea de sombra se mueve en dirección contraria al curso del sol sobre un circuito graduado, no requiere mayor descripción. Pero, ¿por qué en cada caso encontramos algo así como el tiempo en el lugar ocupado por la sombra en la superficie numerada? Ni la sombra ni el circuito graduado son el tiempo mismo, ni tampoco lo es su mutua relación espacial. ¿Dónde está entonces el tiempo que así leemos directamente en el "reloj de sol", y también en cualquier reloj de bolsillo?

¿Qué significa la lectura del tiempo? Sin lugar a dudas, "mirar el reloj" no puede significar tan solo observar el útil a la mano en sus variaciones, y seguir las posiciones del puntero. Al determinar, en el uso del reloj, la hora que es, *decimos*, explícita o tácitamente, *ahora* es tal o cual hora, *ahora* es tiempo para... o todavía hay tiempo..., vale decir: desde *ahora* hasta... Mirar el reloj para ver la hora es un acto fundado en y dirigido por un tomar para sí tiempo. Lo que ya se nos mostró en el más elemental cálculo del tiempo se torna más claro aquí: regirse *por el tiempo*, mirando la hora en el reloj, es esencialmente *decir-ahora*. Y esto es tan "obvio" que no lo advertimos en absoluto, ni menos aun tenemos un conocimiento explícito de que aquí el ahora es comprendido e *interpretado* siempre en su pleno contenido estructural de databilidad, tensión, publicidad y mundanidad.

Pues bien, el decir-ahora es la articulación discursiva de una *presentación* que se temporiza en la unidad con un estar a la espera que retiene. La datación que se lleva a cabo en el uso del reloj se revela así como una presentación privilegiada de un ente que está-ahí. La datación no es un mero relacionarse con un ente que 417
está-ahí, sino que ese relacionarse mismo tiene el carácter de una *medición*. Sin duda, el número que da la medida puede ser leído inmediatamente. Pero esa lectura implica la comprensión de que la unidad de medida está contenida en el trecho por medir, es decir, implica saber cuán frecuente es su *presencia* en aquel. La medición se constituye tempóreamente en la presentación de la unidad de medida presente en el trecho presente. La idea de una unidad de medida implica invariabilidad, y esto quiere decir que la unidad de medida, en su estabilidad, debe estar-ahí en todo momento para cualquiera. La datación *mensurante* del tiempo de que nos ocupamos interpreta este tiempo en una mirada presentante hacia lo que está-ahí, que —en cuanto unidad de medida y en cuanto medido— solo es accesible en una muy particular presentación. Puesto que en la datación mensurante la presentación de lo presente tiene una particular primacía, también la lectura mensurante del tiempo en el reloj se expresa, con especial énfasis, en el ahora. En la *medición del tiempo*, el tiempo *se hace público* de tal manera que en cada caso y en todo momento y para cada cual comparece como un "ahora y ahora y ahora". Y así, el tiempo "universalmente" accesible en los relojes se presenta, por así decirlo, como una *multiplicidad simplemente presente de ahoras,* sin que la medición del tiempo esté temáticamente dirigida hacia el tiempo en cuanto tal.

Puesto que la temporeidad del estar-en-el-mundo fáctico hace originariamente posible la apertura del espacio y puesto que el Dasein espacial se ha asignado a sí mismo en cada caso un "aquí existencial desde un "allí" previamente descubierto, el tiempo del que en la temporeidad del Dasein nos ocupamos está siempre ligado, en cuanto a su databilidad, a un lugar del Dasein. Lo que ocurre no es que el tiempo quede ligado a un lugar, sino que la temporeidad es la condición de posibilidad para que la datación pueda conectarse a lo espacial-local, de tal suerte que este último tenga, en cuanto medida, carácter vinculante para todos. No es que el tiempo venga a ser acoplado con el espacio, sino que el "espacio", que presuntamente habría de acoplarse con él, comparece solo sobre la base de la temporeidad que se ocupa del tiempo. En la medida en que el reloj y el cálculo del tiempo se fundan en la *temporeidad* del Dasein, la cual hace de este ente un ente histórico, es posible mostrar que, desde un punto de vista ontológico, también el uso del reloj es histórico y que todo reloj tiene, en cuanto tal, una "historia"[1].

418 El tiempo hecho público en la medición del tiempo no se convierte de ningún modo en espacio en virtud de su datación mediante relaciones métricas espaciales. Desde un punto de vista ontológico-existencial, tampoco deberá verse lo esencial de la *medición* del tiempo en el hecho de que el "tiempo" datado se determine númericamente en función de trayectos *espaciales* y del cambio de *lugar* de una cosa espacial. Lo ontológicamente decisivo radica, más bien, en la específica *presentación* que hace posible la medición. La datación por medio de lo que esta-ahí "en el espacio" no es en absoluto una espacialización del tiempo, sino que esta presunta espacialización no significa otra cosa que la presentación de la presencia del ente que en todo ahora está-ahí para cualquiera. En la medición del tiempo que por necesidad esencial tiene que decir "ahora", se olvida, por así decirlo, más allá del logro de la medida, lo medido en cuanto tal, de tal manera que ya no es posible encontrar otra cosa que trayectos espaciales y números.

Para el Dasein que se ocupa del tiempo, cuanto menos tiempo tenga para perder, tanto más "precioso" se le hace ese tiempo y tanto más *manejable* deberá ser también el reloj. No solo se deberá poder indicar el tiempo "con más exactitud" sino que la propia determinación del tiempo deberá requerir el menor tiempo posible, pero ser, a la vez, concordante con la indicación del tiempo hecha por otros.

Provisionalmente, se trataba tan solo de mostrar, en general, la "conexión" entre el uso del reloj y la temporeidad que se toma tiempo. Así como el análisis concreto del pleno desarrollo del cálculo astronómico del tiempo forma parte de

[1] No es necesario entrar aquí en el problema de la *medición del tiempo* en la teoría de la relatividad. La aclaración de los fundamentos ontológicos de está medición presupone el esclarecimiento, a partir de la temporeidad del Dasein, del tiempo del mundo y de la intratemporeidad, y presupone también el esclarecimiento de la constitución tempóreo-existencial del descubrimiento de la naturaleza y del sentido tempóreo de la medición en general. Una axiomática de la técnica de medición de la física deberá apoyarse en esas investigaciones y es incapaz de desarrollar por sí misma el problema del tiempo en cuanto tal.

la interpretación ontológico-existencial del descubrimiento de la naturaleza, así también el fundamento de la "cronología" calendario-historiográfica solo puede ponerse al descubierto dentro del ámbito de problemas del análisis existencial del conocimiento histórico[1].

La medición del tiempo le confiere al tiempo un acentuado carácter públi- 419
co, y de esta manera se llega a conocer aquello que comúnmente llamamos "el tiempo". En el ocuparse se le asigna a cada cosa "su tiempo". Las cosas "tienen" tiempo y solo pueden "tenerlo", al igual que cualquier ente intramundano, porque ellas están "en el tiempo". El tiempo "en el que" comparecen los entes intramundanos es lo que llamamos tiempo del mundo. Este tiempo, en virtud de la constitución extático-horizontal de la temporeidad de la que forma parte, tiene *la misma* trascendencia que la del mundo. Con la aperturidad del mundo se ha hecho público el tiempo del mundo, de tal manera que todo estar tempóreamente ocupado en medio del ente *intramundano* comprende circunspectivamente a este como algo que comparece "en el tiempo".

El tiempo "en el que" se mueve y reposa lo que está-ahí *no* es "*objetivo*", si con esta palabra se mienta la mera-presencia-en-sí del ente que comparece dentro del mundo. Pero el tiempo *tampoco* es "*subjetivo*", si por ello entendemos que está-ahí y se hace presente en un "sujeto". *El tiempo del mundo es "más objetivo" que todo posible objeto, porque, como condición de posibilidad del ente intramundano, ya está siempre "objetivado" extático-horizontalmente con la aperturidad del mundo.* Por eso —y en contra de la opinión de Kant— al tiempo del mundo se lo halla *tan inmediatamente* en lo físico como en lo psíquico, y no precisamente por un rodeo a través de este. En primer lugar, "el tiempo" se muestra en el cielo, es decir, allí donde uno lo encuentra cuando de un modo natural se rige *por él,* de manera que "el tiempo" ha sido incluso indentificado con el cielo mismo.

1 Como un primer intento de interpretación del tiempo cronológico y del "número en el acontecer histórico", cf. la lección para la habilitación del autor, dictada en la Universidad de Friburgo (semestre de verano de 1915): "Der Zeitbegriff in der Geschichtswissenschaft" ["El concepto de tiempo en la ciencia histórica"]. Fue publicada en *Zeitschr. f. Philos. u. philos. Kritik,* tomo 161 (1916), p. 173 ss. Las conexiones entre el número en el acontecer histórico, el tiempo del mundo astronómicamente calculado y la temporeidad e historicidad del Dasein requieren una investigación más a fondo. Cf. además G. Simmel: "Das Problem der historischen Zeit". *Philosophische Vorträge veröffentl. von der Kantgesellschaft* nr.12, 1916. Las dos obras fundamentales sobre el desarrollo de la cronología histórica son: Josephus Justus Scaliger: *De emendatione temporum,* 1583, y Dionysius Petavius, S.J.: *Opus de doctrina temporum,* 1627. Sobre el cálculo del tiempo en la antigüedad cf. G. Bilfinger: *Die antiken Stundenangaben,* 1888. *Der bürgerliche Tag. Untersuchungen über den Beginn des Kalendertages im klassischen Altertum und im christlichen Mittelalter,* 1888.

H.Diels: *Antike Technik,* 2ª ed., 1920, p. 155-232 "Die antike Uhr". Sobre la cronología moderna trata Fr. Rühl: *Chronologie des Mittelalters und der Neuzeit,* 1897.

Pero el tiempo del mundo es también "más subjetivo" que todo posible sujeto, porque contribuye a hacer posible el cuidado, entendido como el ser del sí-mismo fácticamente existente. "El tiempo" no es algo que está-ahí ni en el "sujeto" ni en el "objeto", no está "dentro" ni está "fuera", sino que "es" "*anterior*" a toda subjetividad y objetividad, porque representa la condición de posibilidad de esta "anterioridad" misma. ¿Tiene entonces algún "ser"? Y si no lo tiene, ¿es un mero fantasma o es "más ente" que todo posible ente? La investigación que se
420 mueva en la dirección de estas preguntas tropezará con él mismo "límite" que ya surgió a propósito de la consideración preliminar de la conexión entre verdad y ser[1]. Sea cual fuere la manera cómo más adelante se respondan o lleguen siquiera a plantearse originariamente estas preguntas, es necesario, por lo pronto, comprender que la temporeidad, en cuanto extático-horizontal, temporiza algo así como el tiempo *del mundo* que constituye la intratemporeidad de lo a la mano y de lo que está-ahí. Pero entonces estos entes jamás podrán ser llamados "tempóreos" en sentido estricto. Como todo ente que no tenga el modo de ser del Dasein, ellos son intempóreos, tanto si ocurren, llegan a ser o dejan de ser realmente, como si tienen tan solo una consistencia "ideal".

Por consiguiente, si el tiempo del mundo pertenece a la temporización de la temporeidad, no podrá ser diluido "de un modo subjetivista" ni tampoco "cosificado" en una mala "objetivación". Estos dos escollos solo podrán ser evitados mediante una clara penetración [en el fenómeno] —y no solamente en virtud de una vacilación incierta entre ambas posibilidades—, si se logra comprender la manera cómo el Dasein cotidiano concibe teoréticamente "el tiempo" desde la comprensión inmediata del mismo, y si se entiende hasta qué punto ese concepto del tiempo y el predominio que él ha llegado a tener le cierran al Dasein la posibilidad de comprender lo allí concebido, partiendo del tiempo originario, es decir, de comprenderlo *como temporeidad*. La ocupación cotidiana que se da a sí misma tiempo encuentra "el tiempo" en el ente intramundano que comparece "en el tiempo". Por eso, la aclaración de la génesis del concepto vulgar del tiempo debe arrancar de la intratemporeidad.

§ 81. La intratemporeidad y la génesis del concepto vulgar del tiempo

¿Cómo se muestra inmediatamente para la ocupación circunspectiva cotidiana eso que llamamos "el tiempo"? ¿En qué modo del trato ocupado que usa útiles se hace *explícitamente* accesible? Si con la aperturidad del mundo el tiempo queda hecho público, y si con el estar al descubierto del ente intramundano

[1] Cf. § 44 c, p. 246 ss.

—estar al descubierto que es propio de la aperturidad del mundo—, el tiempo ya se ha vuelto siempre objeto de ocupación, en cuanto el Dasein, contando *consigo mismo,* calcula su tiempo, entonces el comportamiento en el que "uno" se rige explícitamente *por el tiempo* consiste en el uso del reloj. El sentido tempóreo-existencial del uso del reloj se revela como una presentación del puntero en movimiento. El *seguimiento* presentante de las posiciones del puntero, *cuenta.* Esta presentación se temporiza en la unidad extática de un retener que está a la 421
espera. *Presentando, retener* el "entonces" significa: diciendo-ahora, estar abierto para el horizonte del antes, es decir, del ahora-ya-no-más. *Presentando, estar a la espera* del "luego" significa: diciendo-ahora, estar abierto para el horizonte del después, esto es, del ahora-todavía-no. *Lo que se muestra en dicha presentación es el tiempo.* ¿Cuál es entonces la definición del *tiempo* que se manifiesta en el horizonte del uso ocupado y circunspectivo del reloj, de ese uso que se toma tiempo? *Es lo numerado que se muestra en el seguimiento presentante y numerante del puntero en movimiento, de tal modo que la presentación se temporiza en la unidad extática con el retener y el estar a la espera horizontalmente abiertos según lo anterior y posterior.* Ahora bien, esto no es otra cosa que la interpretación ontológico-existencial de la definición del tiempo dada por Aristóteles: τοῦτο γάρ ἐστιν ὁ χρόνος, ἀριθμὸς κινήσεως κατὰ τὸ πρότερον καὶ ὕστερον. "Porque el tiempo es lo numerado en el movimiento que comparece en el horizonte de lo anterior y posterior"[1]. Esta definición puede parecer extraña a primera vista, pero se muestra como "evidente" y genuinamente lograda cuando se delimita el horizonte ontológico-existencial de donde Aristóteles la tomó. El origen del tiempo que de esta manera se manifiesta no es problema para Aristóteles. Antes bien, su interpretación del tiempo se mueve en la dirección del modo "natural" de comprender el ser. Pero como esta comprensión misma y el ser en ella comprendido se han vuelto radicalmente problemáticos en la presente investigación, solamente *una vez que* hayamos resuelto el problema del ser será posible interpretar temáticamente el análisis *aristotélico* del tiempo, de tal manera que ese análisis adquiera una significación fundamental para la positiva apropiación, críticamente circunscrita, del planteamiento de la ontología antigua en general[2].

Después de Aristóteles todas las discusiones del concepto del tiempo se atienen *fundamentalmente* a la definición aristotélica, es decir, tematizan el tiempo tal como este se muestra en la ocupación circunspectiva. El tiempo es lo "numerado", esto es, lo expresado y —aunque solo sea atemáticamente— mentado en la presentación del puntero (o de la sombra) *en movimiento.* En la presentación del móvil en su movimiento se dice "ahora aquí, ahora aquí, etc.". Lo numerado

1 Cf. *Física,* Δ 11, 219 b 1 s.

2 Cf. § 6, p. 43 ss.

son los ahoras. Y estos se muestran "en cada ahora" como "en-seguida-ya-no-más..." y "justo todavía no". Al tiempo del mundo que de esta manera queda "visto" en el uso del reloj lo llamamos el *tiempo del ahora* [*Jetzt-Zeit*].

422 Cuanto "más naturalmente" la ocupación que se da a sí misma tiempo cuenta con el tiempo, tanto menos se detiene en el tiempo expresado en cuanto tal, sino que, más bien, se pierde en el útil, el que en cada caso tiene su tiempo. Cuanto "más naturalmente", es decir, cuanto menos temáticamente la ocupación que determina e indica el tiempo esté dirigida hacia el tiempo como tal, tanto más espontáneamente el presentante y cadente estar en medio de lo que es objeto de ocupación dirá, con o sin ruido de palabras: ahora, después, entonces. Y de esta manera, para la comprensión vulgar del tiempo, este se muestra como una serie de ahoras constantemente "presentes" a la vez que transcurrentes y advenientes. El tiempo es comprendido como una secuencia, como el "fluir" de los ahoras, como el "curso del tiempo". *¿Qué encierra esta interpretación del tiempo del mundo, e.d. del tiempo que es objeto de ocupación?*

Obtendremos la respuesta a esta pregunta si retornamos a la *plena* estructura esencial del tiempo del mundo, y comparamos con ella lo que se muestra a la comprensión vulgar del tiempo. Como primer momento esencial del tiempo de la ocupación se nos ha mostrado la *databilidad*. Ella se funda en la constitución extática de la temporeidad. El "ahora" es esencialmente ahora-que... El ahora datable, comprendido, aunque no aprehendido en cuanto tal, en el ocuparse, es siempre un ahora apropiado o inapropiado. A la estructura del ahora le pertenece la *significatividad*. Por eso hemos llamado al tiempo de la ocupación tiempo *del mundo*. En la interpretación vulgar del tiempo como secuencia de ahoras *falta* tanto la databilidad como la significatividad. La caracterización del tiempo como pura sucesión *no* deja "salir a luz" estas dos estructuras. La interpretación vulgar del tiempo las *encubre*. La constitución extático-horizontal de la temporeidad, en la que se fundan la databilidad y la significatividad del ahora, es *nivelada* por este encubrimiento. Los ahoras quedan, por así decirlo, cortados de estos respectos y, en cuanto así amputados, se alinean meramente el uno junto al otro para conformar la sucesión.

Este encubrimiento nivelador del tiempo del mundo, llevado a cabo por la comprensión vulgar del tiempo, no es casual. Precisamente *porque* la interpretación cotidiana del tiempo se mueve únicamente en la perspectiva de la comprensión común inherente a la ocupación y solo comprende lo que se "muestra" en este horizonte, dichas estructuras no pueden menos de escapársele. Lo numerado en la medición del tiempo realizada en la ocupación —el ahora— queda concomitantemente comprendido en el ocuparse de lo a la mano y de lo que está-ahí. Ahora bien, cuando este ocuparse del tiempo vuelve sobre el propio tiempo concomitantemente comprendido y lo "observa", ve los ahoras —que

sin lugar a duda están "presentes" también de alguna manera— en el horizonte de *aquella* comprensión del ser por la que este ocuparse mismo está constante- 423
mente dirigido[1]. Por consiguiente, de alguna manera también los *ahoras están compresentes* (*): es decir, el ente comparece, y *también* comparece el ahora. Si bien es cierto que no se dice explícitamente que los ahoras estén-ahí a la manera de las cosas, sin embargo, se los "ve" ontológicamente en el horizonte de la idea del estar-ahí. Los ahoras *pasan*, y una vez que han pasado conforman "el pasado". Los ahoras *vienen*, y al hacerlo, circunscriben el "porvenir". La interpretación vulgar del tiempo del mundo como tiempo del ahora no dispone en absoluto de un horizonte para hacer accesible eso que llamamos el mundo, la significatividad y la databilidad. Estas estructuras quedan necesariamente encubiertas, y tanto más cuanto que la interpretación vulgar del tiempo afianza más aún este encubrimiento por el modo como ella desarrolla conceptualmente su caracterización del tiempo.

La secuencia de los ahoras es concebida como algo que en cierto modo está-ahí; porque ella misma cae "dentro del tiempo". Decimos: *en* cada ahora es ahora, y *en* cada ahora ya se ha desvanecido el ahora. En *cada* ahora el ahora es ahora, y está, por ende, constantemente presente *como él mismo*, aunque también en cada ahora advenga y desaparezca cada vez un nuevo ahora. Aunque cambiando *de este modo*, el ahora da muestras, a la vez, de una constante presencia de sí mismo; y por eso ya el propio Platón, desde está perspectiva del tiempo como la secuencia de los ahoras que vienen y se van, se vio forzado a llamar al tiempo la imagen de la eternidad: εἰκὼ δ' ἐπενόει κινητόν τινα αἰῶνος ποιῆσαι, καὶ διακοσμῶν .ἅμα οὐρανὸν ποιεῖ μένοντος ἀιῶνος ἐν ἑνὶ κατ' ἀριθμὸν ἰοῦσαν αἰωνιόν εἰκόνα, τοῦτον ὃν δὴ χρόνον ὠνομάκαμεν[2].

La secuencia de los ahoras no tiene interrupción ni lagunas. Por "más" que progresemos en la "división" del ahora, este seguirá siendo un ahora. La continuidad del tiempo se ve en el horizonte de algo que indisolublemente está-ahí. Es en la orientación ontológica por el ente que está-ahí de un modo constante donde se busca solucionar el problema (**) de la continuidad del tiempo, o donde se lo deja subsistir como aporía. En ambos casos habrá de quedar *encubierta* la específica estructura del tiempo del mundo, según la cual el tiempo, a una con la databilidad extáticamente fundada, es *tenso*. La tensidad del tiempo no queda comprendida desde la *extensión* horizontal de la unidad extática de la temporeidad, que se ha hecho pública en el ocuparse del tiempo. El hecho de que todo ahora, por brevísimo que sea, sea *ya cada vez* un ahora, tiene que ser comprendido en función de algo *aun* "anterior", vale decir, en función de aquello de dónde

1 Cf. § 21, espec. p. 126 s.

2 Cf. *Timeo* 37 d 5-7.

todo ahora precede: la extensión extática de la temporeidad, que es ajena a toda
424 continuidad de un ente que está-ahí, pero que constituye, sin embargo, la condición de posibilidad para el acceso a algo continuo que está-ahí.

La tesis fundamental de la interpretación vulgar del tiempo, según la cual el tiempo es "infinito", manifiesta del modo más elocuente la nivelación y el encubrimiento del tiempo del mundo implícitos en esa interpretación y, por ende, la nivelación y el encubrimiento de la temporeidad en general. El tiempo se presenta por lo pronto como una sucesión continua de los ahoras. Todo ahora es también un "denantes" o, correlativamente, un "enseguida". Si la caracterización del tiempo se atiene primaria y exclusivamente *a esta sucesión*, será principialmente imposible encontrar en ella un comienzo y un fin. Todo último ahora es *ya* siempre, *en cuanto ahora*, un en-seguida-ya-no-más, es decir, es tiempo en el sentido del ahora-ya-no, en el sentido del pasado; todo primer ahora es siempre un denantes-todavía-no y, por ende, es tiempo, en el sentido del ahora-todavía-no, en el sentido del "porvenir". El tiempo es, por consiguiente, infinito "en ambas direcciones". Esta tesis acerca del tiempo solo es posible por referencia *al flotante en-sí, de un transcurso simplemente presente de ahoras*; con lo que el fenómeno plenario del ahora queda encubierto en su databilidad, mundaneidad, tensidad y publicidad existencial (*), y reducido a la condición de un fragmento irreconocible. Si "se piensa" "hasta el fin" la secuencia de los ahoras en la perspectiva del estar-ahí o no-estar-ahí, jamás será posible encontrar ese fin. Del hecho de que *este* modo de *pensar* el tiempo hasta el fin *deba pensar* siempre más tiempo, se infiere que el tiempo es infinito.

Pero, ¿en qué se funda esta nivelación del tiempo del mundo y este encubrimiento de la temporeidad? En el ser del Dasein mismo, que ya hemos interpretado de un modo preparatorio como *cuidado*[1]. En su cadente estar arrojado, el Dasein se halla inmediata y regularmente perdido en aquello de lo que él se ocupa. Pero en esta pérdida se manifiesta la encubridora huida del Dasein ante su existencia propia, existencia ya caracterizada como resolución precursora. Esta huida que la ocupación lleva consigo es una huida *ante* la muerte, e.d. un apartar la vista *del* fin del estar-en-el-mundo[2]. Este apartar la vista de... es, en sí mismo, un modo del extático estar *venideramente vuelto hacia* el fin. La temporeidad impropia del Dasein cotidiano-cadente, en cuanto soslayamiento de la finitud, tiene que desconocer la futuridad propia y, por ende, la temporeidad en general. Y, puesto que la comprensión vulgar del Dasein está guiada por el uno, puede consolidarse la "representación" de la "infinitud" del tiempo público, que se basa en el olvido de sí. El uno no muere jamás, porque no *puede* morir; en efecto, la

[1] Cf. § 41, p. 213 ss.
[2] Cf. § 51, p. 272 ss.

muerte es siempre mía, y solo puede ser existentivamente comprendida de un 425
modo propio en la resolución precursora. Ese uno que no muere jamás y que desconoce el estar vuelto hacia el fin, le da, en cambio, a la huida ante la muerte una interpretación característica. Siempre, hasta el fin, uno "tiene todavía tiempo". Aquí aparece un modo de "tener tiempo" que equivale a poder perderlo: "ahora, por lo pronto, aun esto, luego aquello y tan solo aquello, y luego...". Aquí la finitud del tiempo no llega a ser comprendida, sino que el ocuparse anhela, por el contrario, coger lo más posible del tiempo que está aún por venir y que "sigue pasando". Públicamente, el tiempo es algo que cualquiera toma y puede tomar para sí. En el convivir cotidiano resulta enteramente imposible reconocer el origen de la secuencia de los ahoras en la temporeidad del Dasein individual. ¿Cómo podrá afectar siquiera mínimamente al "tiempo" en su marcha el hecho de que un hombre que ha estado-ahí "en el tiempo" ya no exista más? El tiempo sigue su marcha, del mismo modo como ese tiempo también ya "era" cuando un ser humano "entró en la vida". El único tiempo que se conoce es el tiempo público que, a fuer de nivelado, le pertenece a cualquiera, es decir, no le pertenece a nadie.

Sin embargo, así como en el esquivamiento de la muerte, esta persigue al que huye, el cual no puede menos de verla precisamente en el acto mismo de esquivarla, así también la inocua e infinita secuencia del simple transcurso de las ahoras se extiende "sobre" el Dasein con una extraña enigmaticidad. ¿Por qué decimos: el tiempo pasa, y no decimos, con *igual* énfasis: el tiempo surge? Considerando la pura secuencia de los ahoras, ambas cosas podrían decirse con igual razón. Cuando el Dasein habla del *pasar* del tiempo, en definitiva comprende más sobre el tiempo de lo que él quisiera admitir, y esto quiere decir que la *temporeidad* en la que se temporiza el tiempo del mundo *no* está, pese a todos los encubrimientos, *completamente cerrada*. Cuando se habla del pasar del tiempo se da expresión a la "experiencia" de que el tiempo no se deja detener. Por su parte, esta "experiencia" solo es posible en virtud de que querríamos detener el tiempo. Hay aquí un impropio *estar a la espera* de los "instantes", que a la vez *olvida* los que se escurren. El *estar a la espera* que presenta y a la vez olvida —en que se mueve la existencia impropia— es la condición de posibilidad de la experiencia vulgar del pasar del tiempo. Puesto que el Dasein es venidero en su anticiparse, debe, estando a la espera, comprender la secuencia de los ahoras como escurridiza y pasajera. *El Dasein conoce el tiempo fugitivo desde el "fugitivo" saber de su muerte*. El modo de hablar que enfatiza el paso del tiempo es como el reflejo público de la *futuridad finita* de la temporeidad del Dasein. Y como la muerte puede permanecer encubierta incluso cuando se habla del paso del tiempo, el tiempo se muestra como un pasar "en sí.

Pero incluso en esta pura secuencia de ahoras que es pasajera en sí misma, el 426
tiempo originario se manifiesta a través de toda nivelación y encubrimiento. La

interpretación vulgar determina el curso del tiempo como una sucesión *irreversible*. ¿Por qué el tiempo no se deja revertir? De suyo, y justamente cuando se fija la mirada tan solo en el flujo de los ahoras, no es posible ver por qué la secuencia de los ahoras no habría de reorientarse alguna vez en dirección inversa. La imposibilidad de la inversión tiene su fundamento en el hecho de que el tiempo público se origina en la temporeidad, cuya temporización, primariamente venidera, "marcha" extáticamente hacia su fin, de tal manera que ella ya "es" en versión al fin.

La caracterización vulgar del tiempo como secuencia infinita, pasajera e irreversible de los ahoras se origina en la temporeidad del Dasein cadente. *La representación vulgar del tiempo tiene su justificación natural*. Ella pertenece al modo de ser cotidiano del Dasein y a la comprensión del ser inmediatamente dominante. Por eso, inmediata y regularmente también la *historia* es comprendida *en forma pública, como acontecer intratempóreo*. Esta interpretación del tiempo solo pierde su derecho exclusivo y preferencial cuando pretende proporcionar el "verdadero" concepto del tiempo y estar en condición de esbozar el único horizonte posible para su interpretación teórica. Ya hemos visto, por el contrario, que solo a partir de la temporeidad del Dasein y de su temporización llega a ser comprensible *por qué y cómo el tiempo del mundo pertenece a dicha temporeidad*. Solo la interpretación de la estructura plena del tiempo del mundo lograda a partir de la temporeidad, proporciona el hilo conductor para llegar a "ver" el encubrimiento que tiene lugar en el concepto vulgar del tiempo y para apreciar la nivelación de la estructura extático-horizontal de la temporeidad. Pero la orientación por la temporeidad del Dasein hace a la vez que sea posible mostrar la procedencia y la necesidad fáctica de este encubrimiento nivelador, y poner a prueba la legitimidad de las tesis vulgares acerca del tiempo.

En cambio, la temporeidad resulta, *inversamente, inaccesible* dentro del horizonte de la comprensión vulgar del tiempo. Pero, como el tiempo del ahora no solo debe orientarse primariamente a la temporeidad en orden a su posible interpretación, sino que previamente se temporiza a sí mismo en la temporeidad impropia del Dasein, está justificado que, tomando en cuenta que el tiempo del ahora deriva de la temporeidad, llamemos a esta última el *tiempo originario*.

La temporeidad extático-horizontal se temporiza *primariamente* desde el *futuro*. En cambio, la comprensión vulgar del tiempo ve el fenómeno fundamental
427 del tiempo en el *ahora*, en ese ahora puro, cercenado de su plena estructura, al que se llama "presente". De aquí se sigue que, en principio, tendrá que ser imposible aclarar y, más aún, derivar *a partir de este ahora* el fenómeno extático-horizontal del *instante*, que forma parte de la temporeidad propia. Parejamente, tampoco coinciden el futuro extáticamente comprendido, el "luego" datable y significativo y el concepto vulgar de "futuro", en el sentido de los puros ahoras aún no llegados y todavía por venir. Tampoco coinciden el extático haber-sido,

el "entonces [en aquel tiempo]" datable y significativo y el concepto del pasado en el sentido de los puros ahoras que ya transcurrieron. El ahora no está preñado del ahora-todavía-no, sino que el presente brota del futuro en la unidad extática y originaria del temporizarse de la temporeidad[1].

Aunque la experiencia vulgar del tiempo inmediata y regularmente solo conozca el "tiempo del mundo", sin embargo, también admite siempre para él una *muy particular* referencia al "alma" y al "espíritu". Esto sucede incluso allí donde el cuestionar filosófico se encuentra aún muy lejos de buscar su primaria y expresa orientación en el "sujeto". Basten aquí dos testimonios característicos: Aristóteles dice: εἰ δὲ μηδὲν ἄλλο πέφυκεν ἀριθμεῖν ἢ ψυχὴ καὶ ψυχῆς νοῦς, ἀδύνατον εἶναι χρόνον ψυχῆς μὴ οὔσης...[2]. San Agustín, por su parte, escribe: *inde mihi visum est, nihil esse aliud tempus quam distensionem; sed cuius rei nescio; et mirum si non ipsius animi*[3]. De esta manera la interpretación del Dasein como temporeidad tampoco queda, en principio, fuera del horizonte del concepto vulgar del tiempo. Ya Hegel intentó mostrar expresamente la conexión del tiempo de la comprensión vulgar, con el espíritu. En cambio, para Kant el tiempo es ciertamente "subjetivo", pero queda "junto" al "yo pienso", sin vinculación alguna con él[4]. La fundamentación hecha explícitamente por Hegel de 428
la conexión entre el tiempo y el espíritu es especialmente apropiada para ilustrar indirectamente la precedente interpretación del Dasein como temporeidad y la demostración del origen del tiempo del mundo en esa temporeidad.

§ 82. Confrontación de la conexión ontológico-existencial de la temporeidad, del Dasein y del tiempo del mundo con la concepción de la relación entre tiempo y espíritu en Hegel

La historia, que es esencialmente la historia del espíritu, transcurre "en el tiempo". Por consiguiente, "el desarrollo de la historia cae dentro del tiempo"[5].

[1] Que el concepto tradicional de la eternidad, en la significación del "ahora detenido" (*nunc stans*), haya sido tomado de la comprensión vulgar del tiempo y definido por referencia a la idea de un "permanente" estar-ahí, no necesita de una consideración más detallada. Si la eternidad de Dios pudiera "construirse" filosóficamente, debería ser comprendida tan solo como una temporeidad más originaria e "infinita". Quede abierta la pregunta si para ello la *via negationis et eminentiae* podría ofrecer un camino posible.

[2] *Física* Δ 14, 223 a 25; cf. *loc. cit.* 11, 218 b 29 - 219 a 1, 219 a 4-6.

[3] *Confessiones* lib. XI, cap. 26.

[4] En qué medida, sin embargo, en Kant apunta, por otra parte, una comprensión del tiempo más radical que la de Hegel, lo mostrará la Primera Sección de la Segunda Parte de este tratado.

[5] Hegel, *Die Vernunft in der Geschichte. Einleitung in die Philosophie der Weltgeschichte.* Edición de G. Lasson, 1917, p. 133.

Pero Hegel no se contenta con caracterizar la intratemporeidad del espíritu como un *factum*, sino que busca comprender la *posibilidad* de que el espíritu caiga dentro del tiempo, que es lo "enteramente abstracto, lo sensible"[1]. El tiempo tiene que poder acoger, por así decirlo, al espíritu. Y este, por su parte, tiene que ser afín al tiempo y a su esencia. De ahí la necesidad de considerar un doble aspecto: 1. ¿Cómo determina Hegel la esencia del tiempo? 2. ¿Qué hay en la esencia del espíritu que le hace posible "caer dentro del tiempo"? La respuesta a estas preguntas apunta únicamente a *esclarecer*, por vía de contraste, la interpretación que hemos hecho de la temporeidad del Dasein. No aspira a desarrollar en forma ni siquiera relativamente completa los otros problemas que en Hegel están necesariamente conectados con aquellos. Y esto tanto menos, cuanto que no tiene la intención de "criticar" a Hegel. El contraste entre la idea de la temporeidad anteriormente expuesta y el concepto hegeliano del tiempo viene sugerido ante todo por el hecho de que ese concepto constituye la elaboración conceptual más radical —y bastante desatendida— de la comprensión vulgar del tiempo.

a) El concepto del tiempo en Hegel

El "lugar sistemático" de una interpretación filosófica del tiempo puede servir como criterio de la concepción fundamental del tiempo que guía dicha interpretación. La tradición nos ofrece en la *Física* de Aristóteles, es decir, en el contexto de una ontología de la *naturaleza*, la primera interpretación temáticamente detallada de la comprensión vulgar del tiempo. El "tiempo" aparece allí
429 en conexión con el "lugar" y el "movimiento". Fiel a la tradición, el análisis hegeliano del tiempo tiene su lugar en la segunda parte de la *Enciclopedia de las Ciencias Filosóficas*, titulada "Filosofía de la naturaleza". La primera sección se ocupa de la mecánica, y su primer capítulo está dedicado a la discusión de "el espacio y el tiempo". Ellos son la "exterioridad abstracta"[2].

Aunque Hegel pone juntos el espacio y el tiempo, esto no ocurre empero solamente en un acoplamiento externo: espacio "y también tiempo". "Este 'también' es impugnado por la filosofía". El tránsito del espacio al tiempo no significa el ensamblaje de los correspondientes parágrafos, sino que "el espacio mismo pasa a...". El espacio "es" tiempo, es decir, el tiempo es la "verdad" del espa-

[1] *Loc. cit.*

[2] Cf. Hegel: *Encyklopädie der philosophischen Wissenschaften im Grundrisse*, editada por G. Bolland, Leiden 1906, § § 254 ss. Esta edición trae también las "adiciones" tomadas de los cursos de Hegel.

cio[1]. Cuando el espacio es *pensado* dialécticamente en *lo que él es*, este ser del espacio se revela, según Hegel, como tiempo. ¿De qué modo debe ser pensado el espacio?

El espacio es "la inmediata indiferencia del estar-fuera-de-sí de la naturaleza"[2]. Y esto quiere decir: el espacio es la multiplicidad abstracta de los puntos en él diferenciables. El espacio no queda interrumpido por estos puntos; sin embargo, tampoco surge por medio de ellos, y menos aun, en la forma de un acoplamiento. Aunque diferenciado por medio de los puntos diferenciables que, a su vez, son espacio, el espacio permanece, por su parte, indiferenciado. Las diferencias tienen, ellas mismas, el carácter de lo diferenciado por ellas. Pero, no obstante, en la medida en que el punto diferencia algo en el espacio, es *negación* del espacio, pero de tal suerte que, siendo esa negación, él mismo sigue estando en el espacio (porque, después de todo, el punto es espacio). El punto no se destaca fuera del espacio como si fuera algo diferente del espacio. El espacio es la exterioridad indiferenciada de la multiplicidad de los puntos. Pero el espacio no es, en modo alguno, punto, sino, como dice Hegel, "puntualidad"[3]. En esto se funda la frase en la que Hegel piensa el espacio en su verdad, es decir, como tiempo:

"Pero la negatividad que, como punto, se relaciona con el espacio, desarrollando en él sus determinaciones en cuanto línea y superficie, es, en la esfera del estar-fuera-de-sí, también *para sí;* y, poniendo aquí, y a la vez en la esfera 430
del estar-fuera-de-sí, sus determinaciones, aparece, al hacerlo, como indiferente frente a la tranquila yuxtaposición. Puesta de esta manera para sí, la negatividad es el tiempo"[4].

Cuando el espacio es representado, es decir, inmediatamente intuido en el indiferente mantenerse de sus diferencias, las negaciones quedan, por así decirlo, simplemente dadas. Pero esta representación no aprehende todavía el espacio en su ser. Esto solo es posible en el pensar, en tanto que síntesis, que, habiendo pasado a través de la tesis y la antítesis, las ha superado. El espacio es *pensado* y, por consiguiente, aprehendido en su ser, tan solo cuando las negaciones, en vez de mantenerse simplemente en su indiferencia, son superadas, es decir, son a su vez negadas. En la negación de la negación (es decir, de la puntualidad), el punto se pone *para sí* [*de por sí*] y de este modo sale de la indiferencia del mero estar. En tanto que puesto para sí [de por sí], se diferencia de este y aquel; *ya no* es este *ni todavía* es aquel. Con el ponerse para sí mismo, el punto pone la

1 *Loc. cit.* § 257, adición.
2 *Loc.cit.* § 254.
3 *Loc. cit.* § 254, adición.
4 Cf. Hegel, *Encyklopädie*, ed. crítica de Hoffmeister, 1949, § 257.

secuencia en la que se encuentra, la esfera del estar-fuera-de-sí, que ahora es la negación negada. La superación de la puntualidad como indiferencia significa un no quedar ya en la "quietud paralizada" del espacio. El punto "se pavonea" frente a todos los otros puntos. Esta negación de la negación como puntualidad es para Hegel el tiempo. Si esta explicación ha de tener un sentido verificable, ese sentido solo puede ser el siguiente: el ponerse-para-sí de todo punto es un ahora-aquí, ahora-aquí, y así sucesivamente. Todo punto puesto para sí "es" un punto en el ahora [*Jetzt-Punkt*]. "El punto tiene, pues, realidad en el tiempo". *Aquello por lo cual* el punto se puede poner cada vez para sí como un "este aquí", es siempre un ahora. La condición de *posibilidad* del poner-se-para-sí del punto es el ahora. Esta condición de posibilidad constituye el ser del punto, y el ser es, a la vez, el haber sido pensado. Por consiguiente, dado que el puro pensar de la puntualidad, es decir, del espacio, "piensa" cada vez el ahora y el estar-fuera-de-sí de los ahoras, el espacio "es" el *tiempo*. ¿Cómo se determina este tiempo?

"El tiempo, en cuanto unidad negativa del estar-fuera-de-sí, es asimismo algo absolutamente abstracto, ideal. Es el ser que, siendo, no es, y que, no siendo, es: el devenir intuido; lo que quiere decir que las diferencias, sin duda simplemente momentáneas y que se superan inmediatamente a sí mismas, quedan determinadas como extrínsecas, pero como extrínsecas a sí mismas"[1]. El tiempo se revela
431 para esta interpretación como el "devenir intuido". Devenir significa para Hegel pasar del ser a la nada o de la nada al ser[2]. Devenir es tanto llegar a ser como dejar de ser. El ser "pasa a...", y otro tanto sucede con el no-ser. ¿Qué quiere decir esto desde el punto de vista del tiempo? El ser del tiempo es el ahora; pero, en tanto que todo ahora también "ahora" ya-*no*-es, y antes de ahora, todavía-no-es, el tiempo puede ser comprendido como no-ser. El tiempo es el devenir "*intuido*", es decir, el paso no pensado que simplemente se presenta en la secuencia de los ahoras. Cuando se determina la esencia del tiempo como un "devenir intuido", es evidente que el tiempo es primariamente comprendido desde el ahora, vale decir, desde el ahora tal como se lo puede encontrar en el puro intuir.

No es necesario entablar una prolija discusión para demostrar que, en su interpretación del tiempo, Hegel se mueve plenamente en la dirección de la comprensión vulgar del tiempo. La caracterización que Hegel hace del tiempo a partir del ahora presupone el encubrimiento y la nivelación de la plena estructura del ahora, de tal manera que este pueda ser intuido como algo que está-ahí, aunque solo fuere como algo puramente "ideal".

Que Hegel lleva a cabo su interpretación del tiempo en una orientación primaria por el ahora nivelado lo demuestran los siguientes textos: "El ahora tiene

[1] *Loc. cit.* § 258.

[2] Cf. Hegel, *Wissenschaft der Logik*, Libro I, Sección 1, cap. 1 (edición G. Lasson 1923), p. 66 ss.

un privilegio formidable —el ahora no es otra cosa sino el ahora singular; pero esta cosa excluyente, al hacer alarde de sí, queda disuelta, deshecha y reducida a polvo tan pronto como yo la expreso"[1]. "Por lo demás, en la naturaleza, donde el tiempo es el ahora, no se llega a una '*sólida*' distinción respecto de aquellas dimensiones" (pasado y futuro)[2]. "En el sentido positivo del tiempo se puede decir, pues: solo el presente es, el antes y el después no son; pero el presente concreto es el resultado del pasado, y está preñado de futuro. El verdadero presente es así la eternidad"[3].

El hecho de que Hegel llame al tiempo "devenir intuido" implica que ni el llegar a ser ni el dejar de ser tienen primacía en el tiempo. Sin embargo, ocasionalmente Hegel caracteriza el tiempo como la "abstracción de la consunción", llevando así la experiencia e interpretación vulgar del tiempo a su fórmula más radical[4]. Por otra parte, Hegel es suficientemente consecuente como para no atribuirle, en la definición propiamente dicha del tiempo, a la consunción y desaparición una primacía como la que en cambio se le atribuye, con toda razón, en 432
la experiencia cotidiana del tiempo; en efecto, a Hegel no le habrá sido posible fundamentar dialécticamente esta primacía, como tampoco la "circunstancia", aducida por él como obvia, de que el ahora emerja justamente en el ponerse-para-sí del punto. Y de esta manera, también en la caracterización del tiempo como devenir, Hegel comprende este último en un sentido "abstracto", que va incluso más lejos que la representación de un 'fluir" del tiempo. La expresión más adecuada de la concepción hegeliana del tiempo se encuentra, pues, en la determinación del tiempo como *negación de la negación* (es decir, de la puntualidad). Aquí la secuencia de los ahoras queda formalizada hasta el extremo, y nivelada de un modo imposible de superar[5]. Solo en virtud de este concepto dialéctico-formal del tiempo le fue posible a Hegel establecer una conexión entre el tiempo y el espíritu.

1 *Encyklopädie*, Loc. cit. § 258, adición.

2 *Loc. cit.* § 259.

3 *Loc. cit.* § 259, adición.

4 *Loc. cit.* § 258, adición.

5 A partir de la primacía del ahora nivelado se hace claro que también la determinación hegeliana del concepto del tiempo sigue la corriente de la comprensión *vulgar* del tiempo, y consiguientemente, del concepto *tradicional* del mismo. Es posible mostrar que el concepto hegeliano del tiempo está tomado, incluso *directamente*, de la Física de Aristóteles. En la *Lógica de Jena* (cf. la edición de G. Lasson 1923), bosquejada en la época de la habilitación de Hegel, ya está configurado en todos sus momentos esenciales el análisis del tiempo de la *Enciclopedia*. La sección sobre el tiempo (p. 202 ss.) se revela, incluso al más elemental examen, como una *paráfrasis* del tratado aristotélico del tiempo. Ya en la *Lógica de Jena*, Hegel desarrolla su concepción del tiempo dentro del marco de la *Filosofía de la Naturaleza* (p. 186), cuya primera parte lleva el título de "El sistema solar" (p. 195). Hegel discute el concepto del tiempo como complemento de la determinación de los conceptos de éter y movimiento. El análisis del espacio, en cambio, todavía está subordinado al del tiempo. Aunque la

433 *b) La interpretación hegeliana de la conexión entre tiempo y espíritu*

¿Cómo queda comprendido el propio espíritu, para que se pueda decir que, de acuerdo con su modo de ser, el espíritu —realizándose— cae dentro del tiempo, determinado como negación de la negación? La esencia del espíritu es el *concepto.* Con esta palabra Hegel no entiende la universalidad intuida de un género en cuanto forma de algo pensado, sino la forma del propio pensar que se piensa a sí mismo: el concebir*se —como aprehensión* del no-yo. Pero, puesto que la aprehensión del *no*-yo significa una diferenciación, el concepto puro, en cuanto aprehensión de *este* diferenciar, implica una diferenciación de la dife-

---

dialéctica ya empieza a abrirse paso, todavía no tiene la forma posterior, rígida y esquemática, sino que aun hace posible una libre comprensión de los fenómenos. En el camino desde Kant hasta el sistema hegeliano plenamente desarrollado acontece una vez más una decisiva irrupción de la ontología y de lógica aristotélicas. Este es un hecho conocido desde hace largo tiempo. Pero el camino, la forma y los límites de esta influencia permanecen oscuros hasta ahora. Una *concreta interpretación filosófica* comparativa de la *Lógica de Jena* y la *Física y Metafísica* de Aristóteles aportaría nuevas luces. Para la consideración hecha más arriba basten algunas indicaciones aproximativas.

Aristóteles ve la esencia del tiempo en el νῦν, Hegel, en el ahora. A. concibe el νῦν como ὅρος, H. toma el ahora como "límite". A. comprende el νῦν como στιγμή, H. interpreta el ahora como punto. A. caracteriza el νῦν como τόδε τι. llama al ahora el "esto absoluto". De acuerdo con la tradición, A. pone en conexión el χρόνος con la σφαῖρα, H. enfatiza la "circularidad" del tiempo. Ciertamente a Hegel se le escapa la tendencia central del análisis aristotélico del tiempo, vale decir, la tendencia a poner al descubierto las conexiones de fundamentación (ἀκολουθεῖν) entre el νῦν, el ὅρος, la στιγμή y el τόδε τι. Con la tesis de Hegel de que el espacio "es" tiempo coincide en los resultados la concepción de Bergson, pese a todas las diferencias de fundamentación. Solo que B. dice al revés: el tiempo (*temps*) es espacio. También la concepción bergsoniana del tiempo ha surgido, a todas luces, de una interpretación del tratado aristotélico del tiempo. No es tan solo una coincidencia literaria externa el hecho de que contemporáneamente al *Essai sur les donées immédiates de la concience*, donde se expone el problema del *temps* y la *durée*, apareciera un tratado de B. con el título: *Quid Aristóteles de loco senserit.* Teniendo en cuenta la determinación aristotélica del tiempo como ἀριθμὸς κινήσεως, B. antepone al análisis del tiempo un análisis del número. El tiempo como espacio (cf. *Essai*, p. 69) es una sucesión *cuantitativa.* En contraposición a este concepto del tiempo, la duración es descrita como sucesión *cualitativa.* No es este el lugar para una confrontación crítica con el concepto bergsoniano del tiempo y con las demás concepciones del tiempo en la época presente. Si en los análisis contemporáneos del tiempo se logra alguna cosa esencial más allá de Aristóteles y de Kant, es, más bien, con respecto a la aprehensión del tiempo y a la "conciencia del tiempo". La referencia a la conexión directa entre el concepto hegeliano del tiempo y el análisis aristotélico del mismo no pretende imputar a H. una "dependencia", sino llamar la atención sobre el *fundamental alcance ontológico de esta filiación* para la *Lógica* hegeliana. Acerca de "Aristóteles y Hegel" cf. el ensayo de Nicolai Hartmann que lleva ese mismo título, en sus *Beiträge zur Philosophic des deutschen Idealismus*, tomo 3 (1923), p. 1-36.

rencia. Por eso Hegel puede determinar apofántico-formalmente la esencia del espíritu como negación de la negación. Esta "absoluta negatividad" ofrece la interpretación lógicamente formalizada del *cogito me cogitare rem* de Descartes, en el que este ve la esencia de la *conscientia.*

De esta manera, el concepto es la concepción autoconcipiente del sí-mismo, concepción en la que el sí-mismo es propiamente como puede ser, es decir, *libre.* "El yo es el concepto puro mismo que, como concepto, ha venido a la existencia"[1]. "Pero el yo es esta unidad *primeramente* pura, que se relaciona consigo misma, pero no de un modo inmediato, sino en tanto que el yo abstrae de toda determi-
nidad y contenido, y retorna a la libertad de la ilimitada igualdad consigo mis- 434
mo"[2]. Así, el yo es "*universalidad*" pero, *con igual* inmediatez, "singularidad".

Este negar de la negación es, a una, lo "absolutamente inquieto" del espíritu y su *automanifestación*, la que es propia de su esencia. El "progresar" del espíritu que se actualiza a sí mismo en la historia lleva consigo "un principio de exclusión"[3]. Pero esta exclusión no consiste en una separación de lo excluido, sino en *sobrepasarlo.* Este liberarse sobrepasante y a la vez soportante caracteriza la libertad del espíritu. Por consiguiente, el "progreso" no equivale jamás a un crecimiento puramente cuantitativo, sino que es esencialmente cualitativo, y lo es según la cualidad del espíritu. El "progresar" tiene lugar cognoscitivamente y, en su meta, se sabe a sí mismo. En cada paso [*Schritt*] de su "progreso" [*Fortschritt*], el espíritu tiene que "sobrepasarse a sí mismo como el verdadero obstáculo hostil a su meta"[4]. La meta del desarrollo del espíritu es "alcanzar su propio concepto"[5]. El desarrollo mismo es "una dura e infinita lucha contra sí mismo"[6].

Puesto que la inquietud del desarrollo del espíritu que marcha hacia su concepto es la *negación de la negación*, resulta conforme al espíritu que, al actualizarse, caiga "dentro del *tiempo*" como la inmediata *negación de la negación.* Porque "el tiempo es el *concepto* mismo que *está ahí* y que se presenta a la conciencia como intuición vacía; por eso, el espíritu aparece necesariamente en el tiempo, y aparece en él mientras no *aprehenda* su concepto puro, es decir, mientras no suprima el tiempo. El tiempo es el sí mismo puro *externo* intuido, no *aprehendido* por el sí mismo, el concepto solamente intuido"[7]. De este modo el

1 Cf. Hegel, Wissenschaft der Logik, II tomo (ed. Lasson 1923), 2ª parte, p. 220.

2 *Loc. cit.*

3 Cf. *Hegel, Die Vernunft in der Geschichte. Einleitung in die Philosophie der Weltgeschichte.* Edit. por G. Lasson 1917, p. 130.

4 *Loc. cit.* p. 132.

5 *Loc. cit.*

6 *Loc. cit.*

7 Cf. *Phänomenologie des Geistes* WW II, p. 604 [Glockner, p. 612].

espíritu aparece necesariamente, y *por su misma esencia,* dentro del tiempo. "La historia universal es, pues, de un modo general, la interpretación del espíritu en el tiempo, paralelamente al modo como la idea se interpreta en el espacio como naturaleza"[1]. La "exclusión" que forma parte del movimiento del desarrollo implica una relación con el no-ser. Es el tiempo, comprendido desde el ahora, que se pavonea.

El tiempo es la negatividad "abstracta". En cuanto "devenir intuido", el tiem-
435 po es el diferenciarse diferenciado que se encuentra inmediatamente allí, el concepto "existente", es decir, el concepto que está-ahí. Estando-ahí y, por tanto, siendo externo al espíritu, el tiempo no tiene ningún poder sobre el concepto, sino que el concepto "es, más bien, el poder del tiempo"[2].

Hegel muestra la posibilidad de la realización histórica del espíritu "en el tiempo" apelando a *la mismidad de la estructura formal del espíritu y del tiempo como negación de la negación.* Es esta abstracción máximamente vacía desde el punto de vista ontológico-formal y apofántico-formal, en la que el espíritu y el tiempo se enajenan, la que posibilita el establecimiento de una afinidad entre ambos. Pero como, por otra parte, el tiempo es concebido en el sentido del tiempo del mundo plenamente nivelado, quedando así su origen enteramente encubierto, el tiempo se presenta frente al espíritu pura y simplemente como algo que está-ahí. Por eso el espíritu *no puede sino llegar* a caer "dentro del tiempo". Pero queda en la oscuridad lo que pueda significar ontológicamente este "caer" y la "realización" de ese espíritu que es dueño del tiempo, y que, propiamente, "está" fuera de él. Pero así como Hegel no esclarece el origen del tiempo nivelado, así también deja totalmente sin examinar el problema de si la constitución esencial del espíritu *como* negación de la negación puede ser posible de otra manera que sobre la base de la temporeidad originaria.

No es posible dilucidar ahora si la interpretación hegeliana del tiempo y del espíritu y la conexión entre ellos es correcta, y si descansa sobre fundamentos ontológicos originarios. Pero *que* la "construcción" dialéctico-formal de la conexión del espíritu con el tiempo pueda *siquiera* aventurarse, manifiesta una originaria afinidad entre ellos. La "construcción" de Hegel está animada por el esfuerzo y la pugna por conceptualizar la "concreción" del espíritu. Es lo que hace ver el texto siguiente, tomado del capítulo final de la *Fenomenología del Espíritu*: "El tiempo aparece, pues, como el destino y la necesidad del espíritu aún no acabado en sí mismo —la necesidad de enriquecer la participación que la autoconciencia tiene en la conciencia, de poner en movimiento la *inmediatez del en-sí*— la forma en que la sustancia está en la conciencia —o, a la inversa, si se

[1] Cf. *Die Vernunft in der Geschichte, Loc. cit.* p. 134.

[2] Cf. *Encyklopädie*, § 258.

toma el en-sí como lo *interior*, la necesidad de realizar y manifestar lo que primeramente es solo *interior*—, es decir, de reivindicarlo para la certeza de sí mismo"[1].

Por el contrario, la analítica existencial del Dasein que se ha hecho en las páginas anteriores arranca de la "concreción" de la existencia misma fácticamente arrojada, y busca desvelar la temporeidad como su posibilitación originaria. El 436
"espíritu" propiamente no cae dentro del tiempo, sino que *existe como temporización* originaria de la temporeidad. La temporeidad temporiza el tiempo del mundo, en cuyo horizonte puede "aparecer" la "historia", como acontecer intratempóreo. El "espíritu" no cae *dentro* del tiempo, sino que la existencia fáctica, en cuanto cadente, "cae" *desde* la temporeidad originaria y propia. Pero este mismo "caer" encuentra su posibilidad existencial en un modo de la temporización de la temporeidad.

§ 83. La analítica tempóreo-existencial del Dasein y la pregunta ontológico-fundamental por el sentido del ser en general

La finalidad de las consideraciones hechas hasta aquí era la de interpretar de un modo ontológico-existencial, y desde su fundamento, el todo *originario* del Dasein fáctico en la perspectiva de las posibilidades del existir propio e impropio. Ahora bien, ese fundamento y, por consiguiente, el sentido de ser del cuidado, se reveló como la *temporeidad*. Lo que la analítica existencial del Dasein nos ofreció en su etapa *preparatoria antes* de la puesta al descubierto de la temporeidad, ha quedado ahora *retomado* en la estructura originaria de la integridad del ser del Dasein, vale decir, en la temporeidad. Las estructuras que en un comienzo solo habían sido "mostradas" han recibido ahora su "fundamentación" a partir de las posibilidades de temporización del tiempo originario, que hemos analizado. Sin embargo, la exhibición de la constitución del ser del Dasein sigue siendo tan solo *un camino*. La meta es la elaboración de la pregunta por el ser en general. La analítica temática de la existencia necesita, por su parte, de la luz que viene de la previa aclaración de la idea del ser en general. Esto vale particularmente si se sostiene como normativa para toda investigación filosófica la tesis expresada en la introducción: la filosofía es una ontología fenomenológica universal que tiene su punto de partida en la hermenéutica del Dasein, la cual, como analítica de la existencia, ha fijado el término del hilo conductor de todo cuestionamiento filosófico en el punto donde este surge y en el que, a su vez, *repercute*[2-a]. Ciertamen-

[1] Cf. *Phänomenologie des Geistes*, *Loc. cit.* p. 605 [613].

[2] Cf. §7, p. 61.

[a] Por consiguiente, no se trata de una filosofía existencial.

te tampoco esta tesis debe tomarse como un dogma, sino como formulación del problema fundamental, que sigue estando "velado": ¿puede la ontología fundarse *ontológicamente*, o requiere también un fundamento *óntico*, y *cuál* es el ente que debe asumir la función fundante?

La distinción tan manifiestamente obvia entre el ser del Dasein existente y
437 el ser de los entes que no son el Dasein (el estar-ahí, por ejemplo), es tan solo el *punto de partida* de la problemática ontológica, y no algo en lo que la filosofía pudiera hallar su reposo. Que la ontología antigua opera con "conceptos de cosa" y que se corre el riesgo de "cosificar la conciencia", es algo sabido desde hace tiempo. Pero, ¿qué significa cosificación? ¿De dónde brota? ¿Por qué se "concibe" el ser "primeramente" a partir de lo que está-ahí *y no* a partir de lo a la mano, que está *mucho más cerca*? ¿*Por qué* esta cosificación se vuelve una y otra vez dominante? ¿Cómo está *positivamente* estructurado el ser de la "conciencia" si la cosificación resulta inadecuada para el? ¿Basta siquiera la "distinción" de "conciencia" y "cosa" para un desarrollo originario de la problemática ontológica? ¿Están a nuestro alcance las respuestas a estas preguntas? ¿Y es posible siquiera *buscar* la respuesta, mientras no se plantee y aclare la *pregunta* por el sentido del ser en general?

Jamás se podrá investigar el origen y la posibilidad de la "idea" del ser en general con los medios de la "abstracción" lógico-formal, es decir, sin tener un horizonte seguro tanto para la pregunta como para la respuesta. Es necesario buscar un[a] *camino* para la aclaración de la pregunta ontológica fundamental, y *recorrerlo*. Si es el *único* o el *correcto*, solo puede zanjarse *después de la marcha*. El *debate* acerca de la interpretación del ser no puede ser dirimido, *porque ni siquiera se ha desencadenado*. Y, en definitiva, no es posible siquiera "provocarlo" porque su desencadenamiento mismo requiere preparativos. Únicamente hacia esa meta *se encamina* la presente investigación. ¿En qué punto se encuentra?

Eso que llamamos el "ser" está abierto en la comprensión del ser que, en cuanto comprender, es constitutiva del Dasein existente. La aperturidad —previa, aunque no conceptual— del ser hace posible que el Dasein, en cuanto existe como un estar-en-el-mundo, pueda habérselas *con el ente*, tanto con el que comparece dentro del mundo como consigo mismo en cuanto existente. *¿Cómo es posible propiamente para un Dasein la comprensión aperiente del ser?* ¿Podremos responder a esta pregunta retomando a la *constitución originaria del ser* del Dasein comprensor-del-ser? La constitución ontológico-existencial de la totalidad del Dasein se funda en la temporeidad. Por consiguiente, el proyecto extático del ser en general deberá ser posibilitado por un modo originario de temporización de la temporeidad extática misma. ¿Cómo se debe interpretar este

[a] no 'el' único.

modo de temporización de la temporeidad? ¿Hay algún camino que lleve desde el *tiempo* originario hacia el sentido del *ser*? ¿Se revela el *tiempo* mismo como el horizonte del *ser*?

Notas del traductor

P. 23 * En la nota preliminar a la séptima edición (1953) en varias ediciones de *Ser y tiempo,* incluida la primera edición del tomo II de la GA, el nombre del anuario fundado por Husserl aparece, por error, como *Jahrbuch für Phänomenologie und phänomenologische Forschung*, cuando debiera decir *Jahrbuch für Philosophic und phänomenologische Forschung.*

P. 23 ** "La presente reimpresión": en volumen aparte, hecha por la Editorial Max Niemeyer, Tübingen.

P. 23 *** Cuando en está misma nota se habla de la "Primera Mitad" de *Ser y tiempo* (Erste Hälfte) esa "Primera Mitad" no corresponde exactamente a la Primera Parte de dicha obra, ya que esta abarca tres secciones, y en la "Primera Mitad" solo se publican dos. En su plan inicial Heidegger proyectó la publicación de *Ser y tiempo* en dos tomos. El segundo tomo ("Segunda Mitad") comprenderá la tercera sección de la Primera Parte y toda la Segunda Parte.

P. 25 * Nótese que en la repetida frase: "la pregunta por el sentido del ser", la palabra ser va una vez sin comillas y otra vez con comillas. En este último caso se trata del término ser y se pregunta cuál es el sentido de la palabra "ser". En cambio en el primer caso, se trata del ser mismo y se pregunta por el sentido del ser, independientemente de que esté expresado en palabras.

P. 30 * Estas citas de Kant están tomadas de las *"Reflexionen zur Anthropologie"* (Edición de la Academia, tomo XV pág. 180, Reflexión 436).

P. 30 ** En alemán, plantear una pregunta se dice: *(=eine Frage stellen)*, es decir, poner una pregunta o establecerla. Heidegger quiere destacar aquí el carácter *ejecutivo* que tiene el planteamiento de una pregunta. Una pregunta es un acto de la existencia humana, es algo que hay que *hacer*. Por eso en castellano se dice también "*hacer*" una pregunta.

P. 31 * "Esta comprensión del ser mediana y vaga es un *factum*". La palabra "mediana" corresponde al término alemán *durchschnittlich*, que significa literalmente "que hace un corte a través de algo", y podrá traducirse, como lo hace Gaos, por la expresión "de término medio". Hemos preferido, en general, traducir por "mediano", "mediana" o "medio", "media", aunque a veces, por razones estilísticas, usamos también la expresión "de término medio".

P. 31 ** Heidegger emplea aquí la palabra *Unfassliches*. Aquí "inasible" significa inaprehensible conceptualmente.

P. 32 * Hemos traducido la palabra *Vorhandenheit* por: "estar-ahí". Más adelante, cuando Heidegger introduzca este término, explicaremos las razones de está traducción.

P. 32 ** Como lo indica la nota del *Hüttenexemplar*, que se puede leer en el texto (nota a), la palabra *Dasein* está tomada aquí en su sentido tradicional, es decir, como existencia en general (*existentia*).

P. 32 *** La palabra Dasein es traducida por Gaos por "ser-ahí. Nos parece que esta traducción es errónea. En primer lugar, en buen castellano habría que decir "estar-ahí; pero "estar-ahí" significa existencia, en el sentido tradicional, es decir, algo enteramente diferente de lo que quiere decir Heidegger con la palabra Dasein. "Ser-ahí" podrá entenderse también como ser en el modo de *estar en el ahí.* Pero entonces el *Dasein* no sería un "ser-ahí", sino el *ser del ahí.* Por eso hemos preferido dejar la palabra *Dasein* sin traducción. Algunos traductores consideran esto un fracaso y un error. Pero piénsese en palabras tales como *logos, physis, polis*, que hoy son comprendidas por cualquier lector de filosofía. Si se tradujera *logos*, habrá que traducirlo por una de las múltiples significaciones que esa palabra tiene en griego, y con ello la palabra perdería su riqueza polisémica que es justamente lo que la hace tener un alto valor en el lenguaje de los griegos. La palabra *Dasein* significa, literalmente, existencia, pero Heidegger la usa en el sentido exclusivo de existencia humana. Se la podrá traducir, pues, por *existir* o *existencia.* Pero con esto se pierden todas las alusiones que Heidegger hace implícitamente a la etimología de la palabra: *Dasein* significa literalmente *"ser el ahí"*, y por consiguiente se refiere al ser humano, en tanto que el ser humano está abierto a sí mismo, al mundo y a los demás seres humanos. Pero *Dasein* alude también, indirectamente, al abrirse del ser mismo, a su irrupción en el ser humano. Por eso hemos preferido dejar la palabra en alemán, como lo hacen, por lo demás, hoy día, la mayoría de los traductores.

P. 33 * En alemán dice: *am Ende*, "al final", expresión que en castellano se traduce mejor por "en definitiva". La forma alemana de decirlo explica el juego que se hace en la nota del *Hüttenexemplar*. Heidegger dice ahí, explicando el "al final" (*am Ende*): "e.d., desde el principio" (*d.h. von Anfang an*).

P. 33 ** En alemán habla de una notable *"Rück-oder Vorbezogenheit"* es decir, de una "referencia retrospectiva o anticipativa" de aquello que está puesto en cuestión —el ser— al preguntar mismo en cuanto modo de ser de un ente. La referencia retrospectiva es lo mismo que la referencia prospectiva, solo que mirada desde distintos puntos de vista. La referencia es retrospectiva en el sentido de que lo que está puesto en cuestión (el ser) remite a lo que está implícitamente vivido en el preguntar en cuanto modo de ser del Dasein. La referencia es prospectiva, o sea mira hacia adelante, en cuanto desde el preguntar como modo de ser del Dasein se apunta a lo preguntado (o lo que está puesto en cuestión), es decir, hacia el ser.

P. 34 * En alemán dice: *Sachgebiete*, literalmente: regiones de cosas. Hemos preferido una traducción menos literal, que en el fondo dice lo mismo, por razones puramente estilísticas.

P. 34 ** "...dominio de ser...": en alemán, *Seinsbezirk*, o sea el sector de ser que determina la existencia de una determinada región esencial. Se trata de dos conceptos paralelos, uno óntico (*Sachgebiet*) y otro ontológico (*Seinsbezirk*).

P. 34 *** En los textos anteriores a la edición de *Ser y tiempo* en la GA decía: "y transparente para sí misma". Heidegger agregó el "no" al margen del *Hüttenexemplar*. El texto debe leerse, por consiguiente, tal como se encuentra en nuestra traducción y en las ediciones de Max Niemeyer posteriores a la edición de la GA.

P. 35 * "...justificación...": *Ausweisung*.

P. 37 * La nota del *Hüttenexemplar* que viene a continuación deja en claro que, cuando se habla de "comprensión del ser", ese "ser" no es el ser del propio hombre, sino el ser mismo, el ser en general. La nota se justifica porque en el contexto se está hablando de la comprensión que el Dasein tiene de su propio ser. No es que Heidegger niegue que haya una comprensión de su propio ser en el Dasein: en efecto, en la nota dice: "Pero, ser, aquí, no *solo* en cuanto ser del hombre...". Lo que Heidegger sostiene es que esa comprensión, que el Dasein posee de su propio ser, sería imposible si el Dasein no tuviera una comprensión del ser en general.

P. 37 ** "...*existencia*": *Existenz* (destacado en el texto original). Esta palabra es clave en *Ser y tiempo*. Como se verá más adelante, la *Existenz* es el modo propio de ser del Dasein, es —si se quiere— la "esencia" del Dasein. *Existenz* debe ser entendida como "ex-sistencia", es decir, como salida afuera de sí mismo. Esto se aclarará a lo largo de toda la obra *Ser y tiempo*.

P. 37 *** Lo que quiere decir aquí Heidegger es que la palabra *Dasein* tiene, entre otras acepciones, la de existencia ejecutada. "Pura expresión de ser" debe ser entendido aquí como *puro existir*, como *puro ser* (no como esencia en el sentido de quididad).

P. 37 **** Hemos traducido por "existentiva" la palabra *existenziell*, que Gaos traduce por existencial. Nuestra traducción no es original; ya había sido utilizada por otros traductores antes. Tiene la ventaja sobre la palabra "existencial" de que indica mejor lo óntico de la existencia, que es lo que quiere decir Heidegger con la palabra *existenziell*. En cambio, existencial indica más una estructura, y por eso la hemos reservado nosotros para traducir la palabra alemana *existenzial* que es la correspondiente palabra ontológica, que Gaos traduce por existenciario, término que no hemos utilizado por parecernos extraño y ambiguo.

P. 38 * "...ontología fundamental...": *Fundamentalontologie*, es la ontología que está sobre la base de todas las demás ontologías, es, si se quiere, *la* ontología por antonomasia.

P. 41 * La doble tarea a la que se refiere este capítulo es la que se desarrolla en las dos partes de *Ser y tiempo*: la primera tarea consiste en la interpretación del Dasein con vistas a la temporeidad y en la explicación del tiempo como horizonte trascendental de la pregunta por el ser. La segunda tarea debería haberse desarrollado en la Segunda Parte, y consiste en una destrucción fenomenológica de la historia de la ontología al hilo de la problemática de la temporeidad. A la explicación general de cada una de estas tareas están dedicados los parágrafos 5 y 6, respectivamente.

P. 41 ** El título de este parágrafo deja en claro los tres grandes pasos que han de desarrollarse en la Primera Parte de la obra. Primero: La etapa preparatoria del análisis fundamental del Dasein, que se desarrollará en la primera sección de la Primera Parte; segundo: el despliegue de la temporeidad como sentido de ser del propio Dasein; y a partir de aquí —tercero— la abertura del horizonte (tiempo) que hace posible la comprensión del ser en general, y, por consiguiente, la aclaración del sentido del ser, que es el objetivo de *Ser y tiempo.*

P. 41 *** "...estado interpretativo..": *Ausgelegtheit*, que significa literalmente, la condición de interpretada que tiene una cosa cualquiera. En este caso, el estado interpretativo se refiere al propio ser del Dasein.

P. 43 * "*...cotidianidad...*": *Alltäglichkeit* (destacado en el texto original). Este es uno de los conceptos metodológicos fundamentales de *Ser y tiempo*: se trata, en primer lugar, de describir al Dasein en la forma como se da inmediatamente en la vida cotidiana, previa a toda teoría y a toda filosofía. La cotidianidad media es, por así decirlo, el modo corriente y ordinario como el Dasein se vive a sí mismo. "Cotidianidad", "medianidad" y "modo de ser inmediata y regularmente" expresan lo mismo.

P. 43 ** "*...provisional*": *vorläufig* (destacado en el texto original). Quiere decir que el primer análisis del Dasein, que se hará en la primera sección de la Primera Parte, solo consistirá en sacar a luz las estructuras esenciales del Dasein y la unidad total de esas estructuras, que Heidegger llamará el cuidado. Ese análisis es provisional porque no muestra el sentido tempóreo del ser del Dasein (cosa que se hará en la segunda sección), ni menos aun pone de manifiesto el tiempo como horizonte de toda comprensión del ser (que habría de ser la tarea de la tercera sección, que Heidegger no publicó).

P. 44 * "...temporal...": Heidegger emplea aquí la palabra *zeitlich*, y, para lo que hemos traducido "intemporal", la palabra *unzeitlich*. Como se trata de una división de los entes que se ha hecho tradicional, usamos la palabra corriente con la que se traduce el término alemán correspondiente. En cambio, traducimos la misma palabra alemana *zeitlich* por "tempóreo", cuando esa palabra se refiere al sentido del ser del Dasein, es decir, a la temporeidad del Dasein. En ese caso "temporeidad" corresponde a la palabra alemana *Zeitlichkeit.*

P. 44 ** Como Heidegger no llega a determinar el sentido del ser en el tomo de *Ser y tiempo* que alcanzó a publicar, la tarea aquí propuesta tampoco logra su realización.

P. 45 * "*...temporaria...*": en alemán, *temporale* (destacado en el texto original), que es otra denominación de la condición de tiempo, diferente a la que corresponde al modo tempóreo de ser de la existencia. Aquí se trata del tiempo del ser mismo y no del tiempo de la existencia humana. El propio Heidegger emplea una palabra diferente para este tiempo del ser: es lo que él llama la *Temporalität des Seins.*

P. 45 ** Historicidad se dice en alemán *Geschichtlichkeit*, y está palabra deriva de la palabra alemana *Geschehen*, que quiere decir acontecer. La *Geschichtlichkeit* es, pues, el carácter "aconteciente" de la existencia humana. *Geschichte* significa la historia, entendida como el acontecer humano. En alemán la historia entendida como el saber histórico se dice con otra palabra: *Historie*.

P. 47 * "...falta de fundamento": en alemán, *Bodenlosigkeit*, literalmente: "carencia de suelo" o, si se quiere, "desarraigo".

P. 47 ** "...objetiva...": en alemán, "*sachliche*", literalmente: "propia de las cosas mismas".

P. 47 *** "...mundo...": en alemán, "*Welt*". Nótese que cada vez que la palabra *Welt* aparece entre comillas debe entenderse los entes del mundo, y no el mundo como estructura ontológica del Dasein. En el modo impropio de existir, el Dasein se comprende a sí mismo como si tuviese el mismo modo de ser que los entes del mundo, es decir, distorsiona su propio ser y oculta para sí mismo lo que le es más originario.

P. 48 * "*...destrucción..*": en alemán, *Destruktion* (destacado en el texto original) es un concepto fundamental en la filosofía de Heidegger, un concepto que debe ser entendido en el sentido más literal de la palabra, esto es, como de-strucción, o sea como el trabajo de desmontar algo que ya está montado, para ir a los elementos fundamentales que lo constituyen. *La destrucción ontológica* no tiene un sentido negativo, sino que significa, como lo dice el texto mismo: despojar de su rigidez lo que a lo largo de la tradición se ha anquilosado, y mostrar de esta manera los elementos vivos y fecundos, las grandes intuiciones que están sobre la base del edificio tradicional.

P. 50 * "...de las bases...": *des Bodens*, literalmente del suelo, del terreno en que algo crece.

P. 51 * "...presentación...": en alemán, "*Gegenwärtigen*", Heidegger llama "presentación" el modo temporario del ser que aparece como pura presencia.

P. 51 ** Nótese la paradoja que Heidegger le está atribuyendo a la comprensión del tiempo tradicional: el tiempo es comprendido como un ente;

para ello debe ser visto a la luz del ser, pero este ser es interpretado como presencia, es decir, por referencia a uno de los momentos del tiempo, al presente. No es raro, entonces, que el tiempo sea propiamente, para la tradición, el tiempo presente, el ahora. Lo único que queda en suspenso en esta argumentación heideggeriana es si efectivamente el tiempo es el horizonte para la comprensión del ser, cosa que hasta ahora, y en todo lo publicado de *Ser y tiempo*, no pasa de ser una tesis sin una rigurosa demostración.

P. 52 * "...repetición...": en alemán, "*Wiederholung*". Esta palabra alemana podría traducirse también como "retoma", es decir, una vuelta a tomar lo que ya había sido emprendido antaño.

P. 53 * Con estas palabras Heidegger deja en claro que su fenomenología no consiste en adscribirse a la corriente fenomenológica tal como ha sido desarrollada por Husserl. La crítica a la fenomenología de Husserl la encontramos hoy, especialmente, en la Parte Preparatoria del curso del semestre de verano de 1925 publicado en el tomo 20 de GA con el título de *Prolegomena zur Geschichte des Zeitbegriffs* ("Prolegómenos para la historia del concepto de tiempo").

P. 53 ** "...el qué de los objetos...": en alemán dice literalmente: *das sachhaltige Was der Gegenstände*, es decir, el que, atenido a las cosas mismas, de los objetos.

P. 53 *** "...en sí mismo": en alemán, *an ihm selbst,* literalmente: "en él mismo". Heidegger usa siempre la expresión en esta forma para evitar la idea de un "sí mismo" o de una "cosa en sí". Hemos preferido traducir en castellano "en sí mismo" porque la expresión "en él mismo" suena extraña en nuestra lengua, cosa que no sucede en alemán, donde es sumamente frecuente.

P. 54 * "...parece...": en alemán "*sieht so aus wie*...", literalmente, "tiene el aspecto de...".

P. 55 * "Cuando se dice...": todo lo que viene a continuación hasta el final del párrafo se refiere a la óntica de Heinrich Rickert a la fenomenología en su trabajo titulado "Die Methode der Philosophie und das Ummittelbare. Eine Problemstellung", publicado en la revista *Logos*, tomo XII (1923/24), pag. 235-280.

"El error que Rickert comete consiste en el hecho de que en su crítica de la fenomenología define el concepto de fenómeno, tal como lo usa la fenomenología, por medio del concepto de *Erscheinung* y deja, además, este concepto de *Erscheinung* en la indeterminación". (Friedrich von Herrmann: *Hermeneutische Phänomenologie des Daseins*, I "Einleitung: Die Exposition der Frage nach dem Sinn von Sein", Frankfurt am Main 1987, pág. 301).

P. 55 ** "...todavía otro significado": este será el cuarto significado del término *Erscheinung*, el que hallamos en la filosofía de Kant. *Erscheinung* aparece aquí en contraposición con la cosa en sí, y precisamente como aquello que oculta el conocimiento de la cosa en sí.

P. 57 * "...decir...": en este contexto la palabra alemana *Rede* debe ser traducida por "decir". En efecto, Heidegger está pensando en que λόγος viene de λέγειν, que significa, fundamentalmente, "hacer ver" mediante el lenguaje. Λόγος significa, por consiguiente, el decir en el sentido del lenguaje; y así λόγος es un δηλοῦν, un mostrar o hacer ver. El decir en el que Heidegger está pensando en el contexto, es el que se manifiesta en la forma de enunciados. En el parágrafo 34 de *Ser y tiempo* vuelve a aparecer la palabra *Rede*, pero ahí viene contrapuesta, justamente, al lenguaje. Es, por así decirlo, la raíz o la esencia del lenguaje, y lleva en sí la idea de una articulación. Por eso, en ese contexto la hemos traducido por *discurso* en el sentido del discurrir, o sea, del paso de una cosa a otra. Es frecuente en las traducciones tener que verter una misma palabra del texto originario por diferentes palabras en el texto de la traducción.

P. 57 ** "...'teorías del juicio' hoy en uso": Heidegger se refiere aquí a las teorías del juicio que dominaban en la lógica y en la teoría del conocimiento en la época de la elaboración de *Ser y tiempo*. Ellas son de dos clases: unas conciben el juicio como un "enlace" de representaciones, y las otras lo conciben como una "toma de posición". En este último caso el juicio afirmativo es un reconocimiento, o si se quiere una aceptación, y el juicio negativo un rechazo. Es la posición de Brentano y de su escuela.

P. 59 * "... puede significar también la razón": Heidegger pone aquí en relación la palabra *Vernunft* (razón) con la palabra *vernehmen*, que significa aprehender. Esta relación no se da en los idiomas latinos.

P. 59 ** "...contenido quiditativo...": en alemán, *Sachhaltigkeit*, que literalmente significa atenimiento a la cosa.

P. 59 *** "... en directa mostración y justificación": se usan aquí dos palabras fundamentales de la fenomenología: la palabra *Aufweisung*, que significa mostración, exhibición, y la palabra *Ausweisung*, que significa justificación, legitimación, acreditación. Los papeles de identificación personal se llaman en alemán, justamente por eso, *der Ausweis*. En ciertos contextos conviene traducir *Ausweisung* por evidenciación.

P. 60 * "...determinación inevidente": en alemán, *nichtausweisendes Bestimmen.*

P. 61 * "... el modo como está descubierto lo descubierto...": algo puede estar descubierto en la ejecución misma del acto "descubridor", y en tal caso no puede producirse un encubrimiento. En cambio si lo descubierto está descubierto en el lenguaje, este último no da jamás garantía de que quien lo lee y comprende re-ejecute el acto descubridor originario. Es perfectamente posible entender un concepto o una expresión lingüística sin que se la vea en su surgir necesario desde las cosas mismas. En este caso el encubrimiento es una posibilidad necesaria y no una posibilidad fortuita.

P. 63 * "...en el punto de donde este *surge* y en el que, a su vez, *repercute*": el punto de donde el hilo conductor de todo cuestionar filosófico surge es la existencia humana misma. El hilo conductor del cuestionamiento filosófico retorna a la existencia, o más literalmente, de acuerdo al texto alemán, repercute en ella (*zurückschlägt*), en tanto que el cuestionamiento filosófico ilumina a la existencia humana.

P. 63 ** "...la *posibilidad*". Heidegger contrapone aquí la realidad de la fenomenología, tal como se da ejemplarmente en Husserl, a la *posibilidad* de ella, es decir, a lo que ella encierra como posibilidad aún no explotada. *Ser y tiempo* quiere ser una explotación de estas posibilidades inexplotadas de la fenomenología.

P. 64 * En el título de esta Primera Parte aparecen los dos grandes temas que se desarrollarán en ella. La primera parte del título: "La interpretación del Dasein por la temporeidad..." abarca el tema de las dos primeras secciones de la Primera Parte de *Ser y tiempo*. En ellas se interpreta el Dasein en sus estructuras fundamentales, que quedan resumidas en la idea del "cuidado" (*Sorge*), (primera sección) y el sentido de este ser del Dasein, es decir, del cuidado, que es la *temporeidad* (segunda sección). En la segunda parte del título: "la explicación del tiempo como horizonte trascendental de la pregunta por el ser" se refiere a lo que debiera ser tratado en la tercera sección, titulada "Tiempo y ser". Aquí el tiempo aparecería como el horizonte de toda comprensión del ser y, por consiguiente, como la respuesta a la pregunta por el sentido del ser.

P. 67 * A la nota a. Heidegger dice aquí claramente que el tomo de *Ser y tiempo* que fue publicado solo abarca el primero de los dos temas que tenía que abarcar la Primera Parte de la obra.

P. 67 ** A la nota b. En esta nota del *Hüttenexemplar* Heidegger dice claramente que el curso del semestre de verano de 1927 titulado *Los problemas fundamentales de la fenomenología*, y publicado en la GA en el tomo 24, *equivale* a la tercera sección de la Primera Parte de *Ser y tiempo* que quedó sin publicar. Obviamente el texto de este curso no es exactamente lo que habrá sido la sección tercera, sino una elaboración nueva y mucho más extensa del tema que debía tratar esa tercera sección.

P. 67 *** "*Etapa preparatoria*": esta etapa, que corresponde a la primera sección, es llamada "preparatoria" porque en ella se sacan a luz las estructuras fundamentales del Dasein y se las muestra en su unidad primaria, pero no se esclarece el *sentido* del ser del Dasein. Esto último queda para la segunda sección.

P. 69 * "*...cada vez...*": en alemán, *je*. Diremos de una vez para siempre que esta palabra tan repetida a lo largo de *Ser y tiempo* (aparece 403 veces, fuera de las veces en que aparece en compuestos) significa que una estructura formal se realiza siempre, es decir, en cada caso o cada vez, de una manera diferente. La palabra española "vez" tiene su origen en la palabra latina *vicis*, donde significa alternativa, turno, vuelta, o también situación, condición. Cuando Heidegger emplea la palabra *je*, quiere decir que la estructura formal cobra en cada situación una manera particular de ser. Hecha esta advertencia, nos daremos la libertad de traducir el *je* no solo por "cada vez", sino también, a veces, por *siempre* y, raramente, por "en cada caso". Las razones de esta múltiple traducción española son casi siempre únicamente estilísticas.

P. 69 ** "...tener-que-ser...": en alemán, *Zu-sein*. Este término expresa la facticidad del Dasein, la forzosidad de *tener que ser.*

P. 69 *** "*...estar-ahí...*": en alemán, *Vorhandensein* o también *Vorhandenheit* (destacado en el texto original). Gaos traduce "ser ante los ojos". Esta traducción no es mala y tiene algún fundamento en los cursos del joven Heidegger, pero no me parece la mejor. Por lo pronto, la expresión "ser ante los ojos" no dice nada en español, no nos "habla". Nosotros diríamos simplemente estar delante, estar a la vista. He preferido traducir *Vorhandensein, Vorhandenheit* por "estar-ahí", y en algún caso, más explícitamente, por "estar-ahí-delante". Es la forma española de decir lo que en el alemán clásico se decía *Dasein* y era la traducción corriente del término latino *existentia*. *Dasein* significa, literalmente, estar ahí (de ningún modo ser-ahí). Lo fundamental de la idea de la *Vorhandenheit* es que la cosa simplemente está, sin afectarnos por ello a nosotros. Al revés de lo *Zuhandenes* que traducimos como "lo que es o está a la mano", es decir, lo que tiene un significado para nosotros, lo que nos importa porque en ello nos va algo, lo *Vorhandenes* es lo que no hace más que estar-ahí; es, si se quiere, "pura presencia". A veces, muy pocas veces, por razones estilísticas traduciremos *Vorhandenes*, o derivados suyos, por la expresión "meramente presente" o formas similares.

P. 70 * "Todo ser tal...": en alemán, *alles Sosein* que literalmente significa: "todo ser-así. Heidegger se refiere aquí a lo que habitualmente llamamos esencia o el qué de un ente. En el caso del Dasein este qué es ante todo ser, existir.

P. 70 ** "Y, por otra parte... etc.": Heidegger sostiene aquí que el ser-cada-vez-mío puede revestir distintas maneras de realización: se puede ser-cada-vez-mío en forma impropia o se puede ser-cada-vez-mío en forma propia. La impropiedad no anula el ser-cada-vez-mío, sino que es una modalidad de este, fundada precisamente en dicha estructura.

P. 71 * "...de la constitución existencial del Dasein": literalmente, en alemán, "*der Existenzverfassung des Daseins*", es decir, de la constitución-de-existencia del Dasein.

P. 75 * A la nota 1 de la pág. 73. La primera edición de *Ser y tiempo* en la GA citaba por error la página 385 en vez de la página 243, que es la correcta. Un error semejante ocurre en la nota 3.

P. 75 ** "...del ente así compuesto": lo grave de la definición tradicional del hombre consiste en que esa definición presupone, según Heidegger, que *el ser* del hombre es, fundamentalmente, una *Vorhandenheit*, un estar-ahí-delante. Así, la definición de hombre *oculta* el modo de ser que es propio del hombre: su ex-sistencia.

P. 76 * "*...faciamus hominem..*,": en las antiguas ediciones había aquí un error en la cita de la Vulgata: el texto decía "*faciamus hominem ad imaginem nostram et similitudinem*". En la edición de la GA y en otras ediciones separadas posteriores, el error se ha hecho aún mayor: "*faciamus hominem ad imaginem nostram et similitudinem nostram*". Nosotros hemos puesto el texto tal como se halla en la Vulgata.

P. 76 ** "...la pregunta por su ser...": no debe olvidarse aquí, ni en otros pasajes semejantes, que no se trata de la pregunta por la *essentia* del hombre sino de la pregunta por su *existencia*. La tesis de Heidegger es que la tradición pensó siempre la *existentia*, podríamos decir, el *acto de ser* de la *essentia*, como un estar-ahí-delante, es decir, como una presencia. Y esto, justamente, es lo que impide entender el ser del hombre, que por ser tempóreo no puede ser reducido a la pura presencia, puesto que abarca también el futuro y el pasado.

P. 77 * "...un 'mero vivir'": en alemán, "*Nur-noch-leben*", literalmente, tan-solo-vivir.

P. 79 * "...contenido material...": en alemán, *Sachgehalt*.

P. 81 * "*...estar-en-el-mundo*". Habitualmente se traduce el *In-der-Welt-sein* por "ser-en-el-mundo". Así, por ejemplo, en la traducción de Gaos. He preferido, sin embargo, traducir esa expresión por "estar-en-el-mundo", porque el verbo estar expresa en castellano mucho mejor que el verbo *ser* el *acto mismo de ser*: en este sentido estar es la forma fuerte de ser. Todas las estructuras que Heidegger señala en su analítica del Dasein son estructuras del *ser* del Dasein, de la existencia, y nunca estructuras, por decirlo así, quiditativas (de una *essentia*). Si traducimos "ser-en-el-mundo", subrayamos más el aspecto esencial de la estructura: en cambio, si traducimos "estar-en-el-mundo" subrayamos mejor el aspecto existencial de la estructura. Obviamente —y esto queda claro en el contexto—, estar-en-el-mundo no significa estar colocado dentro del espacio universal, sino, más bien, estar-siendo-en-el-mundo, es decir, habitar en el mundo.

P. 81 ** "Lo así primariamente dado...": en alemán, "*dieser primäre Befund*". La expresión *Befund* se relaciona con el verbo *finden*, que significa encontrar. *Befund* es lo que se ha encontrado, por ejemplo, después de un examen prolijo y detenido de algo. Por eso, podrá traducirse también como "constatación". En algunos contextos traduciremos efectivamente así.

P. 81 *** "...fenoménicamente dado...": en alemán, *phänomenaler Befund*.

P. 82 * *¿...estar-en?*": en alemán, *In-Sein* (destacado en el texto original). Esta expresión podrá traducirse, tal vez, simplemente, por *estar*. Cuando se pregunta a la puerta de una casa si Fulano de tal está, se quiere preguntar si está en la casa. Como en el alemán se usa —en el caso presente— el verbo *Sein* (ser), es necesario agregar el "en".

En cambio, el término español *estar* implica ya el "en". En el fondo, lo que en este parágrafo se verá en líneas generales es lo que significa "estar" en la expresión estar-en-el-mundo. Sin embargo, para no complicar la lectura del lector español hemos mantenido el "en" del alemán, traduciendo el *In-Sein* por *"estar-en"*.

P. 82 ** "...estar dentro de...": en alemán, "*Sein in...*". El *in*, en alemán, indica el dentro.

P. 82 *** "...suelo [hacer] algo...": en el texto original de Jakob Grimm se lee *pflege zu bauen*: suelo labrar (la tierra).

P. 82 **** "...*diligo*": en latín esta palabra, que significa estimar, honrar, amar, significa también ocuparse con una cosa, estar en y con ella.

P. 83 * "El 'estar en medio' del mundo...": en alemán, "*Sein bei" der Welt*: Gaos traduce el *Sein bei* por "ser cabe", vale decir, estar junto a, cerca de. Esta traducción me parece enteramente desacertada: Primero, porque traduce por una palabra anticuada y "poética" una expresión absolutamente corriente en el alemán; segundo, porque, aunque *bei* puede significar también "junto a", tiene muchas otras significaciones, como por ejemplo, cuando se dice que alguien estudia *bei Professor Müller*, donde *bei* significa "con el profesor Müller"; o que alguien está alojado *bei Schneider*, donde *bei* significa "en casa del señor Schneider", etc.; tercero, porque estar "cabe el mundo" o "cabe los entes del mundo" no tiene ningún sentido, no se entiende qué pueda significar estar junto a los entes. No estamos junto a los entes sino en medio de ellos y a veces muy distantes de ellos. La expresión "junto a" (cabe), empleada en este contexto, se presta precisamente para una comprensión categorial y no existencial. En el caso presente, *bei* debe ser traducido por "en medio de", como lo dirá más tarde el propio Heidegger, cuando, en vez de *bei dem Seienden*, diga: *inmitten des Seienden*, es decir, en medio del ente o de los entes. Es cierto que *bei* mantiene siempre la connotacion de cercanía, y por eso en el texto que va a seguir en el parágrafo siguiente los ejemplos se tomarán de este aspecto de su significación. Eso no significa que este sea el aspecto más importante de la expresión *bei der Welt*, o *bei dem Seienden.* Por último, notemos que aunque aquí la palabra *Welt* (mundo) está sin comillas, Heidegger se refiere obviamente al conjunto de los entes del mundo, y no al mundo en cuanto existencial. Esto queda claro por el contexto.

P. 85 * "...*ocuparse*...": en alemán, "*Besorgen*" (destacado en el texto original). Gaos traduce este *Besorgen* por "curarse de". Nuevamente Gaos introduce expresiones poco usuales en castellano por razones válidas pero mucho más lejanas y menos importantes que la fluidez y fácil comprensión del lenguaje. En este caso, lo hace para mantener a toda costa una misma raíz entre las palabras *Sorge* (cuidado) *Besorgen* (ocupación) y *Fürsorge* (solicitud). Gaos traduce las correspondientes palabras alemanas por las palabras "cura", "curarse de", "procurar por". Creo que es preferible perder la relación a la misma raíz y hablar en un lenguaje con el cual el lector no tropiece.

P. 87 * "...el *conocer*...": en castellano la palabra "conocer" tiene una gran amplitud y puede abarcar tanto los modos vitales como los modos teóricos del conocer. Aquí, en *Ser y tiempo, Erkennen* se refiere al conocimiento en sentido teórico: a un saber explícito, objetivo, del qué de las cosas y del fundamento de ellas.

P. 88 * "...estar-en-el-mundo *cognoscente*...": en alemán, *erkennendes In-der-Welt-sein* (*erkennendes* está destacado en alemán). Se trata obviamente del conocimiento en sentido teorético.

P. 96 * "...omite...": en alemán, *überspringt*, literalmente: "se salta", "pasa por alto".

P. 96 ** "...que también llamamos *trato*...'": el modo cotidiano de estar en el mundo consiste en el trato de los entes intramundanos. Trato, *Umgang*, es el habérselas con las cosas del mundo. Este trato con las cosas se despliega sobre la base de una abertura del mundo. Por eso el texto habla de un "*trato en* el mundo con el ente intramundano".

P. 97 * "...conocimiento": en alemán, "*Erkenntnis*". Esta palabra, que de suyo significa un conocimiento teórico y distante, está empleada aquí (y por eso las comillas) en el sentido amplio de una comprensión del útil que se manipula y utiliza.

P. 97 ** "... al hablar del ente como 'cosa'..."; en castellano la expresión "cosa" es absolutamente neutral, y no implica ninguna particular caracterización ontológica. En cambio, en el alemán filosófico la palabra "*Ding*" está cargada de resonancias metafísicas.

P. 98 * "...estar dotado...": en alemán, "*Haften*", literalmente, "estar pegado", "adherido". "Estar dotado de valor" se dice literalmente en alemán "tener adherido un valor": *Wertbehaftetheit*.

P. 98 ** "...el *útil*": en alemán, *Zeug* (*Zeug* está destacado en el texto original). La traducción de *Zeug* por "útil" no es demasiado buena. En rigor, *Zeug* tiene una significación plural: casi exactamente lo que nosotros llamamos las "cosas".

P. 98 *** "...pragmaticidad...": en alemán, *Zeughaftigkeit.* Como *Zeug* es la traducción alemana de lo que los griegos llaman πρᾶγμα, los derivados de *Zeug* pueden decirse en castellano con términos derivados de *pragma*, palabra que no existe en castellano, aunque existen algunos términos derivados de ella, tales como "pragmático", "pragmaticidad", etc. En todos estos casos hay que escuchar aquí estas palabras en su sentido estricto de "relativo a un *pragma*".

P. 99 * "*...estar a la mano*": en alemán corriente existe la palabra *zuhanden*, que es un adjetivo, y que significa que la cosa se "encuentra a mano"; que es "disponible". Heidegger crea el neologismo *Zuhandenheit* para expresar el modo de ser de aquello con lo cual nos las habemos en el uso cotidiano, un modo de ser que se caracteriza particularmente por no llamar la atención y por no mostrarse como enfrentado a nuestro propio ser. Lo *Zuhandenes* es lo que "traemos entre manos", casi sin advertirlo y sin ninguna objetivación.

P. 99 ** "...ser-en-sí...": en alemán, "*An-sich-sein*". Heidegger dice: "*este* 'ser-en-sí'", aludiendo a lo que en la filosofía usual se ha llamado el "en-sí" de las cosas, es decir, su ser mismo; o si se quiere, la cosa misma. Usualmente se considera como ser-en-sí de las cosas su *sustancia.* Para Heidegger, el más hondo y radical "en-sí" de las cosas no es la sustancia ni el objeto, ni mucho menos la "cosa-en-sí" kantiana, sino ese ser de las cosas que comparece para nosotros en el uso que de ellas hacemos. Todo referirse a las cosas como objetos de un saber distante y objetual, presupone "este 'ser-en-sí'" que es la *Zuhandenheit.*

P. 99 *** "El puro *mirar-hacia...*": en alemán, *das Nur-noch-hinsehen* (*Hinsehen* está destacado en alemán). El término se refiere a la mirada contemplativa, en cierto modo teórica, en que nos detenemos en una cosa para ver cómo es.

P. 99 **** "*...circunspección*": en alemán, *Umsicht* (destacado en el texto original). Este término lleva dos connotaciones: primero, que se trata de una mirada alrededor, de una mirada abarcante; y, segundo, que esta mirada implica un cierto cuidado o precaución, que acompaña al trato de las cosas. Ambas connotaciones se hallan igualmente en la palabra española *circunspección.*

P. 101 * "...mundicidad...": en alemán, *Weltmässigkeit*. Debemos distinguir lo que Heidegger llama la "mundaneidad" (*Weltlichkeit*) de la "mundicidad". Esta última es el carácter de perteneciente al mundo que tienen los entes intramundanos. *Welt-mässig* es, literalmente, lo que es conforme al mundo, es decir, lo determinado por un mundo. En cambio, *Weltlichkeit* es el carácter de mundo que tiene el mundo, es la esencia del mundo en sentido heideggeriano.

P. 102 * "...su mundaneidad": en alemán dice: *dessen Weltlichkeit*, refiriéndose a *la* mundaneidad del ente intramundano. Esto es un error: el ente intramundano no tiene mundaneidad, sino mundicidad o carácter múndico. Es posible que Heidegger halla escrito *Weltmässigkeit* y no *Weltlichkeit*, como se encuentra en el texto impreso. Pero es posible también que haya aquí un error involuntario como sucede tantas veces en la escritura de un manuscrito.

P. 108 * "...qué es lo que pasa": en alemán, *Welche Bewandtnis es damit hat.* Esta es una frase idiomática del alemán, que, como se verá en el parágrafo 18, tiene distintas significaciones según los contextos. En el actual contexto nos ha parecido que la mejor traducción es la frase idiomática castellana "qué es lo que pasa".

P. 112 * "*...condición respectiva..*": en alemán, *Bewandtnis* (destacado en el texto original). Esta palabra alemana es una de las más difíciles de traducir en *Ser y tiempo*. En alemán, el término *Bewandtnis* se usa siempre en giros idiomáticos característicos, como por ejemplo: *"Mit etwas hat es seine eigene (besondere) Bewandtnis*", que literalmente significa "con algo" tiene su propia *Bewandtnis*, o una particular *Bewandtnis*. Esta frase quiere decir que algo tiene su propia manera de ser, su manera particular de ser. Pero esta manera de ser no es entendida como algo estable y definitivo, como una propiedad que la cosa tenga en sí misma, en su propia realidad. Se trata más bien de una manera de ser circunstancial, es decir, determinada por las otras cosas y sobre todo por el ser humano en su relación pragmática con las cosas. En efecto, la palabra *Bewandtnis* solo se usa en el ámbito del quehacer humano, jamás para hablar de la naturaleza propia de las cosas. Es un poco lo que nosotros, también en una expresión idiomática muy característica, queremos decir cuando hablamos de que "con algo pasa algo" o "no pasa nada". Aquí "pasar" no significa ocurrir o acontecer, sino producirse una situación que da a la cosa un sesgo especial, una *Bewandtnis*.

En la raíz de *Bewandtnis* está la idea de *wenden, sich wenden*, doblarse, girar, volverse hacia... La *Bewandtnis* es, según esto, la manera cómo la cosa queda vuelta hacia el ser humano que la usa y, a la vez, hacia las demás cosas con las que está. Es algo así como un "giro" que toma la cosa, de manera análoga a los giros que adquiere el idioma cuando se hace de él un uso concreto. En este sentido, la *Bewandtnis* es como una situación de la cosa con respecto a nosotros y con respecto a las demás cosas. Se la podrá traducir incluso por *situalidad.* La traducción francesa de *Ser y tiempo* de François Vezin traduce la *Bewandtnis* por *conjointure*, coyuntura. Otro tanto hace la traducción portuguesa de Marcia de Sa Cavalcanti. Nosotros hemos traducido la *Bewandtnis* por "condición respectiva". En esta frase la palabra "condición" dice que se trata precisamente de un modo de ser, y la palabra "respectiva" señala el hecho de que este modo de ser consiste en estar vuelto hacia otras cosas. En efecto, en la palabra *Bewandtnis* resuena también: dejar que algo quede vuelto (*bewenden lassen mit etwas*) hacia algo (*bei etwas*). Esta respección de algo hacia algo es aquello a lo que se refiere el término óntico "remisión", que Heidegger ha venido usando hasta ahora. La *Bewandtnis* es, pues, el término ontológico que designa el ser del ente intramundano; un ser que consiste en que ese ente está constitutivamente vuelto hacia otros entes. La traducción de Gaos por "conformidad" es sumamente equívoca, especialmente en el giro "conformarse con" (*bewenden lassen mit*), que da a entender que se trata de una actitud del ser humano, siendo que la conformidad y el conformarse tienen un sentido estrictamente ontológico, referido a los entes intramundanos. Además "con-formidad" significa que algo tiene una forma (un *eidos*) que se adecua a la forma de otra cosa, que ajusta con ella. Pero este uso de términos consagrados de la ontología tradicional, como es el término forma, *morphé*, resulta fatal en el contexto de *Ser y tiempo*. Una vez más Gaos busca las coincidencias fáciles de un término español con un término alemán. Es cierto que la palabra conformidad permite, de una manera aparentemente análoga a la del alemán, hablar de "conformidad con ... en ...". Esta analogía es puramente externa porque, si el "con" de ese giro permite ciertamente indicar la referencia de una cosa a otra, el "en" no tiene en el contexto el sentido que tiene el *bei* en alemán.

P. 113 * "...dejar-estar...": en alemán, "*Bewendenlassen*". Heidegger hace constante uso de la evidente relación que existe en alemán entre *Bewandtnis* y *Bewendenlassen*. *Bewendenlassen* significa dejar algo tal como está, "dejar estar". Este sentido es un sentido óntico: se refiere a una actitud del Dasein respecto a los entes intramundanos. Pero Heidegger eleva la expresión *Bewendenlassen* a un plano ontológico, donde significará *dejar ser*, en el sentido de permitir que la cosa manifieste su ser, que en este caso es una *Bewandtnis*, una condición respectiva. La traducción de Gaos "conformarse con" es exactamente lo opuesto al dejar-ser heideggeriano: en vez de sacar al Dasein de sí mismo y dejarlo libre para la cosa misma y para el ser de esta cosa, el conformarse se pliega —"resignadamente" diríamos— a la cosa en su ser. No expresa el ser de la cosa que se deja ser, sino que expresa la conformidad del hombre con ese ser.

P. 113 ** "Dejar 'ser'...": en alemán, *"sein" lassen*. El *lassen*, en esta expresión, puede significar en alemán "dejar" o "hacer". En este caso no tiene nada que ver con hacer; sino que tiene tan solo el sentido de dejar, por eso Heidegger añade en su texto "... no significa hacer o producir el ser de algo...", frase que no tendría ningún sentido en el contexto español de "dejar ser", porque "dejar ser" no significa nunca "hacer ser", pero lo tiene —como se ha dicho— en alemán.

P. 116 * "...estar-consignado...": los términos alemanes *angewiesen* y *Angewiesenheit* indican que el Dasein queda referido irremediablemente a un "mundo", es decir, a unos entes intramundanos. Esta irremediable referencia implica también la idea de que el Dasein "necesita" de esos entes, que de alguna manera *depende* de ellos, significaciones estas que también resuenan en las correspondientes palabras alemanas. La idea de la *Angewiesenheit* del Dasein al "mundo" desempeña en *Ser y tiempo* un importante papel, especialmente en el parágrafo 34 en que se habla del discurso y del lenguaje. En virtud de la *Angewiesenheit* del Dasein al "mundo", esto es, en virtud de la irremediable referencia del Dasein a los entes del "mundo" y a su necesidad de ellos, el mismo discurso necesitará de una forma óntica intramundana que le corresponda y se convertirá, entonces, en *lenguaje*.

P. 129 * "*Lo circundante...*": en alemán, literalmente *das Umhafte*, que significa "lo-en-torno".

P. 129 ** "...está encerrado...": literalmente el texto dice está rodeado de tal manera que queda encerrado por lo que lo rodea (*umschlossen*).

P. 130 * "*...su lugar propio...*": en alemán, *sein Platz* (*Platz* está destacado en alemán). Gaos traduce *Platz* por "sitio". He preferido enfatizar, con la expresión "su lugar propio", la idea de que se trata del lugar que tiene que ocupar el útil a la mano y que normalmente ocupará. No se trata de un lugar en el espacio geométrico, de un lugar "neutro", sino del lugar que le "corresponde" a ese útil. En el automóvil, el volante tiene su lugar propio, el acelerador tiene el suyo, las ventanillas, el techo, el suelo, los asientos, cada cosa ocupa su correspondiente lugar.

P. 130 ** "...está por ahí en alguna parte...": en alemán, *liegt herum*, literalmente "yace alrededor". La idea es que el útil que no está en su lugar propio está, por así decirlo, en un lugar impropio: el manubrio de la bicicleta está tirado en el garage, el martillo se encuentra perdido entre las plantas.

P. 130 *** "...la *zona*...": Gaos ha traducido *Gegend* por "paraje". De suyo, no es una mala traducción, pero tiene el inconveniente de que despierta la idea de un campo, de un lugar abierto. Heidegger usa la palabra *Gegend* para designar también zonas de un lugar cerrado: por ejemplo, en una habitación la zona de la ventana, o de la televisión, o la zona de la puerta. Por este motivo la traducción francesa de François Vezin ha vertido *Gegend* por *coin*, literalmente "rincón". A su vez esta traducción de Vezin me parece demasiado vinculada a un espacio cerrado; veo difícil hablar de los rincones del cielo. En cambio la palabra "zona" goza de toda la neutralidad que tiene la palabra alemana *Gegend.*

P. 132 * "...lejanía...". La observación que hace aquí Heidegger sobre el sentido de la palabra desalejación resulta necesaria en alemán, porque en ese idioma *Entfernung* significa normalmente lejanía. Pero Heidegger le está dando en este parágrafo a la palabra *Entfernung* su estricto sentido etimológico: *Ent-fernung* significa para Heidegger deshacer la lejanía, o sea acercamiento. Al traducir nosotros *Entfernung* por desalejación se pierde el sentido de la observación que Heidegger hace en el texto, la cual solo tiene sentido por el uso corriente de la palabra *Entfernung* en alemán.

P. 142 * "...él mismo...": en alemán, *Selbiges*. Esta palabra designa el hecho de que, en medio y a pesar de los cambios, el Dasein se mantiene siendo *él mismo*, es decir, el Dasein no pierde su mismidad al ir cambiando. Por eso, la frase alemana completa dice: "Este tiene, en cuanto es 'él mismo' en medio de la multiplicidad de las diferencias, el carácter de la '*mismidad*' (*des Selbst*)". Se podría traducir también, como lo hemos hecho en otros lugares, "el carácter de un sí-mismo".

P. 144 * "*...coexistencia...*": con esta palabra traducimos la expresión alemana *Mitdasein* (destacado en el texto original), que literalmente significa *co-Dasein*, y se refiere al Dasein de los otros que están conmigo. La palabra co-existencia no debe ser entendida *por ningún motivo* como el convivir de unos con otros, sino que debe entenderse en el sentido de la existencia o Dasein *del otro*, de los demás, o mejor todavía, como los otros, los demás, en tanto que también son Dasein, es decir, existencia humana. Aquí, la "existencia" en coexistencia es la traducción de Dasein.

P. 144 ** "...la estabilidad del sí-mismo...": en alemán, *die Ständigkeit des Selbst*. Esta expresión corresponde, en el planteamiento existencial de Heidegger, sin identificarse en absoluto con ella, a la "sustancialidad" del yo en la filosofía clásica. La idea de la *Ständigkeit* es la de mantenerse firme en medio de las vicisitudes del existir. Correlativamente, la *Unselbständigkeit*, que literalmente significa carencia de autonomía o de independencia, debe ser entendida, en el contexto heideggeriano, como falta de estabilidad o firmeza del sí-mismo.

P. 144 *** "...la '*sustancia*' del hombre...": obviamente aquí la palabra "sustancia" está tomada no en su sentido propio, sino en el sentido de lo que correspondería en un planteamiento existencial a lo que es la sustancia en el planteamiento clásico. La "sustancia" del hombre, en este sentido existencial, es la *existencia*. La existencia es el ser del Dasein.

P. 145 * "...está, él mismo, 'en' el mundo...": en el "en" debemos escuchar el estar-*en*-el-mundo. No se trata tan solo de estar dentro del mundo, sino de habitar el mundo, tal como quedó explicado en el parágrafo 12. A la vez, ese ente humano, que está-en-el-mundo es, en este caso, un ente intramundano que comparece dentro del mundo. Es esta duplicidad de estados lo que hace la originariedad del ente del que estamos tratando.

P. 146 * "...de este estar-en-el-mundo determinado por el 'con'...": en alemán, *dieses mithaften In-der-Welt-seins.* "Mithaften" (*mithaften* está destacado en alemán) es un neologismo violento, que adjetiviza el adverbio "con", y significaría algo así como "cónico", "conal".

P. 146 ** "*...coestar* con los otros": en alemán, *Mitsein mit Anderen* (*Mitsein* está destacado en alemán). *Mitsein* podría traducirse también por ser-con, y así lo traduce Gaos. Como nosotros hemos utilizado más bien el verbo estar, podrá traducirse por estar-con; pero nos ha parecido mejor "coestar", que es una sola palabra, al igual que el *Mitsein* heideggeriano. "Coestar" significa, pues, estar con otros en el mismo mundo, y es una estructura de cada Dasein. Todo Dasein individual está-con-otros-en-el-mundo; a esta estructura ontológica es a lo que se llama coestar. Nótese, pues, la diferencia del coestar respecto de la coexistencia: el coestar es una estructura existencial del Dasein; en cambio la coexistencia no es una estructura del Dasein, sino que son los otros Dasein, el Dasein de los demás.

P. 147 * "...la facticidad del convivir...": en alemán, die *Faktizität des Miteinanderseins*. Ahora sí que la expresión *Miteinandersein* significa el convivir, el estar los unos con los otros. Debe distinguirse, pues, cuidadosamente este convivir, que es eminentemente fáctico, de la coexistencia, que, como se ha dicho, indica el existir de los otros Dasein.

P. 148 * "...*solicitud* (*Fürsorge*)": *Fürsorge* (destacado en el texto original) significa, literalmente preocupación-por (los demás). Pudimos haber traducido así, pero hemos preferido la palabra "solicitud", para evitar esos términos hirsutos, como son "preocupación-por" (Gaos traduce "procurar-por") o "curarse de", que a nuestro juicio hacen desagradable la lectura de un texto, tal como los encontramos frecuentemente en Gaos. "Solicitud" es una palabra de múltiples significaciones: puede significar, como el latín *sollicitudo*, preocupación, inquietud; pero puede significar también "diligencia" o "instancia cuidadosa", aplicada especialmente al trato con las personas; por último, puede significar el memorial en el que se solicita o pide alguna cosa, que en nuestro contexto no viene al caso.

P. 151 * "... 'empatía', 'endopatía'...". La palabra alemana *Einfühlung* dice, literalmente, un sentir que penetra en el otro, de tal manera que lo que yo siento en mí me ayuda para saber lo que siente el otro. Obviamente este no es un término feliz. La discusión de la *Einfühlung*, que Heidegger inicia aquí, va contra Theodor Lipps y contra todos sus seguidores, e incluso contra el propio Husserl.

P. 151 ** "...como la relación del Dasein hacia sí mismo... etc.": este es uno de los pasajes en que hemos tenido que corregir el texto de las ediciones alemanas. En todas las ediciones alemanas existentes el texto es como sigue: "Mientras no se haya probado de un modo evidente la legitimidad de este supuesto, seguirá siendo enigmático como él ha de abrir para el otro en cuanto otro la relación del Dasein hacia sí mismo". Obviamente este texto es erróneo y no tiene sentido. En efecto:

primero, no es el supuesto el que abre para el otro la relación del Dasein consigo mismo; segundo, no se abre *para el otro* la relación del Dasein consigo mismo, porque no se está hablando de la relación del otro consigo mismo, sino de la relación de nosotros con el otro. Consultado el manuscrito original en Marbach, se pudo comprobar que el texto de Heidegger, que tuvo ante su vista el linotipista, contiene después del "*wie*" (como) un "*die*", mientras que el resto del texto dice exactamente lo que hemos puesto en nuestra traducción. Este "*die*", agregado por Heidegger, está claramente demás y es con toda seguridad un error de escritura, procedente, tal vez, de la intención de hacer una frase más larga que en definitiva no se escribió. El linotipista mantiene este "*die*" y cambia el *"den Anderen als Anderen"* del texto original ("al otro en cuanto otro") por *"dem Anderen als Anderen"*. En la corrección de las pruebas, Heidegger cambia el "*die* " por un "*sie*" y corrige *"dem Anderen als Anderen"*, con lo cual la frase se convirtió en la frase errónea que leemos en las ediciones alemanas. Hacemos esta corrección textual con la autorización de los editores de la GA.

P. 153 * "El 'quién' es el impersonal, *el 'se'* o *el 'uno'*...": tenemos aquí uno de los conceptos fundamentales de *Ser y tiempo*: lo que Heidegger llama *das Man* es el sujeto impersonal de frases tales como "se dice", "se cuenta", "se hace". En realidad, debiera traducirse al castellano por "el *se*', o mejor aún, por "la gente" (como se expresa Ortega). Pero esta traducción trae, más adelante, una serie de problemas de traducción, como, por ejemplo, cuando Heidegger habla del *Man Selbst.* No podrá traducirse esta expresión por el "se mismo", y sería sumamente ambigua si se tradujera por "la gente misma". Por eso nos hemos decidido a conservar la traducción de Gaos que tiene algunos inconvenientes, pero que evita otros más graves. Yo no sé si siempre el uso del "uno" en castellano es impersonal. En el célebre verso de Miguel Hernández: "¡Tanto penar para morirse uno!", me parece que el uno tiene un sentido distinto, difícil de precisar, pero ciertamente no impersonal. Casi se diría que en este caso el uno es lo más íntimo y personal de todo.

P. 158 * "*...cooriginariedad...*": en alemán, *Gleichursprünglichkeit* (destacado en el texto original), literalmente "la igual originariedad".

P. 159 * "El ente que está constituido... etc.". Esta frase es esencial. En primer lugar, deja en claro de una vez para siempre que "*Dasein*" no significa "ser-ahí", sino *ser su* "Ahí". En segundo lugar, nos da a entender que la abertura al mundo, y por consiguiente, a la totalidad de lo ente, es el *constitutivo esencial* del Dasein. El Dasein "*es* su 'Ahí'", significa que el Dasein al abrirse al mundo, se abre igualmente a sí mismo. Esta abertura a sí mismo no es una "con-ciencia", sino algo más radical que toda conciencia: es el estar en lo abierto del ser y —por consiguiente— un comprenderse a sí mismo como "siendo".

P. 159 ** *"El Dasein es su aperturidad..."*'. la palabra "*aperturidad*" (*Erschlossenheit*, el texto está destacado en el original), que ya ha aparecido un par de veces en las páginas anteriores, significa *el hecho de que el Dasein está abierto,* entiéndase: abierto al mundo, abierto a sí mismo, abierto a los demás Dasein y, sobre todo, abierto al ser. Es una de las palabras más fundamentales de *Ser y tiempo*. En el parágrafo 16, párrafo 10, Heidegger ha explicado en qué sentido debe entenderse esta palabra: "'Abrir' y 'aperturidad' son términos técnicos que serán usados en adelante en el sentido de 'dejar abierto' — 'estado de lo que queda abierto'".

P. 160 * "...disposición afectiva...": en alemán, *Befindlichkeit*. Esta expresión, que Gaos traduce por "encontrarse", designa, literalmente, la condición según la cual el Dasein siempre se encuentra en algún estado afectivo.

La traducción de Gaos es correcta, porque la palabra alemana deriva del verbo *finden* que es encontrar. "*Sich befinden*" significa encontrarse, en el sentido de estar en un determinado estado de ánimo. En español se dice también "sentirse". Lo importante es que el Dasein se encuentra consigo mismo en sus estados de ánimo.

P. 160 ** "...indeterminación afectiva...": el texto alemán actual dice *in solcher Verstimmung,* es decir, "en semejante mal humor", cosa que obviamente no puede ser lo que Heidegger quería decir, puesto que acaba de advertirnos que no se debe confundir la indeterminación afectiva con el mal humor. Consultados el manuscrito y las primeras pruebas, resulta claro que Heidegger está hablando de la indeterminación afectiva y no del mal humor. El texto original completo es el siguiente: "Die oft anhaltende, ebenmässige und fahle Ungestimmtheit, die nicht mit Verstimmung verwechselt werden darf, ist so wenig nichts, dass gerade in ihr das Dasein ihm selbst überdrüssig wird. Das Sein ist als Last offenbar geworden", es decir, "la indeterminación afectiva, a menudo persistente, monótona y descolorida, que no debe ser confundida con el mal humor no es una nada, sino que precisamente en ella el Dasein se vuelve tedioso a sí mismo. El ser se ha manifestado como carga". Como se ve, la frase es más simple que actualmente, y también más clara. En alguna edición posterior, posiblemente a comienzos de los años 50, Heidegger hizo más extenso el texto, pero, a la vez, posiblemente por una distracción, escribió *Verstimmung* en vez de *Ungestimtheit*.

P. 161 * "...*condición de arrojado*..." en alemán, *Geworfenheit* (destacado en el texto original), que literalmente significa el estar-arrojado. El término se explica en el mismo texto de Heidegger.

P. 164 * "...de lo puramente presente...": en alemán, *des puren Vorhandenen*, literalmente "de lo que solamente está-ahí". En este caso hemos preferido traducir *Vorhandenes* por "lo presente". En otras ocasiones, a decir verdad muy escasas, traduciremos: "lo meramente presente". La razón de esta variabilidad es tan solo estilística.

P. 167 * "...y los bienes...": en alemán, *und Hof*, literalmente, "y la granja", los campos que pertenecen a uno. *Hof* puede significar también el corral, el terreno que rodea a la casa de campo.

P. 167 ** "...en función de...": en alemán, *aus dem her, was...*, literalmente, "desde aquello *que*".

P. 167 *** "...atemorizar*se* ante [algo]...": en alemán, *Sichfürchten vor*. Nosotros hemos destacado el "*se*" del atemorizar*se*, para destacar explícitamente que el "temer por" es siempre medial, es decir, implica siempre la propia existencia como aquello por lo que se teme.

P. 168 * "...*comprender*...": en alemán, *Verstehen* (destacado en el texto original). Esta palabra, como lo explicará Heidegger largamente en el texto que sigue a continuación, no tiene el sentido que habitualmente le damos, sobre todo en castellano. No significa un acto intelectual por el que captamos una significación o el sentido de una cosa compleja. Ni siquiera significa el comprender en el sentido que le da Dilthey cuando lo contrapone al explicar, es decir, el comprender de una obra humana o de un contexto vital histórico.

Comprender aquí es un acto que se identifica con el ser mismo del Dasein. Simplificando mucho las cosas, podríamos decir: el ser del Dasein es un saber de sí mismo, es un saber lo que pasa consigo mismo, es un experimentar el propio ser como posibilidad existencial. Pues bien, precisamente ese saber, que el ser del Dasein lleva consigo, ese saber del propio ser como *posible* es lo que Heidegger llama comprender, *Verstehen*.

P. 171 * "...*proyecto*...": en alemán, *Entwurf* (destacado en el texto original). Esta palabra debe ser entendida en su sentido literal: pro-yecto significa lo que está lanzado hacia adelante. Y este "delante" debe ser entendido como un futuro. Comprender es esencialmente pro-yecto o "proyección", como traduce Gaos, porque en él (en el comprender) el Dasein se lanza hacia su futuro y abre ese futuro como *posibilidad*.

P. 171 ** "...comportamiento planificador...": en alemán, *mit einem Sichverhalten zu einem ausgedachten Plan*, literalmente: "no tiene nada que ver con un comportarse en relación a un plan excogitado". Hemos traducido el sentido más que la forma del texto alemán.

P. 172 * "...auténticos o inauténticos": en alemán, *echt oder unecht*. Podría traducirse también genuino o no genuino. Se refiere a que el comprender propio sea genuinamente propio, pleno y verdaderamente. Y lo mismo vale, *mutatis mutandis* del comprender impropio. Esta es una de las razones, entre otras, para no traducir *eigentlich* por auténtico, como lo hacen algunos traductores en otras lenguas. Gaos, con mucha razón lo traduce por propio. Correlativamente *uneigentlich* deberá ser traducido por impropio y no por inauténtico.

P. 172 ** "... el estar-en...". Cada vez que se hable del estar-en, el lector debe entender "el Dasein mismo". En el texto que comentamos, lo que Heidegger quiere decir es que, comprendiendo el mundo, el Dasein comprende su propio estar-en-el-mundo, es decir, se comprende a sí mismo.

P. 172 *** "...la visión...": en alemán, *die Sicht* (*Sicht* está destacado en el texto alemán). Como lo explicará el propio Heidegger, aquí la palabra "visión" debe ser entendida en un sentido absolutamente amplio. Lo que el término quiere retener de la visión con los ojos del cuerpo o del alma es la inmediatez de lo dado en visión, y nada más que esto. Algo similar ocurre en el lenguaje coloquial cotidiano; por ejemplo, cuando decimos: "voy a ver a mi amigo", o "voy a ver a un enfermo". Lo que interesa aquí no es que se "vea" al amigo o al enfermo. Lo que interesa es que se está directa e inmediatamente con ellos.

P. 173 * "...*comprensión común*...": en alemán, *Verständigkeit* (destacado en el texto original). La palabra alemana significa, literalmente, la sensatez, la prudencia, el buen juicio. Como el término adquiere en Heidegger un carácter ligeramente peyorativo, y se refiere a la comprensión del uno, lo hemos traducido por comprensión común, entiéndase: la comprensión que es de todos justamente porque no es de nadie; si se quiere, el *sentido común*.

P. 174 * "...*interpretación*...": en alemán, *Auslegung* (destacado en el texto original). Esta palabra alemana significa literalmente "ex-posición". Ha sido traducida a otros idiomas por la palabra correspondiente en esos idiomas a nuestra palabra "explicitación". La *Auslegung* o interpretación es, efectivamente una explicitación de lo dado en el comprender. En esta interpretación los entes son articulados dentro de la totalidad del comprender, y quedan, de este modo, expuestos en forma explícita. Cuando la interpretación es teórica, como sucede constantemente a lo largo de la analítica existencial, Heidegger emplea la palabra alemana *Interpretation*, que Gaos traduce por exégesis. Nosotros hemos preferido también en ese caso usar la palabra interpretación, puesto que la *Interpretation* no es sino una forma de *Auslegung*. El contexto no deja lugar a dudas del tipo de interpretación de que se trata en cada caso.

P. 174 ** "...y no es este el que llega a ser por medio de aquella". Heidegger quiere decir que estamos en un plano radical, donde el comprender debe ser entendido en su sentido existencial y no en un sentido meramente intelectual como es el caso, por ejemplo, de la comprensión de un texto, que es fruto de una interpretación.

P. 176 * "...*manera de entender previa*...": en alemán, *Vorgriff* (destacado en el texto original). El verbo alemán *vorgreifen* significa anticipar, adelantarse a alguna cosa; pero Heidegger oye en el *greifen* la aprehensión conceptual. *Vorgriff* significa, por consiguiente, la anticipación de un concepto, vale decir, la anticipación de un modo de entender la cosa. El lenguaje, con sus palabras y giros idiomáticos, anticipa constantemente para nosotros los posibles modos de comprender las cosas con las que tratamos. Es importante tener claramente presente todo el proceso que Heidegger está describiendo aquí: el comprender ha abierto ya el mundo como posibilidades. Al hacerlo nos da de antemano algo que luego, en la interpretación, adquirirá un cariz particular. Lo que determina este último es esa mirada previa que dirigimos a lo que ha sido abierto por el comprender. Se trata siempre de un ente determinado dentro del mundo, con el cual tratamos. Este ente es visto con una cierta mirada, que puede ser muy variable. Por ejemplo, si vamos al campo, podemos ver ese campo como posible objeto de una explotación agrícola o lo podemos ver poéticamente, en su belleza, o como lugar para fundar una ciudad, etc. Cada vez la cosa con la cual nos encontramos queda "recortada" en su posible sentido por la mirada previa, y entonces aparece conceptualizada de una determinada manera. Digamos, para terminar, que esta conceptualización no es necesariamente una conceptualización teórica; en la vida cotidiana es, normalmente, una conceptualización vital y práctica.

P. 176 ** "...de esta 'prioridad'": en alemán, *dieses* "*Vor-*", literalmente: "de este '*pre*'".

P. 176 *** "...en partes integrantes": en alemán, in *Stücke*, literalmente "en trozos".

P. 177 * "...*horizonte*...": en alemán, *das Woraufhin* (destacado en el texto original), literalmente el "hacia-que". Gaos ha traducido "sobre el fondo de que", pero ha comprendido el *aus dem her* como dicho del proyecto, lo cual es un error, porque no está dicho del proyecto, sino del horizonte, del *Woraufhin*. El horizonte sirve de fondo de proyección y de principio de comprensión.

P. 177 ** "...como 'región intermedia'". Heidegger está discutiendo aquí la idea, frecuente en la filosofía hasta Husserl, de que el sentido sería un modo ideal de ser, distinto de la realidad y distinto de las cosas. Heidegger dice, un poco irónicamente, que el sentido entendido en esa forma se ceniría en "alguna parte" (*irgendwo*) a la manera de un "*Zwischenreich*", literalmente de un "reino intermedio".

P. 186 * "*El fundamento ontológico-existencial del lenguaje es el discurso...*". Heidegger usa aquí nuevamente la palabra *Rede*, que usó en el parágrafo 7 B, para traducir el término griego λόγος. Recuérdese que allí tradujimos *Rede* por "decir", porque lo que a Heidegger le interesaba en el λόγος era su carácter mostrativo. Ahora, en cambio, traducimos *Rede* por "discurso" porque Heidegger oye, en este caso, la palabra *Rede* en su raíz latina e indoeuropea, *reor*, **ar-*, respectivamente, que incluye la idea de articulación. El discurso es entendido aquí como articulación de lo comprendido. La frase que estamos explicando expresa cuál es el fundamento ontológico-existencial del lenguaje. Esto quiere decir que el discurso no es el lenguaje, sino, más bien, su fundamento ontológico-existencial o, como se dirá más adelante, la raíz del lenguaje. El lenguaje es la manifestación óntica (en palabras, signos, gestos) de esa estructura ontológica que es la *Rede*: es lo que Heidegger expresará más adelante cuando diga que a las significaciones (articuladas por la *Rede*) les "brotan palabras".

P. 186 ** "...modo de ser *mundano*": en alemán, *weltliche Seinsart* (*weltliche* está destacado en alemán). Aquí la palabra *weltliche* debiera llevar comillas, como sucede en el párrafo siguiente. En efecto, esa palabra se refiere a algo que es un ente intramundano, en este caso, al lenguaje. Lo que quiere decir Heidegger es que la *Rede* demanda esencialmente adquirir un carácter óntico intramundano, es decir, convertirse en lenguaje.

P. 186 *** "*...se expresa como discurso*": en alemán, *spricht sich als Rede aus* (destacado en el texto original). El término "expresarse" insinúa la idea de un salir fuera; pero no es esto lo que se quiere decir: no es que la comprensibilidad salga fuera al surgir el lenguaje, porque la comprensibilidad está siempre fuera, en el mundo. Lo que sucede es que la comprensibilidad, en cuanto articulada por la *Rede* sale del plano estrictamente ontológico al plano óntico, se hace lenguaje y eso, exactamente, es lo que dice el término alemán *sich ausprechen* que significa "volverse lenguaje".

P. 186 **** "...consignado al 'mundo'": en alemán, *auf die "Welt" angewiesen*. Esta idea de estar remitido al "mundo", es decir, de estar vuelto hacia los entes del mundo y necesitado de ellos, juega un papel muy importante en varios pasajes de *Ser y tiempo*. En este caso, lo que se quiere decir es que el discurso, por ser la articulación en significaciones del Dasein, se ve arrojado a lo óntico del mundo y necesitado de ello, lo cual no podrá ocurrir si el discurso no se hiciera lenguaje.

P. 187 * "...'tratado'...": en alemán, "*angeredet*". Esta palabra alemana, que se usa aquí en un sentido muy particular, debe entenderse en el mismo sentido en que se entiende cuando hablamos de "tratar a alguien de usted". *Anreden* significa interpelar, ir con las palabras hacia alguien o hacia algo. En este caso, vamos a la cosa de la cual se habla en el discurso y la "tratamos de..." en lo que decimos de ella. Para aclarar esto pongamos un ejemplo un poco particular: si hablo de un libro, aquello sobre lo que recae el discurso hablado es la cosa misma que es libro. Y si yo digo de ella: "¡Pero qué libro más hermoso!", estoy "tratando" a esa cosa de "libro hermoso".

P. 187 ** "*...expresarse...*": en alemán, *Sichaussprechen* (destacado en el texto original). Esta palabra apunta al mostrarse de los estados de ánimo del Dasein en el discurso hablado. Si no fuera equívoca, la palabra ideal sería: "pro-nunciarse", que literalmente significa poner delante una noticia, algo que hace accesible a los demás lo que de otro modo no sería accesible a ellos. Esta manifestación de lo que podríamos llamar el modo de estar en el mundo (entiéndase: el modo de estar afectivamente en el mundo) será llamada un poco más adelante una *Bekundung*, es decir, una notificación: poner al alcance de todos lo que pasa en lo más propio de cada cual.

P. 188 * "El escuchar es constitutivo del discurso". Para entender lo que Heidegger está diciendo en estos párrafos en que habla de los momentos constitutivos del discurso, es necesario tener presente que Heidegger piensa aquí en el discurso exteriorizado. Esta exteriorización puede ser y será normalmente en palabras, pero también puede tener lugar por medio de gestos, de ademanes, de silencios, del canto o de la música instrumental. Todas estas formas son formas de exteriorización de la *Rede*, o sea de la articulación de la comprensibilidad del mundo. Por eso, ahora se nos dice que el escuchar (*Hören*) es constitutivo del discurso exteriorizado; en efecto, toda exteriorización de la *Rede* tiene en vistas un posible escuchar. En el fondo el lenguaje es siempre diálogo: incluso ahí donde el otro no contesta nada y solo oye. Heidegger llegará a decir que nosotros nos escuchamos a nosotros mismos como la voz de un amigo que estuviera aconsejándonos. El escuchar cobra su máxima potencialidad cuando "lo escuchado" es el otro en cuanto tal, la persona del otro: es lo que Heidegger llama el *Hören auf...*

P. 188 ** "...la percepción acústica se funda en el escuchar". Heidegger establece aquí un paralelo entre la locución verbal, fundada en el discurso, y la percepción acústica, fundada en el escuchar. Si entendemos este "escuchar" como un comprender o intentar comprender, resulta claro que cuando oímos algo, por ejemplo el rugir de la tempestad, lo que primero oímos, es decir, comprendemos, es la tempestad misma y solo derivadamente podemos atender a los sonidos en que la tempestad se manifiesta. Es obvio que escuchamos los sonidos junto con escuchar la tempestad, no hay prioridad cronológica de la tempestad sobre los sonidos que ella produce. Pero nuestra atención comprensora, es decir, nuestro existir está volcado sobre la tempestad y no sobre los sonidos. Y si se vuelca sobre los sonidos, esta nueva comprensión es derivada de la primera, de la comprensión de la tempestad misma.

P. 189 * "El que 'no puede escuchar' y 'necesita sentir'...". Heidegger está haciendo alusión a un decir cotidiano, en que la mamá amenaza al niño que no quiere hacerle caso con que "lo hará sentir", entiéndase: las palmadas que le dará.

P. 192 * "...habladuría...": en alemán, *Gerede*. La traducción de *Gerede* por habladuría deja bastante que desear. *Gerede* es el hablar común; casi, se podría decir, los "lugares comunes". Es el hablar tópico. Es el hablar desarraigado, esto es, sin raíces en las cosas mismas. Habrá que oír la palabra "habladuría" solamente en este sentido, y no como chisme, murmuración, ni tampoco como charlatanería, es decir, como un hablar en exceso.

P. 193 * "...falta de arraigo... total carencia de fundamento". "Falta de arraigo" es la traducción de *Fehlen der Bodenständigkeit,* literalmente "falta del estar en el suelo". El suelo del cual Heidegger habla aquí son los entes de los que el discurso habla. Cuando el discurso se convierte en *Gerede*, es decir, cuando ya no se apoya en los entes mismos sino tan solo en el haber oído decir algo a otros, esto causa, naturalmente, una falta de arraigo del hablar mismo. "Total carencia de fundamento", en alemán *völlige Bodenlosigkeit*, literalmente "completa ausencia de suelo": es el grado superlativo del desarraigo, es decir, ese estado al que se llega cuando se pierden incluso de vista los entes de los que se habla. Por todo lo que se ha dicho aquí, sería quizás acertado traducir *Gerede* por "hablar desarraigado".

P. 195 * "... *curiosidad...*": en alemán, *Neugier* (destacado en el texto original), literalmente, tal como traduce Gaos, "avidez de novedades". La traducción de Gaos es absolutamente correcta, pero representa una expresión que no se usa habitualmente en nuestro idioma. En cambio, *Neugier* es, en alemán, una palabra sumamente corriente, cuyo significado es curiosidad. Esta palabra, aunque no destaca explícitamente el aspecto de la avidez de novedades, lo dice, sin embargo, en alguna forma. Tiene, además, la ventaja, que no se da en el alemán, de poner en relación la curiosidad con la *cura*, es decir, con el cuidado o *Sorge*. La curiosidad es una forma cadente de cuidado: es un cuidarse de lo nuevo, de lo que puede llamar la atención, de lo interesante. En latín la palabra *curiositas* significa, además de curiosidad, deseo de saber, de aprender, diligencia para informarse bien acerca de las cosas. Como se ve, estos últimos sentidos de la palabra latina son positivos y no tienen el matiz cadente de la palabra "curiosidad" en castellano y de la palabra *Neugier* en alemán.

P. 200 * "...*caída* del Dasein". Lo que Heidegger llama *Verfallen*, que aquí traducimos por "caída" podrá traducirse también por la expresión "movimiento de caída". En efecto, el *Verfallen* no es algo estático, sino un movimiento que lleva al Dasein a absorberse en los entes del mundo y a interpretarse a sí mismo desde estos entes del mundo, es decir, a olvidar su ser más propio. En este parágrafo 38 Heidegger describe, precisamente, el movimiento de caída del Dasein.

P. 201 * "...estar suspendido en el vacío": en alemán, *hat...den Modus ernes bodenlosen Schwebens*, literalmente tiene el modo (la modalidad) de un cernirse en el aire y, por consiguiente, de no tener apoyo en el suelo.

P. 201 ** "...*tentador*": en alemán, *versucherisch* (destacado en el texto original). La idea aquí es que el propio Dasein se tienta a sí mismo, es decir, que la caída no le viene desde fuera, por causas externas, sino que le viene desde dentro de sí mismo, desde su propio ser.

P. 202 * "...*acrecienta* la caída": en alemán, *steigert das Ver fallen* (*steigert* está destacado en alemán). Como se ve, la caída no es algo que se haya producido una vez y que permanezca en su mismo estado, sino que, por el contrario, es algo que crece, que se despliega. Por eso hablábamos de movimiento de caída.

P. 202 ** "...*alienante*"', en alemán, *entfremdend* (destacado en el texto original).

P. 203 * "...*torbellino*": en alemán, *Wirbel* (destacado en el texto original), que significa también vorágine.

P. 203 ** "...no solo no es un 'hecho consumado', sino que tampoco es un *factum* plenamente acabado": en alemán: *...ist nicht nur nicht eine "fertige Tatsache", sondern auch nicht ein abgeschlossenes Faktum.* Heidegger parece referirse con la expresión *"fertige Tatsache"* a un hecho que ha tenido lugar dentro del mundo; cosa que obviamente la condición de arrojado no es. Podría, entonces, pensarse que la condición de arrojado fuese un *abgeschlossenes Faktum*, vale decir un *factum* que me envuelve a mí mismo y que estaría ya plenamente acabado, pero esto es precisamente lo que Heidegger niega en la frase anterior. Como se verá en la frase siguiente, el Dasein está constantemente en un *Wurf*, en un arrojamiento o lanzamiento, está constantemente siendo arrojado.

P. 212 * "...uno se siente '*desazonado*'": en alemán, *ist einem "unheimlich"* (*unheimlich* está destacado en el texto alemán), literalmente, *unheimlich* significa terrible, pero etimológicamente esta palabra quiere decir: "que no tiene hogar". Entonces, lo terrible de la angustia es que está como fuera de todo lugar, no tiene morada, no tiene dónde estar. Esta idea se podrá expresar en castellano con la palabra inhóspito, como lo hace Gaos. Pero "inhóspito" significa aquello que no ofrece hospedaje, y se refiere no al estar de nosotros fuera de lugar o fuera del hogar sino al carácter que tiene un lugar que no es acogedor. Es una idea totalmente distinta de la que expresa la palabra alemana *unheimlich*. En cambio, aunque la palabra española desazón apunte en otra dirección, su uso lingüístico expresa justamente la terribilidad producida por un estar fuera de tiempo, fuera de sazón.

P. 215 * "...estar-caído": en alemán, *Verfallensein*. Podría sorprender el que Heidegger nombre como tercer carácter ontológico fundamental del Dasein el "estar-caído". En efecto, la *existencialidad* se refiere al anticiparse del Dasein en sus posibilidades, la *facticidad* mienta la condición de arrojado que es propia del Dasein. Lo normal habría sido nombrar como tercer carácter ontológico fundamental el *estar en medio de los entes*. Heidegger, en cambio, nombra la caída. Esto le ha sido objetado por algunos comentaristas. Pero se podrá defender el modo de proceder de Heidegger por el hecho de que la caída representa el modo normal y habitual como el Dasein está en medio de los entes: la caída, en cierto modo, atañe *ante todo* al estar en medio de los entes, entiéndase: estar con los demás Dasein sumergido en el "mundo" de los quehaceres inmediatos, es decir, absorto en el *presente*.

P. 215 ** "...*anticiparse-a-sí* del Dasein": en alemán, *Sich-vorweg-sein des Daseins* (*Sich-vorweg-sein* está destacado en alemán). Gaos ha traducido el *Sich-vorweg-sein* por "pre-ser-se". Esta traducción me parece enteramente incorrecta porque el *vorweg* (el "pre") no se refiere al *sein* (al ser), sino al *sich*, al "sí". La expresión mienta un anticiparse a si, o si se quiere, un ser anticipadamente a sí, y de ninguna manera un pre-ser-se, que significaría un ser antes de ser. Además el verbo ser difícilmente tolera en castellano las formas reflejas: serse. Si Heidegger se hubiera visto precisado a usarla podríamos adoptarla; pero esto no tiene ningún fundamento en el texto que comentamos.

P. 216 * "...*cuidado*...": en alemán, *Sorge* (destacado en el texto original). Tal como lo advierte el propio Heidegger, el término *Sorge* designa solamente una estructura existencial y no un fenómeno existentivo, como sería, por ejemplo, el de la preocupación, de la inquietud o de la solicitud. Hemos preferido la palabra "cuidado" —que en castellano es más neutra— al término preocupación, que habíamos usado en un comienzo. El cuidado debe ser entendido en este contexto en el sentido del conjunto de disposiciones que constituyen el existir humano: un cierto mirar hacia delante, un atenerse a la situación en que ya se está, un habérselas con los entes en medio de los cuales uno se encuentra. En efecto, cuando se hace algo con "cuidado" se está vuelto hacia lo que viene en el futuro inmediato, hacia lo que hay que hacer; pero, a la vez, se está arraigado en la concretisima situación en la que ya nos movemos en cada caso. Además, en estas dos disposiciones se está en contacto con las cosas en medio de las cuales nos encontramos.

P. 223 * "...*se da*...": en alemán, *ist* (destacado en el texto original), o sea, literalmente: *es*.

P. 223 ** "...exégesis...": en este caso hemos traducido la palabra alemana *Interpretation*, por "exégesis", para evitar la cacofonía que se produciría por el hecho de que traducimos *Auslegung* por "interpretación".

P. 224 * "...no se ha articulado aún...": esta es una tesis fundamental para Heidegger en la época de *Ser y tiempo*: lo que en la comprensión preontológica del ser entendemos por "ser" no es algo bien determinado sino, por el contrario, algo borroso. Nuestra comprensión del ser oscila entre los distintos momentos de ser abarcándolos a todos en forma indeterminada.

P. 224 ** "...*se da*...": una vez más el alemán dice, literalmente, *es*.

P. 235 * "...*la sustancia del hombre es la existencia*": en alemán, *die Substanz, des Menschen ist die Existenz* (destacado en el texto original). Obviamente, aquí la palabra "sustancia" debe ser entendida en un sentido muy amplio: en el sentido del ser. Sustancia significa aquí lo sustancioso, lo que le da "realidad" al ser humano. Y eso es justamente la existencia, entendida no como el hecho de existir, sino como el modo de ser que caracteriza al Dasein.

P. 237 * "...adecuaciones de las cosas": en alemán, Heidegger dice *Angleichungen an die Dinge*, literalmente: adecuaciones a las cosas. El texto griego habla simplemente de semejanzas de las cosas. En realidad, Heidegger está haciendo una interpretación del texto de Aristóteles en la que lleva este texto a la idea de adecuación, propia de la filosofía medieval, que no se halla, aparentemente, en el texto griego. Es un caso típico de las traducciones heideggerianas. ¿Se trata de una violencia al texto? Pienso que no; sino, por el contrario, de una fidelidad al espíritu del texto más que a la letra. En efecto, ¿qué puede significar una "semejanza de las cosas"? Obviamente no significa que haya en el alma algo que es parecido a las cosas, una semejanza que tendría que ser constatada desde fuera: entiéndase desde fuera de las cosas y desde fuera del alma, desde un cierto punto de vista, por decirlo así, absoluto. Pero de eso no sabemos nada. Lo que sabemos, cuando hablamos de las cosas, es que lo que nosotros pensamos se ajusta (o no se ajusta) a lo que las cosas son, es decir, se adecua (o no) a ellas. Y esto es precisamente lo que Heidegger está diciendo.

P. 239 * "*...una cierta subsistencia*"'. la expresión alemana *bestehen* es sumamente difícil de traducir al español, literalmente significa "mantenerse en pie", "estar firme", "no desaparecer". Normalmente traduciríamos estas ideas por la palabra "existir". Pero dado que en el contexto de *Ser y tiempo* "existir" tiene un sentido muy preciso, no podemos usar aquí esta palabra. Por eso hemos escogido una solución que, sin ser óptima, sin embargo, se deja escuchar en castellano: "una cierta subsistencia". Añadimos la palabra "cierta" para dar a entender que no se trata en absoluto de lo dicho por el término filosófico "subsistencia", el cual tiene, sobre todo en la escolástica, una significación sumamente precisa, que no es en modo alguno idéntica a lo que aquí se dice: justamente la relación no puede tener subsistencia en el sentido filosófico de esta palabra, porque subsistencia significa existir en sí mismo y no en otro, existir substancialmente, cosa que, como es obvio, no le acontece a la relación. Al decir "una cierta subsistencia", estamos refiriendo la palabra subsistencia a su uso en el idioma corriente, donde significa perdurar, mantenerse en el ser. Justamente algo así es lo que dice el *bestehen* alemán.

P. 240 * "...se acredita *como verdadero*": en alemán, *sich...als wahres ausweist* (*als wahres ausweist* está destacado en alemán). Ya hemos dicho anteriormente que la palabra *ausweisen* debe traducirse habitualmente por justificar. Sin embargo, en ciertos contextos es preferible traducirla por "acreditar" y, en muchos casos —como ocurrirá poco más adelante en este mismo texto— por "evidenciar". La evidencia es un caso de justificación, y cuando el contexto por su carácter absolutamente concreto así lo exige, debe traducirse la *Ausweisung* por evidencia (o evidenciación) y *ausweisen* por evidenciar.

P. 242 * "*...repudio...*": en alemán, *Abschütteln* (destacado en el texto original), literalmente, un "sacudirse", es decir, un sacarse de encima (la tradición).

P. 251 * "Así como no se ha demostrado...etc.". Este difícil texto parece querer decir que no es demostrable la existencia de un verdadero escéptico, y que, sin embargo, las refutaciones del escepticismo creen en esa existencia, puesto que pretenden "justamente" refutar al escéptico. Pero nótese que la refutación consiste en decirle al escéptico que él está *afirmando* la imposibilidad de conocer la verdad y que, por consiguiente, se está contradiciendo, puesto que, en el fondo, cree en la verdad de que es imposible conocer la verdad. Al final Heidegger dice que quizás ha habido más a menudo escépticos de lo que la argumentación antiescéptica pretende. Pero estos "verdaderos" escépticos —si los ha habido— han debido suprimir su existencia en la desesperación del suicidio.

Esa tragedia del escepticismo "real" no es demostrable ni refutable: está allende toda dialéctica puramente racional.

P. 255 * "*...integridad*": en alemán, *Ganzheit* (destacado en el texto original). La palabra *Ganzheit* puede ser traducida también, y lo ha sido a lo largo de las páginas anteriores, por "totalidad". Así, por ejemplo, se ha dicho constantemente que el cuidado es la totalidad del todo estructural que es el Dasein. Pero ahora que Heidegger habla del Dasein desde su nacimiento hasta su muerte, es decir, de ese todo que se extiende entre estos dos polos, usaremos para traducir *Ganzheit* el término español "integridad'. El cuidado es la totalidad obtenida en una visión, por así decirlo, sincrónica, esto es, en una especie de corte transversal de las estructuras del Dasein. Ahora, cuando se trata de una visión diacrónica, de un corte longitudinal del Dasein, en su extenderse desde el nacimiento hasta la muerte, la totalidad en cuestión será traducida por nosotros con la palabra "integridad", que responde mejor a la idea que quiere expresar Heidegger: en efecto, aquí se trata de considerar al Dasein como un *integrum*, como algo que se ha desplegado hasta su último momento, que ha asumido en sí la muerte, y por eso, es mejor hablar de "Dasein entero", de "integridad" e incluso, si hubiese sido necesario, de integración. Este es un ejemplo de cómo la traducción a otro idioma puede aportar, en algún caso particular, una mayor precisión al texto traducido.

P. 255 ** "...poder-estar-entero...": en alemán, *Ganzseinkönnen*. También aquí podrá haberse traducido, como lo hace Gaos, por: "poder ser total", pero en ese caso no se "oiría", al escuchar esta expresión, la diferencia entre el ser total que ya tiene el Dasein por el cuidado y el ser total al que apunta al extenderse desde el nacimiento hasta la muerte. No es que el Dasein pueda ser total, sino que puede *llegar a estar entero*. Esta última traducción nos parece que "dice" a nuestros oídos castellanos más que la otra.

P. 256 * "...resto pendiente...": en alemán, *Ausstand*. Hemos traducido la palabra alemana *Ausstand* por "resto pendiente" en vez de "lo que falta", como traduce Gaos y otros traductores (por ejemplo: Vezin y Pietro Chiodi). Lo mismo que en el caso de la integridad hay en la traducción "resto pendiente" un matiz dinámico.

P. 256 ** "El haber-llegado-a-fin...": en alemán, *das Zu-Ende-sein*. La palabra alemana *Zu-Ende-sein* significa "haber terminado". Literalmente, "estar en el fin". Heidegger va a jugar aquí con las expresiones alemanas: más adelante dirá que el *Zu-Ende-sein* del Dasein es un *Sein zum Ende,* que significa literalmente "ser hacia el fin", y que nosotros traducimos por "estar vuelto hacia el fin".

P. 256 *** "...la conciencia moral": en alemán, *das Gewissen*.

P. 257 * "...saber histórico": en alemán, *Historie*.

P. 261 * "Lo meramente presente...": en alemán, *das Nur-noch-Vorhandene*.

P. 261 ** "El 'difunto'...": en alemán, *der "Verstorbene"*. En alemán hay una diferencia entre el "meramente muerto" (*der Gestorbene*) y el difunto (*der Verstorbene*). Esta última palabra se usa, por ejemplo, para hablar de los muertos de la familia, de los muertos que se recuerda. En cambio, la palabra *Gestorbener* significa simplemente alguien que ha dejado de vivir. En este caso se piensa en el muerto, por así decirlo, hacia atrás: es el que vivía antes y ahora ya no vive. En cambio, el *Verstorbener*, el difunto, es el que pervive en el recuerdo de sus parientes o de sus conciudadanos.

P. 263 * "...fenecer...": en alemán, *verenden*. La palabra "fenecer" significa, literalmente, "acabar" (del latín *finire*). El fenecer de los seres vivientes no humanos es pura y simplemente un acabarse: no está anticipado ni por las plantas ni por los animales. El morir de un animal, por ejemplo, no es previsto por el animal; el morir llega simplemente y el animal termina.

P. 264 * "...la cesación de una vida": en alemán, *das Ende ernes Lebens,* literalmente, "el fin de una vida".

P. 269 * "*...dejar de vivir...*'": en alemán, *Ableben* (destacado en el texto original). Heidegger se refiere aquí, como queda claro por la expresión misma, al hecho de morirse, a lo que también llamamos "fallecer". La diferencia con el puro fenecer de las plantas y de los animales consiste en que el dejar de vivir humano es previsto por el hombre, no es un simple hecho ciego, sino el *cumplimiento* de algo esperado o temido. La diferencia con el morir (*sterben*), en el sentido ontológico que Heidegger le va a dar a esta palabra, estriba en que el morir ontológico-existencial consiste en el estar vuelto hacia la muerte, en la *posibilidad* de dejar de vivir, y no en el dejar de vivir mismo.

P. 272 * "...*inminencia*...": en alemán, *Bevorstand* (destacado en el texto original). Literalmente la palabra alemana dice tan solo que algo está por venir, es decir, *delante* del Dasein (entendiendo este delante en sentido de un futuro). En cambio, la palabra española inminencia habla de amenaza, y de una amenaza que se nos viene encima. Sin embargo, a pesar de estas diferencias, el término español traduce excelentemente el sentido del *Bevorstand* de la muerte: en efecto, la muerte es en todo momento posible, está siempre a las puertas, es una amenaza respecto de todas las posibilidades del Dasein a las que puede reducir a nada, es rigurosamente *in-minente.*

P. 278 * "...la *convicción*...": en alemán, *Überzeugung* (destacado en el texto original). Heidegger se apoya aquí en la literalidad de la palabra alemana. A diferencia de nuestra palabra "con-vicción", que mienta un cierto ser vencido por la cosa misma, la palabra alemana *Überzeugung* parece referirse a un cierto testimonio que daría de sí misma la cosa puesta al descubierto.

P. 283 * "...*adelantarse hasta la posibilidad*...": en alemán, *Vorlaufen in die Möglichkeit* (el texto está destacado en el original). Gaos ha traducido está expresión con la frase "precursar la posibilidad". Esta traducción también es posible; en efecto, el precursor se dice en alemán *der Vorläufer.* Pero el precursor es el que va por delante de alguien y, por consiguiente, la palabra apunta hacia atrás, hacia el pre-cursado. San Juan Bautista es el precursor del Mesías, porque aparece antes que el Mesías y lo anuncia. En el *Vorlaufen in die Möglichkeit* no se mira hacia atrás, sino hacia adelante, hacia la posibilidad misma. Por consiguiente, parece mejor la traducción "adelantarse hasta la posibilidad". Este adelantarse es un correr hacia adelante hasta encontrarse con la posibilidad en tanto que posibilidad; es un vivir en la posibilidad en cuanto tal y, por consiguiente, una forma de futuro. El futuro que es la muerte es aquel futuro de la existencia que acaba con la existencia. Lo que en este adelantarse se hace patente es la radical e inadmisible finitud de la propia existencia.

P. 285 * "...singulariza al Dasein aislándolo en sí mismo": en alemán, *vereinzelt das Dasein auf es selbst.* El verbo alemán *vereinzeln* y el sustantivo *Vereinzelung* significan, respectivamente, aislar, aislamiento, y se refieren en el contexto al acto de sacar al Dasein de su dependencia del uno y volverlo existentivamente sobre sí mismo. La *Vereinzelung* es la vuelta a la *Jemeinigkeit*, es decir, al ser-cada-vez-mío del propio Dasein. Es cierto que este ser-cada-vez-mío no se pierde en la impropiedad, sino que cobra esa forma particular que es ser mío dejándome ser por los otros, pero en el aislamiento que se logra en el adelantarse hasta la muerte el Dasein experimenta el modo *propio* de ser-cada-vez-mío, es decir, ese modo que consiste en serlo desde mí mismo y no desde los demás. Es un aislamiento, no en el sentido de que deje al Dasein a solas consigo mismo, sin mundo y sin los demás, sino en el sentido de que su estar abierto al mundo y a los demás es experimentado como algo que acontece desde lo más propio de sí mismo, desde la *Jemeinigkeit*.

P. 291 * "...*intimación* a despertar a su más propio ser-culpable": en alemán, "... *Aufruf zum eigensten Schuldigsein*" (*Aufruf* está destacado en alemán). La traducción propuesta es una traducción libre que interpreta el sentido de la intimación. Esta no puede ser, obviamente, una invitación a ser culpable, que equivaldría a una incitación al mal; sino que tiene que ser una invitación a reconocer que ya se es culpable, o sea a aceptar la radical culpabilidad ínsita en el Dasein. Es lo que expresamos con la idea de *despertar* al más propio ser-culpable. Además la conciencia es como una sacudida brusca que hace despertar al Dasein de una especie de estado de letargo en que se encuentra en virtud de la caída.

P. 302 * "...'no ser consciente de culpa'....": en alemán, "*keiner Schuld bewusst*". La palabra alemana *Schuld* y sus derivados tienen múltiples significaciones, tal como lo dirá Heidegger un poco más adelante. Pero en el contexto en el que nos encontramos ahora, es decir, en conexión con el tema de la conciencia moral, el sentido de la palabra es inequívocamente el de "culpa"; por su parte, *schuldig* significa culpable y es la palabra que, por así decirlo, la conciencia le lanza en la cara al Dasein. Es un grave error traducir, en este contexto, *Schuld* y *schuldig* por "deuda" y "deudor", respectivamente. Heidegger no está buscando el sentido en el cual el Dasein sea deudor de algo o de alguien, sino que busca en qué consiste la radical culpabilidad de la existencia humana como tal. Muy probablemente hay aquí una influencia de la teología luterana en la problemática de la conciencia tal como es tratada en *Ser y tiempo*.

P. 304 * "*...nihilidad*": en alemán, *Nichtigkeit* (destacado en el texto original). La palabra alemana significa normalmente "nulidad", "futilidad", "inanidad". Algunos traductores han traducido *Nichtigkeit* por "nulidad" o por "negatividad". A nosotros, en cambio, nos parece que debe traducírsela por "nihilidad". La palabra "nihilidad" es una palabra espléndida y dice exactamente lo que quiere expresar Heidegger en el contexto que estamos examinando. La nihilidad no es la simple negación o negatividad. Podría entenderse como nulidad si oímos esta palabra en el sentido de ser una nada, como cuando se dice de alguien que es una nulidad. Pero, entonces, nulidad viene a ser lo mismo que nihilidad, y esta palabra, derivada del latin *nihil*, que significa nada, es mucho más expresiva que la palabra nulidad, que se puede entender también del carecer de valor o de vigencia de algún documento legal. Gaos ha traducido *Nichtigkeit* por "no ser", que viene a decir lo mismo que nihilidad. Por razones de estilo, tendremos, sin embargo, que traducir *nichtig* por negativo, ya que la palabra "nihílico" resultaría sumamente violenta. Pero entiéndase ese negativo siempre como la negatividad de un no ser.

P. 306 * "*...el sentido ontológico de la negatividad...*". Nótese que en alemán la palabra que hemos traducido por negatividad es, en este caso, *Nichtheit* que, literalmente, significa la "noidad", es decir, el carácter de no que tiene alguna cosa, y esto se traduce naturalmente en castellano por negatividad. Es una nueva razón para traducir *Nichtigkeit* por nihilidad; en efecto, Heidegger habla aquí *del sentido ontológico de la negatividad* de la "nihilidad existencial", distinguiendo así la negatividad de la nihilidad.

P. 309 * Título del parágrafo 59: Notese que Heidegger emplea dos palabras diferentes para referirse a la interpretación; ellas son: *Interpretation* y *Auslegung*. Recordemos que *Interpretation* es la interpretación teorética y temática, mientras que *Auslegung* es la interpretación vital, no teorética. Lo que el título expresa es la comparación de la interpretación de la conciencia que Heidegger ha dado hasta este momento (una interpretación teorética y temática) con la interpretación vital que la conciencia lleva consigo, y que se ha convertido en una interpretación usual o corriente. La expresión "interpretación vulgar de la conciencia" significa la interpretación práctica que la conciencia ha hecho de sí misma y que se ha convertido en una interpretación usual.

P. 316 * "*...resolución...*": en alemán, *Entschlossenheit* (destacado en el texto original). En realidad, la palabra alemana se refiere a un *estado de resolución*, a una *condición* que se logra mediante el acto resolutorio. Esa condición es al mismo tiempo un modo de aperturidad de la existencia propia. La palabra *Entschlossenheit*, emparentada con *Erschlossenheit* (aperturidad), alude también al estar abierto. Más adelante Heidegger se referirá a esta relación de la *Entschlossenheit* con la apertura.

P. 318 * "...acto resolutorio...": en alemán, *Entschluss*. Como se ve, hemos traducido *Entschluss* por "acto resolutorio". Heidegger distingue entre la *Entschlossenheit*, que es propiamente una disposición o, si se quiere, un estado, y *Entschluss*, que es el acto mismo de resolverse. Como ya hemos traducido *Entschlossenheit* por resolución, entendiendo esta resolución como la disposición del estar resuelto, deberemos emplear otra palabra para traducir *Entschluss*, y esto nos ha llevado a traducirlo por acto resolutorio. Es cierto que "resolución" puede significar también el acto de resolverse; pero esta no es su única significación posible: "resolución" puede significar, además, el estado en que quedo cuando me he resuelto a algo. Es en este último sentido en que la usamos en el texto.

P. 318 ** "Pero, ¿a qué se resuelve el Dasein en la resolución?". *Aber woraufhin entschliesst sich das Dasein in der Entschlossenheit?* Hemos traducido esta frase según el texto de la *Gesamtausgabe*, donde se corrigió el texto de ediciones anteriores que decía: "pero ¿a qué se abre (*erschliesst sich*) el Dasein... etc.". La razón de este cambio hecho por los editores en la edición de las obras completas es un cambio anotado por el propio Heidegger en su texto del *Hüttenexemplar*. Por lo demás, de esta manera se empareja el texto, que en la frase siguiente decía, incluso en las ediciones anteriores: "*Wozu soll es sich entschliessen*", "¿a qué podrá *resolverse*?". Está casi demás añadir que en las ediciones separadas posteriores a la GA este cambio ha sido incorporado al texto.

P. 324 * "...toda la 'provisionalidad' fáctica del resolver?": en alemán, *alle faktische "Vorläufigkeit" des Entschliessens...* Este difícil texto ha sido interpretado en diversas formas por los traductores. Por lo general, se entiende la "*Vorläufigkeit*" como pre-cursividad o anticipatoriedad de las decisiones. Nosotros entendemos, como Gaos, esa palabra en su sentido corriente, según el cual significa provisionalidad. Las comillas estarían puestas, en este caso, para marcar la diferencia entre el significado del *vorlaufen* y el de la "*Vorläufigkeit*". Lo que Heidegger estaría diciendo es que toda decisión fáctica del Dasein es provisional mientras no sea vista a la luz de la muerte, desvelada en toda su "realidad" tan solo en el *adelantarse* hacia la muerte . Y solo ahí son "alcanzadas" las decisiones, es decir, adquieren su sentido propio para la existencia humana.

P. 324 ** "...paso decisivo...": literalmente, en alemán, *grundlegenden Schritt*, es decir, paso que pone un fundamento para algo.

P. 325 * "*...temporizarse...*": en alemán, *sich zeitigen* (*zeitigen* está destacado en alemán). La palabra *zeitigen*, de uso corriente en alemán, significa madurar. Pero como deriva de *Zeit*, tiempo, ese madurar es comprendido como un dar tiempo al tiempo, es decir, dejar que el tiempo cumpla su obra. El sentido en que lo usa Heidegger tiene que ver con esta significación corriente, pero a la vez la supera. *Sich zeitigen* es el desplegarse del tiempo, el temporizarse del tiempo. Gaos traduce el verbo alemán por "temporaciarse" y el sustantivo por "temporación". Hemos preferido temporizarse y temporización, porque estas palabras ya existen en castellano en los compuestos contemporizar y contemporización, y por consiguiente, están ya en el oído español, aunque, obviamente en un sentido diferente al que aquí se les da.

P. 326 * "...*ser* fundamento negativo de una nihilidad". Nótese que estamos traduciendo —como ya se dijo antes— *nichtiges Grund-sein* (*sein* está destacado en el texto alemán) por *ser*-fundamento negativo, aunque, en rigor debiera decirse: ser fundamento nihílico. El lector debe tener presente que *nichtiges* y *Nichtigkeit* son dos palabras enteramente emparentadas: ser fundamento "nihílico" de una nihilidad o —como traducimos de hecho— *ser* fundamento negativo de una nihilidad, quiere decir que el fundamento no lo ponemos nosotros mismos, sino que somos puestos en ese fundamento, y que solo podemos asumirlo porque previamente somos puestos en él. Y eso —el *ser* puestos en el fundamento— es lo "nihílico" (negativo) del ser fundamento. En esta idea de Heidegger podemos descubrir un primer vislumbre del pensar de la *Kehre* que se desarrollará en los años 30.

P. 342 * "La *estabilidad del sí-mismo*, en el doble sentido de la constancia y de la firmeza de estado...": en alemán, *Die Ständigkeit des Selbst im Doppelsinne der bestdndigen Standfestigkeit...* (*Die Ständigkeit des Selbst* está destacado en el texto alemán). Como puede apreciarse, la mismidad del Dasein, es decir, su *Selbst-ständigkeit* —palabra esta que literalmente significa en alemán independencia o autonomía— es concebida existencialmente como una *Ständigkeit*, esto es, como una estabilidad o constancia del *Selbst*, del sí-mismo. A su vez, esta *Ständigkeit* envuelve un doble sentido: el de la estabilidad o constancia y el de la solidez o firmeza en el mismo estado. La estabilidad del sí-mismo o autonomía del Dasein no es otra cosa que la resolución precursora, como lo dirá Heidegger unas líneas más adelante.

P. 343 * "...el fondo sobre el cual...". La palabra alemana correspondiente es *das Woraufhin.* Esta palabra podrá traducirse también como "el horizonte"; así lo hemos hecho en otras ocasiones. El horizonte es lo que se tiene en vistas (ὁράω = ver, de dónde "horizonte"= ámbito en que se mueve la vista) cuando se ve una cosa determinada. El sentido, en cuanto fondo sobre el cual se proyecta el proyecto primario, fondo a partir del cual algo es concebido en su posibilidad como lo que ese algo es, es el horizonte de la comprensión de cualquier ente determinado.

P. 348 * "La temporeidad no es, sino que se *temporiza*...": en alemán, *sie ist nicht, sondern zeitigt sich* (*zeitigt* está destacado en el alemán). Recordemos el sentido de este *sich zeitigen*, que expresa el modo cómo la temporeidad se realiza, es decir, se produce una especie de madurar interno del propio tiempo originario. De la misma manera que no podemos decir que el ser "es", puesto que lo que *es* es siempre el ente, tampoco podemos decir que el tiempo es, porque el tiempo es el horizonte de la comprensión del ser. Y así de la misma manera como en alemán se puede decir que el *Sein west* (que el ser se despliega o "florece"), se dirá también en *Ser y tiempo* que el tiempo "se temporiza". Temporizarse significa aquí desplegarse como tiempo, funcionar como tiempo: *sich zeitigen.*

P. 351 * "El Dasein en cuanto ente al que le va su ser, *se prodiga* primariamente...etc.". Este texto no es de fácil comprensión y requiere algunas interpretaciones: el Dasein, en cuanto ente al que en su ser le va su propio ser, se prodiga, es decir, se entrega, se emplea todo entero por mor de sí mismo, esto es para sí mismo (*verwendet sich... für sich selbst*, en el alemán el texto está destacado). Este darse y entregarse por mor de sí mismo cobra inmediata y regularmente la forma de la ocupación circunspectiva con los entes del mundo. Haciendo uso de los entes del mundo, el Dasein se prodiga por mor de sí mismo y para sí mismo. Prodigándose por mor de sí mismo (*Umwillen seiner selbst sick verwendend*), el Dasein se consume, se "gasta" (*verbraucht* *sick*), es decir, su existencia finita se le va terminando. Consumiéndose, el Dasein se necesita a sí mismo o —como quizás podríamos interpretarlo— se usa a sí mismo, o bien —juntando ambas interpretaciones— "necesita usarse" a sí mismo (*braucht... sich selbst*). Ahora bien, necesitarse y usarse a sí mismo o, lo que es igual, "necesitar usarse" a sí mismo, equivale a necesitar tiempo y, necesitando tiempo, es decir, usando el tiempo, el Dasein tiene que contar con el tiempo. Todas estas conexiones son las que en el texto se expresan apretadamente y con palabras que fuerzan a una interpretación. No es extraño, pues, que las traducciones sean divergentes en este pasaje.

P. 353 * "*El contenido fundamental...*"'. en alemán, *Der Grundbestand* (está destacado en el texto original). La palabra *Grundbestand*, como todas las palabras en que aparece el término *Bestand* es de muy difícil traducción. *Bestehen* significa en alemán, entre otras cosas, estar hecho de, consistir en. El *Grundbestand* es, según esto, la consistencia fundamental (de la constitución del Dasein). Pero hay que entender esta "consistencia fundamental" como el conjunto unitario de todos aquellos momentos que conforman la constitución existencial del Dasein. Cuando traducimos, pues, "el contenido fundamental de la constitución existencial", estamos apuntando a ese conjunto unitario de momentos constitucionales que conforman al Dasein.

P. 355 * "...lo difícilmente comprensible...": en alemán des *unverständlichen*, literalmente, "de lo incomprensible". La palabra alemana tiene, sin embargo, mucho más amplitud que el término español "incomprensible": puede significar también lo que *difícilmente* se comprende, lo oscuro y, asimismo, lo que no se oye claramente. Por eso hemos optado por traducirla por "lo difícilmente comprensible".

P. 355 ** "... el poder-ser de cada Dasein...": en alemán, *das eigene Seinkonnen*, literalmente, el poder-ser propio. Hemos traducido "el poder-ser de cada Dasein" para evitar que se entienda que el comprender abre siempre el poder-ser *propio* del Dasein, a diferencia del poder ser impropio del mismo. En alemán "propio" se puede decir *eigenes* o bien *eigentliches*. En el primer caso significa lo que es propio y exclusivo de cada Dasein, lo absolutamente suyo, lo intransferible (*jemeinig*). En el segundo caso significa "propio" a diferencia de "impropio" (*uneigentliches*).

P. 357 * "...el *instante*...": en alemán, *den Augenblick* (*Augenblick* está destacado en el texto alemán). La palabra alemana *Augenblick* significa una mirada que, como un rayo, ilumina y abarca de golpe toda una situación. Esa mirada es la *forma propia* del presente. No se trata de que esa mirada tenga lugar *en* un presente, porque esto significaría entender el tiempo en forma inadecuada y derivada. El instante es, él mismo, el tiempo presente, en cuanto abarca todo aquello en medio de lo cual el Dasein se encuentra proyectando su futuro y habiendo sido lo que fue.

P. 382 * "...esquema horizontal". Este texto es clave para la interpretación heideggeriana de la temporeidad. Esta se halla constituida por tres éxtasis rigurosamente enlazados entre sí. Los éxtasis son justamente eso: salidas fuera... En cada uno de los éxtasis tempóreos el Dasein sale fuera de sí. Pero, por otra parte, además de esta salida fuera *de sí* está el "hacia qué" de la salida; y a este "hacia qué" de la salida Heidegger lo llama horizonte. Por eso la temporeidad tiene una estructura extático-horizontal. Es lo que Heidegger está describiendo aquí. "Esquema horizontal" es aquel "hacia qué" que es propio de cada uno de los éxtasis de la temporeidad.

P. 384 * "*...que es propia del Dasein*". Hemos traducido por la expresión "que es propia del Dasein" la palabra alemana *daseinsmässig*, que significa —literalmente— "daséinica" (estoy usando una palabra absurda para dar a entender al lector que *daseinsmässig* es un adjetivo derivado de *Dasein*), y que significa exactamente "que tiene la forma o el modo de ser del Dasein". Muchísimas veces a lo largo de las páginas de *Ser y tiempo* ha aparecido esta palabra, y ha debido ser traducida cada vez de un modo adecuado al contexto.

P. 388 * "...vive simplemente su día... ": en alemán, *in den Tag hineinlebt,* literalmente, "vive hacia dentro del día". La expresión coloquial alemana expresa la idea de habituarse a lo que sucede todos los días; es decir, vivir en forma normal, corriente y sin problemas. Justamente eso es a lo que se refiere el *zumeist*, el "regularmente" de la expresión "inmediata y regularmente".

P. 393 * "...existe nativamente [*gebürtig*]...". Como se ve, Heidegger emplea aquí la palabra *gebürtig* en un sentido adverbial. *Gebürtig*, proveniente de *Geburt*, que significa nacimiento, se traduce habitualmente por "natural de": *gebürtig aus Bremen* significa "natural de Bremen", nacido en Bremen. Que el Dasein exista nativamente quiere decir aquí que su nacimiento no es un mero hecho "histórico", es decir, algo del pasado, sino más bien algo que afecta a su existencia en todo momento: la existencia humana es vivida siempre como una "existencia nacida", es decir, como una existencia que tiene detrás de ella, sosteniéndola, su propio nacimiento. No se trata de que "sepamos" de esto porque otros nos dicen que algún día nacimos, sino que experimentamos la existencia como "nacida" y como "muriente".

P. 394 * "*...historicidad*": en alemán, *Geschichtlichkeit* (está destacado en el texto original). Historicidad es el carácter aconteciente que tiene el extenderse del Dasein. En efecto, *Geschichtlichkeit* deriva de *geschehen*, que significa acontecer. Como ya se dijo antes, una cosa es la historia como acontecer, y otra la historia como saber esta última se dice en alemán *Historie*. En el Capítulo 5 de esta segunda sección de *Ser y tiempo* se desarrolla largamente el tema de la historia aconteciente, que es el propio Dasein.

P. 424 * "...se expresa con el 'enseguida'...": en alemán, *wird im "sogleich" angesprochen*. El verbo *ansprechen*, de donde viene el participio pasado *angesprochen*, significa propiamente: "dirigirse con el habla a una cosa", "abordar —hablando— una cosa". Habría que traducir, pues, la frase del texto más o menos en la siguiente forma: "aquello de lo que la ocupación está a la espera como algo inmediato es abordado en el habla con el 'enseguida'". Hemos mantenido en este pasaje el principio que nos ha guiado en toda la traducción, vale decir, el de evitar expresiones innecesariamente complicadas. El "se expresa" del español es suficientemente amplio para abarcar tanto el *ansprechen* como el *besprechen*, es decir, tanto el dirigirse a algo con la palabra, como el decir algo de eso a lo cual nos referimos.

P. 424 ** "...fechados ["datados"]". En alemán , "fecha" se dice *Datum* y fechar es *datieren*; no hay, pues, en alemán dos raíces diferentes, una para hablar de la datación o el datar, y otra para decir la fecha precisa.

P. 426 * "...'se da' tiempo...". En el texto alemán se usa la expresión *"lässt sich"...Zeit*, literalmente: "se deja" tiempo. En castellano, lo mismo que en francés, se usa más la expresión "darse tiempo". "Darse tiempo" significa: tomarse tiempo, es decir, extenderse en el tiempo usando de las cosas, las cuales aparecerán entonces como estando "dentro" del tiempo.

P. 432 * "Preguntar por la hora que señala el reloj es lo mismo que preguntar por 'el tiempo en que se está'": en alemán, *Das Wieviel-Uhr ist das "Wieviel-Zeit"*, literalmente: "El '¿que hora es?' es el '¿cuánto tiempo?'". En alemán para preguntar por la hora se dice: '¿cuánto reloj es?", lo cual —nos dice Heidegger— equivale a preguntar "¿cuánto tiempo es?". Ahora bien, preguntar "¿cuánto tiempo es?" es lo mismo que preguntar "¿cuánto tiempo queda hasta que ocurra tal o cual cosa, por ejemplo, la puesta o la salida del sol?".

P. 439 * "*...los ahoras están compresentes...*". Donde hemos traducido "compresentes", el texto alemán dice *mitvorhanden*, vale decir, "co-estan-ahí". Hemos evitado esta expresión extraña traduciendo excepcional-mente *vorhanden* por presente. Entiéndase este "presente" como un meramente presente o un simple estar-ahí. Como se verá, Heidegger habla inmediatamente después del texto citado, del "horizonte de la idea del estar-ahí".

P. 439 ** "...se busca solucionar el problema...". El texto alemán dice solamente: *sucht man das Problem...*, es decir: se busca el problema... Como la alternativa que presenta el texto alemán es, en su segundo miembro, dejar en pie la aporía, es obvio que el primer miembro no puede ser simplemente "buscar" el problema, sino "buscar *solucionar*" el problema.

P. 440 * "...existencial...": hemos traducido así la palabra alemana *daseinsmässig* que, como ya lo hemos dicho en otras ocasiones, significa "conforme-al-Dasein".

www.ingramcontent.com/pod-product-compliance
Lightning Source LLC
LaVergne TN
LVHW101914220826
846093LV00008B/251

* 9 7 8 9 5 6 1 1 2 5 6 9 8 *